Friedrich der Große
Schriften

Friedrich der Große

Historische, militärische und philosophische
Schriften, Gedichte und Briefe

Mit Illustrationen von Adolph von Menzel

Herausgegeben von Gustav Berthold Volz

Anaconda

Der Text folgt der Ausgabe *Ausgewählte Werke Friedrichs des Großen in deutscher Übersetzung*. Band 1: *Historische und militärische Schriften. Briefe.* Band 2: *Politische und philosophische Schriften. Gedichte.* Berlin: Hobbing 1924.

Die Deutsche Bibliothek verzeichnet diese Publikation in der Deutschen Nationalbibliographie; detaillierte bibliographische Daten sind im Internet unter http://dnb.ddb.de abrufbar.

© 2006 Anaconda Verlag GmbH, Köln
Alle Rechte vorbehalten.
Umschlagmotiv: Carl Röchling, »Friedrich der Große in seinem Arbeitszimmer zu Sanssouci«, Farbdruck von 1890. Photo: akg-images, Berlin
Umschlaggestaltung: dyadesign, Düsseldorf, www.dya.de
Satz und Layout: GEM mbH, Ratingen
Printed in Italy 2006
ISBN-13: 978-3-86647-034-7
ISBN-10: 3-86647-034-7
info@anaconda-verlag.de

Inhaltsverzeichnis

Historische Schriften 13
   Denkwürdigkeiten zur Geschichte des Hauses Brandenburg (1747/48) . 15
   Geschichte meiner Zeit (1775) 40
   Der Siebenjährigen Krieges (1763) 111

Militärische Schriften 177
   Die Generalprinzipien des Krieges und ihre Anwendung auf die179
      Taktik und Disziplin der preußischen Truppen 179
   Gedanken und allgemeine Regeln für den Krieg (1755) 202
   Betrachtungen über die Taktik und einige Fragen des Krieges
      (21. Dezember 1758) 232
   Betrachtungen über die militärischen Talente und den Charakter
      Karls XII. (1759) 243
   Gedächtnisrede auf Stille (1753) 257

Briefe 261
   An den Kammerjunker von Natzmer (Februar 1731) 263
   An Grumbkow (2. Dezember 1732) 265
   An Camas (11. September 1734) 266
   An den Vater (10. Mai 1735) 266
   An Voltaire (8. August 1736) 267
   An Suhm (23. Oktober 1736) 270
   An Grumbkow (20. Januar 1737) 270
   An Grumbkow (14. Februar 1737) 272
   An Grumbkow (24. März 1737) 272
   An Grumbkow (1. November 1737) 273
   An Grumbkow (Januar 1738) 273
   An Voltaire (27. Juli 1739) 274
   An die Markgräfin Wilhelmine von Bayreuth (1. Juni 1740) 275
   An den Propst Reinbeck (6. Juni 1740) 276
   An Maupertuis (Juni 1740) 276
   An das Departement der Auswärtigen Affairen (17. Juni 1740) ... 276
   An Voltaire (27. Juni 1740) 277
   An Voltaire (26. Oktober 1740) 278
   An Algarotti (28. Oktober 1740) 278
   An den Herzog von Lothringen in Wien (30. Oktober 1740) 279
   An den Minister Graf Podewils (16. Dezember 1740) 280
   An Voltaire (23. Dezember 1740) 280

An Jordan (3. März 1741) 281
An den Minister Graf Podewils (März 1741) 281
An den Thronfolger August Wilhelm (8. April 1741) 282
An Jordan (8. April 1741) 283
An Jordan (17. März 1742) 283
An Jordan (15. Juni 1742) 284
An den Minister Graf Podewils (27. April 1745) 285
An die Gräfin Camas (30. August 1745) 286
An die Markgräfin Wilhelmine von Bayreuth (16. November 1746) .. 287
An die Markgräfin Wilhelmine von Bayreuth (28. Januar 1752) 288
An den Lord Marschall von Schottland (23. Oktober 1753) 288
An den Lord Marschall von Schottland (16. März 1754) 289
An den Geheimen Kämmerer Fredersdorf (April 1754) 290
An den Geheimen Kämmerer Fredersdorf (1754) 290
An die Markgräfin Wilhelmine von Bayreuth (28. Juli 1756) 291
An den Thronfolger August Wilhelm (13. August 1756) 292
An die Prinzessin Amalie (25. März 1757) 292
An die Köngin-Mutter (Mai 1757) 293
An den Thronfolger August Wilhelm (19. Juli 1757) 293
An die Markgräfin Wilhelmine von Bayreuth (17. September 1757) .. 294
An die Markgräfin Wilhelmine von Bayreuth (5. November 1757) ... 297
An die Markgräfin Wilhelmine von Bayreuth (8. Februar 1758) 298
An die Markgräfin Wilhelmine von Bayreuth (4. August 1758) 299
An Marquis d'Argens (28. Mai 1759) 300
Instruktion für General Wedell (Juli 1769) 301
An den Minister Graf Finckenstein (8. August 1759) 301
An den Minister Graf Finckenstein (12. August 1759) 302
Vollmacht und Instruktion für General Finck (August 1759) ... 303
An Graf Algarotti (10. März 1760) 304
An Marquis d'Argens (17. August 1760) 304
An Marquis d'Argens (18. September 1760) 305
An Marquis d'Argens (28. Oktober 1760) 305
An die Gräfin Camas (22. März 1761) 307
An Marquis d'Argens (21. Juli 1762) 308
An Prinz Heinrich (2. Februar 1763) 309
An den Lord Marschall von Schottland (24. April 1763) 309
An d'Alembert (August 1763) 310
An den Lord Marschall von Schottland 7. April 1764) 311
An d'Alembert (August 1764) 311
An die Gräfin Camas (November 1765) 313

An die Kurfürstin Maria Antonia von Sachsen (8. März 1766) 314
An d'Alembert (5. Mai 1767) 314
An die Prinzessin Wilhelmine von Oranien (25. Januar 1768) 315
An General Fouqué (22. Dezember 1768) 315
An General Fouqué (6. Mai 1770) 316
An die Königin Ulrike von Schweden (15. April 1772) 316
An den Thronfolger Friedrich Wilhelm (28. September 1772) 317
An die Prinzessin Wilhelmine von Oranien (25. Oktober 1774) 318
An die Kurfürstin Maria Antonia von Sachsen (15. März 1775) 318
An Prinz Heinrich (28. Dezember 1775) 319
An die Prinzessin Wilhelmine von Oranien (28. April 1776) 319
An die Königin Ulrike von Schweden (5. Oktober 1776) 320
An Prinz Heinrich (25. Januar 1777) 320
An die Kurfürstin Maria Antonia von Sachsen
  (22. Oktober 1777) 321
An Prinz Heinrich (5. März 1778) 322
An de Catt (August 1778) 323
An die Großfürstin Maria Feodorowna von Rußland
  (1. Oktober 1778) 323
An d'Alembert (1. August 1780) 324
An die Prinzessin Wilhelmine von Oranien (14. April 1783) 325
An den Minister Graf Finckenstein (21. Februar 1784) 325
An die Minister Graf Finckenstein und von Hertzberg
  (1. November 1784) 326
An Prinz Heinrich (20. Januar 1786) 328
An die Herzogin Charlotte von Braunschweig (10. August 1786) 328

POLITISCHE SCHRIFTEN 329
  Der Antimachiavell 331
  Regierungsformen und Herrscherpflichten (1777) 351
  Fürstenspiegel oder Unterweisung des Königs für den jungen
    Herzog Karl Eugen von Württemberg (1744) 364
  Aus den Politischen Testamenten 367
  Testament des Königs vor der Schlacht bei Leuthen
    (28. November 1757) 405
  Das Testament vom 8. Januar 1769 406

POLITISCHE UND THEOLOGISCHE STREITSCHRIFTEN 409
  Kritik der Abhandlung »Über die Vorurteile« (1770) 411
  Vorrede zum Auszug aus Fleurys Kirchengeschichte (1766) 431
  Das himmlische Jerusalem. Ein Schwank für Voltaire (1770) 441

Schreiben Nicolinis an Franculoni, Prokurator von San Marco 445
Vorrede zum Auszug aus dem historisch-kritischen Wörterbuch
    von Bayle (1764) 449
Die preußische Kirchenpolitik 453

PHILOSOPHISCHE SCHRIFTEN 455
    Gedächtnisrede auf Prinz Heinrich den Jüngeren 457
    Gedächtnisrede auf Knobelsdorff 464
    Über die Schmähschriften (1759) 468
    Über die deutsche Literatur, die Mängel, die man ihr vorwerfen
        kann, ihre Ursachen und die Mittel zu ihrer
        Verbesserung 473
    Über die Erziehung 499
    Briefe über die Vaterlandsliebe (1779) 508

GEDICHTE 533
    An Frau von Wreech 535
    Ode auf den Ruhm (1734) 538
    Rheinsberg (30. Oktober 1737) 540
    Tod des Vaters. An Voltaire (26. Februar 1740) 543
    An Jordan (10. Juni 1742) 545
    An Jordan. Über den Kometen, der 1743 erschien (27. Juni 1743) ... 546
    Epigramm 548
    An die Königin-Mutter (Weihnacht 1744) 549
    Den Manen Cäsarions (August 1745) 549
    Sanssouci. An Marquis d'Argens (1747) 553
    Reime wider einen Arzt, der einen armen Gichtkranken
        durch eine Schwitzkur fast umgebracht hätte (Juni 1749) 557
    Wider die Krittler. An Algarotti 559
    Beharrlichkeit 563
    An Feldmarschall Keith. Über die leeren Schrecken des Todes
        und das Bangen vor einem Jenseits 566
    Ode an die Preußen 573
    Heldendenkmal 575
    Epistel an d'Argens (23. September 1757) 580
    Antwort an Voltaire (9. Oktober 1757) 586
    An Gottsched 587
    Abschied an die Franzosen und die Reichsarmee
        (6. November 1757) 588
    Epistel an d'Alembert, als in Frankreich die Enzyklopädie
        verboten und seine Werke verbrannt wurden
        (Februar 1760) 590

An die Verleumdung	593
Ode an die Deutschen (29. März 1760)	596
An Prinzessin Amalie (Mai 1760)	600
Der Geiger (11. November 1761)	602
Rede Catos von Atica an seine Freunde und seinen Sohn, bevor er sich den Tod gab (8. Dezember 1761)	603
Die beiden Hunde und der Mann (Februar 1762)	606
Grabschrift auf die Zarin Elisabeth († 5. Januar 1762)	606
Ein Kapitel gegen die werten Herren Blutsauger, auf griechisch: Philokopros (1765)	607
Epistel über das Zuwenig und Zuviel an Frau von Morrien (März 1765)	609
Verse des Windspiels Diana an die Prinzessin Elisabeth von Preußen (30. November 1767)	611
Epistel auf meine Genesung (3. April 1770)	612
An meine Schwester Amalie unter ihrem Fenster in der Nacht, als ich nach Schlesien abreiste (August 1772)	614
An Voltaire (19. März 1771)	615
An Fräulein von Knesebeck nach ihrem kühnen Sprung aus dem Wagen, während die Pferde durchgingen (März 1773)	616
Ewige Jugend. An Voltaire (29. Februar 1773)	618
Der Esel und die Nachtigall. Eine Fabel	619
Dichter und Feldherr. An Voltaire (12. Februar 1775)	619
Rückblick. Epistel an d'Alembert (22. Oktober 1776)	620
Lebensabend. (1777)	622
Das Dasein Gottes. *Unde? Ubi? Quo?*	*623*
Totengespräch zwischen Prinz Eugen, Lord Marlborough und Fürst Liechtenstein (1773)	625
VERZEICHNIS DER ABBILDUNGEN	635

Historische Schriften

Denkwürdigkeiten zur Geschichte des Hauses Brandenburg
(1747/48)

Vorwort

Die Geschichte gilt als die Schule der Fürsten. Sie gibt ihnen ein bleibendes Bild der Regierung der Herrscher, die Väter des Vaterlandes waren, sowie der Tyrannen, die es verheerten. Sie zeigt ihnen die Ursachen für der Reiche Wachstum wie für ihren Niedergang. Sie bringt dabei eine solche Fülle von Charaktergestalten ans Licht, daß Ähnlichkeiten mit Fürsten unserer Tage sich ohne weiteres aufdrängen; und wenn sie über die Toten ihr Urteil spricht, richtet sie stillschweigend über die Lebenden mit. Ihre Vorwürfe über die Laster derer, die nicht mehr sind, geben den Lebenden eine Lehre der Tugend, als wollte sie ihnen enthüllen, welches Urteil die Nachwelt dereinst über sie fällen wird.

So sehr das Studium der Geschichte die eigenste Sache der Fürsten ist, ihren Wert hat sie nicht minder für den Bürger. Da sie die Kette der Begebenheiten aller Jahrhunderte bis auf unsere Tage darstellt, so gibt sie dem Rechtsgelehrten, dem Staatsmann und dem Krieger, der sie zu Rate zieht, Aufschluß über den Zusammenhang der Vergangenheit mit der Gegenwart. Lob und Ehre aller, die ihrem Lande treu gedient haben, finden sie in der Geschichte, ebenso den Fluch, der auf dem Namen derer lastet, die das Vertrauen ihrer Mitbürger getäuscht haben. So gewinnen sie hier eine Erfahrung, wie sie sonst das Leben erst später zur Reife bringt. Wer den Umkreis seiner Anschauungen und Begriffe nur auf seine vier Wände einschränkt, wer seine Kenntnisse nicht erweitern mag über den Bereich seiner häuslichen Pflichten, der verkümmert und verblödet in gröbster Unwissenheit. Wer aber in den Tagen der Vergangenheit sich heimisch zu machen weiß, die ganze Welt mit seinem Geiste umspannt, der trägt in Wahrheit Eroberungen über die Unwissenheit und den Irrtum davon. Das heißt in allen Zeitaltern gelebt haben, ein Bürger aller Orte und Länder werden!

Die Weltgeschichte reicht uns die Hand, damit wir uns zurechtfinden in der Fülle von Begebenheiten in aller Herren Ländern. Methodisch geleitet sie uns vom grauen Altertum her durch die Folge der Zeiten und gliedert sie in Hauptepochen, die dem Gedächtnis einen Anhalt geben. Aber auch jede Einzeldarstellung hat ihren Wert, insofern sie die Folge der Geschehnisse im Schoße eines einzelnen Reichs eingehend schildert, immer in der Beschränkung auf dies Sondergebiet. Zeigen uns weltgeschichtliche Darstellungen ein gewaltiges Gemälde mit einer wunderbaren Gestaltenfülle, wobei manche Gestalt ganz im deckenden Schatten der anderen bleibt, so daß sie fast verschwindet, so hebt die Einzeldarstellung nur eine Figur aus dem Gemälde heraus, führt sie in großen Maßen aus, bedenkt sie mit allem Reiz von Licht und Schatten, der sie erst zur Geltung bringt, und setzt die Welt in den Stand, sie mit der Gründlichkeit zu betrachten, die sie verdient.

Ein Mensch, der sich nicht vom Himmel gefallen wähnt, der die Weltgeschichte nicht von seinem Geburtstage an datiert, muß zu wissen verlangen, was sich wohl zu allen Zeiten und in allen Landen begeben hat. Gesetzt auch, seine Gleichgültigkeit früge gar nichts nach dem Lose so vieler großer Völker, die das Spiel des Schicksals waren, wenigstens für die Geschichte seines eigenen Landes wird er etwas übrig haben und sich an der Betrachtung der Geschehnisse erbauen, die seine Voreltern so nahe angingen. Mag ein Engländer nichts wissen vom Leben der Könige auf den persischen Thronen, mag er sich nicht auskennen in der endlosen Schar von Päpsten, die der Kirche Gebieter waren, keiner wird es ihm verübeln. Nicht so nachsichtig wird man urteilen, hat er keine Kenntnis vom Ursprung seines Parlaments, von Brauch und Recht seines Inselreichs, von den verschiedenen Königsgeschlechtern, die in England geherrscht haben.

Alle gesitteten Völker Europas fanden ihre Geschichtsschreiber, nur die Preußen nicht. Zu solchen zähle ich nicht einen Hartknoch, einen Pufendorf. Sie waren fleißige Arbeiter, die Tatsachen zusammentrugen. Doch ihre Werte sind eher geschichtliche Nachschlagebücher als eigentliche historische Darstellungen. Ebensowenig rechne ich hierher Lockelius, der nur eine weitläufige Chronik zustande gebracht hat, in der man jegliche fesselnde Einzelheit mit hundert Seiten Langerweile teuer erkaufen muß. Schreiber dieser Gattung sind eben nur Handlanger: Emsig, aber wahllos schleppen sie einen Haufen von Bausteinen zusammen, die so lange unverwertet liegen bleiben, bis ein Baumeister ihnen die rechte Gestalt verleiht. Was derart zusammengestoppelt ward, ergibt nun und nimmer eine Geschichte, ebensowenig wie ein Haufen Drucklettern schon ein Buch darstellt, es komme denn Ordnung in das Ungefähr, daß es sich gliedere zu Worten, Sätzen und Satzgefügen. Die ungeduldige Fugend und Leute von Geschmack, die mit ihrer Zeit haushalten, machen sich nur mit Widerstreben an diese ungeheuren Wälzer; Leser, die sich gern mit einem Hefte abfinden, entsetzen sich vor einem Folianten. Aus diesen Gründen wurden die genannten Schriftsteller nur wenig gelesen, blieb die Geschichte Brandenburgs und Preußens so gut wie unbekannt.

Seit der Regierung Friedrichs I. machte sich das Bedürfnis nach einem Schriftsteller fühlbar, der diese Geschichte in eine annehmbare Gestalt brächte. Aus Holland ward Teissier berufen und mit der Aufgabe betraut. Leider gab der statt einer geschichtlichen Darstellung einen Panegyrikus. Er wußte wohl nicht, daß Wahrheit so zum Wesen der Geschichte gehört wie zum menschlichen Leibe die Seele.

So fand ich eine leere, wüste Stätte und versuchte, darauf einen Bau zu errichten, einmal, um ein nützlich Ding zu schaffen, sodann, um der Nation das Geschichtswerk zu geben, das ihr fehlte. Die Tatsachen schöpfte ich aus den besten Quellen, die mir zugänglich waren. Für die graue Vorzeit griff ich auf Cäsar und Tacitus zurück, für die späteren zog ich die Chronik des Lockelius, Pufendorf und Hartknoch zu Rate. In erster Linie gestaltete ich meine Denkwürdigkeiten an der Hand der Chroniken und der echten Urkunden in den königlichen Archiven. Was ungewiß bleibt, habe ich als ungewiß berichtet. Lücken ließ ich offen, wie ich sie vorfand. Ich machte mir zum Gesetz, die Dinge unparteiisch und mit dem Auge des Philosophen zu betrachten; denn ich bin überzeugt, daß des Geschichtsschreibers vornehmste Pflicht ist, wahr zu sein.

Sollten empfindliche Gemüter sich verletzt fühlen, wenn ich ihre Väter nicht in vorteilhafter Weise schilderte, so kann ich nur das eine erwidern, Lobpreisen lag mir fern, ich wollte Geschichte schreiben! Es tut der Geltung ihres eigenen Wertes keinen Abbruch, wenn man die Fehler ihrer Vorfahren tadelt; das eine verträgt sich sehr wohl mit dem anderen. Es ist übrigens nur allzu wahr: Ein Werk, das nicht frei von allem Zwang geschrieben ward, kann nur mittelmäßig oder ganz wertlos sein; man frage darum nicht nach den Menschen, die vergänglich sind, sondern nur nach der Wahrheit, die niemals stirbt.

Vielleicht findet der eine oder andere meinen Abriß zu kurz geraten. Ihnen sei zur Antwort, daß es nie in meiner Absicht lag, ein großes, eingehendes Werk zu verfassen. Mag ein Professor, der den Kleinkram liebt, es mir verübeln, daß ich nirgends angebe, aus welchem Stoffe der Rock Albrecht Achills gewesen oder welchen Schnitt der Kragen Johann Ciceros gehabt hat; mag ein Regensburger Pedant den Kopf schütteln, weil ich keine Prozesse, Verhandlungen, keine Verträge und Friedenstraktate abgeschrieben habe, wie man sie sonst wohl in dickleibigen Büchern vorfindet. All diesen Leuten sei gesagt: für sie schreibe ich nicht. Einen Folioband herzustellen, dazu habe ich keine Zeit, kam ich doch schon mit meinem Abriß ins Gedränge. Überhaupt bin und bleibe ich der Meinung, daß eine Sache nur so weit der Niederschrift lohnt, wie sie wert ist, behalten zu werden.

Aus diesem Grunde habe ich die dunklen Anfangszeiten, sowie die Regierung der ersten Herrscher, die uns nur wenig angehen, in großen Sprüngen durchmessen. Es geht mit Geschichtswerken wie mit Gewässern, die erst da Bedeutung gewinnen, wo sie schiffbar werden. Die Geschichte des Hauses Brandenburg wird erst fesselnd mit Johann Sigismund: einmal infolge der Erwerbung des Herzogtums Preußen, sodann durch die Klevische Erbfolge, auf die er durch Heirat Rechtsansprüche hatte. Erst von dem Zeitabschnitt ab gewinnt der Stoff an Fülle, und so gewährte er auch mir die Möglichkeit, mich entsprechend auszudehnen.

Der Dreißigjährige Krieg hat ein ganz anderes Interesse als etwa die Fehden Friedrichs I. mit den Nürnbergern oder die Turniere Albrecht Achills. Dieser Krieg, der seine tiefen Spuren in allen Staaten zurückließ, ist eines jener großen Weltgeschehnisse, die jedem Deutschen, jedem Preußen vertraut sein müssen. Er führt uns auf der einen Seite den Ehrgeiz des Hauses Österreich vor Augen, wie es mit Waffengewalt sein despotisches Regiment im Reiche zu errichten strebt. Auf der anderen Seite erblicken wir den großen Sinn der deutschen Fürsten, die für ihre Freiheit streiten, wobei die Religion denn hüben und drüben den Vorwand abgeben muß. Wir sehen, wie die Politik zweier großer Könige sich der Geschicke Deutschlands annimmt und wie sie das Haus Österreich dahin bringt, im Westfälischen Frieden in die Wiederherstellung des Gleichgewichts zwischen dem Ehrgeiz des Kaisers und der Freiheit der Kurfürsten zu willigen. Begebenheiten von solcher Tragweite, daß sie sich bis auf den heutigen Tag in den wichtigsten Staatsfragen fühlbar machen, verlangten eine ins einzelne dringende Behandlungsweise, und so habe ich ihnen denn auch so viel Platz eingeräumt, wie sich mit der Anlage meines Werkes vertrug.

Soeben erschien ein chronologischer Abriß der französischen Geschichte, der wirklich für eine Quintessenz ihrer bemerkenswertesten Tatsachen gelten darf. Der feinsinnige Verfasser versteht sich auf die Kunst, selbst die Chronologie gefällig zu gestalten. Man braucht nur den Inhalt dieses Buches zu kennen, um die französische Geschichte vollständig zu beherrschen. Ich schmeichle mir nicht, meinem Versuch die gleichen Reize verliehen zu haben; doch halte ich meine Mühe für belohnt, wenn ich hierbei vielleicht für die Jugend von Nutzen sein kann, und wenn es solchen Lesern Zeit erspart, die keine zu verlieren haben.

Kurfürst Friedrich I.

(1415–1440)

Im Jahre 1415 übertrug Kaiser Sigismund die Kurwürde und das Erzkämmereramt des Heiligen Römischen Reiches auf Friedlich VI. von Hohenzollern, Burggrafen von Nürnberg, und gab ihm das Land Brandenburg durch Schenkung zu eigen. Der Kurfürst, den wir fortan Friedrich I. nennen, empfing die Belehnung aus den Händen seines Wohltäters im Jahre 1417 auf dem Reichstag zu Konstanz. Er war damals im Besitz der Altmark und Mittelmark. Die Herzöge von Pommern hatten die Uckermark an sich gerissen.

Der Kurfürst führte Krieg mit ihnen, schlug sie bei Angermünde und vereinigte das Gebiet wieder mit der Mark, zu der es seit unvordenklicher Zeit gehört hatte.

Die Neumark war noch dem Deutschen Orden verpfändet. Der Kurfürst, der mehr und mehr auf Ausbreitung seiner Macht ausging, legte die Hand auf Sachsen, das durch den Tod des letzten Kurfürsten aus dem anhaltinischen Geschlecht frei geworden war (1422). Da jedoch der Kaiser diese Erwerbung nicht billigte und Sachsen dem Herzog von Meißen verlieh, gab Friedrich I. seine Eroberung gutwillig auf.

In seinem Testament teilte der Kurfürst seine Staaten folgendermaßen. Sein ältester Sohn Johann, mit dem Beinamen der Alchymist, wurde seiner Anrechte beraubt; der Vater überließ ihm nur das Vogtland und seinen Schmelztiegel. Der zweite Sohn Friedrich erhielt die Kurwürde. Albrecht Achilles erbte die fränkischen Markgrafentümer, und Friedrich, genannt der Dicke, sollte die Altmark haben; doch infolge seines Todes fiel dieser Landesteil wieder an die Kurmark.

In jenen frühen Zeiten galt noch der Grundsatz, daß ein Vater seinen Besitz gleichmäßig unter seine Kinder verteilte. Das entsprang einer Auffassung, die an sich natürlich und billig war. In der Folge aber erkannte man, daß eine derartige Ausstattung der jüngeren Söhne zum Niedergang der Dynastien führte. Indessen werden wir in unserer Geschichte noch ein paar Beispiele solcher Teilungen sehen.

Entstehung des brandenburgisch-preußischen Staates
(1415–1740)

Ursprünglich bestand die Kurmark nur aus der Alt-, Mittel- und Uckermark und der Priegnitz. Außer Betracht bleiben die fränkischen Besitztümer, die bald dazu gehörten, bald abgetrennt wurden zugunsten einer Seitenlinie, die sie noch heute besitzt.

Nach dem Tode des Grafen Wichmann von Lindow, seines Lehnsmannes, zog Joachim I. die Grafschaft Ruppin ein. Sein Sohn, Joachim II., trat zum Protestantismus über und säkularisierte die Bistümer Brandenburg, Havelberg und Lebus. Er ermaß wohl nicht ganz, wie vorteilhaft die Reformation für seine Nachfolger sein würde. Und doch trug sie viel zu der späteren Vergrößerung des Hauses Brandenburg bei. Johann Georg erbte die Neumark von seinem Oheim, Markgraf Johann, der kinderlos starb. Johann Sigismund oder vielmehr Georg Wilhelm erbte Preußen, das Herzogtum Kleve und die Grafschaften Mark und Ravensberg von seiner Mutter, der Tochter Maria Eleonores von Kleve, die ihrerseits durch den Tod des letzten Herzogs von Kleve, der ohne männliche Erben starb, in den Besitz jener Länder gelangt war. Preußen erbte er durch den Tod Albrecht Friedrichs von Brandenburg, genannt der Einfältige, des letzten Herzogs.

Bisher sehen wir nur Erwerbungen durch Erbschaften oder günstige Eheschließungen. Der Große Kurfürst dehnte seine Macht durch Waffengewalt und Unterhandlungen aus. Im Westfälischen Frieden erwarb er Hinterpommern und wurde für Vorpommern durch die Säkularisation der Bistümer Magdeburg, Halberstadt und Minden entschädigt. Er erntete die Früchte der Reformation. Durch Waffenglück machte er sich zum souveränen Herrscher von Preußen, das bisher unter polnischer Lehnshoheit gestanden hatte. Die Republik Polen erkaufte seine Freundschaft durch Abtretung der Ämter Lauenburg und Bütow. Später verpfändeten die Polen ihm auch das Gebiet von Elbing und die Herrschaft Draheim für eine ihnen vorgeschossene Summe. Ferner gewann er das Fürstentum Halberstadt und dessen Afterlehen, die Grafschaft Regenstein. Er legte eine Besatzung nach Greetsyl und faßte dadurch Fuß in Ostfriesland, auf das er Anwartschaft hatte.

Ohne Zweifel verdankt das Haus Brandenburg dem Großen Kurfürsten die Macht, zu der es gelangt ist. Aus diesen Beispielen ersiehst Du[1], daß es die Menschen sind, die die Staaten machen, und daß alle Schöpfer neuer Monarchien große Geister waren, die die Natur nur von Zeit zu Zeit und gleichsam mit Anstrengung hervorbringt.

---

[1] Die »Denkwürdigkeiten« sind dem Thronfolger, Prinz August Wilhelm, gewidmet.

Friedrich I. kaufte von König August von Polen die Grafschaft Hohenstein und die Ämter Quedlinburg und Petersberg. Auf gleiche Weise erwarb er die Herrschaften Serrey und Tauroggen in Polen. Nach dem Tode König Wilhelms erbte er die Grafschaft Lingen und das Fürstentum Mörs, Herstal und einige andere Besitzungen in Holland. Er kaufte die Grafschaft Tecklenburg; Neuchâtel schloß sich aus freien Stücken an Preußen an. Schließlich brachte Friedrich I. die Königswürde an sein Haus. Das war ein Same des Ehrgeizes, der in der Folge aufgehen sollte.

Friedrich Wilhelm I. erwarb das Herzogtum Geldern im Frieden von Utrecht, Vorpommern mit Stettin nebst den Inseln Usedom und Wollin im Frieden zu Stockholm, der 1720 unterzeichnet ward.

Du übersiehst nun mit einem Blick alle Erwerbungen des Hauses Brandenburg, siehst, wie es mit Riesenschritten seiner Größe entgegenging. Es ist eine ununterbrochene Kette von Glücksfällen. Alle Herrscher scheinen von Geschlecht zu Geschlecht stets das gleiche Ziel vor Augen gehabt zu haben, obwohl sie zu seiner Erreichung verschiedene Wege einschlugen. Staatsklugheit allein leitet Johann Sigismund. Er gründet seine Hoffnung auf eine reiche Heirat, deren Früchte sein Sohn Georg Wilhelm erntet. Friedrich Wilhelm, groß in seinen Ideen und kühn in seinen Unternehmungen, findet Hilfsmittel in einem Lande, das sein Vorgänger für verloren hielt. Er schafft sich einen gesicherten Ruf – die Hauptsache für alle Herrscher –, macht Eroberungen, gibt sie großmütig wieder heraus und verdankt alle seine Erwerbungen offenbar nur seiner Tüchtigkeit und der Achtung ganz Europas. Sein großer Machtzuwachs begann Neid zu erregen. Das Schicksal mußte ihm einen friedliebenden Nachfolger bescheren, damit die Nachbarn sich beruhigten und sich allmählich daran gewöhnten, Preußen unter die Großmächte zu rechnen.

Friedrich I. machte zwar einige Erwerbungen, sie waren aber zu unbedeutend, um die Blicke Europas auf sich zu lenken. Selbst seine Schwächen schlugen zum Vorteil seines Hauses aus. Seine Eitelkeit brachte ihm die Königswürde ein, die anfangs ganz chimärisch erschien, in der Folge jedoch die ihr fehlende feste Grundlage erhielt. Friedrich Wilhelm I. eroberte Stettin, ließ es aber bei dieser Erwerbung nicht bewenden, sondern widmete sich den inneren Reformen und vergrößerte seine Macht durch emsigen Fleiß fast ebensosehr, wie irgend einer seiner Vorfahren durch andere Mittel.

Friedrich Wilhelm, der Große Kurfürst
(1640–1688)

Fehrbellin

Während Turenne durch sein geschicktes Vorgehen die Grenzen Frankreichs sicherte, mühte sich der Staatsrat Ludwigs XIV., ihn von einem gefährlichen Feind zu befreien. Um Friedrich Wilhelm von den Kaiserlichen zu trennen, führte Frankreich eine Diversion herbei, die ihn in seine eigenen Staaten zurückrief.

Schweden hatte zwar im Jahre 1673 ein Schutzbündnis mit dem Kurfürsten geschlossen, aber Frankreich fand Mittel, es zu zerreißen. Mit einem schwedischen Heere drang Wrangel in die Mark Brandenburg ein. Der Fürst von Anhalt, der dort Statthalter war, beklagte sich bitter über den Einbruch. Wrangel begnügte sich damit, ihm zu antworten, die Schweden würden ihre Truppen zurückziehen, sobald der Kurfürst seinen Frieden mit Frankreich gemacht habe. Der Fürst von Anhalt meldete dem Kurfürsten, daß seine Staaten von den Schweden ausgeplündert und verheert würden. Da der Statthalter zu wenig Truppen hatte, um ihrem Heer entgegenzutreten, billigte der Kurfürst, daß er sich in Berlin einschlösse und dort seine Ankunft abwartete.

Wählend die brandenburgischen Truppen sich in ihren fränkischen Winterquartieren von den Anstrengungen des Elsässer Feldzugs erholten, wurden

die märkischen Bauern durch die Schwedenplage zur Verzweiflung getrieben. Sie scharten sich zusammen und errangen auch etliche Erfolge gegen ihre Feinde. Sie hatten Kompagnien gebildet. Auf ihren Fahnen las man den Namen des Kurfürsten und den Spruch:

> Wir sein Bauern von geringem Gut
> Und dienen unserm gnädigsten Kurfürsten mit unserm Blut.

Wrangel, der immerhin noch einige Ordnung unter den Schweden aufrechterhalten hatte, wurde krank. Da er nicht nach dem Rechten sehen konnte, nahmen die Erpressungen und Plünderungen noch zu. Nicht einmal die Kirchen wurden geschont. Die Habgier trieb den Soldaten zu den ärgsten Grausamkeiten.

Die Mark sehnte sich nach ihrem Befreier. Und sie brauchte nicht lange auf ihn zu warten. Friedrich Wilhelm war schon unterwegs, sich an den Schweden für ihre Treulosigkeit zu rächen. Er verließ seine Quartiere in Franken und kam am 21. Juni 1675 in Magdeburg an. Sofort nach seinem Eintreffen ließ er die Tore der Festung schließen und wandte alle erdenklichen Vorsichtsmaßregeln an, damit keine Nachricht von seinem Nahen bis zum Feinde dringe. Am Abend des 22. Juni ging das Heer über die Elbe und gelangte auf Umwegen in der folgenden Nacht vor die Tore von Rathenow. Er ließ Baron Briest, der in der Stadt war, seine Ankunft mitteilen und verabredete mit ihm insgeheim Mittel und Wege, um die Schweden zu überrumpeln.

Briest entledigte sich seines Auftrags auf geschickte Art. Er gab den Offizieren des Regiments Wangelin, das die Besatzung von Rathenow bildete, ein großes Nachtmahl. Die Schweden überließen sich dabei rückhaltlos den Freuden des Trunks. Während sie ihren Rausch ausschliefen, ließ der Kurfürst auf Schiffen Fußtruppen über die Havel setzen, um die Stadt von allen Seiten zu überfallen (26. Juni). General Derfflinger drang als erster in Rathenow ein, indem er sich für den Kommandeur eines von Brandenburgern verfolgten Schwedentrupps ausgab. Er ließ die Wachen niederhauen, und zu gleicher Zeit wurden alle Tore gestürmt. Die Reiterei säuberte die Straßen. Die schwedischen Offiziere vermochten beim Erwachen kaum zu glauben, daß sie Gefangene des Fürsten waren, den sie samt seinen Truppen noch tief in Franken wähnten. Wäre in jener Zeit der Wachdienst schon ebenso eingerichtet gewesen wie heutzutage, so wäre diese Überrumpelung fast unmöglich gewesen. Aber das gehört ja zur Signatur der großen Männer, daß sie selbst aus den geringsten Vorteilen Nutzen zu ziehen wissen.

Der Kurfürst wußte, wie wertvoll im Krieg jeder Augenblick ist. Er wartete nicht in Rathenow, bis seine ganze Infanterie ihn einholte, sondern rückte mit der Reiterei geradenwegs auf Nauen vor, um das bei Brandenburg stehende schwedische Korps von dem anderen bei Havelberg zu trennen. Trotz aller Sorgfalt, die er in diesem entscheidenden Augenblick anwandte, konnte er den Schweden doch nicht zuvorkommen. Auf das Gerücht von seiner Annäherung hatten sie Brandenburg verlassen und sich eine Stunde vor seinem Eintreffen über Nauen zurückgezogen. Er verfolgte sie heftig und erfuhr durch die Aussage von Gefangenen und Deserteuren, daß das Korps auf Fehrbellin marschiere, wo es mit dem von Havelberg zusammentreffen wollte.

Das brandenburgische Heer bestand aus 5600 Reitern. Es hatte kein Fußvolk, führte aber zwölf Kanonen mit sich. Die Schweden ihrerseits waren 10 Infanterieregimenter und 800 Dragoner stark. Trotz des Unterschieds der

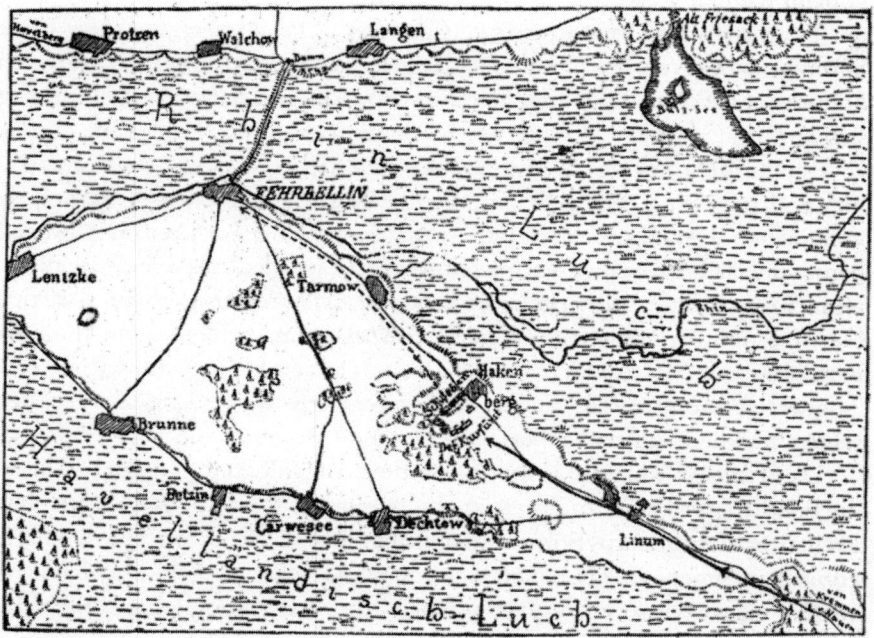

Zahl und der Waffengattungen bedachte sich der Kurfürst nicht, auf den Feind loszugehen, um ihn zu schlagen.

Am 28. Juni marschiert er gegen die Schweden. 1600 Reiter, den Vortrab, vertraut er dem Landgrafen von Homburg an, mit dem Befehl, sich auf keinen Kampf einzulassen, sondern nur zu rekognoszieren. Der Landgraf geht vor. Nachdem er einen Wald durchritten, sieht er die schwedischen Truppen zwischen den Dörfern Hakenberg und Tarnow lagern, einen Sumpf im Rücken, die Fehrbelliner Brücke zu ihrer Rechten und eine kahle Ebene vor sich. Er wirft ihre Feldwachen zurück, verfolgt sie und treibt sie bis auf die Hauptmacht ihres Korps zurück. Gleichzeitig verlassen die Truppen das Lager und stellen sich in Schlachtordnung auf. Der Landgraf von Homburg in seiner überschäumenden Kühnheit läßt sich vom Kampfeseifer fortreißen und verwickelt sich in einen Kampf, der einen verhängnisvollen Ausgang genommen hätte, wäre nicht der Kurfürst auf die Meldung von der gefährlichen Lage des Landgrafen schleunigst zur Hilfe herbeigeeilt.

Friedrich Wilhelms Scharfblick war bewunderungswürdig, seine Tatkraft staunenswert. Augenblicklich traf er seine Anordnung. Er benutzte einen Sandhügel zur Aufstellung seiner Batterie und ließ einige Salven auf die Feinde abgeben. Die schwedische Infanterie wurde erschüttert. Als er sah, daß ihre Reihen zu wanken anfingen, stürzte er sich mit seiner ganzen Reiterei auf den rechten Flügel des Feindes, sprengte ihn auseinander und machte ihn nieder. Das schwedische Leibregiment und das Regiment Ostgotland wurden vollkommen zusammengehauen. Die wilde Flucht des rechten Flügels riß den linken mit sich fort. Die Schweden warfen sich in die Sümpfe, wo sie von den Bauern erschlagen wurden. Die, welche sich retten konnten, flüchteten über Fehrbellin hinaus und brachen die Brücke hinter sich ab.

Es entspricht nur der Würde der Geschichte, wenn auch die schöne Tat hier berichtet wird, die ein Stallmeister des Kurfürsten während der Schlacht vollbrachte. Der Kurfürst ritt einen Schimmel. Sein Stallmeister Froben bemerkte, daß die Schweden mehr nach diesem Pferd schossen, das durch seine Farbe in die Augen stach, als nach den anderen. Daher bat er seinen Herrn, es mit dem seinen zu vertauschen. Als Grund gab er an, das Roß des Kurfürsten scheue. Kaum hatte der treue Diener den Schimmel ein paar Augenblicke geritten, als er selber tödlich getroffen ward. So rettete er durch seinen Tod dem Kurfürsten das Leben.

Da Friedrich Wilhelm keine Infanterie zur Hand hatte, konnte er weder die Fehrbelliner Brücke nehmen noch den Feind auf seiner Flucht verfolgen. Er ließ es sich genug sein, auf dem Schlachtfeld, wo er so hohen Ruhm erworben hatte, sein Lager aufzuschlagen. Dem Landgrafen von Homburg verzieh er, daß er so leichtherzig das Schicksal des ganzen Staates aufs Spiel gesetzt hatte. Er sprach zu ihm: »Wenn ich Euch nach der Strenge der Kriegsgesetze richten würde, hättet Ihr das Leben verwirkt. Aber verhüte Gott, daß ich den Glanz eines solchen Glückstages beflecke, indem ich das Blut eines Fürsten vergieße, der ein Hauptwerkzeug meines Sieges war!«

Die Schweden verloren in dieser berühmten Entscheidungsschlacht zwei Standarten, acht Fahnen, acht Kanonen, 3000 Mann und viele Offiziere.

Derfflinger kam mit der Infanterie nach, verfolgte tags darauf die Flüchtigen, machte viele Gefangene und eroberte mit ihrem Gepäck einen Teil ihrer Beute aus den märkischen Landen zurück. Das schwedische Heer, das auf 4000 Streiter zusammengeschmolzen war, zog über Ruppin und Wittstock nach Mecklenburg ab.

Wenige Heerführer können sich rühmen, eine ähnliche Kriegstat wie die von Fehrbellin vollbracht zu haben. Der Kurfürst entwirft einen Plan, der ebenso groß wie kühn ist, und führt ihn mit erstaunlicher Geschwindigkeit aus. Er hebt ein Quartier der Schweden auf, während Europa ihn noch in Franken glaubt. Im Flug erreicht er die Ebene von Fehrbellin, wo die Feinde sich sammelten. Er führt einen Kampf glücklich durch, der mit mehr Mut als Klugheit begonnen war. Und er bringt es fertig, mit einem numerisch schwächeren und vom langen Marsche erschöpften Kavalleriekorps zahlreiche und ansehnliche Infanterie zu schlagen, die durch ihre Tapferkeit das Reich und Polen bezwungen hatte. Die Fähigkeiten, die er hierbei an den Tag legte, lassen erkennen, was er geleistet hätte, wäre er im Elsaß sein eigener Herr gewesen. Dieser kühne und glänzende Kriegszug verdient es, Cäsars *Veni, vidi, vici* auf ihn anzuwenden. Selbst seine Feinde rühmten Friedrich Wilhelm, seine Untertanen segneten ihn. Und seine Nachkommen datieren von diesem ruhmreichen Tage den hohen Aufschwung, den das Haus Brandenburg in der Folge genommen hat.

Charakterbild

Friedrich Wilhelm besaß alle Vorzüge, die den großen Mann ausmachen, und die Vorsehung bot ihm jede Gelegenheit, sie zur Entfaltung zu bringen. Im jugendlichen Lebensalter, das sich in der Regel nur durch Verirrungen kennzeichnet, gab er Proben kluger Umsicht. Niemals mißbrauchte er seine Heldentugend. Seine Kühnheit ging immer nur darauf aus, seine Staaten zu verteidigen oder seinen Verbündeten beizustehen. Durch weiten Blick und tiefe Einsicht ward er ein großer Staatsmann. Durch sein arbeitsames und menschenfreundliches Wesen ward er ein guter Fürst. Den gefährlichen Verlockungen der Liebe war er nicht zugänglich; zärtliche Schwäche kannte er nur gegenüber der eigenen Gattin. Wein und Geselligkeit liebte er, doch gab er sich niemals der Schlemmerei hin. Sein lebhaftes, gern aufbrausendes Temperament konnte ihn fortreißen. Aber wenn er der ersten Aufwallung nicht Herr wurde, so meisterte er sicher doch die zweite, und sein Herz machte überreichlich wieder gut, was sein allzu hitziges Blut etwa verschuldet hatte. In seiner Seele wohnte die Tugend. Glück vermochte ihn nicht zur Überhebung zu verleiten, Schicksalsschläge konnten ihn nicht niederdrücken. Sein hochherziger, gütiger, edler, menschlicher Charakter verleugnete sich niemals. Er ward der Neubegründer und Verteidiger seines Vaterlandes, der Schöpfer von Brandenburgs Macht, der Schiedsrichter für seinesgleichen, der Stolz seines Volkes. Mit einem Wort: sein Leben bedeutet seinen Ruhm.

Im siebzehnten Jahrhundert zogen drei Männer die Aufmerksamkeit ganz Europas auf sich: Cromwell, der sich die Herrschaft über England anmaßte und den Word an seinem König zu verschleiern suchte, indem er sich den Schein des Maßvollen gab und eine großzügige Politik führte; Ludwig XIV., der Europa vor seiner Macht erzittern ließ, alle Talente unter seinen Schutz nahm und seiner Nation die Achtung der ganzen Welt erzwang, und Friedrich Wilhelm, der mit geringen Mitteln Großes vollbrachte, sein eigener Minister und Feldherr war und einen unter Trümmern begrabenen Staat zu blühendem Dasein erweckte. Der Name des Großen gebührt nur heldenhaften und fleckenlosen Charakteren. Cromwell hat aus Ehrsucht seine tief angelegte Politik durch Verbrechen entehrt. Es hieße daher das Andenken Ludwigs XIV. und Friedlich Wilhelms erniedrigen, wollte man ihr Leben dem eines erfolgreichen Tyrannen gegenüberstellen.

Beide Fürsten galten, jeder in seiner Sphäre, als die größten Männer ihres Jahrhunderts. In ihrem Leben gibt es Erscheinungen von verblüffender Ähnlichkeit und wiederum andere, bei denen die begleitenden Umstände keine Übereinstimmung aufkommen lassen. Verglich man beide Fürsten miteinander im Hinblick auf die Machtfülle, so wäre das nicht anders, als wenn man Jupiters Blitze und die Pfeile des Philoktet einander gegenüberstellen wollte. Prüft man aber ihre persönlichen Eigenschaften und läßt die politische Macht aus dem Spiel, so tritt es klar zutage, daß die Seele des Kurfürsten und seine Taten dem Geist des Königs und seinen Leistungen nicht nachstanden.

Beide hatten eine einnehmende, glückliche Gesichtsbildung, ausdrucksvolle Züge, eine Adlernase und Augen, in denen sich ihre seelischen Regungen spiegelten. Leutseliges Wesen vereinigte sich bei ihnen mit majestätischer Miene und Haltung. Ludwig XIV. war von höherem Wuchs, in seinem Gebaren lag mehr Anmut, sein Ausdruck war bündiger und kraftvoller. Friedrich Wilhelm hatte während seiner Lehrjahre in Holland eine kühlere Miene, eine weiter ausholende Beredsamkeit angenommen. Beide waren von gleich alter Abkunft. Doch zählten die Bourbonen unter ihren Ahnen mehr Herrscher als die Hohenzollern. Sie waren das Königsgeschlecht einer großen Monarchie, hatten seit langem Fürsten zu Vasallen. Die Hohenzollern waren Kurfürsten eines wenig umfangreichen Landes und damals teilweise von den Kaisern abhängig.

Die Jugend beider Fürsten stand unter einem annähernd gleichen Schicksal. Während seiner Minderjährigkeit war der König von der Fronde und den Prinzen von Geblüt verfolgt worden. Von einer entfernten Anhöhe aus sah er dem Kampfe zu, den seine rebellischen Untertanen mit seinen Truppen in der Vorstadt St. Antoine ausfochten (1652). Der Kurprinz, dessen Vater durch die Schweden seiner Staaten beraubt war, lebte als Flüchtling in Holland, machte seine Lehrzeit als Kriegsmann unter dem Prinzen Friedrich Heinrich von Oranien durch und zeichnete sich bei der Belagerung von Schenkenschanz und Breda aus. Als Ludwig XIV. zur Regierung gelangte, unterwarf er sich sein Reich durch die Wucht der königlichen Autorität. Als Friedrich Wilhelm in dem vom Kriege heimgesuchten Lande seinem Vater nachfolgte, erwarb er sich durch politische Unterhandlungen den Besitz seines Erbes.

Richelieu, Ludwigs III. Minister, war ein Genie ersten Ranges. Von langer Hand her vorbereitete und kühn durchgeführte Pläne schufen die gediegenen Grundlagen der Größe; Ludwig XIV. brauchte nur auf ihnen aufzubauen. Schwarzenberg dagegen, der Minister Georg Wilhelms, war ein Verräter; durch seine schlechte Geschäftsführung trug er viel dazu bei, daß der brandenburgische Staat in den Abgrund stürzte, worin Friedlich Wilhelm ihn bei seinem Regierungsantritt fand. Der französische Monarch ist des Lobes wert, da er den Ruhmesweg ging, den Richelieu ihm bereitet hatte. Der deutsche Held tat mehr: selber bahnte er sich den Weg.

Beide Fürsten befehligten ihre Heere. Der eine hatte die berühmtesten Heerführer Europas unter sich. Bei seinen Erfolgen konnte er sich auf einen Turenne, einen Condé, einen Luxemburg stützen, brauchte nur Kühnheit und Begabung anderer zu fördern; die Begierde, des Königs Anerkennung zu ernten, rief verdienstvolle Taten hervor. Ludwig liebte den Ruhm mehr als den Krieg. Um groß zu erscheinen, unternahm er Feldzüge. Er belagerte Städte, mied aber die Schlachten. Er nahm an dem berühmten Kriegszug teil, in dem seine Feldherren den Spaniern alle Plätze Flanderns entrissen, ebenso an dem schönen Feldzug, durch den Condé in weniger als drei Wochen die Franche-Comté für Frankreich eroberte. Durch seine Gegenwart ermutigte er die Truppen, als sie durch die berühmte Furt am Tolhuys über den Rhein gingen. Liebedienerische Höflinge und begeisterte Poeten stellten das Unternehmen als eine Wundertat hin.

Der andere hatte kaum Truppen, ihm fehlte es an tüchtigen Heerführern, aber er allein ersetzte durch seinen mächtigen Geist die Hilfsmittel, deren er entbehrte. Er selbst entwarf die Kriegspläne und führte sie aus. Er dachte als Heerführer und kämpfte als Soldat, und da seine Lage es erforderte, betrachtete er die Kriegführung als seinen Beruf. Dem Rheinübergang stelle ich den Sieg bei Warschau gegenüber, dessen Hauptwerkzeug der Große Kurfürst war. Der Eroberung der Franche-Comté stelle ich die Überrumpelung Rathenows entgegen und die Schlacht bei Fehrbellin, in der unser Held mit 5000 Reitern die Schweden aufs Haupt schlug und aus dem Lande jagte. Und wenn diese Tat noch nicht zureichend scheinen sollte, so füge ich noch den Zug nach Preußen hinzu, den Eilmarsch über ein zugefrorenes Meer, wobei in acht Tagen 40 Meilen zurückgelegt wurden und der bloße Name des großen Fürsten die Schweden nahezu kampflos aus ganz Preußen vertrieb.

Die Taten des französischen Monarchen blenden durch den großartigen Aufwand, den er dabei zur Schau stellte, durch die große Zahl der Truppen,

die für seinen Ruhm stritten, durch seine Überlegenheit über die anderen Könige und durch die Bedeutung der Streitfragen, an denen ganz Europa Anteil nahm. Die Taten des brandenburgischen Helden verdienen um so höhere Bewunderung, weil sein Mut und sein Genie alles vollbrachten, weil er mit wenig Mitteln die schwersten Unternehmungen durchführte und die Fruchtbarkeit seines Geistes sich im selben Maße steigerte, in dem die Hindernisse sich mehrten.

Ludwigs XIV. Stern glänzte nur so lange, als Colbert, Louvois und die großen Heerführer Frankreichs am Leben waren. Friedrich Wilhelms Glück blieb sich jederzeit gleich; es war ihm treu, so oft er an der Spitze seiner eigenen Heere stand. Es scheint also, die Größe des einen war das Werk seiner Minister und Generale, das Heldentum des anderen gehörte einzig ihm selbst.

Der König hat durch seine Eroberungen Flandern, die Franche-Comté, das Elsaß und in gewissem Sinne auch Spanien seinem Reich angegliedert und so die Eifersucht aller europäischen Fürsten erregt. Der Kurfürst hat durch seine Verträge Pommern, Magdeburg, Halberstadt und Minden erworben und dem Kurfürstentum Brandenburg einverleibt. Dazu bediente er sich des Neides, der an seinen Nachbarn zehrte, und machte sie zu Werkzeugen seiner Größe.

Ludwig XIV. war Europas Schiedsrichter durch seine Macht, die auch den mächtigsten der übrigen Könige fühlbar wurde. Friedrich Wilhelm erwuchs zum Orakel Deutschlands kraft seiner Tugend, die ihm das Zutrauen der mächtigsten Fürsten erwarb. Während so viele Herrscher mit Ungeduld das Joch des Despotismus trugen, das der König von Frankreich ihnen auferlegt hatte, unterbreiteten der König von Dänemark und andere Fürsten ihre Zwistigkeiten dem Tribunal des Kurfürsten und achteten seine gerechten Schiedssprüche.

Vergebens hatte Franz I. versucht, die schönen Künste nach Frankreich zu ziehen. Ludwig XIV. machte sie dort heimisch. Unter seinem Schutz entwickelten sie sich glänzend. Attischer Schönheitssinn und römische Eleganz erlebten in Paris ihre Wiedergeburt. Urania hatte einen goldenen Zirkel in Händen. Kalliope klagte nicht mehr über Unfruchtbarkeit ihrer Lorbeeren; prachtvolle Paläste dienten nunmehr den Musen zur Heimstatt. Georg Wilhelm mühte sich vergeblich um den Wiederaufbau des Landes; wie ein vernichtender Strom verheerte der Dreißigjährige Krieg ganz Norddeutschland. Friedrich Wilhelm bevölkerte seine Staaten wieder. Aus Sümpfen schuf er Wiesen, aus Wüsteneien Dörfer, aus Ruinen Städte. Zahlreiche Herden weideten, wo zuvor nur Raubtiere gehaust hatten. Die nützlichen Künste sind älter als die schönen; sie müssen also notwendigermaßen früher als diese erscheinen.

Ludwig XIV. verdiente Unsterblichkeit, da er den Künstlern seinen Schutz angedeihen ließ. Das Andenken des Kurfürsten wird seinen spätesten

Enkeln teuer sein, weil er an seinem Vaterland nicht verzweifelte. Dem einen sind die Wissenschaften und Künste Bildsäulen schuldig; denn seine freigebige Schirmherrschaft förderte die Aufklärung der Welt. Dem anderen schuldet die Menschlichkeit Altäre; sein hochherziges Schaffen bevölkerte die Erde aufs neue.

Der König vertrieb die Reformierten aus seinem Reich, der Kurfürst aber nahm sie in seine Staaten auf. In diesem Betracht steht der abergläubische und harte Fürst tief unter dem toleranten und mildtätigen. Staatskunst und Menschlichkeit bekunden hier übereinstimmend, daß den Tugenden des Kurfürsten durchaus der Vorzug gebührt.

Alle beide schlossen und brachen Verträge. Aber der eine tat es aus Ehrsucht, der andere aus Notwendigkeit. Mächtige Fürsten setzen sich freien, unabhängigen Willens darüber hinweg, Sklaven ihres Wortes zu sein. Fürsten mit geringen Kräften kommen ihren Verpflichtungen nicht nach, weil sie sich oft den Zeitumständen fügen müssen.

Beide Fürsten endeten als große Männer, wie sie gelebt hatten. Mit unerschütterlicher Festigkeit sahen sie den Tod nahen. Mit stoischem Gleichmut schieden sie von Glück und Freuden, vom Ruhm und vom Leben. Mit sicherer Hand lenkten sie das Staatsruder bis zur Stunde ihres Todes. Ihre letzten Gedanken galten ihrem Volk; mit väterlicher Liebe legten sie es ihrem Nachfolger ans Herz.

Durch ein ruhmreiches Leben voll wunderbarer Taten haben sie sich den Beinamen des Großen verdient, den sie von ihren Zeitgenossen empfingen und den die Nachwelt ihnen einstimmig bestätigt.

Friedrich I., König von Preußen
(1688–1713)

Charakterbild

Friedrich I. war klein und verwachsen; seine Miene war stolz, seine Physiognomie gewöhnlich. Seine Seele glich den Spiegeln, die jeden Gegenstand zurückwerfen. Er war äußerst bestimmbar. Daher konnten diejenigen, die einen gewissen Einfluß auf ihn gewonnen hatten, seinen Geist nach Gefallen erregen oder beschwichtigen. Ließ er sich fortreißen, so geschah es aus Laune; war er sanft, so kam das von seiner Lässigkeit. Er verwechselte Eitelkeit mit echter Größe. Ihm lag mehr an blendendem Glanz als am Nützlichen, das bloß gediegen ist. 30 000 Untertanen opferte er in den verschiedenen Kriegen des Kaisers und der Verbündeten, um sich die Königskrone zu verschaffen. Und er begehrte sie nur deshalb so heiß, weil er seinen Hang für das Zeremonienwesen befriedigen und seinen verschwenderischen Prunk durch Scheingründe rechtfertigen wollte. Er zeigte Herrscherpracht und Freigebigkeit. Aber um welchen Preis erkaufte er sich das Vergnügen, seine geheimen Wünsche zu befriedigen! Er verschacherte das Blut seines Volkes an Engländer und Holländer, wie die schweifenden Tartaren ihre Herden den Metzgern Podoliens für die Schlachtbank verkaufen.

Die Vorurteile des Volkes scheinen der fürstlichen Prachtliebe günstig zu sein. Aber es besteht ein Unterschied zwischen der Freigebigkeit eines Bürgers und der eines Herrschers. Ein Fürst ist der erste Diener und Beamte des Staates. Ihm schuldet er Rechenschaft über die Verwendung der Steuern. Er erhebt sie, um den Staat durch die Truppen, die er hält, zu schützen, die ihm anvertraute Würde aufrechtzuerhalten, Dienste und Verdienste zu belohnen, eine Art Ausgleich zwischen den Reichen und den Belasteten herzustellen, Unglücklichen jeder Art ihr Los zu erleichtern und endlich freigebig bei allem zu verfahren, was den Staatskörper im allgemeinen angeht. Hat der Herrscher einen aufgeklärten Geist und das Herz auf dem rechten Fleck, so wird er seine sämtlichen Ausgaben für das Staatswohl und die größtmögliche Förderung seines Volkes verwenden.

Die Freigebigkeit, die Friedrich I. liebte, war nicht von solcher Art, vielmehr nur Vergeudung, wie ein eitler und verschwenderischer Fürst sie übt. Seine Hofhaltung war eine der prächtigsten in Europa, seine Gesandtschaften waren nicht minder prunkvoll als die der Portugiesen. Er bedrückte die Armen, um die Reichen zu mästen. Seine Günstlinge erhielten hohe Gnadengehälter, während sein Volk im Elend schmachtete. Seine Bauten waren prachtvoll, seine Feste glänzend, seine Marställe und Dienerschaft zeugten eher von asiatischem Prunk als von europäischer Würde. Seine Gnadenbeweise schienen mehr durch den Zufall als durch gescheite Auswahl bedingt. Seine Bedienten machten ihr Glück, wenn sie die ersten Wallungen seines Zornes überstanden hatten. Ein Gut von 40 000 Talern Wert gab er einem Jäger, der ihm einen kapitalen Hirsch vor den Schuß brachte. Die Launenhaftigkeit, die bei seiner Verschwendung waltete, befremdet am stärksten, wenn man die Summe seiner Ausgaben und Einnahmen vergleicht und sich von seinem Leben ein einheitliches Bild macht. Dann sieht man mit Staunen Teile eines Riesenkörpers neben verdorrten, absterbenden Gliedern. Seine Domänen im Halberstädtischen wollte der König den Holländern verpfänden, um den berühmten Pitt kaufen zu können, den Brillanten, den Ludwig XV. zur Zeit der Regentschaft erwarb. Er verkaufte den Verbündeten 20 000 Mann, um das Ansehen zu genießen, daß er 30 000 Mann unterhalte. Sein Hof war wie ein großer Strom, der alle Bächlein in sich aufnimmt. Seine Günstlinge wurden mit Wohltaten überhäuft, seine Verschwendung kostete Tag für Tag ungeheure Summen, während Ostpreußen und Litauen der Hungersnot und der Seuche preisgegeben waren, ohne daß der freigebige Monarch sich herbeiließ, ihnen zu helfen. Ein geiziger Fürst ist für sein Volk wie ein Arzt, der einen Kranken in seinem Blut ersticken läßt. Der verschwenderische gleicht einem Arzt, der den Kranken so lange zur Ader läßt, bis er ihn getötet hat.

In seiner Zuneigung war Friedrich I. niemals beständig. Bald hatte er eine schlechte Wahl zu bereuen, bald fehlte es ihm an Nachsicht gegen menschliche Schwächen. Vom Freiherrn von Danckelman bis zum Grafen Wartenberg nahmen seine Günstlinge alle ein schlimmes Ende.

In seinem schwachen, abergläubischen Geist lebte eine außerordentliche Anhänglichkeit an den Calvinismus. Ihm hätte er gern alle übrigen Bekenntnisse zugeführt. Es ist anzunehmen, daß er die anderen verfolgt hätte, wären die Priester so schlau gewesen, die Verfolgungen mit Zeremonien zu verknüpfen.

Wenn Friedrich I. Lob verdient, so geschieht es deshalb, weil er seinen Landen immer den Frieden erhalten hat, während die seiner Nachbarn vom Krieg verwüstet wurden; weil sein Herz im Grunde gut war und, wenn man will, weil er die eheliche Treue nicht verletzt hat. Alles in allem: er war groß im Kleinen und klein im Großen. Und sein Unglück wollte es, daß er in der Geschichte seinen Platz zwischen einem Vater und einem Sohne fand, die ihn durch die Überlegenheit ihrer Begabung verdunkeln.

Friedrich Wilhelm I., König von Preußen
(1713–1740)

Regierungsantritt und innerer Ausbau des Staates

Friedrich Wilhelms Regierung begann unter den günstigen Auspizien des Friedens. Dieser wurde zwischen Frankreich, Spanien, England, Holland und der Mehrzahl der deutschen Fürsten in Utrecht geschlossen.

Nach der Wiederherstellung des Friedens wandte sich die ganze Aufmerksamkeit des Königs auf die innere Verwaltung. Er arbeitete an der Wiederherstellung der Ordnung in Finanzwirtschaft, Verwaltung, Rechtspflege und Heerwesen; denn diese Gebiete waren unter der vorangegangenen Regierung gleichermaßen verwahrlost. Er besaß eine arbeitsame Seele in einem kraftvollen Körper. Es hat nie einen Mann gegeben, der für die Behandlung von Einzelheiten so begabt gewesen wäre. Wenn er sich mit den kleinsten Dingen abgab, so tat er das in der Überzeugung, daß ihre Vielheit die großen zuwege bringt. Alles, was er tat, geschah im Hinblick auf das

Gesamtbild seiner Politik; er strebte nach höchster Vervollkommnung der Teile, um das Ganze zu vervollkommnen.

Er strich alle unnützen Ausgaben und verstopfte die Kanäle, durch die sein Vater die Mittel des öffentlichen Wohlstandes abgelenkt hatte, um sie in eitlem und überflüssigem Aufwand zu verschwenden. Der Hof spürte die Reform zuerst. Der König behielt nur soviel Personen, als es für die Wahrung der Würde notwendig war oder dem Nutzen des Staates entsprach. Von den hundert Kammerherren seines Vaters blieben nur zwölf; die übrigen wurden Offiziere oder Diplomaten. Er beschränkte seine eigenen Ausgaben auf eine sehr mäßige Summe, indem er sagte, ein Fürst müsse mit dem Gut und Blut seiner Untertanen sparsam umgehen. In dieser Hinsicht war er ein Philosoph auf dem Thron, wiewohl er nichts gemein hatte mit jenen Gelehrten, deren unfruchtbare Wissenschaft auf der Spekulation über abstrakte Gegenstände beruht, die sich unserer Erkenntnis offenbar entziehen. Er gab das Beispiel einer Sittenstrenge und Einfachheit, die der ersten Zeiten der römischen Republik würdig waren. Dem Prunk und den imposanten Äußerlichkeiten des Königtums war er feind. In seiner stoischen Tugend gönnte er sich nicht einmal die nächstliegenden Annehmlichkeiten des Lebens. Seine einfachen Sitten, seine große Genügsamkeit bildeten einen vollkommenen Gegensatz zu dem Hochmut und der Verschwendung Friedrichs I.

Ein politisches Ziel schwebte Friedrich Wilhelm bei dem inneren Ausbau des Staates vor: er wollte sich durch ein mächtiges Heer bei seinen Nachbarn in Respekt setzen. Georg Wilhelms Beispiel hatte ihn gelehrt, wie gefährlich

es ist, sich nicht verteidigen zu können. Und das Beispiel Friedrichs I., dessen Truppen weniger ihm selbst als den sie bezahlenden Bundesgenossen gehörten, hatte ihn erkennen lassen, daß ein Herrscher nur in dem Maße geachtet wird, als er sich mächtig und furchtgebietend zu machen weiß. Er war der Demütigungen satt, die bald die Schweden, bald die Russen seinem Vater zugefügt hatten, indem sie ungestraft seine Staaten durchquerten. Er wollte sein Volk wirksam vor seinen unruhigen Nachbarn beschützen und sich zugleich in den Stand setzen, seine Anrechte auf die Erbfolge in Berg zu vertreten, die beim Tod des Kurfürsten von der Pfalz, des letzten Fürsten aus dem Hause Neuburg, frei werden mußte. Man ist zwar allgemein in dem Vorurteil befangen, der Plan einer militärischen Regierung sei nicht vom König selbst ausgegangen, sondern ihm durch den Fürsten von Anhalt eingegeben worden, aber wir folgen dieser Meinung nicht, weil sie irrig ist. Ein so überlegener Geist wie der Friedrich Wilhelms durchdrang und erfaßte die größten Fragen. Besser als irgend einer von seinen Ministern oder Generalen kannte er die Interessen des Staates.

[Es folgt die Darstellung des Nordischen Krieges bis zum Tode Karls XII. und der Einleitung der Unterhandlungen, die 1720 zum Abschluß des Friedens von Stockholm zwischen Preußen und Schweden führten.]

Wiewohl der Friede noch nicht geschlossen wurde, war er doch so gut wie hergestellt. Der König, der die Ruhe seines Staates gesichert sah, begann nun erst wahrhaft zu regieren, das heißt, für das Glück seines Volkes zu sorgen. Er haßte die unruhigen Geister, deren ungestüme Leidenschaften so weit um sich greifen, als die Macht der Ränke reicht. Er strebte keineswegs nach dem Ruf der Eroberer, die einzig und allein den Ruhm lieben, wohl aber nach dem der Gesetzgeber, die nichts anderes vor Augen haben als das Gute und die Tugend. Der geistige Mut, der zur Abstellung von Mißbräuchen und zur Einführung nützlicher Neuerungen in der Verwaltung unbedingt gehört, verdiente nach seiner Meinung den Vorzug vor der Tapferkeit aus Temperament, die den größten Gefahren trotzt, ohne Furcht zwar, doch oft auch ohne Bewußtheit. Die Spuren, die sein weises Wirken in seinem Lande hinterließ, werden dauern, solange der preußische Staat besteht.

Friedrich Wilhelm verwirklichte nun sein militärisches System und verknüpfte es so innig mit der ganzen übrigen Organisation, daß man an das Heerwesen nicht rühren konnte, ohne den Staat selbst der Gefahr des Umsturzes auszusetzen. Um die Weisheit dieses Systems beurteilen zu können, wird es vielleicht nicht unnütz sein, den Gegenstand hier ein wenig näher zu erörtern.

Seit der Regierung Friedrichs I. hatte sich eine Menge von Mißbräuchen in den Abgaben eingeschlichen. Sie waren ein Gegenstand der Willkür geworden. Im ganzen Staat wurde der Ruf nach einer Reform laut. Bei der

Untersuchung zeigte es sich, daß keinerlei Grundsatz für die Einschätzung der Kontribution bestand, daß für die Grundbesitzer an manchen Orten die Abgaben auf demselben Fuß belassen waren, auf dem sie vor dem Dreißigjährigen Krieg gestanden hatten, während alle Eigentümer der zahlreichen Ländereien, die seitdem angebaut waren, verschieden besteuert wurden. Um die Lasten im richtigen Verhältnis abzustufen, ließ der König alle anbaufähigen Felder genau vermessen und stellte innerhalb der verschiedenen Klassen von gutem und schlechtem Boden die Gleichheit der Kontribution wieder her. Da die Lebensmittel seit der Regierung des Großen Kurfürsten stark im Preise gestiegen waren, steigerte er auch die Abgaben, so daß sie den neuen Preisen entsprachen. Dadurch erhöhte er seine Einkünfte bedeutend.

Um aber mit der einen Hand wieder auszustreuen, was er mit der anderen einzog, stellte er neue Infanterieregimenter auf und vermehrte seine Kavallerie. Dadurch wuchs das Heer auf 60 000 Mann an. Die Truppen ver-

teilte er über all seine Provinzen, so daß das Geld, das diese an den Staat bezahlten, durch die Truppen beständig zu ihnen zurückfloß. Um den Landmann nicht mit dem Unterhalt der Soldaten zu belasten, wurde das ganze Heer, Kavallerie wie Infanterie, in die Städte gelegt. Dadurch nahmen die Akzise-Einkünfte zu, die Disziplin der Truppen befestigte sich, die Preise der Waren stiegen, und unsere Wolle, die wir zuvor an das Ausland verkauften und von dort als verarbeitete Ware zurückerhielten, verließ nun das Land nicht mehr. Das ganze Heer wurde regelmäßig alle Jahre neu eingekleidet, und Berlin bevölkerte sich mit zahlreichen Arbeitern, die nur von ihrem Gewerbe leben und nur für die Truppen arbeiten. Die Manufakturen wurden gediegen eingerichtet, kamen in Blüte und versorgten einen großen Teil der nordischen Völker mit Wollstoffen. Das Heer, das schon im Jahre 1718 nahezu 60 000 Mann stark war, sollte dem Staate durch die große Zahl der Aushebungen, deren es bedurfte, nicht zur Last fallen. Daher erließ der König eine Verordnung, durch die jeder Hauptmann verpflichtet wurde, im Reich Leute anzuwerben. Ein paar Jahre später bestanden die Regimenter nur zur einen Hälfte aus Landeskindern, zur anderen aus Ausländern.

Der König bevölkerte Ostpreußen und Litauen, wo die Pest verheerend gehaust hatte (1710), aufs neue. Aus der Schweiz, aus Schwaben und der Pfalz ließ er Kolonisten kommen und half ihnen mit ungeheuren Kosten, sich anzusiedeln. Mit nicht geringem Aufwand an Zeit und Mühe gelang es ihm schließlich, die verwüsteten Lande mit neuen Wohnstätten und neuen Einwohnern zu versehen, nachdem sie eine Zeitlang aus der Zahl der bewohnten Länder gestrichen waren. Alljährlich bereiste er jede Provinz, ermutigte in diesem periodischen Kreislauf überall den Gewerbefleiß und begründete den Wohlstand. Viele Fremde wurden ins Land gezogen. Diejenigen, die in den Städten Manufakturen errichteten oder neue Kunstfertigkeiten lehrten, wurden durch Unterstützungen, Privilegien und Belohnungen angefeuert.

Er hatte sich eine anmutige Residenz in Potsdam geschaffen, das ursprünglich nur ein Fischerdörfchen war. Daraus machte er eine schöne, große Stadt. In ihr erblühten Künste jeder Art, von den alltäglichen bis zu denen, die dem raffinierten Luxus dienen. Leute aus Lüttich, die er durch seine Freigebigkeit angezogen hatte, errichteten dort eine Waffenfabrik, die nicht allein das preußische Heer, sondern auch die Truppen einiger nordischen Mächte versorgte. Bald wurden in Potsdam auch Sammete so schön wie in Genua hergestellt. Alle Ausländer, die ein Gewerbe verstanden, wurden in Potsdam aufgenommen, angesiedelt und belohnt. Der König errichtete in der Stadt, deren Gründer er war, ein großes Militärwaisenhaus, wo alljährlich 2500 Soldatenkinder Unterkunft finden und alle Berufsarten erlernen können, zu denen sie Anlage zeigen. Desgleichen baute er eine Anstalt für Mädchen, die dort zu Arbeiten erzogen werden, wie sie ihrem Geschlecht ziemen. Durch diese mildtätigen Einrichtungen linderte er das Elend der Soldaten, die für eine Familie zu sorgen hatten, und verschaffte den Kindern eine gute Erziehung, die sie von ihren Vätern nicht erhalten konnten. Im selben Jahr vermehrte er das Kadettenkorps, worin dreihundert junge Edelleute zum Waffendienst vorgebildet werden. Einige alte Offiziere wachen über ihre Erziehung. Lehrer bringen ihnen Kenntnisse bei und unterweisen sie in den körperlichen Übungen, mit denen Personen von Stande vertraut sein müssen.

Keine Sorge ist des Gesetzgebers würdiger als die um die Erziehung der Jugend. In zartem Alter sind die jungen Pflanzen noch empfänglich für Eindrücke aller Art. Flößt man ihnen Liebe zur Tugend und zum Vaterland ein, so werden sie gute Bürger. Und die guten Bürger sind das beste Bollwerk der Staaten. Verdienen die Fürsten dafür unser Lob, daß sie ihre Untertanen mit Gerechtigkeit regieren, so gewinnen sie sich unsere Liebe, indem sie ihre Fürsorge auf die Nachkommenschaft ausdehnen.

Charakterbild

Der König lebte seit dem Anfall von Wassersucht, den er 1734 erlitten hatte, nur noch durch die Kunst der Ärzte. Gegen Ende des Jahres 1739 verfielen seine Kräfte immer mehr. In diesem kränklichen Zustand traf er ein Abkommen mit Frankreich, das ihm das Herzogtum Berg garantierte, ausgenommen die Stadt Düsseldorf nebst einem Streifen von einer Meile Breite am ganzen Rheinufer entlang. Er begnügte sich mit dieser Teilung um so eher, als seine schwindende Lebenskraft ihm keine Hoffnung mehr ließ, ansehnlichere Erwerbungen zu machen.

Die Wassersucht, die ihn plagte, nahm erheblich zu. Am 31. Mai 1740 starb er mit der Festigkeit eines Philosophen und der Ergebung eines Christen. Bis zum letzten Atemzuge bewahrte er eine bewundernswerte Seelenstärke. Er ordnete seine Angelegenheiten als Staatsmann, verfolgte die Fortschritte seiner Krankheit wie ein Arzt und triumphierte als ein Held über den Tod.

Er hatte im Jahre 1706 Sophie Dorothea geheiratet, eine Tochter Georgs von Hannover, des späteren Königs von England. Dieser Ehe entsprossen Friedrich II., der sein Nachfolger ward; die drei Prinzen August Wilhelm, Heinrich und Ferdinand; Wilhelmine, Markgräfin von Bayreuth; Friederike, Markgräfin von Ansbach; Charlotte, Herzogin von Braunschweig; Sophie, Markgräfin von Schwedt; Ulrike, Königin von Schweden; Amalie, Äbtissin von Quedlinburg.

Die Minister veranlaßten Friedrich Wilhelm, vierzig Verträge oder Abkommen zu unterzeichnen, deren Aufzählung wir uns erspart haben, weil sie zu nichtig sind. Von der maßvollen Art des Königs waren die Minister so weit entfernt, daß sie weniger an die Würde ihres Herrn dachten als an die Mehrung der Einkünfte aus ihren Ämtern.

Ebenso haben wir die häuslichen Kümmernisse dieses großen Fürsten mit Stillschweigen übergangen: um der Tugenden eines solchen Vaters willen muß man einige Nachsicht mit den Fehlern seiner Kinder haben.

Die Politik des Königs war stets untrennlich von seiner Gerechtigkeit. Er war weniger auf Mehrung seines Besitzes bedacht als auf dessen gute Verwaltung, stets zu seiner Verteidigung gerüstet, aber niemals zum Unheil

Europas. Das Nützliche zog er dem Angenehmen vor. Er baute im Überfluß für seine Untertanen und wandte nicht die bescheidenste Summe an seine eigene Wohnung. Er war bedachtsam im Eingehen von Verbindlichkeiten, treu in seinen Versprechungen, streng von Sitten, streng auch gegen die Sitten der anderen. Unnachsichtig wachte er über die militärische Disziplin, und den Staat regierte er nach denselben Grundsätzen wie sein Heer. Von der Menschheit hatte er eine so hohe Meinung, daß er von seinen Untertanen den gleichen Stoizismus verlangte wie von sich selbst.

Friedrich Wilhelm hinterließ bei seinem Tod ein Heer von 66000 Mann, das er durch seine sparsame Wirtschaft unterhielt, gesteigerte Staatseinkünfte, einen wohlgefüllten Staatsschatz und in all seinen Geschäften eine wunderbare Ordnung.

Wenn es wahr ist, daß wir den Schatten der Eiche, der uns umfängt, der Kraft der Eichel verdanken, die den Baum sprossen ließ, so wird die ganze Welt darin übereinstimmen, daß in dem arbeitsreichen Leben dieses Fürsten und in der Weisheit seines Wirkens die Urquellen des glücklichen Gedeihens zu erkennen sind, dessen sich das königliche Haus nach seinem Tode erfreut hat.

Geschichte meiner Zeit
(1775)

Vorwort

Viele haben Geschichte geschrieben, aber sehr wenige haben die Wahrheit gesagt. Schlecht unterrichtete Schriftsteller wollten Anekdoten schreiben und haben sie erdichtet oder Volksgerüchte für bewiesene Tatsachen genommen und sie der Nachwelt dreist aufgetischt. Andere wollten berichten, was sich hundert Jahre vor ihrer Geburt zugetragen hat. Sie haben Romane verfaßt, in denen höchstens die Hauptsachen nicht entstellt worden sind. Sie haben den Menschen, deren Leben sie überlieferten, Gedanken, Worte und Taten zugeschrieben, und die leichtsinnige Welt, die betrogen sein will, hat die Hirngespinste der Verfasser für geschichtliche Wahrheiten gehalten. Wieviel Lügen! Wieviel Irrtümer! Wieviel Betrug!

In der Überzeugung, daß es nicht irgendeinem Pedanten, der im Jahre 1840 zur Welt kommen wird, noch einem Benediktiner der Kongregation von St. Maur zusteht, über Verhandlungen zu reden, die in den Kabinetten der Fürsten stattgefunden, noch die gewaltigen Szenen darzustellen, die sich auf dem europäischen Theater abgespielt haben, will ich selbst die Umwälzungen beschreiben, deren Augenzeuge ich war und an denen ich den regsten Anteil hatte. Gehen diese großen Ereignisse doch mein Haus ganz besonders an. Ja, man kann die Epoche seiner Größe erst von diesem Zeitpunkt ab datieren.

Ich halte mich sogar für verpflichtet, der Nachwelt eine wahre und exakte Darstellung der Ereignisse zu geben, die ich selbst erlebt habe; denn seit dem Untergange des römischen Reiches verdient kaum ein geschichtliches Ereignis so viel Beachtung wie der Krieg, den eine mächtige Liga zum Sturze des Hauses Habsburg unternahm.

Originalurkunden, Briefe wie Verträge, werden die von mir berichteten Tatsachen rechtfertigen. Ich will den Leser nicht durch weitschweifige Erzählungen kleiner Umstände ermüden. Vielmehr werde ich ihm nur das vorführen, was seine Aufmerksamkeit verdient. Kleine Züge, die den Zeitgeist kennzeichnen, sollen jedoch nicht fortbleiben, auch manche Kleinigkeiten nicht, die zu Großem geführt haben.

Da ich zur Nachwelt rede, lasse ich mich durch keinerlei Rücksicht behindern. Ich schone die Fürsten meiner Zeit nicht und verhehle nichts von dem, was mich selbst betrifft.

Ich hoffe, die Nachwelt, für die ich schreibe, wird bei mir den Philosophen vom Fürsten und den Ehrenmann vom Politiker zu scheiden wissen.

Ich muß gestehen: wer in das Getriebe der großen europäischen Politik hineingerissen wird, für den ist es sehr schwer, seinen Charakter lauter und ehrlich zu bewahren. Immerfort schwebt er in Gefahr, von seinen Verbündeten verraten, von seinen Freunden im Stich gelassen, von Neid und Eifersucht erdrückt zu werden, und so steht er schließlich vor der schrecklichen Wahl, entweder sein Volk zu opfern oder sein Wort zu brechen.

Als Grundgesetz der Regierung des kleinsten wie des größten Staates kann man den Drang zur Vergrößerung betrachten. Diese Leidenschaft ist bei jeder weltlichen Macht ebenso tief eingewurzelt wie beim Vatikan der Gedanke der Weltherrschaft.

Die Fürsten zügeln ihre Leidenschaften nicht eher, als bis sie ihre Kräfte erschöpft sehen: das sind die feststehenden Gesetze der europäischen Politik, denen jeder Staatsmann sich beugen muß. Wäre ein Fürst weniger auf seinen Vorteil bedacht als seine Nachbarn, so würden sie immer stärker, er zwar tugendhafter, aber schwächer werden. Was entscheidet also über den Erfolg in dem allgemeinen Wettstreit des Ehrgeizes, in dem so viele sich mit gleichen Waffen zu vernichten und sich mit den gleichen Listen zu hintergehen suchen? Einzig und allein der weitschauende Scharfblick und die Kunst, seine Pläne mit kluger Voraussicht auf mehr als einem Wege zur Reife zu bringen.

Diese Kunst erscheint, wie ich gestehe, vielfach als das Gegenteil der Privatmoral. Sie ist aber die Moral der Fürsten, die sich auf Grund eines stillschweigenden Übereinkommens und zahlloser geschichtlicher Beispiele leider gegenseitig das Vorrecht verliehen haben, ihren Ehrgeiz um jeden Preis zu befriedigen, immer nur das zu tun, was ihr Vorteil erheischt. Zu diesem Zweck brauchen sie entweder Feuer oder Schwert oder Ränke, Listen und Verhandlungen. Sie spotten selbst der gewissenhaften Beobachtung der Verträge, die, um die Wahrheit zu sagen, nichts als falsche und treulose Schwüre sind.

Die Geschichte jedes Staates, jedes Königreiches, jedes republikanischen Gemeinwesens weist politische Vereinbarungen und Bündnisse auf, die

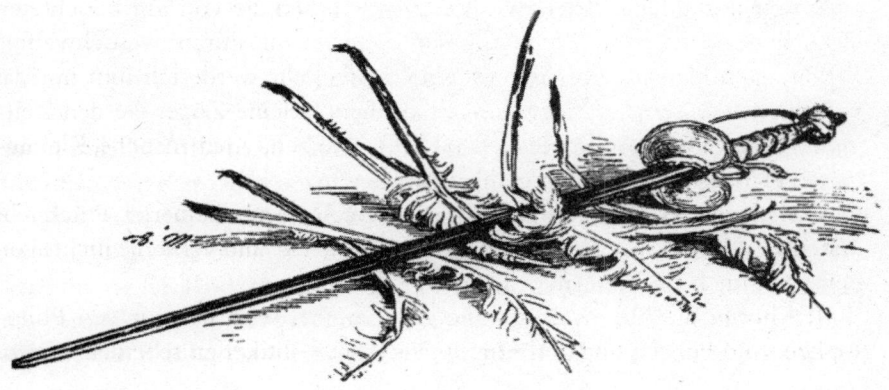

ebenso rasch gebrochen wie geschlossen, Friedensverträge, die alsbald wieder verletzt und von neuem geschlossen wurden. Der einzige Unterschied besteht darin, daß die Politik der Kleinstaaten ängstlicher ist als die der Großmächte, und daß Europa in unserem zivilisierten Jahrhundert sich schämen und entrüsten würde, wenn man noch heute zu Gift und Dolch griffe wie im 11. und 12. Jahrhundert. Man muß hoffen, daß eine noch aufgeklärtere Zeit der Ehrlichkeit den ihr gebührenden Platz einräumen wird.

Nicht verteidigen will ich hier die Staatskunst, die durch den steten Brauch der Völker bis auf die Gegenwart sanktioniert worden ist. Ich setze einfach die Gründe auseinander, die jeden Fürsten nach meiner Meinung zwingen, der Praxis zu folgen, die den Betrug und den Mißbrauch der Macht autorisiert, und ich sage offen: seine Nachbarn würden sich seine Rechtschaffenheit nur zunutze machen, und man würde ihm, auf Grund falscher Vorurteile und verkehrter Meinungen, das als Schwäche auslegen, was nur Tugend ist.

Solche und viele andere, reiflich erwogene Gedanken haben mich veranlaßt, den Brauch der Fürsten mitzumachen. Die Geschichte unseres Zeitalters liefert Beispiele genug zur Rechtfertigung meines Verhaltens. Angesichts all der schlimmen Praktiken, der Falschheit, Doppelzüngigkeit und Treulosigkeit meiner Nachbarn, wage ich zu behaupten, habe ich mich gegen sie noch ziemlich hochherzig benommen, und wenn auch der allgemeine Brauch meinen Verstand unterjochte, so ist mein Herz doch nicht verdorben.

Aber von mir soll hier nicht die Rede sein. Der Gegenstand meiner Darstellung ist größer und anziehender als meine Persönlichkeit. Es handelt sich hier auch nicht um eine moralische Abhandlung, sondern um geschichtliche Tatsachen. Da nur die über den guten Ruf eines Fürsten urteilen können, die kein Interesse daran haben, ihm zu schmeicheln, und sich nicht zu fürchten brauchen, ihn zu tadeln, so will ich ihnen alle Beweggründe meines Handelns auseinandersetzen und mich dann ihrem strengen Urteil unterwerfen.

Europa im Jahre 1740

Fürsten und Völker

Die Einkünfte Preußens betrugen beim Tode König Friedrich Wilhelms I. nur 7 400 000 Taler. Die Bevölkerung in allen Provinzen belief sich höchstens auf drei Millionen Seelen. Der verstorbene König hinterließ im Schatze 8 700 000 Taler, keine Schulden, die Finanzen in guter Verwaltung, aber wenig Industrie; die Handelsbilanz verlor jährlich 1 200 000 Taler an das Ausland. Das Heer zählte 76 000 Mann, darunter fast 26 000 Ausländer: ein Beweis, daß seine Stärke die Kräfte des Landes überstieg und daß drei Millionen Einwohner nicht einmal zum Ersatz von 50 000 Mann hinreichten, zumal in Kriegszeiten. Der verstorbene König hatte sich in kein Bündnis eingelassen, um seinem Nachfolger freie Hand zu bewahren, welche Bündnisse er nach Zeit und Umständen als die für den Staat vorteilhaftesten eingehen wollte.

Europa hatte Frieden, abgesehen von England und Spanien, die sich über ein paar englische Ohren, welche die Spanier abgeschnitten hatten, in der Neuen Welt bekriegten und ungeheure Summen für Handelsobjekte vergeudeten, die in keinem Verhältnis zu dem großen Kraftaufwands standen.

Kaiser Karl VI. hatte durch Vermittlung des französischen Gesandten in Konstantinopel, Villeneuve, den Frieden von Belgrad mit den Türken geschlossen (1739). Durch diesen Frieden trat er dem osmanischen Reiche das Königreich Serbien, einen Teil der Walachei und die wichtige Stadt Belgrad ab. Die letzten Regierungsjahre Karls VI. waren überhaupt sehr unglücklich gewesen. Die Königreiche Neapel und Sizilien sowie ein Teil der Lombardei waren ihm von den Franzosen, den Spaniern und dem König von Sardinien entrissen worden. Außerdem hatte er durch den Frieden von 1738 das Herzogtum Lothringen, in dem das Haus seines Schwiegersohnes seit altersgrauen Zeiten geherrscht hatte, an Frankreich abgetreten. Durch diesen Vertrag gab der Kaiser Länder hin und erhielt außer leeren Bürgschaften von Frankreich allein Toskana, das man aber nur als unsicheren Besitz ansehen kann. Frankreich garantierte dem Kaiser jenes Hausgesetz über seine Erbfolge, das in Europa als Pragmatische Sanktion so bekannt geworden ist. Dieses Gesetz sollte seiner Tochter die Unteilbarkeit seiner Erbschaft sichern.

Man erstaunt mit Recht, am Ende der Regierung Karls VI. den Glanz so verbleichen zu sehen, der sie zu Anfang umschimmert hatte. Die Ursache für das Mißgeschick dieses Herrschers liegt in dem Verluste des Prinzen Eugen. Nach dem Tode dieses großen Mannes war keiner da, der ihn ersetzen konnte. Der Staat hatte seine Kraft verloren und sank in Schwäche und Verfall. Karl VI. hatte von Natur alle Eigenschaften eines guten Bürgers, aber nicht eine einzige zu einem großen Manne. Er besaß Edelmut, aber keine Urteilskraft, einen beschränkten, nicht durchdringenden Verstand, Fleiß, aber kein Genie, so daß er bei reichlichem Arbeiten wenig leistete. Er beherrschte das deutsche Recht, sprach mehrere Sprachen und war ein vorzüglicher Lateiner, ein guter Vater und Ehemann, aber bigott und abergläubisch wie alle Fürsten aus dem Hause Österreich. Man hatte ihn zum Gehorchen erzogen, nicht zum Befehlen. Seine Minister unterhielten ihn mit Entscheidungen von Reichshofratsprozessen, mit pünktlicher Beobachtung der Etikette des Hauses Burgund; und während er sich mit diesen Nichtigkeiten abgab oder seine Zeit auf der Jagd vertat, schalteten sie als wahre Herrscher despotisch im ganzen Staate.

Österreichs guter Stern hatte den Prinzen Eugen von Savoyen in die Dienste des Hauses Habsburg geführt. Der Prinz war in Frankreich Abbé gewesen;

Ludwig XIV. schlug ihm eine Pfründe aus; Eugen bat um eine Kompagnie Dragoner, erhielt sie aber ebensowenig. Man verkannte sein Genie. Als Eugen alle Türen des Glückes verschlossen sah, verließ er seine Mutter, Madame von Soissons, und Frankreich, um seine Dienste dem Kaiser Leopold anzubieten. Der machte ihn zum Obersten und gab ihm ein Regiment. Sein Können trat schnell zutage. Seine ausgezeichneten Dienste und die Überlegenheit seines Geistes erhoben ihn bald auf die höchsten militärischen Stufen: er wurde Generalissimus, Präsident des Hofkriegsrates und schließlich Premierminister Kaiser Karls VI. So war der Prinz Chef des kaiserlichen Heeres; er regierte nicht nur die österreichischen Erblande, sondern auch das Reich. Eigentlich war er Kaiser. Solange Prinz Eugen in der Vollkraft seines Geistes stand, war das Glück mit den Waffen und den Unterhandlungen Österreichs. Aber als Alter und Krankheiten ihn schwächten, ward dieser Kopf, der so lange für das Wohl des Kaiserhauses gearbeitet hatte, unfähig, die Arbeit fortzusetzen und die gleichen Dienste zu leisten. Eine demütigende Betrachtung für unsere Eitelkeit! Ein Condé, ein Eugen, ein Marlborough sehen ihren Geist eher hinsterben als ihren Leib, und die größten Genies enden in Verblödung! Arme Sterbliche, nun rühmt euch noch, wenn ihr es noch mögt!

Als Eugens Kräfte sanken, setzten die Intrigen aller österreichischen Minister ein. Graf Sinzendorff erlangte den meisten Einfluß auf seinen Herrn. Er arbeitete wenig und liebte gutes Essen; er war der Apicius des kaiserlichen Hofes, und der Kaiser pflegte zu sagen, die guten Gerichte seines Ministers zögen ihm selbst böse Händel zu. Sinzendorff war stolz und hochfahrend; er hielt sich für einen Agrippa und zugleich für einen Mäcenas. Die Reichsfürsten waren empört über die Härte seiner Regierung. Sie stand in direktem Widerspruch zur Regierungsart Prinz Eugens, der die Reichsstände durch Sanftmut viel sicherer zu seinen Zielen leitete. Als Graf Sinzendorff zum Kongreß nach Cambrai geschickt wurde, glaubte er dort den Charakter des Kardinals Fleury zu durchschauen. Doch der Franzose, durchtriebener als der Deutsche, überlistete ihn, und Sinzendorff kehrte mit der Wahnhoffnung nach Wien zurück, er würde den Hof von Versailles nun ebenso regieren wie den des Kaisers.

Kurz darauf sagte Prinz Eugen zum Kaiser, der immerfort darauf sann, wie er seine Pragmatische Sanktion sicherstellen könnte, das einzige Mittel dazu sei ein Heer von 180 000 Mann. Wenn der Kaiser darauf einginge, wolle er die Geldmittel zur Bezahlung dieser Truppenvermehrung angeben. Karl VI., dessen Geist von Eugens Genie überwältigt war, wagte ihm nichts abzuschlagen; die Vermehrung um 40 000 Mann wurde beschlossen, und bald war das Heer vollzählig. Aber die Grafen Sinzendorff und Starhemberg, Feinde des Prinzen Eugen, stellten dem Kaiser vor, daß seine Lande, schon durch unerschwingliche Steuern gedrückt, den Unterhalt eines so großen

Heeres nicht aufbringen könnten, und wenn man Österreich, Böhmen und die anderen Provinzen nicht ganz und gar zugrunde richten wollte, so müßte diese Vermehrung wieder rückgängig gemacht werden. Karl VI., der von den Finanzen so wenig wußte wie von seinem Lande, ließ sich durch seine Minister bereden und verabschiedete die ausgehobenen 40 000 Mann, gerade vor dem Tode König Augusts II. von Polen (1733).

Zwei Bewerber traten für den erledigten polnischen Thron auf. Der eine war Kurfürst August von Sachsen, der Sohn des letzten Königs von Polen, unterstützt vom römischen Kaiser, der russischen Zarin und von sächsischem Geld und Truppen. Der andere, Stanislaus Leszczynski, hatte die Stimmung Polens für sich und wurde von seinem Schwiegersohn Ludwig XV. begünstigt; aber die ganze französische Unterstützung bestand aus vier Bataillonen. Er kam nach Polen, ward in Danzig belagert, konnte sich dort nicht halten und verzichtete zum zweitenmal auf die traurige Ehre, König einer Republik zu heißen, in der die Anarchie herrschte.

Graf Sinzendorff rechnete so sicher auf die friedliche Gesinnung des Kardinals Fleury, daß er seinen Hof leichtfertig in die polnischen Wirren verstrickte. Das Vergnügen, die Krone Polens zu vergeben, kostete dem Kaiser drei Königreiche und einige schöne Provinzen. Die Franzosen hatten schon den Rhein überschritten und belagerten Kehl, als man in Wien noch auf ihre Untätigkeit wettete. Der nun entstehende Krieg war ein Werk der Eitelkeit und der nachfolgende Friede ein Werk der Schwäche. Der Name des Prinzen Eugen hatte noch Klang und unterstützte die österreichischen Waffen am Rhein in den Feldzügen von 1734/35. Bald darauf starb er, zu spät für seinen Ruhm.

Zwei Ämter, die im Prinzen Eugen vereinigt waren, der Oberbefehl über das Heer und der Vorsitz im Hofkriegsrate, wurden getrennt. Graf Harrach trat an die Spitze des Hofkriegsrats; Königsegg, Wallis, Seckendorff, Neipperg, Schmettau, Khevenhüller und der Prinz von Hildburghausen bewarben sich um die gefährliche Ehre, die kaiserlichen Heere zu befehligen. Welch eine Aufgabe, gegen den Ruf des Prinzen Eugen anzustreben und einen Platz einzunehmen, den er so glänzend ausgefüllt hatte! Übrigens waren diese Generale so uneins untereinander wie die Nachfolger Alexanders des Großen. Zum Ersatz für die mangelnde Tüchtigkeit nahmen sie ihre Zuflucht zur Intrigue: Seckendorff und der Prinz von Hildburghausen stützten sich auf den Einfluß der Kaiserin und eines Ministers namens Bartenstein, eines geborenen Elsässers aus niedrigem Stande, der aber arbeitsam war und mit zwei Genossen, Knorr und Wöber, ein Triumvirat bildete, das damals die kaiserlichen Angelegenheiten besorgte. Khevenhüller besaß Anhang im Hofkriegsrate, und Wallis, der seine Ehre darein setzte, jedermann zu hassen und von jedermann gehaßt zu werden, hatte nirgends Freunde.

Die Russen führten damals Krieg mit den Türken und das russische Glück machte den Österreichern Mut. Bartenstein wähnte, man könne die Türken aus Europa verjagen, und Seckendorff strebte nach dem Oberbefehl. Unter dem Vorwand, der Kaiser müßte seinen Bundesgenossen, den Russen, gegen den Erbfeind der Christenheit beistehen, stürzten die beiden das Haus Österreich ins tiefste Unglück. Jedermann wollte den Kaiser beraten: seine Minister, die Kaiserin, der Herzog von Lothringen, jeder setzte ihm auf seine Weise zu. Aus dem kaiserlichen Hofkriegsrate gingen täglich neue Operationspläne hervor; durch die höfischen Kabalen und durch die Eifersucht der Generale scheiterten alle Unternehmungen. Die Befehle, die sie vom Hofe erhielten, widersprachen einer dem anderen oder forderten unausführbare Dinge. Diese Verwirrung daheim brachte den österreichischen Waffen mehr Unglück als die Macht der Ungläubigen. Man stellte in Wien das Venerabile aus, indes man in Ungarn Schlachten verlor, und abergläubisch hoffte man auf Wunder, um die Fehler der Ungeschicklichkeit wettzumachen. Seckendorff kam am Ende seines ersten Feldzuges auf Festung, weil, wie man sagte, seine Ketzerei den Zorn des Himmels herbeigezogen hätte. Königsegg befehligte das zweite Jahr und ward darauf Oberhofmeister der Kaiserin. Daher sagte Wallis, der im dritten Jahre das Kommando führte, sein erster Vorgänger sei eingesperrt, der zweite sei Eunuch im Serail geworden, und ihm selbst würde man wohl den Kopf abschlagen. Er irrte nicht, denn nach dem Verlust der Schlacht von Grocka wurde er in Brünn auf die Festung gesetzt. Neipperg, den der Kaiser und der Herzog von Lothringen um Beschleunigung des Friedens angefleht hatten, wurde, nachdem er den Frieden von Belgrad mit den Türken geschlossen hatte, zum Lohne dafür auf die Festung Raab geschickt. So wagte der Wiener Hof es nicht, bis zur Quelle seines Unglücks vorzudringen, zu dem gerade die Erlauchtesten aus seiner Mitte beigetragen hatten, sondern er tröstete sich damit, die Werkzeuge seines Mißgeschicks zu strafen.

Nach diesem Friedensschlusse (1739) befand sich das österreichische Heer in einem gänzlich zerrütteten Zustande. Bei Widdin, Mehadia, Pancsowa, am Timok und bei Grocka hatte es große Verluste erlitten; die ungesunde Luft und das Sumpfwasser hatten ansteckende Krankheiten verbreitet, und die Berührung mit den Türken hatte ihm die Pest gebracht. Das Heer war sowohl aufgerieben wie entmutigt. Nach dem Frieden blieb der größte Teil der Truppen in Ungarn; es waren aber nicht mehr als 43 000 Streiter, und niemand dachte daran, die Armee wieder vollzählig zu machen. Im übrigen hatte der Kaiser nur 16 000 Mann in Italien, höchstens 12 000 in Flandern und fünf bis sechs Regimenter zerstreut in den Erbländern, so daß also das kaiserliche Heer statt seiner Sollstärke von 175 000 Mann tatsächlich nur 82 000 Mann zählte.

Im Jahre 1733 waren die Einkünfte des Kaisers auf achtundzwanzig Millionen veranschlagt; seitdem hatte er recht viel davon verloren, und die Kosten von zwei aufeinanderfolgenden Kriegen hatten ihn derart in Schulden gestürzt, daß er sie mit den übriggebliebenen zwanzig Millionen Einkünften kaum zu bezahlen vermochte. Überhaupt waren die Finanzen in größter Verwirrung. Unter den Ministern herrschte offener Zwist. Eifersucht trennte die Generale. Der Kaiser selbst war durch so viele Mißerfolge entmutigt und der eitlen Größe überdrüssig geworden. Jedoch trotz seiner geheimen Fehler und Schwächen stand Österreich noch 1740 in der ersten Reihe der europäischen Mächte; man war sich klar, daß bei seinen Hilfsquellen ein guter Kopf noch eine vollständige Wandlung herbeiführen konnte. Inzwischen ersetzte Österreich die mangelnde Kraft durch Stolz, und sein einstiger Ruhm deckte noch den beschämenden Zustand seines gegenwärtigen Niederganges.

Ganz anders stand es mit Frankreich. Seit 1672 war das Königreich nicht in so glänzender Lage gewesen. Einen Teil seines Glückes verdankte es der weisen Leitung des Kardinals Fleury. Ludwig XIV. hatte diesen früheren Bischof von Fréjus zum Erzieher seines Urenkels bestellt. Die Priester sind ebenso ehrgeizig wie andere Menschen und oft verschmitzter. Nach dem Tode des Herzogs von Orleans (1723) ließ Fleury den Herzog von Bourbon, dessen Nachfolger in der Regentschaft, des Landes verweisen und trat an dessen Stelle. In seiner Staatsverwaltung bewies er mehr Vorsicht als Tatkraft. Vom Bett seiner Maitressen aus verfolgte er die Jansenisten. Alle Bischöfe mußten orthodox sein, und doch weigerte er sich bei einer schweren Krankheit, die Sakramente seiner Kirche zu nehmen. Richelieu und Mazarin hatten alles, was Pomp und Prunk an Ansehen geben können, erschöpft; des Kontrastes halber suchte Fleury seine Größe in der Einfachheit. Seinen Neffen hinterlies er nur eine sehr geringe Erbschaft, aber er machte sie reich durch die unermeßlichen Wohltaten, die der König über sie ausschüttete. Als Premierminister zog er die Unterhandlungen dem Kriege vor, weil er stark im Intriguenspiel war und keine Heere zu befehligen verstand. Er trug Friedensliebe zur Schau, denn er wollte lieber der Schiedsrichter der Könige sein als ihr Bezwinger. Er war kühn in seinen Plänen, zaghaft in ihrer Ausführung. Seine sparsame Wirtschaft und seine Ordnungsliebe waren überaus nützlich für Frankreich, da dessen Finanzen durch den Spanischen Erbfolgekrieg und durch eine schlechte Verwaltung erschöpft waren. Das Militär setzte er zu sehr zurück und hielt die Finanzleute zu hoch. Frankreichs Seemacht ward unter seinem Regiment fast vernichtet, und die Landtruppen waren so vernachlässigt, daß sie im ersten Feldzuge von 1733 nicht Zelte aufschlagen konnten. Bei einigen Talenten für die innere Verwaltung galt der Minister in Europa für schwach und arglistig. Indessen hatte er durch seine gute Wirtschaft dem Königreich die Mittel zur Tilgung eines Teiles der ungeheuren, unter der Regierung Ludwigs XIV. angesammelten Schulden verschafft. Er half der Anordnung ab, die unter der Regentschaft eingerissen war, und dank seiner klugen Finanzwirtschaft erhob Frankreich sich wieder aus der Zerrüttung, die Laws System verschuldet hatte.

Zwanzig Friedensjahre brauchte diese Monarchie, um sich von ihren zahlreichen Schicksalsschlägen zu erholen. Der Minister Chauvelin, der

unter dem Kardinal arbeitete, riß das Reich aus seiner Untätigkeit und setzte jenen Krieg des Jahres 1733 durch, dessen Vorwand die Wahl des Königs

Stanislaus war, durch den Frankreich aber Lothringen gewann. Die Höflinge in Versailles sagten, Chauvelin hätte dem Kardinal den Krieg wegstibitzt, aber der Kardinal hätte es mit dem Frieden ebenso gemacht. Chauvelin, dem der Kamm schwoll und der triumphierte, daß sein Probestück ihm so gut gelungen war, schmeichelte sich, der Erste im Staate werden zu können. Dazu mußte er den, der es war, verdrängen: er sparte keine Verleumdung, um Fleury bei Ludwig XV. anzuschwärzen. Allein der König, der in dem Kardinal noch immer seinen Erzieher sah und in seiner Abhängigkeit blieb, erzählte ihm alles wieder, und Chauvelin wurde das Opfer seines Ehrgeizes. An seine Stelle setzte der Kardinal darauf Amelot, einen Mann ohne Genie. Aber der Premierminister konnte ihm unbedenklich vertrauen, weil diesem das Talent fehlte, gefährlich zu werden.

Infolge des langen Friedens, den Frankreich genossen hatte, war im Heere die Reihe der großen Feldherren unterbrochen. Villars, der den ersten Feldzug in Italien geführt hatte, war gestorben (1734). Broglie, Noailles, Coigny waren Mittelmäßigkeiten; Maillebois war nicht besser. Dem Herzog von Noailles warf man vor, daß es ihm an kriegerischem Impuls und an rechtem Selbstvertrauen fehlte. Eines Tages fand er einen Degen an seiner Tür hängen mit der Inschrift: »Du sollst nicht töten.« Die Talente des Marschalls von Sachsen hatten sich noch nicht entwickelt. Von allen Generalen war der Marschall Belle-Isle am populärsten; man hielt ihn für die Stütze der Mannszucht. Er war ein Mann von umfassendem Geist, ein glänzender Kopf, von verwegenem Mut, ein leidenschaftlicher Soldat, aber ein Phantast durch und durch. Die Pläne, die er schmiedete, gestaltete sein Bruder aus. Man sagte: der Marschall ist die Einbildungskraft und sein Bruder der Verstand.

Seit dem Wiener Frieden (1738) war Frankreich der Schiedsrichter Europas. Seine Heere hatten in Italien wie in Deutschland triumphiert. Sein Gesandter Villeneuve hatte den Frieden von Belgrad (1739) geschlossen. Die Höfe von Wien, Madrid und Stockholm standen in gewisser Abhängigkeit von Frankreich.

Seine Armee zählte 180 Bataillone zu 600 Mann und 224 Schwadronen zu 100 Mann, zusammen 130 400 Streiter, ungerechnet 36 000 Mann Milizen. Seine Flotte war beträchtlich; es konnte 80 Schiffe der verschiedenen Rangklassen einschließlich der Fregatten in Dienst stellen, und zur Bemannung waren an 60 000 Matrosen vorhanden. Die Einkünfte des Königreiches betrugen im Jahre 1740 sechzig Millionen Taler, von denen man aber zehn Millionen zur Zinszahlung der noch aus dem Erbfolgekriege stammenden Kronschulden abrechnen mußte. Kardinal Fleury nannte die Generalpächter, die die Steuern beitrieben, die vierzig Säulen des Staates, weil er den Reichtum der Pächter für die sicherste finanzielle Stütze Frankreichs ansah. Die für die Gesellschaft nützlichste Menschenklasse, das eigentliche Volk, nämlich die Ackerbauern, sie waren arm und verschuldet, besonders in den sogenannten eroberten Provinzen. Im Gegensatz dazu glich der Luxus und die Üppigkeit in Paris vielleicht der Pracht des alten Rom zur Zeit des Lukullus. Auf mehr als zehn Millionen schätzte man in der Riesenstadt den Wert des Privatbesitzes an Silbergerät. Aber die Sitten waren entartet; die Franzosen, namentlich die Pariser, waren Sybariten geworden, in Wollust und Weichlichkeit entnervt.

Die Ersparnisse, die der Kardinal während seiner Staatsverwaltung gemacht hatte, gingen teils durch den Krieg von 1733, teils durch die furchtbare Hungersnot von 1740 verloren, welche die blühendsten Provinzen des Königreiches zugrunde richtete. Aus dem Unglück, das Law über Frankreich gebracht hatte, war doch etwas Gutes entstanden: nämlich die Südseegesellschaft, die im Hafen von L'Orient ihren Sitz hatte. Aber die Übermacht der englischen Flotten vernichtete in jedem Kriege aufs neue diesen Handel, den Frankreichs Kriegsmarine nicht hinlänglich zu schützen vermochte, und so konnte sich die Handelsgesellschaft auf die Dauer nicht halten.

Das war der Zustand Frankreichs im Jahre 1740: nach außen geachtet, im Innern voller Mißstände, unter der Regierung eines schwachen Fürsten, der sich und sein Reich der Leitung des Kardinals Fleury überließ.

In Spanien herrschte noch Philipp V., den Ludwig XIV. unter eigenen schweren Verlusten auf den Thron gesetzt hatte. Er litt zu seinem Unglück unter Anfällen einer schwarzen Melancholie, die an Wahnsinn grenzte. Im Jahre 1724 hatte er zugunsten seines Sohnes Ludwig abgedankt, aber nach dessen Tode die Regierung wieder angetreten. Jener Thronverzicht war gegen den Willen der Königin Elisabeth Farnese, geborenen Prinzessin von Parma, geschehen. Sie hätte die ganze Welt beherrschen mögen und konnte nur auf dem Throne leben. Man bezichtigte sie, den Tod des Infanten Ludwig, eines Sohnes Philipps V. aus dessen erster Ehe, beschleunigt zu haben. Die Zeitgenossen können sie dieses Mordes weder beschuldigen noch davon freisprechen; denn es lassen sich so geheimnisvoll verborgene Einzelheiten aus der Entfernung nicht ergründen und auch nicht erörtern.

Um zu verhindern, daß der König abermals der Regierung überdrüssig würde, fesselte sie ihn durch fortwährende Kriegsunternehmungen an den Thron. Bald ging es gegen die Barbaresken, bald gegen England oder Österreich. Der Stolz eines Spartaners, die Hartnäckigkeit eines Engländers, italienische Schlauheit und französische Lebhaftigkeit vereinigten sich im Charakter dieser eigenartigen Frau. Sie schritt kühn zur Verwirklichung ihrer Pläne; nichts überraschte sie; nichts konnte sie stutzig machen.

Der seinerzeit so berühmte Kardinal Alberoni, der lange unter ihr arbeitete, war ihr geistig sehr ähnlich. Die Verschwörung des Fürsten Cellamare stürzte ihn. Die Königin mußte ihn des Landes verweisen, um die Rachsucht des Herzogs von Orleans, des Regenten von Frankreich, zu befriedigen. Ein geborener Holländer namens Ripperda nahm seinen wichtigen Platz ein; er besaß Verstand, aber seine Unterschleife waren schuld daran, daß er sich nicht lange halten konnte. Diese Ministerwechsel wurden im Lande jedoch kaum bemerkt; denn die Minister waren nur Werkzeuge in der Hand der Königin, und immer war es ihr Wille, der die Geschäfte leitete.

Im Jahre 1735 hatte Spanien den italienischen Krieg glorreich beendigt. Don Carlos, den die Engländer als den Erben des Giovanni Gaston, des letzten Herzogs aus dem Hause Medici, nach Toskana geführt hatten, war König von Neapel geworden, und Toskana erhielt Franz von Lothringen zur Entschädigung für sein Stammland, das der französischen Monarchie einverleibt ward. Auf diese Weise wurden dieselben Engländer, die so erbittert gegen die Erhebung Philipps V. auf den spanischen Thron gekämpft hatten, die Förderer der spanischen Macht in Italien. So sehr ändert sich die Politik, und so wandelbar sind die Gedanken der Menschen!

Die Spanier sind in Europa nicht so reich, wie sie sein könnten, weil sie arbeitsscheu sind. Die Schätze der Neuen Welt sind für die fremden Nationen da, die unter spanischem Deckmantel ihren Handel an sich gerissen haben. Franzosen, Holländer und Engländer haben den eigentlichen Genuß von Peru und Mexiko. Spanien ist zum Stapelplatz geworden, von dem die Reichtümer ausfließen; die Geschicktesten ziehen das meiste an sich. Spanien hat nicht Einwohner genug zur Bebauung des Landes; die Verwaltung ist vernachlässigt, und der Aberglaube drückt dieses von Natur reichbegabte Volk auf die Stufe halbbarbarischer Nationen herab. Der König hat 24 Millionen Taler Einkünfte, aber die Regierung ist verschuldet. Spanien unterhält 56 000 bis 60 000 Mann regulärer Truppen; seine Flotte kann bis zu 50 Linienschiffen betragen.

Durch die Bande des Blutes sind beide bourbonische Häuser fest miteinander verbunden; trotzdem war die Königin Elisabeth Farnese durch den Frieden von 1738 beleidigt, den Kardinal Fleury ohne ihr Wissen schloß. Zur Rache schuf sie Frankreich so viel Verdrießlichkeiten, als sie irgend konnte.

Spanien lag 1740 im Kriege mit England, das den Schmuggel begünstigte. Zwei Ohren, die einem englischen Matrosen abgeschnitten waren, hatten das Kriegsfeuer entzündet, und die Rüstungen kosteten beiden Völkern unermeßliche Summen. Der Handel litt darunter, und wie gewöhnlich büßten Kaufleute und Privatpersonen für die Dummheiten der Großen. Dem Kardinal Fleury war dieser Krieg nicht ungelegen. Er rechnete auf die Rolle des Vermittlers oder Schiedsrichters und hoffte, für den Handel Frankreichs etwas dabei herauszuschlagen.

Portugal spielte damals in Europa überhaupt keine Rolle. Don Juan war nur durch seine wunderliche Leidenschaft für die kirchlichen Zeremonien bekannt.

Unter allen Nationen Europas war die englische die reichste. Ihr Handel umspannte die ganze Welt; ihr Geldvermögen war ungeheuer, ihre Hilfsquellen fast unerschöpflich. Aber trotz aller dieser Vorteile nahm England unter den Mächten doch nicht den Rang ein, der ihm zu gebühren schien.

Georg II., Kurfürst von Hannover, war damals König von England. Er besaß Tugenden und Talente, aber unmäßig heftige Leidenschaften. Er war fest in seinen Entschlüssen, sparsam bis zum Geiz, fleißig, immer ungeduldig, heftig und tapfer. Indes regierte er England nach den Interessen des Kurfürstentums und besaß zu wenig Selbstbeherrschung, um eine Nation zu leiten, deren Abgott die Freiheit ist.

Sein Minister war Sir Robert Walpole. Das Mittel, durch das er den König an sich fesselte, waren Ersparnisse an der Zivilliste, mit denen Georg dann seinen hannoverschen Schatz vermehrte. Er bearbeitete die öffentliche Meinung durch geschickte Verteilung von Ämtern und Pensionen, um sich im Parlament die Majorität zu sichern. Über England hinaus reichte sein Geist nicht; in den allgemeinen europäischen Angelegenheiten verließ er sich auf den Scharfsinn seines Bruders Horaz. Als ihn einst Damen zu einer Spielpartie einluden, antwortete er ihnen: »Das Spiel und Europa überlasse ich meinem Bruder.« Von der großen Politik verstand er nichts. Das führte seine Feinde zu der Verleumdung, er wäre bestechlich.

Obwohl Walpole ein trefflicher Kenner der inneren Verhältnisse des Reiches war, so mißlang ihm doch ein wichtiges Projekt: die Einführung der Akzise in England. Wäre ihm das geglückt, so hätten die Einnahmen aus dieser Steuer hingereicht, dem König despotische Macht zu verschaffen. Die Nation merkte das und widersetzte sich. Einige Parlamentsmitglieder sagten zu Walpole, er bezahle sie zwar für die gewöhnlichen Torheiten, aber diese ginge über alle Bestechung. Beim Verlassen des Parlaments wurde Walpole angefallen. Man ergriff ihn am Mantel, den er rechtzeitig fahren ließ. Er rettete sich durch den Beistand eines Gardekapitäns, der sich zu seinem Glück in dem Auflaufe befand. Diese Erfahrung lehrte den König, die englische Freiheit zu achten; das Akziseprojekt fiel, und seine Klugheit befestigte den Thron von neuem.

Diese inneren Wirren hinderten England, sich an dem Kriege von 1733 zu beteiligen. Bald darauf entbrannte der Krieg mit Spanien gegen den Willen des Hofes. Kaufleute aus der City brachten Ohren von englischen Schmugglern, welche die Spanier abgeschnitten hatten, vor das Unterhaus. Cäsars blutiges Gewand, das Antonius vor dem römischen Volke ausbreitete, dürfte keinen stärkeren Eindruck in Rom gemacht haben als diese Ohren in London. Die Gemüter erhitzten sich. Man beschloß stürmisch den Krieg. Der Minister mußte nachgeben. Der einzige Vorteil, den der Hof von diesem Kriege hatte, war die Entfernung des Admirals Haddock, dessen Beredsamkeit im Unterhause stärker wirkte als die Bestechungen Walpoles. Der

Minister pflegte zu sagen, er kenne den Wert jedes Engländers: denn es gebe keinen, den er nicht erkauft oder bestochen habe. Aber er sah doch, daß seine Guineen nicht immer über die Macht und die Überzeugungskraft der Vernunftgründe siegten.

England unterhielt damals achtzig Kriegsschiffe der ersten vier Rangklassen, fünfzig kleinere Schiffe und gegen 30 000 Mann Landtruppen. Seine Einkünfte beliefen sich in Friedenszeiten auf 24 Millionen Taler; außerdem besaß es unerschöpfliche Hilfsquellen in den Privatvermögen der reichen Untertanen, die leicht zur Besteuerung herangezogen werden konnten. England zahlte damals Subsidien an Dänemark zur Unterhaltung von 6000 Mann, an Hessen für die gleiche Anzahl. Das verschaffte ihm zusammen mit seinen 22 000 Hannoveranern in Deutschland ein Heer von 34 000 Mann. Die Admirale Wager und Ogle galten als seine besten Seeoffiziere. Im Landheere waren der Herzog von Argyle und Lord Stair die einzigen, die begründete Ansprüche auf die ersten Stellen erheben konnten, wiewohl beide nie Heere geführt hatten.

Lyttelton galt für den hinreißendsten Redner, Lord Hervey für den gelehrtesten Mann, Lord Chesterfield für den geistreichsten Kopf und Lord Carteret für den leidenschaftlichsten Politiker.

Zwar hatten Künste und Wissenschaften in diesem Reiche tiefe Wurzeln geschlagen, aber der sanfte Umgang mit den Musen hatte die Rauheit der Volkssitten nicht gebrochen. Der harte Charakter der Engländer verlangte blutige Trauerspiele. Sie hatten die Gladiatorenkämpfe, den Schandfleck der Menschheit, fortgesetzt. Sie hatten den großen Newton hervorgebracht, aber keinen Maler, keinen Bildhauer, keinen guten Tonkünstler. Pope blühte noch und verschönerte die Dichtkunst durch männliche Gedanken, die ihm ein Shaftesbury und ein Bolingbroke lieferten. Der unvergleichliche Swift überragte seine Landsleute durch seinen Geschmack; mit feiner Kritik zeichnete er ihre Sitten und Bräuche. Die Stadt London übertraf Paris an Volkszahl um 200 000 Seelen. Die Einwohner der drei Königreiche beliefen sich auf acht Millionen. Schottland, das noch voll von Jakobiten war, seufzte unter dem Joche Englands, und die Katholiken in Irland klagten über den Druck, unter dem die Staatskirche sie hielt.

Im Gefolge Englands fährt Holland, wie eine Schaluppe im Kielwasser eines Kriegsschiffes folgt, an das sie angehängt ist. Nach der Abschaffung der Statthalterschaft (1702) hatte die Republik aristokratische Formen angenommen. Der Ratspensionär nebst dem Greffier berichtet in der Versammlung der Generalstaaten über die politischen Geschäfte; er erteilt den fremden Gesandten Audienz und hält darüber im Staatsrate Vortrag. Die Beratungen in diesen Versammlungen haben einen langsamen Gang; Geheimnisse werden schlecht gewahrt, weil man die Angelegenheiten einer zu großen Zahl von Mitgliedern mitteilen muß. Als Republikaner verabscheuen die Holländer die Statthalterschaft, weil sie fürchten, daß sie zum Despotismus führe; und als Kaufleute kennen sie keine andere Politik als ihren Vorteil. So machen die Grundsätze ihrer Staatskunst die Holländer geschickter zur Verteidigung als zum Angriff auf ihre Nachbarn.

Mit Staunen und Bewunderung betrachtet man diese Republik, wie sie sich auf sumpfigem und unfruchtbarem Boden erhebt, halb vom Weltmeer umgeben, das die Dämme wegzuspülen und das Land zu überschwemmen droht. Eine Bevölkerung von zwei Millionen genießt hier den Reichtum und den Überfluß, den sie ihrem Handel und den Wundern des menschlichen Fleißes verdankt. Zwar beklagte sich die Stadt Amsterdam, daß die ostindische Kompagnie der Dänen und die französische Handelsgesellschaft in L'Orient ihrem Handel Abbruch täten. Aber das waren nur Klagen des Neides. Die Republik befand sich damals in einer anderen, wirklicheren Notlage. Eine Art von Würmern, die in den asiatischen Häfen vorkommt, hatte sich in die holländischen Schiffe eingenistet, und von da in die Faschinen, welche die Dämme halten. Sie zernagten beides, Schiffe und Dammbauten, und Holland fürchtete, seine Bollwerke möchten beim ersten Sturme zusammenbrechen. Der Staatsrat fand gegen diese Landplage kein anderes Mittel, als Fasttage im ganzen Land auszuschreiben. Ein Spötter sagte, der Fasttag hätte den Würmern angesetzt werden müssen. Trotz alledem war der Staat sehr reich. Er hatte wohl noch Schulden vom Spanischen Erbfolgekriege her, aber die erhöhten den Kredit der Nation, anstatt ihn zu schwächen.

Der Holland regierende Pensionär van der Heim galt für einen Durchschnittsmenschen. Er war phlegmatisch, bedächtig, ja furchtsam, aber anhänglich an England aus Gewohnheit, aus religiösen Gründen und aus Angst vor Frankreich.

Die Republik konnte zwölf Millionen Taler an Einkünften haben, ohne auf die Hilfsquellen ihres Kredits zurückzugreifen. Sie konnte 40 Kriegsschiffe in Dienst stellen und unterhielt 30 000 Mann regulärer Truppen, die nach den Bestimmungen des Utrechter Friedens (1713) vornehmlich zur Sicherung der Grenzplätze dienten. Aber die Armee war nicht mehr wie einstmals die Schule der Helden. Seit der Schlacht von Malplaquet (1709), wo die Holländer die Blüte ihrer Mannschaft und den Stamm ihrer Offiziere verloren, und seit der Abschaffung der Statthalterschaft kamen ihre Truppen aus Mangel an Mannszucht und Ansehen herunter. Tüchtige Heerführer waren nicht mehr; ein achtundzwanzigjähriger Friede hatte die alten Offiziere hingerafft, und man hatte versäumt, neue heranzubilden. Der junge Prinz Wilhelm von Nassau-Oranien schmeichelte sich, die Statthalterschaft zu erlangen, weil er aus der Familie der Statthalter war. Indessen hatte er nur einen geringen Anhang in der Provinz Geldern, und die eifrigen Republikaner waren alle gegen ihn. Sein beißender, satirischer Witz hatte ihm Feinde gemacht, und Gelegenheit, seine Talente zu zeigen, hatte sich nicht geboten. In dieser Lage wurde die niederländische Republik zwar von ihren Nachbarn verschont, aber wenig geachtet wegen ihres geringen Einflusses auf die europäische Politik. Sie war friedlich aus Grundsatz und kriegerisch durch Zufall.

Wenden wir den Blick von Holland nach dem Norden, so finden wir Dänemark und Schweden, zwei Königreiche, fast gleich an Macht, aber nicht mehr so angesehen wie einst.

Unter Friedrich IV. hatte Dänemark dem Hause Holstein das Herzogtum Schleswig entrissen (1720); unter Christian VI. wollte man das Himmelreich erobern. Die Königin Sophie Magdalene, eine Bayreuther Prinzessin, benutzte die Frömmelei als heiligen Zaum, um ihren Gemahl von Untreue abzuhalten, und der König, ein lutherischer Eiferer, hatte durch sein Beispiel den ganzen Hof fanatisch gemacht. Ist die Einbildungskraft eines Fürsten vom himmlischen Jerusalem entzückt, so verachtet er die sündhafte Welt. Jeden an die Besorgung der Staatsgeschäfte gewandten Augenblick hält er für verloren. Die politischen Grundsätze sind ihm Gewissensfragen, die Vorschriften des Evangeliums werden sein Kriegsreglement, und die Intrigen der Geistlichen beeinflussen die politischen Erwägungen. Seit dem frommen Äneas, seit den Kreuzzügen des heiligen Ludwig finden wir in der Geschichte kein Beispiel eines religiösen Helden. Denn Mohammed war nicht fromm, sondern nur ein Betrüger, der sich der Religion bediente, um sein Reich und seine Herrschaft zu begründen.

Der König von Dänemark hält 26 000 Mann regulärer Truppen. Er kauft seine Rekruten in Deutschland und verkauft sein Heer an die meistbietende Macht. Er kann 30 000 Mann Landmiliz aufstellen, worunter die Norweger für die besten Soldaten gelten. Die dänische Flotte besteht aus 27 Linienschiffen und 33 von geringeren Rangklassen. Die Marine ist der bestgeordnete Teil der Staatsverwaltung; alle Kenner loben sie. Die Einkünfte übersteigen nicht 6 600 000 Taler. Dänemark stand damals im Solde der Engländer, die ihm 150 000 Taler Subsidien für 6000 Mann zahlten.

Geniale Männer sind in Dänemark seltener als anderswo. Der Prinz von Kulmbach-Bayreuth befehligte die Landtruppen; aber weder er noch die anderen dänischen Generale verdienen Erwähnung in unserer Geschichte. Für Schulin, den Minister des Königs, trifft das gleiche zu. Sein ganzes Verdienst bestand darin, sich und seinen Herrn an den Meistbietenden zu verkaufen. Aus alledem wird es klar, daß Dänemark unter die Mächte zweiten Ranges zu rechnen ist, gewissermaßen als Zubehör, das durch seinen Beitritt zu einer Partei ein Gran auf der Wagschale der Kräfte sein kann.

Schweden hat mit Dänemark nichts gemein als die Begierde nach Subsidien. Die schwedische Verfassung ist ein Gemisch von Aristokratie, Demokratie und monarchischer Regierungsform, doch haben die beiden ersteren das Übergewicht. Der Reichstag versammelt sich alle drei Jahre. Man erwählt einen Reichstagsmarschall, der den größten Einfluß auf die Beratungen hat. Sind die Stimmen geteilt, so entscheidet der König, der zwei Stimmen besitzt. Von drei Kandidaten, die man ihm vorschlägt, wählt er zur Besetzung der erledigten Stellen einen aus. Der Reichstag ernennt einen geheimen Ausschuß von hundert Mitgliedern aus dem Adel, der Geistlichkeit, der Bürgerschaft und dem Bauernstand; dieser kontrolliert das Verhalten des Königs und des Senates in der Zeit zwischen einem Reichstage und dem nächsten und gibt dem Senat Anweisungen zur Führung der inneren und äußeren Geschäfte.

Die Königin Ulrike, die Schwester Karls XII., hatte ihrem Gemahl, Friedrich von Hessen, die Regierung übertragen. Der neue König achtete gewissenhaft die Volksrechte; er faßte seine Stellung ungefähr so auf, wie ein alter, invalider Oberstleutnant eine kleine Kommandantenstelle als anständigen Ruheposten betrachtet. Ehe er die Königin Ulrike heiratete, verlor er die Schlacht von Castiglione in der Lombardei, um seinem Vater, der beim Heere war, das Schauspiel eines Treffens zu geben.

Graf Oxenstjerna war Kanzleipräsident gewesen. Er wurde vom Grafen Gyllenborg verdrängt. Der hatte die Offiziere für sich gewonnen und damit eine ansehnliche Partei in Schweden auf seiner Seite. Er wünschte einen Krieg, weil er hoffte, sein Volk durch irgendeine Eroberung wieder zu heben. Noch mehr wünschte Frankreich, die Schweden zu benutzen, um durch sie den russischen Hochmut zu demütigen und den Schimpf zu rächen, den der in Danzig gefangen genommene Botschafter Monti in Petersburg erfahren hatte. Zu dem Zwecke zahlte Frankreich jährlich 200 000 Taler Subsidien an Schweden, das aber dadurch zu keinerlei Feindseligkeit verpflichtet war.

Schweden war nicht mehr, was es einst gewesen. Die neun letzten Regierungsjahre Karls XII. hatten Unglück über Unglück gebracht. Livland, ein großer Teil von Pommern und die Herzogtümer Bremen und Verden waren verloren gegangen, und damit auch alles an Einkünften, Getreide und Soldaten, was Schweden aus diesen Provinzen gezogen hatte. Livland war seine Kornkammer gewesen. Zwar hat Schweden nur gegen zwei Millionen Seelen, aber sein unfruchtbarer, zum Teil mit nackten Felsen bedeckter Boden lieferte nicht einmal Nahrung genug für diese geringe Volksmenge. Durch die Abtretung Livlands kam es vollends in Not. Trotz all des Unglücks, das die Schweden erfahren hatten, hielten sie das Andenken Karls XII. hoch. Aber widerspruchsvoll, wie der menschliche Geist einmal ist, beschimpften sie ihn nach seinem Tode durch die Hinrichtung des Grafen Görtz. Als ob der Minister die Schuld an den Fehlern seines Herrn trüge!

Die Einkünfte Schwedens beliefen sich auf vier Millionen Taler. Das stehende Heer war nur 7000 Mann stark; 23 000 Mann Landmiliz wurden aus einem anderen Fonds bezahlt. Zur Zeit Karls XI. hatte man einer Anzahl von

Bauern, die zugleich Soldaten waren, Land zur Bewirtschaftung gegeben. Sie mußten sich an den Sonntagen versammeln, um sich zur Verteidigung des Vaterlandes in den Waffen zu üben. Wurden sie aber zum Kriege im Ausland verwandt, so mußten sie aus dem öffentlichen Staatsschatze besoldet werden. In den schwedischen Häfen lagen 24 Linienschiffe und 36 Fregatten. Ein langer Friede hatte die Soldaten zu Bauern gemacht. Die besten Generale waren gestorben. Die Buddenbrock und Lewenhaupt waren mit einem Rehnsköld nicht zu vergleichen. Aber noch war dieses Volk von kriegerischem Geiste beseelt, und es fehlte ihm nur ein wenig Mannszucht und gute Führer: es ist das Land des Pharasmanes, das nur Eisen und Soldaten hervorbringt.

Von allen Völkern Europas ist das schwedische das ärmste. Gold und Silber, die Subsidien ausgenommen, sind dort so wenig bekannt wie in Sparta. Große gestempelte Kupferplatten dienen als Münze, und zur Vermeidung des beschwerlichen Fortbringens dieser plumpen Massen hatte man Papiergeld eingeführt. Die Ausfuhr beschränkt sich auf Kupfer, Eisen und Holz; in der Handelsbilanz verliert Schweden jährlich 500 000 Taler, weil seine Bedürfnisse die Ausfuhr übersteigen. Das rauhe Klima versagt dem Lande alle Industrie; seine grobe Wolle liefert nur Tuch zur Bekleidung des niederen Volkes. Die schönsten Gebäude in Stockholm und die ansehnlichsten Adelspaläste auf dem Lande stammen aus der Zeit des Dreißigjährigen Krieges.

Das Königreich wurde tatsächlich beherrscht durch ein Triumvirat: die Grafen Thure Bielke, Ekeblad und Rosen. Unter republikanischen Regierungsformen bewahrte Schweden noch den Stolz seiner monarchischen Zeiten: ein Schwede hielt sich für mehr als der Bürger jedes anderen Volkes. Der Geist Gustav Adolfs und Karls XII. hatte so tiefe Spuren im Gemüt der Nation hinterlassen, daß weder Zeit noch Unglück sie hatte auslöschen können. Schweden erfuhr das Geschick jedes monarchischen Staates, der sich in eine Republik verwandelt: es wurde schwächer. Der Ehrgeiz verwandelte sich in Ränkesucht, die Selbstverleugnung in Begehrlichkeit. Das öffentliche Wohl ward dem persönlichen Vorteil geopfert. Die Bestechungen gingen so weit, daß bald die französische, bald die russische Partei in den Reichstagen die Oberhand gewann. Aber niemand unterstützte die nationale Sache. Bei all diesen Fehlern hatten die Schweden doch den alten Eroberungsgeist bewahrt, der das gerade Gegenteil des republikanischen Geistes ist, welcher friedliebend sein muß, wenn anders er die bestehende Regierungsform erhalten will. Dieser Staat konnte, so wie wir ihn geschildert haben, nur einen schwachen Einfluß auf die allgemeinen Angelegenheiten Europas ausüben, und so hatte er denn auch viel von seinem früheren Ansehen eingebüßt.

Schweden hat zum Nachbarn eine der furchtbarsten Mächte. Vom Nordpol und vom Eismeer bis zu den Ufern des Schwarzen Meeres und von

Samogitien bis an die Grenzen von China erstreckt sich das ungeheure Gebiet des russischen Reiches, ein Land, achthundert deutsche Meilen lang, gegen drei- bis vierhundert breit. Dieser einstmals barbarische Staat war vor dem Zaren Iwan Wassiljewitsch in Europa unbekannt. Peter der Große wollte sein Volk kultivieren und bearbeitete es wie Eisen mit Scheidewasser. Er war der Gesetzgeber und der Stifter dieses ungeheuren Reiches. Er schuf Menschen, Soldaten und Minister, erbaute die Stadt Petersburg, gründete eine ansehnliche Seemacht und erreichte, daß ganz Europa sein Volk und seine ungewöhnlichen Talente achtete.

Im Jahre 1740 beherrschte Anna Iwanowna, Peters I. Nichte, dieses weite Reich. Sie war die Nachfolgerin Peters II., des Enkels des ersten dieses Namens. Ihre Regierung wurde ausgezeichnet durch eine Menge denkwürdiger Begebnisse sowie durch einige große Männer, die sie geschickt zu benutzen wußte. Ihre Waffen gaben Polen einen König. Sie sandte (1735) dem Kaiser Karl VI. zehntausend Russen an den Rhein zu Hilfe, in ein Land, wo diese Nation wenig bekannt war. Sie führte mit den Türken einen Krieg, der eine einzige Kette von Erfolgen und Triumphen war; und während Kaiser Karl VI. im türkischen Lager um Frieden bitten mußte, diktierte sie dem osmanischen Reiche Gesetze. Sie beschirmte die Wissenschaften in ihrer Hauptstadt und sandte selbst nach Kamtschatka Gelehrte, um einen kürzeren Handelsweg zwischen Rußland und China aufzufinden. Sie besaß Eigenschaften, die sie ihres Ranges würdig machten, eine hohe Seele, Festigkeit des Geistes. Sie war freigebig in ihren Belohnungen, streng in ihren Strafen, gütig aus Temperament und lebenslustig.

Ihren Günstling und Minister Biron hatte sie zum Herzog von Kurland gemacht. Freilich zweifelten die Edelleute seiner Heimat seinen alten Adel geradezu an. Er war der einzige, der ausgesprochenen Einfluß auf die Kaiserin besaß. Von Natur eitel, grob und grausam, war er fest in den Staatsgeschäften und von kühnem Unternehmungsgeiste beseelt. Bis ans Ende der Welt wollte er in seinem Ehrgeiz den Namen seiner Gebieterin tragen. Übrigens war er ebenso habsüchtig im Zusammenscharren wie verschwenderisch im Ausgeben. Er besaß wohl einige nützliche Eigenschaften, aber keine guten und angenehmen.

Unter der Regierung Peters des Großen hatte sich in der Schule der Erfahrung ein Mann herangebildet, der imstande war, die Last der Staatsgeschäfte unter seinen Nachfolgern zu tragen: Graf Ostermann. Als geschickter Steuermann lenkte er das Staatsschiff mit stets sicherer Hand durch die Stürme der Revolutionen. Er stammte aus der Grafschaft Mark in Westfalen und war von niedriger Herkunft. Aber die Natur teilt die Talente ohne Rücksicht auf den Stammbaum aus. Dieser Minister kannte Rußland wie Duverney den menschlichen Körper. Er war vorsichtig und kühn, je nach den Umständen, und entsagte den Intriguen am Hofe, um sich die Leitung des Staates zu erhalten. Außer ihm waren Graf Löwenwolde und der alte Graf Golowkin Minister, die Rußland nützlich sein konnten.

An der Spitze des russischen Heeres stand Graf Münnich, der aus sächsischen Diensten in die Peters des Großen getreten war. Er war der Prinz Eugen der Russen. Er besaß die Tugenden und Laster der großen Feldherren, war geschickt, unternehmend, glücklich, aber stolz, hochmütig und ehrgeizig, bisweilen zu despotisch und opferte das Leben seiner Soldaten für seinen Ruhm auf. Lacy, Keith, Löwendal und andere geschickte Heerführer bildeten sich in seiner Schule. Der Staat unterhielt damals 10 000 Mann Garde, hundert Bataillone, die 60 000 Mann ausmachten, 20 000 Dragoner und 2000 Kürassiere, zusammen 92 000 Mann regulärer Truppen, dazu 30 000 Mann Landmiliz und so viele Kosaken, Tartaren und Kalmücken, als man aufbieten wollte, so daß Rußland ohne Anstrengung 170 000 Mann ins Feld stellen konnte. Die russische Flotte schätzte man damals auf 12 Linienschiffe, 26 Schiffe von geringeren Rangklassen und 40 Galeeren.

Die Einkünfte des Reiches beliefen sich auf vierzehn bis fünfzehn Millionen Taler. Die Summe scheint mäßig im Verhältnis zu der ungeheuren Ausdehnung des Landes. Aber dort ist alles wohlfeil. Die den Fürsten nötigste Ware, die Soldaten, kosten an Unterhalt nicht die Hälfte von dem, was die anderen Mächte Europas zahlen: der russische Soldat bekommt jährlich nur acht Rubel und Lebensmittel, die billig gekauft werden. Diese Lebensmittel verursachen den ungeheuren Trotz, der dem Heere nachfolgt: in dem Feldzuge, den der Marschall Münnich 1737 gegen die Türken führte, zählte man bei seinem Heere ebensoviel Wagen als Streiter.

Peter der Große hatte einen Plan entworfen, den vor ihm noch nie ein Fürst gefaßt hatte. Während die Eroberer sonst nur darauf bedacht sind, ihre Grenzen zu erweitern, wollte er die seinen einschränken. Der Grund lag darin, daß seine Staaten im Verhältnis zu ihrer ungeheuren Ausdehnung zu dünn bevölkert waren. Er wollte die zwölf Millionen Einwohner, die in Rußland verstreut wohnten, zwischen Petersburg, Moskau, Kasan und der Ukraine ansiedeln, um diesen Teil gut zu bevölkern und anzubauen. Zu verteidigen wäre er leicht gewesen durch die Wüsteneien, die ihn dann umgaben und ihn von den Persern, Türken und Tartaren trennten. Dieser Plan blieb durch den Tod des großen Mannes unausgeführt, wie so viele andere.

Zur Begründung des Handels hatte der Zar nur die ersten Schritte tun können. Unter der Kaiserin Anna hielt die russische Handelsflotte keinen Vergleich mit den südlichen Mächten aus. Trotzdem deutet alles darauf hin, daß die Bevölkerung, die Kräfte, der Reichtum und der Handel dieses Landes sich gewaltig entwickeln werden.

Der Geist der Nation ist ein Gemisch von Mißtrauen und Unredlichkeit. Die Russen sind faul, aber eigennützig, geschickt im Nachahmen, aber ohne Erfindungsgeist. Die Großen sind rebellisch, die Garde ist für die Herrscher eine stete Gefahr, das Volk dumm, trunksüchtig, abergläubisch und unglücklich. Die geschilderten Zustände sind ohne Zweifel schuld daran, daß die Petersburger Akademie der Wissenschaften bisher noch keine Erfolge in Rußland erzielt hat.

Seit dem Untergang Karls XII., der Thronbesteigung Augusts von Sachsen in Polen und seit den Siegen des Marschalls Münnich über die Türken waren die Russen tatsächlich die Schiedsrichter des Nordens geworden. Sie waren so furchtbar, daß niemand etwas gewann, wenn er sie angriff; denn man mußte eine Art von Wüstenei durchziehen, um sie zu erreichen; wurde man aber von ihnen angegriffen, so war alles zu verlieren, selbst wenn man sich auf einen Verteidigungskrieg beschränkte. Diesen Vorteil verdanken sie der Menge von Tartaren, Kosaken und Kalmücken, die sie in ihren Heeren haben. Diese herumstreifenden Horden von Plünderern und Mordbrennern können durch ihre Einfälle die blühendsten Provinzen verheeren, ohne daß die eigentliche Armee sie betritt. Alle Nachbarn schonten Rußland, um solchen Verwüstungen zu entgehen; und wenn die Russen mit anderen Völkern Bündnisse schlossen, so sahen sie das als einen ihren Klienten bewilligten Schutz an.

Rußlands Einfluß auf Polen war unmittelbarer als auf seine anderen Nachbarn. Diese Republik ward nach Augusts II. Tode (1733) gezwungen, August III. auf den Thron zu wählen, den sein Vater besessen hatte. Die Nation war für Stanislaus Leszczynski, aber die russischen Waffen stimmten das Volk um. Polen ist beständig in Anarchie. Die großen Familien sind sämtlich durch Interessengegensätze zersplittert; sie ziehen ihren Privatvorteil dem öffentlichen Wohle vor und sind nur einig in der harten Bedrückung ihrer Leibeigenen, die sie mehr als Lasttiere denn als Menschen behandeln. Die Polen sind eitel, hochfahrend im Glück, kriechend im Unglück, der größten Niedertracht fähig, um Geld zusammenzuscharren, das sie aber, sobald sie es haben, auf die Straße werfen, leichtfertig, urteilslos, stets bereit, ohne Grund eine Partei zu ergreifen und sie wieder zu verlassen und sich durch ihr planloses Betragen in die schlimmsten Händel zu verstricken. Sie haben Gesetze, aber niemand befolgt sie, da keiner sie dazu zwingt. Der Hof sieht seine Partei anwachsen, sobald viele Ämter frei werden) denn der König hat die Befugnis, sie zu vergeben und sich bei jeder Gunsterteilung neue Undankbare zu machen. Der Reichstag versammelt sich alle drei Jahre, bald in Grodno, bald in Warschau. Die Staatskunst des Hofes besteht darin, die Wahl zum Reichstagsmarschall auf eine ihm ergebene Person zu lenken. Trotz aller Bemühungen hat unter der Regierung Augusts III. allein der Pazifikationsreichstag etwas zustande gebracht. Das kann nicht wundernehmen, da ein einziger Landbote durch seinen Widerspruch gegen die gefaßten Beschlüsse den ganzen Reichstag sprengen kann: es ist das Veto der altrömischen Volkstribunen.

Die vornehmsten Geschlechter waren damals die Czartoryski, Potocki, Tarlo und Lubomirski. Der Geist ist in Polen das Erbteil der Frauen: sie spinnen die Intrigen und schalten über alles, indes ihre Männer sich betrinken.

Das Land hat viele Naturprodukte, aber nicht Einwohner genug, um sie zu verbrauchen, da der Boden im Verhältnis zur Einwohnerzahl zuviel hervorbringt. An Städten besitzt Polen nur Warschau, Krakau, Danzig und Lemberg; die übrigen würde man in jedem anderen Lande nur schlechte Dörfer nennen. Da es dem Staate gänzlich an Manufakturen fehlt, so beträgt der Überschuß an Getreide, das nicht verzehrt wird, allein 200 000 Mispel. Dazu kommt Holz, Pottasche, Häute, Vieh und Pferde, womit die Nachbarn versorgt werden. So viele Ausfuhrartikel geben Polen eine vorteilhafte Handelsbilanz. Breslau, Leipzig, Danzig, Frankfurt und Königsberg verkaufen ihre Waren den Polen, gewinnen an den von dort bezogenen Naturprodukten und lassen sich die Erzeugnisse ihrer Industrie von diesem unkultivierten Volke teuer bezahlen.

Polen hält in Wirklichkeit 24 000 Mann schlechter Truppen und kann in dringenden Fällen seinen Heerbann aufbieten, der unter dem Namen Pospolite Ruszenie bekannt ist. Aber August II. rief ihn vergebens gegen Karl XII. zusammen. So sieht man denn, daß es für Rußland unter einer vollkommneren Staatsregierung leicht war, die Schwäche des Nachbarvolkes auszunutzen und einen überlegenen Einfluß auf ein so zurückgebliebenes Land zu gewinnen. Die Einkünfte des Königs von Polen übersteigen nicht eine Million Taler. Den größten Teil davon gaben die sächsischen Könige für Bestechungen aus, in der Hoffnung, ihrem Hause die Regierung zu erhalten und das Reich mit der Zeit in eine Monarchie zu verwandeln.

August III. war sanftmütig aus Trägheit, verschwenderisch aus Eitelkeit, unfähig zu jedem Gedanken, der Kombinationen erfordert, ohne Religion, aber seinem Beichtvater gehorsam, ohne Liebe, doch ein gefügiger Ehemann. Ferner neigte er dazu, sich durch seinen Günstling, den Grafen Brühl, leiten zu lassen. Das größte Hindernis, das seiner Erhebung auf den polnischen Thron im Wege stand, war seine Trägheit. Die Königin, seine Gemahlin, war eine Tochter Kaiser Josephs I. und eine Schwester der Kurfürstin von Bayerns. Tisiphone und Alekto konnten im Vergleich zu ihr für Schönheiten gelten. Die hervorragendste Eigenschaft ihres Geistes war starrer Eigensinn. Hochmut und Aberglaube kennzeichneten ihren Charakter. Sie hätte Sachsen gern katholisch gemacht. Aber das war nicht an einem Tage zu bewerkstelligen.

Graf Brühl und Hennicke waren die Minister Sachsens. Der erste war Page gewesen, der zweite Lakai. Brühl, dem vorigen König treu ergeben, war es auch in erster Linie, der August III. den Weg zum Throne bahnte. Zum Danke dafür wandte dieser ihm die gleiche Gunst zu wie seinem damaligen Liebling Sulkowski. Konkurrenz erzeugt Neid, und der entstand bald zwischen den beiden Nebenbuhlern. Sulkowski hatte einen Plan entworfen, demzufolge August nach dem Ableben Kaiser Karls VI. sich Böhmens bemächtigen sollte, auf das er Erbansprüche erhob: seine Gemahlin sollte als Tochter des Kaisers Joseph I., des ältesten der beiden Habsburgischen Brüder, ein näheres Anrecht darauf haben als die Tochter des jüngeren Bruders. Der König fand an diesem Plane Gefallen. Um seinen Rivalen zu stürzen, beging Brühl die Niedertracht, das Projekt dem Wiener Hofe zu verraten, der nun in Gemeinschaft mit ihm daran arbeitete, den Urheber eines für Österreich so gefährlichen Unternehmens in die Verbannung zu schicken. Durch diesen Schritt wurde Brühl an das Interesse des neuen österreichischen Hauses gekettet. Dieser Minister kannte nur die Listen und Ränke, von denen die Staatskunst kleiner Fürsten lebt. Er war doppelzüngig, falsch und zu den niederträchtigsten Handlungen bereit, wenn es seine Stellung galt. Er war in seinem Zeitalter der Mann, der die meisten Kleider, Uhren, Spitzen, Stiefel, Schuhe und Pantoffeln besaß. Cäsar hätte ihn zu den wohlfrisierten und parfümierten Köpfen gezählt, vor denen er sich nicht fürchtete. Es gehörte ein Fürst wie August III. dazu, wenn ein Mensch vom Schlage Brühls die Rolle des Premierministers spielen konnte.

Die sächsischen Generale waren nicht die ersten Kriegshelden Europas. Der Herzog von Weißenfels besaß Mut, aber nicht Geist genug. Rutowski, König Augusts II. natürlicher Sohn, hatte sich bei dem Treffen am Timok ausgezeichnet, war aber zu sehr Genußmensch und zu träge, um den Oberbefehl zu führen. Sachsen hatte wohl einige Männer von Verstand, aber Brühls Eifersucht hielt sie von den Geschäften fern. Der Hof wurde von sei-

nen Spionen sehr gut, jedoch von seinen Ministern sehr schlecht bedient. Er war so abhängig von Rußland, daß er ohne dessen Erlaubnis nicht wagte, sich in irgend eine Verbindung einzulassen. Rußland, der Wiener Hof, England und Sachsen waren damals verbündet.

Sachsen ist eines der reichsten deutschen Länder, dank der Fruchtbarkeit seines Bodens, dem Gewerbfleiß seiner Untertanen und der Blüte seiner Fabriken. Der Kurfürst bezog sechs Millionen Einkünfte, wovon man aber anderthalb Millionen Taler zur Tilgung der in beiden polnischen Kronwahlen gemachten Schulden abrechnete. Er hielt 24000 Mann regulärer Truppen, und das Land konnte ihm noch eine Miliz von 8000 Mann stellen.

Nächst dem Kurfürsten von Sachsen ist der von Bayern einer der mächtigsten Fürsten Deutschlands. Damals regierte Karl. Sein Vater Maximilian nahm im Spanischen Erbfolgekriege für Frankreich Partei und verlor durch die Schlacht bei Höchstädt (1704) Land und Kinder. Karl selbst ward zu Wien in der Gefangenschaft erzogen. Als er seinem Vater auf dem Throne folgte, hatte er lauter Unglück gutzumachen. Er war sanft, wohltätig, vielleicht zu nachgiebig. Graf Törring war sein Premierminister und zugleich sein Heerführer und vielleicht für beide Ämter gleich untauglich.

Bayern bringt fünf Millionen ein, wovon ungefähr eine Million, wie in Sachsen, zur Tilgung alter Schulden abgeht. Frankreich zahlte dem Kurfürsten damals 300000 Taler Subsidien. Bayern ist Deutschlands fruchtbarstes und unwissendstes Land. Das Kriegsheer des Kurfürsten war zerrüttet. Von den 6000 Mann, die er nach Ungarn zur Unterstützung des Kaisers gesandt hatte, war nicht die Hälfte zurückgekehrt. Alles, was Bayern ins Feld stellen konnte, waren nicht mehr als 12000 Mann.

Der Kurfürst von Köln, der Bruder des Kurfürsten von Bayern, hatte sich so viel Mitren aufs Haupt gesetzt, als er irgend hatte bekommen können. Er war Kurfürst von Köln, Bischof von Münster, von Paderborn, von Osnabrück und außerdem Hochmeister des Deutschen Ordens. Er hielt acht- bis zwölftausend Mann, mit denen er Handel trieb wie ein Ochsenhirt mit seinem Vieh. Damals hatte er sich an das Haus Österreich verkauft.

Der Kurfürst von Mainz, der Älteste im kurfürstlichen Kollegium, besitzt nicht die gleichen Hilfsquellen wie der von Köln; der von Trier ist unter allen am übelsten daran. Der Graf von Eltz, damals Kurfürst von Mainz, galt für einen guten Bürger und einen ehrlichen Mann, der sein Vaterland liebte. Da er leidenschaftslos und vorurteilsfrei war, so lieferte er sich nicht blindlings den Launen des Wiener Hofes aus. Der Kurfürst von Trier konnte nichts als kriechen.

Der Kurfürst von der Pfalz spielte keine große Rolle. In dem Kriege von 1733 war er neutral geblieben, und sein Land litt unter den Ausschreitungen, welche die beiden feindlichen Heere dort verübten. Er hält acht- bis zehntausend Mann, hat zwei Festungen, Mannheim und Düsseldorf, aber keine Soldaten zu ihrer Verteidigung.

Die übrigen Herzöge, Fürsten und Stände des Reiches wurden vom kaiserlichen Hofe mit ehernem Zepter beherrscht. Die Schwachen waren Sklaven, die Mächtigen frei. Die kleinen Fürsten trugen das Joch, weil sie es nicht abzuschütteln vermochten. Ihre Minister bekamen von dem Kaiser Gehälter und Titel und unterwarfen ihre Herren dem österreichischen Despotismus.

Das Deutsche Reich ist mächtig, wenn man die Menge seiner Könige, Kurfürsten und Fürsten sieht. Es ist schwach, wenn man die widerstreitenden Interessen, welche die Fürsten trennen, betrachtet. Der Reichstag zu Regensburg ist nur ein Schattenbild und eine schwache Erinnerung an das, was er einstens war. Jetzt ist er eine Versammlung von Rechtsgelehrten, denen es mehr auf die Formen als auf die Sache ankommt. Ein Gesandter, den ein Reichsfürst zu dieser Versammlung schickt, gleicht einem Hofhunde, der den Mond anbellt. Soll ein Krieg beschlossen werden, so weiß der kaiserliche Hof seine Privatstreitigkeiten geschickt mit den Reichsinteressen zu verflechten, um die deutsche Macht zum Werkzeug seiner ehrgeizigen Absichten zu benutzen.

Die verschiedenen, in Deutschland geduldeten Bekenntnisse erregen nicht mehr wie einst heftige Erschütterungen. Zwar sind die Parteien geblieben, aber der Eifer ist erkaltet.

Es erregt die Verwunderung vieler Politiker, daß eine so sonderbare Staatsverfassung wie das Deutsche Reich so lange bestehen konnte, und sie schreiben dies nicht sehr einsichtsvoll dem nationalen Phlegma zu. Das ist nicht der Fall. Die Kaiser wurden gewählt, und seit dem Erlöschen der Karolinger sieht man immer Fürsten aus verschiedenen Häusern zur Kaiserwürde emporsteigen. Sie hatten Streit mit ihren Nachbarn, sie hatten den berühmten Zwist mit den Päpsten über die Investitur der Bischöfe mit Ring und Stab; sie mußten sich zu Rom krönen lassen. Alles dies waren Fesseln, die sie hinderten, das Reich unumschränkt zu beherrschen. Andrerseits waren die Kurfürsten, etliche Fürsten und Bischöfe, wenn sie sich zusammentaten, zwar stark genug, dem Ehrgeiz der Kaiser zu widerstehen, aber nicht so stark, um die Reichsverfassung zu ändern. Seitdem die Kaiserkrone im Hause Österreich erblich blieb, wurde die Gefahr des Despotismus offenbarer. Karl V. konnte sich nach der Schlacht bei Mühlberg (1547) zum absoluten Herrn machen, aber er verpaßte den Augenblick. Als dann seine Nachfolger, die Ferdinande, den Versuch unternahmen, vereitelten Frankreich und Schweden, die sich dem eifersüchtig widersetzten, ihr Vorhaben. Was die Mehrzahl der Reichsfürsten betrifft, so hindert sie das wechselseitige Gleichgewicht und gegenseitiger Neid, sich zu vergrößern.

Geht man von Süddeutschland nach Westen, so stößt man auf die sonderbare Republik, die gewissermaßen mit dem Deutschen Reiche vereinigt und gewissermaßen frei ist. Seit Cäsars Zeiten hat die Schweiz ihre Freiheit bewahrt, den kurzen Zeitraum ausgenommen, da das Haus Habsburg sie unterjocht hatte. Lange trug sie dieses Joch nicht. Vergebens machten die österreichischen Kaiser zahlreiche Versuche, das kriegerische Volk zu bezwingen: die Freiheitsliebe und die steilen Berge schirmen es vor dem Ehrgeiz der Nachbarn. Während des Spanischen Erbfolgekrieges erregte der französische Gesandte, Graf Luc, unter religiösem Vorwande einen Bürgerkrieg in der Schweiz, um diese Republik an einer Einmischung in die europäischen Wirren zu verhindern. Alle zwei Jahre halten die dreizehn Kantone eine allgemeine Bundesversammlung ab, bei der abwechselnd ein Schultheiß aus Bern oder Zürich den Vorsitz führt. Der Kanton Bern spielt in diesem Freistaate die gleiche Rolle wie die Stadt Amsterdam in der niederländischen Republik: er besitzt ein entscheidendes Übergewicht. Zwei Drittel der Schweiz bekennen sich zum reformierten Glauben; der Rest ist katholisch. Die Reformierten gleichen an Strenge den englischen Puritanern, die Katholiken sind fanatisch wie Spanier. Die Regierung hält klüglich darauf, daß die Einwohner nicht bedrückt werden und so glücklich sind, als die Verhältnisse es erlauben. Auch weicht sie nie von den Grundsätzen maßvoller Politik ab, die der Schweiz stets die Unabhängigkeit erhalten haben. Diese Republik kann mühelos 100 000 Mann zu ihrer Verteidigung aufstellen und hat Reichtümer genug gesammelt, um diese Truppen drei Jahre lang zu löhnen. Alle diese klugen und achtbaren Einrichtungen scheinen herabgewürdigt durch den barbarischen Brauch, die Untertanen jedem, der sie bezahlen will, zu verkaufen. So kommt es, daß Schweizer aus ein und demselben Kanton im Solde Frankreichs und in holländischen Diensten gegeneinander Krieg führen. Aber was ist auf Erden vollkommen?

Gehen wir von da nach Italien hinunter, so finden wir das alte römische Reich in so viele Teile zerstückelt, als der Ehrgeiz der Fürsten es nur irgend vermocht hat. Die Lombardei ist zwischen Venedig, Österreich, Savoyen und Genua geteilt. Von diesen Besitzungen scheinen die des Königs von Sardinien die beträchtlichsten. Karl Emanuel hatte damals den Krieg gegen das Haus Österreich beendet, durch den er einen Teil der Lombardei an sich gerissen hatte. Seine Staaten brachten ihm gegen fünf Millionen Einkünfte, mit denen er in Friedenszeiten 30 000 Mann unterhielt, die er im Kriegsfalle aber auf 40 000 bringen konnte. Karl Emanuel galt in Italien unter den Kennern für einen in der Staatskunst erfahrenen und über seine Angelegenheiten wohlunterrichteten Fürsten. Sein Minister, der Marchese Ormea, galt für einen guten Schüler Machiavells. Die Politik Sardiniens bestand darin, zwischen dem Hause Österreich und den beiden Zweigen des bourbonischen Hauses die Wage zu halten, um sich so die Mittel zur Vergrößerung und Vermehrung seiner Besitzungen zu verschaffen. Viktor Amadeus hatte oft gesagt: »Mein Sohn, die Lombardei ist wie eine Artischocke; man muß sie Blatt für Blatt verspeisen.« Damals grollte der König von Sardinien den Bourbonen, weil Kardinal Fleury den Frieden von 1737 ohne sein Wissen geschlossen hatte, und neigte deshalb mehr auf die Seite des Hauses Österreich.

Der Rest der Lombardei war, wie gesagt, verzettelt. Der Kaiser besaß die Herzogtümer Mailand, Mantua, Pavia und Piacenza; seinen Schwiegersohn, den Herzog von Lothringen, hatte man in Toskana eingesetzt. Die Republik Genua, im Westen von Savoyen, war noch berühmt durch ihre Bank, einen Rest des alten Handels und ihre schönen Marmorpaläste. Korsika hatte sich gegen sie empört. Der erste Aufstand wurde von den kaiserlichen Truppen im Jahre 1732 niedergeschlagen, der zweite von den Franzosen unter dem Befehl des Grafen Maillebois. Diese fremde Hilfe konnte das Feuer wohl auf eine Weile dämpfen, es aber nicht gänzlich ersticken.

Venedig, im Osten gelegen, ist bedeutender als Genua. Die stolze Stadt erhebt sich auf 72 Inseln, die 200 000 Einwohner fassen. Regiert wird Venedig durch einen Rat, an dessen Spitze ein Doge steht, der die lächerliche Zeremonie begehen muß, sich alljährlich mit der Adria zu vermählen. Im 17. Jahrhundert verlor die Republik die Insel Kandia, und im 18. Jahrhundert, als Bundesgenossin Österreichs, büßte sie Morea ein, während der große Eugen Belgrad und Temesvar eroberte. Venedig hat wohl Schiffe, aber sie genügen nicht zur Bildung einer Flotte. An Landtruppen hält es 16 000 Mann. Ihr Führer ist derselbe Schulenburg, der im Nordischen Kriege, in der Schlacht bei Fraustadt, der Geschicklichkeit Karls XII. entging und der den schönen Rückzug in Schlesien über die Bartsch bewerkstelligte.

Vor Erfindung des Kompasses lieferten Venedig und Genua an Deutschland alle die Waren, welche der Luxus aus den fernsten Gegenden Asiens herbeischaffen läßt. Zu unserer Zeit haben die Engländer und Holländer diesen Handel an sich gerissen und genießen seine Vorteile.

Der Krieg von 1733 hatte den Infanten Don Carlos aus Toskana auf den Thron von Neapel gebracht. Das Hauptvergnügen dieses Fürsten war das Kühemelken, und die Anekdotenjäger behaupten, es sei bei seiner Heirat mit der Tochter König Augusts III. von Polen (1738) im Ehekontrakt ausgemacht worden, der König solle keine Kuh mehr melken. Da Don Carlos noch zu jung war, um selbst zu regieren, so wurde er vom Grafen von Saint-Estevan geleitet, der bloß die Befehle der Königin von Spanien vollstreckte. Das Königreich Neapel mit Einschluß Siziliens brachte seinem Herrscher etwa vier Millionen ein; der Staat unterhielt nur 12 000 Soldaten.

Wir beschäftigen uns hier weder mit dem Herzog von Modena noch mit den Republiken Lucca und Ragusa: das sind Miniaturen, die in eine große Gemäldegalerie nicht passen.

Der Heilige Stuhl war durch den Tod von Klemens XII. aus dem Hause Corsini erledigt. Das Konklave währte ein Jahr lang, bevor die Parteien der verschiedenen Staaten zu einer Einigung kamen. Dann wurde Kardinal Lambertini zum Papst gewählt; er nannte sich Benedikt XIV.

Als er den päpstlichen Thron bestieg, waren Rom und die Päpste nicht mehr die Herrscher der Welt wie ehedem. Die Kaiser dienten den Oberpriestern nicht mehr als Fußschemel und kamen nicht mehr nach Rom, um sich wie Friedrich Barbarossa zu demütigen. Karl V. hatte sie seine Macht fühlen lassen, und Kaiser Joseph I. behandelte sie nicht sanfter, als er im Spanischen Erbfolgekriege Comacchio einnahm.

Im Jahre 1740 war der Papst nur noch der erste Bischof der Christenheit. Er hatte das Departement des Glaubens, das man ihm ließ, aber er hatte nicht mehr wie früher Einfluß auf die Staatsgeschäfte. Die Wiedergeburt der Wissenschaften und die Reformation hatten dies bewirkt. Alles, was der Papst im Türkenkriege von 1737 für den Kaiser tun konnte, war, daß er ihn durch seine Breven ermächtigte, von den geistlichen Gütern den Zehnten zu erheben und in allen Städten seiner Lande Missionskreuze aufzurichten, zu denen das Volk herbeiströmte, um fromme Verwünschungen gegen die Türken auszustoßen. Das osmanische Reich spürte davon sehr wenig. War es auch von den Russen geschlagen worden, so blieb es gegen die Österreicher überall Sieger.

Der berühmte Abenteurer Bonneval befand sich damals in Konstantinopel. Aus dem Dienste Frankreichs war er in kaiserliche Dienste getreten, die er aus Leichtsinn verließ, um Türke zu werden. Er war nicht talentlos. Dem Großwesir schlug er vor, die Artillerie ganz auf europäischem Fuß einzurichten, mehr Mannszucht unter die Janitscharen und Schulung sowie Ordnung in die zahllose Masse der Truppen zu bringen, die nur in aufgelösten Reihen fochten. Das Vorhaben konnte den Nachbarn gefährlich werden; es kam aber nicht zur Durchführung, weil es gegen den Koran verstieß, in dem Mohammed vor allem empfiehlt, die alten Gebräuche nicht anzutasten.

Die türkische Nation ist von Natur begabt, aber durch Unwissenheit verdummt. Sie ist tapfer, aber ungeschult, versteht nichts von Verwaltung, und von Staatskunst noch weniger. Das Dogma des Fatalismus, woran die Türken hängen, heißt sie, die Ursache alles Unglücks auf Gott schieben, und so bleiben sie stets bei den alten Fehlern. Die Stadt Konstantinopel hat zwei Millionen Einwohner. Die Macht der Türkei beruht auf ihrer großen Ausdehnung; trotzdem würde sie ohne die Eifersucht der europäischen Fürsten nicht mehr bestehen. Damals regierte der Padischah Mahmud I. Durch eine Revolution war er aus den Kerkern des Serails auf den Thron gesetzt worden (1730). Er war kränklich und ein unfähiger Regent.

Der furchtbarste Nachbar der Türken war der Schah Nadir, bekannt unter dem Namen Thamas-Chouli-Kan. Er unterjochte Persien, bezwang den Großmogul, machte der Pforte viel zu schaffen und diente als Gegengewicht gegen ihre Anschläge auf die christlichen Mächte.

Geistesleben

Die Fortschritte in der Philosophie, der Volkswirtschaft, der Kriegskunst, im Geschmack und den Sitten fesseln unstreitig mehr, als Betrachtungen über Schwachköpfe im Purpurgewande, über Gaukler in der Bischofsmütze und jene Unterkönige, die man Minister nennt: von denen nur sehr wenige einen Platz im Andenken der Nachwelt verdienen. Wer aufmerksam in der Geschichte liest, wird finden, daß dieselben Szenen oft wiederkehren; man braucht nur die Namen der handelnden Personen zu ändern. Hingegen die Entdeckung neuer Wahrheiten zu verfolgen, den Ursachen der Veränderungen in den Sitten nachzuspüren und die Anlässe zur Vertreibung der finsteren Barbarei zu erforschen, die sich der Aufklärung der Geister widersetzte: das sind sicherlich Gegenstände, der Beschäftigung aller denkenden Geister würdig. Beginnen wir mit der Physik. Sie ist kaum hundert Jahre alt. Descartes gab seine Grundsätze der Physik im Jahre 1644 heraus. Ihm folgte Newton, der die Gesetze der Bewegung und der Schwerkraft entdeckte (1684) und uns die Mechanik des Weltalls mit erstaunlicher Genauigkeit darlegte. Lange nach ihm haben Forscher an Ort und Stelle, in Lappland wie unter dem Äquator, die Wahrheiten bestätigt gefunden, die der große Mann in seinem Studierzimmer vorgeahnt hatte. Seit jener Zeit wissen wir

bestimmt, daß die Erde gegen die Pole abgeplattet ist. Newton tat noch mehr. Mit Hilfe seiner Prismen zerlegte er die Lichtstrahlen und fand darin die ursprünglichen Farben (1666 und 1704). Torricelli wog die Luft und fand das Gleichgewicht zwischen der Luftsäule und einer Quecksilbersäule. Ihm verdankt man auch die Erfindung des Barometers (1643). Otto von Guericke erfand zu Magdeburg die Luftpumpe (1650). Bei der Reibung des Bernsteins entdeckte er eine neue Eigenschaft der Natur, die Elektrizität (1672). Dufay stellte Experimente über diese Entdeckung an (1733), die zeigten, daß die Natur unerschöpfliche Geheimnisse birgt. Höchstwahrscheinlich wird man erst nach vielfachen Versuchen über die Elektrizität zu Kenntnissen gelangen, die für die Gesellschaft nützlich sind. Eller goß zwei durchsichtige weiße Flüssigkeiten zusammen und brachte ein dunkelblau gefärbtes Wasser hervor. Er machte Experimente über die Verwandlung der Metalle und über die festen und salpeterhaltigen Bestandteile des Wassers (1746). Lieberkühn hat durch Einspritzungen die feinsten Verästelungen der Adern sichtbar gemacht (1745), deren zartes Gewebe dem Kreislaufe des Blutes dient; er ist der Geograph der organischen Körper. Boerhave entdeckte (1708) nach Ruysch den flüchtigen Saft, der in den Nerven zirkuliert und der nach dem Tode des Menschen verdunstet; das hatte man nie zuvor geahnt. Unstreitig dient dieser Nervensaft dem menschlichen Willen zum Boten, um dessen Befehle mit Gedankenschnelle in den Gliedern zur Ausführung zu bringen. Leeuwenhoek (1675 und 1703) und Trembley (1742 und 1744) fanden durch ihre Versuche an Polypen, daß diese merkwürdigen Tiere sich in so viel Stücken, als man sie zerlegt, vermehren. Zu zahllosen Forschungen hat die Menschen ihre Wißbegierde getrieben; sie haben erstaunliche Anstrengungen gemacht, um die Urelemente der Natur zu entdecken: umsonst! Sie stehen zwischen zwei Unendlichkeiten, und es scheint festzustehen, daß der Schöpfer der Dinge sich allein ihr Geheimnis vorbehalten hat.

Die vervollkommnete Physik trug die Fackel der Wahrheit in die Finsternisse der Metaphysik. In England erschien ein Weiser, der, von jedem Vorurteil befreit, keinen anderen Führer als die Erfahrung anerkannte. Locke löste die Binde des Irrtums ganz, die sein Vorläufer, der skeptische Bayle, schon teilweise gelockert hatte. Nun erschienen in Frankreich die Fontenelle und Voltaire, in Deutschland der berühmte Thomasius, in England ein Hobbes, Collins, Shaftesbury und Bolingbroke. Der Deismus, die schlichte Verehrung des höchsten Wesens, gewann zahlreiche Anhänger. Mit dieser Vernunftreligion kehrte die Toleranz ein, und man feindete den Andersdenkenden nicht mehr an. Wenn der Epikuräismus im Heidentum der Abgötterei Abbruch tat, so nicht minder der Deismus in unseren Tagen den jüdischen Hirngespinsten, die unsere Vorfahren gläubig angenommen hatten.

Die Gedankenfreiheit, die England genießt, hatte viel zu den Fortschritten in der Philosophie beigetragen, ganz anders als in Frankreich, wo die Werke die Spuren des Zwanges trugen, den die theologische Zensur ihnen auferlegte. Ein Engländer denkt ganz laut; ein Franzose darf seine Gedanken kaum erraten lassen. Doch entschädigten sich die Franzosen für die fehlende Freiheit, indem sie die Gegenstände des Geschmacks und alles, was zur schönen Literatur gehört, meisterlich behandelten. Durch Feinheit, Anmut und Leichtigkeit kamen sie allem gleich, was die Zeit uns von den Schriften des Altertums an Kostbarem erhalten hat. Wer unparteiisch ist, wird Voltaires »Henriade« den Gedichten Homers vorziehen. Heinrich IV. ist kein Märchenheld; Gabrielle d'Estrées steht der Prinzessin Nausikaa nicht nach. Die »Ilias« schildert uns die Sitten von Kanadiern; Voltaire macht seine Personen zu wahren Helden, und seine Dichtung wäre vollkommen, hätte er noch mehr Interesse für Heinrich IV. zu erregen verstanden, indem er ihn in größeren Gefahren zeigte. Boileau kann sich mit Juvenal und Horaz messen; Racine übertrifft alle seine antiken Nebenbuhler. Chaulieu ist bei aller Nachlässigkeit dem Anakreon in einzelnen Stücken sicherlich weit überlegen. Rousseau war in einigen Oden glänzend. Und wenn wir gerecht sein wollen, so stehen die Franzosen in der Technik über den Griechen und Römern. Bossuets Beredsamkeit gleicht der des Demosthenes. Fléchier kann für Frankreichs Cicero gelten, ohne die Patru, Cochin und so viele andere berühmte Gerichtsredner zu rechnen. Werke wie Fontenelles »Gespräche über die Mehrheit der Welten« (1686) und Montesquieus »Persische Briefe« (1721) waren dem Altertum unbekannt; sie werden auf die späteste Nachwelt kommen. Haben die Franzosen auch dem Thukydides keinen Schriftsteller an die Seite zu stellen, so haben sie doch Bossuets »Abriß der Weltgeschichte«, haben die Werke des kenntnisreichen Präsidenten de Thou, die »Römischen Staatsumwälzungen« des Abbé de Vertot, ein klassisches Buch, »Größe und Verfall des Römischen Reiches« von Montesquieu (1734), kurz, so viele historische und literarische, volkswirtschaftliche und unterhaltende Werke, daß ihre Aufzählung zu weit führen würde.

Man wird sich vielleicht wundern, daß die Wissenschaften, die in Frankreich, in England und Italien blühen, in Deutschland nicht den gleichen Glanz entfalten. Die Gründe dafür sind folgende.

Nach Italien gelangten die Wissenschaften aus Griechenland zum zweiten Male, nachdem sie schon am Ende der Republik und in der ersten Kaiserzeit alle gebührende Achtung genossen hatten. Der Boden war also vorbereitet, um sie zu empfangen, und der Schutz der Medici, besonders Papst Leos X., trug viel zu ihren Fortschritten bei.

In England fanden die Wissenschaften leicht Verbreitung, weil die Regierungsform die Mitglieder des Parlaments berechtigt, Reden zu halten. Der Parteigeist selbst trieb zum Studium an. In den Parlamentsreden galt es, alle Regeln der Rhetorik, insbesondere der Dialektik, anzuwenden, um so das Übergewicht über die Gegenpartei zu erlangen. Daher haben die Engländer fast alle klassischen Autoren im Gedächtnis. Sie sind im Griechischen wie im Lateinischen bewandert und besitzen ebenso geschichtliche Kenntnisse. Infolge ihrer finsteren, schweigsamen, hartnäckigen Geistesart haben sie es in der höheren Geometrie weit gebracht.

In Frankreich waren unter Franz I. einige Gelehrte an den Hof gezogen worden. Sie haben gleichsam den Samen des Wissens ausgestreut; aber die folgenden Religionskriege erstickten die aufkeimende Saat, wie ein später Frost die jungen Pflanzen vernichtet. Die Krisis währte bis ans Ende der Regierungszeit Ludwigs XIII., wo Kardinal Richelieu, später Mazarin und vor allem Ludwig XIV. den Künsten und Wissenschaften glänzenden Schutz gewährten. Die Franzosen waren eifersüchtig auf die Italiener und Spanier, die ihnen auf dieser Bahn zuvorgekommen waren, aber die Natur brachte bei ihnen einige der glänzendsten Geister hervor, die bald ihre Nebenbuhler übertrafen. Die französischen Schriftsteller zeichnen sich besonders durch ihre Technik und durch verfeinerten Geschmack aus.

In Deutschland wurden die Fortschritte in Kunst und Wissenschaft gehemmt durch die Kriege, die von Karl V. bis zum Spanischen Erbfolgekrieg aufeinanderfolgten. Das Volk war elend, die Fürsten arm. Man mußte zuerst daran denken, das Land wieder anzubauen, um sich den unentbehrlichsten Lebensunterhalt zu sichern. Man mußte Manufakturen einführen, um die vorhandenen Rohstoffe zu verwerten. Diese Aufgabe nahm die Nation fast ganz in Anspruch und hinderte sie, sich von der Barbarei, die ihr noch anhaftete, vollständig freizumachen. Dazu kommt, daß die Künste in Deutschland keinen Mittelpunkt hatten, wie es Rom und Florenz in Italien, Paris in Frankreich und London in England waren. An den Universitäten saßen zwar gelehrte, aber pedantische und schulmeisterische Professoren; kein Mensch konnte mit diesen ungehobelten Leuten verkehren. Nur zwei Männer ragten durch ihr Genie hervor und machten der Nation Ehre: der große Leibniz und der gelehrte Thomasius. Wolff lasse ich unerwähnt. Er käute Leibnizens System wieder und wiederholte weitschweifig, was jener mit Feuer geschrieben hatte. Die meisten deutschen Gelehrten waren Handwerker, die französischen waren Künstler. Das war der Grund, warum die französischen Werke so allgemein Verbreitung fanden, warum ihre Sprache die lateinische verdrängte und warum jetzt jeder, der französisch versteht, durch ganz Europa ohne Dolmetscher reisen kann. Der allgemeine Gebrauch der fremden Sprache tat der Muttersprache noch mehr Abbruch. Sie blieb nur im Munde des gemeinen Volkes und konnte den feinen Ton nicht erlangen, den jede Sprache nur in der guten Gesellschaft gewinnt. Der Hauptfehler im Deutschen ist der Wortschwall. Man muß ihn eindämmen und würde durch Milderung einiger Wörter von zu hartem Klang das Deutsche auch wohllautender machen. Der Adel studierte nur das öffentliche Recht, besaß aber keinen Sinn für die schöne Literatur und brachte von den Universitäten nur die Pedanterie seiner Lehrer heim. Kandidaten oder Theologen, die Schusters- oder Schneiderssöhne waren, spielten den Mentor dieser Telemache: daraus schließe man, welche Bildung sie zu geben vermochten! Die Deutschen hatten wohl Schauspiele, aber die waren plump oder gar unanständig. Unflätige Hanswürste spielten geistlose Stücke, bei denen jeder Feinfühlige errötete. Unsere Armut zwang uns, bei dem Überfluß der Franzosen Hilfe zu suchen, und an den meisten Höfen sah man französische Schauspielertruppen die Meisterwerke Molières und Racines aufführen.

Am erstaunlichsten aber muß für einen Philosophen die Erniedrigung sein, in die das königliche Volk, die weltbeherrschenden Römer herabgesunken sind. Statt daß Konsuln, wie zu Zeiten der Republik, gefangene Könige im Triumph aufführten, erniedrigen sich in unseren Tagen die Nachkommen eines Cato und Ämilius bis zur Entmannung für die Ehre, auf den Schaubühnen von Fürsten zu singen, auf welche die Zeit der Scipionen mit der gleichen Verachtung herabsah wie wir auf die Irokesen. *O tempora! O mores!*

In Deutschland waren Opern, Tragödien und Komödien noch vor sechzig Jahren unbekannt. Im Jahre 1740 hatte Deutschland durch das Aufblühen von Handel und Industrie einen Anteil an den Schätzen erlangt, die die Neue Welt alljährlich über Europa ausschüttet. Die neuen Quellen des Wohlstandes hatten die Vergnügungen, die Bequemlichkeiten und wohl auch die Sittenlosigkeit mit sich gebracht, die eine Folge wachsenden Reichtums zu sein pflegen. Alles hatte sich vermehrt: Einwohner, Hausgerät, Bediente, Wagen und Pferde und Tafelluxus. Was man an schöner Baukunst im Norden sieht, stammt ungefähr aus der gleichen Zeit: das Schloß und das Zeughaus in Berlin, die Reichskanzlei und die Kirche des heiligen Karl Borromäus in Wien, das Schloß zu Nymphenburg in Bayern, die Augustusbrücke und der Zwinger in Dresden, das kurfürstliche Schloß in Mannheim, das Schloß des Herzogs von Württemberg in Ludwigsburg. Sind diese Gebäude auch den Bauten von Athen und Rom nicht vergleichbar, so übertreffen sie doch die gotische Baukunst unserer Vorfahren.

In den früheren Zeiten schienen die deutschen Höfe Tempel zu sein, in denen Bacchanalien gefeiert wurden. Jetzt sind solche Orgien, als der guten Gesellschaft unwürdig, nach Polen verbannt oder Pöbelbelustigungen geworden. Nur noch an einigen geistlichen Höfen muß der Wein die Priester über eine liebenswürdige Leidenschaft hinwegtrösten, die ihr Stand ihnen verbietet. Früher gab es keinen deutschen Hof, der nicht voller Hofnarren war. Die Plumpheit ihrer Späße ersetzte den mangelnden Witz der Gäste, und man hörte Torheiten an, weil man selbst nichts Gescheites zu sagen wußte. Diese Unsitte, eine ewige Schande für den gesunden Menschenverstand, ist verschwunden und erhält sich nur noch am Hofe Augusts III., des Königs von Polen und Kurfürsten von Sachsen. Das Hofzeremoniell, für den Unverstand unserer Vorfahren noch die Wissenschaft der Fürsten, scheint dem gleichen Schicksal verfallen wie die Hofnarren. Die Etikette erleidet täglich Abbruch, und einige Höfe haben sie ganz abgeschafft. Indes machte Kaiser Karls VI. Hof eine Ausnahme von der Regel; er war ein zu eifriger Anhänger der burgundischen Hofetikette, um sie aufzugeben. Selbst in seiner letzten Krankheit, kurz vor seinem Ende, traf er noch Anordnungen für die Messen und die Sterbegebete wie für die ganze Leichenfeier, ja, er bestimmte sogar die Personen, die sein Herz in einer goldenen Kapsel, ich weiß nicht in welches Kloster tragen sollten. Die Höflinge bewunderten seine Hoheit und Würde; die Verständigen tadelten seinen Stolz, der ihn noch zu überleben schien.

Aus allem, was wir von den Fortschritten der Künste und Wissenschaften in Europa berichtet haben, ergibt sich daß die nordischen Länder seit dem Dreißigjährigen Kriege es sehr viel weiter gebracht haben. Damals genoß Frankreich den Vorrang in allem, was zu den schönen Wissenschaften und zu den Dingen des guten Geschmacks gehört, die Engländer in der Mathematik und Metaphysik, die Deutschen in der Chemie, der Experimentalphysik und Gelehrsamkeit, die Italiener begannen zu sinken, aber Polen, Rußland, Schweden und Dänemark waren im Vergleich zu den kultiviertesten Völkern noch um hundert Jahre zurück.

Kriegskunst

Es verdient hervorgehoben zu werden, daß infolge der Vermehrung des Geldes in Deutschland, das sich gegen früher sicherlich verdreifacht hatte, nicht nur der Luxus sich verdoppelte, sondern auch die Zahl der Truppen, welche sich die Fürsten hielten, entsprechend zunahm. Kaiser Ferdinand I. hatte kaum 30 000 Mann gehalten: Karl VI. besoldete im Kriege von 1733, ohne seine Völker zu bedrücken, 170 000 Mann. Ludwig XIII. hatte 60 000 Soldaten gehabt: Ludwig XIV. hielt 220 000 Mann, ja im Spanischen Erbfolgekriege bis zu 360 000 Mann. Seit jener Zeit hatten alle, bis zu den kleinsten deutschen Fürsten, ihr Heer vergrößert. Es geschah aus Nachahmungsgeist. Im Kriege von 1683 hob Ludwig XIV. so viele Truppen aus, als er nur konnte, um ein entscheidendes Übergewicht über seine Gegner zu haben, und nahm nach dem Frieden keine Verringerung vor. Das zwang den Kaiser und die deutschen Fürsten, so viele Soldaten bei der Fahne zu halten, als sie zu bezahlen vermochten, und so ist es denn bis zum heutigen Tage geblieben. Die Kriege wurden dadurch viel kostspieliger. Die Anschaffungen für

die Magazine verschlangen ungeheure Summen, da die zahlreiche Reiterei unterhalten und vor Eröffnung des Feldzuges und während der Jahreszeit, wo man nicht fouragieren konnte, in Kantonnementsquartieren versammelt werden mußte.

Die Infanterie des stehenden Heeres wurde durch stete Arbeit an ihrer Vervollkommnung fast von Grund aus umgestaltet. Vor dem Erbfolgekrieg waren die Bataillone zur Hälfte mit Piken, zur Hälfte mit Musketen bewaffnet. Sie standen sechs Reihen tief im Gefecht. Die Piken wurden gegen die Reiterei gebraucht. Die Musketen gaben nur schwaches Feuer; oft versagten auch ihre Lunten. Deshalb führte man andere Waffen ein. Man vertauschte die Piken und Musketen mit Gewehren, die Bajonette trugen, und vereinigte so die furchtbare Wirkung von Feuer und Schwert. Da man die Hauptstärke der Bataillone in das Feuer setzte, so verminderte man nach und nach ihre Tiefe und dehnte sie in die Breite aus. Fürst Leopold von Anhalt, den man einen Kriegsmechanikus nennen kann, führte den eisernen Ladestock ein und stellte die Bataillone in drei Gliedern auf. Der verstorbene König brachte in seine Truppen mit unendlicher Mühe Mannszucht und eine wunderbare Ordnung und in die Bewegungen und Handgriffe eine bis dahin in Europa unbekannte Genauigkeit. Ein preußisches Bataillon wurde zur wandelnden Batterie, deren Feuergeschwindigkeit die Gefechtswirkung verdreifachte, so daß ein preußisches Bataillon es mit drei feindlichen aufnehmen konnte. Die anderen Staaten ahmten die Preußen seither nach, freilich nur unvollkommen.

Karl XII. hatte in seinem Heere zwei Geschütze bei jedem Bataillon eingeführt. In Berlin goß man Kanonen zu 3, 6, 12 und 24 Pfund, leicht genug, um sie mit Menschenarmen zu regieren und sie in der Schlacht mit den Bataillonen, zu denen sie gehörten, vorrücken zu lassen. So viele neue Erfindungen machten ein Kriegsheer zu einer lebendigen Festung, an die jede Annäherung mörderisch und fürchterlich war.

Während des Krieges von 1672 wurden von den Franzosen die transportablen, kupfernen Pontons erfunden. Da es auf diese Art sehr bequem wurde, Brücken zu schlagen, hörten die Flüsse auf, wirkliche Hindernisse zu sein. Auch die Kunst, feste Plätze anzugreifen und zu verteidigen, verdankt man den Franzosen. Besonders Vauban vervollkommnete die Befestigungskunst. Er machte die Werke bestreichbar und schützte sie derart durch ein Glacis, daß, wenn jetzt die Breschebatterien nicht auf dem Kamm des gedeckten Weges angelegt werden, die Kugeln den Mauerkranz, den sie einschießen sollen, nicht erreichen. Seit Vauban hat man gemauerte, doppelte gedeckte Wege eingeführt, und vielleicht hat man sogar zuviel Befestigungsabschnitte angelegt. Vor allem aber hat die Minierkunst die größten Fortschritte gemacht. Man treibt das Minensystem des gedeckten Weges bis auf dreißig Klafter vom Glacis vor. Plätze mit guten Minenanlagen haben Haupt- und Zweigstollen, bis zu drei Stockwerken übereinander. Der Mineur kann ein und denselben Verteidigungspunkt bis zu siebenmal sprengen. Für den Angriff hat man die Druckkugeln erfunden, die, wenn sie gut angelegt sind, alle Minen des Platzes bis auf eine Entfernung von 25 Schritt vom Herde sprengen. In den Minen liegt jetzt die wahre Stärke der Festungen, und durch ihren rechten Gebrauch können die Kommandanten die Dauer der Belagerung am meisten verlängern.

Heutzutage lassen sich Festungen nur durch zahlreiches Geschütz erobern. Man rechnet eine Batterie von drei Geschützen, um eine Kanone der Festungswerke zu demontieren; zu dieser Menge Batterien kommen noch die Rikoschettbatterien, welche den Hauptwall bestreichen; und hat man nicht mindestens sechzig Mörser zur Zerstörung der Festungswerke, so

wagt man einen festen Platz nicht zu belagern. Die halben Sappen, die ganzen Sappen, die flüchtigen Sappen, die Waffenplätze und die Laufgrabenreiter, alles das sind neue Erfindungen, die beim Angriff dazu dienen, Menschen zu sparen und die Übergabe der Festungen zu beschleunigen.

Unser Jahrhundert hat die Leichtbewaffneten wieder aufleben sehen: die Panduren bei den Österreichern, die Legionen bei den Franzosen, die Freibataillone bei uns, ferner die Husaren, die aus Ungarn stammen, aber bei allen anderen Heeren nachgeahmt sind, und die jene zur Römerzeit so berühmte numidische und parthische Reiterei ersetzen. Die Heere der Alten kannten keine Uniformen; es sind noch nicht hundert Jahre her, daß sie allgemein eingeführt worden sind.

Auch das Seewesen hat große Fortschritte gemacht, sowohl im Schiffbau wie in der Steuerkunst. Allein dieser Gegenstand ist so umfangreich, daß ich ihn verlasse, um nicht allzuweit abzuschweifen.

Das politische System Europas

Was vielleicht unsere Aufmerksamkeit am meisten verdient, ist die veränderte Machtstellung der Staaten seit 1640. Wir sehen einige aufsteigen; andere beharren sozusagen unbeweglich in der gleichen Lage; wieder andere geraten in Verfall, und es droht ihnen der Untergang.

Schweden stand unter Gustav Adolf im höchsten Glanze. Es diktierte in Gemeinschaft mit Frankreich den Westfälischen Frieden. Unter Karl XII. besiegte es die Dänen, die Russen und verfügte eine Zeitlang über den polnischen Thron. Es scheint, daß diese Macht damals alle ihre Kräfte zusammenraffte, um wie ein Komet mit großem Glanz zu erscheinen und sich dann in den unendlichen Raum zu verlieren. Seine Feinde zerstückelten es und entrissen ihm Estland, Livland, die Fürstentümer Bremen und Verden und einen großen Teil Pommerns.

Schwedens Fall war die Epoche der Erhebung Rußlands. Diese Macht schien aus dem Nichts emporzutauchen, um auf einmal gewaltig dazustehen und bald nachher in die Reihe der gefürchtetsten Mächte zu treten. Man könnte auf Peter I. das Wort anwenden, das Homer von Okeanos sagt: »Mit drei Schritten war er am Ende der Welt.« In der Tat: Schweden demütigen, Polen hintereinander mehrere Könige geben, die Hohe Pforte erniedrigen und Truppen ausschicken, um die Franzosen an ihren eigenen Grenzen zu schlagen – das heißt wirklich, bis ans Ende der Welt gehen!

Ebenso sah man das Haus Brandenburg die Bank der Kurfürsten verlassen, um seinen Platz unter den Königen einzunehmen. Im Dreißigjährigen Kriege hatte es gar keine Rolle gespielt; aber der Westfälische Friede brachte

ihm Provinzen, die durch gute Verwaltung reich wurden. Der Friede und eine weise Regierung schufen hier eine aufstrebende Macht, die in Europa zuvor fast unbekannt war, weil sie im stillen arbeitete und ihre Fortschritte nicht plötzlich geschahen, sondern das Werk der Zeit waren. Man war schier verblüfft, als Brandenburg seine Kräfte zu entwickeln begann.

Frankreichs Gebietserweiterungen, die es sowohl seinen Waffen wie seiner Staatskunst verdankte, kamen rascher und waren ansehnlicher. Die Besitzungen Ludwigs XV. waren um ein Drittel größer als die Ludwigs XIII. Die Freigrafschaft Burgund, Elsaß-Lothringen sowie ein Teil von Flandern waren dem Königreiche einverleibt und gaben ihm eine sehr viel größere Macht als in der Vergangenheit. Dazu kam vor allem, daß Spanien von einem Zweige des Hauses Bourbon beherrscht wurde, wodurch Frankreich für geraume Zeit von den Diversionen befreit war, die es von den spanischen Königen österreichischer Herkunft stets zu besorgen gehabt hatte. Es kann jetzt also seine gesamten Kräfte ungehindert gegen jeden seiner Nachbarn wenden.

England hat sich seinerseits auch nicht vergessen. Gibraltar und Port-Mahon sind für ein Handelsvolk wichtige Erwerbungen. Durch alle Arten von Handel haben sich die Engländer erstaunlich bereichert, und vielleicht ist auch das ihrer Herrschaft unterworfene Kurfürstentum Hannover nicht ohne Nutzen für sie, weil es ihnen Einfluß auf die deutschen Angelegenheiten verschafft, an denen sie früher gar keinen Anteil hatten. Man glaubt allgemein, daß die englische Nation jetzt einen Teil ihrer alten Freiheit dadurch eingebüßt habe, daß sie für Bestechungen zugänglich geworden ist. Wenigstens ist England ruhiger geworden.

Auch das Haus Savoyen hat sich nicht vergessen. Es hat Sardinien und die Königswürde erlangt, hat ein Stück vom Herzogtum Mailand abgerissen, und die Politiker sehen in ihm einen Krebs, der an der Lombardei nagt.

Spanien hatte den Infanten Don Carlos in das Königreich Neapel eingesetzt. Er war ein rechter Despot und behauptete sich bei seiner eigenen Schwäche nur durch den Schutz der Monarchie, mit der er blutsverwandt war und der er den Thron verdankte.

Das Haus Österreich erfreute sich solcher Fortschritte nicht. Zwar hatte der Spanische Erbfolgekrieg Kaiser Karl VI. zu einem der mächtigsten Fürsten in Europa gemacht; aber der Neid seiner Nachbarn entriß ihm bald wieder einen Teil seiner Erwerbungen, so daß er auf das Niveau seiner Vorfahren zurücksank. Seitdem das Geschlecht Karls V. in Spanien erloschen war, hatte das Haus Österreich erst Spanien verloren, das in die Hände der Bourbonen kam, sowie einen Teil von Flandern, darauf das Königreich Neapel und einen Teil der Lombardei. Es blieben Karl dem Sechsten aus der Erbschaft Karls II. also nur ein paar Städte in Flandern und ein Teil des Herzogtums Mailand. Auch entrissen ihm die Türken Serbien und einen Teil der Walachei, welche ihnen im Frieden von Belgrad (1729) abgetreten wurden. Der einzige Gewinn des Hauses Österreich war die Entstehung eines Vorurteils, das im Reiche, in England und Holland, ja selbst in Dänemark ziemlich verbreitet ist: daß nämlich die Freiheit Europas an das Schicksal dieses Hauses geknüpft sei.

Portugal, Holland, Dänemark und Polen waren geblieben, was sie waren; sie hatten nichts gewonnen und nichts verloren.

Unter all diesen Mächten besaßen Frankreich und England ein entschiedenes Übergewicht, Frankreich durch seine Landmacht und seine großen Hilfsquellen, England durch seine Flotten und die im Handel erworbenen Reichtümer. Beide Mächte waren Nebenbuhler und eifersüchtig auf ihre Vergrößerung; sie wollten die Wage in Europa halten und betrachteten sich als die Häupter zweier Parteien, an welche die Könige und Fürsten sich anschließen mußten. Zu dem alten Hasse gegen England gesellte Frankreich noch eine gleiche Feindschaft gegen das Haus Österreich: eine Folge der fortwährenden Kriege, die zwischen beiden Mächten seit dem Tode Karls des Kühnen von Burgund (1477) geführt worden waren. Frankreich hätte Flandern und Brabant gern in seine Gewalt bekommen und seine Grenzen bis an die Ufer des Rheins ausgedehnt. Ein solcher Plan ließ sich aber nicht von heute auf morgen ausführen; die Zeit mußte ihn reifen, und die Umstände mußten ihn begünstigen. Die Franzosen wollen ihre Feinde besiegen, um ihnen Länder abzunehmen, die Engländer die fremden Fürsten durch Kauf zu ihren Sklaven machen. Alle beide aber suchen die Öffentlichkeit mit falschen Vorspiegelungen zu täuschen, um die Augen der Welt von ihren eigenen ehrgeizigen Zielen abzulenken.

Spanien und Österreich waren sich an Kräften ungefähr gleich. Spanien konnte nur mit Portugal Krieg anfangen oder in Italien mit dem Kaiser. Der Kaiser aber konnte Krieg nach allen Seiten führen. Er hatte mehr Untertanen als Spanien, und durch diplomatische Schachzüge konnte er seine Macht um die des Deutschen Reiches vermehren. Spanien besaß mehr Hilfsquellen in seinen Reichtümern, Österreich gar keine, und soviel Steuern es seinen Völkern auch auferlegen mochte, so bedurfte es doch fremder Subsidien, um seine Truppen ein paar Jahre im Felde zu halten. Damals war es durch den Türkenkrieg erschöpft und mit den Schulden aus diesem Kriege überlastet.

Holland war zwar reich, mischte sich aber in keinen ausländischen Krieg ein, wenn nicht die Not es zwang, seine Grenze gegen Frankreich zu verteidigen. Sein ganzes Bestreben ging dahin, jede Möglichkeit zur Wahl eines neuen Statthalters fernzuhalten.

Preußen, nicht so stark wie Spanien und Österreich, konnte dennoch hinter diesen in der Reihe der Mächte figurieren, wenn es sich ihnen auch nicht gleichzustellen vermochte. Die Staatseinkünfte überstiegen, wie gesagt, nicht sieben Millionen Taler. Seine Provinzen, durch das Elend des Dreißigjährigen Krieges verarmt und zurückgeblieben, waren nicht imstande, dem Herrscher Hilfsquellen zu bieten; die einzigen, die er hatte, waren seine Ersparnisse. Der verstorbene König hatte einen Schatz angelegt, der zwar nicht sehr bedeutend war, im Notfalle jedoch hinreichte, um eine gute Gelegenheit auszunutzen. Aber Klugheit in der Leitung der Geschäfte war nötig. Die Kriege durften nicht in die Länge gezogen werden, vielmehr mußte man seine Pläne rasch ausführen.

Das Mißlichste war die unregelmäßige Gestalt des Staates. Schmale und gleichsam verstreute Provinzen erstreckten sich von Kurland bis nach Brabant. Durch diese Zerrissenheit hatte das Land zwar viele Nachbarn, aber keine innere Festigkeit und war weit mehr Feinden ausgesetzt, als wenn es abgerundet gewesen wäre. Preußen konnte damals nur dann etwas unternehmen, wenn es sich auf Frankreich oder England stützte. Mit den Franzosen im Bunde konnte man sein Glück machen; denn ihnen lag ihr Ruhm und die Erniedrigung des Hauses Österreich sehr am Herzen. Von England konnte man nur Subsidien beziehen die es zahlte, um sich fremder Kräfte zum eigenen Vorteil zu bedienen.

Rußland hatte damals in der europäischen Politik noch zu wenig Gewicht, um durch einen Beitritt das Übergewicht einer Partei zu entscheiden. Sein Einfluß erstreckte sich vorerst nur auf seine Nachbarn, Schweden und Polen.

Was die Türken betrifft, so galt es damals als politische Regel, daß, wenn die Franzosen sie gegen Österreich oder Rußland aufwiegelten, diese beiden Mächte sich an Thamas-Chouli-Kan wandten, der sie durch eine Diversion gegen die Pforte von aller Gefahr auf dieser Seite befreite.

Was hier angeführt wurde, war der gewöhnliche Gang der Politik. Freilich gab es hin und wieder Ausnahmen von der Regel. Doch wir halten uns hier nur an den durchschnittlichen Verlauf und an das, was eine gesunde Politik der Mächte erheischte.

Der Erste Schlesische Krieg

Ursprung des Krieges und Einmarsch in Schlesien

Europas ganzes Interesse war damals der Erbfolge im Hause Österreich zugewandt, die nach dem Tode Kaiser Karls VI., des letzten Habsburgers im Mannesstamm, zur Entscheidung kommen mußte. Um der Zerstückelung der Monarchie vorzubeugen, hatte Karl VI., wie gesagt, ein Hausgesetz unter dem Namen der »Pragmatischen Sanktion« erlassen, das seine Erbschaft für seine Tochter Maria Theresia sicherstellen sollte: Frankreich, England, Holland, Sardinien, Sachsen und das Deutsche Reich hatten diese Pragmatische Sanktion garantiert. Auch der verstorbene König Friedrich Wilhelm hatte sie verbürgt, unter der Bedingung, daß der Wiener Hof ihm die Erbfolge in Jülich und Berg gewährleistete. Der Kaiser sagte ihm das zu, hielt aber sein Versprechen nicht, so daß also der König von der Garantie der Pragmatischen Sanktion entbunden war, die sein Vater bedingungsweise übernommen hatte.

Auf die Erbfolge in den Herzogtümern Jülich und Berg, die im Jahre 1740 nahe zu sein schien, war das Hauptaugenmerk der Politik des Hauses Brandenburg gerichtet. Friedrich Wilhelm hatte sich im Gefühl seines nahen Endes in kein Bündnis eingelassen, um seinem Nachfolger freie Hand zu bewahren, welche Verbindungen er je nach Umständen und Gelegenheit eingehen wollte. Nach dem Tode des Königs knüpfte der Berliner Hof Unterhandlungen in Wien, Paris und London an, um zu ergründen, welche von diesen Mächten seinen Interessen am geneigtesten wäre. Er fand sie alle gleich kühl. Denn nur dann verständigt man sich und kommen Allianzen zum Abschluß, wenn gegenseitige Bedürfnisse das einigende Band bilden. Es lag aber Europa wenig daran, ob der König oder irgendein anderer Fürst das Herzogtum Berg erhielt.

Die Erwerbung des Herzogtums war also sehr schwierig auszuführen. Um sich einen deutlichen Begriff davon zu machen, muß man sich genau in die damalige Lage des Königs versetzen. Er konnte kaum 60 000 Mann ins Feld stellen, und an Hilfsquellen zur Unterstützung seiner Unternehmungen hatte er nichts als den Schatz, den der verstorbene König hinterlassen hatte. Wollte er die Eroberung des Herzogtums Berg wagen, so mußte er alle seine Truppen dazu verwenden, weil er mit einem starken Gegner zu rechnen hatte. Er mußte Frankreich bekämpfen und zugleich die Stadt Düsseldorf einnehmen. Schon die Übermacht Frankreichs reichte hin, um ihn von dieser Unternehmung abzuhalten, hätten ihm auch von anderer Seite nicht ebenso ansehnliche Hindernisse im Wege gestanden. Denn auch das Haus Sachsen erhob die gleichen pfälzischen Erbansprüche, und Hannover war eifersüchtig auf Brandenburg. Rückte der König unter diesen Umständen mit seiner ganzen Macht an den Rhein, so setzte er seine Truppen von entblößten Erblande einem Einfall der Sachsen und der Hannoveraner aus, die eine solche Diversion gewiß nicht unterlassen hätten. Wollte er aber einen Teil seines Heeres in der Kurmark zurücklassen, um seine Lande gegen die Anschläge seiner Nachbarn zu decken, so wäre er auf beiden Seiten zu schwach gewesen. Frankreich hatte die pfälzische Erbfolge im Jahre 1733 dem Pfalzgrafen von Sulzbach verbürgt, um während seines Krieges am Rheine der Neutralität

des alten Kurfürsten sicher zu sein. Diese Garantie hätte den König nun zwar nicht abgehalten, denn gewöhnlich werden solche Zusagen ebenso rasch gegeben wie gebrochen. Aber Frankreichs Vorteil verlangte schwache Nachbarn an den Ufern des Rheins und keine mächtigen, widerstandsfähigen Fürsten. Fast zur selben Zeit erhielt Graf Seckendorff, der auf der Festung Graz gefangen saß, seine Freiheit unter der Bedingung wieder, daß er dem Kaiser sämtliche Befehle einhändigte, durch die ihn dieser ermächtigt hatte, dem verstorbenen König von Preußen die feierlichsten Zusicherungen zur Unterstützung der preußischen Ansprüche auf die Erbfolge in den Herzogtümern Jülich und Berg zu geben.

Diese Darstellung zeigt, wie ungünstig die Umstände für das Haus Brandenburg lagen. Das bestimmte den König, sich an das provisorische Abkommen zu halten, das sein Vater mit Frankreich geschlossen hatte. Aber wenn auch so triftige Gründe die Ruhmbegierde des Königs zügelten, so reizten ihn andere, nicht minder starke Beweggründe, beim Antritt seiner Regierung Beweise von Kraft und Entschlossenheit zu geben, um seinem Volke Achtung in Europa zu verschaffen. Allen guten Patrioten blutete das Herz wegen der geringen Rücksicht, welche die Mächte dem verstorbenen König besonders in seinen letzten Regierungsjahren bezeigt hatten, und wegen der Kränkungen, denen der preußische Name in der Welt ausgesetzt war. Gerade das hatte großen Einfluß auf das Vorgehen des Königs, und wir halten uns für verpflichtet, einiges Licht darüber zu verbreiten.

Die weise und vorsichtige Zurückhaltung war dem verstorbenen König als Schwäche ausgelegt worden. Im Jahre 1729 hatte er wegen einiger Kleinigkeiten einen Streit mit den Hannoveranern, der aber gütlich beigelegt wurde. Kurz darauf kam es mit den Holländern zu ebenso unbedeutenden Zwistigkeiten, die gleichfalls eine friedliche Lösung fanden. Aus diesen beiden Beispielen der Mäßigung schlossen die Nachbarn und Neider, daß man den König ungestraft beleidigen könnte, daß er statt wirklicher Macht nur eine Scheinmacht, an Stelle erfahrener Offiziere nur Exerziermeister und statt tapferer Soldaten nur Söldlinge hätte, die dem Staate wenig anhänglich wären, und daß er selbst den Hahn stets nur spannte, aber nie losdrückte. Die Welt, in ihren Urteilen oberflächlich und leichtsinnig, glaubte solches Gerede, und diese schmählichen Vorurteile verbreiteten sich rasch durch ganz Europa. Der Ruhm, nach dem der verstorbene König trachtete, war gerechter als der Ruhm der Eroberer. Sein Ziel war, sein Land glücklich zu machen, sein Heer zu disziplinieren und seine Finanzen mit Ordnung und weisester Sparsamkeit zu verwalten. Er vermied den Krieg, um nicht von so schönen Aufgaben abgelenkt zu werden, und erhob so Preußen in der Stille zur Macht, ohne den Neid der Fürsten zu erregen. In seinen letzten Lebensjahren hatten körperliche Gebrechen seine Gesundheit völlig zerrüttet, und sein Ehrgeiz hätte es nie zugelassen, sein Heer anderen Händen anzuvertrauen. Unter solchen Umständen war seine Regierung glücklich und friedlich gewesen.

Wäre die Meinung, die man von dem König hatte, nur ein Rechenfehler gewesen, die Welt wäre von ihrem Irrtum früher oder später bekehrt worden. Aber die Fürsten urteilten so ungünstig über seinen Charakter, daß seine Verbündeten auf ihn nicht mehr Rücksicht nahmen als seine Feinde.

Ein Beweis dafür ist folgendes. Der Wiener und der russische Hof kamen mit dem verstorbenen König überein (1732), einen Prinzen von Portugal auf den polnischen Thron zu setzen. Plötzlich ließen sie das Projekt fallen und erklärten sich für den Kurfürsten August von Sachsen, hielten es aber für unter ihrer Würde, den König auch nur davon zu benachrichtigen. Kaiser Karl VI. hatte unter gewissen Bedingungen ein Hilfskorps von 10 000 Mann erhalten, das der verstorbene König im Jahre 1734 an den Rhein gegen die Franzosen sandte. Aber der Kaiser setzte sich selbst über seine ärmlichen Verpflichtungen hinweg. König Georg II. von England nannte den König »seinen Bruder Korporal«, hieß ihn den »König der Landstraßen und des Römischen Reiches Erzsandstreuer«. Das ganze Benehmen Georgs trug das Gepräge tiefster Verachtung. Die preußischen Offiziere, die auf Grund der Vorrechte der Kurfürsten in den Reichsstädten Soldaten anwarben, waren tausend Beschimpfungen ausgesetzt. Man nahm sie gefangen, schleppte sie in die Kerker zu den schlimmsten Verbrechern. Kurz, diese Übergriffe steigerten sich ins Unerträgliche. Ein armseliger Bischof von Lüttich suchte seine

Ehre darin, den König zu tränken. Einige Untertanen der Herrschaft Herstal, die zu Preußen gehört, hatten sich aufgelehnt. Der Bischof nahm sie in Schutz. Der König sandte den Obersten Kreytzen mit Vollmacht und Beglaubigungsschreiben nach Lüttich, um die Sache beizulegen. Aber der Herr Bischof dachte gar nicht daran, ihn zu empfangen. Drei Tage hintereinander sah er den Gesandten in den Hof seines Palastes kommen, und jedesmal versagte er ihm den Eintritt.

Dieses Geschehnis und noch viele andere, die ich der Kürze halber übergehe, zeigten dem König, daß ein Fürst sich selbst und vor allem seinem Volke Respekt verschaffen muß, daß die Mäßigung eine Tugend ist, die Staatsmänner in dieser verderbten Zeit nicht immer streng ausüben können, und daß es beim Thronwechsel nötiger war, Beweise von Entschlossenheit als von Sanftmut zu geben.

Um nun alles zusammenzufassen, was das Feuer eines jungen, eben auf den Thron gelangten Fürsten anfachen konnte, so sei noch hinzugefügt, daß Friedrich I., als er Preußen zum Königreich erhob, durch diese eitle Größe einen Keim des Ehrgeizes in seine Nachkommen legte, der früher oder später Früchte tragen mußte. Die Monarchie, die er seinen Nachkommen hinterließ, hatte, wenn ich mich so ausdrücken darf, etwas von einem Zwitterwesen an sich: sie glich mehr einem Kurfürstentum als einem Königreiche. Es war ehrenvoll, diesem Zwitterzustand ein Ende zu machen, und das war sicherlich einer der Beweggründe des Königs bei den großen Unternehmungen, zu denen so vieles ihn reizte.

Hätten sich auch der Erwerbung des Herzogtums Berg nicht schier unüberwindliche Hindernisse entgegengestellt, so war der Gegenstand doch so gering, daß das Haus Brandenburg nur sehr wenig Gebietszuwachs gewonnen hätte. Dieser Gedanke lenkte den Blick des Königs auf das Haus Österreich. Nach dem Tode des Kaisers war die österreichische Erbschaft umstritten und der Kaiserthron ledig. Das war natürlich ein überaus günstiges Zusammentreffen wegen der wichtigen Rolle, die der König in Deutschland spielte, wegen der verschiedenen Ansprüche des sächsischen und bayrischen Hauses auf die österreichischen Erblande, wegen der Menge der Bewerber, die sich voraussichtlich zur Kaiserkrone meldeten, und schließlich wegen der Politik des Versailler Hofes, der diese Gelegenheit ergreifen mußte, um aus den Wirren, deren Ausbruch nach dem Tode Kaiser Karls VI. unausbleiblich war, seinen Vorteil zu ziehen.

Dieses Ereignis ließ nicht lange auf sich warten. Kaiser Karl VI. beschloß sein Leben auf seinem Lustschloß Favorita am 20. Oktober 1740. Die Nachricht kam nach Rheinsberg, als der König dort am viertägigen Fieber krank lag. Die Ärzte, in alte Vorurteile verrannt, wollten ihm kein Chinin geben. Er nahm es gegen ihren Willen; denn er hatte Wichtigeres vor, als seine Genesung abzuwarten. Unverzüglich entschloß er sich, die schlesischen Fürstentümer, auf die sein Haus unbestreitbare Ansprüche hatte, zurückzufordern, und zugleich rüstete er sich, um seine Ansprüche, wenn es sein mußte, mit Waffengewalt durchzusetzen. Dieser Plan erfüllte ihn ganz und gar. Das war der Weg, sich Ruhm zu erwerben, die Macht des Staates zu vergrößern und die strittige Erbfolge im Herzogtum Berg zu erledigen. Jedoch bevor der König sich völlig entschloß, wog er erst ab, welche Gefahren bei dem Wagnis eines solchen Krieges drohten, und andrerseits, welche Vorteile davon zu erhoffen waren.

Auf der einen Seite stand das mächtige Haus Österreich, dem es bei seinem ausgedehnten Länderbesitz nicht an Hilfsquellen fehlen konnte; eine Kaisertochter, die, wenn sie angegriffen wurde, im König von England, in der Republik Holland, sowie in der Mehrzahl der Reichsfürsten, die sich alle für die Pragmatische Sanktion verbürgt hatten, Verbündete finden mußte. Der Herzog von Kurland, der damals Rußland regierte, stand im Solde des Wiener Hofes. Zudem konnte die junge Königin von Ungarn Sachsen an sich fesseln, wenn sie ihm ein paar Kreise von Böhmen abtrat. Was schließlich die Einzelheiten der Ausführung betraf, so mußte die Mißernte des Jahres 1740 die Errichtung von Magazinen und die Verpflegung der Truppen als kaum durchführbar erscheinen lassen. Die Gefahren waren groß. Die Unbeständigkeit des Waffenglücks war zu fürchten. Eine verlorene Schlacht konnte alles entscheiden. Der König hatte keine Bundesgenossen und konnte den alten, unter den Waffen ergrauten österreichischen Soldaten, die in so vielen Feldzügen erprobt waren, nur unerfahrene Truppen entgegenstellen.

Andrerseits belebten zahlreiche Erwägungen die Hoffnungen des Königs. Der Wiener Hof befand sich nach des Kaisers Tode in der mißlichsten Lage. Die Finanzen waren in Unordnung, das Heer zerrüttet und mutlos geworden durch die Mißerfolge im Türkenkriege. Das Ministerium war uneins. Dazu denke man sich an der Spitze der Regierung eine junge unerfahrene Fürstin, die eine strittige Erbschaft verteidigen soll, und es ergibt sich leicht, daß diese Macht nicht als furchtbar erscheinen konnte. Ferner war es ganz unmöglich, daß der König keine Bundesgenossen fand. Die Eifersucht, die zwischen Frankreich und England herrschte, sicherte dem König notwendig eine dieser beiden Mächte. Außerdem mußten alle Bewerber um die Erbschaft des Hauses Österreich ihr Interesse mit dem seinen verknüpfen. Der König hatte eine Stimme zur Kaiserwahl zu vergeben. Er konnte sich bezüglich seiner Ansprüche auf das Herzogtum Berg entweder mit Frankreich oder mit Österreich vergleichen. Endlich war der Krieg, den er in Schlesien führen konnte, die einzig mögliche Offensive, welche durch die Lage seiner Staaten begünstigt wurde, weil er hier nahe an seinen Landesgrenzen blieb und durch die Oder eine stets sichere Verbindung behielt.

Vollends zu seiner Unternehmung bestimmt wurde der König durch den Tod der Kaiserin Anna von Rußland, die bald nach dem Kaiser starb. Die russische Krone fiel an den jungen Großfürsten Iwan, den Sohn einer mecklenburgischen Prinzessin und des Prinzen Anton Ulrich von Braunschweig, eines Schwagers des Königs von Preußen. Aller Wahrscheinlichkeit nach hatte Rußland während der Minderjährigkeit des jungen Zaren mehr mit der Erhaltung der Ruhe im eigenen Lande zu tun als mit der Pragmatischen Sanktion, die in Deutschland jedenfalls Unruhen hervorrufen mußte.

Hierzu kam ein schlagfertiges Heer, ein wohlgefüllter Kriegsschatz und vielleicht auch der Drang, sich einen Namen zu machen. Dies alles bewog den König von Preußen zu dem Kriege, den er an Maria Theresia von Österreich, Königin von Ungarn und Böhmen, erklärte.

Trotzdem man in Berlin alle Vorsicht anwandte, um die geplante Unternehmung geheimzuhalten, war es doch nicht möglich, Magazine anzulegen, Geschütze bereitzustellen und Truppen in Marsch zu setzen, ohne daß es gemerkt wurde. Das Publikum ahnte bereits, daß etwas vorging. Demeradt, der Kaiserliche Gesandte in Berlin, schrieb warnend an seinen Hof, daß ein Gewitter im Anzuge sei, das sich sehr wohl gegen Schlesien entladen könnte. Der Staatsrat der Königin antwortete ihm aus Wien: »Wir wollen und können den von Euch gemeldeten Nachrichten keinen Glauben beimessen.« Gleichwohl sandte man den Marchese Botta nach Berlin, um dem König zu seiner Thronbesteigung zu gratulieren, aber mehr noch, um zu erforschen, ob Demeradt nur blinden Lärm geschlagen hatte. Der Marchese Botta war

schlau und scharfsinnig. Er merkte sofort, worum es sich handelte. Nachdem er in seiner Antrittsaudienz (6. Dezember 1740) die üblichen Komplimente gemacht hatte, sprach er von den Unbequemlichkeiten der zurückgelegten Reise und erwähnte besonders die schlechten Wege in Schlesien, die durch Überschwemmungen so verdorben seien, daß man nicht durchkommen könnte. Der König tat, als verstände er das nicht, und antwortete, das Schlimmste, was den Reisenden auf solchen Wegen zustoßen könne, sei, sich zu beschmutzen.

So fest auch der König entschlossen war, den gefaßten Plan durchzuführen, so hielt er es doch für richtig, Versuche zum gütlichen Vergleich beim Wiener Hofe zu machen. Zu diesem Zwecke schickte er den Grafen Gotter nach Wien. Der sollte der Königin von Ungarn erklären: falls sie des Königs Ansprüche auf Schlesien anerkennen wolle, so biete er ihr nicht nur seinen Beistand gegen alle offenen und versteckten Feinde an, welche das Erbe Karls VI. zerstückeln wollten, sondern auch seine Stimme bei der Kaiserwahl für den Großherzog von Toskana.

Da vorauszusehen war, daß dieses Anerbieten zurückgewiesen würde, so war Graf Gotter für diesen Fall ermächtigt, der Königin von Ungarn den Krieg zu erklären. Die Armee war flinker als der Gesandte. Sie rückte zwei Tage eher in Schlesien ein, als Graf Gotter in Wien anlangte.

Zwanzig Bataillone und sechsunddreißig Schwadronen wurden gegen die schlesische Grenze in Bewegung gesetzt; sechs Bataillone sollten nachfolgen, um die Festung Glogau einzuschließen. So schwach dieses Heer war, so schien es doch stark genug, um sich eines unverteidigten Landes zu bemächtigen. Auch gewann man dadurch den Vorteil, Magazine für den nächsten Frühling anlegen zu können, die eine größere Truppenzahl während des Winters aufgezehrt hätte.

Bevor der König zum Heere abreiste, gab er dem Marchese Botta noch eine Audienz (9. Dezember 1740) und sagte ihm das gleiche, was Graf Gotter in Wien erklären sollte. Botta rief aus: »Sire, Sie werden das Haus Österreich zugrunde richten, und sich selbst stürzen Sie mit in das Verderben.« Der König erwiderte: »Es hängt nur von der Königin ab, die ihr gemachten Vorschläge anzunehmen.« Da wurde der Marchese nachdenklich, faßte sich aber wieder und sagte, von neuem das Wort ergreifend, in ironischem Ton und mit spöttischer Miene: »Ihre Truppen sind schön, Sire, das gestehe ich. Unsere sehen nicht so schmuck aus, aber sie haben Pulver gerochen. Ich beschwöre Sie, bedenken Sie, was Sie tun wollen.« Der König ward ungeduldig und versetzte lebhaft: »Sie finden meine Truppen schön; bald sollen Sie zugeben, daß sie auch gut sind.« Der Marchese versuchte noch einige Vorstellungen, um die Ausführung des Vorhabens aufzuhalten. Aber der König machte ihm begreiflich, daß es zu spät sei, und daß er den Rubikon schon überschritten habe.

Da das ganze Projekt auf Schlesien jetzt bekannt wurde, so verursachte die kühne Unternehmung eine sonderbare Gärung in den Gemütern. Die schwachen und furchtsamen Seelen prophezeiten den Untergang des Staates. Andere glaubten, daß der König alles auf den Zufall setze und sich Karl XII. zum Muster nehme. Das Militär hoffte auf Glück und sah Beförderungen vor sich. Die Nörgler, die es ja überall gibt, neideten dem Staate die Vergrößerungen, die er sich verschaffen konnte. Der Fürst von Anhalt war wütend, daß nicht er diesen Plan entworfen hatte und nicht das erste Werkzeug bei dessen Ausführung war. Wie Jonas prophezeite er Unheil, das aber so wenig über Preußen kam wie einst über Ninive. Der Fürst betrachtete das kaiserliche Heer als seine Wiege. Auch fühlte er sich Kaiser Karl VI. verpflichtet, da dieser seiner Gattin, einer Apothekerstochter, den fürstlichen Rang verliehen hatte. Zudem fürchtete er die Vergrößerung des Königs, die einen Nachbarn wie den Fürsten von Anhalt zum Nichts herabdrückte. Diese Gründe des Mißvergnügens veranlaßten ihn, Mißtrauen und Schrecken in alle Gemüter zu säen. Ja womöglich hätte er den König selbst gern eingeschüchtert. Aber dessen Entschluß stand felsenfest. Die Dinge waren auch schon zu weit gediehen, als daß man noch hätte zurückweichen können. Um indessen dem üblen Eindruck zu begegnen, den die Meinung eines so großen Heerführers wie des Fürsten von Anhalt bei den Offizieren hätte machen können, hielt der König es für gut, die Offiziere der Berliner Garnison vor seiner Abreise zu sich zu berufen und ihnen die folgende Ansprache zu halten:

»Meine Herren, ich unternehme einen Krieg, für den ich keine anderen Bundesgenossen habe als Ihre Tapferkeit und Ihren guten Willen. Meine Sache ist gerecht, und ich vertraue auf mein Glück. Bleiben Sie stets des Ruhmes eingedenk, den Ihre Vorfahren sich erwarben auf den Feldern von Warschau, von Fehrbellin und auf dem Zuge nach Preußen. Ihr Schicksal ruht in Ihren eigenen Händen; Auszeichnungen und Belohnungen warten nur darauf, daß Sie durch glänzende Taten sie verdienen. Aber ich brauche Sie nicht erst anzufeuern. Der Ruhm allein steht Ihnen vor Augen, nur er ist das würdige Ziel Ihres Strebens. Wir werden Truppen angreifen, die unter dem Prinzen Eugen die Bewunderung der Welt errungen haben. Zwar ist dieser Prinz nicht mehr; aber unsere Siege werden darum nicht weniger ruhmvoll sein, da wir uns mit seinen braven Soldaten zu messen haben werden. Leben Sie wohl! Brechen Sie auf zum Rendezvous des Ruhmes, wohin ich Ihnen ungesäumt folgen werde«

Der König verließ Berlin nach einem großen Maskenball und kam am 14. Dezember in Krossen an. Ein Zufall wollte, daß gerade an diesem Tage ein mürbes Seil, woran die Glocke der Domkirche hing, zerriß. Die Glocke stürzte herab, und man sah darin eine schlechte Vorbedeutung; denn im Herzen des Volkes herrschten noch abergläubische Vorstellungen. Um den üblen Eindruck auszulöschen, legte der König dieses Vorzeichen in günstigem Sinne aus. Er sagte, der Sturz der Glocke bedeute, daß das Hohe erniedrigt werden solle; und da das Haus Österreich unvergleichlich viel höher stände als das brandenburgische, so sähe man aus diesem Zeichen deutlich, daß Preußen den Sieg davontragen würde. Wer das Volk kennt, weiß, daß solche Begründungen hinreichen, um es zu überzeugen.

Am 16. Dezember rückte das Heer in Schlesien ein.

Manifest gegen Österreich
(Dezember 1740)

Die Ansprüche des Königs auf die meisten Herzog- und Fürstentümer Schlesiens sind unbestreitbar. Die Besitzer dieser Provinz haben dies selbst so weit zugeben, daß sie einen Vertrag mit Kurfürst Friedrich Wilhelm abschlossen, kraft dessen der Kurfürst für den Kreis Schwiebus seinen Rechten auf die anderen schlesischen Herzog- und Fürstentümer entsagt hat. Dieser Verzicht wäre gültig, hätte Kaiser Leopold I. den Kreis Schwiebus nicht mit schwärzester Treulosigkeit dem Könige Friedrich I. entrissen.

Da somit das Äquivalent für den Verzicht zurückgegeben ist, tritt Preußen wieder in den Vollbesitz seiner Rechte, und das ganze Abkommen mit Kurfürst Friedrich Wilhelm wird null und nichtig.

Auf Grund dieser Rechte und eines Anspruches auf mehrere Millionen Taler ist der König in Schlesien eingerückt, um seinen Besitz und seine Rechte aufrechtzuerhalten. Zu Lebzeiten des Kaisers wäre ein solcher Schritt unangebracht gewesen; denn der Kaiser ist das Reichsoberhaupt, und der Angriff eines Reichsstandes gegen ihn hätte gegen die Reichsgesetze verstoßen.

Außerdem läuft dieser Schritt der Pragmatischen Sanktion nicht zuwider; denn der König will kein Erbe antreten, sondern nur seine besonderen Rechte wahren. Da der Kaiser selbst keinerlei Anrecht auf die ihm strittig gemachten schlesischen Herzogtümer besitzt, mit welchem Recht kann seine Tochter sie dann beanspruchen? Man kann doch nichts erben, was den Eltern nicht gehört hat!

Nehmen wir aber den schlimmsten Fall an, daß man das Vorgehen des Königs als Verstoß gegen die Pragmatische Sanktion betrachtet, so ist hervorzuheben, daß der König von Preußen dem Kaiser die Pragmatische Sanktion durch den Vertrag von 1732 nur unter der Bedingung der Garantie für das Herzogtum Berg gewährleistet hat. Diesen Vertrag hat das Haus Österreich aber gebrochen, indem es im Jahre 1738 oder 1739 den vorläufigen Besitz der Herzogtümer Jülich und Berg dem Hause Sulzbach garantierte. Der

König tritt also wieder in den Vollbesitz seiner Rechte, zumal man ihm als Äquivalent eigene Besitzungen des Kaisers versprochen hatte.

Alle diese Gründe miteinander haben den König zu seinem Vorgehen bestimmt. Er wünscht nichts sehnlicher, als sich mit dem Haus Österreich zu vergleichen, vorausgesetzt, daß man einige Rücksicht auf seine gerechten Ansprüche nimmt.

NB. Ich vergaß hinzuzufügen, daß Schlesien stets ein Mannslehen gewesen und nur durch die Pragmatische Sanktion zum Weiberlehen geworden ist. Da aber meine Garantie null und nichtig geworden ist, trete ich jetzt wieder in den Vollbesitz meiner Rechte; denn das Kaiserhaus hat keine männlichen Nachkommen mehr. Das kann zu den anderen oben erwähnten Gründen hinzugefügt werden.

Mollwitz

Die Lage wurde um so ernster, je näher die Eröffnung des Feldzuges rückte. Einstimmig berichteten die Spione, daß der Gegner seine Posten verstärkte, daß neue Truppen zu ihm stießen, und daß er eine Überrumpelung der Preußen in ihren Quartieren vorhätte, entweder auf dem Wege über Glatz oder über Zuckmantel. Zur selben Zeit hatten sich 100 österreichische Dragoner und 300 Husaren nach Neiße geworfen. Das allein war schon genug, um einen Teil der feindlichen Absichten zu erkennen, und der König befahl deshalb, die Quartiere enger zu legen. Er hätte auf der Stelle alle Truppen zusammenziehen müssen. Aber es fehlte ihm damals noch an Erfahrung, denn dies war eigentlich sein erster Feldzug. Die Jahreszeit war noch nicht vorgeschritten genug, um die Einschließung von Glogau und Brieg in eine Belagerung zu verwandeln. Es lag indessen ein fertiger Plan vor, Glogau mit Sturm zu nehmen, und so erhielt Erbprinz Leopold von Anhalt Befehl, ihn ungesäumt auszuführen. Am 9. März wurde die Stadt an fünf Stellen zugleich angegriffen und binnen einer Stunde erobert.

Doch mit der Einnahme von Glogau war noch nicht alles getan. Die Truppen lagen noch zu verstreut, um sich im Notfall zu vereinigen. Besonders die Quartiere in Oberschlesien, in denen Feldmarschall Schwerin stand, erregten höchste Besorgnis. Der König wollte, daß der Feldmarschall sie aufhöbe und sich gegen die Neiße zurückzöge, wo er mit allen Truppen aus Niederschlesien zu ihm stoßen konnte. Schwerin war anderer Meinung. Er schrieb, wenn man ihn verstärken wollte, so verspreche er, seine Quartiere bis zum Frühjahr zu behaupten. Für diesmal glaubte der König seinem Feldmarschall mehr als sich selbst. Seine Leichtgläubigkeit wäre ihm fast verderblich geworden, und als hätte er Fehler auf Fehler häufen müssen, setzte er sich selbst an die Spitze von acht Schwadronen und neun Bataillonen, um nach Jägerndorf zu marschieren. In Neustadt traf er den Feldmarschall. Des Königs erste Frage war: »Was haben Sie für Nachrichten vom Feinde?« – »Keine«, war die Antwort, »außer daß die Österreicher längs der Grenze von Ungarn bis nach Braunau in Böhmen zerstreut stehen. Aber ich erwarte jeden Augenblick meinen Spion zurück.«

Am folgenden Tage langte der König in Jägerndorf an. Sein Plan war, am Tage darauf wieder von dort aufzubrechen, um die Laufgräben vor Neiße zu eröffnen, wo Feldmarschall Kalckstein ihn mit zehn Bataillonen und ebensoviel Schwadronen erwartete. Der Herzog von Holstein, der damals in Frankenstein stand, sollte dort ebenfalls mit sieben Bataillonen und vier Schwadronen zum Könige stoßen. Als der König (am 2. April) eben aufbrechen wollte und dem Feldmarschall sowie dem Erbprinzen Leopold seine letzten Befehle gab, kamen sieben österreichische Dragoner an. Von diesen Überläufern erfuhr man, daß sie die Armee bei Freudenthal (nur anderthalb Meilen von Jägerndorf) verlassen hätten, daß ihre Reiterei dort lagerte und nur auf die Infanterie und das Geschütz wartete, um quer durch die Quartiere der Preußen zu rücken und sie zur Aufhebung der Blockade von Neiße zu zwingen. Mittlerweile hörte man schon vor der Stadt scharmutzieren, und jedermann glaubte, daß Neippergs Avantgarde im Begriff stände, Jägerndorf zu berennen. In dieser unglücklichen Stadt waren nur fünf Bataillone, fünf Dreipfünder und Pulver für 40 Schüsse. Die Lage war verzweifelt, wenn Neipperg sie zu nutzen verstand. Aber der kreißende Berg gebar nur eine Maus. Der Feind wollte bloß wissen, ob die Preußen noch in ihren Quartieren wären. Um dies zu erfahren, mußten seine leichten Truppen vor jeder Stadt herumplänkeln, um ihren Offizieren Meldung über den Stand der Dinge zu bringen.

Da nun die Absichten des Feindes offenbar waren, so zauderte der König keinen Augenblick mehr, das Heer zusammenzuziehen. Die Truppen in Niederschlesien erhielten Befehl, bei Sorge die Neiße zu überschreiten, und die in Oberschlesien sollten bei Jägerndorf zum König stoßen. Am 4. April ging er mit all diesen vereinigten Korps nach Neustadt und zwar parallel dem

feindlichen Heere, das über Zuckmantel und Ziegenhals auf Neiße marschierte. Am folgenden Tage (5. April) rückte der König nach Steinau, welches eine Meile von Sorge liegt; dort hatte er Brücken über die Neiße schlagen lassen. Die Einschließung von Brieg mußte aufgehoben werden, und General Kleist erhielt Befehl, mit seiner Abteilung zum Heere zu stoßen. Auch der Herzog von Holstein erhielt mehrere Male die gleiche Order, aber sie konnte ihn nicht erreichen, und so blieb er ruhig in Frankenstein stehen und sah rechts und links den Feind an sich vorbeiziehen, ohne sich darüber zu beunruhigen. Überläufer vom österreichischen Heere, die in Steinau ankamen, sagten aus, daß General Lentulus sich am selben Tage bei Neiße mit dem Feldmarschall Neipperg vereinigt hätte. Auf diese Nachricht wurden die preußischen Truppen sofort um Steinau zusammengezogen, und der König wählte eine Stellung aus, wo er den Feind im Falle eines Angriffs empfangen konnte. Um die Verlegenheit noch zu erhöhen, brach am Abend im Quartier von Steinau Feuer aus. Es war nur ein Glück, daß man Geschütz und Munition noch durch die engen Gassen retten konnte, in denen schon alle Häuser in Flammen standen. Die Truppen biwakierten die Nacht in der Stellung, die der König tags zuvor zum Lager ausgesucht hatte.

Am folgenden Tage (6. April) langte das Häuflein von dreizehn Bataillonen und fünfzehn Schwadronen nach recht beschwerlichem Marsche in Falkenberg an. Dort traf vom Obersten Stechow, der die Brücke bei Sorge mit vier Bataillonen deckte, die Meldung ein, daß der Feind sich am anderen Flußufer verschanzte und schon ziemlich lebhaft auf die Preußen feuerte. Markgraf Karl marschierte sogleich mit vier Bataillonen auf Sorge und berichtete dem König, daß Lentulus auf dem anderen Neißeufer mit 60 Schwadronen stände und den Übergang völlig unmöglich machte, weil das Gelände zu schmal sei, um sich zu entwickeln. Die Marschrichtung mußte also verändert werden. Man schlug den Weg nach Michelau ein, wo eine andere Brücke über die Neiße führte und wo General Marwitz schon mit den Truppen stand, die aus den Schweidnitzer Quartieren und von der Einschließung von Brieg herbeigezogen waren. Die Brücke bei Sorge wurde ungesäumt abgebrochen, und am Abend vereinigten sich alle diese verschiedenen Korps mit dem König.

Am nächsten Tage (8. April) ging das Heer bei Michelau über die Neiße, in der Absicht, auf Grottkau zu marschieren. Ein Kurier, der durch diese Stadt gekommen war, traf bei dem König ein, so daß dieser nichts besorgte. Ein dichtes Schneegestöber verfinsterte die Luft und trübte die Aussicht. Man marschierte immer weiter. Die Husaren der Vorhut kamen in das Dorf Leipe, das auf dem Wege liegt, und stießen unerwartet auf ein feindliches, dort kantonnierendes Husarenregiment. Die Preußen machten vierzig Gefangene, teils zu Fuß, teils zu Pferde. Von ihnen erfuhr man, daß Neipperg vor etwa einer halben Stunde Grottkau eingenommen hätte. Ein Leutnant Mützschefahl hatte sich dort mit 60 Mann drei Stunden lang gegen die ganze österreichische Armee verteidigt. Ferner sagten die Überläufer aus, daß der Feind am nächsten Tage nach Ohlau marschieren würde, um das schwere Geschütz fortzunehmen, das der König dort untergebracht hatte. Auf diese Nachricht wurden die verschiedenen, sämtlich in Marsch befindlichen Kolonnen der Armee zusammengezogen. Der König teilte sein Heer in vier Divisionen, die in vier naheliegenden Dörfern kantonierten, so daß sie sich binnen einer Stunde vereinigen konnten. Er legte sein Hauptquartier in die Dörfer Pogarell und Alzenau und schickte von dort mehrere Offiziere an die Besatzung von Ohlau, um sein Anrücken zu melden und zwei Kürassierregimenter, die in der Nähe angekommen waren, an sich zu ziehen. Aber wegen der feindlichen Streifkorps, die die Gegend unsicher machten, konnte keiner dieser Offiziere nach Ohlau gelangen.

Am anderen Tage (9. April) fiel der Schnee so dicht, daß man kaum zwanzig Schritte weit sehen konnte. Jedoch erfuhr man, daß der Feind sich

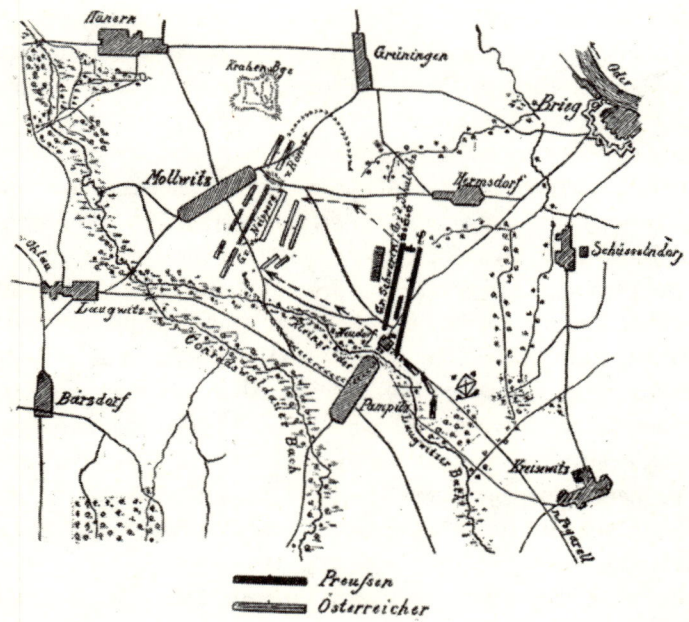

Brieg genähert hätte. Dauerte das schlechte Wetter fort, so wurde die Lage der Preußen immer schlimmer. Die Lebensmittel fingen an knapp zu werden. Man mußte Ohlau zu Hilfe kommen, und im Fall eines Mißerfolges stand kein Rückzug offen. Aber das Glück ersetzte den Mangel an Vorsicht.

Tags darauf, am 10. April, war das Wetter klar und heiter. Wenn auch der Schnee zwei Fuß hoch lag, so hinderte das doch nicht, die geplanten Operationen auszuführen. Um 5 Uhr morgens zog sich die Armee bei der Pogarellschen Mühle zusammen. Sie bestand aus 27 Bataillonen, 29 Schwadronen Kavallerie und 3 Husarenschwadronen. In fünf Kolonnen setzte sie sich in Marsch: in der Mitte die Artillerie, rechts und links davon die Infanterie und an den Flanken die Kavallerie. Der König wußte, daß ihm der Feind an Reiterei überlegen war. Um diesen Nachteil wettzumachen, gab er den Schwadronen jedes Flügels zwei Grenadierbataillone bei, eine Anordnung, die Gustav Adolf in der Schlacht bei Lützen getroffen hatte, die aber aller Wahrscheinlichkeit nach in Zukunft nicht mehr zur Anwendung kommen wird.

In dieser Marschordnung rückte das Heer in der Richtung auf Ohlau gegen den Feind vor General Rothenburg, der die Avantgarde führte, machte bei dem Dorfe Pampitz etwa zwanzig Gefangene; diese bestätigten die Nachricht, die Bauern aus dem Dorfe Mollwitz dem König gebracht hatten, daß die feindliche Armee in Mollwitz, Grüningen und Hünern stände. Sobald die Kolonnen sich Mollwitz ungefähr auf 2000 Schritt genähert hatten, stellte sich die Armee in Schlachtordnung auf, ohne daß man einen Feind im Felde erscheinen sah. Der rechte Flügel sollte sich an das Dorf Hermsdorf anlehnen. Aber Schulenburg, der die Kavallerie dieses Flügels befehligte, benahm sich dabei so ungeschickt, daß er nicht bis dorthin kam. Der linke Flügel war vom Laugwitzer Bache gedeckt, dessen Ufer steil und sumpfig sind. Da die Reiterei vom rechten Flügel dem Fußvolke nicht Platz genug gelassen hatte, so mußte man drei Bataillone aus dem ersten Treffen zurückziehen und formierte daraus, durch einen glücklichen Zufall, eine Flankendeckung für die rechten Flügel der beiden Infanterietreffen. Diese Anordnung wurde zur Hauptursache für den Gewinn der Schlacht. Die Bagage parkierte bei dem Dorfe Pampitz, ungefähr 1000 Schritt hinter den Treffen, und das Regiment La Motte, das in diesem Moment zur Armee stieß (es kam aus Oppeln), diente zu ihrer Bedeckung. Rothenburg näherte sich mit der Avantgarde dem Dorfe Mollwitz, aus dem er die Österreicher heraustreten sah. Er hätte sie in dieser Unordnung angreifen müssen. Aber er hatte gemessenen Befehl gehabt, sich auf nichts einzulassen. So führte er seine Truppen auf den rechten Flügel zurück, zu dem er gehörte.

Es muß sonderbar scheinen, daß ein so erfahrener General wie Neipperg sich derart überraschen ließ. Indes war er zu entschuldigen. Er hatte verschiedene Husarenoffiziere beauftragt, auf Kundschaft zu reiten, besonders auf dem Wege nach Brieg. Aber sei es aus Trägheit oder aus Nachlässigkeit, diese Offiziere taten ihre Schuldigkeit nicht, und der Marschall erfuhr den Anmarsch des Königs erst, als er auch schon dessen Heer in Schlachtordnung vor seinen Quartieren erblickte.

Neipperg mußte seine Truppen also unter dem Feuer der preußischen Artillerie aufstellen, und diese ward schnell und gut bedient. Die Kavallerie des linken Flügels unter dem Befehl von Römer war zuerst zur Stelle. Dieser kluge und entschlossene Offizier sah, daß der rechte preußische Flügel näher bei Mollwitz stand als der linke. Er erkannte, daß Neipperg, wenn er in seiner Stellung blieb, geschlagen werden konnte, bevor die Kavallerie seines rechten Flügels heran war. Ohne irgend einen Befehl abzuwarten, entschloß er sich, den rechten Flügel der Preußen anzugreifen. Schulenburg machte, um das Dorf Hermsdorf zu gewinnen, sehr ungeschickt eine schwadronsweise Viertelschwenkung nach rechts. Römer bemerkte dies und fiel, ohne sich zu formieren, mit verhängtem Zügel kolonnenweise auf den von Schulenburg kommandierten Flügel. Seine dreißig österreichischen Schwadronen warfen die zehn preußischen, deren jede ihnen die linke Flanke darbot, im Augenblick über den Haufen. Die geschlagene Reiterei jagte vor dem ersten Infanterietreffen entlang und zwischen dem ersten und zweiten Treffen hindurch. Sie hätte die Infanterie niedergeritten, hätte diese nicht auf die Flüchtlinge gefeuert, wodurch zugleich die Feinde abgewiesen wurden. Römer kam dabei ums Leben. Jeder Soldat muß aber erstaunen, daß die zwei Grenadierbataillone, die zwischen den Schwadronen des rechten Flügels standen, allein standhielten und sich in guter Ordnung zum rechten Flügel der Infanterie zogen.

Der König glaubte die Kavallerie wie ein Rudel Hirsche aufhalten zu können, wurde aber von ihrer Flucht bis zur Mitte des Heeres fortgerissen, wo es ihm gelang, ein paar Schwadronen zusammenzuraffen, die er auf den

rechten Flügel zurückführte. Sie mußten nun ihrerseits die Österreicher angreifen. Aber geschlagene und hastig wieder zusammengebrachte Truppen haben keine Widerstandskraft mehr. Sie lösten sich auf, und Schulenburg blieb bei diesem Angriff. Die siegreiche feindliche Kavallerie fiel nun in die rechte Flanke der preußischen Infanterie. Dort waren, wie wir schon sagten, drei Bataillone aufgestellt, die im ersten Treffen keinen Platz gefunden hatten. Die Infanterie wurde dreimal heftig angegriffen. Österreichische Offiziere fielen verwundet zwischen ihren Reihen. Mit dem Bajonett warf sie feindliche Reiter aus dem Sattel und schlug durch ihre Tapferkeit die Kavallerie unter großen Verlusten ab. Diesen Augenblick nahm Neipperg wahr.

Seine Infanterie setzte sich in Bewegung, um den rechten preußischen Flügel, der von Kavallerie entblößt war, anzugreifen. Unterstützt von der österreichischen Reiterei, machte er unsägliche Anstrengungen, um das Treffen des Königs zu durchbrechen, doch umsonst! Die tapfere Infanterie stand wie ein Fels gegen alle Angriffe und brachte dem Feind durch ihr Feuer schwere Verluste bei.

Auf dem linken preußischen Flügel war die Lage nicht so kritisch gewesen. Dieser Flügel war dem Feinde versagt worden und stand an den Laugwitzer Bach angelehnt. Jenseits des Sumpfes hatte die preußische Kavallerie die der Königin von Ungarn angegriffen und geschlagen.

Indessen dauerte das Feuer der Infanterie auf dem rechten Flügel seit fast fünf Stunden mit großer Heftigkeit. Die Munition war aufgebraucht, und die Soldaten griffen nach den Pulvervorräten der Gefallenen, um wieder schießen zu können. Die Lage war höchst kritisch. Alte Offiziere glaubten schon, es sei alles verloren, und erwarteten den Augenblick, wo die Truppen sich aus Mangel an Munition zur Übergabe genötigt sehen würden. Aber so kam es nicht, und junge Militärs mögen daraus lernen, nicht vorzeitig zu verzweifeln. Die Infanterie hielt nicht nur stand, sondern gewann dem Feinde sogar Boden ab. Als Feldmarschall Schwerin dies bemerkte, setzte er seinen linken Flügel gegen die rechte Flanke der Österreicher an. Das entschied den Sieg und führte zur völligen Niederlage der Feinde. Sie gingen in gänzlicher Auflösung zurück. Die Nacht verhinderte die Preußen, ihre Vorteile über das Dorf Laugwitz hinaus auszunutzen.

Jetzt kamen, freilich zu spät, die 14 Schwadronen aus Ohlau an. Ein Damm, den sie passieren mußten, um zur Armee zu stoßen, war ihnen von den österreichischen Husaren verlegt worden. Dort waren sie lange aufgehalten worden, und der Gegner hatte seine Stellung nicht eher geräumt, als bis er die Hauptarmee fliehen sah.

Diese Schlacht kostete der Königin 180 Offiziere und 7000 Tote an Kavallerie und Infanterie, ferner verloren die Österreicher 7 Kanonen, 3 Fahnen und 1200 Gefangene. Auf preußischer Seite zählte man 2500 Tote, darunter den Markgrafen Friedrich, des Königs Vetter, und 3000 Verwundete. Das erste Bataillon Garde, das der Hauptstoß des Feindes traf, verlor die Hälfte seiner Offiziere, und von seinen 800 Mann blieben nur 180 kampffähig.

Die Schlacht war eine der denkwürdigsten des Jahrhunderts, weil hier zwei kleine Heere das Schicksal von Schlesien entschieden, und weil die Truppen des Königs sich dabei einen Ruhm erwarben, den weder Zeit noch Neid ihnen entreißen können.

Aus diesem Bericht vom Beginn des Feldzuges wird der Leser gewiß schon gesehen haben, daß der König und der Feldmarschall Neipperg sich in Fehlern überboten. Waren die Entwürfe des österreichischen Feldherrn die

besseren, so zeigten sich die Preußen in der Ausführung überlegen. Der Plan Neippergs war klug und einsichtsvoll: bei seinem Einmarsch in Schlesien schiebt er sich zwischen die Quartiere des Königs; er dringt bis Neiße vor, wo Lentulus zu ihm stößt, und ist im Begriff, sich nicht nur der Artillerie des Königs zu bemächtigen, sondern auch den Preußen ihre Magazine in Breslau, die einzigen, die sie hatten, zu entreißen. Aber Neipperg hätte den König in Jägerndorf überrumpeln und so durch einen Streich den ganzen Krieg beenden können. Von Neiße aus hätte er das Korps des Herzogs von Holstein, das eine Meile entfernt im Quartier lag, aufheben können. Bei etwas mehr Tatkraft hätte er dem König den Übergang über die Neiße bei Michelau verwehren können. Auch hätte er von Grottkau aus Tag und Nacht marschieren müssen, um Ohlau einzunehmen und den König von Breslau abzuschneiden. Aber statt alle diese Gelegenheiten wahrzunehmen, ließ er sich in unverzeihlicher Sorglosigkeit überraschen und wurde großenteils durch seine eigene Schuld geschlagen.

Noch mehr Tadel verdient der König. Er erfuhr rechtzeitig von dem Vorhaben des Feindes und ergriff doch keine hinlängliche Maßregel, um sich dagegen zu sichern. Statt nach Jägerndorf zu marschieren und dadurch seine Truppen noch mehr zu verzetteln, hätte er seine ganze Armee vereinigen und bei Neiße dicht zusammen in Kantonnementsquartiere legen müssen. Er ließ sich vom Herzog von Holstein abschneiden und brachte sich selbst in die üble Lage, die Schlacht in einer Stellung zu liefern, wo ihm im Fall einer Niederlage kein Rückzug offen stand, und wo er Gefahr lief, sein Heer zu verlieren und sich selbst zugrunde zu richten. Als er vor Mollwitz ankam, wo der Feind kantonnierte, hätte er drauflosmarschieren und die Österreicher in ihren Quartieren zersprengen müssen. Statt dessen verliert er zwei Stunden damit, sich regelrecht vor einem Dorfe in Schlachtordnung aufzustellen, wo kein Feind sich zeigte. Hätte er nur das Dorf Mollwitz angegriffen, so hätte er darin die ganze österreichische Infanterie gefangen genommen, ähnlich wie vierundzwanzig französische Bataillone bei Höchstädt (1704) überrumpelt wurden. Aber in seinem Heer hatte allein der Feldmarschall Schwerin Verständnis und Kriegserfahrung. Bei den Truppen herrschte viel guter Wille, aber sie kannten bloß den kleinen Dienst, und weil sie noch nie im Felde gestanden waren, gingen sie nur zaghaft zu Werte und scheuten herzhafte Entschlüsse. Eigentlich rettete die Preußen nur ihre Tapferkeit und ihre Mannszucht. Mollwitz war die Schule für den König wie für seine Truppen. Der König dachte über alle von ihm begangenen Fehler reiflich nach und suchte sie künftig zu meiden.

Rückblick

So kam Schlesien an den preußischen Staat: Zwei Kriegsjahre hatten zur Eroberung dieser wichtigen Provinz genügt. Der vom verstorbenen König hinterlassene Schatz war fast erschöpft. Aber Staaten sind billig, wenn sie nur sieben bis acht Millionen kosten. Ein Zusammentreffen günstiger Umstände erleichterte das Unternehmen. Frankreich mußte sich in den Krieg hineinziehen lassen, Rußland von Schweden angegriffen werden, die Hannoveraner und Sachsen mußten sich aus Ängstlichkeit untätig verhalten, die Kette der Erfolge mußte ununterbrochen sein, und der König von England, Preußens Feind, mußte zähneknirschend ein Werkzeug der Erhebung Preußens werden. Was aber zum glücklichen Gelingen das meiste beitrug, das war ein Heer, das in zweiundzwanzigjähriger Arbeit zu bewundernswerter Mannszucht herangebildet worden war und alle Armeen Europas in Schatten stellte; das waren wahrhaft patriotische Offiziere, erfahrene und unbestechliche Staatsdiener; das war schließlich ein gewisses Glück, das so oft mit der Jugend ist, aber das Alter im Stiche läßt. Wäre die große Unternehmung mißlungen, so hätte man den König einen leichtsinnigen Fürsten gescholten, der Dinge unternimmt, die seine Kräfte übersteigen. Da sie gelang, sah man ihn als Glückskind an. In Wahrheit entscheidet allein das Glück über den Ruf: wer vom Glück begünstigt wird, erntet Beifall; wen es verschmäht, der wird getadelt.

Der Zweite Schlesische Krieg

Manifest gegen Österreich

(August 1744)

Da der König die Wirren nicht mehr mit ansehen konnte, die das Reich zerreißen, seine Grundlagen erschüttern und die Wacht des Kaisers zu vernichten drohen, hat er sich als Reichsfürst gezwungen gesehen, für die Sache des Vaterlandes einzutreten und die ihm von Gott verliehene Macht zur Wiederherstellung von Frieden, Ordnung und Freiheit in Deutschland zu benutzen. Seine Majestät hat alles versucht, um einen gütlichen Vergleich herbeizuführen, und alles vermieden, was ihn durch die natürliche Verkettung der Dinge zu Feindseligkeiten veranlassen mußte. Sein Gesandter in Wien, Graf Dohna, hat alle möglichen Vorstellungen gemacht, um den Wiener Hof zu friedlichen Gesinnungen zu bekehren. Wie oft hat er ihm nicht vorgeschlagen, den Kaiser zum Abschluß eines billigen Vergleichs zu bewegen, zumal der große und edelmütige Fürst bereit war, den größten Teil seiner Ansprü-

che auf das österreichische Erbe aufzugeben, um seinem Vaterlande die Ruhe und den Frieden zu erhalten. Aber der Wiener Hof hat in seiner hochmütigen Rachsucht nie darein gewilligt. Er wollte von Frieden nichts wissen, vielmehr wünschte er den Kriegsbrand über ganz Europa zu verbreiten, um das Gleichgewicht der Mächte zu zerstören, die sich seinen ehrgeizigen Plänen widersetzten, und sie und ihre Bundesgenossen völlig seinem Willen zu unterwerfen. Welche Anstrengungen hat der König nicht auch durch seine Gesandten beim König von England gemacht, als dieser in seinem Lager bei Worms war, um zu verhindern, daß er sein Vaterland zerrisse und ohne Scheu unsere Verfassung zerstöre! Um die Republik Holland zu Übernahme der Friedensvermittlung zu bewegen, hat der König sogar die Reichsfürsten vermocht, sich daran zu beteiligen. Aber sei es, daß die Generalstaaten, die die Halsstarrigkeit des Wiener Hofes und die Hinterabsichten seiner Alliierten nur zu gut kennen, sich nicht getraut haben, diese Vermittlung zu übernehmen, sei es, daß ihre republikanische Verfassung den raschen Entschlüssen hinderlich war, die bei dergleichen Verhandlungen nötig sind: die Generalstaaten lehnten das Anerbieten ab.

Nachdem also Seine Majestät umsonst so vieles versucht hat, um dem Reiche Ordnung und Frieden wiederzugeben, sieht er sich durch das Bündnis der kurfürstlichen Häuser vom Jahre 1744, sowie in seiner Eigenschaft als einer der vornehmsten Reichsstände gezwungen, das Reich vor dem völligen Untergang zu retten. Zu diesem Zweck stellt er dem Kaiser eine große Zahl seiner Truppen als Hilfskontingent, um mit ihnen die Königin von Ungarn zu bekriegen, seine unversöhnliche Feindin, die in ihrem hochmütigen Stolz und Ehrgeiz auf weiter nichts sinnt, als ganz Deutschland unter ihr hartes Joch zu beugen.

Hohenfriedberg

Nunmehr, gegen Ende April 1745, war es Zeit, die Armee zusammenzuziehen. Sie bezog Kantonnementsquartiere zwischen Patschkau und Frankenstein. Man stellte Wege für vier Kolonnen her in der Richtung auf Jägerndorf, Glatz und Schweidnitz. Hier mußte der Feind aus dem Gebirge heraustreten. Die von den Österreichern angelegten Magazine und die Orte, wo ihre regulären Truppen sich zu versammeln begannen, verrieten ihre Absichten deutlich. Man merkte, daß die Insurrektionstruppen und die Ungarn in Oberschlesien nur dazu bestimmt waren, die Preußen irrezuführen und sie dorthin zu locken, indes die österreichische Hauptarmee unter dem Prinzen Karl von Lothringen über Landeshut in Schlesien eindringen sollte. Der Plan war an sich nicht übel, scheiterte aber bei der Ausführung.

Teilten die Preußen ihre Kräfte, um dem Feinde allerorten die Stirn zu bieten, so waren sie zu schwach, um einen entscheidenden Schlag gegen die Armee des Prinzen von Lothringen zu führen. Blieben sie aber beisammen, so konnten die vielen leichten Truppen, die nirgends Widerstand gefunden hätten, ihnen die Lebensmittel abschneiden und sie schließlich aushungern. Das sicherste war also, seine Hauptmacht zusammenzuhalten, zugleich aber die Entscheidung durch einen großen Schlag herbeizuführen.

Es galt, die Feinde in Sicherheit zu wiegen. Ihr Dünkel sollte sie bei ihrer Unternehmung zur Nachlässigkeit verleiten. Zu dem Zwecke benutzte der König einen Mann aus Schönberg, der beiden Heeren als Spion diente. Er ließ ihn reichlich bezahlen und sagte ihm, er könne ihm keinen größeren Dienst erweisen als durch rechtzeitige Benachrichtigung vom Marsche des Prinzen von Lothringen, damit er selbst sich auf Breslau zurückziehen könnte, noch ehe die Österreicher aus den Gebirgspässen herausgetreten seien. Um den Spion noch mehr in seinem Irrtum zu bestärken, ließ der König Wege nach Breslau ausbessern. Der Spion versprach alles, erfuhr von der Instandsetzung der Wege und eilte zum Prinzen von Lothringen mit der Meldung, daß der Feind fortzöge und daß er niemand mehr vorfinden würde.

Die Aufmerksamkeit des Königs war jetzt in erster Linie auf Landeshut gerichtet. Dorthin detachierte er Winterfeldt mit einigen Bataillonen und den Husarenregimentern Ruesch und Bronikowski, um die Bewegungen der Österreicher zu beobachten. Am 27. Mai wurde das Heer im Lager bei Frankenstein zusammengezogen.

Unsicher war die Lage des Königs noch immer. Die Politik war voller Abgründe. Der Krieg hing von Zufällen ab, und die Finanzen waren fast gänzlich erschöpft. Unter solchen Verhältnissen muß man alle Kraft zusammennehmen und den ringsum dräuenden Gefahren fest ins Auge schauen. Man darf sich nicht durch die Schattenbilder der Zukunft beunruhigen lassen und muß auf alle nur mögliche und denkbare Weise dem Verderben zuvorkommen, solange es noch Zeit ist. Vor allem aber darf man nicht von den Grundsätzen abweichen, auf die man sein politisches und militärisches System gebaut hat.

Der Feldzugsplan des Königs stand fest. Um jedoch nichts unversucht zu lassen, wandte er sich zuvor an seine Verbündeten. Durch nachdrücklich geführte Unterhandlungen suchte er Hilfe von ihnen zu erlangen. Nur von Frankreich war etwas zu erwarten. Der König ließ dem Versailler Hofe die Unmöglichkeit vorstellen, einen Krieg noch lange auszuhalten, dessen ganze Last allein auf seinen Schultern lag. Er forderte ihn auf, sein Bündnis buchstäblich zu erfüllen, und da der Feind sich zu einem Einfall in seine Staaten rüstete, so drängte er Ludwig XV., ihm die für den Fall versprochenen Subsidien zu zahlen oder ihm durch eine wirkliche Diversion Luft zu schaffen. Auf das französische Ministerium schienen seine Vorstellungen wenig Eindruck zu machen. Es behandelte sie als Lappalien und sah die Schlacht von Fontenoy und die Eroberung einiger fester Plätze in Flandern als eine beträchtliche Diversion an. Nun wandte sich der König persönlich an Ludwig XV. und beschwerte sich über die kühle Haltung des Versailler Ministeriums. Er betonte, in welch mißlicher und bedrängter Lage er sich befände, und daß nur die Freundschaft für Seine Allerchristlichste Majestät ihn in diese Not gebracht hätte. Er hielt dem König von Frankreich vor, daß er ihm einige Gegendienste für den Beistand schulde, den er ihm zu einer Zeit geleistet hätte, wo das Glück sich im Elsaß den Österreichern zuwandte. Die Schlacht von Fontenoy und die Einnahme von Tournai wären gewiß glorreiche Ereignisse für des Königs Person und für Frankreichs Vorteil, aber für Preußens unmittelbares Interesse bedeuteten sie nicht mehr als ein Sieg am Skamander oder die Eroberung von Peking. Zudem, fuhr der König in seinem Briefe fort, hielten die Franzosen in Flandern kaum 6000 Österreicher in Schach, und er könne sich in der augenblicklichen Gefahr nicht mit schönen Worten zufrieden geben, sondern müsse dringend um wirkliche Hilfe bitten. Der Vergleich mit dem Skamander und Peking mißfiel Seiner Allerchristlichsten Majestät. Die Verstimmung war zwischen den Zeilen des Antwortschreibens zu lösen, und der König von Preußen fühlte sich wiederum durch den kalten und hochmütigen Ton dieser Antwort gekränkt.

Während diese kleinen Zwistigkeiten dem unter Verbündeten nötigen Einvernehmen schadeten, begannen die Österreicher ihre Operationen im Felde. Das österreichische Heer, aus den Truppen der Königin und aus den Sachsen bestehend, rückte allmählich an die schlesische Grenze. Die Österreicher kamen von Königgrätz und aus der Gegend von Jaromircz, die Sachsen von Jung-Bunzlau und Königinhof. Sie vereinigten sich bei Trautenau, von wo sie auf Schatzlar vorrückten. Unterwegs konnten sie sich nicht aufhalten. Alle ihre Bewegungen waren also fast auf Tag und Stunde zu berechnen. Es war daher an der Zeit, General Winterfeldt in Landeshut die nötigen Befehle zu erteilen. Er sollte beim Nahen des Feindes auf das Du Moulinsche Korps zurückgehen und gemeinsam mit ihm den Rückzug bis Schweidnitz fortsetzen. Dabei sollten sie möglichst geschickt die Nachricht aussprengen, daß die Preußen im Begriff ständen, den Fuß des Gebirges zu verlassen und unter den Kanonen von Breslau Schutz zu suchen.

Der doppelte Spion, von dem schon die Rede war, griff diese Gerüchte begierig auf und brachte dem Prinzen von Lothringen flugs die Bestätigung vom Rückzug der Preußen, den er ihm vor einiger Zeit gemeldet hatte. List nutzt im Kriege oft mehr als Kraft. Freilich darf man sie nicht zu häufig anwenden, sonst verliert sie ihren Wert. Man soll sie für wichtige Gelegenheiten aufsparen. Wenn die falschen Nachrichten, die man dem Feinde zukommen läßt, seinen Leidenschaften schmeicheln, so ist man fast sicher, ihn in die Falle zu locken. Da Winterfeldt und Du Moulin dem Feinde um einen Tagemarsch voraus waren, so gelangten sie nach Schweidnitz, ohne daß ihnen das geringste zustieß.

Die Armee des Königs verließ Frankenstein und bezog am 30. Mai ein Lager bei Reichenbach. Von da hatte sie nur noch einen kleinen Marsch bis Schweidnitz, das sie am 1. Juni passierte. Das Winterfeldtsche und das Du Moulinsche Korps marschierten als Avantgarde und nahmen die Anhöhen von Striegau diesseits des Striegauer Wassers ein. General Nassau besetzte mit seinem Korps den Nonnenbusch, und die Armee lagerte in der Ebene zwischen Alt-Jauernick und Schweidnitz. Derart war der zwei Meilen breite Raum zwischen Striegau und Schweidnitz von einer fast ununterbrochenen Linie preußischer Truppen besetzt. Die Stellung des Königs war höchst vorteilhaft.

General Wallis, der Führer der feindlichen Avantgarde, und Nadasdy erschienen zuerst auf den Anhöhen von Freyburg. Der Prinz von Lothringen war über Landeshut in Schlesien eingedrungen. Von dort hatte er seinen Marsch über Reichenau und Hohen-Helmsdorf fortgesetzt. Von seinem Lager konnte er auf vier Wegen in die Ebene herabsteigen: über Freyburg, Hohenfriedberg, Schweinhaus und Kauder. Der König rekognoszierte das ganze Gebiet, um über das Gelände für die Aufstellung seiner Armee im voraus Bescheid zu wissen. Drei Tage lang wurden die Wege ausgebessert. Kein Hindernis sollte die Preußen aufhalten, dem Feinde entgegenzueilen, sobald er in die Ebene herabkam. Damit benahm man dem Zufall alles, was Voraussicht ihm zu entreißen vermag.

Am 2. Juni hielten die österreichischen und sächsischen Generale Kriegsrat auf dem Galgenberg bei Hohenfriedberg. Sie konnten von dort zwar die ganze Ebene überschauen, überblickten aber nur kleine Abteilungen des preußischen Heeres; denn die Hauptmacht war durch den Nonnenbusch und durch Schluchten verdeckt, hinter denen sie absichtlich aufgestellt war, um den Feind in Unkenntnis über die Zahl der Preußen zu halten und ihn in dem Glauben zu bestärken, daß er in ein unverteidigtes Land käme. Der Prinz von Lothringen lagerte am folgenden Tage bei dem Dorfe Ölse und gab Wenzel Wallis Befehl, mit seinem Vortrab das Magazin zu Schweidnitz fortzunehmen. Von da sollte er die Preußen bis nach Breslau verfolgen. Der Herzog von Weißenfels erhielt den Auftrag, mit seinen Sachsen Striegau zu nehmen und dann Glogau zu belagern. Der Prinz von Lothringen hatte bei seinem Plane nur vergessen, daß er ein Heer von 70 000 Mann vor sich hatte, das fest entschlossen war, jeden Fußbreit Landes bis aufs äußerste zu verteidigen. Derart kreuzten sich die Pläne der Österreicher und der Preußen wie entgegenstehende Winde, die Wolken zusammentreiben, deren Zusammenprall Blitz und Donner erzeugt.

Der König besichtigte täglich seine Vorposten. Am 3. war er auf einer Höhe vor Du Moulins Lager. Von dort konnte er das ganze Blachfeld, die

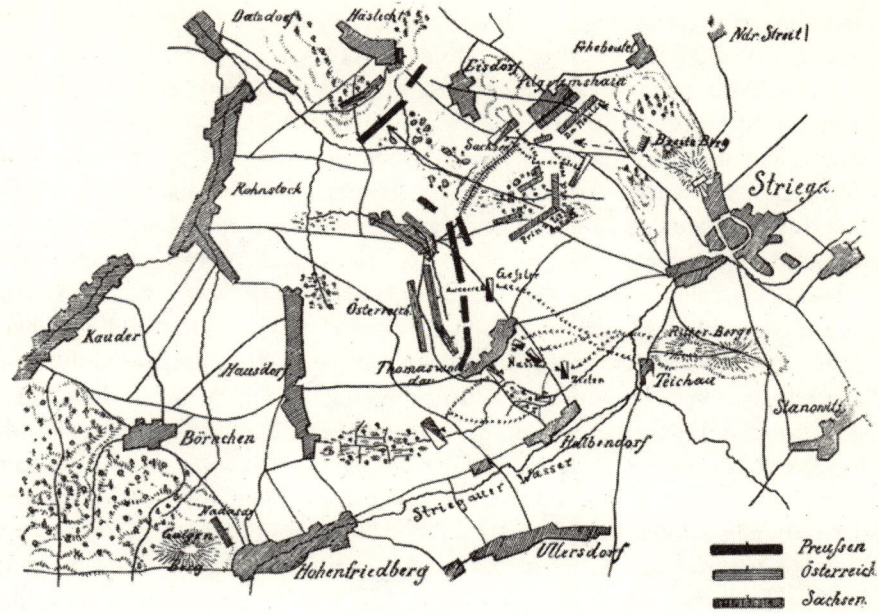

Anhöhen von Fürstenstein und sogar einen Teil des österreichischen Lagers bei Reichenau überschauen. Er hatte sich ziemlich lange auf der Anhöhe aufgehalten, als er in den Bergen eine aufsteigende Staubwolke erblickte, die in die Ebene vorrückte und sich von Kauder nach Rohnstock hinschlängelte. Dann sank der Staub und man sah deutlich das österreichische Heer, das in acht großen Kolonnen aus dem Gebirge herausgetreten war. Der rechte Flügel lehnte sich an das Striegauer Wasser und zog sich von dort gegen Rohnstock und Hausdorf. Am linken Flügel standen die Sachsen bis Pilgramshain hin. Sofort erhielt Du Moulin Befehl, das Lager um 8 Uhr abends abzubrechen, über das Striegauer Wasser zu gehen und sich auf einem vor der Stadt liegenden Felsen zu postieren. Dort befindet sich ein Topasbruch, der dem Berge den Namen gegeben hat. Die Armee setzte sich um 8 Uhr abends in Bewegung und marschierte unter größter Stille nach rechts in zwei Treffen ab. Selbst das Rauchen war verboten. Die Spitze traf um Mitternacht bei den Striegauer Brücken ein. Dort wurde gewartet, bis alle Korps beisammen waren.

Am 4. Juni um 2 Uhr früh versammelte der König die höchsten Offiziere, um ihnen die Dispositionen für die Schlacht zu geben. Wir würden sie hier übergehen, wäre nicht alles, was mit einer Entscheidungsschlacht zusammenhängt, wichtig. Die Anordnung lautete, wie folgt:

»Die Armee marschiert unverzüglich rechts in zwei Treffen ab und geht über das Striegauer Wasser. Die Kavallerie stellt sich in Schlachtordnung dem linken feindlichen Flügel gegenüber, nach Pilgramshain zu. Du Moulin deckt ihren rechten Flügel. Der rechte Infanterieflügel stellt sich neben den linken Kavallerieflügel, den Rohnstocker Büschen gegenüber auf. Die Kavallerie des linken Flügels lehnt sich an das Striegauer Wasser und behält die Stadt Striegau weit im Rücken. Zehn Dragoner- und zwanzig Husarenschwadronen stellen sich als Reserve hinter die Mitte des zweiten Treffens und halten sich zur Verwendung bereit. Hinter jedem Kavallerieflügel steht ein Husarenregiment als drittes Treffen, um bei offenem Gelände den Rücken und die Flanke der Kavallerie zu decken oder zur Verfolgung vorzugehen. Die Kavallerie greift den Feind mit der blanken Waffe ungestüm an, macht während des Gefechts keine Gefangenen und richtet ihre Hiebe nach dem Gesicht. Nachdem sie die feindliche Kavallerie attackiert, geworfen und zerstreut hat, kehrt sie um und fällt der feindlichen Infanterie in die Flanke oder in den Rücken, je nach der Gelegenheit. Die Infanterie rückt im Geschwindschritt gegen den Feind an. Wenn irgend möglich, geht sie mit dem Bajonett vor. Muß gefeuert werden, dann nur auf 150 Schritt. Finden die Generale auf den Flügeln oder vor der Front des Feindes ein Dorf unbesetzt, so nehmen sie es, umstellen es mit Infanterie und benutzen es nach Möglichkeit zur Umfassung der feindlichen Flanke. Es dürfen aber keine Truppen in die Häuser oder Gärten gelegt werden, damit nichts die Verfolgung des geschlagenen Gegners hindert.«

Sobald jeder wieder auf seinem Posten war, setzte sich die Armee in Marsch. Kaum war die Spitze über den Bach, als Du Moulin Meldung sandte, er habe feindliche Infanterie auf einer Anhöhe vor sich erblickt und seine Stellung geändert. Er sei rechts abgebogen und hätte sich auf einer gegenüberliegenden Anhöhe formiert, wodurch er sogar den linken Flügel des Feindes überflügele. Du Moulin war auf die Sachsen gestoßen. Sie hatten Befehl, Striegau zu besetzen, und waren nun sehr erstaunt, Preußen vor sich zu finden. Der König ließ schleunigst eine Batterie von sechs Vierundzwanzigpfündern auf dem Topasberge auffahren. Sie war in der Schlacht von erheblichem Nutzen, da sie große Verwirrung unter den Feinden anrichtete.

Die ganze sächsische Armee eilte zur Unterstützung ihrer Avantgarde heran, die zur Einnahme von Striegau Befehl hatte. Nun donnerten ihr die preußischen Geschütze ganz unerwartet entgegen. Zugleich formierte sich die Kavallerie des rechten preußischen Flügels unter der Batterie. Die Gardesdukorps marschierten neben Du Moulin auf, und die linke Flanke des Flügels stieß an die Rohnstocker Büsche. Zweimal attackierten die Preußen die sächsische Reiterei, dann flüchtete diese in wildem Getümmel. Nun hieben die Gardesdukorps die beiden Infanteriebataillone nieder, auf die Du Moulin bei Beginn der Schlacht gestoßen war. Darauf griffen die preußischen Grenadiere und das Regiment Anhalt die sächsische Infanterie in den Büschen an, wo sie sich zu entwickeln begann, vertrieben sie daraus und verjagten sie auch von einem Damme, wo sie sich wieder sammeln wollte. Von da setzten sie durch einen Teich und gingen gegen das zweite Treffen der Sachsen vor, das auf sumpfigem Boden stand. Der Kampf war noch blutiger als der erste, aber ebenso rasch beendigt. Die Sachsen mußten sich auch hier zur Flucht wenden.

Die sächsischen Generale brachten einige Bataillone wieder zum Stehen und stellten sie auf einer Anhöhe hakenförmig auf, um ihren Rückzug zu decken. Aber die schon siegreiche preußische Reiterei des rechten Flügels tauchte in ihrer Flanke auf, während die preußische Infanterie aus dem Gehölz heraustrat und zum Angriff vorging. Kalckstein stieß noch mit Truppen aus dem zweiten Treffen dazu, das die Sachsen bedeutend überflügelte. Als diese ihre verzweifelte Lage erkannten, warteten sie den Angriff nicht ab, sondern ergriffen schimpflich die Flucht. So wurden sie völlig geschlagen, noch ehe der linke preußische Flügel ganz aufmarschiert war. Es verging noch eine gute Viertelstunde, bevor der linke Flügel mit den Österreichern handgemein wurde.

Der Prinz von Lothringen hatte in seinem Hauptquartier zu Hausdorf die Meldung erhalten, daß man Gewehr- und Geschützfeuer vernähme. Er glaubte schlecht und recht, die Sachsen griffen Striegau an, und legte der Meldung keinen Wert bei. Schließlich meldete man ihm, die Sachsen wären auf der Flucht und das ganze Blachfeld wimmelte von ihnen. Nun kleidete er sich schleunigst an und gab den Befehl zum Vormarsch. Die Österreicher rückten mit gemessenen Schritten in die Ebene zwischen dem Striegauer Wasser und den Rohnstocker Büschen, die von zahlreichen Grenzgräben zwischen den Bauerngütern durchschnitten wird. Sobald Markgraf Karl und der Prinz von Preußen dem Feinde nahe genug waren, griffen sie ihn so heftig an, daß er zurückwich. Die österreichischen Grenadiere benutzten die genannten Gräben sehr geschickt und hätten ihren Rückzug in guter Ordnung vollzogen, wäre das Regiment Garde nicht zweimal mit gefälltem Bajonett auf sie eingedrungen. Die Regimenter Hacke, Bevern und alle, die im Feuer standen, zeichneten sich durch Tapferkeit aus. Als der Feind vor dem rechten Flügel vertrieben war, ließ der König eine Viertelschwenkung machen, um die Österreicher in der linken Flanke und im Rücken zu fassen. Der rechte Flügel strich durch die Rohnstocker Büsche und Teiche, und als er sie hinter sich hatte und den Feind angriff, hatte der linke preußische Flügel schon beträchtliches Gelände gewonnen.

Die Kavallerie des linken Flügels hatte einen Unfall erlitten. Kaum war Kyau mit seinen zehn Schwadronen über die Brücke des Striegauer Wassers gegangen, als die Brücke einbrach. Kyau entschloß sich zum Angriff auf die feindliche Kavallerie. General Zieten stieß mit der Reserve zu ihm, warf alles, was ihm Widerstand leistete, vor sich nieder und verschaffte Nassau, der den linken Flügel kommandierte, Zeit, den Bach zu durchwaten. Kaum hatte Nassau seinen Flügel in Reih und Glied gestellt, so griff er die ganze feindliche Reiterei, die er vor sich fand, an und schlug sie in die Flucht. General Polentz trug viel zum Erfolge bei. Er hatte sich mit seiner Infanterie in das Dorf Fehebeutel geschlichen, von wo er die österreichische Kavallerie in der Flanke beschoß und sie durch mehrere Salven erschütterte, so daß sie leichter geschlagen wurde. Geßler, der das zweite Treffen befehligte, sah, daß es hier keine Lorbeeren zu pflücken gab. Er wandte sich zur preußischen Infanterie, und als er die Österreicher in Unordnung sah, ließ er die Infanterie auseinandertreten, ging durch sie hindurch, formierte sich in drei Kolonnen und stürzte sich mit unerhörtem Ungestüm auf den Feind. Die Bayreuther Dragoner hieben einen großen Teil nieder und nahmen einundzwanzig Bataillone von den Regimentern Marschall, Grünne, Thüngen, Daun, Kolowrat, Wurmbrand und einem anderen Regiment, dessen Name mir entfallen ist, gefangen. Trotzdem viele getötet wurden, betrug die Zahl der Gefangenen doch 4000 Mann, dazu 66 Fahnen. General Schwerin und eine Unmenge von Offizieren, die wir wegen ihrer großen Anzahl nicht aufführen können, erwarben sich hier unsterblichen Ruhm.

Diese Heldentat geschah zur selben Zeit, wo der rechte preußische Flügel dem Prinzen von Lothringen in die Flanke fiel. Damit erreichte die Verwirrung der Österreicher den Höhepunkt. Alles lief auseinander und flüchtete in größter Unordnung nach dem Gebirge. Die Sachsen zogen sich über Bohrau-Seifersdorf zurück. Das Zentrum der Österreicher rettete sich über Kauder und ihr Flügel über Hohenfriedberg, wo zu ihrem Glück Nadasdy und Wallis eingetroffen waren, die den Rückzug deckten. Die Preußen verfolgten sie bis auf die Höhen von Kauder. Dort machten sie halt, um sich zu verschnaufen.

Die Preußen nahmen in der Schlacht insgesamt 4 Generale, 200 Offiziere und 7000 Gemeine gefangen. Ihre Siegestrophäen bestanden in 76 Fahnen, 7 Standarten, 8 Paar Pauken und 60 Kanonen. Das Schlachtfeld war mit Toten besät. Die Feinde verloren 4000 Mann, darunter mehrere höhere Offiziere. Der Verlust der Preußen an Toten und Verwundeten betrug kaum 1800 Mann. Mehrere Offiziere, die in der Schlacht fielen, erwarben sich Anspruch auf die Trauer des Vaterlandes. Unter ihnen befanden sich General Truchseß und die Obersten Massow, Kahlbutz und Düring.

Das war die dritte Entscheidungsschlacht um den Besitz von Schlesien, aber nicht die letzte. Wenn die Fürsten um Provinzen spielen, bilden die Untertanen den Einsatz. Durch List wurde die Schlacht vorbereitet, aber durch Tapferkeit gewonnen. Wäre der Prinz von Lothringen durch seine selbst getäuschten Spione nicht irregeführt worden, so wäre er niemals so plump in die Falle gegangen. Das bestätigt wieder die alte Lehre, daß man nie von den Grundsätzen der Kriegskunst abweichen und nie die Vorsicht außer acht lassen soll. Ihre peinliche Beobachtung sichert allein den Erfolg. Selbst wenn alles dem Plan eines Heerführers Erfolg verspricht, ist es immer das sicherste, seinen Feind nie so weit zu unterschätzen, daß man ihn für unfähig zum Widerstande hält. Der Zufall behauptet stets sein Recht.

Selbst in dieser Schlacht wäre ein Mißverständnis für die Preußen beinahe verhängnisvoll geworden. Im Anfang zog der König 10 Bataillone des zweiten Treffens unter Kalcksteins Befehl zur Verstärkung Du Moulins vor und schickte einen seiner Adjutanten an den Markgrafen Karl mit dem Auftrage, den Befehl über das zweite Treffen während Kalcksteins Abwesenheit zu übernehmen. Der einfältige Offizier meldete dem Markgrafen aber, er solle das zweite Treffen mit seiner Brigade, die am äußersten Ende des linken Flügels stand, verstärken. Der König bemerkte das Versehen noch beizeiten und machte es schleunigst wieder gut. Hätte der Prinz von Lothringen die falsche Bewegung benutzt, so hätte er den linken Flügel der Preußen, der noch nicht an das Striegauer Wasser angelehnt war, in der Flanke fassen können.

So hängt das Schicksal ganzer Staaten und der Feldherrnruhm oft an Kleinigkeiten, und ein einziger Augenblick entscheidet den Erfolg. Aber man muß gestehen, bei der Tapferkeit der Truppen, die bei Hohenfriedberg fochten, lief der Staat keine Gefahr. Kein Korps wurde zurückgeworfen. Von 64 Bataillonen kamen nur 27 ins Feuer und trugen den Sieg davon. Die Welt ruht nicht sicherer auf den Schultern des Atlas, als Preußen auf einer solchen Armee.

Rückblick

So endigte der Zweite Schlesische Kriegs, der im ganzen sechzehn Monate gewährt hatte. Er war von beiden Seiten mit äußerster Leidenschaft und Erbitterung geführt worden. Die Sachsen hatten dabei ihren ganzen Haß gegen Preußen und ihren Neid über die Vergrößerung des Nachbarstaates offen gezeigt. Die Österreicher fochten um die Kaiserkrone und um ihr Übergewicht im Reiche. Die Russen wollten sich einmischen, um Einfluß auf die deutschen Angelegenheiten zu erlangen. Frankreich sollte sich an dem Kriege beteiligen, tat es aber nicht. Preußen sah sich drohenden Gefahren ausgesetzt und bestand sie durch die Mannszucht und den Heldenmut seiner Truppen. Der Krieg führte keine der großen Umwälzungen herbei, die das Antlitz Europas verändern. Er verhinderte sie vielmehr, indem er den Prinzen von Lothringen zwang, das Elsaß zu verlassen. Der Tod Karls VII. gehörte zu den nicht vorauszusehenden Ereignissen. Dadurch scheiterte der Plan, die Kaiserwürde dem neuen Hause Österreich für immer zu entreißen. Schätzt man die Dinge nach ihrem wirklichen Wert ein, so ist zuzugeben, daß der Krieg ein in mancher Hinsicht sehr unnützes Blutvergießen war, und daß Preußen durch eine Kette von Siegen weiter nichts erreichte, als die Bestätigung des Besitzes von Schlesien.

Betrachten wir den Krieg aber nur im Hinblick auf Gewinn und Verlust der kriegführenden Mächte, so finden wir, daß er den Preußen acht Millionen Taler kostete. Bei der Unterzeichnung des Friedens waren nur 15 000 Taler zur Fortsetzung des Krieges vorhanden. Die Preußen nahmen ihren Feinden in beiden Feldzügen 45 664 Gefangene ab; die Österreicher machten insgesamt 4400 Gefangene, noch nicht ein Zehntel von dem, was sie selbst verloren hatten. Die Königin von Ungarn mußte ihren ganzen Kredit aufbieten, um sich Mittel zur Fortsetzung des Krieges zu verschaffen. Die Engländer zahlten ihr zwar Subsidien, aber das war kein hinreichender Ersatz für das, was die Operationen ihrer Heere in Flandern, am Rhein, in Italien, in Böhmen und in Sachsen verschlangen. Dem König von Polen kostete der Krieg über fünf Millionen Taler. Er bezahlte seine Schulden in Papiergeld und machte noch neue dazu; denn Brühl verstand sich auf die Kunst, seinen Herrn methodisch bankrott zu machen. Der König von Preußen wandte seine ganze Sorgfalt auf die Wiederherstellung seiner Armee und ergänzte sie größtenteils aus österreichischen und sächsischen Gefangenen, unter denen er die Auswahl hatte. Derart wurden seine Truppen auf Kosten des Auslandes wieder komplettiert. Das Land trug selbst zum Ersatz der Verluste in so vielen blutigen Schlachten nur 7000 Mann bei.

Seit die Kriegskunst in Europa sich vervollkommnet hat und die Politik ein gewisses Gleichgewicht unter den Mächten zu schaffen versteht, haben die größten Unternehmungen nur selten den erwarteten Erfolg. Bei gleichen Kräften auf beiden Seiten und bei wechselnden Verlusten und Erfolgen stehen sich die Gegner auch am Ende des erbittertsten Krieges fast in gleichem Machtverhältnis gegenüber wie vorher. Die Erschöpfung der Finanzen führt endlich den Frieden herbei, der das Werk der Menschenliebe und nicht der Notwendigkeit sein sollte. Kurz, wenn Ansehen und Ruhm der Heere so großer Anstrengungen und Opfer wert sind, so hat Preußen das erreicht und ist für den Zweiten Schlesischen Krieg belohnt worden. Aber das war auch alles, und selbst dieser ideelle Gewinn erweckte noch Neid.

DER SIEBENJÄHRIGE KRIEG
(1763)

Die drei Anfragen in Wien

I

Die erste Anfrage

Erlaß des Königs an den Geheimen Kriegsrat
von Klinggräffen in Wien

Potsdam, 18. Juli 1756

Ihr werdet eine besondere Audienz bei der Kaiserin erbitten. Wenn Ihr vorgelassen seid, werdet Ihr nach den üblichen Komplimenten in meinem Namen erklären, ich hätte von vielen Seiten Nachrichten über die Bewegungen ihrer Truppen in Böhmen und Mähren und über die Zahl der dorthin abgehenden Regimenter erhalten. Ich fragte die Kaiserin, ob diese Rüstungen den Zweck hätten, mich anzugreifen.

Antwortet sie Euch, sie folge nur dem Beispiel meiner Truppenbewegungen, so werdet Ihr sagen, Euch schiene da ein Unterschied zu bestehen. Es sei Euch bekannt, daß ich Truppen nach Pommern geschickt hätte, um Ostpreußen gegen die etwaigen feindlichen Absichten der Russen zu decken, die 70 000 Mann an der preußischen Grenze versammelt haben. An ihrer schlesischen Grenze hingegen hätte sich nichts gerührt, und keine meiner Maßnahmen sei geeignet, ihren Verdacht zu erregen.

Antwortet sie Euch, daß jeder bei sich tun könne, was er wolle, so laßt Euch das gesagt sein und begnügt Euch mit dieser Antwort.

Sagt sie Euch, sie zöge die Truppen in Böhmen und Mähren wie alljährlich in Feldlagern zusammen, so weist sie auf den Unterschied in der Truppenzahl, den Magazinen und Kriegsrüstungen hin und fragt sie, ob das die ganze Antwort sei, die sie Euch zu geben hätte.

II

Die zweite Anfrage

Erlaß des Königs an den Geheimen Kriegsrat
von Klinggräffen in Wien

Potsdam, 2. August 1756

Unverzüglich nach Empfang dieses Schreibens werdet Ihr die Kaiserin-Königin um Audienz bitten. Ihr werdet ihr sagen, es verdrieße mich zwar, sie noch einmal behelligen zu müssen, es sei aber bei den gegenwärtigen Verhältnissen nicht anders möglich. Der Ernst der Lage erheische deutlichere Erklärungen als die, die sie mir gegeben habe. Weder den Ländern der Kaiserin noch denen ihrer Alliierten droht ein Angriff, wohl aber den meinen.

Sagt der Kaiserin, um ihr nichts zu verhehlen, ich wüßte aus ganz zuverlässiger Quelle, daß sie zu Anfang dieses Jahres mit dem russischen Hofe eine Offensivallianz gegen mich geschlossen hat. Darin ist ausgemacht, daß die beiden Kaiserinnen mich unvermutet angreifen werden, die Zarin mit 120 000 Mann, die Kaiserin-Königin mit 80 000 Mann. Der Plan sollte im Mai dieses Jahres zur Ausführung kommen, wurde aber aufgeschoben, da es den russischen Truppen an Rekruten, ihren Flotten an Matrosen und in Finnland an Getreide zu ihrer Ernährung fehlte. Beide Höfe sind übereingekommen, ihr Vorhaben bis zum nächsten Frühjahr aufzuschieben.

Da ich nun von allen Seiten höre, daß die Kaiserin ihre Hauptstreitkräfte in Böhmen und Mähren versammelt, daß die Truppen ganz dicht an meinen

Grenzen kampieren, daß beträchtliche Magazine und Vorräte an Kriegsbedarf angelegt werden, daß Husaren und Kroaten längs meinen Grenzen Postenketten ziehen, als ob wir mitten im Kriege wären, so halte ich mich für berechtigt, von der Kaiserin-Königin eine formelle und kategorische Erklärung zu fordern, bestehend in der mündlichen oder schriftlichen Versicherung, daß sie mich weder in diesem noch im nächsten Jahre anzugreifen gedenkt. Es gilt mir gleich, ob diese Erklärung schriftlich oder mündlich, aber in Gegenwart des französischen und englischen Gesandten erfolgt. Das steht ganz im Belieben der Kaiserin. Ich muß wissen, ob wir im Krieg oder Frieden leben; ich lege die Entscheidung in die Hände der Kaiserin. Sind ihre Absichten lauter, so ist jetzt der Augenblick, sie zu offenbaren. Erhalte ich aber eine Antwort in Orakelstil, unbestimmt oder nicht bündig, so hat die Kaiserin sich selbst all die Folgen des stillschweigenden Eingeständnisses der gefährlichen Pläne vorzuwerfen, die sie mit Rußland gegen mich geschmiedet hat. Ich rufe den Himmel zum Zeugen an, daß ich an dem Unglück, das daraus entstehen wird, unschuldig bin.

P. S. Sofort nach der Audienz werdet Ihr den Kurier mit der Antwort abfertigen und dem englischen Gesandten Abschrift zustellen. Da Ihr selbst zu ermessen vermögt, welche Wendung die Dinge nehmen werden, so muß ich Euch vorhersagen: bekomme ich diesmal keinen klareren Bescheid, so bleibt mir nichts übrig als der Krieg, und Ihr werdet Befehl erhalten, abzureisen, ohne Euch zu verabschieden. Das kann am 23. oder 24. geschehen. Ich muß Euch gleich mitteilen, daß Feldmarschall Schwerin dann in Neiße ist. Ihr werdet ihn durch denselben Kurier, den Ihr an mich sendet, benachrichtigen, ob es Krieg oder Frieden gibt, damit er dort die geeigneten Maßregeln treffen kann. Die Hauptsache ist, daß ich rasch Nachricht erhalte. Ich muß also durchaus am 16. dieses Monats einen Kurier haben. Selbst wenn er noch nicht die Antwort bringt, kann ich doch durch ihn erfahren, was Ihr über die Sache denkt.

III

Die dritte Anfrage

Erlaß des Königs an den Geheimen Kriegsrat
von Klinggräffen in Wien

Potsdam, 26. August 1756

Gestern abend erhielt ich Euren letzten Kurier mit der Antwort, die der Wiener Hof Euch auf die zweite, von ihm geforderte Erklärung ausgefertigt hat. Dies sonderbare Schriftstück kann eigentlich nicht als Antwort bezeichnet werden; denn man berührt und beantwortet darin mit keinem Sterbenswörtchen die von mir gestellte Hauptfrage, ob die Kaiserin-Königin mir zum Zwecke der Erhaltung des Friedens und der öffentlichen Ruhe versprechen will, mich weder in diesem noch im nächsten Jahre anzugreifen.

Da die Antwort also völlig unzureichend ist und auf den Hauptpunkt der Frage nicht eingeht, so ist es mein Wille, daß Ihr zum drittenmal vorstellig werdet und der Kaiserin-Königin mündlich oder schriftlich, wie man es von Euch verlangt, folgende Erklärung abgebt. Aus dem Inhalt ihrer letzten Antwort ersähe ich allerdings deutlich den bösen Willen, den der Wiener Hof gegen mich hege, und es bliebe mir infolgedessen nichts anderes übrig, als die nötigen Maßregeln zu meiner Sicherheit zu treffen. Wolle die Kaiserin-Königin mir indes noch jetzt die positive Versicherung geben und mir ausdrücklich erklären, daß sie mich weder in diesem noch im nächsten Jahre anzugreifen gedenke, so würde ich umgehend meine Truppen zurückziehen und alles wieder in den gehörigen Zustand bringen.

Über diesen letzten Punkt werdet Ihr eine kategorische Antwort fordern und sie mir ohne den geringsten Verzug durch einen besonderen Kurier zusenden. Fällt diese Antwort ebenso unbefriedigend aus wie die vorhergehenden, oder schlägt man sie überhaupt ab, so werdet Ihr in diesen beiden Fällen dem Grafen Kaunitz einen höflichen und angemessenen Brief schreiben, worin Ihr erklärt: Da die Dinge so weit gekommen seien, daß Eure Anwesenheit überflüssig werde, so bleibe Euch nichts weiter übrig, als den Wiener Hof zu verlassen. Es wäre Euch sehr schmerzlich, daß Ihr Euch unter den obwaltenden Umständen von Ihren Majestäten nicht mehr verabschieden könntet. Danach werdet Ihr so schleunig wie möglich abreisen, nachdem Ihr Eure Archive gemäß den Euch früher zugegangenen Befehlen in Sicherheit gebracht habt.

P. S. Da ich keine Sicherheit mehr für die Gegenwart noch für die Zukunft habe, so bleibt mir nur der Weg der Waffen übrig, um die Anschläge meiner Feinde zu vereiteln. Ich marschiere und gedenke, binnen kurzem Die, die sich jetzt durch ihren Stolz und Hochmut verblenden lassen, anderen Sinnes zu machen. Aber ich bewahre doch so viel Selbstbeherrschung und Mäßigung, um Ausgleichsvorschläge anzuhören, sobald mir solche gemacht werden; denn ich hege weder ehrgeizige Pläne noch begehrliche Wünsche. Ich treffe nur gerechtfertigte Vorkehrungen zur Wahrung meiner Sicherheit und Unabhängigkeit.

Manifest gegen Österreich

Seit dem Ausbruch der Zwistigkeiten in Amerika zwischen Frankreich und England droht für Europa, insbesondere für Deutschland, ein Krieg mit all dem Elend, das er nach sich zieht. Der König von Preußen hat als einer der vornehmsten Reichsfürsten keine Mühe gescheut, den Sturm zu beschwören. Namentlich in der Absicht, Deutschland vor den Plagen eines Krieges zu behüten, hat Seine Majestät einen Neutralitätsvertrag mit dem König von England geschlossen. Es war anzunehmen, daß der Kaiser als Reichsoberhaupt zu einem für das gemeinsame Vaterland so heilsamen Zweck beitragen müßte. Jedoch ergriff der Wiener Hof aus weiterhin zu erörternden Gründen ganz andere Maßregeln. Er schloß ein Defensivbündnis mit dem französischen Hofe, und da er hierdurch Flandern und Italien gesichert wußte, glaubte er, den König von Preußen angreifen zu können, wider Treu und Glauben der Verträge und trotz der feierlichen Versprechungen und Garantien für Schlesien, die dem König im Frieden von Aachen (1748) gegeben worden. Auch damit noch nicht zufrieden, hat der Wiener Hof seit dem Aachener Frieden nicht aufgehört, Rußland gegen Preußen aufzustacheln. Er war es, der die Abberufung der Gesandten veranlaßte. Er verstand es, beide Höfe durch unwürdige Täuschungen völlig zu entzweien, wiewohl es im Grunde keine Streitfragen zwischen ihnen gibt. Er war es, der die Kaiserin von Rußland zu fortwährenden kriegerischen Demonstrationen an der preußischen Grenze veranlaßte, in der Hoffnung, der Zufall würde eine Gelegenheit zum offenen Bruch zwischen beiden Mächten herbeiführen.

Soviel von den geheimen Machenschaften. Was die Vorgänge im Angesicht der ganzen Welt betrifft, so ist durch den Breslauer Frieden (1742) festgesetzt, daß beide Kontrahenten ihre gegenseitigen Handelsbeziehungen auf

dem Fuße von 1739 belassen und künftig versuchen sollen, die Interessen ihrer Staaten durch eine von beiden Höfen eingesetzte Kommission zu regeln. Ein anderer Artikel bestimmte, daß beide Mächte die auf Schlesien ruhenden Schulden nach Maßgabe ihres beiderseitigen Besitzanteils tilgen sollen. Beides mußte gleichzeitig geregelt werden. Aber der Wiener Hof hat unter Nichtachtung der Verträge auf alle schlesischen Erzeugnisse einen Zoll von 30 Prozent gelegt. Obwohl mehrere preußische Kommissare während ihres Aufenthalts in Wien Vorstellungen erhoben, hat der Wiener Hof jede Art von gütlicher Schlichtung ausgeschlagen, ja kurz nach der Unterzeichnung des Versailler Vertrages den Zoll auf alle schlesischen Waren auf 60 Prozent erhöht.

Diese Tatsachen werden hierdurch zur öffentlichen Kenntnis gebracht, damit jedermann über das Benehmen des Wiener Hofes Bescheid weiß. Alle Mächte, die mit dem Wiener Hof über Interessenfragen zu verhandeln hatten, werden in solchen Zügen dessen gewohntes Verfahren erkennen. Jetzt, wo der Wiener Hof sich mit einer der Mächte verbündet, die den Westfälischen Frieden garantiert haben, glaubt er, er könne ungestraft alle Reichsgesetze übertreten, die evangelische Freiheit unterdrücken, seinen Despotismus in Deutschland aufrichten, die souveränen Fürsten zu Vasallen im Stil böhmischer Grafen machen, kurz, den Plan ausführen, den Kaiser Ferdinand II. verwirklicht hätte, wäre nicht ein Herzog von Richelieu und ein König Gustav Adolf von Schweden gewesen.

Das Wiener Ministerium glaubt, wenn es erst den König von Preußen gedemütigt habe, werde das übrige ihm leicht fallen. Demzufolge hat es sich zur Ausführung seines Vorhabens gerüstet. Seit dem Frühjahr haben starke Aushebungen stattgefunden; die Kavallerie hat Remonten erhalten. Im Mai wurde bestimmt, daß ein Lager von 60 000 Mann in Böhmen und eins von 40 000 Mann in Mähren errichtet werden sollte. Große Vorräte an Kriegsmunition sind in Prag und in Olmütz angehäuft worden. Im Juni erfolgte ein Ausfuhrverbot für Getreide; die Kriegskommissare erhielten Befehl, sich über die Ankäufe mit dem Lande zu verständigen. Im Juli wurden Truppen aus Ungarn nach jenen Lagern geschickt. Das Kriegskommissariat hat bereits mit der Anlage von Magazinen an der sächsischen Grenze begonnen. Da große Heere zusammengezogen, Magazine errichtet und irreguläre Truppen aufgebracht werden, so ist es offenbar, daß dies nicht zur Bildung von Friedenslagern geschieht, wie es seit dem letzten Kriege Brauch ist, sondern zum Angriff auf den König von Preußen und, wenn möglich, zum plötzlichen Überfall. Der Angreifer ist aber nicht der, der den ersten Schuß tut, sondern der, der den Plan faßt, seinen Nachbarn anzugreifen und dies offen durch seine drohende Haltung kundgibt.

Da der König sich also am Vorabend eines Angriffs von seiten der Kaiserin-Königin sieht, hielt er es im Interesse seiner Würde und Sicherheit für geboten, einem Feind zuvorzukommen, der ihm und dem ganzen Deutschen Reiche den Untergang geschworen hat. Der König hält sich für berechtigt zum Gebrauch der Macht, die ihm der Himmel gegeben hat, um Gewalt der Gewalt entgegenzusetzen, die Anschläge seiner Feinde zu vereiteln und die Sache des Protestantismus und der deutschen Freiheit vor den Unterdrückungsgelüsten des Wiener Hofes zu schirmen.

Von Prag bis Leuthen

Gegen Ende März 1757 bezogen die preußischen Truppen Kantonnementsquartiere. Sie waren in vier Korps geteilt. Prinz Moritz führte den Oberbefehl bei Zwickau. Der König stand mit der Hauptarmee zwischen Dresden, Pirna, Berggießhübel und Dippoldiswalde. Bei Zittau hatte der Herzog von Bevern sein Korps aus den Winterquartieren in der Lausitz zusammengezogen. Feldmarschall Schwerin war mit seiner Armee gegen die böhmische Grenze zwischen Glatz, Friedland und Landeshut gerückt. Nach dem Feldzugsplan sollten die vier Korps gleichzeitig in Böhmen eindringen und auf verschiedenen Wegen bei Prag zusammentreffen, das als Vereinigungspunkt galt. Durfte man sich von diesem allgemeinen Vormarsch doch große Verwirrung unter den verschiedenen, in ihren Quartieren verstreuten feindlichen Korps versprechen. Ja, man konnte hoffen, einige von ihnen zu überrumpeln und mit den anderen Gelegenheit zu Sondergefechten zu finden. Rieb man nur einen Teil davon auf, so hätten die Preußen für den ganzen Feldzug das Übergewicht erlangt. Auch konnte es zu einer Entscheidungsschlacht kommen, die das Schicksal des ganzen Krieges bestimmte. Um so wichtiger war die Geheimhaltung des Planes. Gelingen konnte er nur bei völliger Unkenntnis von seiten der Feinde, des verräterischen sächsischen Hofes und der Armee selbst, die ihn aus Unachtsamkeit verbleitet hätte.

Um Freund wie Feind gleichermaßen irrezuführen, wurde Dresden befestigt und mit Palisaden versehen, kurz, in verteidigungsfähigen Zustand gesetzt. Gleichzeitig ließ der König, wie zur Vorbereitung auf einen Defensivkrieg, rings um Dresden eine Reihe von starken Lagern abstecken: bei Cotta, Maxen und Possendorf, beim Windberg und bei Mohorn. Die dabei verwendeten sächsischen Jäger hatten nichts Eiligeres zu tun, als es dem sächsischen Hofe zu hinterbringen, und die Königin von Polen verfehlte nicht, die Mitteilung sofort an die österreichischen Generale zu befördern. Indessen ließ man es bei diesen auf Täuschung berechneten Demonstrationen nicht bewenden. Um die feindlichen Generale noch mehr in Sicherheit zu wiegen, wurden einige schwache Einfälle in Böhmen gemacht, gewissermaßen zur Vergeltung für die Streifzüge, die der Feind im vergangenen Winter zur

Beunruhigung der Preußen in die Lausitz unternommen hatte. Alle diese kleinen Scharmützel wiegten die Kaiserlichen in Sicherheit. Sie redeten sich ein, der König beschränke sich auf kleine Handstreiche und habe nichts Größeres im Sinne.

Der Vormarsch auf Prag

Die vier preußischen Heeresabteilungen setzten sich teils am 20., teils am 21. April in Marsch. Prinz Moritz drang über Sebastiansberg in Böhmen ein und rückte von da auf Komotau. Der König lagerte bei Nollendorf, schob seine Avantgarde bis Karbitz vor und detachierte von da die Brigade Zastrow zur Besetzung von Aussig und zur Vertreibung der Österreicher aus dem Schlosse von Tetschen. Am nächsten Tage rückte die Armee bis Hlinay vor, wo Prinz Moritz von Brüx her zu ihr stieß (25. April). Beim Anmarsch der Preußen verlegten die Österreicher ihre Quartiere über die Eger zurück. Das Schloß von Tetschen ergab sich erst am 23. April. Leider fand Zastrow dabei den Tod.

Nun überschritt die Armee den Paschkopole, zog durch die Ebene von Lobositz und lagerte bei Trebnitz. Der rechte Flügel lehnte sich an den Paschkopole. Die Hasenburg wurde besetzt. Die Stellung lag der des Feldmarschalls Browne bei Budin gegenüber. Wie man wußte, erwartete Browne für den nächsten Morgen eine österreichische Division, die im Saazer und Egerer Kreis überwintert hatte. Um ihrer Vereinigung zuvorzukommen, ja selbst einen Angriff zu versuchen, bevor sie das Lager von Budin erreichte, beschloß man, die Armee noch in derselben Nacht anderthalb Meilen oberhalb des Browneschen Lagers über die Eger zu werfen. Bot sich dann auch keine Gelegenheit, die Division auf dem Marsche zu schlagen, so wurde Browne durch diese Bewegung doch wenigstens zum Aufgeben seiner umgangenen Stellung gezwungen. Daraufhin schlug man bei Koschtitz zwei Brücken. Sie wurden aber erst am nächsten Morgen so weit fertig, daß die Truppen über die Eger gehen konnten (27. April). Die sofort zur Rekognoszierung vorgeschickten Husaren stießen bei Perutz auf die Division, die sich mit Brownes Heer vereinigen sollte. Indes hatte der Feind vom Übergang der Preußen Kunde erhalten und zog sich auf Welwarn zurück, ohne daß man ihm etwas hätte anhaben können; denn bisher hatte kaum die Hälfte der Armee den Fluß überschritten. Auch hatte Feldmarschall Browne bemerkt, daß seine Stellung umgangen war, und da er begriff, daß eine Vereinigung mit der heranrückenden Division nur beim Rückzug auf Welwarn möglich war, brach er sofort dahin auf. Die preußischen Husaren beunruhigten seine Nachhut und machten einige Gefangene.

Die Armee des Königs lagerte bei Budin und verwandte den folgenden Tag zur Instandsetzung der Egerbrücken, um die Verbindung mit Sachsen zu sichern. Die bedeutenden feindlichen Magazine bei Martinowes, Budin und Charwatetz fielen in die Hände der Preußen, wodurch die Verproviantierung der Truppen bedeutend erleichtert wurde. Von Budin rückten die Preußen auf Welwarn, das der Feind eben geräumt hatte, und schoben eine Avantgarde von 40 Schwadronen und allen Grenadieren der Armee bis nach Tuchomirschitz vor. Der König, der selbst bei der Avantgarde war, sah, daß Brownes Armee sich noch auf dem Marsche befand. Die Nachhut, die den Marschkolonnen folgte, reizte ihn durch ihr unsicheres Benehmen zum Angriff. Zieten führte ihn aus und nahm 300 Mann gefangen. Der Feind hatte sich anfangs auf dem Weißen Berge postiert, verließ ihn aber am 2. Mai. Die preußische Avantgarde besetzte ihn und sah, wie der Feind durch Prag marschierte und ein Lager am jenseitigen Ufer der Moldau aufschlug. Noch am selben Tage besetzte die Armee des Königs die ganze Umgegend der Stadt und schloß sie in eine Art von Ringwall ein. Ihr rechter Flügel lehnte sich an die obere Moldau. Von da zog sich das Lager um St. Rochus, das Kloster St. Maria de Viktoria und Weleslawin bis nach Podbaba an der unteren Moldau.

Während des Vormarsches der vom König geführten Armee war der Herzog von Bevern nicht müßig geblieben. Er war am 20. April in Böhmen eingerückt und hatte seinen Weg über Grottkau und Kratzau auf Machendorf genommen. Unterwegs schlug seine Kavallerie ein österreichisches Detachement unter dem Grafen Königsegg, das zum Rekognoszieren vorgerückt war. Der Feind, dessen Stärke man auf 23000 Mann schätzte, hatte bei Reichenberg eine vorteilhafte Stellung eingenommen. Am 21. April ging der Herzog von Bevern zum Angriff gegen ihn vor und marschierte in zwei Kolonnen nach Habendorf. Sein Weg führte über einen Damm. Er ließ sich dadurch aber keineswegs aufhalten, da der Feind den Weg nicht mit Musketenfeuer verteidigen konnte. Jenseits des Defilees stand Königseggs Korps in

Hufeisenform. In der Mitte hielt die österreichische Kavallerie auf einer kleinen Ebene, zu drei Treffen formiert und von den beiden Infanterieflügeln umfaßt. Diese standen mit dem Rücken an dichte Wälder gelehnt und hatten vor sich an einigen Stellen Verhaue und mit Geschützen besetzte Schanzen, deren Feuer ihre Reiterei deckte.

Der rechte Flügel des Herzogs von Bevern griff den feindlichen linken Flügel an. Zugleich warfen sich 15 preußische Schwadronen auf die in der Ebene stehende Kavallerie und trieben sie in wilder Flucht zurück. Der Prinz von Württemberg verrichtete dabei Wunder der Tapferkeit. Nun griff Lestwitz den rechten feindlichen Flügel und die Schanzen an, die Reichenberg deckten. Obgleich es vorher durch mehrere Defileen mußte, eroberte das Regiment Darmstadt die Schanzen und zwang den Gegner zur Flucht. Er wurde von Höhe zu Höhe bis Röchlitz und Dörfel verfolgt. Aber bei den Schwierigkeiten des bergigen Geländes und bei der Unmöglichkeit, einen in völliger Auflösung fliehenden Feind mit Truppen in geschlossener Ordnung einzuholen, konnte der Herzog von Bevern das feindliche Korps nicht völlig aufreiben. Die Österreicher verloren im Treffen bei Reichenberg etwa 1800 Mann, darunter 800 Gefangene. Dagegen betrugen die preußischen Verluste nicht mehr als 200 Mann, da der Feind keinen hartnäckigen Widerstand geleistet hatte. Der Herzog von Bevern verfolgte Königsegg bis Liebenau. Dort verbot ein unwegsamer Engpaß, hinter dem die Österreicher sich wieder gesammelt hatten, jedes weitere Vordringen.

Auf dieser Seite wäre ein weiterer Vormarsch der Preußen also unmöglich gewesen, wäre Feldmarschall Schwerin nicht rechtzeitig zur Unterstützung herangerückt. Die schlesische Armee drang am 18. April als erste in Böhmen ein, und zwar auf fünf verschiedenen Straßen. Die erste Kolonne marschierte über Schatzlar und hätte dort beinahe die sächsischen Prinzen überrascht. Die zweite stieß auf der Straße nach Goldenöls auf 200 Panduren, die ihr von einer schroffen Felshöhe herab den Durchzug verwehrten. Aber Winterfeldt fand Mittel und Wege, die Felsen durch einige Truppen erklimmen zu lassen. Sie fielen den Panduren in den Rücken und hieben sie sämtlich nieder. Die drei übrigen Kolonnen, die durch die Grafschaft Glatz rückten, trafen auf keinen Feind und vereinigten sich mit den anderen bei Königinhof. Feldmarschall Schwerin hatte bereits Meldung von allem erhalten, was beim Heere des Herzogs von Bevern geschehen war. Deshalb zog er hinter Königsegg her, um ihn in seinem Lager bei Liebenau zu überrumpeln. Aber die Österreicher brachen ihr Lager in aller Hast ab und wollten auf Jung-Bunzlau marschieren. Hier kam ihnen Schwerin indes zuvor und nahm ihnen zugleich ein bedeutendes Magazin fort, das sie in Kosmanos errichtet hatten (26. April). Dort stieß auch das Lausitzer Korps zur schlesischen Armee.

Während Königsegg sich in Eilmärschen auf Prag zurückzog, folgte ihm der Feldmarschall bis Benatek und detachierte von dort aus General Wartenberg, um dem Feind auf den Fersen zu bleiben. Wartenberg vernichtete bei Alt-Bunzlau die 1600 Mann starke österreichische Nachhut, die fast ganz getötet oder gefangen wurde (2. Mai). Aber auch der tapfere General, einer der besten preußischen Reiterführer, kam dabei ums Leben. Er wurde allgemein betrauert. Nun marschierte Fouqué mit der Avantgarde des Feldmarschalls auf Alt-Bunzlau und blieb dort bis zum 4. Mai, um die Elbbrücken wiederherzustellen, die die Feinde zur Deckung ihres Rückzuges abgebrochen hatten. Noch am selben Tage ging der Feldmarschall mit seinem Heere über die Elbe und schlug anderthalb Meilen von Prag sein Lager auf.

Ein Teil der Truppen, die im letzten Jahre von Piccolomini geführt worden waren, hatte sich noch nicht zusammengezogen. Nach Piccolominis Tode hatte Feldmarschall Daun das Kommando übernommen. Auf das Gerücht von den verschiedenen Einfällen der Preußen erhielt der Feldmarschall Befehl, seine Armee zu versammeln und unmittelbar gegen Prag vorzugehen. Dort erwartete ihn Browne um so sehnlicher, als er sah, daß die ganze preußische Heeresmacht unverzüglich über ihn herfallen würde. Der König erhielt Meldung vom Anmarsch des Feldmarschalls Daun, konnte aber gegen Browne, der durch die Moldau und Prag gedeckt war, nichts unternehmen. Überdies waren die Dinge bereits so weit gekommen, daß das Schicksal der beiden Armeen notwendig durch eine Schlacht entschieden werden mußte. Da man aber nur auf dem jenseitigen Moldauufer fechten konnte, beschloß der König, Browne noch vor seiner Vereinigung mit Daun anzugreifen. Zu dem Zweck ließ er bei Selz eine Brücke über die Moldau schlagen und überschritt sie am 6. Mai mit 20 Bataillonen und 40 Schwadronen. Er hatte Zeit, die feindliche Stellung zu rekognoszieren, und fand, daß ein Angriff auf Brownes Front zu schwierig war, während bei Umgehung des rechten feindlichen Flügels das Gelände größere Vorteile bot.

Schlacht bei Prag

Bei Anbruch des folgenden Tages (6. Mai) vereinigten sich die beiden preußischen Armeen in Kanonenschußweite vom Feind, und der Angriff ward unverzüglich beschlossen. Der linke Flügel der Österreicher lehnte sich an den Ziskaberg und war durch die Festung Prag gedeckt. Eine Schlucht von mehr als 100 Fuß Tiefe schützte die Front, und der rechte Flügel endigte auf einer Anhöhe, an deren Fuß das Dorf Sterbohol liegt. Um den Kampf nicht mit zu ungleichen Waffen zu beginnen, mußte Browne gezwungen werden, einen Teil der Höhen zu verlassen und sich in die Ebene herabzuziehen. Zu dem Zweck änderte der König seine Schlachtordnung. Die Armee war in mehreren Kolonnen aufgebrochen. Nun wurde sie in zwei Treffen formiert und marschierte auf dem Wege nach Poczernitz links ab. Sobald Browne

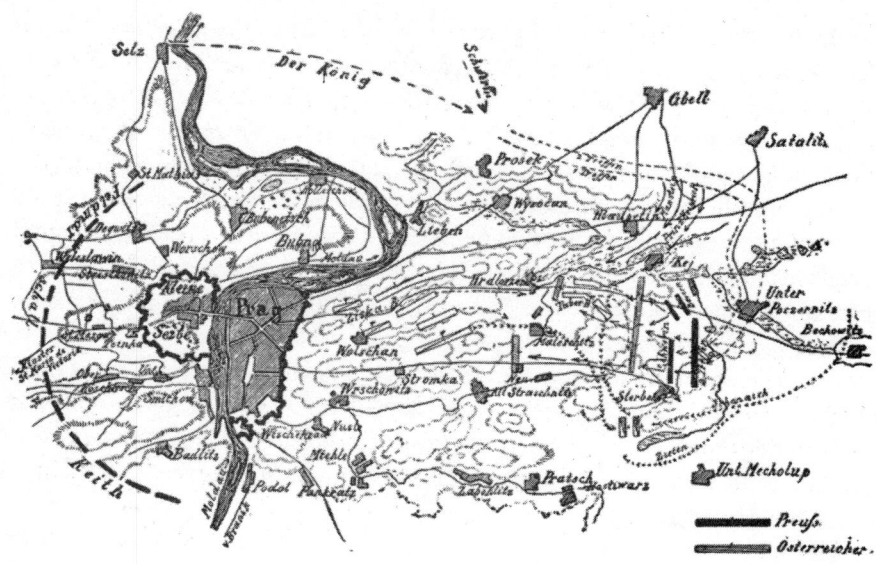

diese Bewegung bemerkte, rückte er mit den Grenadieren der Reserve, der Kavallerie des linken Flügels und dem zweiten Infanterietreffen parallel neben den Preußen her. Das hatte man gerade erreichen wollen. Die Armee des Königs ging durch Defileen und Sümpfe, die die Truppen etwas auseinanderbrachten, auf Bechowitz vor. Die preußische Kavallerie stieß durch das Dorf und fand dahinter eine von einem Teich begrenzte Ebene, die ihr gerade Raum genug bot, sich zu formieren. Zwischen Dorf und Teich eingekeilt und gegen jeden Seitenangriff geschützt, griff sie die österreichische Kavallerie dreimal hintereinander herzhaft an, durchbrach sie und schlug sie völlig in die Flucht.

Kaum waren 10 Bataillone des linken Flügels aufgestellt, so griffen sie, noch ehe das zweite Treffen heran war, den Feind übereilt und mit mehr Mut als Klugheit an. Sie wurden von furchtbarem Artilleriefeuer empfangen und zurückgeworfen, aber wahrlich nicht zu ihrer Unehre; denn die tapfersten Offiziere und die Hälfte der Bataillone bedeckten das Schlachtfeld. Feldmarschall Schwerin war trotz seines hohen Alters noch vom ganzen Feuer der Jugend beseelt. Aber das Zurückweichen der Preußen empört, ergriff er eine Fahne, setzte sich an die Spitze seines Regiments und führte es selbst zum Angriff vor. Er verrichtete Wunder der Tapferkeit, aber da noch nicht Truppen genug zur Unterstützung heran waren, so unterlag er und fand selbst den Tod. So endete er sein glorreiches Leben und erwarb sich noch im Sterben neuen Ruhm.

Mittlerweile rückte das zweite Treffen heran. Der König zog noch Prinz Ferdinand von Braunschweig mit einigen Regimentern herbei, und der Kampf wurde wieder aufgenommen. Das war um so leichter, als auch

Treskow mit seiner mehr rechts stehenden Brigade die feindlichen Reihen durchbrach. Nun ließ der König die Regimenter Markgraf Karl und Jung-Braunschweig vorrücken, nahm Treskow auf und trieb die österreichische Infanterie mit vereinten Kräften bis über ihre Zelte hinaus, zu deren Abbrechen sie keine Zeit mehr gehabt hatte. Jetzt wurde die Flucht auf dem rechten feindlichen Flügel allgemein. Man rief nach der Kavallerie, um die Verwirrung auszunutzen, aber unglücklicherweise waren die Husaren und Dragoner über die Bagage des fliehenden Feindes hergefallen und kamen zu spät, um sich auf die Infanterie zu stürzen. Sonst wäre sie Mann für Mann gefangen genommen oder niedergehauen worden.

Das hinderte den König indes nicht, dem Feinde kräftig nachzusetzen. Puttkamer wurde mit Husaren gegen die Sazawa vorgeschickt, wohin sich ein Teil der Flüchtlinge gerettet hatte, und das Gros der Armee rückte gegen den Wischehrad, so daß der linke Flügel der Österreicher völlig vom rechten abgeschnitten war.

Der rechte preußische Flügel sollte ursprünglich gar nicht in die Schlacht eingreifen, erstens wegen der schon erwähnten vor ihm liegenden tiefen Schlucht und zweitens wegen des unvorteilhaften Geländes. Aber durch die Unvorsichtigkeit Mansteins, den sein allzu hitziger Mut bisweilen fortriß, kam er dennoch ins Gefecht. Mansteins Ungestüm geriet beim Anblick des Feindes in Flammen, und er ging ohne Befehl zum Angriff vor. Prinz Heinrich und der Herzog von Bevern mißbilligten zwar sein Vorgehen, wollten ihn aber nicht im Stiche lassen und unterstützten daher seinen Angriff. Die preußische Infanterie erkletterte schroffe Felsen, die vom ganzen linken österreichischen Flügel und von zahlreicher Artillerie verteidigt wurden. Als Prinz Ferdinand von Braunschweig sah, daß es auf jener Seite zum Gefecht gekommen war und seine Anwesenheit auf dem linken Flügel, wo er keinen Feind mehr vor sich hatte, überflüssig wurde, fiel er den Österreichern in die Flanke und in den Rücken und unterstützte den Angriff des Prinzen Heinrich dadurch so vorteilhaft, daß dieser drei feindliche Batterien erobern konnte und den Gegner von Höhe zu Höhe verfolgte.

Die Besiegten, die sich im Rücken durch preußische Bataillone beim Dorfe Michle von der Sazawa abgeschnitten sahen, wußten sich nicht anders zu retten, als indem sie sich in die Stadt Prag warfen. Sie versuchten zwar nach dem Wischehrad durchzubrechen, wurden aber dreimal von der preußischen Kavallerie zurückgetrieben. Sie versuchten ferner nach Königsaal zu entweichen, aber auch daran wurden sie durch Feldmarschall Keith gehindert, dessen Armee alle Höhen besetzt hielt, an deren Fuß sie vorbei mußten. Man wußte zwar, daß ein Teil der flüchtigen kaiserlichen Armee sich in die Stadt Prag geworfen hatte, aber die genaue Zahl war nicht bekannt, und so mußte man sich damit begnügen, die Stadt einzuschließen und zu blockieren, so gut es die Dunkelheit und das nach Siegen so häufige Durcheinander erlaubte.

Die Schlacht bei Prag begann um neun Uhr morgens und dauerte einschließlich der Verfolgung bis acht Uhr abends. Sie war eine der mörderischsten des ganzen Jahrhunderts. Die Österreicher verloren 24 000 Mann, darunter an Gefangenen 30 Offiziere und 5000 Mann, außerdem 11 Standarten und 60 Kanonen. Die Verluste der Preußen beliefen sich auf 18 000 Mann, darunter Feldmarschall Schwerin, dessen Verlust allein 10 000 Mann aufwog. Sein Tod ließ die Lorbeeren des Sieges welken: er war mit seinem Blute zu teuer erkauft. Bei Prag fielen auch die Säulen der preußischen Infanterie. Fouqué und Winterfeldt wurden schwer verwundet. Es fielen Hautcharmoy und Goltz, der Prinz von Holstein, Manstein vom Regiment Anhalts und zahlreiche tapfere Offiziere und altgediente Soldaten, zu deren Ersatz ein so blutiger und erbitterter Krieg keine Zeit ließ.

Einschließung von Prag

Am folgenden Morgen sandte der König den Obersten Krockow nach Prag, um die Stadt zur Übergabe aufzufordern. Der Oberst war höchst erstaunt, den Prinzen Karl von Lothringen dort zu finden und mit Sicherheit zu erfahren, daß 40 000 aus der Schlacht entkommene Österreicher in Prag eingeschlossen waren. Auf diese Nachricht hin mußte der König verschiedene Maßnahmen ergreifen. Er bemächtigte sich des Ziskaberges, wo nun der rechte Flügel der Armee sein Lager aufschlug. Von hier zog sich die preußische Stellung unter Benutzung aller nach Prag abfallenden Weinberge über Michle bis Podol an der Moldau. Dort wurde zur Sicherung der Verbindung mit Feldmarschall Keith eine Brücke geschlagen, desgleichen bei Branik an der unteren Moldau.

Prag kann eigentlich nicht als Festung gelten. Es liegt in einer Niederung und ist von Weinbergen und Felsen umgeben, die es von allen Seiten gleichmäßig beherrschen. Die Gräben sind trocken, die Festungswerke nur mit leichtem Mauerwerk bekleidet, die Brustwehren an vielen Stellen zu schmal, die Wallinien zu lang, und alles war während des Friedens stark vernachlässigt, so daß man die Werke an verschiedenen Stellen stürmen konnte. Andrerseits konnte die starke Besatzung nur in aller Form angegriffen werden. Dazu bedurfte es aber einer viel stärkeren Armee als der preußischen, die außerdem noch durch Entsendung notwendiger Detachements, auf die wir gleich eingehen werden, geschwächt war. Aus all diesen Gründen begnügte sich der König mit der Einschließung, um die Besatzung womöglich durch Hunger zur Übergabe zu zwingen. Er hoffte, die Getreidemagazine durch ein Bombardement in Brand schießen zu können, zog zu dem Zweck Mörser und Kanonen heran und ließ drei große Batterien errichten, eine auf dem Ziskaberge, die zweite vor Michle, die dritte bei der

Stellung des Feldmarschalls Keith, nach dem Strohhof zu. Doch umsonst! In den Kasematten der Bastionen waren die Vorräte vor den preußischen Kanonen geschützt.

Während dieser Vorkehrungen zur Belagerung Prags war Feldmarschall Daun bis Böhmisch-Brod vorgerückt. Sofort sandte ihm der König Zieten entgegen, bald darauf auch den Herzog von Bevern mit 20 000 Mann, der erst nach Kaurzim, dann nach Kuttenberg marschierte und Daun immerfort zurückdrängte, so daß er schließlich bis Habern getrieben wurde. Doch mit jedem Schritt rückwärts kam der österreichische Heerführer seinen eigenen Hilfstruppen näher und konnte die bei der Schlacht von Prag versprengten Truppen, die sich über die Sazawa gerettet hatten, an sich ziehen.

Inzwischen schickte der König den Obersten Mayr mit seinen Freischaren und ungefähr 600 Husaren ins Reich, um die deutschen Fürsten einzuschüchtern, die Versammlung der Reichsarmee zu erschweren und zugleich

die Pedanten in Regensburg zu schrecken, deren beleidigende Geschwätzigkeit allen Regeln des Anstandes Hohn sprach. Mayr drang bis ins Bistum Bamberg ein, rückte bis Nürnberg vor, vertrieb aus Regensburg die hochfahrenden Reichsdeputierten, die sich als Richter von Königen aufspielten, und brach dann in die Oberpfalz ein. Der Kurfürst von Bayern und viele Fürsten erschraken über seinen Einfall und schickten Unterhändler an den König. Kurz, das ganze Deutsche Reich hätte die Partei der Kaiserin-Königin verlassen, wenn nicht einer jener gewöhnlichen Umschläge des Kriegsglücks den Preußen einen Streich gespielt hätte. Im weiteren Verlaufe des Krieges werden wir häufig solchen Wechselfällen begegnen, die bald die Hoffnungen der Preußen, bald die der Kaiserlichen vernichteten. Mittlerweile dauerte die Belagerung Prags fort. Die Stadt wurde beschossen, aber die Österreicher machten häufig Ausfälle. Durch die zahlreichen Bomben wurden einige Stadtteile arg beschädigt. Sogar eine feindliche Bäckerei ging in Flammen auf. Einstimmig berichteten die Überläufer, daß bereits Mangel an Lebensmitteln einträte und daß die Besatzung statt von Schlachtvieh von Pferdefleisch lebte. Ärgerlich war, daß sich weder mit Gewalt noch List gegen die Stadt etwas ausrichten ließ. Man mußte alles von der Zeit erwarten. Nur aus Hunger und Verzweiflung hätte der Prinz von Lothringen den Versuch machen können, sich mit der Waffe einen Weg durch die Preußen zu bahnen, waren doch die Quartiere der Belagerer wegen ihrer starken Verschanzungen unangreifbar. So hätte er sich denn nach einigen fruchtlosen Anstrengungen also doch ergeben müssen.

Der Plan, Prag mitsamt der eingeschlossenen Armee zu erobern, wäre indessen geglückt, hätte man ihm Zeit zum Reifen lassen können. So aber galt es, dem Feldmarschall Daun entgegenzutreten. Man mußte eine Schlacht liefern, und die ging verloren.

Wir verließen den Herzog von Bevern in seinem Lager in Kuttenberg und Feldmarschall Daun bei Habern. Dort erhielt dieser alle Verstärkungen, die der Wiener Hof aus den Garnisonen der Erbländer und von den ungarischen Truppen herbeiziehen konnte. Dazu kamen die Flüchtlinge aus der Prager Schlacht, so daß seine Armee von 14 000 Mann, die sie bei Beginn des Feldzuges gezählt hatte, nun auf 60 000 anwuchs. Die starke Vermehrung seiner Streitkräfte warf alle bisherigen Pläne des Königs um. Er mußte den Herzog von Bevern unbedingt unterstützen, wenn dieser sich gegen eine dreifache Übermacht behaupten sollte. Andrerseits war eine Schwächung der Belagerungsarmee gewagt, da sie einen weiten Umkreis zu verteidigen hatte und die in der Stadt eingeschlossenen 40 000 Mann von Tag zu Tag einen Ausfall machen konnten. Dennoch erübrigte man durch sparsame Besetzung und teilweise Zusammenziehung oder Verstärkung der Stellungen 10 Bataillone und 20 Schwadronen. Dies Detachement durfte sich zwar von Prag entfernen, aber nicht zu lange, oder die Blockade mußte darunter leiden. Wollte man Prag und die darin eingeschlossene Armee in seine Gewalt bekommen, so mußte Feldmarschall Daun aus jener Gegend unbedingt vertrieben werden. Die Belagerungstruppen hatten zwar günstige Stellungen, um Ausfälle zurückzuweisen, bildeten aber nur ein einziges Treffen, und es wäre ihnen daher nicht möglich gewesen, sich in Front und Rücken zugleich zu verteidigen. Auch wäre den Belagerern, hätten sie sich rings um Prag selbst einschließen lassen, die Fourage ausgegangen, die sich die Kavallerie schon vier bis fünf Meilen weit vom Lager suchen mußte. Aus diesen triftigen Gründen beschloß der König, sich persönlich an die Spitze des Hilfskorps zu setzen, das zum Herzog von Bevern stoßen sollte. Er wollte sich an Ort und Stelle selber ein Urteil bilden, was am besten zu tun sei.

Am 13. Juni brach der König von Prag auf und marschierte über Schwarz-Kosteletz auf Malotitz. Seine Absicht war, Kolin zu erreichen, um sich mit dem Herzog von Bevern zu vereinigen. Jedoch stieß er bei Zasmuk auf eine starke feindliche Abteilung unter Nadasdy, die den Herzog von Bevern eigentlich schon von der preußischen Armee abschnitt. Bald darauf entdeckte man in der Ferne auf der Straße nach Kolin zwei Kolonnen, die in der Richtung auf Kaurzim marschierten. Durch abgesandte Kundschafter erfuhr man, es sei der Herzog von Bevern, der zur Vereinigung mit dem Heere des Königs heranrücke. Es war schon gegen Abend, und die Nacht brach herein, ohne daß der Herzog herankam. So mußte sich der König damit begnügen, ein Lager aufzuschlagen, so gut es die Dunkelheit erlaubte. Allerdings war er erstaunt über die völlig unerwartete Bewegung des Herzogs. Sie hatte indes folgende Gründe.

Der Herzog war von Nadasdy am 13. Juni bei Kuttenberg angegriffen worden und hatte ihn zurückgeschlagen. Gleichzeitig aber hatte Feldmarschall Daun die preußische Flanke zu umfassen versucht. Dieser Umgehung hatte der Herzog sich entzogen, indem er seine Stellung bei Kuttenberg mit der bei Kolin vertauschte. Dort erhielt er die Meldung, daß die bei Wysok lagernden Österreicher sich für den folgenden Morgen zum Angriff anschickten. Um sich dieser Gefahr nicht auszusetzen, zog er es vor, dem preußischen Hilfskorps entgegenzurücken, dessen Anmarsch ihm gemeldet war. Am nächsten Tage sollten die Wege nach Wysok rekognosziert werden, um Gewißheit über die Stellung des Feindes zu erlangen. Das mißlang aber wegen der dichten Wälder, die zudem voller Panduren waren.

Das Gelände des preußischen Lagers war nicht vorteilhaft genug, um den Feind in gesicherter Stellung zu erwarten. Daher beschloß der König, nach Swojschitz zu rücken, wo die Gegend zur Verteidigung geeigneter war. Kaum aber war die Armee zur Besetzung dieser Stellung abmarschiert, so tauchte das Heer des Feldmarschalls Daun auf und formierte sich bei Swojschitz in einer Art Dreieck. Der linke Flügel zog sich nach Zasmuk, der rechte nach der Elbe zu. Die Front lag den Orten Kaurzim und Malotitz gegenüber. Sie war von einer sumpfigen Wiese gedeckt, durch die sich ein morastiger Bach schlängelte. Die veränderte Stellung des Feindes zwang auch den König zur Änderung seiner Dispositionen. Die Armee schlug eine andere Richtung ein, zog sich mehr links auf Nimburg und lagerte dort in der Weise, daß sie links von ihrer Front Planjan und rechts Kaurzim hatte. Dieser Ort wurde zur Deckung der Flanke mit einem Bataillon besetzt. Bei Planjan stieß man auf ein österreichisches Korps, das offenbar einen Handstreich auf die preußischen Magazine bei Nimburg plante. Es wurde aber zum Rückzug gezwungen und nahm Stellung auf einer Anhöhe hinter Planjan, wo es die Nacht über blieb.

Des Königs Lage wurde von Tag zu Tag mißlicher und schwieriger. Seine Stellung taugte nichts, sein Lager war schmal und an die Berge gedrängt. In der Front war es freilich unangreifbar wegen des Morastes und des Baches, die beide Armeen trennten. Aber sein rechter Flügel war bei Kaurzim schlecht angelehnt, und Feldmarschall Daun hätte ihn jederzeit umgehen können, sobald er von Zasmuk auf Malotitz rückte. Hätte er das getan, so wäre er den Preußen in die Flanke gekommen und hätte sie rettungslos niedergehauen. Außerdem waren eine Menge entgegengesetzter Maßnahmen zu treffen, die gar nicht alle auf einmal ausführbar waren, und doch durfte keine von ihnen ohne schweren Nachteil unterlassen werden. So mußte man die Magazine von Brandeis und Nimburg sichern, aus denen die Beobachtungsarmee ihr Brot bezog, mußte die Belagerungsarmee vor Prag decken, d.h. mit einem schwachen Korps eine doppelt überlegene Armee daran hindern, Detachements nach Prag zu schicken oder selbst heranzurücken. Denn je mehr der Feind die Schwäche der Preußen durchschaute, desto mehr hatten sie auf die Dauer eine Niederlage zu befürchten. Selbst wenn sie sich in der eingenommenen Stellung behaupteten, konnten sie Feldmarschall Daun doch nicht an der Absendung eines großen Detachements hindern, das längs der Sazawa vorrücken und den Preußen im Lager zwischen Branik und Michle in den Rücken fallen konnte. Dann wäre die Belagerungsarmee zwischen zwei Feuer geraten. Sie wäre im Rücken angegriffen worden, und zugleich hätte der Prinz von Lothringen einen Ausfall aus Prag gemacht. Dabei wäre sie wohl gänzlich geschlagen worden. Änderte der König aber seinen Entschluß und hielt es für geratener, sich auf Schwarz-Kosteletz oder Böhmisch-Brod zurückzuziehen, so fand er dort allerdings bessere Lagerplätze, aber die anderen erwähnten Unzuträglichkeiten blieben die gleichen. Denn näherte er sich der Elbe, so deckte er zwar die Magazine, ließ aber den Weg nach Prag offen. Zog er sich hingegen mehr auf die Sazawa zurück, so deckte er zwar die Belagerungsarmee besser, gab aber die Magazine preis und verließ obendrein eine zum Fouragieren geeignete Gegend, um sich in einem ausgesogenen Lande zusammenzupferchen, wo alle Lebensmittel aufgezehrt waren.

Andere, noch wichtigere Bedenken traten hinzu. Feldmarschall Daun führte eine Armee von 60 000 Mann, die die Kaiserin-Königin mit großen Kosten zusammengebracht hatte. Aller Wahrscheinlichkeit nach hätte es der Wiener Hof nicht ungestraft zugelassen, daß die Preußen im Angesicht einer solchen Truppenmacht den Prinzen von Lothringen mit 40 000 Mann zu Kriegsgefangenen machten. Wußte man doch bereits, daß Feldmarschall Daun Befehl hatte, zum Entsatz des Prinzen das Äußerste zu wagen. So blieb dem König eigentlich nur die Wahl zwischen zwei Entschlüssen. Entweder er überließ es dem Feinde, die preußischen Truppen in ihren Stellungen anzugreifen, oder er kam dem Feinde selbst mit einem Angriff zuvor.

Bedenkt man ferner, daß die Einnahme Prags jetzt nach der Verstärkung des Feldmarschalls Daun ohne einen zweiten Sieg unmöglich war, daß es aber die Waffenehre preisgeben hieß, wenn man die Belagerung beim Anrücken des Feindes aufhob, so war das schlimmste, was im Fall eines feindlichen Sieges geschehen konnte, der Verzicht auf diese Belagerung.

Aber ein noch viel triftigerer Grund zwang den König zu einem entscheidenden Schlage. Gewann er nämlich noch eine Schlacht, so war seine völlige Überlegenheit über die Kaiserlichen besiegelt. Dann hätten die ohnedies schwankenden und unentschiedenen Reichsfürsten ihn um Bewilligung der Neutralität angefleht. Die Operationen der Franzosen in Deutschland wären gestört worden und vielleicht ganz zum Stillstand gekommen. Schweden wäre friedfertiger und vorsichtiger geworden. Ja, selbst der Petersburger Hof hätte sich seine Schritte noch überlegt. Denn der König hätte dann seine Armee in Ostpreußen und sogar die des Herzogs von Cumberland unbedenklich verstärken können.

Alle diese gewichtigen Gründe bewogen den König, Feldmarschall Daun am nächsten Tage in seiner Stellung anzugreifen.

Kolin

Am 18. Juni frühmorgens brach die Armee auf. Sofort vertrieb Tresckow mit der Avantgarde das feindliche Korps, das sich am Tage vorher auf den Anhöhen hinter Planjan gelagert hatte. Damit mußte begonnen werden, um die Straße nach Kolin frei zu machen, auf der die Armee in zwei Kolonnen vorrücken sollte. In zwei Treffen marschierte sie der feindlichen Front gegenüber links ab.

Sobald der Feldmarschall Daun den Anmarsch bemerkte, änderte er seine Stellung, brach rechts ab und zog auf den Höhenkämmen nach Kolin zu. Vor der preußischen Armee hatte sich Nadasdy mit 4000 bis 6000 Husaren aufgestellt. Eine Kavallerieabteilung drängte ihn Schritt für Schritt zurück,

aber der Marsch der Kolonnen wurde dadurch sehr aufgehalten. Indes trieb man die leichten Truppen immer weiter vor sich her, bis eine Anhöhe erreicht war, die man notwendig besetzen mußte, um den Feind anzugreifen.

Da die Truppen nicht so schnell anlangten, wie es zum Gelingen wünschenswert gewesen wäre, benutzte der König die Frist, um die Generale zu versammeln und mit ihnen den Schlachtplan zu verabreden. An der Straße nach Kolin, auf der die Preußen vorrückten, lag ein Wirtshaus, von dem man einen deutlichen Einblick in die Aufstellung Dauns hatte und alle Teile des Schlachtfeldes übersehen konnte. Dort traf der König seinen Entschluß und

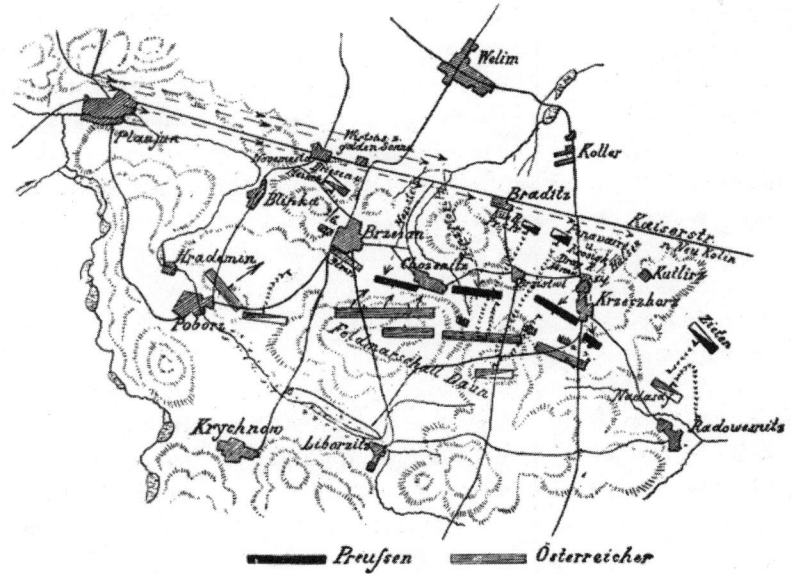

befahl den Angriff auf den rechten feindlichen Flügel, der keine gute Anlehnung hatte. Zudem bot das Gelände dort keine großen Schwierigkeiten. Die österreichische Front zog sich über steile, abschüssige Felsen, an deren Fuß einige von Panduren besetzte Dörfer über die Ebene verstreut lagen. So unangreifbar der Feind hier war, so leicht war ein Stoß gegen seinen rechten Flügel. Der Angriff des linken preußischen Flügels sollte von der bereits besetzten Anhöhe erfolgen. Davor lag ein einsamer, von Kroaten besetzter Friedhof, den man zunächst nehmen mußte. Hielt man sich von da etwas links, so kam man der Armee des Feldmarschalls Daun in die Flanke und in den Rücken. Da die gesamte preußische Infanterie den Angriff unterstützen mußte, sollte der ganze rechte Flügel dem Feinde versagt werden. Deshalb verbot der König den dort kommandierenden Offizieren aufs strengste, über die Straße nach Kolin vorzugehen. Das war um so klüger, als die dem rechten preußischen Flügel gegenüberstehenden Österreicher ein ganz unzugängliches Terrain besetzt hielten. Hätten die Truppen die Anordnung des Königs befolgt, so hätte er während der Schlacht jederzeit Bataillone nach Bedarf zur Unterstützung der Brigaden heranziehen können, die den ersten Angriff unternahmen. Außer den erwähnten Maßnahmen erhielt Zieten Befehl, Nadasdy mit 40 Schwadronen die Spitze zu bieten, damit dieser die preußische Infanterie ungestört ließ. Die übrige Kavallerie wurde hinter der Infanterie als Reserve aufgestellt.

Nachdem alle Anordnungen getroffen waren, ging Hülsen mit 7 Bataillonen und 14 Geschützen zum Angriff vor. Von den übrigen 21 Bataillonen standen 15 im ersten und 6 im zweiten Treffen. Das war also der Schlachtplan, bei dessen Befolgung die Preußen gesiegt hätten. Aber man höre, was geschah!

Zieten griff Nadasdy an, schlug ihn völlig und verfolgte ihn bis Kolin, so daß dieser von der österreichischen Armee abgedrängt wurde und während der ganzen Schlacht die Operationen des Königs nicht mehr durchkreuzen konnte. Um 1 Uhr nachmittags griff Hülsen den Friedhof und das Dorf Krczeczhorz von der Höhe herab an, ohne großen Widerstand zu finden. Dann eroberte er zwei Batterien von je 12 Geschützen.

So ging beim ersten Angriff alles den Preußen nach Wunsch. Dann aber wurden Fehler begangen, die den Verlust der Schlacht herbeiführten. Prinz Moritz, der den linken Flügel der Infanterie führte, stellte sich 1000 Schritt von jener Anhöhe auf, anstatt das eben von Hülsen eroberte Dorf zur Anlehnung zu benutzen. Seine Schlachtlinie hing also gleichsam in der Luft. Der König bemerkte es noch rechtzeitig und führte sie bis an den Fuß der Anhöhe. Da man schon lebhaftes Feuer auf dem rechten Flügel vernahm, war Eile vonnöten, und weil sich nichts anderes bot, füllte der König die Lücken des ersten Treffens mit den Bataillonen aus dem zweiten Treffen aus.

Dann ritt er schleunigst zum rechten Flügel, um zu sehen, was es dort gab. Er fand, daß Manstein, der schon in der Schlacht bei Prag mit seiner Brigade so unzeitig angegriffen hattet, hier wieder in denselben Fehler verfallen war. Manstein hatte im Dorf Chozenitz an der Straße, auf der er mit seiner Kolonne marschierte, Panduren bemerkt. Sogleich packte ihn die Lust, sie daraus zu vertreiben. Gegen den Befehl dringt er in das Dorf ein, vertreibt den Feind, verfolgt ihn, gerät in das Kartätschenfeuer der österreichischen Batterien und wird seinerseits angegriffen. Der rechte Flügel der Infanterie rückt ihm zur Hilfe.

Als der König an Ort und Stelle ankam, war der Kampf schon so ernstlich im Gange, daß er die Truppen nicht mehr zurückziehen konnte, ohne sie einer Niederlage auszusetzen. Bald darauf wurde auch der linke Flügel mit dem Feind handgemein, obwohl es die Generale hätten verhindern können. Nun wurde die Schlacht allgemein, und was das schlimmste war, der König mußte sich mit der Rolle des Zuschauers begnügen, da er nicht ein einziges Reservebataillon übrig behielt. Feldmarschall Daun benutzte die Fehler der Preußen als großer Feldherr. Er zog hinter seiner Front die Reserven vor, die nun ihrerseits den bisher siegreichen Hülsen angriffen. Trotzdem hielt Hülsen sich noch, und hätte man ihm nur vier frische Bataillone zu Hilfe schicken können, so war die Schlacht gewonnen; denn er warf auch die österreichische Reserve zurück. Darauf sprengte das Dragonerregiment Normann in die feindliche Infanterie, zerstreute sie und eroberte 5 Fahnen, griff die sächsischen Garde-Karabiniers an und trieb sie bis nach Kolin.

Mittlerweile machte die preußische Infanterie sowohl im Zentrum wie auf dem rechten Flügel Fortschritte, errang aber keinen entscheidenden Erfolg. Alle Bataillone hatten stark unter dem Geschütz- und Gewehrfeuer gelitten. Sie waren um die Hälfte gelichtet und hatten dreimal so große Abstände, als es hätte sein dürfen. Da kein zweites Treffen und keine Reserve zur Ausfüllung der Lücken vorhanden war, mußte man Kürassierregimenter heranziehen. Sie wurden in einiger Entfernung hinter die Lücken postiert. Das Kavallerieregiment Prinz von Preußen griff sogar eine große feindliche Infanteriemasse an und hätte sie auch aufgerieben, hätte nicht in diesem Augenblick eine Batterie ihr Kartätschenfeuer auf das Regiment gerichtet. Nun prallte es in Verwirrung zurück und warf die hinter ihm stehenden Regimenter Bevern und Prinz Heinrich über den Haufen. Der Feind bemerkte das Durcheinander und trieb sofort seine Kavallerie vor. Sie benutzte den rechten Moment und machte die Verwirrung allgemein.

Der König wollte sie durch Kürassiere attackieren lassen, die in der Nähe standen und die die Schlappe zum Teil wieder hätten wettmachen können, aber er brachte sie nicht vom Fleck. Nun wandte er sich an zwei Schwadronen vom Dragonerregiment Meinicke, die der feindlichen Kavallerie in die Flanke fielen und sie bis an den Fuß der Höhen zurücktrieben. Von der ganzen Infanterielinie war nichts mehr übrig als das erste Bataillon Garde, das am rechten Flügel noch standhielt. Es hatte vier feindliche Infanteriebataillone und zwei Kavallerieregimenter, die es umzingeln wollten, zurückgeworfen. Aber ein Bataillon, und wäre es noch so tapfer, kann nicht allein eine Schlacht gewinnen. Noch behauptete sich Hülsen mit seiner Infanterie und einiger ihm zu Hilfe gesandter Kavallerie auf der Stelle, von der er die Österreicher bei Beginn der Schlacht vertrieben hatte. Er hielt sich bis 9 Uhr abends; dann mußte er ebenso wie die ganze Armee den Rückzug antreten. Prinz Moritz führte die Truppen nach Nimburg und ging dort über die Elbe, ohne daß ein einziger feindlicher Husar ihm gefolgt wäre.

Die Schlacht bei Kolin kostete den König 8000 Mann seiner besten Infanterie. Er verlor 16 Kanonen, deren Pferde gefallen waren und die man nicht hatte fortschaffen können.

Rückmarsch aus Böhmen

Nachdem der König den Generalen die Rückzugsbefehle erteilt hatte, eilte er dorthin, wo er am nötigsten war: zu der Armee vor Prag. Er konnte sie erst am Abend des folgenden Tages erreichen und traf sofort Anstalten zur Aufhebung der Belagerung, die sich nach der Niederlage bei Kolin nicht länger fortsetzen ließ.

Das Eigenartige bei der Schlacht von Kolin war, daß die österreichische Infanterie sich bereits zum Rückzug anschickte und die Kavallerie gleichfalls zurückgehen wollte, als ein Oberst Ayassasa aus eigenem Antrieb die preußische Infanterie mit seinen Dragonern angriff, in dem Augenblick, wo sie durch die Kürassiere vom Regiment Prinz von Preußen in Unordnung geraten war. Dieser Erfolg machte den schon erteilten Rückzugsbefehl rückgängig. Ohne Zweifel befanden sich die Österreicher nach einer so erbitterten Schlacht in solcher Verwirrung, daß sie die Preußen nicht verfolgen konnten. Trotzdem blieben sie Sieger. Bei größerer Entschlossenheit und Tatkraft hätte Feldmarschall Daun mit seinem Heer schon am 20. Juni vor Prag sein können, und die Folgen der Schlacht von Kolin wären für die Preußen dann noch verhängnisvoller geworden als die Niederlage selbst.

Früh am Morgen des 20. Juni hoben die Preußen die Belagerung auf. Das Korps, mit dem der König nach Brandeis marschiert war, lagerte am folgenden Tage bei Neu-Lysa, wo es sich mit den Trümmern der Truppen von Kolin vereinigte. Die Vermutung, Feldmarschall Daun würde nun gegen die Armee des Königs und der Prinz von Lothringen gegen die des Feldmarschalls Keith vorgehen, war irrig. Die Österreicher verloren viel Zeit mit dem Vorschieben ihrer Magazine, und erst nach acht Tagen vereinigten sich die beiden österreichischen Heere bei Brandeis. Der Prinz von Preußen übernahm das Kommando der Armee bei Neu-Lysa und marschierte mit ihr über Jung-Bunzlau nach Böhmisch-Leipa. Der König dagegen schlug den Weg nach Melnik ein, um sich mit Feldmarschall Keith zu vereinigen und ihm Verstärkung zuzuführen. Bei Leitmeritz ging er über die Elbe, ließ aber, um seine Verbindung mit dem Prinzen von Preußen nicht zu verlieren, den Prinzen Heinrich mit einem Detachement bei Trebautitz am rechten Elbufer. Die Armee des Königs breitete sich in der Ebene zwischen Leitmeritz und Lobositz aus.

Anfang Juli näherte sich Nadasdy den Preußen. Er lagerte bei Gastorf, dem Korps des Prinzen Heinrich gegenüber, und gab sich alle Mühe, die Verbindung zwischen den preußischen Lagern bei Leitmeritz und Böhmisch-Leipa zu unterbrechen. Das gelang ihm auch leicht: er sandte seine Panduren ringsum in die Wälder und nach den zahlreichen Defileen, die sich in jenem Teil Böhmens befinden. Auf dem linken Elbufer erschien nur ein kleines österreichisches Korps unter Laudon. Der hatte sich mit 2000 Panduren am Fuße des Paschkopole eingenistet, von wo er die Landstraßen unsicher machte und die Detachements beunruhigte, sonst aber wenig erreichte.

Lebhafter ging es bei den Truppen des Prinzen von Preußen zu. Nachdem sich der Prinz von Lothringen mit Feldmarschall Daun vereinigt hatte, verließen beide Brandeis und folgten dem Prinzen von Preußen. Sie lagerten bei Niemes, umgingen die linke Flanke der Preußen und erreichten Gabel einen Tag vor ihnen. Das Schloß von Gabel verteidigte General Puttkamer, den der Prinz von Preußen mit vier Bataillonen dorthin detachiert hatte, um die Zufuhr für die Armee aus Zittau zu erleichtern. Hätte sich der Prinz von Preußen zum sofortigen Vormarsch aus Gabel entschlossen, so hätten die Österreicher durch ihre Bewegung nichts gewonnen. Aber da sich der Prinz die Folgen nicht sogleich klargemacht hatte, so blieb er ruhig in seinem Lager und ließ den Feind machen, was er wollte. Feldmarschall Daun schickte ein Detachement von 20 000 Mann ab, das Puttkamer in Gabel angriff. Trotz tapferer Gegenwehr mußte sich Puttkamer am dritten Tage nach Eröffnung der Laufgräben aus Mangel an Unterstützung ergeben (15. Juli). Nachdem der Posten verloren war, sah der Prinz von Preußen seine Wichtigkeit ein: der gerade Weg aus seinem Lager nach Zittau geht nämlich über Gabel. Nun war ihm diese Straße verlegt, und es blieb ihm nur noch der Weg über Rumburg offen. Das war aber ein Umweg von einigen Meilen, abgesehen davon, daß man dort nur in einer Kolonne marschieren konnte. Das Heer mußte also diesen Weg einschlagen und verlor dabei einen Teil des Gepäcks und der Pontons, die auf den engen Straßen zwischen den Felsen zerbrachen. Der Prinz mußte bei seinem Marsche auf Zittau also einen Bogen beschreiben, während Daun auf der Sehne marschierte. Als Schmettau, der Führer der preußischen Avantgarde, sich Zittau näherte, fand er die Österreicher schon auf dem Eckartsberge postiert. Das war der Schlüsselpunkt der ganzen

Gegend: er beherrschte die Stadt und ihre Umgebung. Die Armee des Prinzen von Preußen besetzte eine Anhöhe dem feindlichen Lager gegenüber. Zittau lag vor ihrem rechten Flügel zwischen den beiden Armeen, und der linke Flügel zog sich über den Hennersdorfer Berg. Der Prinz konnte die Stadt zwar halten, sie aber nicht vor Angriffen der Kaiserlichen schützen. Auf Anraten des Prinzen Karl von Sachsen ließ Daun Zittau bombardieren. Die Stadt hat enge Straßen und größtenteils Schindeldächer. Die fingen Feuer, und die brennenden Schindeln verbreiteten den Brand über verschiedene Stadtteile. Die Häuser stürzten ein, und ihre Trümmer sperrten die Straßen. Nun sah sich der Prinz von Preußen genötigt, die Besatzung herauszuziehen. Aber die Truppen auf der ihm entgegengesetzten Seite konnten sich durch die Flammen und Trümmer keinen Weg zur Armee bahnen, und so fielen Oberst Diericke mit 150 Pionieren und Major Kleist mit 80 Mann vom Regiment Markgraf Heinrich in Feindes Hand (23. Juli). Der Besitz von Zittau selbst war unwichtig. Schlimm war nur der Verlust eines bedeutenden Magazins, das niederbrannte. Denn ohne das Magazin konnte die Armee des Prinzen von Preußen Brot und Lebensmittel nur noch aus Dresden beziehen. Man hätte das Brot also zwölf Meilen weit ins Lager schaffen müssen, und da sich einem solchen Transport unübersteigbare Schwierigkeiten entgegenstellten, so mußte der Prinz sich seinen Lebensmitteln nähern. Er brach daher von Zittau auf, ohne vom Feind verfolgt zu werden, und wies der Armee eine Stellung in der Gegend von Bautzen an (27. Juli).

Sobald der König den Verlust von Gabel erfuhr, entschloß er sich zur Räumung von Leitmeritz und zum Rückzug nach Sachsen. Leitmeritz war leer, Munition und Proviant waren schon in Dresden angekommen. Da keine Zeit zu verlieren war, so ging Prinz Heinrich über die Elbe, vereinigte sich mit dem König, und die Armee lagerte zwischen Sullowitz und Lobositz. Nadasdy war der Nachhut des Prinzen gefolgt und griff die Feldwachen

an, fand aber tapferen Widerstand und wurde mit Verlusten flugs über die Elbe zurückgeworfen. An den folgenden Tagen zog sich die Armee nach Hlinay und von da nach Nollendorf über Pirna zurück. Aussig und Tetschen wurden ohne Verluste geräumt. Der König ließ den Prinzen Moritz mit 14 Bataillonen und 10 Schwadronen zur Deckung des Passes von Berggießhübel zurück und marschierte mit dem Rest der Truppen nach Bautzen, wo er sich mit dem Prinzen von Preußen vereinigte (29. Juli). Der Prinz, der krank geworden war, verließ die Armee und siechte seitdem dahin. Sofort rückte der König mit einem Detachement von Bautzen nach Weißenberg und vertrieb von dort Beck, der sich auf Bernstadt zurückzog. Die Maßregeln zur Neuordnung der Verpflegung und zur Anschaffung neuer Proviantwagen hielten den König vierzehn Tage lang auf.

Dabei war er rechts durch die Fortschritte der Franzosen und links durch die der Russen bedrängt. Da er also einige Detachements fortschicken mußte, so kam er auf den Gedanken, die Österreicher anzugreifen und sich womöglich von ihnen zu befreien, bevor er sich durch jene Absendungen schwächte. So brach er denn am 15. August nach Bernstadt auf. Die linke Kolonne führte der König, die rechte der Herzog von Bevern. Fast hätten sie Beck auf einer Höhe bei Sohland umzingelt. Der Freischarenführer rettete sich indes mit Verlust eines Teiles seiner Mannschaft.

Von Bernstadt detachierte der König 6 Bataillone nach Görlitz und marschierte mit dem Gros der Armee stracks auf die Österreicher los (16. August). Feldmarschall Daun stand noch auf dem Eckartsberg und ließ die Truppen nur eine Schwenkung machen, um seine Front den Preußen parallel zu richten. Seine Stellung war unangreifbar. Auf der linken Flanke lag ein bastionsartiger Berg, der mit 60 zwölfpfündigen Kanonen gespickt war und die Hälfte der österreichischen Armee bestrich. Vor der Front zog sich der tiefe Grund des Wittgenbaches mit steilen Felswänden. Drei Straßen führten durch die Ortschaft Wittgendorf auf den Feind zu. Nur die breiteste bot Raum genug für einen Wagen. Der rechte Flügel des Feldmarschalls lehnte sich an die Neiße. Am jenseitigen Ufer stand Nadasdy mit der Reserve auf einer Anhöhe und konnte von dort aus mit 20 schweren Geschützen die ganze Front der Kaiserlichen bestreichen. Beide Armeen waren nur durch die Schlucht des Wittgenbaches getrennt. Der Tag verstrich unter gegenseitiger Kanonade. Am folgenden Morgen schob der König ein Korps unter Winterfeldt bei Hirschfelde über die Neiße vor, um zu rekognoszieren, ob man Nadasdy nicht in ein Gefecht verwickeln könnte. Dann hätte Feldmarschall Daun ihm zu Hilfe kommen müssen, und das hätte zu einer allgemeinen Schlacht geführt. Aber die Schwierigkeit des Geländes vereitelte das Vorhaben, und so mußte man den Plan fallen lassen.

Unter den obwaltenden Umständen wäre ein entscheidender Schlag für den König von großem Vorteil gewesen. Es war keine Zeit zu verlieren. Ein französisches Heer stand bei Erfurt, die Armee des Herzogs von Cumberland war bis Stade zurückgedrängt, und das Herzogtum Magdeburg sowie die Altmark standen den Einfällen der Franzosen offen. Eine schwedische Armee hatte die Peene bei Anklam überschritten, und die Reichstruppen waren im Anmarsch auf Sachsen. Allein es war bei dem schwierigen und unwegsamen Gelände unmöglich, den Österreichern eine Schlacht zu liefern, und da der König schleunigst einige Detachements abschicken mußte, sah er sich zum Rückzuge genötigt. Die Infanterie zog treffenweise ab, ohne daß der Feind es zu bemerken schien.

Die Armee marschierte nach Bernstadt (20. August) und lagerte auf den Höhen von Jauernick bis zur Neiße. Jenseits des Flusses dehnte sich Winterfeldts Korps bis Radmeritz aus. Der König übergab den Befehl über die Armee dem Herzog von Bevern, dem er Winterfeldt, seinen eigentlichen Vertrauensmann, zur Seite stellte. Nachdem er beiden die Deckung der schlesischen Grenzen ans Herz gelegt hatte, brach er selbst mit 18 Bataillonen und 30 Schwadronen auf, um den Franzosen und Reichstruppen entgegenzutreten.

Wider die Reichsarmee und die Franzosen

Der König marschierte nach Dresden. Von dort schickte er Seydlitz mit einem Husaren- und einem Dragonerregiment nach Leipzig zur Vertreibung Turpins, dessen leichte Truppen in der Gegend von Halle umherstreiften. Beim Anmarsch der Preußen zogen sich die Franzosen zurück, so daß Seydlitz in jener Gegend nichts mehr zu tun hatte und zwischen Grimma und Rötha wieder zum König stieß. Von Rötha marschierten die Truppen auf Pegau. Dorthin hatte der Feind zwei kaiserliche Husarenregimenter, Szecheny und Esterhazy, detachiert. Pegau liegt am anderen Ufer der Elster. Eine steinerne Brücke führt hinüber bis an das Stadttor. Der Feind hatte das Tor sowie einige Dächer der nächsten Häuser besetzt, um den Eingang zu sperren. Seydlitz ließ 100 Husaren absitzen und das Tor sprengen. Das ganze Regiment folgte nach und drang in voller Karriere in Pegau ein. Szekely und Kleist jagten durch die Stadt und zum entgegengesetzten Tore wieder hinaus. Dort stießen sie auf die beiden feindlichen Regimenter, die sich hinter einem Hohlweg aufgestellt hatten. Sie greifen sie an, werfen sie, verfolgen sie bis Zeitz und machen dabei noch 350 Gefangene (7. September).

Am nächsten Tage rückte die Armee des Königs auf Naumburg. Dort stieß die Avantgarde auf sechs der tags zuvor geschlagenen Schwadronen. Sie wurden bald zerstreut und verloren besonders viel Leute beim Übergang über die Saalebrücke bei Schulpforta. Die Brücke wurde ausgebessert, und die Preußen marschierten hinüber nach Buttstädt.

Hier traf die Nachricht von der berüchtigten Konvention von Kloster Zeven ein, die der Herzog von Cumberland mit dem Herzog von Richelieu geschlossen hatte. Das schmachvolle Abkommen versetzte der Sache des Königs einen schweren Schlag. Seine sogenannte Armee bestand nur aus 18 000 Mann. Außerdem mußte er noch ein Detachement zur Deckung Magdeburgs oder zur Verstärkung der Besatzung abschicken. Da indessen Soubise in Erfurt stand, so wollte der König den Versuch machen, ihn von dort zu vertreiben. Dann war die Gefahr, seine Truppen zu schwächen, geringer. Aus diesem Grunde rückte er mit 2000 Pferden, einem Freibataillon und zwei Grenadierbataillonen gegen Erfurt (13. September). Er traute seinen Augen kaum, als er die französische Armee aus der Cyriaksburg vor seiner Nase abziehen sah. Soubise glaubte sich in Erfurt nicht sicher und ging tatsächlich nach Gotha zurück. Kaum war er fort, so ließ der König die Stadt zur Übergabe auffordern. Sie kapitulierte unter der Bedingung, daß der Petersberg neutral bleiben, die Stadt von den Preußen besetzt und die Cyriatsburg von den Feinden geräumt werden sollte.

Sobald die Truppen bei Erfurt eine Art befestigter Stellung eingenommen hatten, verließ Prinz Ferdinand von Braunschweig die Armee mit 6 Bataillonen und 7 Schwadronen, um Magdeburg zu decken und dem Herzog von Richelieu die Spitze zu bieten. Der Prinz konnte sich noch durch 6 Bataillone aus der Festung verstärken. Das aber waren die einzigen Maßnahmen, die man unter den obwaltenden Umständen treffen konnte. Sie waren schwach und unzulänglich genug angesichts von 60 000 Franzosen, besonders wenn der Feind hätte energisch vorgehen wollen.

Bald darauf mußte der König seine Armee durch eine abermalige Detachierung schwächen. Er sandte den Prinzen Moritz mit 10 Bataillonen und 10 Schwadronen nach Leipzig. Dort stand er gleichsam im Mittelpunkt, konnte im Notfall zum König oder zum Prinzen Ferdinand stoßen und ein Auge auf General Marschall haben, der mit 15 000 Österreichern bei Bautzen lagerte. Marschalls Korps flößte um so mehr Besorgnis ein, als die Lausitz offen lag und er leicht einen Einfall in die Kurmark, ja selbst einen Vorstoß gegen Berlin machen konnte. Auch von Pommern her war die Hauptstadt durch die Schweden bedroht, deren Vorrücken Manteuffel mit 500 Husaren und 4 Bataillonen aufzuhalten suchte.

Nach dem Abmarsch der beiden Korps aus dem Lager bei Erfurt blieben dem König nur noch 8 Bataillone und 27 Schwadronen. Hätte der Feind seine Schwäche gemerkt, so hätte er zweifellos etwas unternommen. Das aber mußte unter allen Umständen verhindert werden. Man griff deshalb zu den verschiedensten Mitteln, um die Bevölkerung von Erfurt und sogar die Franzosen über den wahren Sachverhalt zu täuschen. Man ließ also die Truppen gar nicht im Lager kampieren, verteilte die Infanterie auf die umliegenden Dörfer und wechselte verschiedentlich die Quartiere. Da nun die Regimenter jedesmal unter anderem Namen auftraten, so erschien die Zahl der Truppen, die die Spione dem Prinzen Soubise eifrig hinterbrachten, weit größer.

Zwei Tage nach der Einnahme von Erfurt machte der König mit 20 Husaren- und Dragonerschwadronen einen Rekognoszierungsritt auf Gotha, in der Absicht, die beiden mehrfach geschlagenen kaiserlichen Husarenregimenter von da zu vertreiben (15. September). Das gelang über Erwarten: die Furcht vor den Preußen beschleunigte ihren Rückzug. Dicht bei Gotha mußten sie durch einen Engpaß und verloren dabei 180 Mann. Ja, man verfolgte sie bis in die Nähe von Eisenach, wo Soubise sein Lager bezogen hatte. Dort war auch der Generalissimus der Reichsarmee, der Prinz von Hildburghausen, zu ihm gestoßen. Die herzogliche Familie war froh, die zudringlichen Gäste los zu sein, hatte sie doch ebenso über die Franzosen wie über die Österreicher zu klagen. Die Franzosen hatten schlimm auf dem Schlosse gehaust, ja sogar die Kanonen mit Gewalt weggenommen, und die österreichischen Offiziere hatten eine dreiste Sprache geführt und sich mit einer Arroganz betragen, die gegenüber souveränen Fürsten aus einem der ältesten deutschen Herrscherhäuser wenig passend war.

In Gotha blieb Seydlitz mit der Kavallerie, um die Bewegungen der Feinde im Auge zu behalten und das kleine Heer in Erfurt rechtzeitig zu benachrichtigen, damit es im Notfall noch vor dem Anmarsch des Gegners von Eisenach zurückgehen konnte. Wenige Tage danach wurde Seydlitz von einem weit überlegenen Korps angegriffen. Der Prinz von Hildburghausen wollte die Übernahme des Kommandos durch einen glänzenden Streich bekunden und hatte Soubise den Vorschlag gemacht, die Preußen aus Gotha zu vertreiben. So setzten sich denn beide mit den Grenadieren ihrer Armee, der österreichischen Kavallerie, Laudon und seinen Panduren und sämtlichen leichten französischen Truppen in Marsch. Seydlitz erfuhr noch rechtzeitig von ihrem Vorhaben. Die Feinde kamen alsbald heran. Eine Kavalleriekolonne umfaßte Gotha von rechts, indem sie sich auf dem Kamme der nach Thüringen ziehenden Anhöhen hielt. Eine andere Kavalleriekolonne, Husaren an der Spitze, kam von links aus der Richtung von Langensalza. Die mittelste Kolonne bildeten Panduren und hinter ihnen die Grenadiere. Seydlitz hatte sich in einiger Entfernung von Gotha in Schlachtordnung aufgestellt, voran die Husaren, dahinter die Meinicke-Dragoner. Die Czettritz-Dragoner hatte er nach einem Engpaß eine halbe Meile hinter sich geschickt, mit dem Befehl, ein Glied zu formieren, um dem Feind eine möglichst breite Front vorzuspiegeln. Dessenungeachtet stand das Regiment durchaus nahe genug zur Deckung seines Rückzuges, falls er der Übermacht weichen mußte. Wirklich täuschte sein geschicktes und listiges Manöver den Prinzen von Hildburghausen. Er glaubte, die preußische Armee, die er für beträchtlich hielt, rücke zur Unterstützung von Seydlitz heran, und die lange Kavallerielinie, die er vor sich sah, würde sogleich über ihn herfallen. An dem unsicheren Benehmen der österreichischen Husaren erkannte Seydlitz, daß seine Kriegslist Eindruck gemacht hatte. Unmerklich drängte er den Feind zurück, gewann mit jedem Vorstoß Terrain und nötigte ihn zum Rückzuge durch den Engpaß, in dem die feindlichen Truppen schon vor einigen Tagen so viel zu leiden gehabt hatten. Zugleich zog sich die Kavalleriekolonne, die den rechten feindlichen Flügel bildete, wieder zurück. Nun sandte Seydlitz einige Husaren und Dragoner nach Gotha. Sie drangen gerade in dem Augenblick ein, wo der Prinz von Darmstadt sich mit den Reichstruppen zurückzuziehen begann. Dabei machten sie viele Gefangene.

Der hastige Rückzug des Prinzen von Darmstadt aus Gotha wäre für Soubise fast verhängnisvoll geworden. Er befand sich im Schloß und vermutete nicht, daß man die Stadt so schnell räumen würde. Er hatte gerade noch Zeit, sich aufs Pferd zu werfen und schleunigst zu fliehen. 160 Gemeine und drei höhere Offiziere fielen in die Hände der Preußen.

Jeder andere als Seydlitz hätte sich glücklich geschätzt, ohne Verlust sich aus der Klemme gezogen zu haben. Aber Seydlitz wäre mit sich selbst unzu-

frieden gewesen, hätte er nicht glänzend abgeschnitten. Dies Beispiel beweist, daß die Fähigkeit und Entschlossenheit eines Generals im Kriege entscheidender ist als die Zahl der Truppen. Ein mittelmäßiger Kopf hätte unter gleichen Umständen durch das imponierende Auftreten des Feindes den Mut verloren, wäre bei ihrem Anmarsch zurückgegangen und hätte die Hälfte seiner Leute bei einem Arrieregardengefecht verloren, das die überlegene feindliche Kavallerie schnellstens angefangen hätte. Durch die geschickte Aufstellung des Dragonerregiments, das er dem Feinde im fernen Hintergrunde zeigte, gelang es Seydlitz, sich so rühmlich aus seiner gefährlichen Lage zu befreien.

Bis jetzt hatte der König die Dinge in der Schwebe lassen müssen. Er konnte nichts unternehmen und mußte alles von der Gunst der Zeit erwarten. Ruhig blieb er in Erfurt, bis er erfuhr, daß ein französisches Detachement der westfälischen Armee durch Hessen auf Langensalza marschierte. Die Ankunft dieses Korps, das ihm in den Rücken fallen konnte, durfte er nicht abwarten und beschloß daher, sich vorher zurückzuziehen. Da sich überdies das Gerücht verbreitete, Hadik zöge durch die Lausitz, um in die Mark einzufallen, so war Prinz Moritz genötigt gewesen, in Gewaltmärschen nach Torgau zu eilen, und mußte von dort wahrscheinlich bis Berlin vorrücken. Der König hatte also keinerlei Unterstützung zu erwarten. So schien ihm denn ein längeres Verweilen in Erfurt nicht ratsam. Um aber nichts zur Unzeit aufs Spiel zu setzen, zog er sich nach Eckartsberga zurück (11. Oktober). Dort erreichten ihn mehrere Kuriere aus Dresden mit der Meldung von Finck, das Marschallsche Korps sei im Begriff, Bautzen zu verlassen und Hadik zu folgen. Sicherlich war Prinz Moritz nicht stark genug, um beiden Gegnern zugleich Widerstand zu leisten. Der König entschloß sich also, ihm selbst Verstärkungen zuzuführen. So gingen denn die Truppen bei Naumburg über die Saale zurück. Feldmarschall Keith warf sich mit einigen Bataillonen nach Leipzig. Der König überschritt die Elbe bei Torgau und marschierte auf Annaburg. Dort erfuhr er: Berlin hätte sich mit einer Kontribution von 200 000 Talern von den Österreichern losgekauft, Hadik hätte sich schon vor der Ankunft des Prinzen Moritz zurückgezogen und Marschall stände unbeweglich in seinem Lager bei Bautzen. Des Königs erster Gedanke war, Hadik den Heimweg abzuschneiden. Zu dem Zweck eilte er nach Herzberg, aber dieser war schon nach Kottbus zurückgegangen. Da Prinz Moritz bereits auf dem Rückmarsche war, wollte der König auf ihn warten und blieb noch einige Tage in seiner Stellung, um sich über die weiteren Pläne der Franzosen klar zu werden. Denn von ihnen hing es ab, ob er ihren Unternehmungen entgegentreten sollte oder, wenn der Feldzug in Thüringen zu Ende war, sich wieder nach Schlesien wenden und Schweidnitz entsetzen konnte, dessen Belagerung Nadasdy begonnen hatte.

Allein die Ereignisse zwangen den König zu Operationen, die er damals noch gar nicht voraussehen konnte. Der Abzug der Preußen aus Erfurt bewog Soubise, über die Saale zu gehen und sich Leipzig zu nähern. Die Meldung kam vom Feldmarschall Keith, der dringend um Hilfe ersuchte, so daß der König schleunigst zu ihm eilen mußte. Sofort marschierte er mit seinem kleinen Heer auf Leipzig, säuberte sogleich das rechte Ufer der Mulde von einigen Brigaden, die Custine dorthin vorgeschoben hatte, rückte dann in Leipzig ein (26. Oktober) und vereinigte sich mit Prinz Moritz und Prinz Ferdinand von Braunschweig. Dann setzte er sich sofort in den Besitz der großen Heerstraße nach Lützen. Am 30. Oktober war die

Armee versammelt und lagerte bei Altranstädt, von wo Retzow zur Deckung des Defilees von Rippach abgesandt wurde. Noch in derselben Nacht brach der König auf, um den Feind in seinen rings um Weißenfels zerstreuten Quartieren zu überfallen; doch retteten sich alle, außer dem in Weißenfels selbst. Die drei Stadttore wurden angegriffen, mit dem Befehl an die Offiziere, sich unverzüglich der Saalebrücke zu bemächtigen, da man den wichtigen Übergang in der Hand haben wollte. Die Stadt wurde gestürmt und 500 Mann gefangen genommen, aber ein Teil der Besatzung entkam und setzte sie bedeckte Brücke in Brand. Da sie ganz aus Holz bestand, fing sie leicht Feuer, und an Löschen war nicht zu denken, da der Feind am anderen Ufer, hinter Mauern versteckt, ein heftiges Musketenfeuer unterhielt und alle, die sich um die Rettung der Brücke bemühten, getötet oder verwundet wurden. Bald darauf erschienen neue Truppen am anderen Flußufer. Bei ihrer ständigen Zunahme sah man die Unmöglichkeit ein, an dieser Stelle den Übergang über die Saale zu erzwingen. Da aber erst die Spitze der Armee bei Weißenfels angelangt und das Gros noch auf dem Marsche war, so wurde es nach Merseburg dirigiert, in der Hoffnung, daß man die dortige Stadtbrücke benutzen könnte.

Als Feldmarschall Keith in Merseburg eintraf, sah er, daß die Franzosen sich dort bereits festgesetzt und die Brücke abgebrochen hatten. Er schwankte indes keinen Augenblick, zog mit einigen Bataillonen nach Halle, vertrieb die Franzosen von dort und stellte die gleichfalls zerstörte Brücke wieder her. So stand der rechte Flügel des preußischen Heeres bei Halle, das Zentrum gegenüber von Merseburg und der linke Flügel bei Weißenfels, gedeckt durch die Saale und durch zwei detachierte Korps, die zugleich die feindlichen Bewegungen im Auge behielten und die rückwärtigen Verbindungen über den Fluß sicherten. Zuerst ging Feldmarschall Keith bei Halle über die Saale. Schon auf diese Bewegung hin, die an sich noch gar keinen Nachteil für die Franzosen bedeutete, räumte Soubise das ganze Saaleufer und zog sich nach St. Micheln zurück. Den ganzen Tag und die folgende Nacht verwandten die Preußen zur Wiederherstellung der Brücken bei Weißenfels und Merseburg.

Am 3. November früh gingen der König und Prinz Moritz über die Saale und rückten zugleich mit Feldmarschall Keith auf Roßbach, wo sie sich vereinigen wollten. Unterwegs machte der König mit einem Teil der Kavallerie eine Rekognoszierung zur Erkundung der feindlichen Stellung. Sie war denkbar schlecht. Die dreisten Husaren drangen bis ins feindliche Lager, erbeuteten Kavalleriepferde und rissen Soldaten aus den Zelten. Solche Vorkommnisse, im Verein mit der Achtlosigkeit der französischen Generale, bestimmten den König zum Angriff am folgenden Tage.

Roßbach

Am 4. bei Morgengrauen verließ die Armee das Lager. Die gesamte Kavallerie bildete die Avantgarde. Als sie an die Stelle kam, wo der König tags zuvor das feindliche Lager beobachtet hatte, fand sie es nicht mehr vor. Zweifellos waren Soubise Bedenken über die Mängel seiner Stellung aufgestiegen, und er hatte sie noch in der Nacht gewechselt. Nun standen seine Truppen auf einer Anhöhe, vor der sich eine Schlucht hinzog. Der rechte Flügel lehnte sich an ein Gehölz, das durch einen Verhau und drei mit Geschützen besetzte Schanzen befestigt war. Der linke Flügel war von einem See umgeben, den man wegen seiner Größe nicht umgehen konnte. Zum Sturm auf eine so starke Stellung hatte der König zu wenig Infanterie. Bei etwas hartnäckigem Widerstand war sie nur mit einem Opfer von 20 000 Mann zu erobern. Der König sah ein, daß ein solches Unternehmen seine Kräfte überstieg. Er gab darum der Infanterie Befehl, in der Nähe zwischen Sümpfen hindurch zu marschieren, um das Lager bei Braunsdorf aufzuschlagen. Die Kavallerie folgte als Nachhut.

Sobald die Franzosen den Rückzug der preußischen Truppen bemerkten, schoben sie ihre Vorposten nebst Artillerie vor und eröffneten ein starkes, aber erfolgloses Geschützfeuer. Alles, was sie an Spielleuten und Trompetern hatten, blies Fanfare. Trommler und Pfeifer stimmten lustige Weisen an, als hätten sie bereits einen Sieg gewonnen. So verdrießlich dies Schauspiel auch für Leute war, die nie einen Feind gefürchtet hatten, so mußte man es unter den obwaltenden Umständen doch mit gleichgültigen Blicken betrachten und die deutsche Ruhe der französischen Leichtfertigkeit und Prahlerei entgegensetzen.

Noch in der Nacht zum 5. traf die Meldung ein, daß der Feind nach rechts abmarschiere. Die Husaren waren seit Tagesanbruch im Felde. Sie drangen in das eben von den Franzosen geräumte Lager und erfuhren von Bauern, daß die Franzosen den Weg nach Weißenfels eingeschlagen hätten. Kurz darauf stellte sich ein ziemlich bedeutendes Korps dem rechten preußischen Flügel gegenüber, anscheinend eine Arrieregarde oder eine Abteilung, die zur Deckung der Armee auf dem Marsche bestimmt war. Die Preußen gaben wenig darauf, da ihr Lager sowohl in der Front wie auf beiden Flügeln durch einen unüberschreitbaren Sumpf gedeckt und nur auf drei schmalen Straßen angreifbar war. So ließen sich beim Feind nur drei Pläne voraussetzen. Entweder konnte er sich aus Mangel an Lebensmitteln über Freiburg nach Oberthüringen zurückziehen, oder er schlug den Weg nach Weißenfels ein, wo jedoch die Brücken zerstört waren, oder aber er suchte Merseburg noch vor dem König zu erreichen, um ihm den Übergang über die Saale abzuschneiden. Nun aber stand die preußische Armee Merseburg viel näher als die Franzosen. Auch brauchte man einen Marsch der Franzosen auf Merseburg um so weniger zu fürchten, als er sicher zu einer Schlacht geführt hätte, von der man sich Erfolg versprechen konnte, da keine befestigte Stellung zu stürmen war.

Der König schickte viele Streifkorps aus und wartete in seinem Lager ruhig die Klärung der feindlichen Absichten ab. Denn eine einzige vorzeitige oder übereilte Bewegung hätte alles verdorben. Teils wahre, teils falsche Nachrichten, die die Patrouillen brachten, ließen die Ungewißheit noch bis gegen Mittag bestehen. Da tauchte plötzlich in einiger Entfernung die Spitze der französischen Kolonnen auf: sie wollten den linken preußischen Flügel umgehen. Ebenso unvermerkt verschwanden die Reichstruppen aus ihrem alten Lager. Nur das Korps, das man für die Nachhut gehalten hatte, und das in Wahrheit die Reserve St. Germains war, blieb den Preußen gegenüber stehen. Der König rekognoszierte nun persönlich den Marsch Soubises und gewann die Überzeugung, daß er auf Merseburg gerichtet sei. Die Franzosen rückten nur sehr langsam vor, da sie mehrere Bataillone in Kolonnen formiert hatten, die jedesmal bei einer Wegenge abbrechen mußten.

Um zwei Uhr brachen die Preußen ihre Zelte ab, machten eine Viertelschwenkung nach links und setzten sich in Bewegung. Der König marschierte parallel neben Soubises Armee her. Seine Truppen waren durch den Sumpf gedeckt, der bei Braunsdorf beginnt, sich eine starke Viertelmeile weit erstreckt und 2000 Schritt vor Roßbach endet. Seydlitz bildete mit der gesamten Kavallerie die Avantgarde. Er hatte Befehl, die zahlreichen Mulden

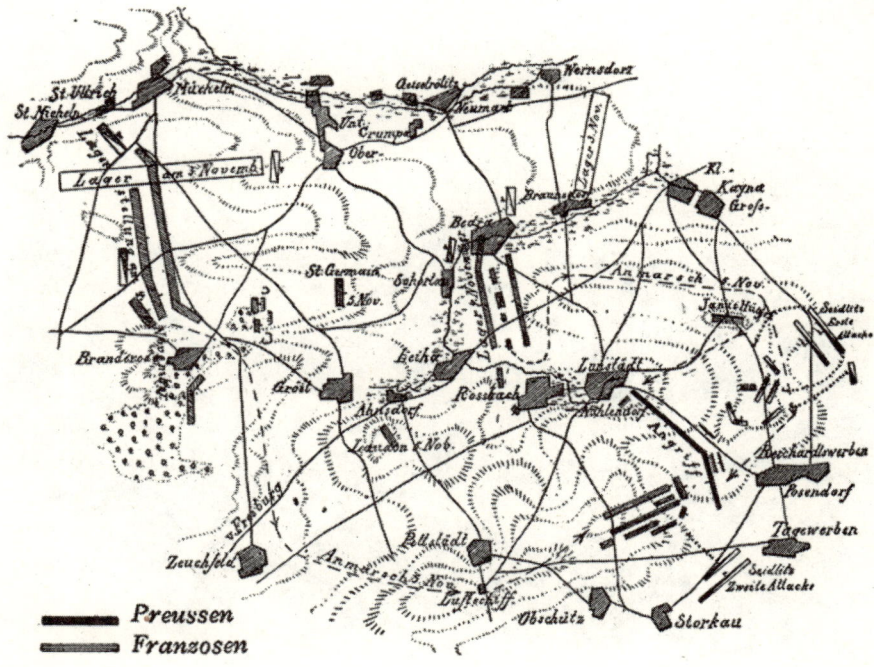

im Gelände zur Umgehung der französischen Kavallerie zu benutzen und sich aus die Spitze ihrer Kolonnen zu stürzen, bevor sie Zeit fänden, sich zu formieren. Dem Prinzen Ferdinand, der an diesem Tage den rechten Flügel der Armee kommandierte, konnte der König nur die Kavalleriefeldwachen des Lagers lassen. Er stellte sie, um dem Feinde zu imponieren, in einem Gliede auf. Das ging um so eher an, als der Braunsdorfer Sumpf den rechten Flügel teilweise deckte. So zogen beide Armeen parallel nebeneinander her und kamen sich dabei immer näher.

Das Heer des Königs hielt sich sorgsam auf einer kleinen Anhöhe, die auf Roßbach zuläuft. Die Franzosen dagegen, die die Gegend wohl nicht recht kannten, marschierten im Grunde. Auf dem Janushügel ließ der König eine Batterie auffahren, deren Feuer den Sieg entscheiden sollte. Gegenüber in der Niederung taten die Franzosen ein gleiches. Da sie aber bergauf schossen, so war die Wirkung gleich Null.

Während dieser beiderseitigen Manöver hatte Seydlitz den rechten feindlichen Flügel unbemerkt umgangen und sich mit Ungestüm auf die Kavallerie geworfen. Die beiden österreichischen Regimenter machten zwar Front und hielten den Anprall aus, wurden aber von den Franzosen mit Ausnahme des Regiments Fitz-James im Stich gelassen und fast vollständig aufgerieben.

Die Infanterie beider Armeen marschierte indes weiter. Ihre Spitzen waren nur 500 Schritt voneinander entfernt. Der König hätte sich gern in den Besitz des Dorfes Reichardtswerben gesetzt. Da die Entfernung aber immer noch 600 Schritt betrug und der Kampf jeden Augenblick beginnen

konnte, so detachierte er Feldmarschall Keith mit 5 Bataillonen, seinem ganzen zweiten Treffen, dorthin. Der König selbst ritt bis auf 200 Schritt an die beiden französischen Treffen heran und sah, daß sie abwechselnd in Bataillonskolonnen und in aufmarschierten Bataillonen formiert waren. Der rechte Flügel Soubises hing sozusagen in der Luft. Da aber die preußische Kavallerie noch bei der Verfolgung der feindlichen Reiterei war, konnte man diesen Flügel nur mit Infanterie umfassen. Zu dem Zweck zog der König zwei Grenadierbataillone vor und ließ sie auf seiner linken Flanke einen Haken bilden, mit dem Befehl, in dem Augenblick, wo die Franzosen zum Angriff vorgingen, halb rechts zu schwenken. Dadurch mußten sie dem Feinde notwendig in die Flanke fallen. Pünktlich führten sie die Bewegung aus. Sobald die Franzosen zur Front einschwenkten, bekamen sie das Feuer der Grenadiere in die Flanke. Nachdem sie höchstens drei Salven des Regiments Alt-Braunschweig ausgehalten hatten, sah man ihre Kolonnen gegen den linken Flügel drängen. Bald hatten sie die zwischen ihnen stehenden aufmarschierten Bataillone zusammengedrückt. Von Minute zu Minute wurde die Infanteriemasse dichter, schwerfälliger und verwirrter, und je mehr sie sich auf ihre eigene Linke warf, um so mehr wurde sie von den preußischen Front überflügelt.

Während so die Verwirrung bei Soubises Truppen beständig zunahm, erhielt der König die Meldung, daß ein feindliches Kavalleriekorps in seinem Rücken auftauche. Schleunigst sammelte er die ersten Schwadronen, deren er habhaft werden konnte. Aber kaum hatten sie sich den im Rücken der Preußen erscheinenden Reitergeschwadern entgegengestellt, so gingen diese schleunigst zurück. Nun attackierten die Gardesdukorps und die Gensdarmen die schon in größte Verwirrung geratene französische Infanterie, zersprengten sie mühelos und machten viele Gefangene. Diese Attacke fand gegen 6 Uhr abends statt. Das Wetter war trübe und die Dunkelheit schon so groß, daß eine Verfolgung unklug gewesen wäre, trotz des wilden Durcheinanders der Flucht. Der König begnügte sich damit, Kürassier-, Dragoner- und Husarenabteilungen, keine über 30 Mann stark, hinterdreinzuschicken.

Während des Kampfes hatten 10 Bataillone auf dem rechten preußischen Flügel mit geschultertem Gewehr dagestanden, ohne zu feuern. Prinz Ferdinand von Braunschweig, der sie kommandierte, hatte den Braunsdorfer Sumpf, der einen Teil seiner Front deckte, gar nicht verlassen, sondern nur die ihm gegenüberstehenden Reichstruppen mit einigen Kanonenschüssen verjagt. So waren also nur sieben preußische Bataillone ins Feuer gekommen, und die ganze Schlacht hatte bis zur Entscheidung nur anderthalb Stunden gedauert.

Am nächsten Tage bei Morgengrauen brach der König mit den Husaren und Dragonern auf, um den Feinden nachzusetzen. Sie hatten sich auf Freiburg zurückgezogen. Die Infanterie erhielt Befehl, auf derselben Straße zu folgen. Die feindliche Arrieregarde war noch in Freiburg. Die Dragoner saßen ab und vertrieben einige feindliche Abteilungen aus den Gärten. Dann traf man Anstalten zur Erstürmung des Schlosses, aber der Feind wartete das gar nicht erst ab, sondern zog sich eiligst über die Unstrut zurück und verbrannte die Brücke hinter sich.

Inzwischen kamen die kleinen Abteilungen, die der König am Abend der Schlacht abgesandt hatte, einzeln zurück. Sie brachten teils gefangene Offiziere, teils Soldaten, ja auch Kanonen mit. Keine einzige erschien mit leeren Händen. Unterdessen wurde die Brücke über die Unstrut schleunigst wiederhergestellt, so daß sie bereits binnen einer Stunde wieder benutzbar war. Die Soubisesche Armee hatte sich aber auf so vielen Straßen zerstreut, daß man nicht wußte, auf welcher man sie verfolgen sollte. Da die Bauern versicherten, das Gros der Flüchtigen habe die Richtung nach Eckartsberga eingeschlagen, so marschierte der König dorthin. Den ganzen Tag über machte man immerfort neue Gefangene. Alle nach verschiedenen Seiten entsandten Detachements brachten welche ein. In Eckartsberga fand man aber ein Korps Reichstruppen, etwa 5000 bis 6000 Mann stark. Da der König keine andere Infanterie bei sich hatte als das Mayrsche Freibataillon, so legte er es nebst Husaren in ein Gehölz in der Nähe des feindlichen Lagers in einen Hinterhalt und befahl ihnen, den Feind die ganze Nacht durch zu beunruhigen. Verdrossen über die Störung ihrer Nachtruhe, räumten die Reichstruppen ihre Stellung und verloren dabei 400 Mann und 10 Kanonen. Lentulus, der ihnen am nächsten Tage bis Erfurt nachsetzte, nahm ihnen noch weitere 800 Gefangene ab und brachte sie zum König.

Die Schlacht bei Roßbach hatte Soubise 10 000 Mann gekostet, darunter 7000 Gefangene. Außerdem erbeuteten die Preußen 63 Kanonen, 15 Standarten, 7 Fahnen und ein Paar Pauken.

Das Verhalten der französischen Generale ist schwerlich zu billigen. Unstreitig hatten sie die Absicht, die Preußen aus Sachsen zu vertreiben. Aber lag es nicht viel mehr im Interesse ihrer Verbündeten, den König einfach festzuhalten, um dadurch Feldmarschall Daun und dem Prinzen von Lothringen Zeit zur vollständigen Eroberung Schlesiens zu verschaffen? Hätten sie den König nur noch eine kurze Weile in Thüringen hingehalten, so wäre die Eroberung nicht nur vollendet worden, sondern die Preußen hätten auch bei der vorgerückten rauhen Jahreszeit in Schlesien unmöglich noch die Erfolge erringen können, von denen wir gleich reden werden. Was aber die Schlacht selbst anlangt, in die sie sich so zur Unzeit einließen, so war es gewiß nur Soubises Unentschlossenheit und seinen verkehrten Anordnungen zuzuschreiben, wenn er sich von einer Handvoll Leute besiegen ließ.

Eigentlich gab die Schlacht von Roßbach dem König nur die Freiheit, in Schlesien neue Gefahren aufzusuchen. Die Bedeutung des Sieges lag bloß in dem Eindruck, den er auf die Franzosen und die Trümmer der Armee des

Herzogs von Cumberland machte. Sobald Richelieu Nachricht von der Niederlage erhalten hatte, verließ er sein Lager bei Halberstadt und zog sich ins Kurfürstentum Hannover zurück. Die Truppen der Verbündeten hingegen, die schon die Waffen strecken wollten, schöpften neuen Mut und Hoffnung.

Der König kehrte von Eckartsberga nach Freiburg zurück. Gleichzeitig kam ein Detachement, das Feldmarschall Keith nach Querfurt gesandt hatte, von der Verfolgung der Franzosen wieder. Sogar die Bauern der Gegend brachten Gefangene ein. Sie waren erbittert über die Schandtaten, die die Soldaten Soubises in lutherischen Kirchen verübt hatten. Alles, was das Volk aufs höchste verehrte, war mit roher Unanständigkeit entweiht worden. Dies zügellose Benehmen der Franzosen hatte alle thüringischen Bauern zu Parteigängern der Preußen gemacht.

Marsch nach Schlesien

Indessen mußte der König von Freiburg aufbrechen. Die Lage in Schlesien erforderte seine Gegenwart und Hilfe. Er wollte stracks auf Schweidnitz marschieren, um Nadasdy zur Aufhebung der Belagerung zu zwingen. Am 13. November brach er mit 19 Bataillonen und 28 Schwadronen von Leipzig auf.

Gleichzeitig rückte Feldmarschall Keith mit einem kleinen Korps über Leitmeritz in Böhmen ein, um den Marsch des Königs durch die Lausitz zu erleichtern und Marschall durch diese Diversion zum Verlassen der Gegend von Bautzen und Zittau zu zwingen.

Bei seiner Ankunft in Görlitz (23. November) erhielt der König die schmerzliche Nachricht, daß sich Schweidnitz ergeben hatte. Zu keiner Zeit hätte dies Ereignis seine Pläne mehr durchkreuzen können. Jedenfalls aber wurde dadurch seine Vereinigung mit dem Herzog von Bevern um so nötiger, zumal leicht vorauszusehen war, daß sich Nadasdy nach der Einnahme von Schweidnitz mit Feldmarschall Daun vereinigen würde, um alles, was an Preußen noch bei Breslau stand, zu vernichten.

Der Herzog von Bevern hatte vom König gemessenen Befehl, den Feind anzugreifen und nicht zu dulden, daß Schweidnitz sozusagen vor seinen Augen erobert würde. Das war angesichts der österreichischen Stellung bei Lissa auch leicht auszuführen. Der Herzog konnte mit einer einzigen Bewegung dem Feind in die Flanke fallen und hätte ihn vermutlich geschlagen. Die Belagerung von Schweidnitz wäre dann aufgehoben und der Plan der Kaiserlichen durchkreuzt worden. Blieb er dagegen untätig stehen, so mußte die Festung, die auf keine Hilfe mehr zu hoffen hatte, schließlich kapitulieren. Dann konnten alle feindlichen Truppen vereint über die Preußen herfal-

len und ihre befestigte Stellung an der Lohe stürmen. Leider sah der Herzog das Zwingende dieser Gründe nicht ein. Immerhin bestimmten ihn eines Tages die Generale, den Angriff wenigstens zu versuchen. Er brach also aus dem Lager auf und schlug die leichten Truppen, die die rechte Flanke der Österreicher deckten. Um aber ihre Hauptarmee anzugreifen und in die Oder zu werfen, was sicher gelungen wäre, dazu hätte er weniger Unsicherheit und Ängstlichkeit und mehr Selbstvertrauen haben müssen. So aber schreckte er vor einem Unternehmen zurück, dessen Ausgang nie völlig sicher ist. Er glaubte genug getan zu haben und führte seine Truppen in ihre Verschanzungen zurück.

Am 24. November kam der König in Naumburg am Queis an. Dort erfuhr er den Sieg der Österreicher über den Herzog von Bevern und den Verlust Breslaus. Alles, was man dem Herzog vorhergesagt hatte, war leider nur allzu genau eingetroffen.

Der König erhielt all diese niederschmetternden Nachrichten auf einmal. Er ließ sich durch die Schicksalsschläge nicht niederdrücken, sondern sann nur auf Abhilfe und beschleunigte seinen Marsch, um das Oderufer möglichst bald zu erreichen. Unterwegs umging er Liegnitz, das die Österreicher befestigt hatten, und rückte stracks auf Parchwitz vor. Seine Avantgarde stieß unvermutet auf ein feindliches Detachement, schlug es gründlich und machte 300 Gefangene. Am 28. November traf er in Parchwitz ein. Er hatte den Marsch von Leipzig bis zur Oder in zwölf Tagen zurückgelegt. Kein Augenblick war zu verlieren. Man mußte die Österreicher um jeden Preis unverzüglich angreifen und aus Schlesien herauswerfen oder sich für immer in den Verlust der Provinz fügen. Die schlesische Armee konnte sich mit den Truppen des Königs erst am 2. Dezember vereinigen. Sie war mutlos und durch die eben erlittene Niederlage tief gedrückt. Man faßte die Offiziere bei ihrer Ehre, erinnerte sie an ihre früheren Siege, suchte durch Frohsinn den frischen Eindruck der traurigen Bilder zu verwischen. Selbst der Wein mußte zur Wiederbelebung der niedergeschlagenen Geister herhalten. Der König sprach mit den Soldaten und ließ unentgeltlich Lebensmittel verteilen. Kurz, er erschöpfte alle Mittel, die die Einbildungskraft ersinnen konnte und die die Zeit irgend erlaubte, um im Heere wieder Vertrauen wachzurufen, ohne das die Hoffnung auf Sieg eitel ist. Schon begannen die Gesichter sich aufzuhellen. Die Truppen, die soeben die Franzosen bei Roßbach geschlagen hatten, redeten ihren Kameraden zu, guten Mut zu fassen. Etwas Ruhe gab den Soldaten frische Kraft, und die Armee war bereit, bei der ersten Gelegenheit die am 22. erlittene Schmach wieder abzuwaschen. Der König suchte nach dieser Gelegenheit und fand sie bald.

Am 4. Dezember rückte er bis Neumarkt vor. Er hatte nur die Avantgarde der Husaren bei sich und erfuhr, daß der Feind seine Bäckerei in Neumarkt einrichte, daß die Stadt von Panduren besetzt sei und daß die Armee des Feldmarschalls Daun in kurzem erwartet werde. Erlaubte man dem Feinde die Besetzung der Höhen hinter Neumarkt, so gab man ihm einen großen Vorteil in die Hand. Andrerseits war es schwer, den Ort zu nehmen. Infanterie war nicht da und konnte auch nicht vor dem Abend heran sein. Außerdem hatte man keine Kanonen. Die Husaren waren die einzigen verfügbaren Truppen. Der König entschloß sich, aus der Not eine Tugend zu machen. Da er um keinen Preis zulassen wollte, daß der Prinz von Lothringen sich ihm zum Trotz gegenüber lagerte, ließ er einige Husarenschwadronen absitzen und das Stadttor sprengen. Ein Regiment folgte zu Pferde und drang in voller Karriere ein. Ein anderes Regiment erreichte durch die Vorstädte das Breslauer Tor, und das Unternehmen endigte mit der Gefangennahme von 800 Kroaten durch die Husaren. Sogleich wurde der Lagerplatz besetzt. Man fand dort Pfähle und Markierungen, die die österreichischen Ingenieure zur Absteckung der Truppenstellung hinterlassen hatten. Der Prinz von Württemberg übernahm den Befehl über die Avantgarde. Am Abend erhielt er 10 Bataillone Verstärkung, mit denen er bei Kammendorf ein Lager bezog. Noch am selben Tage zog die Kavallerie durch das Defilee von Neumarkt, während das Gros der Infanterie in Neumarkt und den umliegenden Dörfern kantonierte. Da erhielt der König zuverlässige Meldung, der Prinz von Lothringen habe das Lager an der Lohe verlassen und sei bis über Lissa vorgerückt. Sein rechter Flügel lehne sich an das Dorf Nippern, der linke an Gohlau, und das Schweidnitzer Wasser decke seinen Rücken. Erfreut sah der König den Feind in einer Stellung, die die Ausführung seiner eigenen Absichten erleichterte. Denn er war gezwungen und entschlossen, die Österreicher überall anzugreifen, wo er sie fand, und wenn sie auf dem Zobtenberg gestanden hätten.

Leuthen

Sofort wurden die Anordnungen zum Vormarsch getroffen. Die Armee setzte sich am 5. vor Tagesanbruch in Bewegung. Voran rückte eine Avantgarde von 60 Schwadronen und 10 Bataillonen, an ihrer Spitze der König. Dicht dahinter folgte die Armee in vier Kolonnen, die Infanterie in der Mitte, die Kavallerie auf den Flügeln. Als die Avantgarde sich dem Dorfe Borne näherte, sah sie eine große Kavallerielinie vor sich, deren rechter Flügel sich nach Lissa hinzog, während der vorgeschobene linke Flügel sich an ein Gehölz rechts von der Armee des Königs lehnte. Anfangs hielt man diese Kavallerie für einen Flügel der österreichischen Armee, deren Zentrum man aber nicht entdeckte. Die Patrouillen versicherten, es wäre eine Avantgarde. Ja, man erfuhr sogar, daß sie von General Nostitz kommandiert würde und aus vier sächsischen Dragonerregimentern und zwei kaiserlichen Husarenregimentern bestände. Am sicher zu gehen, wurden die 10 Bataillone der Vorhut unvermerkt in das Gehölz gelegt, das die linke Flanke von Nostitz deckte. Dann warf sich die inzwischen aufmarschierte preußische Kavallerie mit Ungestüm auf den Feind. Im Nu wurden die Regimenter zerstreut und bis vor die Front der österreichischen Armee verfolgt. 5 Offiziere und 800 Mann wurden dabei gefangen genommen und an den Marschkolonnen entlang nach Neumarkt zurückgeschickt, um die Truppen durch diesen Erfolg anzufeuern. Nur mit Mühe zügelte der König das Ungestüm der Husaren, die ihre Kampflust vorwärts trieb. Sie wollten schon mitten in die österreichische Armee hereinbrechen, wurden jedoch in Kanonenschußweite vom Feinde zwischen den Dörfern Groß-Heidau und Frobelwitz wieder gesammelt.

Von dort sah man die kaiserliche Armee so deutlich, daß man sie Mann für Mann zählen konnte. Ihr rechter Flügel, der, wie man wußte, bei Nippern stand, war allerdings durch das große Gehölz bei Lissa verdeckt, aber vom Zentrum bis zum linken Flügel war alles zu übersehen. Beim ersten Anblick dieser Stellung ergab sich aus der Geländebeschaffenheit, daß der Hauptstoß sich gegen den linken Flügel des Feindes richten müsse, der sich, schlecht angelehnt, über den Sagschützer Kiefernberg zog. War diese Stellung erst gestürmt, so hatte man für den Rest der Schlacht das Gelände für sich; denn es fällt von dort aus immer weiter ab und senkt sich gegen Nippern herab. Ließ man sich dagegen mit dem Zentrum ein, so konnte der rechte österreichische Flügel durch das Lissaer Gehölz den Angreifern in die Flanke fallen. Jedenfalls hätte man zum Schluß einen Angriff auf den Kiefernberg machen müssen, da er die ganze Ebene beherrschte, hätte sich also das Härteste und Schwerste bis zuletzt aufgespart, wo die Truppen, ermattet und vom Kämpfen erschöpft, zu großen Anstrengungen nicht mehr imstande sind. Fing man aber mit dem Schwersten an, so hatte man den ersten Feuereifer der Soldaten zugute, und das Weitere war dagegen leicht. Aus diesen Gründen wurde die Armee unverzüglich zum Angriff auf den linken feindlichen Flügel angesetzt. Die mit Aufmarschabständen vorrückenden Kolonnen wurden wieder auseinandergezogen und zu zwei Treffen formiert, indem die Züge mit einer Viertelschwenkung rechts abmarschierten. Der König zog mit seinen Husaren links neben der marschierenden Armee her, auf einer Hügelkette entlang, die dem Feind ihre Bewegungen verbarg. Da er so zwischen beiden Heeren wie auf einer Grenzscheide ritt, konnte er die Österreicher überblicken und den Marsch seiner Truppen leiten. Auch sandte er zuverlässige Offiziere teils zur Beobachtung des rechten Flügels des Feldmarschalls Daun, teils auf Kanth, wo Draskowich lagerte, um dessen Bewegungen im Auge zu behalten. Zugleich wurden Patrouillen am Schweidnitzer Wasser entlang geschickt, um während des Angriffs den Rücken der Armee zu sichern.

Der Plan des Königs, zu dessen Ausführung man jetzt schritt, war folgender. Die ganze preußische Armee sollte die linke Flanke des kaiserlichen Heeres angreifen. Den Hauptstoß sollte der rechte Flügel ausführen, während der linke dem Feinde mit so viel Vorsicht versagt werden sollte, daß Fehler wie bei Prag und bei Kolin (wo sie die Niederlage verschuldet hatten) nicht wieder begangen werden konnten.

Wedell, der mit seinen 10 Avantgardenbataillonen zum ersten Angriff bestimmt war, hatte sich bereits an die Spitze der Armee gesetzt, und die Spitzen der Kolonnen hatten unbemerkt vom Feinde das Schweidnitzer Wasser erreicht. Feldmarschall Daun hielt den Marsch der Preußen für einen Rückzug und sagte zum Prinzen von Lothringen: »Die guten Leute paschen ab. Lassen wir sie in Frieden ziehen!« Inzwischen hatte Wedell sich vor den beiden Infanterietreffen des rechten Flügels formiert. Sein Angriff wurde durch eine Batterie von 20 Zwölfpfündern unterstützt, die der König von den Wällen von Glogau genommen hatte. Das erste Treffen erhielt Befehl, in Bataillonsstaffeln vorzurücken, jedes Bataillon mit 50 Schritt Abstand hinter dem anderen, so daß der äußerste rechte Flügel beim Vorrücken der Schlachtfront dem Ende des linken Flügels um 1000 Schritt voraus war. Bei dieser Anordnung konnte der linke Flügel unmöglich ohne Befehl in den Kampf eingreifen.

Nun stürmte Wedell gegen den Kiefernberg an, auf dem Nadasdy stand. Er stieß auf keinen großen Widerstand und nahm ihn ziemlich schnell. Als sich die österreichischen Generale umgangen und in der Flanke gefaßt sahen, suchten sie eine neue Front zu bilden und sich den Preußen parallel zu stellen. Doch zu spät. Die ganze Kunst der preußischen Generale bestand darin, dem Feinde keine Zeit zur Veränderung seiner Stellung zu lassen. Schon richteten sich die Preußen auf einer Anhöhe ein, die das Dorf Leuthen beherrscht. In dem Augenblick, wo der Feind sie mit Infanterie besetzen

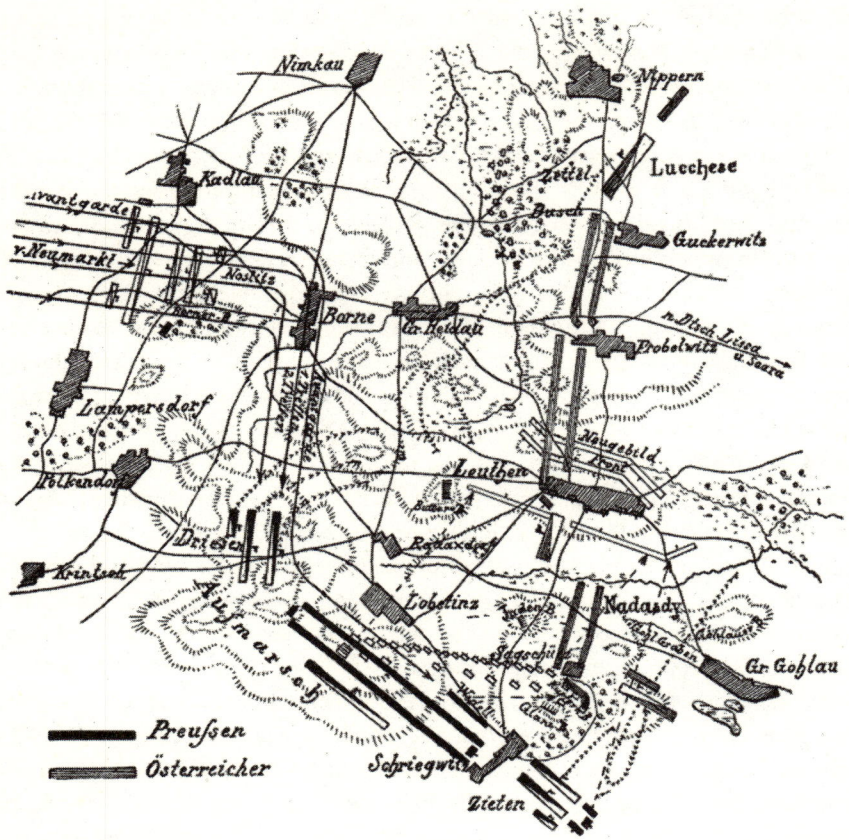

wollte, wurde er von einer zweiten Batterie von 20 Zwölfpfündern so zur rechten Zeit mit Feuer überschüttet, das er die Lust verlor und sich zurückzog. Dort, wo Wedell angriff, bemächtigten sich die Österreicher eines Hügels nahe dem Bach, damit er ihre Linie nicht in der ganzen Länge bestreichen konnte. Der aber duldete sie nicht lange dort. Nach einem Kampfe, der länger und hartnäckiger war als der erste, warf er den Feind zurück. Zugleich griff Zieten die feindliche Kavallerie an und schlug sie in die Flucht. Einige Schwadronen seines rechten Flügels bekamen dabei in die Flanke eine Kartätschensalve aus dem Buschwerk am Bachufer. Das erwartete Feuer trieb sie zurück. Sie formierten sich wieder neben der Infanterie.

Da meldeten die zur Beobachtung des rechten österreichischen Flügels abgesandten Offiziere dem König, daß dieser Flügel sich durch das Gehölz bei Lissa ziehe und unverzüglich in der Ebene auftauchen müsse. Daraufhin erhielt Driesen Befehl, mit dem linken preußischen Kavallerieflügel vorzugehen. Als die österreichischen Kürassiere sich bei Leuthen zu formieren begannen, wurden sie von der Batterie im Zentrum der preußischen Armee mit heftigem Artilleriefeuer begrüßt. Zugleich griff Driesen sie an. Der Kampf war kurz. Die Kaiserlichen wurden zerstreut und flohen Hals über Kopf. Ein Infanterietreffen, das sich neben den Kürassieren hinter Leuthen aufgestellt hatte, wurde von den Bayreuth-Dragonern in der Flanke angegriffen und auf die Freibataillone Angelellis geworfen. Zwei ganze Regimenter mit Offizieren und Fahnen wurden gefangen genommen. Als nun die feindliche Kavallerie so vollständig zersprengt war, ließ der König das Zentrum seiner Infanterie auf Leuthen vorrücken. Das Gefecht war lebhaft, aber kurz, da die österreichische Infanterie zerstreut zwischen Häusern und Gärten stand. Als die Preußen aus dem Dorf heraustraten, erblickten sie eine neue Infanterielinie, die die österreichischen Generale auf der Windmühlenhöhe aufgestellt hatten. Eine Weile hatten die Preußen unter ihrem Feuer zu leiden. Aber der Feind hatte in der allgemeinen Verwirrung nicht gemerkt, daß Wedell ihnen ganz nahe war. Unvermutet fiel der tapfere und geschickte General ihnen in die Flanke und in den Rücken. Dies glänzende Manöver entschied den Sieg und endigte den großen Tag.

Jetzt raffte der König die ersten besten Truppen zusammen und machte sich mit den Seydlitz-Kürassieren und einem Bataillon Bornstedt an die Verfolgung der Feinde. Er rückte zwischen dem Schweidnitzer Wasser und dem Lissaer Gehölz vor. Aber die Dunkelheit wurde so groß, daß er Patrouillen vorausschicken mußte, um den Wald abzustreifen und Nachricht zu bringen. Von Zeit zu Zeit ließ er Kanonensalven auf Lissa richten, wohin sich das Gros der österreichischen Armee geflüchtet hatte. Als die Avantgarde sich dem Orte näherte, bekam sie eine Salve von ungefähr zwei Bataillonen. Es wurde aber niemand verwundet. Man antwortete mit einigen Kanonenschüssen und setzte den Marsch ruhig fort. Unterwegs brachten die Seydlitz-Kürassiere truppweise Gefangene ein. Als der König nach Lissa kam, fand er

alle Häuser voll von Flüchtigen und Versprengten der kaiserlichen Armee. Er besetzte sofort die Brücke und ließ dort Kanonen auffahren, mit dem Befehl, zu schießen, solange der Pulvervorrat reichte. Auch ließ er auf der Straße nach Breslau, auf der sich der Feind zurückzog, die Häuser zunächst dem Schweidnitzer Wasser mit Infanterietrupps besetzen, die die ganze Nacht durch das jenseitige Ufer bestreichen mußten, teils, um die Besiegten ständig in Schrecken zu halten, teils um zu verhindern, daß sie Truppen auf das andere Ufer warfen, die am nächsten Tage den Übergang hätten verteidigen können.

Die Schlacht hatte um ein Uhr mittags begonnen. Als der König mit der Avantgarde in Lissa einrückte, war es acht Uhr abends. Seine Armee war 33 000 Mann stark, als sie den Kampf mit den Österreichern aufnahm. Diese sollten sich auf 60 000 Mann belaufen. Wäre die Nacht nicht hereingebrochen, so wäre die Schlacht die entscheidendste des ganzen Jahrhunderts geworden.

Rechtfertigung meiner Heerführung
(Juli 1757)

Viele über die wirkliche Sachlage nur unzureichend Unterrichtete haben sich über meine Heerführung nach der Schlacht von Prag aufgehalten. Ich will die Gründe meines Verhaltens hier schlicht und wahr darlegen. Die Kenner mögen dann beurteilen, wer recht hat: meine Kritiker oder ich.

Man sagt, die Belagerung von Prag wäre ein Wagnis gewesen. Anstatt das geschlagene feindliche Heer einzuschließen, hätte man es lieber entweichen lassen und dann verfolgen sollen. Darauf erwidere ich: die Blockade einer zwar geschlagenen, aber starken Armee war allerdings ein sehr schwieriges Unternehmen, wäre aber gelungen, hätte der Feind nicht, unseren anfänglichen Nachrichten entgegen, so große Proviantmagazine besessen, oder hätte Leopold Daun nicht so starke Streitkräfte zu sammeln vermocht. Das ist der Kernpunkt der Sache. Wir hatten den Feind in offener Feldschlacht geschlagen. Sein rechter Flügel war abgeschnitten und vom linken getrennt. Ich war mit aller Kavallerie und Infanterie, die ich zusammenraffen konnte, drauflosmarschiert, um die Flüchtigen von der Sazawa abzuschneiden. Das gelang so gut, daß ich sie bis an den Wischehrad drängte und sie zwang, sich in wildem Durcheinander in die Stadt zu retten. Ferner sandte ich ein Detachement hinter den Flüchtlingen her, die bei Beneschau über die Sazawa gegangen waren. Ließ ich aber die entkommen, die sich nach Prag gerettet hatten, so setzte ich das einmal Errungene wieder aufs Spiel und verpaßte eine unver-

Der Siebenjährige Krieg

gleichliche Gelegenheit, 40 000 Mann zu Kriegsgefangenen zu machen. Wir hatten sie durch unsere Stellungen und Schanzen schon von zwei Seiten derart eng umzingelt, daß sie nicht mehr an ein Entkommen zu denken wagten. Durch Feuer und Bomben hoffte ich, einige ihrer Magazine zu zerstören und sie durch Hunger zu bewältigen. Das war das einzig vernünftige Mittel, sie zur Übergabe zu zwingen. Sie wirklich zu belagern, wäre angesichts der starken Besatzung ein Ding der Unmöglichkeit gewesen. Die Erstürmung von Prag wäre ein Spiel mit Menschenleben gewesen, und man hätte dem Zufall mehr überlassen, als einem klugen Feldherrn erlaubt ist. Die Blockad hingegen im Verein mit dem Bombardement hatte unsere Sache so gefördert, daß sich die eingeschlossene Armee höchstens bis zum 28. Juni hätte halten können. Dann hätte sie die Waffen strecken müssen.

Hätten wir kein anderes Hindernis gehabt als die Belagerung selbst und die starke Besatzung von Prag, so wäre uns die Sache sicher geglückt. Aber folgende Schwierigkeiten wurden uns verhängnisvoll und wuchsen uns schließlich über den Kopf. Bekanntlich befand sich Feldmarschall Daun mit 14 000 Mann in vollem Anmarsch und wollte bei Prag zu Browne stoßen. Er stand am Tage der Schlacht bei Böhmisch-Brod. Ich detachierte den Herzog von Bevern mit 16 Bataillonen und 70 Schwadronen zur Vertreibung Dauns, dessen Nähe gefährlich war. Der Herzog drängte ihn in der Tat zurück, aber nicht mit der ganzen erwünschten Energie. Immerhin nahm er die Magazine von Nimburg, Suchdol, Kolin und Kuttenberg weg und warf Daun bis Czaslau zurück. Aber Daun erhielt große Verstärkungen, und auf die Nachricht hin entschloß ich mich, die Stellungen um Prag enger zusammenzuziehen und selbst mit 16 Bataillonen und 30 Schwadronen zum Herzog von Bevern zu stoßen. Inzwischen hatte Daun seinerseits den Herzog umgangen und ihn zum Verlassen der Höhen von Kuttenberg gezwungen. Als ich mich in vollem Anmarsch befand, um bei Kuttenberg zu ihm zu stoßen, sah ich ihn in Kaurzim anlangen, wo ich mich vorübergehend gelagert hatte.

Demgegenüber behaupten die Kritiker: wenn ich imstande gewesen sei, den Herzog von Bevern mit 16 Bataillonen und ebensoviel Schwadronen zu verstärken, so hätte ich das von Anfang an tun sollen. Dadurch hätte ich ihm die Ausführung meines Auftrags erleichtert, und er hätte Leopold Daun dann sicher aus Böhmen vertrieben.

Darauf antworte ich ihnen: Sie haben zwar sehr recht, es war mir aber unmöglich, soviel Leute von den Prager Besatzungstruppen fortzunehmen, bevor die Einschließungslinie enger gezogen war. Einige dieser Stellungen hatten wir erst mit dem Degen in der Hand erobern müssen. Um uns in anderen festsetzen zu können, mußten erst viel Erdarbeiten gemacht werden. Die Schlacht bei Prag hatte 16 000 Tote und Verwundete gekostet, und für die Errichtung der Batterien, deren Deckung und für die Erdarbeiten waren so viel Leute nötig, daß die Truppen nur einen um den anderen Tag Ruhe hatten. Schließlich war unser Hauptzweck die Einnahme Prags. Hätten wir unsere Kräfte von vornherein gegen Daun verwandt, so wäre vielleicht beides mißlungen.

Schön, sagt man, es mag noch hingehen, daß du Daun nicht so viel Truppen entgegenschicktest. Warum aber hast du nicht die Regel der großen Feldherren befolgt, mit der Beobachtungsarmee jeden Kampf zu vermeiden, und dich nicht damit begnügt, befestigte Stellungen zu besetzen, den Feind an der Verstärkung der Belagerten zu verhindern und durch Bewegungen und geschickte Märsche die Absichten der feindlichen Generale zu vereiteln? Darauf erwidere ich dreist: Diese Regel ist nicht allgemein gültig. Bei der Belagerung von Dünkirchen griff Turenne Don Juan d'Austria, den Prinzen Condé und Estevan de Gamare in den Dünen an, schlug sie und eroberte die Stadt. Als Ludwig XIV. Mons belagerte, schlug sein Bruder, der Herzog von Orléans, oder vielmehr der Marschall von Luxemburg, der die Beobachtungsarmee befehligte, bei Mont-Cassel den Prinzen von Oranien, der der Stadt zu Hilfe eilen wollte. Auch Prinz Eugen schlug die Türken bei Belgrad. Während der Belagerung von Tournai schlug der Marschall von Sachsen den Herzog von Cumberland bei Fontenoy, und den Marschällen La Feuillade und Marsin wird mit Recht der Vorwurf gemacht, daß sie ihre Verschanzungen bei Turin nicht verlassen haben, um dem Prinzen Eugen entgegenzutreten, der mit Riesenschritten auf Turin rückte. So verlor Frankreich im Jahre 1706 Italien einzig und allein deshalb, weil die Franzosen in ihren Verschanzungen blieben, statt sich dem Vorrücken des Prinzen Eugen entgegenzustellen. Ich glaube, das sind Beispiele genug zur Rechtfertigung eines heutigen Heerführers, der den großen Vorbildern folgen und, fehlt es ihm an Erfahrung, sich an sein Gedächtnis halten soll.

Aber nicht genug damit: ich will auch die besonderen Gründe anführen, die mich zu meinem Entschlusse bestimmten.

Fast ganz Europa hatte sich gegen Preußen verbündet. Ich durfte nicht abwarten, bis alle meine Feinde mit vereinten Kräften über mich herfielen. Der Herzog von Cumberland brauchte Hilfe. Die Reichstruppen versammelten sich. Wären im Juli 30 000 Preußen ins Reich eingerückt, so hätten sie dies Phantom von Reichsarmee in alle Winde zerstreut und am Ende noch die Franzosen aus Westfalen herausgeworfen. Die Staatsraison gebot also, sich des nächststehenden Feindes zu entledigen, um freie Hand gegen die anderen zu bekommen.

Dazu traten mehrere strategische Gründe. Erstens wurde die Beschaffung von Fourage für die Belagerungsarmee, besonders für die Truppen bei Michle, immer schwieriger. Ein Umkreis von drei Meilen mußte ihr sichergestellt werden, damit sie ihren Unterhalt fand. Zweitens mußte sie nach Aurzinowes und der Sazawa hin geschützt werden, von wo der Feind große Detachements vorschicken konnte. Sonst hätten die Österreicher die Einschließungstruppen im Rücken angreifen können, und dann wäre es den Belagerten leicht gefallen, die Blockade an irgend einer Stelle zu durchbrechen und zu entkommen. Nun aber vermochte ich für die Beobachtungsarmee keine Stellung zu finden, die allen diesen Ansprüchen genügte. Daun hatte mehr als 15 000 Mann leichter Truppen. Sobald die Stellung bei Kuttenberg aufgegeben war, konnte die preußische Armee, die bei Kaurzim stand, nicht zugleich die Sazawa und das Magazin von Nimburg decken, das durch einen Handstreich zu nehmen war. Nimburg lag zwei Meilen von unserm linken Flügel und die Sazawa drei Meilen vom rechten. Der Feind konnte sie überschreiten, wo er wollte. Die Höhen, Wälder und Defileen an beiden Ufern machten für uns die Annäherung schwierig, ja mörderisch wegen der Menge von Panduren, die die meisten Schluchten und Wälder der Gegend besetzt hielten.

Schon diese Gründe hätten genügt, um den Entschluß zur Schlacht zu fassen, aber es gab noch gewichtigere. Das Haus Österreich hatte nur noch die Daunsche Armee. War sie gründlich geschlagen, so fiel die Prager Besatzung in Kriegsgefangenschaft, und man durfte annehmen, daß der Wiener Hof, aller weiteren Hilfsmittel beraubt, dann Frieden schließen mußte. Wagte ich eine Schlacht, so hatte ich also viel mehr zu gewinnen, als zu verlieren.

Das Beispiel großer Feldherren, strategische Gründe, die auf meine Situation zutrafen, ebenso gewichtige politische Gründe, besonders aber die Hoffnung, bald zu einem allgemeinen Frieden zu gelangen, all das brachte mich dazu, den herzhaften Entschluß ängstlichen Erwägungen vorzuziehen.

Das Sprichwort: Dem Mutigen hilft das Glück, stimmt in den meisten Fällen. Einmal zur Schlacht entschlossen, nahm ich mir vor, den Feind anzugreifen, weil man damit immer am besten fährt. Ich wußte nicht, wo sich das österreichische Lager befand. Im Begriff, auf Swojschitz zu marschieren, sah ich, wie die österreichische Armee sich entfaltete und sich dort selbst festsetzen wollte. Das zwang mich zur Änderung meiner Dispositionen, da eine Kette von Sümpfen und Defileen den Angriff auf die Stellung verbot. Wir marschierten auf Planjan. Unser rechter Flügel rückte nach Kaurzim, und der linke besetzte die Höhen jenseits der Kaiserstraße von Böhmisch-Brod nach Kolin. Am folgenden Morgen (18. Juni) gingen wir zum Angriff auf den Feind vor. Mein Schlachtplan und die Gründe dazu waren folgende.

Die vom Feind besetzten Höhen bildeten einen Winkel. Sein rechter Flügel stand auf einer Hügelkette, war aber nirgends angelehnt. Das Zentrum sprang zurück, und der linke Flügel bildete mit dem andern einen rechten Winkel, dessen Schenkel sich im Zentrum trafen. Vor dem linken Flügel und hinter der Armee dehnte sich eine Kette von Sümpfen. Die Front der Österreicher sowie die Höhen waren stark mit Geschütz besetzt. Daraufhin entschied ich mich, meinen Hauptstoß mit dem linken Flügel zu machen, den rechten Flügel zu versagen, den Feind auf den Höhen bei Kolin in der Flanke zu packen und ihn gegen die Defileen zu drängen, die er im Rücken und auf seiner linken Flanke hatte. Bei der Ausführung dieses Planes wäre ein Teil des feindlichen Heeres gar nicht zum Kampfe gekommen. Auch die feindliche Artillerie hätte uns wenig anhaben können, da sie nur gegen einen Teil meiner Truppen zu feuern vermochte. Wäre der Feind dann bis gegen die Sümpfe gedrängt worden, so hätte seine Infanterie großenteils die Waffen strecken müssen.

Ich habe mir nur den einen Vorwurf zu machen, daß ich mich nicht selbst auf den äußersten linken Flügel begab, um das Gelände zu rekognoszieren. Es dehnte sich weiter aus, als man mir angegeben hatte. Unglücklicherweise wurde meine ganze Infanterie gegen meinen Befehl in kürzester Frist mit dem Feinde handgemein, und meine Kavallerie gehorchte den Generalen nicht, die sie auf den linken Flügel werfen wollten. Eine Fülle unberechenbarer Ursachen trat hinzu. Da meine gesamte Infanterie des ersten Treffens zur Unzeit ins Gefecht kam, wurde auch das zweite Treffen sofort mit hineingezogen, und ich hatte nicht mehr ein Bataillon übrig, um den Angriff des linken Flügels zu unterstützen. Er hatte bereits drei Stellungen erobert und siebenmal hintereinander frische Truppen, die man ihm entgegenwarf, angegriffen. Vier frische Bataillone hätten die Schlacht gewonnen: war doch der rechte feindliche Flügel gänzlich geschlagen. Es fehlte also nur wenig, und die Schlacht wäre völlig nach Wunsch verlaufen. Die Niederlage des rechten Flügels zwang mich, gegen 9 Uhr zurückzugehen. Die Armee marschierte nach Nimburg. Sie hatte 10 000 Mann der besten Infanterie verloren und war daher zu schwach, um die Stellung von Planjan zu halten.

Da sich nun kein Beobachtungskorps mehr zwischen der Daunschen Armee und den Blockadetruppen von Prag befand, so mußte die Belagerung aufgehoben werden. Ich eilte dorthin, und am 20. marschierte ich unter klingendem Spiel mit allen Truppen, die vor der Neustadt standen, nach Brandeis, ohne daß die Belagerten mir zu folgen wagten. Auf dem Rückmarsch wurde Feldmarschall Keith von der Festungsartillerie beschossen. Ich ließ die Stellung von Alt-Bunzlau besetzen und marschierte nach Neu-Lysa, indem ich Alt-Bunzlau eine Meile zur Rechten und Nimburg eine Meile zur Linken ließ. Feldmarschall Keith wurde nach Minkowitz geschickt.

Die Zeitumstände zwangen mich zur Bildung von zwei Armeen. Die eine sollte den Österreichern entgegentreten und einen Verteidigungskrieg zur Deckung der Lausitz und Schlesiens führen. Die zweite sollte Sachsen decken und gleichzeitig den Franzosen, die in Westfalen standen, dem Korps unter dem Prinzen von Soubise, den Reichstruppen und den Schweden entgegentreten, die Pommern mit einem Einfall bedrohten. Diese Aufgabe übernahm ich selbst, weil ich sie für die schwierigste hielt. Den Oberbefehl der ersten Armee, die die Lausitz decken sollte, übertrug ich meinem Bruder und gab ihm zur Unterstützung die besten Generale. Mein Bruder besitzt Geist, Kenntnisse und das beste Herz von der Welt, aber keine Entschlußfähigkeit. Er ist viel zu zaghaft und hat eine Abneigung gegen herzhafte Entschlüsse.

Ich setzte mich in Marsch, um mich mit Feldmarschall Keith zu vereinigen. Ich glaubte ihn bei Welwarn und fand ihn in Leitmeritz eingekeilt. Dort im Lager ergriff ich die nötigen Maßnahmen, um mich im voraus aller Pässe und Übergänge nach Sachsen zu bemächtigen. Nun lagerte sich Nadasdy mit 10 000 Mann bei Gastorf. Ich hatte 3000 bis 4000 Mann leichter Truppen rechts und links auf den Bergen, dazu 3000 Verwundete und ein großes Magazin in Leitmeritz. Die Stadt wird von den umliegenden Höhen beherrscht. Sie konnte nur von einem Korps verteidigt werden, das ihre Zugänge besetzte. Ich stellte dort 13 Bataillone und 20 Schwadronen unter meinem Bruder Heinrich auf, der sich der Aufgabe vorzüglich entledigte.

Die Armee meines Bruders rückte nach Böhmisch-Leipa, um sich Zittau zu nähern, wo sich ihr Magazin sowie eine Verstärkung von 6000 Mann befand, die General Brandes ihr aus Schlesien zuführte. Alles verlief leidlich bis zum 14. Juli, wo Daun auf der linken Flanke meines Bruders das Lager von Niemes bezog. In Gabel, das zur Verbindung unserer Armee mit Zittau diente, stand eine Besatzung. Mein Bruder duldete es, daß sich der Feind in seiner Flanke lagerte, und bezog keine andere Stellung. Er wußte, daß Gabel angegriffen wurde. Aber anstatt mit seiner ganzen Armee dorthin aufzubrechen, ließ er es geschehen, daß die Österreicher den Ort eroberten. Dadurch war ihm der beste Weg zum Rückzug nach der Lausitz abgeschnitten. Erst am 17. Juli trat er durch Defileen und auf höchst schwierigen Straßen den Marsch nach Zittau an. Er ließ dem Feinde Zeit, alle diese Defileen mit leichten Truppen zu besetzen, und so verlor er auf dem Rückzuge fast sein ganzes Gepäck. Er kam später in Zittau an als Daun. Die Österreicher hatten bereits die Höhen besetzt, und er konnte sie nun nicht mehr einnehmen. Der Feind bombardierte die Stadt, schoß sie in Brand und legte sie in Asche. Nun blieb weiter nichts übrig, als die Besatzung, so gut es ging, herauszuziehen. Darauf ging mein Bruder ohne Verluste nach Löbau und von da nach Bautzen zurück (27. Juli).

Alle diese falschen Operationen zwangen mich zur Änderung meiner Maßnahmen. Ich räumte Böhmen ohne Verlust an Bagage, Magazinen und Verwundeten und bot alles auf, um möglichst bald Pirna zu erreichen. Dort setzte ich mit 16 Bataillonen und 28 Schwadronen über die Elbe und traf bei der Armee meines Bruders am 29. Juli ein. Feldmarschall Keith folgte mir. Prinz Moritz wurde mit 14 Bataillonen und 20 Schwadronen bei

Cotta postiert, um die Elbe zu decken, und Feldmarschall Keith marschierte auf Bautzen.

In dieser kritischen Lage mußte ich meine Zuflucht zu Gewaltmaßregeln nehmen. Um die Situation richtig zu beurteilen, muß man sich die allgemeine Lage Europas vergegenwärtigen. 60 000 Russen marschieren gegen die Provinz Preußen. Ein russisches Korps hat bereits Memel genommen, während sich die Hauptarmee zehn Meilen von der Grenze bei Kowno verschanzt hat. Eine russische Kriegsflotte bedroht die Küsten mit einer Landung. Lehwaldt sieht sich darauf beschränkt, die Hauptstadt der Provinz zu schützen, und muß abwarten, ob sich eins der feindlichen Korps ihm nähern wird, um es zu schlagen. Ich selbst erhalte die Nachricht, daß der Herzog von Cumberland geschlagen ist, und daß 40 000 Franzosen von Westfalen her gegen das Halberstädtische vordringen. Alles, was ich tun kann, besteht darin, die 6 Bataillone der Besatzung von Wesel nach Magdeburg zu werfen, so daß sich dort insgesamt 10 Bataillone befinden. Prinz Soubise rückt von Weimar heran, um in Sachsen einzufallen. Die Schweden haben bereits gegen 10 000 Mann bei Stralsund stehen. Ich habe zwei Regimenter Infanterie nach Stettin geschickt. Zwei Bataillone sind zur Zeit dort. Das macht mit 10 Bataillonen Milizen, die ich außerdem aushebe, im ganzen 16 Bataillone. Ein Korps von 8000 bis 10 000 Ungarn ist bei Landeshut in Schlesien eingebrochen, und ein anderes, ebenso starkes soll von Teschen her eindringen.

Wäre auch meine Armee noch so stark wie zu Beginn des Frühlings, ich könnte der Überzahl meiner Feinde doch nur mit Mühe entgegentreten. Gegenwärtig kann ich nur eine einzige Armee bilden und mit ihr dem gefährlichsten Gegner die Spitze bieten. Zaudere ich, die Österreicher aus der Lausitz zu verjagen, so werden sie große Detachements in die Kurmark schicken und sie mit Feuer und Schwert verheeren. Greife ich die Öster-

reicher an und verliere die Schlacht, so beschleunige ich meinen Untergang um einen Monat. Habe ich aber noch so viel Glück, sie zu schlagen, so kann ich die Lausitz von ihnen säubern, dort ein Verteidigungskorps lassen, einen Teil der Truppen nach Schlesien senden, selbst nach dem Halberstädtischen marschieren, um den Franzosen entgegenzutreten, und so Zeit gewinnen. In meiner schlimmen Lage ist das also der sicherste, mutigste und ehrenvollste Ausweg.

Ich hielt mich für verpflichtet, dem Staat und der Nachwelt Rechenschaft über meine Lage und die Gründe zu geben, die mich zu diesem und zu keinem anderen Entschlusse bewogen haben, damit mein Andenken nicht durch ungerechte Anklagen entehrt werden kann. Ich zweifle nicht, daß es in der Welt eine Menge geschickterer Leute gegeben hat als mich. Ich bin völlig überzeugt, daß mir sehr viel an der Vollendung fehlt. Nur in der Liebe zum Vaterlande, im Eifer für seine Erhaltung und seinen Ruhm nehme ich es mit der ganzen Welt auf. Diese Gefühle werde ich bis zum letzten Atemzuge bewahren.

Rede des Köngis in Parchwitz
(3. Dezember 1757)

Am 3. Dezember war Ruhetag. Am Vormittag erhielten die Generale, Regiments- und Bataillonkommandeure Befehl, sich zum König zu begeben. Er sagte zu ihnen:

»Der Feind steht in einem befestigten Lager vor Breslau, das meine Truppen mit Ehren verteidigt haben. Morgen marschiere ich, um ihn anzugreifen. Ich bin nicht in der Lage, über mein Verhalten Rechenschaft zu geben, auch nicht über die Gründe, die meinen Entschluß bestimmen. Ich weiß und kenne die Schwierigkeiten, die diesem Vorhaben entgegenstehen, aber in meiner Lage gibt es nur Sieg oder Tod. Unterliegen wir, so ist alles verloren. Gedenken Sie, meine Herren, daß wir in dieser Schlacht für unseren Ruhm kämpfen werden, für Haus und Herd, Weib und Kind. Wer wie ich denkt, kann versichert sein, wenn er fällt, daß ich mich seiner Frau und seiner Kinder annehmen werde; wer aber lieber seinen Abschied haben will, kann ihn auf der Stelle erhalten, doch er muß auf jede Wohltat von mir verzichten.«

Man kann sich denken, daß niemand so feig war, um seinen Abschied zu bitten. Alle schworen dem König zu, sie wollten ihm mit ihrem Blut und Leben die Schlacht gewinnen helfen.

Tod des Thronfolgers August Wilhelm und der Markgräfin Wilhelmine von Bayreuth

Die preußische Königsfamilie verlor im Laufe des Jahres 1758 zwei erlauchte Persönlichkeiten; zunächst den Prinzen von Preußen, der seit einiger Zeit dahinsiechte und Anfang Juni, gerade als die Preußen Olmütz belagerten, von einem Stickfluß dahingerafft ward. Man betrauerte ihn wegen seines guten Herzens und seiner Kenntnisse. Wäre er auf den Thron gelangt, so wäre seine Regierung glücklich und milde verlaufen.

Ferner starb die Markgräfin von Bayreuth, eine Fürstin von seltenen Eigenschaften. Sie besaß einen feingebildeten Geist, ausgebreitete Kenntnisse, Begabung zu allem und hervorragenden Kunstsinn. Aber diese glücklichen Anlagen bildeten nur den kleinsten Teil dessen, was man zu ihrem Lobe sagen kann. Ihre Herzensgüte, ihre Neigung zu Großmut und Wohltätigkeit, ihre edle und hohe Seele und ihr sanfter Charakter fügten zu den leuchtenden Vorzügen ihres Geistes einen Schatz echter, sich niemals verleugnender Tugenden. Oft hatte sie die Undankbarkeit derer erfahren, die sie mit Wohltaten und Gunstbezeugungen überhäufte. Sie dagegen hatte es nie gegen jemanden fehlen lassen. Die zärtlichste, die festeste Freundschaft verband den König mit seiner würdigen Schwester. Ihre Bande hatten sich schon in zarter Kindheit geknüpft. Gleiche Erziehung und gleiche Anschauungen hatten sie gefestigt. Eine Treue, die jeder Probe standhielt, machte sie unauflöslich. Die Fürstin war von zarter Gesundheit und nahm sich die Gefahren, die ihrer Familie drohten, so zu Herzen, daß der Kummer ihre Gesundheit völlig zerrüttete. Bald trat ihr Leiden zutage. Die Ärzte erkannten es als ausgesprochene Wassersucht und vermochten sie nicht zu retten. Sie starb am 14. Oktober, mit einem Mut und einer Seelenstärke, die des unerschrockensten Philosophen würdig waren. Am selben Tage wurde der König bei Hochkirch von den Österreichern geschlagen. Angesichts zweier so schwerer Schicksalsschläge hätten die Römer diesen Tag gewiß für einen Unglückstag gehalten. In unserem aufgeklärten Jahrhundert ist man wenigstens von dem einfältigen Aberglauben abgekommen, gewisse Tage für glück- oder unglückbringend anzusehen. Das Menschenleben hängt nur an einem Haar, und den Ausschlag für den Gewinn oder den Verlust einer Schlacht gibt oft nur eine erbärmliche Nichtigkeit. Unser Schicksal entsteht aus der Verkettung unberechenbarer Ursachen. In der Fülle von Ereignissen, die sie herbeiführen, müssen also notgedrungen die einen glücklich, die anderen verhängnisvoll sein.

Schreiben der Marquise von Pompadour an die Königin von Ungarn

(Anfang 1759)

Holde Königin! Die Liebenswürdigkeiten, die Ew. Majestät mir zu schreiben geruhen, sind für mich unschätzbar. Ich möchte mich Ihrer Güte und des Vertrauens, das Sie in meinen Eifer setzen, würdig zeigen. Es war der schönste Augenblick meines Lebens, wo ich zur Annäherung und zum ewigen Bündnis zwischen den beiden mächtigsten Monarchen Europas beitragen konnte und es mir gelang, die alten, lächerlichen Vorurteile auszurotten, die bei dem eingefleischten Haß der Völker nur zu tiefe Wurzeln geschlagen haben. Sie sind jetzt so gründlich zerstört, daß Ew. Majestät auf die aufrichtige Anhänglichkeit des Herrschers und des gesundesten Teiles der Nation rechnen können. Ja, Ew. Majestät dürfen mich nicht für eine Schmeichlerin halten, wenn ich Ihnen sage, wir Franzosen hegen die gleiche Verehrung für Sie wie Ihre Untertanen. Unsere Nation hat neben vielen Fehlern den Vorzug, daß sie großen Eigenschaften gerecht wird, und wäre es selbst bei ihren Feinden. Ew. Majestät haben so Großes vollbracht, haben Ihrem Geschlecht so viel Ehre gemacht, daß Sie sich nicht wundern können, wenn die Franzosen sich für Sie begeistern.

Die, welche das Glück hatten, sich Ihnen zu Füßen zu werfen und Sie von Angesicht zu Angesicht zu bewundern, sind unerschöpflich über dies Thema. Ihre Gefühle teilen sich mit, greifen um sich, verbreiten sich, und die Öffentlichkeit bewundert einstimmig so viel erhabene und große Eigenschaften.

Habe ich mein Schicksal anzuklagen, so geschieht es, weil es mir bisher noch nicht verstattet war, Ihnen meine Aufwartung zu machen, ein Vorzug, den ich allen Gunstbezeugungen Fortunas vorzöge und auf den ich um keinen Preis verzichten möchte. Doch gestatten Ew. Majestät, Ihnen mein Herz mit dem Freimut zu öffnen, zu dem Sie mich durch Ihre Güte ermuntert und berechtigt haben. Finde ich je Gelegenheit zur Erfüllung meines sehnlichsten Wunsches, tritt je der Augenblick ein, wo ich mich Ihnen zu Füßen werfen kann, wünschten Ew. Majestät dann, daß ich mit Zittern der unvergleichlichen Fürstin nahe, die ich verehre und die mich mit dem Titel »liebe Freundin« auszeichnet?

Und doch könnte ich nur bebenden Herzens vor Ew. Majestät treten. Wien muß eine Stadt sein, die Ihre Gegenwart zaubervoll macht; nur ein einziger kritischer Punkt läßt mich vor Schrecken zu Eis erstarren. Sie besitzen hervorragende Eigenschaften genug, um einen leichten Fehler zuzudecken. Sie sind Ihrem ganzen Geschlecht so überlegen, daß ich Ihnen ungescheut einige Wirkungen der leichten Schwäche zum Vorwurf mache, die mir den Aufenthalt in Ihren Staaten unmöglich machen. Ew. Majestät erraten es selbst: es ist das schreckliche Tribunal, vor dem mir graust, die Inquisition, die tyrannisch und despotisch über Herz und Gefühl schaltet. Bitte, geruhen Ew. Majestät dies Tribunal aufzuheben! Schaffen Sie das härteste aller Gerichte ab und fügen Sie zur Zahl Ihrer großen Tugenden auch die Toleranz gegen die liebenswerteste aller menschlichen Schwächen. Fordern Sie von den schwachen Sterblichen keine der Vollkommenheiten, mit denen die sonst so karge Natur Sie so verschwenderisch ausgestattet hat. Dulden

Sie, daß in Ihrer Hauptstadt die freie Neigung und nicht das Sakrament der heiligen römischen Kirche die Herzen zusammenführt. Gestatten Sie, daß man ungestraft ein zärtliches Gemüt habe, ohne eine stets höchst peinliche Schmach erdulden zu müssen oder gar Ihre Ungnade, was noch schlimmer ist als alles andere. Glauben Ew. Majestät, wenn ich nach Wien käme, bloß um Ihnen zu Füßen zu fallen, ich wollte Gefahr laufen, weiter reisen zu müssen und in Temesvar zu enden? Davor behüte mich Venus für immer!

Ich will nicht nach Ungarn. Wie entsetzlich für eine Französin, die die Vorurteile der strengen, rauhen Schamhaftigkeit nicht kennt! Ich will weiter nichts, als Sie sehen, Sie hören und bewundern. Aber ich möchte frei sein; keine Inquisition, nichts, was mich behindert, was meinem Frohsinn Zügel anlegt und den Launen meines Herzens Schranken zieht. Ew. Majestät werden darum nicht weniger apostolisch sein; denn, um Ihnen nichts zu verheimlichen, hatten die Apostel, Ihre Vorgänger, Schwestern bei sich, und man müßte zu harmlos sein, um zu glauben, es seien nur Betschwestern gewesen. In Rom geht man weiter: der Vater aller Gläubigen gestattet gegen Ablaß selbst die Stätten der Ausschweifung, und wenn man nur bezahlt, ist er zufrieden. Dieser gute Vater hat Mitleid mit den Schwächen seiner Kinder. Er wendet ihre kleinen Sünden zum Guten durch das Geld, das der Kirche zufließt.

Die Welt war zu allen Zeiten die gleiche. Sie bedarf des Vergnügens und der Freiheit in ihrem Vergnügen. Ihre getreuen Untertanen, die Ihren Geboten in allem folgen, gehorchen Ew. Majestät in diesem einzigen Punkte nicht, und trotz jenes furchtbaren Tribunals steht Wien in seiner Lebensweise hinter Paris nicht zurück. Ich werde bei Ihnen vorstellig im Namen Ihrer sämtlichen Staaten. Die Vornehmen langweilen sich trotz Prunk und Größe; denn Stolz ist eine trübsinnige Leidenschaft. Seien Sie etwas nachsichtig gegen die Liebe, dulden Sie sie. Sie ist von allen Leidenschaften die heiterste, geselligste und die einzige beglückende. Gestatten Sie, daß man dies Glück unter Ihrer Regierung genießt. Es ist das größte, das die Natur uns zum Trost für all die Leiden gab, deren das Menschenleben voll ist.

Setzen Sie mich durch diese Toleranz in die Lage, Ihnen meine Huldigungen ohne Furcht und Schrecken darzubringen, damit ich mich ungestraft der Glut meines Gefühls und der ganzen Bewunderung hingeben kann, die Ihre großen, seltenen Tugenden mir einflößen. Das ist der einzige Zug, der Ihnen noch zur Vollkommenheit fehlt. Lassen Ew. Majestät die Herzen aus dem Kerker frei; brechen Sie ihre Ketten, geben Sie der verstohlenen Liebe, die in Sklaverei schmachtet, die Freiheit. Üben Sie Ihre Strenge gegen die unbarmherzigen Kerkermeister und gegen die Büttel der Keuschheit, die die Kinder der Liebe und Freude nur zu lange geknechtet haben. Möge die holdeste, reizendste und menschlichste Leidenschaft eine Beschützerin in der erlauchtesten Fürstin, in der ersten Frau des Jahrhunderts, in Königin Maria Theresia finden, die eine der größten Monarchen Europas ist. Ich wäre überglücklich, holde Königin, könnte ich Sie mit Venus, meiner Göttin, ebenso leicht aussöhnen, wie mit meiner Nation! Das geschah zur Ruhe und im Interesse der Welt; was ich hier unternehme, wird für das Vergnügen der Welt sein. Das Interesse aber war dem Glück nie zu vergleichen! So mächtig Ew. Majestät auch sind, das Reich der Venus wird stets mächtiger sein als das Ihre; es wird trotz Ihnen bestehen. Die heidnischen Götter konnten sich seinen Gesetzen nicht entziehen; sollten wir irgend einem Gott widerstehen? Es gewährt Freude, sich unterjochen zu lassen: Sie werden Ihren Untertanen diese Freude nicht nehmen.

Ich wage zu hoffen, daß Ew. Majestät meinen inständigen Bitten nachgeben, daß die Verfolgungen aufhören werden, und daß man zu Wien nicht mehr das Martyrium zu befürchten haben wird, weil man im Glauben an die Liebe verharrt, den man von seinen Eltern empfangen hat. Ich bin der festen Überzeugung, daß Sie meine demütige Bitte in Gnaden erfüllen werden. Aufs neue vermehren werden Sie durch diesen Akt der Milde die tiefe Verehrung, die respektvolle Anhänglichkeit und den Eifer, womit ich verharre usw.

Breve des Papstes an Feldmarschall Daun
(Mai 1759)

Unserem heißgeliebten Sohn in Christo, dem Feldmarschall Daun, Oberkommandierenden der Armeen Ihrer Apostolischen Majestät, Klemens XIII.

Unserem heißgeliebten Sohn in Christo
Gruß und apostolischen Segen!

Nachdem Wir mit großer Befriedigung die glänzenden Erfolge Eurer Waffen wider die Ketzer, insbesondere den herrlichen Sieg erfahren haben, den Ihr am 14. Oktober vergangenen Jahres über die Preußen davon truget, haben Wir es als Vater der wahren Gläubigen für Unsere Pflicht gehalten, den wunderbaren Wirkungen Eurer Tapferkeit das Gewicht Unseres Segens hinzuzufügen und damit die Haltung Unserer Vorgänger nachzuahmen, die dem Prinzen Eugen glorreichen Angedenkens einen geweihten Hut und Degen verliehen, weil er die Ungläubigen in mehreren Feldschlachten besiegt hatte.

Euch, der Ihr durch Eure großen Eigenschaften die jenes Helden der Kirche übertrefft und verdunkelt, Euch, die Ihr gegen Ketzer zu kämpfen habt, die noch verstockter an ihren scheußlichen Irrlehren hangen als selbst die Türken, Euch versehen Wir mit allen göttlichen Segnungen. Möge dieser Segen, den Wir Euch senden, in Eurer Hand zur ewigen Ausrottung jener Ketzereien dienen, deren Pesthauch dem Höllenpfuhl entstiegen ist! Der Würgeengel wird an Eurer Seite kämpfen; er wird die verruchte Brut, der Sektierer Luthers und Calvins ausrotten, und der Gott der Rache wird sich Eures Armes bedienen, um das gottlose Geschlecht der Amalekiter und Moabiter auszurotten. Möge dieser Degen ihr Rebellenblut trinken; möge die Axt an die Wurzel des Baumes gelegt werden, der verfluchte Früchte trug. Möge nach dem Vorbild des heiligen Karl des Großen Norddeutschland mit Schwert, Feuer und Blut bekehrt werden!

Freuen sich die Heiligen schon über ein verirrtes Schaf, das zur Herde zurückkehrt, welche Freude werdet Ihr ihnen, sowie allen Gläubigen erst bereiten, wenn Ihr dies verderbte Gezücht in den Schoß ihrer heiligen Mutter, der Kirche, zurückführt! Die heilige Mutter Gottes von Mariazell stehe Euch bei! Der heilige Nepomuk verdopple seine Gebete für Euch! Das ganze Paradies, das Wir durch Unsere Legende bevölkern, nehme sich Eurer Erfolge an! In dieser frohen Erwartung geben Wir Euch Unseren doppelten apostolischen Segen.

Gegeben zu Rom mit dem Fischerring, am 30. Januar 1759, im ersten Jahre Unseres Pontifikats.

Rückblick

Damit endigte der blutige Krieg, der ganz Europa umzuwälzen drohte und in dem doch keine Macht, mit Ausnahme von Großbritannien, ihr Gebiet um einen Fuß breit erweitert hatte.

Wir können nicht umhin, an die Darstellung all dieser Ereignisse einige Betrachtungen anzuknüpfen. Scheint es nicht erstaunlich, daß alle List und Macht der Menschen so oft durch unerwartete Ereignisse oder Schicksalsschläge genarrt wird? Scheint nicht eine unbekannte Macht verächtlich mit den Plänen der Menschen zu spielen? Ist es nicht klar, daß jeder vernünftige Mensch bei Beginn der Kriegswirren sich ihren Ausgang anders gedacht hatte? Wer konnte voraussehen oder sich denken, daß Preußen dem Angriff jener furchtbaren Liga von Österreich, Rußland, Frankreich, Schweden und dem ganzen Heiligen Römischen Reiche widerstehen und aus einem Kriege, wo ihm überall Untergang drohte, ohne den geringsten Verlust an Besitzungen hervorgehen würde? Wer konnte ahnen, daß Frankreich mit seinen gewaltigen Hilfsmitteln, seinen starken Bündnissen, seiner inneren Kraft seine wichtigsten Besitzungen in Ostindien verlieren und das Opfer des Krieges sein würde? Alle diese Ereignisse mußten im Jahre 1757 unglaublich erscheinen.

Prüfen wir aber hinterher die Ursachen einer so unerwarteten Wendung der Dinge, so finden wir, daß folgende Ursachen Preußens Untergang verhinderten:
1. Mangel an Übereinstimmung und Eintracht unter den Mächten der großen Allianz; die Verschiedenheit ihrer Interessen, die sie hinderte, sich

über manche Operationen zu einigen; der geringe Grad von Einigkeit unter den russischen und österreichischen Generalen, die argwöhnisch wurden, gerade wenn die Gelegenheit kraftvolles Handeln zur Vernichtung Preußens erforderte, was ihnen auch hätte gelingen können.
2. Die allzu verschlagene und tückische Staatskunst des Wiener Hofes, der die schwierigsten und gewagtesten Unternehmungen auf seine Verbündeten abwälzte, um am Ende des Krieges sein Heer in besserem Zustand und vollzähliger zu haben als die anderen Mächte. Daher kam es, daß die österreichischen Generale es bei verschiedenen Gelegenheiten aus übertriebener Vorsicht verabsäumten, den Preußen den Gnadenstoß zu geben, als diese in verzweifelter Lage und dem Untergang nahe waren.
3. Der Tod der Kaiserin Elisabeth, die auch das Bündnis mit Österreich mit ins Grab nahm, der Abfall der Russen, das Bündnis der Preußen mit Peter III. und schließlich die Absendung des russischen Hilfskorps nach Schlesien.

Prüfen wir andrerseits die Ursachen für die Verluste der Franzosen, so bemerken wir zunächst den Fehler ihrer Einmischung in die deutschen Wirren. Mit England führten sie bisher nur einen Seekrieg. Nun schlugen sie einen verkehrten Weg ein und vernachlässigten die Hauptsache, um etwas anderes zu betreiben, das sie eigentlich gar nichts anging. Bisher waren sie den Engländern zur See überlegen gewesen. Sobald aber ihre Aufmerksamkeit durch den Kontinentalkrieg abgelenkt wurde und ihre Heere in Deutschland all die Geldmittel verschlangen, die sie zur Vermehrung ihrer Flotte hätten verwenden sollen, gebrach es ihrer Marine am Nötigsten. So erlangten die Engländer das Übergewicht und blieben Sieger in allen Weltteilen. Überdies gingen die ungeheuren Summen, die Ludwig XV. als Subsidien zahlte, und die Kosten für den Unterhalt der Heere in Deutschland außer Landes. Dadurch wurde der Geldumlauf in Paris wie in den Provinzen um die Hälfte vermindert. Um das Unglück voll zu machen, begingen die Feldherren, die der Hof an die Spitze der Armeen stellte und die sich alle für einen Turenne hielten, Fehler, die man einem Anfänger nicht verziehen hätte.

Mögen solche Beispiele wenigstens die Projektemacher unter den Staatsmännern belehren, daß der menschliche Geist, so umsichtig er auch sei, doch niemals all die feinen Verkettungen so zu durchschauen vermag, um Ereignisse, die von künftigen Zufällen abhängen, vorauszusehen oder herbeizuführen. Wir erklären recht gut das Vergangene, weil dessen Ursachen offen daliegen, aber wir irren stets über das Kommende; denn die Ursachen zweiter Ordnung entziehen sich unseren verwegenen Blicken.

Es ist keine Besonderheit unseres Jahrhunderts, daß Staatsmänner sich täuschen. So war es in allen Zeiten, wo der menschliche Ehrgeiz große Pläne gebar. Um sich davon zu überzeugen, erinnere man sich nur der Geschichte der berühmten Ligue von Cambrai, des Scheiterns der Armada, der Kriege Philipps II. gegen die Niederlande, der großen Pläne Ferdinands II. bei Beginn des Dreißigjährigen Krieges, der verschiedenen Teilungspläne vor dem Spanischen Erbfolgekrieg und vor diesem letzten Kriege. Alle jene großen Unternehmungen führten fast zum Gegenteil dessen, was ihre Urheber gewollt hatten. Denn alle menschlichen Dinge sind wandelbar, und wir selbst, unsere Pläne und die Ereignisse sind ewigem Wechsel unterworfen.

Als die kriegführenden Mächte den Kampfplatz verlassen hatten, auf dem sie mit soviel Haß und Erbitterung gefochten hatten, begannen sie ihre Wunden zu spüren und fühlten das Bedürfnis nach Heilung. Alle litten, obwohl an verschiedenen Übeln.

Wir wollen sie hier gleichsam Revue passieren lassen, um ein genaues Bild ihrer Verluste und ihrer jetzigen Lage zu gewinnen.

Preußen berechnete, daß der Krieg ihm 180 000 Mann hingerafft hatte. Seine Heere hatten in 16 Feldschlachten gefochten. Außerdem hatten die Feinde drei preußische Korps fast völlig vernichtet: erstens den Transport nach Olmütz (1758), zweitens das Fincksche Korps bei Maxen (1759) und drittens das Fouquésche bei Landeshut (1760). Zudem ging noch eine Besatzung von Breslau (1757), zwei von Schweidnitz (1757 und 1761), eine von Torgau und Wittenberg (1760) bei der Einnahme dieser Städte verloren. In Ostpreußen rechnete man 20 000 Menschen, die durch die Greueltaten und Verheerungen der Russen umgekommen waren, in Pommern 6000, in der Neumark 4000, in der Kurmark 3000.

Die russischen Truppen hatten 4 große Schlachten geschlagen. Sie berechneten ihren Verlust im Kriege auf 120 000 Mann, einschließlich der Rekruten, die auf ihrem Wege von den Grenzen Persiens und Chinas nach Deutschland umkamen. Die Österreicher hatten 10 Schlachten geliefert, zweimal die Besatzung von Schweidnitz (1758 und 1762) und einmal die von Breslau (1757) verloren: sie bezifferten ihren Verlust auf 140 000 Mann. Die Franzosen gaben ihren Verlust auf 200 000 Mann an, die Engländer und ihre Verbündeten auf 160 000, die Schweden auf 25 000 und die Reichsstände auf 28 000 Mann.

Österreich hatte beim Friedensschluß 100 Millionen Taler Schulden. Die Grenzen Böhmens und Mährens waren verheert worden, doch blieben keine Spuren mehr von Verwüstung und Zerstörung zurück.

Die französische Regierung hatte durch die Räuberei der Finanzleute und die Veruntreuungen der Beamten allen Kredit verloren. Sie sah sich genötigt, die Zinszahlungen für die Anleihen einzustellen, und das wenige, was sie abtrug, wurde unregelmäßig bezahlt. Das Volk seufzte unter der Last der drückenden Abgaben, und obgleich kein Feind verheerend in das Land einbrach, litt der Staat doch nicht minder, weil der Handel mit den Kolonien vernichtet war und so die Quellen des Wohlstandes versiegten. Überdies hatten die Staatsschulden eine derartige Höhe erreicht, daß die außerordentlichen Auflagen noch zehn Jahre nach dem Frieden weiter erhoben werden mußten, um die Zinsen zu bezahlen und einen Tilgungsfonds zu schaffen.

Die Engländer, die zu Wasser und zu Lande siegreich gewesen waren, hatten ihre Eroberungen eigentlich nur mit ungeheuren Kriegsanleihen erkauft, und der Staat war dadurch fast bankrott. Dagegen überstieg der Reichtum der Nation jeden Begriff. Dieser Reichtum und Luxus rührte von den großen Prisen her, die den Franzosen und Spaniern weggenommen waren, und von dem fabelhaften Anwachsen des Handels, den die Engländer während des Krieges fast allein in Händen gehabt hatten.

Rußland hatte zwar beträchtliche Summen ausgegeben, aber mehr auf Unkosten Preußens und Polens als auf eigene Rechnung Krieg geführt. Schweden stand vor dem Staatsbankrott. Dort hatte man nicht nur die Gelder der Bank angegriffen, sondern auch durch eine ungeschickte Finanzoperation das Papiergeld zu stark vermehrt. Dies zerstörte das Gleichgewicht, das jeder gut verwaltete Staat zwischen Papiergeld und Münze halten muß.

Preußen hatte durch den Krieg am meisten gelitten. Österreicher, Franzosen, Russen, Schweden, Reichstruppen, ja selbst der Herzog von Württemberg hatten das Land verheert. Zum Unterhalt der Armeen und für anderen Kriegsbedarf hatte der Staat 125 Millionen Taler ausgegeben. Pommern, Schlesien und die Neumark bedurften großer Summen zu ihrer Wiederherstellung. Aber auch andere Provinzen, wie das Herzogtum Krossen, das Fürstentum Halberstadt und die Grafschaft Hohenstein, bedurften sehr der Hilfe. Viel Fleiß und Mühe war erforderlich, um sie wieder in den vorigen Zustand zu bringen. Die meisten Felder lagen brach, da es an Saatkorn und Vieh mangelte, und alles, was zur Nahrung eines Volkes dient, fehlte ebenfalls. Zur Linderung all dieses Elends wurden an jene Provinzen 25 000 Wispel Korn und Mehl und 17 000 Wispel Hafer in billiger Weise verteilt. Dem Adel und den Bauern wurden 35 000 Pferde von den Truppenteilen und der Artillerie, sowie Lebensmittel gegeben. Außerdem bezahlte der König an Schlesien 3 Millionen Taler, an Pommern und die Neumark 1 400 000, an die Kurmark 700 000, an das Herzogtum Kleve 100 000 und an Ostpreußen 800 000 Taler zu ihrer Wiederherstellung. Die Steuern im Herzogtum Krossen, in Hohenstein und Halberstadt wurden auf die Hälfte herabgesetzt, kurz, das Volk schöpfte wieder so viel Mut, um nicht an seiner Lage zu verzweifeln, und begann durch Tatkraft und Fleiß den erlittenen Schaden wieder gutzumachen.

Aus dieser allgemeinen Übersicht ergibt sich, daß die österreichische, französische und selbst die englische Regierung tief in Schulden steckten und fast keinen Kredit besaßen, während die Völker, die nicht unmittelbar unter dem Kriege gelitten hatten, ihn nur an den ungeheuren Abgaben spürten, die ihnen auferlegt wurden. In Preußen dagegen hatte die Regierung Geld und Kredit, aber die Provinzen waren durch die Raubgier und Barbarei der Feinde verheert und zugrunde gerichtet.

Nächst Pommern hatte von allen deutschen Ländern das Kurfürstentum Sachsen am meisten gelitten, doch sein guter Boden und der Gewerbfleiß seiner Einwohner waren Hilfsquellen, die der preußische Staat nur in Schlesien hatte. Die Zeit, die alle Übel heilt und tilgt, wird gewiß auch bald den preußischen Provinzen ihren Wohlstand, ihr Gedeihen und ihren alten Glanz wiedergeben. Auch die anderen Mächte werden sich wieder erholen. Dann werden andere Ehrgeizige neue Kriege heraufbeschwören und neues Unheil verbreiten. Denn es ist eine Eigenschaft des menschlichen Geistes, daß Beispiele keinen bessern. Die Torheiten der Väter sind für ihre Kinder verloren; jede Generation muß durch eigenen Schaden klug werden.

Wir wollen dies vielleicht schon zu lange und ausführliche Buch nur noch mit zwei Worten beschließen, um die Neugier der Nachwelt zu befriedigen, die ohne Zweifel wissen möchte, wie ein so wenig mächtiger Fürst wie der König von Preußen sieben Jahre lang einen so verderblichen Krieg gegen die mächtigsten Monarchen Europas aushalten konnte. Wenn der zeitweilige Verlust so vieler Provinzen ihn in große Bedrängnis brachte und die hohen Ausgaben beständig vermehrt werden mußten, so blieben doch immer einige Hilfsquellen übrig.

Der König zog aus den ihm verbliebenen Provinzen, die für die anderen eintreten mußten, 4 Millionen. Die Kriegskontributionen aus Sachsen beliefen sich auf 6 bis 7 Millionen. Aus den englischen Subsidien, die eigentlich nur 4 Millionen betrugen, wurden 8 Millionen geprägt. Die Verpachtung der Münze unter Verminderung der Geldsorten auf den halben Wert erbrachte 7 Millionen. Außerdem wurde die Bezahlung der Zivilgehälter suspendiert, um alle Gelder für den Krieg zu verwenden. Diese verschiedenen Summen ergaben jährlich insgesamt 25 Millionen Taler in schlechter Münze. Das genügte bei guter Wirtschaft zur Besoldung und zum Unterhalt

der Armee und für außerordentliche Ausgaben, die bei jedem Feldzug wiederkehrten.

Wenn die Vorsehung auf die menschlichen Armseligkeiten herabblickt, so gebe der Himmel, daß Preußen unveränderlich blühe und in Zukunft vor dem Jammer und Elend bewahrt bleibe, die das Land in diesen Zeiten des Umsturzes und der Verwirrung heimgesucht haben. Mögen seine Herrscher niemals gezwungen werden, zu den gewaltsamen und verhängnisvollen Mitteln zu schreiten, die der König zur Verteidigung des Staates gegen den Haß und den Ehrgeiz der europäischen Fürsten ergreifen mußte, als sie das Haus Brandenburg vernichten und den preußischen Namen für immer austilgen wollten!

Militärische Schriften

Die Generalprinzipien des Krieges und ihre Anwendung auf die Taktik und Disziplin der preussischen Truppen

Die von mir geführten Kriege haben mir Gelegenheit zu gründlichem Nachdenken über die Grundsätze der großen Kunst gegeben, die so viele Reiche emporgebracht oder zerstört hat. Die große römische Disziplin besteht nur noch bei uns. Folgen wir auch darin dem Beispiel der Römer, daß wir den Krieg zum Gegenstand unseres Studiums und den Frieden zur steten Übung machen.

Ich habe es also für nützlich gehalten, Euch meine Betrachtungen mitzuteilen, Euch, die Ihr nach mir den größten Anteil am Kommando habt und denen schon eine Andeutung meiner Gedanken genügen muß, Euch endlich, die Ihr in meiner Abwesenheit nach meinen Grundsätzen zu handeln habt.

In diesem Werke habe ich meine eigenen Betrachtungen mit denen vereint, die ich in den großen Schriften der größten Feldherren fand, und ein Ganzes daraus gemacht, das ich auf die Ausbildung unserer Truppen angewandt habe.

Ich schreibe nur für meine Offiziere. Ich rede nur von dem, was auf den preußischen Dienst anwendbar ist, und fasse keine anderen Feinde ins Auge als unsere Nachbarn; denn beide Worte sind leider zum Wechselbegriff geworden. Ich hoffe, meine Generale werden durch die Lektüre dieses Wer-

kes mehr als durch alles, was ich ihnen mündlich sagen könnte, überzeugt sein und erkennen, daß die Disziplin unseres Heeres die Grundlage für den Ruhm und die Erhaltung des Staates ist. Wenn sie sie unter diesem Gesichtspunkt betrachten, werden sie eifriger denn je die Ordnung bei den Truppen in voller Kraft aufrechterhalten, damit man nicht von uns sagen kann, wir hätten die Werkzeuge unseres Ruhmes in unseren Händen stumpf werden lassen. Es ist schön, sich Ruhm erworben zu haben. Es sei aber auch fern von uns, in sträflicher Sicherheit einzuschlafen. Vielmehr müssen wir von langer Hand die Mittel vorbereiten, zu deren Gebrauch uns Zeit und Umstände Gelegenheit geben werden.

Ich setze bei allen nachfolgenden Betrachtungen meine Reglements für die Armeen voraus, die gleichsam der Katechismus meiner Offiziere sind, und handle in dieser Schrift nur von dem, was den Heerführer angeht und was das Größte und Schwierigste an der Kriegskunst ist.

Vorzüge und Mängel der preußischen Truppen

Unsere Truppen erfordern von ihren Führern unendlichen Fleiß. Bei steter Wahrung der Disziplin müssen sie mit größerer Sorgfalt unterhalten und besser ernährt werden als vielleicht alle übrigen Truppen Europas.

Unsere Regimenter bestehen zur Hälfte aus Landeskindern, zur Hälfte aus Söldnern. Die letzteren, die kein Band an den Staat fesselt, suchen bei jeder Gelegenheit wegzulaufen. Darum ist es sehr wichtig, die Desertion zu verhüten. Einige unserer Generale meinen, ein Mann sei nur ein Mann und der Verlust eines Einzelnen sei ohne Einfluß auf das Ganze. Das mag für andere Armeen zutreffen, aber nicht für die preußische. Desertiert ein ungeschickter Kerl und wird er durch einen anderen Tölpel ersetzt, so ist das einerlei. Geht aber der Truppe ein Soldat verloren, den man zwei Jahre gedrillt hat, um ihm die nötige körperliche Gewandtheit beizubringen, und wird er schlecht oder gar nicht ersetzt, so hat das auf die Dauer schlimme Folgen. Hat man doch gesehen, wie durch die Nachlässigkeit der Offiziere im Kleinen ganze Regimenter zugrunde gerichtet worden sind. Ich selbst habe solche gesehen, die durch Desertion ganz erstaunlich zusammenschmolzen. Derartige Verluste schwächen die Armee; denn die Zahl macht stets viel aus. Haltet Ihr also nicht die Hand darauf, so verliert Ihr Eure besten Kräfte und seid nicht imstande, sie zu ersetzen. Es gibt zwar Menschen genug in meinem Staate, aber ich frage Euch, ob viele den Wuchs haben wie unsere Soldaten? Und wenn auch, sind sie dann gleich ausgebildet?

Es ist also eine wesentliche Pflicht jedes Generals, der eine Armee oder ein einzelnes Korps kommandiert, der Desertion vorzubeugen.

Nicht weniger Sorgfalt erfordert die Erhaltung der Disziplin. Man wird vielleicht sagen: dafür werden schon die Obersten sorgen! Aber das genügt nicht. Bei einer Armee muß alles bis zur Vollkommenheit getrieben werden, und man muß erkennen, daß alles, was geschieht, das Werk eines Einzigen ist. Der größte Teil einer Armee besteht aus nachlässigen Leuten. Sitzt der Heerführer ihnen nicht beständig auf den Hacken, so gerät die ganze kunstvolle und vollkommene Maschine sehr bald in Unordnung, und er verfügt nur noch in der Idee über eine wohldisziplinierte Armee. Man muß sich also daran gewöhnen, unaufhörlich zu arbeiten. Wer das tut, den wird die Erfahrung lehren, daß dies notwendig ist und daß alle Tage Mißbräuche abzustellen sind. Sie entgehen nur denen, die sich nicht die Mühe geben, darauf zu achten.

Diese beständige, mühsame Arbeit scheint zwar hart, aber ein Heerführer, der sie leistet, sieht sich dafür reichlich belohnt. Welche Erfolge kann er doch mit so beweglichen, tapferen, gut disziplinierten Truppen über den Feind erringen! Ein Heerführer, der bei anderen Völkern für verwegen gälte, tut bei uns nur, was den Regeln entspricht. Er kann alles wagen und unternehmen, was Menschen zu vollbringen vermögen.

Was läßt sich, nicht mit so gut disziplinierten Truppen unternehmen! Die Ordnung ist der ganzen Armee zur Gewohnheit geworden. Die Pünktlichkeit ist bei Offizieren und Mannschaften so weit getrieben, daß jeder schon eine halbe Stunde vor der bestimmten Zeit fertig ist. Vom Offizier bis auf den letzten Gemeinen redet keiner, aber alle handeln, und der Befehl des Heerführers wird prompt befolgt. Versteht er also nur richtig zu kommandieren, so kann er der Ausführung seiner Befehle sicher sein. Unsere Truppen sind so behend und beweglich, daß sie im Handumdrehen sich in Schlachtordnung aufstellen. Bei der Schnelligkeit ihrer Bewegungen können

sie fast niemals vom Feind überfallen werden. Wollt Ihr ein Feuergefecht führen: welche Truppen feuern so schnell wie die preußischen? Die Feinde sagen, man stände vor dem Rachen der Hölle, wenn man unserer Infanterie gegenüberstände. Gilt es, nur mit dem Bajonett anzugreifen: welche Infanterie rückt besser als sie, mit festerem Schritt und ohne Schwanken dem Feinde zu Leibe? Wo findet man mehr Haltung in den größten Gefahren? Muß man schwenken, um dem Feind in die Flanke zu fallen, es ist im Augenblick geschehen und ohne die geringste Mühe zustande gebracht.

In einem Lande, wo der Militärstand der vornehmste ist, wo die Blüte des Adels in der Armee dient, wo alle Offiziere Leute von Stand und die Landeskinder, nämlich Söhne von Bürgern und Bauern, Soldaten sind, muß unter den Truppen auch Ehrgefühl herrschen. Und es herrscht in hohem Maße. Ich habe selbst gesehen, daß Offiziere lieber fallen als zurückweichen wollten. Offiziere wie Soldaten dulden unter sich keine Leute, die Schwachheit gezeigt haben, was man in anderen Armeen gewiß nicht gerügt hätte. Ich habe schwer verwundete Offiziere und Soldaten gesehen, die ihren Posten nicht verlassen und sich nicht zurückziehen wollten, um sich verbinden zu lassen.

Mit solchen Truppen könnte man die ganze Welt bezwingen, wären die Siege ihnen nicht ebenso verderblich wie ihren Feinden. Denn man kann mit ihnen alles unternehmen, wenn man nur Lebensmittel genug hat. Marschiert Ihr, so kommt Ihr den Feinden durch Schnelligkeit zuvor. Greift Ihr einen Wald an, so werft Ihr den Gegner hinaus. Stürmt Ihr gegen einen Berg an, so verjagt Ihr die Verteidiger von den Höhen. Laßt Ihr feuern, so richtet Ihr ein Blutbad an. Laßt Ihr die Kavallerie angreifen, so gibt es ein Gemetzel, bis der Feind vernichtet ist.

Da aber die Güte der Truppen allein nicht genügt und ein ungeschickter Heerführer alle diese großen Vorzüge zunichte machen könnte, so will ich im folgenden von den Eigenschaften eines Feldherrn reden und die Regeln vorschreiben, die ich teils auf eigene Kosten lernte oder die großen Feldherren uns hinterließen.

Feldzugspläne

Sobald man einen Krieg vorhat, werden Feldzugspläne entworfen. Da die Nachbarn eines Fürsten gewöhnlich seine Feinde sind, so wollen wir als solche die Russen, die Sachsen und vor allem die Österreicher ansehen. Politik und Kriegskunst müssen sich beim Entwerfen der Feldzugspläne die Hand reichen. Man muß die Stärke des Herrschers kennen, mit dem man Krieg führt, dessen Bundesgenossen und das Land, das den Schauplatz Eures Ruhmes oder Eurer Schande bilden wird. Was die Truppenzahl betrifft, so muß es Euch genügen, wenn Ihr 75 000 Mann gegen 100 000 ins Feld stellen könnt. Was die Bundesgenossen des Feindes angeht, so schont man entweder die Mächte, die er um Hilfe angeht, oder man erdrückt sie, bevor sie ihre Kräfte mit den anderen vereinen können. Das Land, wohin man den Krieg tragen will, muß Euch so genau bekannt sein, wie einem Schachspieler das Schachbrett.

Im allgemeinen taugen alle Kriege nichts, bei denen wir uns zu weit von unseren Grenzen entfernen. Hat man doch alle Kriege, die andere Völker in dieser Weise geführt haben, unglücklich enden sehen! Karls XII. Ruhm ging in den Einöden von Pultawa unter. Kaiser Karl VI. vermochte sich in Spanien nicht zu behaupten, ebensowenig die Franzosen in Böhmen (1742). Alle Feldzugspläne, die auf weite Vorstöße angelegt sind, müssen also als schlecht verworfen werden.

Zur Verteidigung entwirft man andere Pläne als zum Angriff.

Ein Plan, der ausschließlich auf Verteidigung hinausläuft, taugt nichts. Er zwingt Euch zum Beziehen von festen Lagern; der Feind umgeht Euch, und da Ihr nicht zu kämpfen wagt, zieht Ihr Euch zurück. Der Feind umgeht Euch wieder, und beim Schluß der Rechnung findet sich, daß Ihr durch Euren Rückzug mehr Gelände einbüßt als durch eine verlorene Schlacht. Auch schmilzt Eure Armee durch Desertion mehr zusammen als durch den blutigsten Kampf. Eine so ausschließliche Defensive, wie ich sie hier meine, ist wertlos; denn bei ihr ist alles zu verlieren und nichts zu gewinnen. Einem solchen Verhalten ziehe ich also die Kühnheit des Heerführers vor, der lieber zur rechten Zeit eine Schlacht wagt; dann hat er alles zu hoffen, und selbst im Unglücksfall bleibt ihm immer noch das Mittel der Defensive.

Ein offensiver Feldzugsplan erfordert genaue Prüfung der feindlichen Grenzen. Nach gründlicher Erwägung, wo man den Angriff beginnen will, bestimmt man entsprechend den Versammlungsort der Armee und sorgt endlich für die Lebensmittel.

1. Offensivpläne

Der größeren Klarheit halber will ich meine Grundsätze an Beispielen erläutern und Angriffspläne gegen Sachsen, Böhmen und Mähren entwerfen.

Gilt es Sachsen anzugreifen, so muß man sich der Elbe bemächtigen. Für den Anfang des Unternehmens wäre Halle der bequemste Versammlungsort der Armee. Das Hauptdepot müßte in Halle sein, das Hauptmagazin in Magdeburg. Ein Feldherr, der sich nicht mit genug Lebensmitteln versieht, würde bald aufhören, ein Held zu sein, auch wenn er sonst größer als Cäsar wäre. Die Versorgung der Magazine muß man einem redlichen, verschwiegenen und geschickten Manne anvertrauen. Man versieht sich mit Mehl für ein ganzes Kriegsjahr, und die Armee selbst führt für drei bis vier Wochen Mehl mit sich. Ihr laßt eine Besatzung in Halle und achtet darauf wohl, daß der Feind Euer Magazin nicht durch Verräterei beschädigt. Hält der Feind stand, so müßt Ihr ihm eine Schlacht liefern, damit Ihr Eure Operationen weiter vortreiben könnt. Siegt Ihr, so schreitet Ihr zur Belagerung von Wittenberg. Damit macht Ihr Euch zum Herrn der Elbe, die Euch Eure Lebensmittel zuführen soll, rückt an ihr entlang bis Dresden vor und bemächtigt Euch dieser Hauptstadt. Zugleich muß man sich folgende Fragen stellen: Setzt sich der Feind bei Meißen fest, wie kann ich ihn dann umgehen? Oder besetzt er die Kesselsdorfer Höhen, mit welchem Manöver kann ich ihn von da vertreiben? Ihr werdet dann auf den Gedanken kommen, entweder rechterhand zu marschieren und ihn zu umgehen, oder ein Detachement über die Elbe zu werfen und die Altstadt von Dresden anzugreifen. Dadurch kann der Gegner zum Rückzug gezwungen werden, oder man muß sich zum Angriff entschließen, wie der Fürst von Anhalt.

Habe ich Absichten auf Böhmen, so untersuche ich die ganze schlesische Grenze und finde dort vier Pässe, die wichtiger sind als die anderen.

Der erste liegt nach der Lausitz zu, der zweite bei Schatzlar, der dritte bei Braunau, und der vierte führt aus der Grafschaft Glatz über Rückers und Reinerz stracks nach Königgrätz. Der bei Friedland, also der Lausitzer, taugt nichts; denn in der dortigen Gegend ist kein einziger haltbarer Platz in Schlesien, wo man Magazine errichten könnte. Auch führt dieser Paß nur in einen Winkel von Böhmen, und schließlich ist das Land dort gebirgig, zu Belästigungen geeignet und arm an Lebensmitteln. Der Paß bei Schatzlar hat fast die gleichen Nachteile, und wenn der Feind auf den Höhen hinter der Stadt lagert, so gibt es kein Mittel, ihn anzugreifen oder zu umgehen; denn die Straße nach Goldenöls ist ein schlimmer Engpaß und daher nur benutzbar, wenn kein Feind da ist. Da man ferner beim Heraustreten aus dieser Mördergrube noch am Silvawalde vorbei muß, so würde ich die Straße über Braunau vorziehen. Sie ist von allen, die von Schlesien nach Böhmen führen, die bequemste; denn Ihr habt Eure Magazine in Schweidnitz, d. h. in der Nähe, und wenn Ihr von dieser Seite in Böhmen eindringt, deckt Ihr zugleich ganz Niederschlesien, wogegen auf dem Wege von Glatz nach Böhmen nichts gedeckt wird. Außerdem ist die Straße über Braunau auch deshalb besser, weil bei allen Kriegen, die in Schlesien geführt werden, die Oder als Nährmutter der Armee zu betrachten ist. Die Oder fließt aber näher bei Schweidnitz als bei Glatz. Auch sind für unser Proviantfuhrwerk die Wege von Schweidnitz besser als die von Glatz. Da also der Weg über Braunau in jeder Hinsicht der zweckmäßigste ist, muß man ihn zum Angriffspunkt wählen.

Nachdem dies entschieden ist, errichte ich mein Magazin in Schweidnitz unter einer Bedeckung von 2000 bis 3000 Mann. Zugleich bestimme ich ein

Korps von 7000 Mann zur Deckung von Oberschlesien nach der Seite von Neustadt und ein anderes von 3000 Mann zur Deckung des oberen Oderlaufes zwischen Kosel und Brieg. Beide Korps sind unerläßlich. Sie decken die linke Flanke von Niederschlesien gegen die Einfälle der Ungarn, die sonst bald Eure Proviantzüge hemmen und alle Maßregeln für die Verpflegung stören würden, die man im Rücken der Armee treffen muß. Beide Korps sind um so weniger gefährdet, als sich das eine nach Neiße, das andere nach Kosel oder Brieg zurückziehen kann.

Es ist schwer, die Art der Operationen in Böhmen zu bestimmen, ohne vorher festgestellt zu haben, worauf es abgesehen ist. Meine Erfahrung hat mir gezeigt, daß Böhmen leicht zu erobern, aber schwer zu behaupten ist. Wer Böhmen unterwerfen will, wird sich allemal täuschen, so oft er den Krieg dorthin trägt. Um es zu erobern, muß man Österreich von der Donau und von Mähren angreifen. Dann fällt dies große Königreich von selbst, und man hat nur Besatzungen hinzuschicken.

Führen wir allein Krieg gegen die Königin von Ungarn, so werden unsere Feldzüge defensiv sein unter der Maske und den äußeren Formen des Offensivkrieges. Ich stütze meine Meinung auf folgendes: Böhmen hat weder verteidigungsfähige Städte noch schiffbare Flüsse. Wir müssen also alle unsere Zufuhren aus Schlesien kommen lassen. Eine Bergkette, die zu Belästigungen wie geschaffen ist, trennt beide Staaten. Man schlage also den Feind, nehme ihm Städte weg – mit alledem hat man noch nichts gewonnen;

denn die Städte sind nicht zu halten. Ihr dürft Eure Magazine darin nicht gefährden, und dringt Ihr tiefer in Feindesland ein, so schneiden die Bergpässe Euch von Euren Lebensmitteln, der Feind Euch von Euren rückwärtigen Verbindungen ab, und Ihr lauft Gefahr, daß Eure Armee verhungert. Wie kann man den Winter in einem solchen Lande verbringen? Wie seine Quartiere sichern? Wie den Truppen Ruhe geben, damit sie sich von den Strapazen erholen? Man wird vielleicht sagen: Haben wir nicht den Winter von 1741 auf 1742 in Böhmen verbracht? Zugegeben! Aber wir waren nicht allein dort. Die Franzosen beschäftigten die Österreicher derart, daß diese nicht an uns denken konnten.

Alle diese Umstände müssen also den Heerführer bestimmen, sich nach seinen Mitteln zu richten und einen ausführbaren Plan einem glänzenden vorzuziehen. Bei dem ganzen Unternehmen wird aber nichts Großes herauskommen, wofern wir nicht ein bedeutendes Übergewicht über die Österreicher haben. Bei gleichen Kräften jedoch dürfte sich der Feldzug darauf beschränken, daß man auf Kosten des Feindes lebt, solange man kampiert. Währenddessen muß man die ganze schlesische Grenze rein ausfouragieren, um zu verhindern, daß der Feind dort viele Truppen hält, und am Ende des Feldzuges muß man durch die Grafschaft Glatz, wo die Rückzugsstraßen noch am leidlichsten sind, nach Schlesien zurückkehren. Der ganze Landstrich an der schlesischen Grenze, den Ihr im Sommer ausfouragiert habt, wird Euch die Winterruhe sichern.

Will man Mähren angreifen, so sind ganz andere Pläne zu fassen. Drei Straßen führen dorthin: erstens von Glatz über Littau nach Olmütz, zweitens von Troppau über Sternberg, und drittens über Hultschin und Prerau. Ich wähle die über Jägerndorf, Zuckmantel und Sternberg, da sie Neiße am nächsten liegt. Sind meine Streitkräfte den feindlichen gleich, so detachiere ich 7000 bis 8000 Mann gegen Braunau und Schatzlar, um von dorther Niederschlesien zu decken. Diese Truppen leben auf Kosten Böhmens. Tritt der Feind in zu großer Überzahl auf, so finden sie allemal nahe und sichere Zuflucht in Schweidnitz. Ein zweites, noch stärkeres Detachement unter Führung des geschicktesten Offiziers im ganzen Heere schicke ich nach der Jablunka zur Deckung meiner linken Flanke gegen die Ungarn und zur Sicherung meiner Zufuhr und der übrigen Maßregeln, die ich in Oberschlesien für die Verpflegung der gegen Mähren bestimmten Armee treffen muß. Da meine Armee von ihren Lebensmitteln abhängt und diese lediglich von dem an der Jablunka stehenden Korps gedeckt werden, so liegt der Erfolg meiner Pläne in den Händen des Generals, der jenes Korps befehligt.

Nach diesem Plane muß mein Hauptmagazin in Neiße und mein Depot in Troppau sein, und zwar, weil Troppau sich zur Verteidigung einrichten läßt, Jägerndorf aber durchaus nicht. Auch kann Troppau eine ziemlich starke Besatzung fassen, Jägerndorf aber kaum ein Bataillon. In Troppau errichte ich also ein Depot für drei Monate, außer den Lebensmitteln für einen Monat, die ich bei der Armee mitführe. In Sternberg lasse ich Erdwerke auswerfen und Palisaden errichten; denn es ist auf der ganzen Straße der einzige Ort, der meinen Proviantzügen eine Art von Schutz bieten kann. Sind alle diese Vorkehrungen getroffen, so marschiert meine Armee auf Olmütz, und ich nehme 12 Mörser und 24 Feldgeschütze zur Belagerung mit. Alle Überschwemmungen, die der Feind rings um die Festung machen kann, lassen sich ableiten. Außerdem ist das Bett der March nicht tief. Wird also der Feind aus der Nachbarschaft verjagt, so kann sich Olmütz höchstens acht bis zehn Tage nach Eröffnung der Laufgräben halten. Der Angriff findet von Littau her statt.

Ist Olmütz erobert, so werden die Laufgräben zugeschüttet und die Breschen ausgefüllt. Zugleich wird das Magazin von Troppau unter guter Bedeckung nach Olmütz geschafft und durch das Magazin von Neiße wieder aufgefrischt. Alsdann geht man gegen den Feind vor, der sich wahrscheinlich bei Pohrlitz oder Wischau gelagert und dort seine Verluste ersetzt, vielleicht auch Verstärkung erhalten hat. Ihn in den Stellungen, die er einnehmen kann, zu umgehen, ist schwer; denn man muß sich den Rücken nach Olmütz freihalten, um dieses zu decken. Daher muß man den Feind, um Terrain zu gewinnen, womöglich zu einer Schlacht zwingen. Dann wird er sich nach Brünn zurückziehen und dort den letzten Widerstand zu leisten versuchen. Allem Anschein nach wird er dann auf den Höhen hinter dem Spielberg lagern. Das ist der kritischste Punkt des ganzen Feldzuges. Solange sich der Feind in der Nachbarschaft aufhält, wäre die Belagerung von Brünn zu schwierig, und ihn zu vertreiben, wäre auch schwer. Um aber dennoch zum Ziel zu gelangen, bietet sich folgendes Mittel. Man schickt starke Streifkorps nach Österreich, damit das Angstgeschrei der Wiener den feindlichen Heerführer zwingt, ihnen zu Hilfe zu eilen. Räumt der Feind seine Stellung, so muß man ihm auf den Leib rücken, um ihn zu schlagen, und nach errungenem Siege die Belagerung von Brünn vornehmen. Dazu läßt man die Belagerungsartillerie und Lebensmittel für drei Wochen aus Olmütz kommen. Brünn hat wenig zu bedeuten. Die Stadt kann sich acht Tage nach Eröffnung der Laufgräben halten und das Schloß höchstens zwölf Tage.

Ist Brünn genommen, so schiebt man sein Magazin von Olmütz dahin vor, verproviantiert die Stadt wieder und marschiert gegen Znaim und Nikolsburg. Dadurch zwingt man den Feind zum Rückzuge nach Österreich. Obgleich die Österreicher Mähren mit ihrer Armee räumen, werden sie doch ihre leichten Truppen dorthin schicken. Die Anhänglichkeit des Volkes und die Geländebeschaffenheit werden sie durchaus begünstigen. Diese leichten Truppen werden sich zu Eurer Rechten in den Bergen von

Kloster Saar bis nach Trebitsch und Eurein und zu Eurer Linken bei Hradschin und Napagedl einnisten. Um sie völlig aus ihren Schlupfwinkeln zu verscheuchen, muß man die Zeit der Winterquartiere abwarten, und da bei Euren guten Erfolgen anzunehmen ist, daß die ungarischen Truppen ihre Absicht auf Oberschlesien aufgegeben haben, so kann man einen Teil des Korps, das ihnen an der Jablunka entgegengestellt war, dann in Mähren verwenden.

2. Defensivpläne

Wenn ich auch einen Feldzugsplan mißbillige, der sich auf die reine Defensive beschränkt, so bin ich mir doch bewußt, daß man nicht immer einen völligen Offensivkrieg führen kann. Ich verlange nur, daß dem Heerführer in der Defensive nicht durch irgendwelche Befehle die Hände gebunden werden, sondern daß die Defensive vielmehr eine List sei, die das Selbstgefühl der Feinde reizt und sie zu Fehlern verleitet, aus denen ein geschickter Feldherr seinen Vorteil ziehen kann.

In der Defensive besteht die größte Kunst des Heerführers darin, seinen Feind auszuhungern. Das ist ein Mittel, bei dem er nichts aufs Spiel setzt, aber alles gewinnen kann. Dazu ist erforderlich, daß man durch Klugheit und gewandtes Benehmen das Spiel des Zufalls soweit als möglich ausschaltet. Der Hunger besiegt einen Menschen weit sicherer als der Mut des Gegners. Da aber die Wegnahme eines Proviantzuges oder der Verlust eines Magazins den Krieg noch nicht gleich beendigt und nur Schlachten zur Entscheidung führen, so muß man zum Erreichen seines Ziels beide Mittel anwenden.

Ich begnüge mich damit, zwei Defensivpläne nach meinen Grundsätzen zu entwerfen: einen für Niederschlesien, den anderen für die Kurmark.

Ich nehme an, die Österreicher wollen Niederschlesien von Böhmen her angreifen, und trete ihren Absichten folgendermaßen entgegen.

Ich errichte mein Hauptmagazin in Schweidnitz und lege 5 Bataillone und 3 Husarenschwadronen hinein. Außerdem errichte ich ein Depot im Schlosse von Liegnitz, um den Feind begleiten zu können, falls er auf dieser Seite eindringen sollte. Erfordern es die Umstände, so schicke ich auch ein Detachement nach Neiße. Vor allem aber lege ich eine Besatzung von 7 Bataillonen und 3 Husarenregimentern nach Glatz, damit dies Korps in Böhmen eindringen, dem Feinde seine Zufuhr abschneiden und ihm wohl gar, wenn es möglich ist, sein Magazin in Königgrätz wegnehmen oder zerstören kann. Dadurch ginge der ganze Feldzug für die Österreicher verloren, und wir wären leichten Kaufs von ihnen befreit. Ich lasse meine Armee bei Schönberg und Liebau lagern, wodurch ich die Straße von Schatzlar decke.

Dann steht dem Feinde nur noch der Weg über Braunau nach Schlesien frei. Ich lasse mein Lager sogar verschanzen, um den Anschein zu erwecken, als ob ich mich fürchte. Dringt der Feind nun über Braunau in Schlesien ein, so lasse ich ihn ruhig vorrücken und lagere mich dann unversehens in seinem Rücken, wozu die Armee allerdings für vierzehn Tage Brot und Mehl haben muß. Dadurch zwinge ich den Feind zur Schlacht, und da ich in seinem Rücken stehe, hängt es ganz von mir ab, ein Schlachtfeld zu wählen, das mir die größten Vorteile bietet. Durch dies Manöver setze ich nichts aufs Spiel, sobald die Befestigung von Schweidnitz vollendet ist. Dem Feind hingegen, wenn er unter solchen Umständen geschlagen wird, steht kein Weg zum Rückzug mehr offen. Angenommen aber, die Österreicher gingen nur tastend vor, so muß ich über eins ihrer Detachements oder über ihre Avantgarde herfallen und alle List gebrauchen, um sie dreist zu machen, dann aber aus ihrer Verwegenheit Nutzen ziehen.

Weit schwieriger ist die Verteidigung der Kurmark, weil sie ein offenes Land ist und die an Sachsen grenzenden Wälder für Lager und Märsche gleich ungünstig sind. Doch glaube ich, daß man sich folgendermaßen benehmen müßte.

Berlin, eine offene Stadt, erfordert als Landeshauptstadt meine größte Aufmerksamkeit. Es liegt nur 12 Meilen von Wittenberg. Ich nehme an, die feindliche Armee versammelt sich dort. Dann könnte der Feind drei Pläne ausführen. Der eine wäre, an der Elbe entlang zu marschieren; das aber würde ihm wegen Magdeburg schwer fallen, denn einen solchen Platz kann man nicht hinter sich lassen. Zweitens könnte der Feind über die Oder und den neuen Kanal kommen. Dann aber ließe er sein ganzes Land offen, und man könnte ihn durch einen Vorstoß gegen Wittenberg gleich nach Sachsen zurückwerfen. Der dritte Plan wäre der, stracks auf Berlin loszumarschieren. Die beste Defensive besteht darin, in Sachsen einzufallen, wie wir es im Winter 1745 getan haben. Sich hinter die Spree oder Havel zurückziehen, hieße das Land preisgeben. Lieber würde ich meine Armee bei Brandenburg versammeln, meine Lebensmittel nach Brandenburg und Spandau schaffen, alle Havelbrücken, außer denen zu Brandenburg und Spandau, zerstören und einige Eilmärsche machen, um die Sachsen in ihrem eigenen Lande anzugreifen, sie zu schlagen und sie selbst in die Defensive zu werfen. Man sage, was man will, aber es gibt keinen anderen Entschluß.

Am schwierigsten sind die Feldzugspläne, bei denen man sich vieler starker und mächtiger Feinde zu erwehren hat. Dann muß man seine Zuflucht zur Politik nehmen und seine Feinde untereinander zu entzweien suchen oder den einen und anderen durch Vorteile, die man ihm verschafft, von ihnen trennen. In militärischer Hinsicht muß man dann zur rechten Zeit zu verlieren wissen (wer alles verteidigen will, verteidigt nichts), muß eine Provinz dem Feinde opfern und derweil mit seiner ganzen Macht den anderen zu Leibe gehen, sie zur Schlacht zwingen und alles aufbieten, um sie zu vernichten. Dann muß man Detachements gegen die übrigen senden. Solche Kriege richten die Heere durch die Strapazen und Märsche, die man ihnen zumutet, zugrunde, und dauern sie lange, so nehmen sie zuletzt doch ein schlimmes Ende.

Überhaupt müssen alle Feldzugspläne sich nach den Zeitumständen und der Art und Anzahl der Feinde richten, mit denen man zu tun hat. Man soll den Feind nie am grünen Tisch verachten, vielmehr sich an seine Stelle versetzen und sich fragen, was man in seiner Lage tun würde. Je mehr Hindernisse man in seinen Plänen voraussieht, desto weniger wird man nachher bei der Ausführung finden. Kurz, man muß alles voraussehen, alle Schwierigkeiten erkennen und sie zu beseitigen wissen.

Das Augenmaß

Der sogenannte Feldherrnblick besteht in zweierlei. Das erste ist das Talent, auf der Stelle zu beurteilen, wieviel Truppen ein Gelände fassen kann. Das lernt sich nur durch Übung. Hat man selbst ein paar Lager abgesteckt, so bildet sich das Auge derart, daß man sich in den Maßen nur ganz wenig täuscht. Das andere weit höhere Talent besteht darin, beim ersten Blick alle Vorteile zu erkennen, die ein Gelände bieten kann. Dies Talent läßt sich erwerben und vervollkommnen, wofern man mit einer glücklichen Anlage zum Kriegführen geboren ist. Die Grundlage für diese Art Blick bildet unstreitig die Befestigungskunst. Für sie bestehen Regeln, die man auf die Stellung der Armeen anwendet. Daher wird ein geschickter Heerführer die geringste Anhöhe, einen Hohlweg, einen Graben, einen Morast benutzen. Da nun auf einer Quadratmeile vielleicht zweihundert Stellungen möglich sind, wird sein Blick die beste sofort erfassen. Ein geschickter Heerführer wird die geringste Anhöhe zum Erkunden des Geländes und zur Wahl seiner Stellung benutzen. Ebenso wird er nach den Regeln der Befestigungskunst den schwachen Punkt der feindlichen Aufstellung wahrnehmen.

Die Regeln der Befestigungskunst lehren uns, daß man sorgfältig die Höhen besetzt und solche auswählt, die nicht von anderen Höhen beherrscht werden, daß man die Flügel anlehnt, um seine Flanken zu decken, daß man Stellungen einnimmt, die sich verteidigen lassen, aber keine, die ein Ehrenmann nicht behaupten kann, ohne seinen Ruf aufs Spiel zu setzen. Nach derselben Regel beurteilt man auch die schwachen Punkte des Feindes, mag die Schuld an dem ungünstigen Gelände oder an der verkehrten Aufstellung der Truppen oder an der Schwäche der Verteidigungseinrichtungen liegen.

Die Talente des Heerführers

Ein vollkommener Feldherr besteht nur in der Idee, wie die Republik Platos, das Gravitationszentrum der Philosophen und der Stein der Weisen. Vollkommenheit ist den Menschen in nichts beschieden. Allein das Bewußtsein unserer Unvollkommenheit darf uns nicht abhalten, Ideale aufzustellen, damit edle, von Ehrgefühl und Wetteifer beseelte Geister ihnen nahekommen, wenn sie sie auch nicht ganz erreichen können.

Überhaupt sind es die großen Beispiele und Muster, die die Menschen bilden. Wenn schon Helden wie Eugen, Condé, Turenne und Cäsar unsere Bewunderung erregen, wieviel mehr muß uns dann erst ein Bild ergreifen, das ihre verschiedenen Vollkommenheiten vereinigt darstellt! Wie vieler gegensätzlicher Tugenden bedarf es doch für einen Feldherrn!

Vor allem setze ich voraus, daß er ein Ehrenmann und ein guter Staatsbürger sei, Eigenschaften, ohne die alle Gewandtheit und Feldherrngaben mehr schädlich als nützlich sind. Ferner verlangt man von ihm Verstellungskunst und dabei doch den Anschein der Natürlichkeit, Sanftmut und Strenge, stetes Mißtrauen und unerschütterliche Ruhe. Er soll seine Soldaten aus Menschlichkeit schonen und doch zuweilen verschwenderisch mit ihrem Leben umgehen, soll mit dem Kopfe arbeiten und doch tatkräftig handeln, verschlossen und gründlich sein, über alles Bescheid wissen, nie eine Sache über einer anderen vergessen und die kleinen Details, von denen so oft Großes abhängt, nicht vernachlässigen noch als zu gering ansehen.

Alle diese Eigenschaften empfehle ich wegen ihrer Wichtigkeit, und zwar aus folgenden Gründen.

Die Kunst, seine Gedanken zu verbergen, oder die Verstellungskunst ist für jeden, der große Geschäfte zu leiten hat, unentbehrlich. Die ganze Armee liest aus der Miene des Heerführers, wie seine Sache steht. Sie prüft die Ursachen seiner guten und schlechten Laune, seine Gebärden; mit einem Worte: nichts entgeht ihr. Ist er nachdenklich, so sagen die Offiziere: »Sicherlich hat unser General etwas Großes vor.« Sieht er traurig oder verdrießlich aus: »Ach!« heißt es dann, »die Dinge stehen übel.« Und ihre Einbildungskraft, die sich in leeren Mutmaßungen ergeht, sieht alles schlimmer, als es ist. Solche Gerüchte entmutigen; sie laufen durch die ganze Armee und dringen aus Eurem in das feindliche Lager. Darum muß der Heerführer wie ein Schauspieler sein und die Miene aufsetzen, die ihm die Rolle, die er spielen will, vorschreibt. Kann er das nicht über sich bringen, so muß er lieber eine Krankheit vorschützen oder sich irgend einen Scheingrund ausdenken, um die Öffentlichkeit irrezuführen. Trifft eine schlimme Nachricht ein, so stellt er sich, als mache er sich gar nichts daraus, und prahlt mit der Zahl und Größe seiner Hilfsmittel. Er verachtet den Feind öffentlich und respektiert ihn im geheimen.

Hat im Kleinkrieg irgend eins seiner Streifkorps eine Schlappe erlitten, so untersucht er die Ursachen davon und findet allemal heraus, daß das falsche Benehmen oder die Unwissenheit des Führers daran schuld war. Er erklärt öffentlich, daß die Schuld an der erlittenen Schlappe nicht der mangelnden Tapferkeit der Truppen zuzuschreiben sei, untersucht die Fehler des Offiziers und gibt dadurch den anderen eine Lehre. Derart erzieht er seine Offiziere und raubt den Truppen das Vertrauen auf ihre eigene Kraft nicht.

Milde und Strenge sind bei den Soldaten abwechselnd angebracht. Der Heerführer muß populär sein. Er muß mit den Soldaten reden, wenn er an ihren Zelten vorbeikommt, oder auf dem Marsche. Bisweilen sieht er nach, was sie zu kochen haben, kümmert sich um ihre kleinen Bedürfnisse, tut sein möglichstes, um ihnen das Leben zu erleichtern, und erspart ihnen unnötige Anstrengungen. Dagegen muß er mit der ganzen Strenge des Gesetzes gegen Meuterer und Plünderer verfahren, keinen Widerspruch dulden, und wenn Exempel statuiert werden müssen, die Deserteure aufs strengste bestrafen. Kurz, alles, was den Dienst betrifft, muß mit Ernst und Nachdruck geschehen; alles übrige kann mit Nachsicht behandelt werden. Was die Offiziere betrifft, so lobt er die wackeren Taten, die sie vollbracht haben, ist leutselig gegen sie und erweist ihnen Gefälligkeiten. In allem jedoch, was ihre Pflicht angeht, muß er unnachsichtig sein und sie mit Gewalt dazu anhalten, falls sie sie vernachlässigen.

Der Heerführer tut gut daran, mit den einsichtsvollsten Generalen seiner Armee öfters vom Kriege zu sprechen. Er bringt sie auf allgemeine Fragen, hört ihre Meinungen an, und äußern sie dann in der freien Unterhaltung eine verständige Ansicht, so muß er sie benutzen, ohne sich anmerken zu lassen, daß er die Sache gut findet. Ist sie nachher aber ausgeführt und gelungen, so muß er im Beisein vieler Offiziere sagen: »Den Erfolg dieser Sache verdanke ich dem und dem.« Dadurch schmeichelt er der Eigenliebe der anderen, erweckt ihr Interesse an den allgemeinen Dingen, und durch seine Bescheidenheit macht er sich keine Neider, sondern gewinnt Freunde.

Die Normannen geben ihren Kindern eine Lebensregel mit: »Sei mißtrauisch!« – »Gegen wen?« – »Gegen jedermann.« Im Kriege gilt das Mißtrauen beständig dem Feinde. Nur ein Tor traut ihm. Zuweilen aber schläfert Euch das Gefühl der Sicherheit ein. Ich verlange also von einem Heerführer, daß er auf die Pläne seiner Feinde stets ein wachsames Auge habe. Er ist die Schildwache seiner Armee. Er muß sehen, hören, vorausschauen und allem Unheil, das ihr widerfahren könnte, vorbeugen. Gerade nach den größten Erfolgen muß man dem Feind am meisten mißtrauen. Man hält ihn dann zumeist für entmutigt und verfällt bei all seinen Unternehmungen in Lethargie. Oft hält ein geschickter Feind Euch mit falschen Friedensvorschlägen hin. Fallt nicht leichtfertig in diese Schlinge und bedenkt, daß seine Absichten nicht ehrlich sein können!

Stets muß man sich die Lage überlegen, in der man sich befindet, und sich fragen: »Welche Pläne würde ich fassen, wenn ich an des Feindes Stelle wäre?« Hat man sich mehrere solcher Pläne ausgedacht, so muß man über die Mittel nachsinnen, wie man sie zum Scheitern bringen könnte. Man muß dann vor allem sofort die etwaigen Mängel der eigenen Stellung, der Anordnung der Truppen, der Depots oder der Detachierungen verbessern. Und zwar muß das rasch geschehen; denn im Kriege können wenige Stunden entscheidend sein: da lernt man den Wert des Augenblicks schätzen. Aber das alles darf Euch nicht einschüchtern; denn die Kühnheit muß mit Vorsicht gepaart sein, und da sich der Erfolg eines Unternehmens niemals mathematisch beweisen läßt, so genügt es, wenn man es richtig anlegt. Den Ausgang muß man dann dem Schicksal überlassen. Alles läuft also darauf hinaus, daß man voraussieht, welchen Schaden der Feind einem tun kann. Dem muß man vorbeugen und ihm selber so viel Besorgnis einflößen, daß diese Besorgnis und Eure fortwährenden Unternehmungen ihn zur Defensive zwingen.

Wollt Ihr Euch die Liebe Eurer Soldaten erwerben, so überanstrengt oder exponiert sie niemals, ohne daß sie selbst einsehen, daß es notwendig ist. Seid ihr Vater und nicht ihr Henker. Bei Belagerungen schont man die Soldaten durch Laufgräben und in der Schlacht dadurch, daß man den Feind an seiner schwachen Stelle packt und rasch zu Werke geht. Je lebhafter die Angriffe sind, um so weniger Leute kosten sie. Indem Ihr die Schlachten kurz macht, verringert Ihr die Zeit, in der Ihr Verluste erleiden könnt. Derart geführt, bekommt der Soldat Zutrauen zu Euch und setzt sich freudig der Gefahr aus.

Die Hauptarbeit des Heerführers ist die Tätigkeit am grünen Tisch. Er muß Projekte entwerfen, Gedanken verknüpfen, auf seinen Vorteil sinnen, seine Hauptstellungen wählen, die Absichten des Feindes voraussehen, ihnen zuvorkommen und den Gegner unaufhörlich beunruhigen. Aber das genügt noch nicht. Er muß auch tätig sein, muß befehlen und ausführen und stets mit eigenen Augen sehen. Er muß also sein Lager selbst wählen, seine Feldwachen aussetzen und oft rund um das Lager reiten, um sich mit der Umgebung vertraut zu machen; dann wird ihm bei einem unvermuteten Angriff nichts neu sein. Er muß sich das Gelände so gut eingeprägt haben, daß er seine Befehle nach allen Seiten geben kann, als ob er an Ort und Stelle wäre, und daß nichts geschehen darf, woran er nicht im voraus gedacht hätte. Dann werden auch seine Anordnungen stets richtig sein. Er muß daher über alles, was das Lager im einzelnen betrifft, nachdenken und es wiederholt besichtigen; denn öfters kommen die guten Gedanken über eine Sache erst nach mehrfacher Überlegung. Seid also tätig und unermüdlich und legt alle geistige und körperliche Trägheit ab, sonst werdet Ihr nie den großen Feldherren gleichkommen, die uns zum Vorbild dienen.

Ein alter Schriftsteller hat gesagt, man wäre kein Mann, wenn man nicht zu schweigen wüßte. Der Mangel an Verschwiegenheit, im bürgerlichen Leben nur ein geringer Fehler, wird beim Feldherrn zum größten Laster; denn wenn er auch die schönsten Pläne von der Welt entworfen hat, sie aber ausplaudert, so erfährt sie der Feind und erstickt sie im Keime. Die erste Vorsichtsmaßregel ist, daß man allen Detachementsführern oder Festungskommandanten Chiffernschlüssel gibt, damit ein aufgefangener Brief nicht Eure ganzen Pläne verrät. Im Kriege verbirgt man sogar seine wirklichen Absichten, und da manche Unternehmung viele und mannigfache Vorbereitungen erfordert, so trifft man sie unter allerlei Vorwänden, um die irrezuführen, die ihren Zweck ergründen wollen. Daher gibt man oft seine Befehle und Dispositionen erst spät am Vorabend des Tages, an dem man sie ausführen will. Um seine Pläne sicherer zu verbergen, darf man sich auch nicht zu oft der gleichen List bedienen, sondern muß damit wechseln und oft neue erfinden. Denn ein Heerführer ist von fünfzigtausend Neugierigen umgeben, die seine Absichten erraten wollen, und von Feinden, denen an ihrer Ergründung noch weit mehr liegt.

Der Heerführer muß alle seine Pläne mit Umsicht abwägen. Er sei langsam in seinen Überlegungen, aber rasch von Entschluß in der Schlacht und in unerwarteten Fällen. Er muß wissen, daß es immer noch besser ist, einen schlechten Entschluß zu fassen und ihn auf der Stelle auszuführen, als unentschlossen zu bleiben. Auch darf der Heerführer seine Person nicht leichtsinnig aufs Spiel setzen, vor allem aber sich nie in die Gefahr bringen, vom Feinde gefangen zu werden.

Wie man den Feind bei ungleichen Kräften schlagen kann

Ist der Feind den preußischen Truppen an Zahl überlegen, so muß man doch nicht am Siege verzweifeln. Aber dann müssen die Dispositionen des Heerführers den Mangel an Streitkräften wettmachen. Schwache Armeen müssen bergige und durchschnittene Gegenden aufsuchen; denn dort ist jedes Gelände beschränkt und die größere Zahl nützt dem Feinde nichts, wenn er mit ihr nicht überflügeln kann; ja sie wird ihm bisweilen zur Last. Hinzugefügt sei, daß man die Flügel einer Armee in bergigem und durchschnittenem Gelände besser anlehnen kann als in der Ebene. Wir hätten niemals die Schlacht von Soor gewonnen, wenn uns das Gelände nicht begünstigt hätte. Denn obwohl die Zahl unserer Truppen nur halb so groß war wie die der Österreicher, konnten diese uns doch nicht überflügeln. So stellte das Gelände eine Art von Ausgleich zwischen beiden Armeen her.

Die Generalprinzipien des Krieges und Ihre Anwendung auf die Taktik ...

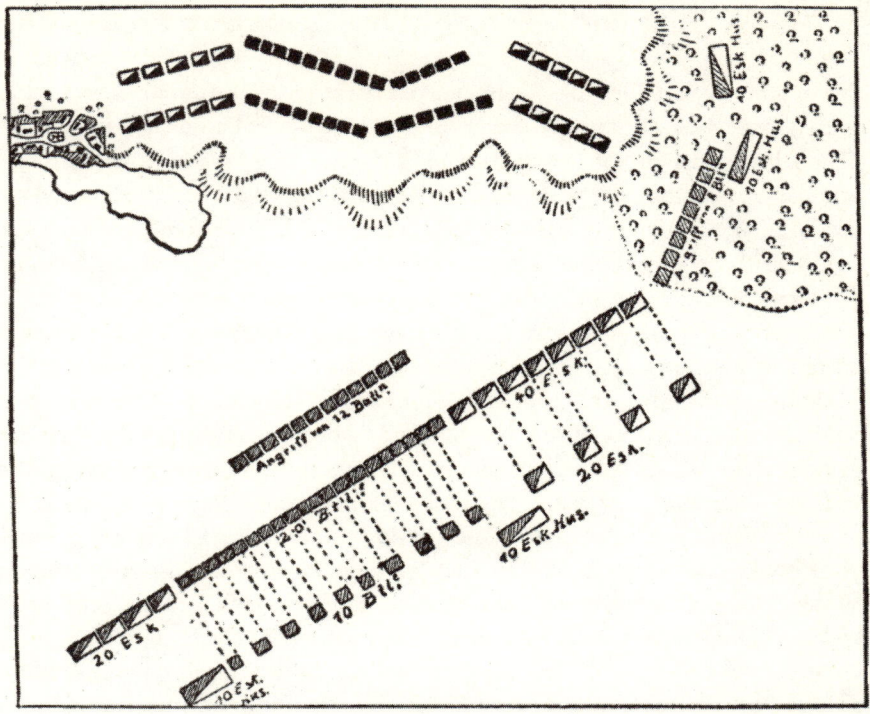

Meine erste Regel gilt also der Wahl des Geländes und die zweite dem Schlachtplane selbst. Bei solchen Gelegenheiten kann man meine schräge Schlachtordnung mit Erfolg anwenden. Man versagt dem Feind einen Flügel und verstärkt den anderen, der zum Angriff bestimmt ist. Dieser greift einen Flügel des Feindes mit aller Kraft an, und zwar in der Flanke. Eine Armee von 100 000 Mann kann, in der Flanke gefaßt, von 30 000 Mann geschlagen werden; denn die Schlacht wird dann rasch entschieden. Siehe den Plan. Hier führt mein rechter Flügel den Hauptstoß aus. Eine Infanterieabteilung zieht sich unvermerkt in das Gehölz, um der feindlichen Kavallerie in die Flanke zu fallen und den Angriff der eigenen Kavallerie zu decken. Einige Husarenregimenter erhalten Befehl, den Feind im Rücken zu fassen; darauf geht die Armee vor. Sobald die feindliche Kavallerie geschlagen ist, fällt die im Gehölz stehende Infanterie der feindlichen in die Flanke, während die übrige Infanterie sie in der Front angreift. Der linke Flügel darf aber nicht eher vorrücken, als bis der linke feindliche Flügel völlig geschlagen ist. Die Vorteile solcher Anordnung sind:
1. Eine kleine Truppenzahl kann sich mit einem überlegenen Feind messen.
2. Ein Teil Eurer Armee greift den Feind auf der entscheidenden Seite an.
3. Werdet Ihr geschlagen, so ist nur ein Teil Eurer Armee geschlagen, und die übrigen drei Viertel, die noch frisch sind, decken den Rückzug.

Warum und wie man Schlachten liefern soll

Schlachten entscheiden das Schicksal der Staaten. Wer immer Krieg führt, muß solche Entscheidungen herbeiführen, sei es, um sich aus einer mißlichen Lage zu befreien oder den Feind darein zu versetzen, oder um den Streit auszufechten, der sonst nie ein Ende nähme. Ein vernünftiger Mann darf keinen Schritt ohne triftigen Beweggrund tun. Noch viel weniger darf ein Heerführer jemals eine Schlacht liefern, ohne einen wichtigen Zweck zu verfolgen. Wird er dagegen zum Kampfe gezwungen, so hat er selbst Fehler begangen und muß sich vom Feinde das stolze Gesetz einer Schlacht vorschreiben lassen.

Ihr seht, daß ich mir hier keine Lobrede halte. Denn unter den fünf Schlachten, die meine Truppen geliefert haben, waren nur drei, die ich geplant hatte. Zu den beiden anderen wurde ich gezwungen: bei Mollwitz, weil die Österreicher sich zwischen meine Armee und Ohlau geschoben hatten, wo meine Artillerie und meine Lebensmittel waren, und bei Soor, weil die Österreicher mir die Straße nach Trautenau verlegten und mir nur die Wahl zwischen Schlacht und völligem Untergang ließen. Man sehe aber, welcher Unterschied zwischen den erzwungenen Schlachten und den im voraus geplanten besteht! Welchen Erfolg hatten die Schlachten von Hohenfriedberg, Kesselsdorf und die von Chotusitz, die uns den Frieden brachte!

Wenn ich hier also Lehren gebe, die ich aus Unbedacht selbst nicht befolgt habe, so geschieht es, damit meine Offiziere aus meinen Fehlern lernen und zugleich erfahren, daß ich darauf bedacht bin, mich zu bessern.

Öfters haben beide Armeen Lust, sich zu schlagen: dann ist die Sache bald abgemacht. Die besten Schlachten sind die, zu denen man den Feind nötigt. Denn es ist eine zuverlässige Regel, daß man den Feind stets zu dem zwingen muß, wozu er gar keine Lust hat; und da Eure Interessen denen des Feindes schroff entgegengesetzt sind, so müßt Ihr gerade das wollen, was er nicht will. Eine Schlacht wird aus folgenden Gründen geliefert:
1. um den Feind zu zwingen, die Belagerung einer Eurer Festungen aufzuheben,
2. um ihn aus einer Provinz zu verjagen, deren er sich bemächtigt hat,
3. um in Feindesland einzudringen,
4. um eine Belagerung vorzunehmen,
5. um die Hartnäckigkeit des Feindes zu brechen, wenn er keinen Frieden machen will.

Man zwingt den Feind zur Schlacht, indem man ihm durch einen Gewaltmarsch in den Rücken kommt und ihn von seinen rückwärtigen Verbindungen abschneidet, oder indem man eine Stadt bedroht, die er um jeden Preis halten will. Man nehme sich aber wohl in acht, wenn man solche Manöver

machen will, und hüte sich, nicht selber in eine mißliche Lage zu geraten und sich nicht so aufzustellen, daß der Feind Euch von Euren Magazinen abschneiden kann.

Am wenigsten setzt man bei Nachhutgefechten aufs Spiel. Man lagert sich zu dem Zweck dicht beim Feinde. Will er sich dann zurückziehen und vor Euren Augen durch Defileen marschieren, so fallt Ihr über die Nachhut seiner Armee her. Bei solchen Gefechten ist wenig zu verlieren und viel zu gewinnen. Der Prinz von Lothringen hätte sehr wohl ein solches Gefecht mit uns anfangen können, hätte er, statt nach Soor zu marschieren, gewartet, bis wir im Lager von Trautenau waren, und sich dann meiner Armee gegenüber gelagert. Der Marsch nach Schatzlar wäre uns dann viel teurer zu stehen gekommen, und ich glaube, der Prinz hätte dabei seinen Vorteil gefunden.

Ferner liefert man eine Schlacht, um die Vereinigung der feindlichen Korps zu verhindern. Dieser Grund ist stichhaltig. Ein geschickter Feind wird aber leicht Mittel finden, Euch durch einen Gewaltmarsch zu entkommen oder sich eine gute Stellung auszusuchen. Zuweilen hat man nicht die Absicht, eine Schlacht zu liefern, wird aber durch die Fehler des Feindes dazu eingeladen, die man benutzen muß, um ihn dafür zu strafen.

Diesen Grundregeln füge ich hinzu, daß unsere Kriege kurz und lebhaft sein müssen. Wir dürfen sie durchaus nicht in die Länge ziehen. Ein langwieriger Krieg zerstört nach und nach unsere vortreffliche Disziplin, entvölkert das Land und erschöpft unsere Hilfsquellen. Die Führer der preußischen Armeen müssen also, wenn auch mit aller Vorsicht, eine Entscheidung herbeizuführen suchen. Sie dürfen nicht so denken wie der Marschall von Luxemburg, als sein Sohn beim Kriege in Flandern zu ihm sagte: »Mich deucht, Vater, wir könnten noch die und die Stadt nehmen.« Worauf der Marschall erwiderte: »Schweig still, kleiner Narr! Willst Du, daß wir nach Hause gehen sollen, um Kohl zu pflanzen?« Kurz, in betreff der Schlachten muß man den Grundsatz des Hohen Rats der Hebräer befolgen: »Es ist besser, ein Mensch sterbe für das Volk, denn daß das ganze Volk verderbe.«

Zufälle und unvermutete Ereignisse im Kriege

Heerführer sind mehr zu beklagen, als man meint. Jedermann verurteilt sie, ohne sie zu hören. Die Zeitungen geben sie dem Spott der Welt preis, und unter Tausenden, die sie verdammen, versteht vielleicht nicht einer so viel, um das geringste Detachement zu führen. Ich bezwecke damit keine Apologie der Heerführer, die Fehler begehen; denn sie verdienen Tadel. Auch meinen eigenen Feldzug von 1744 will ich gern preisgeben und gestehen, daß ich bei viel Schnitzern nur wenig gut gemacht habe, so die Belagerung von Prag, den Rückzug und die Verteidigung von Kolin und schließlich den Rückzug nach Schlesien. Doch genug davon! Hier will ich nur von den unglücklichen Ereignissen reden, gegen die weder Voraussicht noch reifliche Überlegung etwas vermögen. Da ich hier nur für meine Generale schreibe, so will ich ihnen nur solche Beispiele anführen, die mir selbst begegnet sind.

Als wir im September 1741 im Lager von Reichenbach standen, hatte ich den Plan, durch einen Gewaltmarsch die Neiße zu erreichen und mich zwischen die Stadt Neiße und die Armee Neippergs zu setzen, um die Österreicher von ihr abzuschneiden. Die Disposition dazu war getroffen, aber ein anhaltender Regen machte die Wege grundlos, so daß unsere Avantgarde, die die Pontons bei sich hatte, nicht vorwärts kam. Am Marschtage herrschte so dichter Nebel, daß die Infanteriewachen in den Dörfern sich verirrten und nicht wieder zu ihren Regimentern zurückfanden. Das ging so weit, daß wir, statt, wie beschlossen, um vier Uhr morgens abzumarschieren, erst um Mittag aufbrechen konnten. Infolgedessen war an einen Gewaltmarsch nicht mehr zu denken; der Feind kam uns zuvor, und der Nebel vernichtete mein ganzes Projekt.

Eine Mißernte in dem Lande, in dem man Krieg führen will, läßt einen ganzen Feldzug scheitern. Krankheiten, die während der Operationen ausbrechen, werfen die Truppen in die Defensive; so erging es uns 1744 in Böhmen infolge der schlechten Ernährung. Während der Schlacht von Hohenfriedberg befahl ich einem meiner Adjutanten, dem Markgrafen Karl zu sagen, er solle als rangältester General die Führung des zweiten Treffens übernehmen, da Kalckstein nach dem rechten Flügel gegen die Sachsen detachiert war. Der Adjutant verstand mich falsch und bestellte dem Markgrafen, er solle das zweite Treffen aus dem ersten formieren. Zum Glück merkte ich das Mißverständnis noch beizeiten und konnte ihm abhelfen. Aber man sei stets auf seiner Hut und bedenke, daß ein falsch übermittelter Befehl alles verderben kann.

Erkrankt der Heerführer oder hat der Führer eines wichtigen Detachements das Unglück, zu fallen, so sind auf einmal alle Maßregeln vernichtet; denn es gehören kluge und wagemutige Männer zur Führung von Detachements, und diese finden sich so selten, daß ich bei meiner Armee höchstens drei bis vier kenne. Gelingt es dem Feinde trotz aller Vorsicht, Euch einen Proviantzug wegzunehmen, so wirft das gleichfalls alle Eure Maßregeln um, und Eure Pläne sind vereitelt. Müßt Ihr aus militärischen Gründen eine Rückwärtsbewegung machen, so entmutigt Ihr dadurch Eure Truppen. Zum Glück habe ich dergleichen nie mit meiner ganzen Armee durchgemacht, aber nach der Schlacht bei Mollwitz habe ich gesehen, wie lange es dauert, bis eine entmutigte Truppe sich wieder beruhigt; denn meine Kavallerie war damals so weit herunter, daß sie glaubte, ich schickte sie zur Schlachtbank, wenn ich ein Detachement aussandte, um sie an den Krieg zu gewöhnen. Erst von der Schlacht von Hohenfriedberg datiert die Epoche ihres Aufschwungs.

Entdeckt der Feind einen wichtigen Spion, den Ihr in seinem Lager habt, so ist Euer Kompaß verloren, und Ihr erfahrt von seinen Bewegungen weiter nichts, als was Ihr seht.

Die Nachlässigkeit der zum Rekognoszieren ausgesandten Offiziere kann Euch in die größte Bedrängnis bringen. Auf diese Weise wurde Neipperg bei Mollwitz überrascht; denn der Husarenoffizier, den er auf Kundschaft ausgeschickt hatte, versäumte seine Pflicht, und wir waren ihm auf dem Halse, als er sich dessen am wenigsten versah. Lernt also daraus, daß Ihr die Sicherheit der ganzen Armee niemals der Wachsamkeit eines einzigen Subalternoffiziers anvertrauen dürft. Dergleichen große und wichtige Dinge dürfen nicht von einem einzigen Menschen oder von einem Subalternoffizier abhängen. Patrouillen dürfen überhaupt nur als überflüssige Vorsichtsmaßregel angesehen werden. Man soll sich nie völlig auf sie verlassen, sondern noch viele andere gründlichere und zuverlässigere Vorsichtsmaßregeln ergreifen. Verrat ist das Schlimmste, was einem zustoßen kann. Kurz, aus allem oben Gesagten ergibt sich, daß man auch mitten im Glück sich nie auf etwas verlassen noch durch seine Erfolge hochmütig werden soll. Vielmehr soll man bedenken, daß wir bei unserer geringen Klugheit und Vorsicht oft die Spielbälle des Zufalls und unerwarteter Ereignisse werden, durch die ein unbekanntes Schicksal den Dünkel der Eingebildeten zu demütigen liebt.

Soll ein Heerführer Kriegsrat halten?

Prinz Eugen pflegte zu sagen, wenn ein Heerführer keine Lust hätte, etwas zu unternehmen, so gäbe es kein besseres Mittel, als einen Kriegsrat zu halten. Das trifft um so mehr zu, als die meisten Stimmen beim Kriegsrat auf Nichthandeln lauten. Ein Heerführer, dem der Herrscher seine Truppen anvertraut, muß selbständig verfahren. Das Vertrauen, das der Fürst in seine Verdienste setzt, berechtigt ihn dazu. Außerdem wird die im Kriege so notwendige Geheimhaltung bei einem Kriegsrat nie gewahrt. Indessen glaube ich, ein Heerführer soll auch den guten Rat eines Subalternoffiziers nicht verschmähen. Denn wenn es den Dienst des Staates betrifft, vergißt ein wackerer Bürger sich selbst und handelt zum Wohl des Vaterlandes, einerlei, ob die Mittel zum Zweck von ihm oder von jemand anders herrühren, wenn er nur sein Ziel erreicht.

Die neue Taktik der Armee

Aus allen in diesem Werke festgesetzten Regeln werdet Ihr ersehen haben, worauf die Taktik beruht, die ich bei meinen Truppen eingeführt habe. Der Zweck aller dieser Manöver ist, bei jeder Gelegenheit Zeit zu gewinnen und daraus Nutzen zu ziehen, sei es, um aus dem Lager zu rücken oder sich geschwinder als der Feind zu formieren, oder auch, um sich rasch und ohne jede Verwirrung in die gewöhnliche oder schräge Schlachtordnung zu stellen, oder auch, um schneller Terrain zu gewinnen und die Schlacht eher zur Entscheidung zu bringen, als es bisher Brauch war, oder schließlich, um den Feind durch das Ungestüm unserer Kavallerieattacken über den Haufen zu werfen. Denn bei ihrer Heftigkeit wird auch der Feigling mitgerissen und muß so gut wie der brave Kerl seinen Dienst verrichten; mithin bleibt kein einziger Reiter unnütz. Das ganze System beruht also auf der Schnelligkeit der Bewegungen und auf der Notwendigkeit des Angriffs.

Ich hoffe zuversichtlich, daß alle Generale von der Notwendigkeit und dem Nutzen der Disziplin überzeugt sind und mit mir danach streben werden, sie in Krieg und Frieden aufrechtzuerhalten und zu vervollkommnen. Ich werde nie vergessen, was Vegetius von den Römern sagt, indem er gleichsam mit Begeisterung ausruft: »Endlich triumphierte die römische Disziplin über den hohen Wuchs der Germanen, über die Kraft der Gallier, über die List der Griechen, über die große Zahl der Barbaren und unterwarf sich den ganzen bekannten Erdkreis.« So sehr hängt die Wohlfahrt der Staaten von der Disziplin der Heere ab!

Schlußwort

Das sind ungefähr die Hauptpunkte der großen Kriegsoperationen. Ich habe ihre Grundsätze möglichst ausführlich entwickelt und mich vor allem bestrebt, klar und verständlich zu sein. Solltet Ihr aber über den einen oder anderen Punkt Zweifel haben, so wird es mich freuen, wenn Ihr sie mir darlegt, damit ich meine Gründe ausführlicher angeben oder, wenn ich etwas Falsches gesagt haben sollte, mich zu Eurer Meinung bekennen kann. Schon meine geringe Kriegserfahrung hat mir gezeigt, daß diese Kunst nicht auszulernen ist und daß man bei ernstem Studium stets Neues entdeckt. Ich glaube, meine Zeit nicht verloren zu haben, wenn dies Werk meine Offiziere zum Nachdenken über ein Handwerk anregt, das ihnen die glänzende Laufbahn des Ruhmes eröffnet, ihre Namen dem Dunkel der Zeiten entreißt und ihnen für ihre Mühen Unsterblichkeit sichert. *Dixi.*

Gedanken und allgemeine Regeln für den Krieg
(1755)

Allgemeine Regeln

Versammlung der Armee

Man versammelt die Armee an dem Orte, der den Mittelpunkt der Operationen bilden soll: in der Defensive an der Stelle, die einerseits das Land und die Magazine am besten deckt und andrerseits die einem feindlichen Angriff am meisten ausgesetzten Festungen schützt. In der Offensive muß man seine Lagerstelle gleich so aussuchen, daß die Zufuhren durch die Armee gedeckt werden, und daß die Stellung beim Feind verschiedene Besorgnisse erregt oder große Unternehmungen erleichtert. *NB*. Im Feldkriege muß der Versammlungsort der Armee stets eine Operationsbasis nach der Art einer ersten Parallele decken. Diese erste Parallele ist entweder ein Flußlauf oder eine Bergkette, deren wichtigste Pässe man besetzt hält, oder eine Reihe von Festungen. Beim Vordringen in Feindesland muß man, um kunstgerecht zu verfahren, gleich nach den ersten Siegen und Eroberungen von Städten eine zweite Parallele ziehen. Diese Parallelen dienen vor allem zur Rückendeckung der Armee, zum Schutz der Zufuhr usw., ferner, damit im Fall des Mißlingens die Rückzugslinie unter allen Umständen gesichert ist, schließlich auch, um zu verhindern, daß die leichten Truppen des Feindes Euch in Flanken und Rücken kommen.

Märsche

Man muß wissen, warum und wohin man marschiert und was man mit seiner Bewegung erreichen will. Man darf eine Armee nur aus guten Gründen in Bewegung setzen. Gewaltmärsche sind ein stummes Zeugnis dafür, daß der Heerführer sich von seinem Gegner hat Hinhalten lassen. Sonst wäre er nicht gezwungen, sich zu eilen und durch Geschwindigkeit die Zeit einzuholen, die der Feind ihm abgewonnen hat. Bei allen Märschen ist eine gute Avantgarde nötig, die den Marsch aufklärt. Die Zahl der Kolonnen richtet sich nach der Anzahl der Straßen, die man vorher sorgfältig rekognoszieren läßt. Die Kavallerie darf nicht durch Wälder marschieren. Trifft sie unterwegs auf solche, so gibt man ihr einige Infanteriebataillone zur Bedeckung. Wenn man vom Feinde entfernt ist, müssen die Husaren bei der Avantgarde, auf den Flanken der Armee und bei der Arrieregarde sein. Die Bagage muß die mittelste Kolonne bilden und von einer starken Arrieregarde gedeckt werden. Die Avantgarde darf der Armee nur um eine Viertelmeile vorausmarschieren, in der Höhe des Feindes nur 1200 Schritt.

Lagerplätze

Die Lager müssen dem Zweck angepaßt sein, den man im Auge hat. Ein Versammlungslager erheischt keine große Vorsicht; die anderen sind entweder Angriffs- oder Verteidigungslager.

Angriffslager bezieht man da, wo man den Feind erwartet, um ihm eine Schlacht zu liefern. Sie sind untereinander sehr verschieden. Die Hauptregel ist gute Anlehnung der Flügel. In einer Gegend, wo man weiß, daß der Feind hinkommen muß, und wo man ihn erwarten will, muß man bei gleichen Kräften eine Ebene aussuchen, in der die Kavallerie sich frei bewegen kann, wodurch die Entscheidung wesentlich beschleunigt wird. Ist man schwächer als der Feind, so muß man ein Gelände wählen, das sich vor der Front immer mehr verengt. Dann wird die feindliche Aufstellung von der Euren stets überflügelt, seine größere Zahl nützt ihm zu nichts, und Ihr könnt ihm, obwohl schwächer, die Stirn bieten.

Verteidigungslager sind Lager zum Fouragieren, wenn man in der Nähe des Feindes ist, oder feste Stellungen. Die Stärke eines Verteidigungslagers muß in der Front und in den Flügeln liegen. Wie es aber auch sei, der Rücken muß von Defileen frei sein, damit die Armee es ohne Schwierigkeit verlassen kann. In der Natur findet man fast nie ein Gelände, das ganz Euren Wünschen entspricht. So muß die Kunst denn nachhelfen. Man errichtet Erdwerke, legt Schanzen mit Flatterminen an und beschränkt den Feind auf bestimmte Angriffspunkte. Verhaue sind gut, wenn man die Zeit hat, sie fertigzustellen, sonst taugen sie nichts. Welches befestigte Lager man aber auch einnehmen mag, man muß doch stets voraussetzen, daß der Feind es rechts oder links umgehen kann. Für diesen Fall muß man schon im voraus zwei andere Lagerplätze ausgewählt haben, die man je nach den Umständen bezieht. Sonst wird Euch der Feind durch seine Märsche zur Schlacht zwingen, sobald er will.

Detachements

Hat man viele leichte Truppen sich gegenüber, so ist man zur Absendung von Detachements genötigt, um seine Operationsbasis zu decken, insbesondere, um seine Zufuhren zu sichern. Diese Detachements müssen stark sein. Am besten sind solche, die der Armee so nahe stehen, daß sie von ihr unterstützt werden können. Ist man vom Feinde entfernt, so kann man sie weiter vorschieben und stärker machen. Steht aber der Feind mit seinen Hauptkräften in der Nähe, so darf man sie nicht zu weit fortschicken. Sie müssen sich stets hinter Defileen oder auf engem Gelände aufstellen, damit sie Zeit haben, sich zurückzuziehen, oder, falls sie zum Kampfe gezwungen werden, wenigstens nicht von der Überzahl erdrückt werden. Sind aber die leichten Truppen beider Armeen annähernd gleich stark und die Einwohner des Landes nicht ganz gegen Euch, so müssen die Detachements ihre Defensive durch umsichtig ausgeführte Unternehmungen gegen die Detachements und die Lebensmittel des Feindes verschleiern. Kurz, wenn man zu wenig wagemutig ist, so faßt der Feind seine Pläne gegen Euch ohne Sorge. Schmiedet man dagegen selbst Pläne gegen ihn, so muß er Vorsichtsmaßregeln gegen Eure Unternehmungen ergreifen, und das wirft ihn in die Defensive.

Verpflegung und nötige Vorsichtsmaßregeln

Eine Armee ist eine Masse von Menschen, die täglich ernährt werden will. Ihre Verpflegung besteht aus gutem Brot, gutem Fleisch, Gemüsen, die man im Umkreis des Lagers findet, Branntwein und, wenn möglich, Bier. Es genügt nicht, alle diese Lebensmittel bei der Armee reichlich zu haben, sie müssen auch wohlfeil sein. Zur Deckung seiner Bedürfnisse legt man Magazine an der Grenze an, bei der man seine Operationen beginnen will. Bietet sich ein Fluß zur Beförderung, so verlädt man Vorräte für mehrere Monate darauf, je nachdem man ihrer zu bedürfen glaubt. Ist kein Fluß vorhanden, so führt man Mehl für ein bis zwei Monate auf Wagen mit, errichtet ein Hauptdepot an einem Orte, den man mit Erdwerken, Palisaden usw. befestigt, und legt eine starke Besatzung hinein, die dann die Bedeckung für die täglichen

Proviantzüge nach dem Lager stellt. Wir besitzen Handmühlen, die wir benutzen können, um uns auf längere Zeit zu verproviantieren.

Eine gute Art, die Proviantzüge zu sichern, ist diese: Man schiebt ein starkes Korps zwischen den Feind und den Transport und gibt ihm eine besondere Bedeckung. Der Feind wagt dann zwischen dem Detachement und der Bedeckung nichts zu unternehmen. Dadurch hält man ihn in Respekt. Auch muß man vorher alle Stellungen und Defileen besetzen, die der Transport zu passieren hat, damit der Feind sie seinerseits nicht benutzen kann. Außerdem muß man die Wagen jedesmal, wo sie solche Stellen passieren müssen, auffahren lassen.

Die Verpflegungsfrage ist die wichtigste. Will der Feind einen Verteidigungskrieg führen, so kann er Euch nur bei Euren Lebensmitteln fassen. Alle seine Detachements haben nur diesen Zweck, und alle seine leichten Truppen sind deswegen im Felde. Ihr müßt also die größte Vorsicht, ja übertriebene Maßregeln zur Sicherung Eurer Proviantzüge anwenden; denn wenn Hunger und Not Euch überwältigen, ist Eure Niederlage größer, als wenn Ihr eine Schlacht verliert.

Fouragierungen

Man fouragiert, wenn man vom Feind entfernt ist, aber auch, wenn man in seiner Nähe lagert. Ist der Feind entfernt, so braucht man den Fourageuren nur einen guten Führer und eine gute Bedeckung zu geben, um sie vor den leichten Truppen zu schützen, dazu eine dem Gelände gut angepaßte Disposition; dann hat man nichts zu befürchten. Fouragierungen in der Nähe der feindlichen Armee erfordern viel mehr Vorsicht. Wenn möglich, muß man am selben Tage fouragieren wie der Feind und dazu, wie ich es schon bei den Lagern betont habe, ein starkes Lager in schmalem Gelände wählen und es mit guten Schanzen versehen, die von Flatterminen umgeben sind. Denn dies ist einer der Augenblicke, den ein geschickter Feind mit Vorliebe zum Angriff benutzen wird. Weiß er doch, daß Ihr geschwächt seid und ein Viertel Eurer Kräfte bei der Fouragierung habt. Fouragierungen dieser Art müssen noch vorsichtiger unternommen werden als andere. Man muß so viele Streifkorps wie möglich im Felde haben, um rechtzeitig zu erfahren, was der Feind tut, und sich aller Spione bedienen, die man auftreiben kann; denn der Feind könnte Euch, wie gesagt, während des Fouragierens angreifen oder auch ein starkes Detachement absenden, so daß der Führer der Fouragierung mit seinen Leuten unverrichteter Dinge zurückkehren oder sich in ein höchst nachteiliges Gefecht einlassen muß. In diesem Falle sind sämtliche Fouragierungen, die über eine Meile von der Armee entfernt stattfinden, höchst gefährlich.

Gefechte und Schlachten

Gefechte sind Kämpfe zwischen kleinen Korps oder solche, bei denen nur ein Teil der Armee angreift oder sich verteidigt. Schlachten sind allgemeine Kämpfe, bei denen auf beiden Seiten alles gleichmäßig eingesetzt wird. Allemal, wenn man den Feind angreifen will, hängt die Art, wie man zu kämpfen hat, vom Gelände und von den Vorteilen ab, die der Feind sich zu verschaffen weiß. Jeder Angriff auf eine feste Stellung gehört zum Gefecht. Ein Feind, der den Kampf vermeiden will, sucht seinen Vorteil in einem schwer zugänglichen Gelände, das von Schluchten und Hohlwegen durchschnitten, von Wäldern oder Flüssen beengt ist. Er lagert sich auf dem Gipfel von Bergen oder Anhöhen, besetzt Dörfer, errichtet Batterien, befestigt sein Gelände je nach dessen Beschaffenheit, stellt jede Waffe an den geeigneten Fleck, verstärkt seine Infanterie durch die Kavallerie und umgekehrt, deckt sich durch spanische Reiter, Schanzen und Befestigungen. Alle diese verschiedenen Maßregeln, die dem jeweiligen Gelände angepaßt sind, erfordern verschiedene Dispositionen von seiten des Angreifers. Das Gelände ist das erste Orakel, das man befragen muß. Danach läßt sich die Disposition des Feindes aus den allgemeinen Kriegsregeln erraten. Aus ihnen kann man auf seine ganze Anordnung und auf die von ihm benutzten Listen und Vorsichtsmaßregeln schließen, um demgemäß seine eigenen Anstalten zu treffen.

Da Worte nie so anschaulich wirken wie eine Zeichnung, die dem Auge alles Wissenswerte sofort darstellt und zugleich ein langes und langweiliges Gerede erspart, so gebe ich hier Pläne von verschiedenen Stellungen nebst den verschiedenen Angriffsarten. Ich nehme dabei an, daß meine Armee 55 Bataillone und 110 Schwadronen stark ist, und füge die Hauptregeln hinzu, die man stets beachten muß:

1. Marschiert man in geschlossenen Kolonnen, so soll man 1500 Schritt vom Feinde aufmarschieren, aber nie näher, da sonst das Geschütz Verheerungen anrichtet.
2. Bildet man die schräge Schlachtordnung, so muß man mit dem Angriffsflügel einen Teil der feindlichen Truppen überflügeln. Geschieht das nicht und Ihr geht zum Angriff vor, so umfaßt Ihr den Feind nicht nur nicht, sondern bei der Art von Viertelschwenkung, die Ihr gegen den Feind machen müht, stoßt Ihr mit der Kavallerie auf die zweite oder dritte feindliche Schwadron und mit der Infanterie auf das zweite oder dritte Bataillon oder bestenfalls auf den äußersten feindlichen Flügel, überragt ihn also nicht mehr.
3. Eure Angriffstruppen und Euer äußerster Flügel müssen den Feind stets überflügeln. Nie dürft Ihr die Truppen aufs Geratewohl ansetzen, so daß Ihr überflügelt werden könnt.

4. Die Infanterie ist stets geschlossen zu führen. Tritt eine Lücke ein, so darf dies doch nie auf dem Angriffsflügel geschehen.
5. Muß man Regimenter von den Flanken oder aus dem zweiten Treffen nach rechts oder links vorziehen, so ist der andere Flügel zu benachrichtigen, damit er ebenso viele Truppen ins zweite Treffen zurückzieht. Dann kann dieser, sobald er aufschließt, den Angriffsflügel decken und verstärken.
6. Bei allen Angriffen, wo man ein Vortreffen bildet, sei es, um ein Dorf, eine Batterie usw. anzugreifen, darf die Schlachtlinie im Vorrücken nie mehr als 100 Schritt hinter dem Vortreffen zurückbleiben, damit sie es unterstützen und schützen kann.
7. Greift Ihr mit der Infanterie staffelförmig an, so müssen die Brigaden so geführt werden, daß sie sich gegenseitig die Flanken decken; desgleichen die Kavallerie. Die Flanken – man kann es nicht genug wiederholen – sind der schwache Punkt der Armee: man muß sie stets schützen und verstärken.
8. Die Infanterie soll so wenig wie möglich schießen, sondern mit dem Bajonett angreifen.
9. Wendet nie meinen Kolonnenangriff an, wenn der Feind seine Kavallerie in Schlachtordnung hinter der Infanterie in Bereitschaft hält. Er taugt nur dann etwas, wenn die Infanterielinie zu feuern beginnt. Dann bildet man, wenn keine Kavallerie dahinter steht, aus einem Bataillon des zweiten Treffens eine Kolonne, von 4 Schwadronen unterstützt, und stößt hindurch.

10. Beim Angriff auf Dörfer müssen die ersten eindringenden Truppen sich darin festsetzen und die nachfolgenden das Dorf völlig säubern.
11. Außer der Reserve muß man stets Kavallerie im zweiten Treffen haben. Sie braucht nicht zu nahe zu stehen und soll außerhalb des Feuers halten, bis zu dem Augenblick, wo sie eingesetzt wird.
12. Man soll stets eine Abteilung des zweiten Treffens hinter den Geschützen des ersten haben.
13. Eure Flanken, 3 Bataillone stark, müssen eine Reserve von 2 Grenadierkompagnien haben.
14. Hinter den Kavallerietreffen sind stets 3 bis 4 Schwadronen am äußersten Flügel in Reserve zu halten, um den Feind zu überflügeln, wenn sich Gelegenheit bietet.
15. Beim Angriff auf eine Stellung, deren ganze Stärke im Gelände liegt, soll man sich nicht überstürzen, sondern mit der Avantgarde vorgehen, die feindliche Stellung rekognoszieren, um seine Dispositionen danach zu treffen und, wenn möglich, den Stier nicht bei den Hörnern fassen. Wankt der Feind aber, so muß man ihn ohne Besinnen so ungestüm wie möglich angreifen.
16. Beim Angriff auf eine Stellung muß man stets 10 Mörser mit sich führen, um zwei Batterien zu bilden, die hinter den Treffen aufgestellt werden, um die feindlichen Batterien während des Vorrückens zum Angriff kreuzweise zu bombardieren.
17. Man darf nie ein Dorf bombardieren, wenn der Wind gegen uns steht, wohl aber es in Brand schießen und in Asche legen, wenn der Wind gegen die feindliche Armee weht.

Das sind ein paar Regeln, die man stets vor Augen haben muß, um sie bei Gelegenheit zu gebrauchen. Ich gehe nun zu den Plänen über.

Aus der Stellung des Feindes in *Plan 1* ersieht man, daß sich das Gelände vor seiner Front verengt. Das erschwert den Angriff; denn man muß beim Heraustreten aus der Enge mit seiner Spitze gleich eine entwickelte Linie angreifen. Außerdem kann man sicher sein, daß der Feind das Gehölz mit leichter Infanterie gespickt hat. Der Angriff auf diese Stellung erfordert folgende Disposition:

Man marschiert vor dem Gehölz auf, die Infanterie im ersten, die Kavallerie im zweiten Treffen, und zieht 12 Bataillone vor, um sich in den Besitz des Gehölzes zu setzen. Rechterhand werden Brücken geschlagen, um einige Infanterie mit Geschütz über den Fluß zu werfen. Ist man Herr des Gehölzes, so läßt man möglichst viel Infanterie vorrücken, um es zu besetzen, formiert dann zwischen Fluh und Gehölz einen starken Kavallerieflügel, versagt dem Feind seinen rechten Flügel und greift mit dem linken dessen rechten Flügel an, um ihn in der Flanke zu fassen usw.

Gedanken und allgemeine Regeln für den Krieg

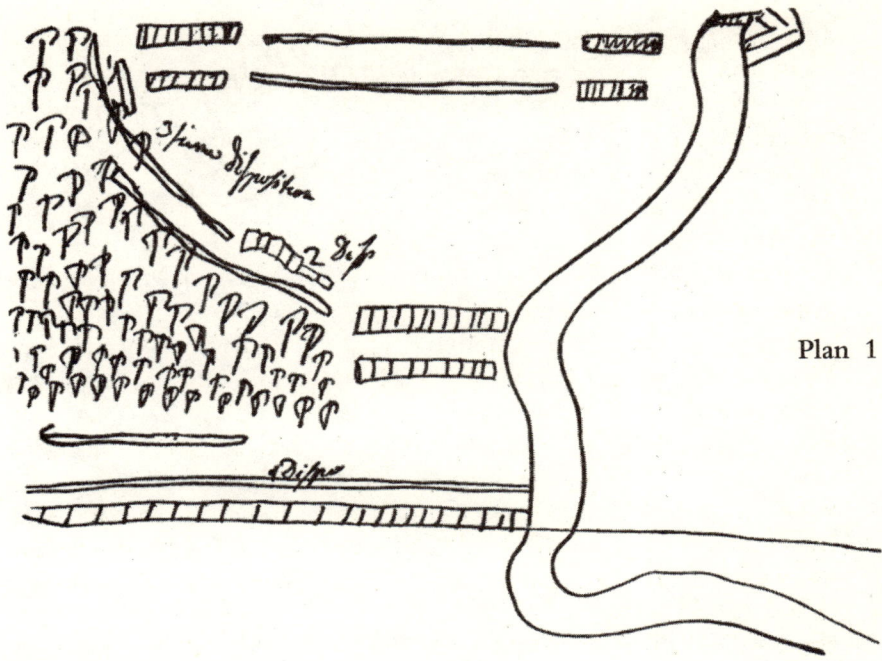

Plan 1

Das Gelände, in dem sich der Feind auf *Plan 2* festgesetzt hat, ist durch seine Lage sehr stark. Ich würde raten, den Angriff, wenn möglich, zu unterlassen. Ist er aber unabweislich, so gibt es folgendes Mittel dazu. Der ganze Kampf muß auf dem linken Flügel ausgefochten werden; denn der rechte Flügel des Feindes ist der schwächere. Hier muß die Kavallerie vorgehen und eine große Attacke machen, indem sie sich an den Morast anlehnt. Der rechte Flügel muß außer Gewehrschußweite bleiben, um nicht unnütz zu leiden. Der tiefe Hohlweg bildet die Scheidegrenze zwischen beiden Armeen.

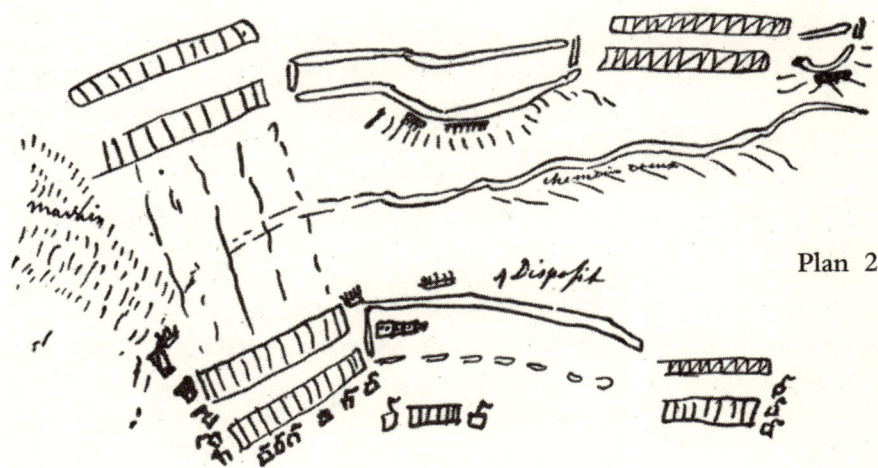

Plan 2

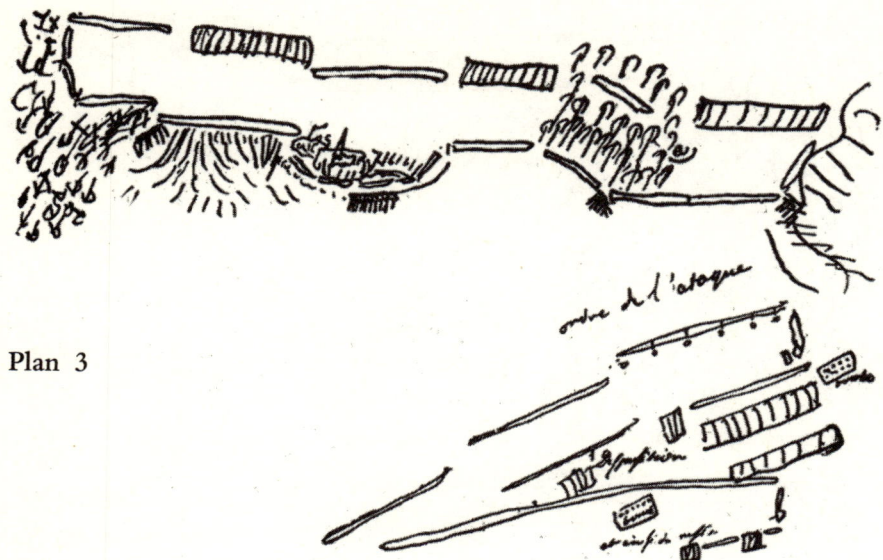

Plan 3

Gelingt die Kavallerieattacke, so kann man mit der Infanterie links abmarschieren, den rechten feindlichen Flügel umgehen und ihn in der Flanke fassen. Würde man mit dem rechten Flügel angreifen, so käme es zu einem mörderischen, ungewissen Kampf, bei dem man furchtbare Verluste haben könnte. Indes würde ich gegenüber der Batterie auf dem rechten feindlichen Flügel, die die Kavallerie flankiert, eine Mörserbatterie aufstellen, um sie zum Schweigen zu bringen, wie man es auf dem obigen Plane sieht; denn ich nehme an, daß der Hohlweg sich nach dem rechten feindlichen Flügel zu verliert. Ich habe sogar einige Bataillone auf meiner äußersten Linken aufgestellt, nebst einer Batterie, die auf die feindliche Kavallerie feuert, um ihre Verwirrung und Flucht zu beschleunigen.

Aus der Stellung des Feindes auf *Plan 3* ersieht man, daß seine Rechte hinter einem Verhau steht, wo sich eine starke, das Dorf flankierende Batterie befindet. Weiterhin hat seine Infanterie eine Anhöhe besetzt. Dann kommt das Dorf, eine kleine Ebene, ein mit Infanterie besetztes Gehölz, wieder eine kleine Ebene, und sein linker Flügel lehnt sich an die Ausläufer eines Hügels. Diese Stellung muß von rechts angegriffen werden. Dann meidet man den Verhau, die Anhöhe und das Dorf, auf die ein Angriff sehr verlustreich wäre. Ich würde die schräge Schlachtordnung bilden, meine Mörserbatterie auf dem rechten Flügel aufstellen, die Kavallerie ins zweite und dritte Treffen nehmen und den Hauptstoß von rechts führen. Sobald meine Infanterie die Linke des Feindes durchbrochen hat, dringen einige Bataillone vor, um sich in den Besitz des Gehölzes zu setzen. Um den Rest der Armee in der Flanke zu fassen, setzen sich die 6 Bataillone, die die Infanterie angegriffen und geworfen haben, in Kolonne, damit die Kavallerie zwischen ihnen hindurchgehen und die feindliche Kavallerie attackieren kann, die den Rückzug ihrer Infanterie decken will. Durch diese Lücke muß möglichst viel Kavallerie vorgehen, damit sie den Anprall der ganzen feindlichen Reiterei aushalten kann, die ihrem geschlagenen linken Flügel zu Hilfe eilen könnte. Aber selbst wenn die Kavallerie geworfen würde, könnte sie sich unter dem Schutze des Feuers meiner 5 Infanteriekolonnen wieder sammeln.

Plan 4 zeigt eine Aufstellung, die um so trügerischer ist, als man die Falle nicht merkt, die der Feind Euch stellt. Sein erstes Treffen verdeckt seine wahre Stellung. Sein rechter Kavallerieflügel steht in Höhe des zweiten Treffens, so daß er durch seine Infanterieflanke flankiert wird. Das zweite Kavallerietreffen überflügelt das erste, so daß alles flankiert wird. Vor der Front der Aufstellung sind Schluchten, Hohlwege und Teiche. Die Kavallerie des linken Flügels wird durch ein Infanteriekarree verstärkt, das sich an einen Morast lehnt. Diesen linken Flügel würde ich wegen seiner Stärke nicht angreifen, zumal der aus dem Teich kommende Bach meine Angriffsfront einengt. Ich würde mich also für den Angriff mit dem linken Flügel entscheiden. Meine Kavallerie müßte staffelweise attackieren, wie man es auf dem Plane sieht. Die Rechte meines angreifenden Kavallerieflügels setzt sich Schwadron hinter Schwadron, um das mörderische Infanteriefeuer in der Flanke zu meiden. Den Bach, der aus dem Teiche kommt, muß ich zur Anlehnung meines rechten Flügels benutzen, und meine Infanterie muß von links angreifen, wie man es auf dem Plane sieht. Die Schwierigkeit beginnt,

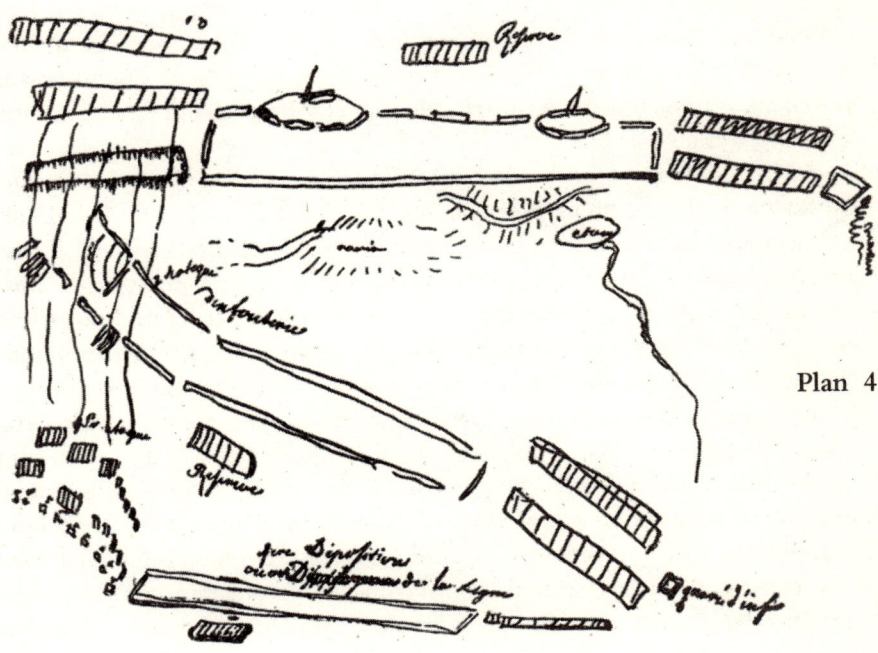

Plan 4

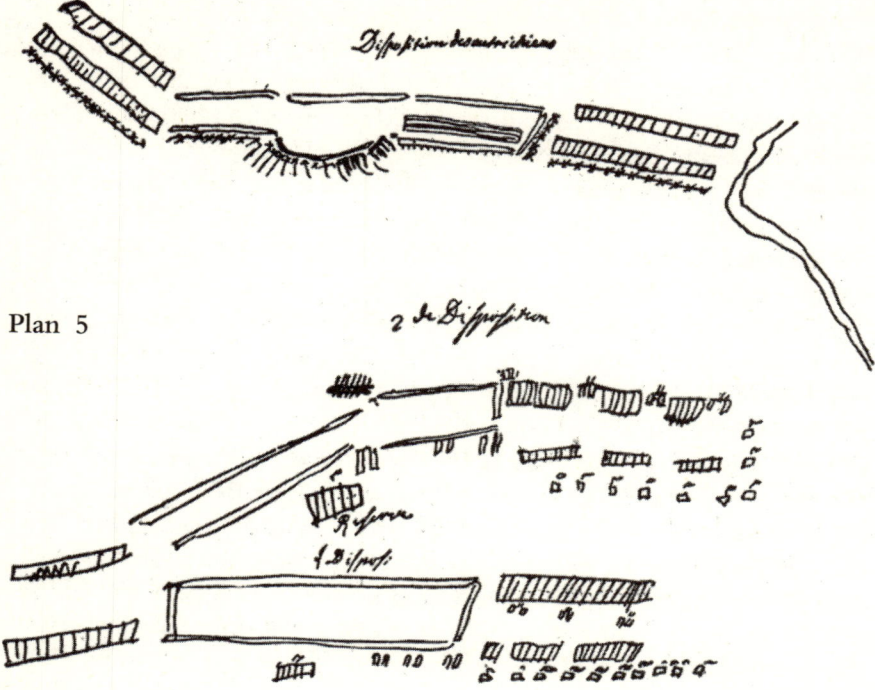

Plan 5

wenn das erste Infanterietreffen geworfen ist: dann stößt man auf ein mit Infanterie besetztes Dorf, hinter dem das geschlagene feindliche Treffen sich sammeln kann. Um das zu verhindern, muß meine siegreiche Kavallerie, nachdem sie die feindliche verjagt hat, sofort abschwenken, um die Rückseite des Dorfes zu gewinnen. Ferner müßt Ihr Eure Reserve heranziehen, und wenn es durchaus nötig ist, das Dorf anzugreifen, dazu frische Truppen aus dem zweiten Treffen nehmen, die noch nicht im Feuer gewesen sind. Sobald Ihr das Dorf eingenommen habt, ist die Schlacht gewonnen, und es gilt nur noch, den Feind nachdrücklich zu verfolgen.

Aus *Plan 5* geht hervor, daß der Feind die Front seiner Kavallerie sowie drei Viertel seiner Armee mit spanischen Reitern geschützt hat, daß sich im Zentrum eine oder zwei schwere Batterien befinden, daß auf dem linken Flügel des ersten Treffens 30 Grenadierkompanien stehen, die im zweiten Treffen durch Ungarn mit dem Säbel in der Faust, sechs Mann hoch, unterstützt werden, und daß er seinen linken Kavallerieflügel mit spanischen Reitern gedeckt hat.

Ich untersuche nicht, ob diese Aufstellung gut oder fehlerhaft ist. Man braucht nur meine Disposition anzusehen und wird sich daraus leicht ein Urteil bilden. Wie man sieht, maskiere ich meine Infanteriekolonnen hinter der Kavallerie bis auf 600 Schritt vom Feinde. Dann treten sie zwischen die Kavallerieregimenter, und ihre Geschütze feuern im Vorrücken auf die

Gedanken und allgemeine Regeln für den Krieg

feindliche Kavallerie. Hält diese stand und läßt ihre spanischen Reiter vor sich, so marschiert meine Infanterie auf und schießt sie mit Geschütz- und Gewehrfeuer zusammen. Verliert aber die feindliche Kavallerie die Geduld und zieht die spanischen Reiter zurück, um zu attackieren, so bricht die meine in Karriere vor und muß sie schlagen, da sie ja von den Infanteriekolonnen hinter sich unterstützt wird. Ist die feindliche Kavallerie geworfen, so marschieren die Bataillone auf und fassen die feindliche Infanterie in der Flanke. Lassen nun die österreichischen Grenadiere ihre Ungarn auf türkische Art angreifen, so ziehe ich von der Rechten und Linken meiner Angriffsfront je 2 Schwadronen vor, um sie in der Flanke zu fassen, und halte noch zwei Schwadronen im zweiten Treffen bereit, um alles, was etwa durchbrechen könnte, zurückzuwerfen, ganz abgesehen davon, daß mein schweres Geschütz furchtbar unter ihnen wüten wird. Dann braucht die siegreiche Kavallerie nur noch das zweite Treffen des Feindes im Rücken zu fassen, und ich bin sicher, daß er ohne große Mühe geschlagen wird.

Die Disposition auf *Plan 6* ist besser durchdacht und maskiert, die feindliche Stellung ist also stärker als die vorige. Front und Flanken der Infanterie sind durch spanische Reiter gedeckt. Die Kavallerie ist vor Infanteriekarrees aufgestellt, die von spanischen Reitern umgeben sind. Sie soll sich, falls sie von unserer Kavallerie attackiert wird, zurückziehen, wenn aber der Angreifer durch das Infanteriefeuer erschüttert ist und zurückweicht, sich dann ihrerseits auf ihn werfen. Da man jedoch alle Dispositionen des Feindes wohl

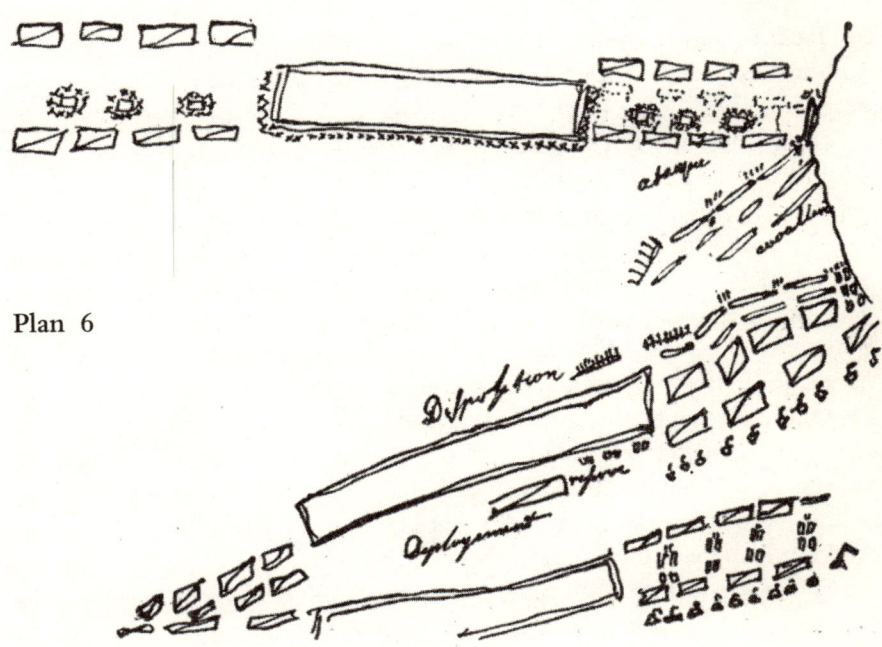

Plan 6

erwägen und ausnutzen muß, so sind seine spanischen Reiter von großem Vorteil für uns; denn das Vorrücken seiner Schlachtlinie muß unendliche Mühen machen. Folgendes schlage ich zum Angriff auf diese Armee vor.

Das Gelände kommt nicht in Frage. Ob man rechts oder links angreift, ist einerlei, je nachdem das Gelände größere Vorteile bietet. Meine Disposition ist, von rechts anzugreifen. Auf 600 Schritt vom Feinde zieht sich meine Infanterie durch die Kavallerie hindurch. Ich lasse eine Kolonne von 2 Bataillonen nebst 4 Geschützen auf dem Flügel und die 8 anderen Bataillone, jedes zu zwei Treffen aufmarschiert und mit viel Geschütz dazwischen, vor der Kavallerie. Die feindliche Kavallerie wird so sehr unter dem Geschütz- und Gewehrfeuer meiner Infanterie leiden, daß sie nur die Wahl hat, zu attackieren oder zu fliehen. Attackiert sie meine Infanterie, so bin ich nicht in Verlegenheit. Einerseits wird diese sich durch ihr Feuer verteidigen, und andrerseits ist meine Kavallerie bei der Hand, um sie zu unterstützen. Ich habe 10 Bataillone, von denen das linke Flügelbataillon des zweiten Treffens im Fall eines feindlichen Angriffs stets die Flanke decken kann. Viel wahrscheinlicher aber ist es, daß die Kavallerie den Befehl ausführen wird, sich hinter ihre Infanteriekarrees zurückzuziehen. In diesem Falle muß das letzte Karree des Feindes zuerst angegriffen werden, dann das zweite, und inzwischen muß das gesamte Geschütz der vorgeschickten Abteilungen auf die Karrees sowie auf die dahinterstehende Kavallerie feuern. Sind zwei Karrees genommen, so kann die Kavallerie mit 15 Schwadronen angreifen, und der ganze Flügel muß ihr folgen. Ist die feindliche Kavallerie geworfen, so muß unser zweites Kavallerietreffen abschwenken und die feindliche Schlachtlinie im Rücken fassen, während mein rechter Infanterieflügel das Korps aufnimmt, das die Karrees durchbrochen hat, dann die feindliche Infanterie umgeht und ihr in die Flanke fällt.

Der Feind kann mich an der Ausführung dieser Bewegungen nicht hindern; denn er ist durch seine spanischen Reiter behindert und kann nicht in einem Augenblick eine Viertelschwenkung mit seiner ganzen Armee machen, ganz abgesehen davon, daß das Gelände uns vielleicht vorteilhafte Stellen bietet, die man benutzen könnte, um den Feind noch mehr zu bedrängen und ihn an seine Stellung zu fesseln. Den Offizieren, die diese lebendigen Schanzen angreifen, muß man aufs sorgfältigste einschärfen, daß sie sich ja nicht vom Kampfeseifer hinreißen lassen, vielmehr geschlossen und in guter Ordnung bleiben, da die feindliche Kavallerie stets bereit sein wird, die geringste falsche Bewegung des Angreifers auszunutzen. Namentlich müssen sie sich hüten, ihre Flanke darzubieten und bataillonsweise zu schießen. Es darf nur zugweise gefeuert werden, und der Angriff auf die Karrees muß ein Handstreich mit aufgepflanztem Bajonett sein. Vor allem aber darf die Ordnung nicht verloren gehen, nachdem die Karrees zersprengt sind. Die feindliche Kavallerie muß kräftig mit Geschütz beschossen werden, um sie sich vom Leibe zu halten, und sobald man sieht, daß dies Erfolg hat, müssen die Bataillone des zweiten Treffens gleich Kolonnen formieren. Inzwischen muß die Kavallerie sich dem ersten Treffen nähern, und dieses darf nicht eher Kolonnen formieren, als bis die Kavallerie dicht hinter ihm ist. Dann muß die Kavallerie ungestüm attackieren; dabei aber müssen besonders die linken Flügelregimenter sich in acht nehmen, daß sie von den feindlichen Regimentern, die dem Mitteltreffen am nächsten stehen, nicht in der Flanke gefaßt werden.

Das ist, glaube ich, das Beste, was man sich ausdenken könnte. Indes leugne ich nicht, daß die Aufgabe schwierig ist, aber mir fällt nichts Besseres und Sichereres ein als das Vorgeschlagene; denn ich kann einer derart aufgestellten Armee nur beikommen, wenn ich einen der Endpunkte ihrer Schlachtfront angreife, meine Infanterie stets durch Kavallerie unterstütze und soviel Artillerie verwende, als Gelände und Umstände irgend gestatten. Ich leugne nicht, daß der Feind, wenn er mich zum Angriff entschlossen sieht, alles versuchen wird, um seine Flanke zu verlängern. Um aber zu verhindern, daß er seine Artillerie vom Flügel seines Mitteltreffens auf meinen Angriff richtet, muß ihr eine Batterie entgegengestellt werden, die sie in Schach hält oder doch wenigstens ihr Feuer von meinem Angriff ablenkt.

Nach meiner Ansicht beruht die ganze Kriegskunst darauf, die Dispositionen des Feindes durch Ablenkungen zu stören, die ihn nötigen, seine Pläne fallen zu lassen. Kann man ihn zur Änderung seiner Disposition zwingen, so ist die Schlacht schon halb als gewonnen zu betrachten; denn seine Stärke beruht auf seiner einmal getroffenen Anordnung, und die geringste Truppenverschiebung, zu der ich ihn zwinge, zerreißt den Zusammenhang und wirft damit seine Dispositionen über den Haufen.

Aus *Plan 7* ersieht man, daß die Stellung des Feindes äußerst stark ist und daß der einzige Angriffspunkt dort liegt, wo er seine spanischen Reiter angebracht hat. Angenommen jedoch, er müßte unbedingt angegriffen werden, so läuft das Ganze klipp und klar auf einen Stellungskampf hinaus. Mein Plan ist folgender: Wie man sieht, formiere ich ein einziges Infanterietreffen und gegenüber der Stelle, die ich angreifen will, ein Vortreffen in zwei Linien. Rechts und links davon stelle ich je 2 einzelne Bataillone auf, die dazu bestimmt sind, die beiden Schanzen auf den beiden Flanken der Angriffsfront anzugreifen oder zu maskieren, während meine beiden Mörserbatterien diese Schanzen ununterbrochen bombardieren, um den Sturm zu erleichtern. Die Infanterie soll im Vorrücken gegen die feindliche Stellung ihre Geschütze kräftig feuern lassen. Sie soll im Geschwindschritt vorrücken und nicht eher schießen, als bis sie an den spanischen Reitern angelangt ist. Gelingt es ihr, die feindliche Infanterie zu vertreiben, so soll sie sich der spanischen Reiter bemächtigen und sich dort behaupten, bis die Kavallerie heran ist. Dann setzt sie sich in Kolonnen und läßt die Kavallerie zur Attacke durch. Ein solcher

Plan 7

Durchbruch innerhalb der Stellung zwingt den Feind zum Verlassen der gesamten Front. Dann könnt Ihr mit Eurer ganzen Armee eindringen und alsdann je nach den Umständen handeln. Nur kann man meiner Ansicht nach nicht genug Kraft und Nachdruck in den Augenblicken aufbieten, wo der Feind zu wanken beginnt, um ihn vollends in die Flucht zu schlagen.

Aus diesen verschiedenen Gefechtsdispositionen ersieht man, wie sehr sie sich unter dem Zwang der Verhältnisse ändern müssen, und daß ein Hügel oder ein Sumpf nicht übersehen werden darf, wenn man ihn nur irgend benutzen kann. Die Hauptsache ist, stets eine Waffe durch die andere zu unterstützen, die Kavallerie durch Infanterie und Geschütz zu verstärken und stets Kavallerie zur Unterstützung der Infanterie bei der Hand zu haben. Ich darf nicht vergessen, daß in allen Fällen, wo es nur zu Teilgefechten kommt, die Reserve dorthin rücken muß, sei es nach rechts oder nach links; denn im Fall des Mißlingens kann die Reserve das Gefecht wiederherstellen und Euch den Sieg bringen. Man sieht also deutlich, daß die Hauptkunst des Heerführers in der rechten Erkenntnis des Geländes besteht, in der Ausnutzung aller Vorteile, die es bietet, in der Anpassung der Dispositionen an jeden besonderen Fall. Gerade bei solchen Stellungskämpfen muß sich Eure Disposition, wenn sie gut sein soll, nach der des Feindes richten, und nach dem Gelände, auf dem man kämpfen will.

Gedanken und allgemeine Regeln für den Krieg

Ich hoffe, diese kleinen Geländeskizzen mit den darin eingezeichneten Armeen werden eine Anleitung dazu geben, wie man nach dem Gelände, das man so genau prüfen muß, als die kritischen Augenblicke es erlauben, und nach der Schlachtaufstellung einer feindlichen Armee erkennt, welche Anordnungen der Gegner für den Kampf gegeben hat. Nach dieser Erkenntnis muß der Angreifer seine eigenen Dispositionen regeln.

Schlachten

Schlachten sind allgemeine Kämpfe, bei denen zwei ganze Armeen miteinander ringen. Ich nenne sie offene Feldschlachten; denn sie finden meist nur auf freiem Gelände statt. In diesen Fällen muß man mit dem Feinde nicht viel Umstände machen, sich rasch formieren und parallel mit seiner Front ihm auf den Leib rücken. Eine solche Schlacht kann nur von der Kavallerie entschieden werden. Unsere Kavallerie muß sofort eine große Attacke reiten und eine Reserve von Husaren zurückbehalten, die sie gleich, nachdem sie den Feind geworfen hat, in den Rücken seiner Infanterie schicken kann. In solchem Falle würde ich dafür einstehen, daß der Kampf weder lang noch blutig wird, und daß die Infanterie eine bloße Zuschauerin des Kampfes bleibt.

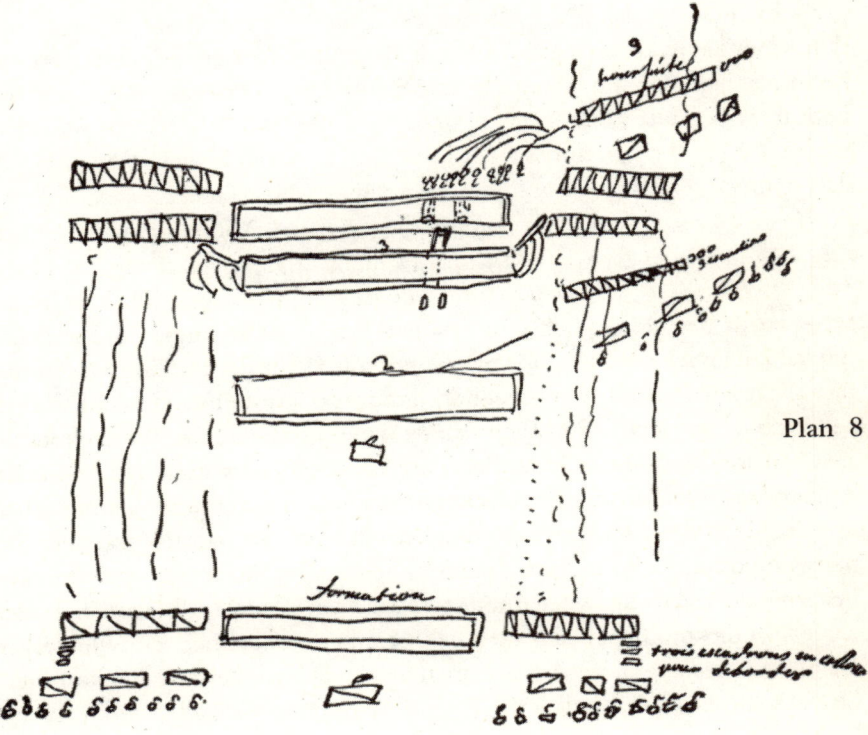

Plan 8

Ihre Aufgabe wäre also sehr leicht, und sie könnte höchstens dazu dienen, ein schon erschüttertes Infanteriekorps völlig zu schlagen und durch ihr Feuer zu zerstreuen (*Plan 8*).

Aber ein Vorteil wie eine Schlacht in der Ebene wäre für uns zu groß. Wir dürfen daher nur auf Stellungskämpfe oder auf starke Aufstellungen von seiten des Feindes gefaßt sein. Bei dieser Art von Kämpfen sowie auch zur Beendigung eines oft vorzeitig begonnenen Infanteriefeuers kommt meine Angriffskolonne, durch 2 bis 4 Schwadronen Kavallerie unterstützt, zur Anwendung. Dadurch wird der Kampf sicherlich bald entschieden.

Rückzüge

Von allen Kriegsoperationen sind die Rückzüge am schwierigsten. Man muß verhindern, daß die Armee den Mut verliert und daß Verwirrung eintritt. Das erstere geschieht, indem man ihr sagt, man wiche zurück wie beim Anlauf, um besser zu springen. Man bindet ihr unwahrscheinliche Geschichten auf, sprengt günstige Nachrichten aus usw. Was den Rückzug selbst betrifft, so muß man alle Schwierigkeiten voraussehen, die der Feind Euch machen könnte, im voraus die Stellungen und Orte besetzen, die er benutzen kann, um Euch zu beunruhigen, und gerade bei diesen Märschen strenger sein als sonst, damit die Offiziere sich nicht vernachlässigen. Trotz alledem ist es kaum zu vermeiden, daß die Nachhut Verluste erleidet, wenn ihr Panduren auf den Hacken sind und besonders, wenn der Marsch durch bedecktes Gelände führt.

Schwierigkeit der Überfälle von Lagern. Schwierigkeit, eine Armee auf dem Marsch anzugreifen

Es ist sozusagen unmöglich, die Österreicher in ihrem Lager zu überfallen. Sie haben zuviel leichte Truppen, die teils ihr Lager decken und teils immer um Euch herum sind, Euch beobachten und beunruhigen. Zufällig könnte solch ein Unternehmen zwar einmal gelingen, aber nur ein Tor rechnet auf den Zufall. Ebenso steht in vielen militärischen Werken zu lesen, der rechte Augenblick, um den Feind zu überraschen, sei, ihn auf dem Marsch anzugreifen. Das ist viel schwerer, als man denkt, und zwar aus folgenden Gründen. Gewöhnlich lagert man höchstens eine halbe Meile vom Feinde. Sind beide Heere durch nichts getrennt, so kann man darauf rechnen, daß es bald zur Schlacht kommt. Haben sie jedoch Defileen oder sonst ein schwieriges Gelände zwischen sich, wie soll man dann an den Feind herankommen? Doch höchstens mit der Kavallerie. Wenn aber das Gelände, durch das der

Feind marschiert, sich nur für Infanterie eignet, wie soll meine Kavallerie dann in Tätigkeit treten? Es hieße dem Zufall zuviel überlassen, wenn man dergleichen leichtsinnig unternehmen wollte. Lagern die Heere aber auf 2 bis 3 Meilen voneinander, so ist es unmöglich, die feindliche Armee zu erreichen, wenn sie rechts oder links abmarschiert, es sei denn, daß sie gerade auf Euch losmarschieren will. In diesem Falle könnt Ihr dem Feinde entgegenrücken, wenn Ihr es für geraten haltet, eine Schlacht zu wagen. Dazu aber müßt Ihr

1. wissen, ob das Gelände, wo er lagern will, für Euch günstig ist,
2. des Nachts aufbrechen, um nicht zu spät anzukommen,
3. das Gefecht ohne Aufschub plötzlich beginnen.

In diesem Falle jedoch und nach einem Nachtmarsche dürfte es Euch schwer fallen, den Feind zu verfolgen, wenn es auch gelingt, ihn zu schlagen. Die Verfolgung aber ist nötiger und nützlicher als die Schlacht selbst.

Verfolgung

Es gibt drei Arten von Verfolgung: durch Detachements, durch einen Flügel der Armee oder durch die ganze Armee.

Die Verfolgung durch Detachements erheischt viel Vorsicht. Je schwächer das Detachement ist, um so mehr hat es Hinterhalte zu befürchten. Setzt nur ein detachiertes Korps der Armee einem detachierten Korps des feindlichen Heeres nach, so muß es bei zu raschem Nachdrängen befürchten, daß das feindliche Korps von seiner Hauptmacht unterstützt wird, und somit um das Anrücken von Verstärkungen besorgt sein; denn dadurch könnte es leicht vom Sieger zum Besiegten werden. Es hängt also von der Klugheit des Detachementsführers ab, alles, was eintreten kann, vorauszusehen, das Gelände zu prüfen, ob es zu Hinterhalten geeignet ist, und die Verfolgungslust seiner Truppen zu zügeln, falls er die Ankunft feindlicher Verstärkungen oder irgend eine Falle befürchten muß, die der fliehende Feind ihm in dazu geeignetem Gelände stellen könnte.

Auch für die Verfolgung durch einen Flügel der Armee gilt ungefähr das gleiche. Die Kavallerieführer, denen diese Aufgabe zufällt, müssen Geistesgegenwart besitzen und sich hüten, die feindliche Kavallerie zu hitzig zu verfolgen, wenn sie Hecken oder Dörfer mit Infanterie besetzt sehen. In allen anderen Fällen, wo es nur Ebenen und Anhöhen gibt und man sicher ist, daß keine Infanterie da ist, muß man die zurückgeworfene Kavallerie hitzig verfolgen, bis man sieht, daß alle verschiedenen Truppenteile der Flüchtlinge durcheinanderkommen. Dann reichen ein paar Schwadronen hin, die die zersprengten Massen mit Pistolenschüssen verfolgen, um ihren Schrecken noch zu mehren, vorausgesetzt, daß ein starkes, wohl geschlossenes Kavallerietreffen sie in starkem Trabe unterstützt und ein Defilee zu benutzen sucht, um unter den Fliehenden zahlreiche Gefangene zu machen. Denn diese geraten gerade dann wegen ihrer großen Zahl ins Gedränge, und ihre völlige Verwirrung hindert sie am Handeln und am geringsten Widerstand gegen die Sieger.

Sobald ein Kavallerieführer auf dem feindlichen Flügel, den er angegriffen und geworfen hat, allgemeine Verwirrung bemerkt, kann er seine Husaren und Dragoner detachieren, um der feindlichen Infanterie in den Rücken zu fallen, und dadurch die Entscheidung der Schlacht erleichtern. Auch kann er Detachements nach der vermutlichen Rückzugslinie des Feindes senden, was diesen vollends in Verwirrung bringen wird. Fliehende Truppen schlagen stets die Straße ein, auf der sie gekommen sind; denn die große Masse, die auf der Flucht den Ausschlag gibt, kennt keine andere.

Was nun die Armee überhaupt betrifft, so beruht ihre Überlegenheit ganz auf ihrer Ordnung. Eine geschlagene Armee ist nur ein Menschenhaufe, der die ihm verliehene Gestalt, die ihn furchtgebietend machte, zerstört und dadurch unfähig wird, dem Befehl seiner Führer zu gehorchen. Soviel Achtung sich ein Heerführer durch seine Geschicklichkeit erwirbt, bevor seine Armee in Verwirrung geraten ist, so wenig stellt er mit all seiner Kunst vor, sobald seine Truppen sich auflösen. Er kann dann so wenig Beweise seiner Geschicklichkeit geben, wie ein Meister auf der Geige seine Kunst zeigen kann, wenn ihre vier Saiten unter seinem Bogen zerreißen.

Diesen Augenblick der Verwirrung also, wo jede Ordnung aufhört, kein Befehl mehr befolgt wird, jedes Feldherrntalent vergeblich ist, muß ein guter Heerführer benutzen; denn jede Schlacht, die nicht den Zweck hat, den Krieg zu beenden, ist für den Staat ein unnützes Blutvergießen. Habt Ihr also im ganzen Feldzuge danach getrachtet, den Moment zu finden, wo Ihr den Feind in Verwirrung setzen könnt, so müßt Ihr ihn ausnutzen, wenn er gekommen ist.

Dazu muß man 1. für einige Tage Brot mitführen, 2. den Feind mehrere Tage verfolgen, besonders am Schlachttage selbst. Findet er keine Zeit, sich zu sammeln, so wird er immer weiter fliehen. Macht er aber Miene, irgendwo stehen zu bleiben, so muß man ihn beim geringsten Widerstand ungestüm angreifen und die Truppen dann keineswegs schonen, weil sie ermüdet sind oder man ihnen neue Angriffe ersparen möchte; denn durch diese Strapazen verschafft man ihnen für die Folgezeit lange Ruhe. Jeder Tag der Verfolgung verringert die feindliche Armee um ein paar tausend Mann, und bald bleibt ihm kein gesammeltes Korps mehr übrig, besonders wenn man alles dransetzt, ihm auch seine Bagage abzunehmen.

Wenn man so handelt, kommt man in wenigen Feldzügen weiter als andere Heerführer in vielen Jahren. Indes ist das nicht leicht; denn viele Offiziere halten es für hinreichend, wenn sie ihre Pflicht zur Not getan haben. Die meisten sind so zufrieden, daß die Schlacht vorüber ist, daß man große Mühe hat, ihnen Verfolgungslust einzuflößen. Vor allem aber muß man die Offiziere gut auswählen, die man zur Beschleunigung der feindlichen Flucht detachiert, ja dazu die allerbesten nehmen. Sonst würde man ebensowenig Erfolg haben wie Prinz Eugen und Marlborough nach der Schlacht von Malplaquet (1709), wo sie General Bülow mit den Hannoveranern detachierten, der sich aber wohl hütete, der französischen Nachhut auf den Leib zu rücken, und ihr nur auf 6000 Schritt folgte.

Verschiedene Dispositionen für die Armee

Ich rede hier nicht von den verschiedenen Dispositionen für Fluhübergänge, Rückzüge und Überfälle einer Armee, von denen ich im ersten Teile gesprochen habe. Wohl aber empfehle ich allen, die mit dergleichen beauftragt sind, besonders an die Sicherung ihrer Flanken zu denken, die Infanterie durch Kavallerie zu unterstützen, diese durch die Infanterie und beide durch Artillerie, auch die Befestigungskunst und Minen zu Hilfe zu nehmen und das alles nach den jeweiligen Umständen und nach Maßgabe des Geländes anzuwenden, in dem man sich befindet.

Ich rede auch nicht von Angriffen auf Verschanzungen; denn bei unseren Nachbarn ist es nicht Brauch, sich zu verschanzen. Muß man jedoch eine Verschanzung angreifen, so muß man sich an dem Tage dazu entschließen, wo der Feind daran zu arbeiten beginnt, oder man darf überhaupt nicht daran denken; denn jeder Augenblick, den Ihr verliert, ist für ihn gewonnen, und er benutzt ihn, um sich furchtgebietender zu machen. Die Hauptsache bei allem, was den Angriff selbst betrifft, ist die Benutzung des Geländes, der Schluchten und Talgründe, um dem Feind die Stelle zu verbergen, wo man seinen Hauptstoß führen will, damit er keine Verstärkungen dorthin schikken kann.

Heerführung im Großen

1. Feldzugspläne

Die Feldzugspläne richten sich nach den eigenen Streitkräften, denen des Feindes, der Beschaffenheit des Landes, in dem man Krieg führen will, und der augenblicklichen politischen Lage Europas. Will man Krieg führen, so muß man wissen, ob man seinem Gegner an Zahl oder innerem Werte der Truppen überlegen ist, ob das Land, das man angreifen will, offen oder durch einen Fluß gedeckt oder gebirgig oder reich an Festungen ist, ob man Flüsse zum bequemeren Transport der Lebensmittel hat oder diese auf Wagen mitführen muß, ob man an der Grenze Festungen besitzt oder worin die eigene Operationsbasis besteht. Ferner muß man wissen, welche Verbündete der Feind hat, worauf die mit ihnen geschlossenen Verträge beruhen, wie hoch sich ihre Streitkräfte belaufen, ob sie Hilfstruppen stellen oder Diversionen machen werden.

Die Kenntnis all dieser Dinge ist nötig, damit man die Kriegsvorbereitungen danach treffen kann. Aber die Minister nehmen diese wichtigen Fragen zu leicht; denn sie handeln meist aus Leidenschaft und unternehmen einen Krieg aus Eitelkeit oder aus blinder Habgier, ja selbst aus Haß und Groll. Wer die Geschichte liest – ich spreche nicht von vergangenen Zeiten, sondern nur vom letzten Jahrhundert –, wird sich von der Wahrheit meiner Behauptung überzeugen.

Ich glaube, ein vernünftiger Mensch, dessen Leidenschaften schweigen, wird nie einen Krieg beginnen, in dem er sich von Anfang an in der Defensive halten muß. Umsonst prahlt man mit edler Gesinnung: jeder Krieg, der nicht zu Eroberungen führt, schwächt den Sieger und entnervt den Staat. Man muß also nie zu Feindseligkeiten schreiten, wenn man nicht die gegründete Aussicht hat, Eroberungen zu machen. Das bestimmt sofort die Art des Krieges: es macht ihn offensiv. Da sich aber Europa bei all unseren Kriegen in zwei große Parteien spaltet, so entsteht daraus ein gewisses Gleichgewicht der Kräfte, und die Folge ist, daß man auch nach vielen Erfolgen nicht weitergekommen ist, wenn der allgemeine Friede geschlossen wird. Ist man ferner genötigt, seine Kräfte zu teilen, um nach allen Seiten, wo man Feinde hat, Front zu machen, so vermag keine Macht die ungeheuren Kosten zu tragen, die für zwei oder drei zur Offensive bestimmte Armeen erforderlich sind. So kommt es, daß bald nur noch auf einer Seite ernstlich gerungen wird, während die anderen Armeen ihre Zeit in fruchtlosen und müßigen Feldzügen vertun.

Will man sich große Erfolge versprechen, so muß man sich nur mit einem Feinde einlassen und alle seine Kräfte gegen ihn richten: dann kann man die größten Vorteile erwarten. Allein die Zeitumstände erlauben nicht immer, alles zu tun, was man möchte, und so sieht man sich oft zu Maßregeln gezwungen, die die Notwendigkeit diktiert.

Am fehlerhaftesten sind die Feldzugspläne, die Euch zu weiten Vorstößen oder Pointen zwingen. Ich verstehe unter Pointen, daß man Truppenteile zu weit von seinen Grenzen vorwagt, ohne sie unterstützen zu können. Diese Methode ist so schlecht, daß alle, die sie befolgten, schlimme Erfahrungen damit gemacht haben. Man muß also damit beginnen, im großen so zu handeln, wie man im kleinen handeln würde. Bei einer Belagerung denkt kein Mensch daran, mit der dritten Parallele zu beginnen, sondern mit der ersten.

Man legt das Proviantdepot an, und alle Belagerungswerke, die man vorschiebt, müssen von den dahinterliegenden unterstützt werden. Ebenso taugen bei Schlachten nur die Dispositionen etwas, die auf gegenseitiger Unterstützung beruhen, wo kein Truppenteil ganz allein aufs Spiel gesetzt, sondern unablässig von den anderen unterstützt wird. So muß man auch im großen Krieg führen.

In einem gebirgigen Lande macht Ihr die Gebirge zur Operationsbasis, besetzt die Hauptpässe mit Detachements und stellt Euch auf der feindlichen Seite auf, um diese Linie zu halten. Denn man verteidigt gar nichts, wenn man sich hinter einen Fluß oder hinter ein Gebirge stellt, sondern nur, wenn man davor bleibt. Seid Ihr in einem Lande mit vielen Festungen, so laßt keine hinter Euch, sondern erobert alle. Dann geht Ihr methodisch vor und habt nichts für Eure rückwärtigen Verbindungen zu befürchten. Nehmt Ihr viele Festungen ein, so laßt die meisten schleifen, um Euch die Besatzungen zu sparen, und erhaltet nur die, die Ihr für Eure Verproviantierung und zur Sicherung Eurer Rückzugslinie braucht.

Nachdem Ihr Euch überlegt habt, was Ihr tun wollt, versetzt Ihr Euch in die Lage des Feindes und erwägt, was er Euch in den Weg legen könnte. Darauf faßt Ihr Euren Plan nach den Schwierigkeiten, die er Euch bereiten kann. Alles muß im voraus bedacht und alles, was der Feind tun könnte, in Rechnung gesetzt werden. Denn es ist das Zeichen eines oberflächlichen oder im Kriegshandwerk unwissenden Menschen, wenn er sich sagen muß: »Das hätte ich nicht für möglich gehalten.« Seht also alles voraus, dann habt Ihr von vornherein Mittel, um allen Schwierigkeiten zu begegnen; denn was man sich ruhig überlegt, taugt hundertmal mehr als alle auf der Stelle gefaßten Entschlüsse, die weder verdaut noch durchdacht sind. Plötzliche Entschlüsse können gelingen, aber stets haben die mehr Wert, die vorher gefaßt sind.

Auch muß man wohl zwischen den Feldzugsplänen unterscheiden, die im Beginn eines Krieges entworfen sind, und denen, die nach einigen Feldzügen gefaßt werden. Die ersteren können, wenn sie gut angelegt sind, den ganzen Krieg entscheiden, versteht man alle Vorteile über den Feind auszunutzen, die Euch Eure Streitkräfte oder die Zeit oder eine Stellung, die Ihr zuerst besetzt, gewähren. Die der zweiten Art hängen von so vielen Umständen ab, daß sich unmöglich allgemeine Regeln dafür aufstellen lassen, außer daß man seine Operationsbasis zu halten sucht und keine zu weiten Vorstöße macht. Welcher Art aber alle diese Pläne auch sein mögen, die größte Aufmerksamkeit gilt vor allem der Verpflegung. Man muß nicht nur wissen, ob man für vierzehn Tage genug hat, sondern auch, ob man für den ganzen Feldzug versorgt ist.

Um im Laufe des Krieges gute Pläne zu machen, muß man Spione in den Kabinetten der Fürsten oder in den Kriegskanzleien haben. Seid Ihr über die Absichten des Feindes unterrichtet, so ist es leicht, seine Maßregeln zu durchkreuzen, und Ihr könnt stets kühn das ausführen, was er am meisten fürchtet; denn es ist eine zuverlässige Regel, das Gegenteil dessen zu tun, was der Feind möchte. Gut ist ein Kriegsplan, wenn Ihr wenig aufs Spiel setzt, den Feind aber in Gefahr bringt, alles zu verlieren. Beispiele: der Überfall von Cremona, die Schlachten von Luzzara (1702) und Cassano (1705), Turennes Vorstoß über Thann und Belfort (Dezember 1674) usw. List mit Stärke gepaart, macht den vollkommenen Feldherrn. Es ist eine große Kunst, den Feind zu täuschen, aber es muß auf glaubwürdige Art geschehen. Beispiele: Starhembergs Übergang über die Adda, um dem König von Sardinien zu Hilfe zu kommen (1704); Prinz Eugen vor der Schlacht von Turin (1706); der Marschall von Luxemburg bei Neerwinden (1693) – *NB*. ein Meisterstück. Das sind die großen Vorbilder, die man studieren muß. Aber der Krieg mit leichten Truppen, wie ihn die Österreicher führen, legt dem Heerführer Fesseln an. Er wird dadurch auf die Defensive beschränkt und hat große Mühe, seinen Feinden Respekt abzunötigen.

2. *Defensivkriege*

Pläne zu einem Defensivkrieg stützen sich auf feste Lager in vorteilhaftem Gelände, die man mit der Armee bezieht, und auf Detachements, die man rechts und links vom Feinde ausschickt, um ihm seine Lebensmittel wegzunehmen, seine Fouragierungstruppen zu schlagen, ihn zu schwächen und allmählich zu vernichten, durch Wegnahme der Lebensmittel Mangel bei seinen Truppen herbeizuführen, sie zur Desertion anzureizen und nach der Kriegsraison Vorteil daraus zu ziehen. Man darf sich nie völlig auf die Defensive beschränken, noch sich des Vorteils begeben, aus den Fehlern des Feindes Nutzen zu ziehen. Dazu wurde die Armee Catinats gezwungen, als sie die Provence, Savoyen und das Dauphiné decken sollte und an Proviantwagen und Maultieren Mangel litt, so daß sie, um nicht zu verhungern, an ihre Stellung festgenagelt war (1701).

Eine gut geleitete Defensive muß ganz das Aussehen einer Offensive haben. Unterscheiden darf sie sich von ihr nur durch die festen Lager und die vorsichtige Vermeidung jeder Schlacht, wenn man seiner Sache nicht ganz sicher ist. Gerade bei dieser Kriegsart muß man alles anwenden, was Belästigung des Gegners, Schlauheit und Kriegslist heißt. Ein Heerführer, der dies Spiel versteht, wird seine Defensive bald in eine kühne Offensive verwandeln. Er muß dem Feinde nur ein paarmal Gelegenheit bieten, Fehler zu machen, um sie gleich auszunutzen und dadurch dem Krieg eine andere Wendung zu geben.

Für uns Preußen ist es sehr schwer, einen solchen Defensivkrieg gegen die Österreicher zu führen, und zwar wegen ihrer großen Überlegenheit an leichten Truppen zu Fuß wie zu Pferde. Unsere Infanterie gleicht den römischen

Legionen: sie ist für Schlachten geschaffen und ausgebildet; ihre Stärke liegt in ihrem Zusammenhalt und in ihrer Widerstandskraft. Ganz anders ist die Fechtweise der leichten Truppen. Leichte Infanterie haben wir überhaupt nicht, und unsere Husaren sind nicht zahlreich genug, um sich im Kleinkriege mit denen der Königin von Ungarn zu messen. Um eine Art von Gleichgewicht zwischen unseren beiden Armeen herzustellen, brauche ich ganz bestimmt noch mindestens 2000 Husaren und ein Korps von 4000 Mann

leichter Infanterie, die in Freikompagnien eingeteilt werden. Doch es ist nur eine Frage des Geldes und der Zeit, solche vorzüglichen Einrichtungen zu treffen, die im Kriegsfalle über kurz oder lang doch nötig werden.

3. Falsche und wahre Demonstrationen des Feindes

Sehr schwer ist es, die wahren und falschen Demonstrationen des Feindes mit Bestimmtheit zu unterscheiden. Nachfolgend alles über diesen Gegenstand, was Hand und Fuß hat. Die beste Methode, bei der Prinz Eugen stets gut gefahren ist, besteht darin, einen brauchbaren Spion am Hofe des Herrschers zu haben, mit dem man Krieg führt, oder wenigstens einen Spion von Rang in der feindlichen Armee, der Euch über die Absichten seines Heerführers unterrichtet. Fehlen Euch diese beiden Mittel, so muß man die Methode des feindlichen Heerführers studieren, mit dem Ihr zu tun habt. Die meisten Heerführer befolgen fast ein und dasselbe Schema. Kennt man dies, so kann man sowohl aus ihren Bewegungen wie aus dem Verhalten der leichten Truppen ihre Absichten erraten, und wenn sie verschiedene Pläne ausführen können, so ist es das sicherste, anzunehmen, daß sie das tun werden, was Euch am meisten schaden kann. Sucht Ihr ihnen darin zuvorzukommen, und sie führen einen anderen Plan aus, so wird dessen Gelingen Euch wenigstens nicht so nachteilig sein. Eine gute Methode ist, sich dicht am Feinde zu lagern. Dann seht Ihr, was er tut, und seid imstande, Euch seinen Plänen zu widersetzen. Steht er dagegen mehrere Tagemärsche von Euch entfernt, so bringt man Euch immerfort falsche Nachrichten, und es kann geschehen, daß Ihr eine unzeitige Bewegung macht, durch die Ihr alles verderbt. Habt Ihr dagegen den Feind vor Euch, so braucht Ihr nur die Augen aufzumachen, um zu wissen, was er tut. Zudem sind die Lager dicht am Feinde die friedlichsten, sobald alles in Ordnung ist.

Was in unseren Kriegen vor allem des Schutzes bedarf, das sind die Magazine; gegen sie müssen sich die meisten feindlichen Anschläge richten. Das Gewinnen von Defileen oder Pässen, von denen der Erfolg eines Feldzugs abhängt, ist ein anderer Anlaß zu Marschbewegungen. Schließlich muß man, wenn man detachierte Korps hat, sehr darauf achten, daß man ihnen Hilfe bringen kann, falls der Feind mit seiner ganzen Armee versuchen sollte, eines von ihnen zu vernichten. Das aber kann man beim Feinde voraussetzen, sobald eine starke Abteilung von leichten Truppen die Verbindung zwischen Euch und dem Detachement unterbricht. Dann müßt Ihr ohne Zaudern die leichten Truppen verjagen, um dem detachierten Korps Hilfe zu bringen; denn ist es nicht schon mit dem Feind handgemein geworden, so wird es unverzüglich dazu kommen.

Aus all diesen Rücksichten und verschiedenen Maßnahmen ergibt sich, daß ein Heerführer von unermüdlicher Wachsamkeit sein, an alles denken, alles voraussehen und auch die unbedeutendsten Schritte des Feindes beachten muß. Läßt er während des ganzen Feldzuges auch nur die geringste dieser Rücksichten außer acht, so kann er sicher sein, daß der Feind es ihn bald bereuen lassen wird.

4. Kriegslisten

Es gibt so vielerlei Listen, daß es schwerfallen dürfte, sie alle aufzuführen. Es gibt Listen im Belagerungskriege, im Feldkriege, bei Überfällen und schließlich bei den Gefechtsdispositionen. Zweck der Kriegslisten ist, den Feind zu täuschen und ihm die eigenen Pläne zu verhüllen.

Im Belagerungskriege hat die List doppelten Zweck: einmal, den Feind von dem Platze, den man belagern will, abzuziehen, und zweitens, die Besatzung der Festung zu schwächen. Zu dem Zweck errichtet man an zwei verschiedenen Orten Magazine. (*NB*. Diese List ist zu kostspielig, um oft und von jedermann angewandt zu werden.) Man versammelt die Armee an einer Stelle, die von dem Platze, den man wirklich belagern will, weit entfernt liegt, und macht Miene, einen anderen Platz einzuschließen. Das führt gewöhnlich dazu, daß der Feind Truppen aus den ferner gelegenen Plätzen heranzieht, um die Besatzung der scheinbar bedrohten Festung zu verstärken. Dann wendet man sich mit Detachements und durch Gegenmärsche plötzlich gegen den Platz, auf den man es abgesehen hat und dessen Besatzung inzwischen durch die Abgabe von Truppen geschwächt ist.

Zahllos sind die Listen im Feldkriege. Sie bestehen teils in Aussprengung von Absichten, die man gar nicht hegt, um die, welche man wirklich hat, zu verhüllen, teils in abgekarteten Marschbewegungen. So läßt man ein Korps nach einer Seite marschieren und trifft alle Anordnungen dafür, ihm zu folgen, bricht aber nach der anderen Seite auf, so daß die vermeintliche Avantgarde zur Arrieregarde wird. Im reinen Offensivkrieg stellt man sich, als wolle man an drei verschiedenen Punkten ins feindliche Land eindringen, und verbirgt dadurch die Stelle des wirklichen Einmarsches, um hier weniger Widerstand zu finden. Flußübergänge erfordern viele solcher Listen, und der Schlauste gewinnt. Es kommt dann gleichfalls darauf an, dem Feinde die Stelle zu verbergen, wo man den Fluß überschreiten will, um beim Übergang weniger Widerstand zu finden und Zeit zu haben, ihn mit der ganzen Armee auszuführen, bevor der Feind Nachricht davon bekommt. Ein Treffen im Lager zu lassen und mit dem anderen des Nachts abzumarschieren, ist eine Kriegslist. Wachtfeuer in einem Lager, das man räumt, anzuzünden und Leute darin zu lassen, die Lärm machen, ist eine Kriegslist, um dem Feinde seinen Aufbruch zu verbergen. Alle Scheinangriffe sind Kriegslisten, z. B. wenn man ein Korps abschickt, das Scheinbewegungen macht, als wollte es die feindliche Armee angreifen, sich aber auf kein Gefecht einläßt, während man ein schlecht aufgestelltes Detachement des Feindes angreift und vernichtet. Hat der Feind Respekt vor Euch, Ihr aber haltet es für gut, eine Schlacht zu liefern, so wiegt Ihr ihn in Sicherheit, stellt Euch, als ob Ihr ihn fürchtet, laßt Wege nach rückwärts anlegen: so wird seine Eigenliebe Euch bessere Dienste leisten als Eure Stärke. Ist er zu verwegen, so stellt Ihr Euch, als wolltet Ihr es auf eine Schlacht ankommen lassen, versucht, ein kleines Detachement zu schlagen, ihn zu belästigen, und Ihr werdet leichteres Spiel mit ihm haben. Ist er stärker und zahlreicher als Ihr, so wendet alle Eure List an, um ihn zu Detachierungen zu verleiten, und ist dies geschehen, so nehmt den Augenblick wahr, um ihn zu schlagen.

Es gibt Kriegslisten zum Überfall auf Festungen, zum Beispiel die Überrumpelung Cremonas durch Prinz Eugen (1702). Es gibt Listen, um dem Feind Eure Absicht zu verbergen. So hat der, der im Winter seine Truppen zuerst versammelt und über die feindlichen Quartiere herfällt, allemal gewonnenes Spiel. Hier gilt es, dem Feinde die Versammlung Eurer Truppen zu verbergen oder sie anders zu motivieren. Solche Vorwände sind Ablösung der Postenkette der Winterquartiere oder Quartierwechsel einiger Regimenter. Die genaue Marschdisposition der Truppen nach ihrem Sammelpunkt wird Euer Unternehmen entscheiden.

Auch die Verschanzungen können unter die Kriegslisten gerechnet werden, wenn man sie zu dem Zweck anlegt. Das darf indes nur dazu dienen, den Feind verwegener zu machen und ihn zu verleiten, angesichts Eurer Armee gewagte Manöver auszuführen, z. B. ihr die Flanke darzubieten, seine Märsche nicht zu sichern oder in Eurer Nähe über einen Fluß zu gehen. Dann ist es Zeit, die Verschanzung zu verlassen, um den Feind für seine Torheit zu strafen. Um nun alle Eure Maßnahmen nach dem vorgesetzten Ziele einzurichten, müßt Ihr zahlreiche Öffnungen in der Verschanzung anbringen lassen, damit Ihr ungehindert daraus hervorbrechen könnt. Man macht Scheindetachements, die man kurz danach zurückzieht, ordnet Fouragierungen an, um den Feind zu verleiten, daß er seine Kavallerie auf Fouragierung schickt. Dann gibt man Gegenbefehl und fällt über seine Armee her, die durch die Abwesenheit der Fourageure geschwächt ist. Auf dem Marsche läßt man in der Nähe des Feindes falsche Kolonnenspitzen erscheinen, um ihn irrezuführen. Kurz, ich fände kein Ende, wollte ich all die Kniffe aufzählen, zu denen sich Gelegenheit bietet, und die man im Kriege zur Täuschung des Feindes benutzt.

Ich komme nun zu den Listen bei den Schlacht- und Marschdispositionen. Unser Marsch in geschlossenen Kolonnen, die dem Feinde die Front bieten und sich plötzlich in eine schräge Schlachtordnung verwandeln, kann dazu gerechnet werden, ebenso die Maskierung unserer Infanteriekolonnen hinter einem Kavallerieflügel bis zu dem Augenblick, wo wir sie einsetzen wollen. Auch die von der Kavallerie verschleierten Kolonnen, die auf 600 Schritt zum Vorschein kommen, aufmarschieren und feuern, gehören hierher, desgleichen die bei den Österreichern gebräuchliche Aufstellung von Infanteriekarrees hinter der Kavallerie, ferner im Gelände versteckte Kavallerie, die man unvermutet hinter einer Geländedeckung in die Flanke oder den Rücken des Feindes wirft, schließlich auch das Verbergen eines Korps an Schlachttagen im Buschwerk oder in einem Talgrunde, aus dem es dann plötzlich als Hilfskorps hervorkommt, wodurch es den Feind entmutigt und Eure Truppen mit neuem Vertrauen erfüllt. Alle Scheinangriffe gegen eine in fester Stellung befindliche Armee gehören zur Kriegslist; denn sie dienen dazu, die Aufmerksamkeit des Gegners zu teilen und ihn von dem Plane,

Gedanken und allgemeine Regeln für den Krieg

den Ihr gefaßt habt, und von der Stelle, wo Ihr durchbrechen wollt, abzulenken. Beim Angriff auf Verschanzungen benutzt man nahe gelegene Mulden zum Aufmarsch der Truppen, mit denen man den Durchbruch ausführen will. Auch das geschieht, wie gesagt, um den Feind irrezuführen.

Oft müßt Ihr nicht nur den Gegner, sondern auch Eure eigene Armee täuschen, und zwar geschieht dies in der Defensive. Das nenne ich standhafte Kriegführung. Als Turenne im Jahre 1674 das Elsaß gegen die doppelt so starke Armee des Großen Kurfürsten und Bournonvilles verteidigte, wich er bis nach Zabern, Bitsch und Lützelstein zurück. Dies letzte Lager, das er zu räumen beabsichtigte, um nach Lothringen abzuziehen, ließ er noch am Tage vor seinem Abmarsch befestigen; dadurch wurde sowohl seine Armee wie der Feind getäuscht. Am nächsten Tage brach er das Lager ab und vollzog seinen Rückmarsch nach Lothringen ohne Verluste. Eine Armee soll also stets ihre Haltung bewahren, und wenn sie im Begriff ist, sich zurückzuziehen, so dreist auftreten, daß der Feind vielmehr glauben kann, sie wolle eine Schlacht liefern. Hat sie dann die schwierigen Stellen ihrer Rückzugslinie gut besetzt, muß sie so schnell wie möglich aufbrechen, aber ohne, daß die Ordnung darunter leidet. Die schachbrettförmige Aufstellung in mehreren Treffen scheint mir dazu die beste. Die letzten Truppen brechen dann mit den Enden oder Flügeln ab, so daß die noch stehenden Teile der Armee stets von den zuvor am Defilee aufgestellten Truppen unterstützt werden.

Verbergt also dem Feinde stets Eure Absichten und suchet die seinen zu erforschen; überlegt lange, aber handelt energisch und rasch; laßt nie Mangel an Lebensmitteln eintreten: dann werdet Ihr mit der Zeit den Feind bezwingen. Schlafet aber nie ein, besonders bleibet nach Euren Erfolgen wach: das Glück ist gefährlich; denn es flößt Sicherheit und Geringschätzung des Feindes ein. Infolgedessen verlor selbst ein so großer Feldherr wie Prinz Eugen seine Magazine bei Marchiennes nach der Schlacht bei Denain (24. Juli 1712).

5. Wie man den leichten Truppen der Königin von Ungarn entgegentreten kann

Wegen der leichten Truppen der Königin von Ungarn müssen sogleich rechts und links von der Armee zwei Detachements gebildet werden, damit sie Euch nicht umgehen. Man kann Husaren den Husaren, Infanterie der Infanterie entgegenstellen. Da wir aber keine leichte Infanterie haben, so werden wir ernstlich daran denken müssen, sie mit der Zeit irgendwie zu beschaffen. Man könnte leicht ein bis zwei Regimenter aus französischen Deserteuren bilden und alte Offiziere, die bei der letzten Heeresentlassung abgedankt sind, zu Führern nehmen. Sie dürfen aber nur im Kleinkriege verwandt werden, zur Beunruhigung der feindlichen Feldwachen und Detachements, zur Aushebung kleiner schlecht postierter Abteilungen, kurz, zum Freischarendienst.

Aber das Haupthindernis ist die freiwillige oder erzwungene Parteinahme der Einwohner. Sie wird den leichten Truppen der Königin von Ungarn in ihren Ländern stets das Übergewicht geben. Infolgedessen erfährt unsere Armee dort gar nichts, während der Feind gleich vom geringsten Detachement Wind bekommt, das aus unserem Lager aufbricht. Wir können uns gegen die einheimischen Spione nicht schützen; denn unsere Armee muß leben, und unter den vielen, die uns Lebensmittel verkaufen, sind sicher Spione. Die Feldwachen mögen noch so wachsam sein: wie sollen sie einen Spion von einem anderen Bauern unterscheiden? Da dies also unmöglich ist, müssen wir den Krieg so geschlossen wie möglich führen, nur starke Detachements von der Armee absenden und nur ganz sichere Dinge unternehmen.

Im Verlauf des Feldzuges hat man nichts Erhebliches von den leichten Truppen zu befürchten. Ihr Ziel ist Beutemachen, und was ihre Führer auch tun mögen, die Neigung zum Plündern werden sie ihnen nie austreiben. Zwei Monate im Felde werden ihre alte Gewohnheit wieder so weit fördern wie im letzten Kriege. Die Königin von Ungarn hat von diesen leichten Truppen also keinen weiteren Vorteil, als daß sie unsere Transportbedeckungen und Fouragierungen belästigen und dadurch unsere Truppen ermüden; denn wir müssen stets die dreifache Zahl dazu nehmen wie sie. Aber für unsere Armee sind sie eine gute Schule, da diese ununterbrochenen Scharmützel sie an den Krieg gewöhnen und sie die Gefahr verachten lassen. Die Offiziere lernen etwas, während unsere Feinde in einem festen Lager wie in ihrer Garnison stehen. Infolgedessen macht eine bevorstehende Schlacht einen viel stärkeren Eindruck auf sie als auf unsere Truppen, die durch den unaufhörlichen Kleinkrieg mit der Gefahr vertraut sind. Schaden können uns also die leichten Truppen nur in einem Falle tun, nämlich bei Rückzügen, aber auch dann nur, wenn der Marsch durch gebirgiges, waldreiches und schwieriges Gelände führt. Da kommt man nicht ohne Verluste davon, welche Anordnungen und Vorsichtsmaßregeln man auch ergreifen möge. In solchen Fällen muß man seinen Aufbruch verheimlichen, um sich dem Feinde unvermerkt zu entziehen. So ist die List zu allem gut, während die Gewalt nur für bestimmte Fälle taugt.

Das sind einige kurze Betrachtungen über den Krieg, die ich in meiner Mußezeit angestellt habe. Ihr Zweck war mehr, meine eigenen Ansichten zu berichten und die Grundsätze der Kriegskunst zu meinem Gebrauch zu wiederholen, als andere zu belehren.

Betrachtungen über die Taktik und einige Fragen des Krieges
(21. Dezember 1758)

Was hat man vom Leben, wenn man nur vegetiert? Wozu hat man Augen, wenn man nur Tatsachen in seinem Gedächtnis anhäuft? Mit einem Worte: was nützt die Erfahrung, die man nicht zum Gegenstand späteren Nachdenkens macht?

Vegetius sagt: »Der Krieg soll uns ein Studium und der Friede eine Übung sein.« Er hat recht!

Die Erfahrung will durchdacht werden. Erst nach wiederholter Prüfung erkennt der Künstler die Grundbedingungen seiner Kunst. In den Mußestunden, in den Zeiten der Ruhe wird neues vorbereitet, das durch die Erfahrung erprobt werden soll. Solche Untersuchungen stellt ein strebsamer Geist an. Aber wie selten ist solches Streben, und wie häufig sieht man dagegen Menschen, die ihren Körper abgenutzt, aber nie ihren Geist gebraucht haben! Nur das Denken, die Fähigkeit, Ideen zu verknüpfen, unterscheidet den Menschen vom Lasttier. Der Maulesel, der zehn Feldzüge lang den Packsattel des Prinzen Eugen trug, ist dadurch kein besserer Taktiker geworden. Zur Schande der Menschheit muß man gestehen, daß viele in einem

sonst ehrenvollen Berufe alt und grau werden, ohne darin größere Fortschritte zu machen als jener Maulesel.

Dem hergebrachten Schlendrian des Dienstes folgen, sich um seinen Tisch und seine Bedürfnisse kümmern, marschieren, wenn marschiert wird, lagern, wenn gelagert wird, kämpfen, wenn alles kämpft – das heißt für die Mehrzahl der Offiziere gedient und Krieg geführt haben, unter den Waffen grau geworden sein. Daher sieht man so viele Militärs an Kleinigkeiten haften und in grober Unwissenheit verknöchern. Statt sich mit kühnem Flug in die Wolken zu erheben, wissen sie nur, auf ihre Methode eingeschworen, im Staube zu kriechen, unbekümmert um die Ursachen ihrer Siege und Niederlagen und ohne sie zu kennen. Und doch sind diese Ursachen mit Händen zu greifen.

Ein strenger Kritiker wie der scharfsinnige Feuquières hat uns alle Fehler erläutert, die die Heerführer seiner Zeit begangen haben. Er hat die Feldzüge, die er mitmachte, sozusagen anatomisch zergliedert und die Gründe für ihre Erfolge und Mißerfolge aufgedeckt. Er hat uns den Weg zu unserer Aufklärung gewiesen und uns gezeigt, wie man jene Grundwahrheiten entdeckt, auf denen die Kriegskunst beruht. Seitdem hat sich die Kriegführung vervollkommnet. Neue mörderische Einrichtungen haben die Schwierigkeiten vergrößert. Diese müssen wir auseinandersetzen, damit wir, nach genauer Untersuchung des Systems unserer Feinde und der Hindernisse, die sie uns entgegenstellen, die geeigneten Mittel zu ihrer Überwindung finden.

Ich will Euch nicht mit den Projekten unserer Feinde unterhalten, die sich auf die Zahl und die Macht ihrer Verbündeten stützen. Ihre Menge und vereinte Macht wäre mehr als hinreichend, nicht allein Preußen, sondern auch die Kräfte eines der mächtigsten europäischen Fürsten zu vernichten, hätte er sich dieser wilden Flut entgegenstemmen wollen. Auch brauche ich Euch wohl kaum an ihre allgemein befolgte Methode zu erinnern. Sie besteht darin, unsere Kräfte durch Diversionen nach einer Seite abzulenken, um auf der anderen, wo sie vor jedem ernstlichen Widerstand sicher sind, einen großen Schlag zu führen, sich aber einem Korps gegenüber, das ihnen die Spitze zu bieten vermag, in der Defensive zu halten und sich mit Nachdruck nur gegen die Truppen zu wenden, die infolge ihrer Schwäche vor ihnen das Feld räumen müssen.

Ich will Euch auch nicht an die Methode erinnern, die ich angewandt habe, um mich gegen den Koloß zu stemmen, der mich zu zermalmen drohte. Bewährt hat sie sich nur durch die Fehler meiner Feinde, ihre Langsamkeit, die meiner Regsamkeit zustatten kam, durch ihre Trägheit, die niemals die Gelegenheit erfaßte. Sie darf aber nicht als Muster aufgestellt werden.

Das gebieterische Gesetz der Notwendigkeit hat mich gezwungen, vieles dem Zufall zu überlassen. Ein Steuermann, der mehr den Launen des Windes als der Richtung seines Kompasses folgt, darf aber nie als Vorbild dienen.

Es kommt darauf an, sich einen richtigen Begriff von dem System zu machen, das die Österreicher in diesem Kriege befolgen. An sie halte ich mich, weil sie es von allen unseren Feinden in der Kriegskunst am weitesten gebracht haben. Die Franzosen übergehe ich mit Stillschweigen. Sie sind zwar klug und erfahren, verderben sich aber durch Leichtsinn und Unbestand von heute auf morgen die Erfolge, die ihre Geschicklichkeit ihnen verschafft hat. Die Russen sind ebenso roh wie unfähig und verdienen deshalb überhaupt keine Erwähnung.

Die Hauptveränderungen im Verfahren der österreichischen Generale, die ich während dieses Krieges bemerkt habe, beziehen sich auf ihre Lager, ihre Märsche und ihre gewaltige Artillerie. Denn diese dürfte schon allein, ohne Unterstützung von Truppen, fast hinreichen, um ein angreifendes Heer zurückzuwerfen, zu zerstreuen und zu vernichten. Glaubt nicht, ich vergäße die guten Lager, die geschickte Heerführer in früheren Zeiten ausgesucht und besetzt haben, wie die Lager Mercys bei Freiburg (1644) und Nördlingen (1645). Auch Prinz Eugen bezog ein gutes Lager bei Mantua, wodurch er dem Vordringen der Franzosen während des ganzen Feldzuges Einhalt gebot (1702). Markgraf Ludwig von Baden machte das Lager bei Heilbronn berühmt (1694). In Flandern ist das Lager von Sierk bekannt und viele andere, deren Erwähnung sich erübrigt.

Was die Österreicher gegenwärtig besonders auszeichnet, ist die Kunst, stets ein vorteilhaftes Gelände für ihre Stellungen zu wählen und besser als früher die örtlichen Hindernisse zur Aufstellung ihrer Truppen zu benutzen. Man frage sich nur, ob Heerführer es je verstanden haben, so furchtgebietende Aufstellungen zu nehmen, wie wir es jetzt bei der österreichischen Armee gesehen haben. Wo hat man jemals 400 Kanonen in verschiedenen Batterien etagenweise auf Anhöhen postiert gesehen, so daß sie nicht nur in die Ferne zu wirken vermögen, sondern auch, was der Hauptvorteil ist, ein verheerendes rasantes Feuer unterhalten können?

Ein österreichisches Lager zeigt also eine furchtgebietende Front. Aber hierauf beschränkt sich seine Verteidigung nicht. Seine Tiefengliederung und seine zahlreichen Treffen bergen wahre Hinterhalte, d.h. neue Kunstgriffe und geeignete Stellen, um über die Truppen herzufallen, die durch die Angriffe auf die vordersten Linien erschüttert sind. Diese Stellen sind im voraus dazu hergerichtet und mit Truppen besetzt, die keinen anderen Zweck haben als jenen. Allerdings muß man zugeben, daß die große numerische Überlegenheit ihrer Heere den Führern gestattet, sich in mehreren Treffen hintereinander aufzustellen, ohne eine Überflügelung befürchten zu müssen, und daß sie bei ihrem Überfluß an Truppen jedes Gelände, das ihnen geeignet scheint, zu besetzen vermögen, um ihre Stellung noch furchtgebietender zu machen.

Gehen wir noch mehr auf Einzelheiten ein, so werdet Ihr finden, daß die Grundsätze der österreichischen Kriegführung die Folgen reiflicher

Überlegung sind. Ihre Taktik ist sehr kunstgerecht. In der Auswahl der Lager herrscht äußerste Vorsicht und große Geländekenntnis. Dazu haben sie bewährte Dispositionen und sind so klug, nichts zu unternehmen, ohne die im Kriege überhaupt mögliche Gewißheit des Erfolges zu haben. Sich nie zu einer Schlacht zwingen zu lassen, ist die erste Regel für jeden Heerführer. Darauf gründet sich ihr System. Daher ihre Suche nach starken Lagerplätzen auf Anhöhen und Gebirgen. Eigenheiten in der Wahl ihrer Stellungen haben die Österreicher nicht, außer daß man sie fast nie in einer schlechten Stellung findet, und daß sie ihr Hauptaugenmerk darauf richten, sich beständig in unangreifbarem Gelände aufzustellen. Ihre Flanken lehnen sich stets an Schluchten, steile Abhänge, Sümpfe, Flüsse oder Städte. Besonders aber unterscheiden sie sich von dem früheren Brauche durch die Verteilung ihrer Truppen, um, wie gesagt, alle Vorteile des Geländes auszunutzen. Mit äußerster Sorgfalt weisen sie jeder Waffe die geeignete Stellung an.

Außer der Kunst gebrauchen sie auch noch die List und schieben häufig große Kavalleriemassen vor, um den feindlichen Heerführer zu falschen Maßnahmen zu verleiten. Doch habe ich mehr als einmal bemerkt, daß sie sich nicht im Ernst schlagen wollen, wenn sie ihre Kavallerie in einer Linie aufmarschieren lassen. Stellt sie sich jedoch schachbrettförmig auf, dann wollen sie sie wirklich gebrauchen. Dabei ist aber zu beachten: wenn Ihr die Kavallerie bei Beginn der Schlacht angreift, so wird Eure Kavallerie sie zwar bestimmt schlagen, gerät aber bei der geringsten Verfolgung in einen von der Infanterie gelegten Hinterhalt, in dem sie vernichtet wird. Greift Ihr also den Feind in einer festen Stellung an, so müßt Ihr Eure Kavallerie anfangs zurückhalten, Euch nicht durch falschen Schein täuschen lassen und sie gar nicht dem Gewehr- oder Geschützfeuer aussetzen, das ihr den ersten Kampfesmut rauben würde. Vielmehr müßt Ihr sie aufsparen, um das Gefecht wiederherzustellen oder sie zur Verfolgung des Feindes zu benutzen. Dann kann sie die größten Dienste leisten.

Während dieses ganzen Krieges sahen wir die österreichische Armee stets in drei Treffen gestellt, unterstützt und umgeben von einer gewaltigen Artilleriemasse. Ihr erstes Treffen steht am Fuße der Anhöhen in fast ebenem Gelände, das nach der Seite des feindlichen Angriffs glacisartig abfällt. Das ist eine gute Methode. Sie beruht auf der Erfahrung, daß rasantes Feuer verheerender wirkt als Steilfeuer. Zudem hat der einzelne Mann auf dem Glaciskamm alle Vorteile der Höhe, ohne deren Nachteile zu empfinden. Der ungedeckte, bergan stürmende Angreifer kann ihm durch sein Feuer nicht schaden, wogegen er selbst ein rasantes und gut vorbereitetes Feuer unterhält. Versteht er nur seine Waffe zu gebrauchen, so wird er den vorrückenden Feind vernichten, bevor er heran ist. Schlägt er den Angriff ab, so kann er den Feind verfolgen, unterstützt vom Gelände, das die verschiedenen

Bewegungen begünstigt. Stände dagegen das erste Treffen auf einer zu hohen oder zu steilen Anhöhe, so könnte es sich nicht herunterwagen, ohne in Unordnung zu geraten, und der Angreifer könnte bei schnellem Vordringen bald in den toten Winkel unterhalb der Schutzlinie der Gewehre, ja selbst der Geschütze gelangen.

Die Österreicher haben die Vor- und Nachteile dieser verschiedenen Stellungen wohl erwogen und bestimmen deshalb in ihren Lagern jene amphitheatralisch aufsteigenden Höhen für das zweite Treffen, das gleich dem ersten durch Kanonen verstärkt wird. Dies zweite Treffen, das einige Kavallerieabteilungen enthält, soll dem ersten zur Unterstützung dienen. Weicht der angreifende Feind, so ist Kavallerie zur Verfolgung bei der Hand. Weicht dagegen das erste Treffen, so stößt der vordringende Feind nach hartem Infanteriekampf auf eine zweite furchtgebietende Stellung, die er abermals angreifen muß. Er ist durch die vorigen Angriffe schon ermattet und muß nun gegen frische, gut aufgestellte Truppen anstürmen, die durch die Stärke des Geländes begünstigt werden.

Das dritte Treffen, das gleichzeitig als Reserve dient, ist zur Verstärkung der Stellen bestimmt, die der Angreifer zu durchbrechen sucht. Seine Flanken sind mit Geschützen gespickt wie eine Zitadelle. Sie benutzen jeden kleinen Geländevorsprung zum Aufbau von Geschützen, die schräg schießen und das ganze Gelände unter Kreuzfeuer halten. Es ist also fast das gleiche, ob man eine Festung stürmt, deren Werke keine Minenanlagen haben, oder eine Armee angreift, die sich derart in ihrem Gelände eingerichtet hat.

Nicht zufrieden mit so vielen Vorkehrungen, suchen die Österreicher ihre Front auch noch durch Sümpfe, tiefe und schwer passierbare Hohlwege, Flüsse, kurz, durch Geländehindernisse zu schützen. Sie verlassen sich nicht nur auf ihre Flankendeckung, sondern stellen auch noch an unzugänglichen Stellen, rechts und links, ungefähr 2000 Schritt von ihren Flügeln entfernt, starke Detachements auf, um den Feind zu beobachten und ihm, falls er die Hauptmacht unvorsichtig angreift, in den Rücken zu fallen. Man kann sich leicht vorstellen, welche Wirkung eine solche Diversion auf Truppen haben muß, die gerade beim Angriff sind und sich nun plötzlich in Flanke und Rücken gefaßt sehen. Der Anfang des Kampfes wäre auch dessen Ende, und es gäbe nichts als Verwirrung, Auflösung und Flucht.

Wie kann man nun, wird man fragen, gegen so wohl vorbereitete Truppen eine Schlacht wagen? Sollten diese oft geschlagenen Truppen unbesieglich geworden sein? Keineswegs! Das werde ich nie zugeben. Doch rate ich keinem, einen übereilten Entschluß zu fassen und sich tollkühn mit einer Armee einzulassen, die im Besitz so großer Vorteile ist.

Es ist aber auf die Dauer unmöglich, daß im Verlauf eines Feldzuges jedes Gelände gleich vorteilhaft ist. Auch können diejenigen, die die Truppen aufzustellen haben, irgendwelche Fehler begehen. Ich rate sehr, solche Gelegenheiten zu benutzen, ohne Rücksicht auf die Stärke des Feindes, wenn man nur etwas mehr als die Hälfte seiner Truppen hat.

Fehler des Feindes, die man benutzen kann, sind: wenn er eine Anhöhe vor seinem Lager oder seitwärts davon unbesetzt hält, wenn er die Kavallerie ins erste Treffen stellt, wenn er seine Flanken nicht gut angelehnt hat oder eins der Korps, die seine Flügel decken sollen, zu weit vorschiebt, wenn die von ihm besetzten Höhen nicht beträchtlich sind, und vor allem, wenn der Zugang durch keine Geländehindernisse versperrt ist. Das alles sind Fälle, die ein geschickter Heerführer nach meiner Meinung benutzen soll. Das erste, was geschehen muß, ist die Besetzung der Hügel und Anhöhen, von denen aus sein Geschütz das feindliche beherrscht. Dort muß er so viele Kanonen, wie Platz finden, aufstellen und von da die Armee, die er angreifen will, mit Feuer überschütten, während er seine Angriffstruppen und seine Treffen formiert. Ich habe bei mehreren Gelegenheiten bemerkt, daß weder die österreichische Infanterie noch die Kavallerie dem Geschützfeuer standhält. Damit sie die ganze Schrecklichkeit der Artillerie spürt, sind entweder Anhöhen oder ein völlig ebenes Gelände nötig; denn Kanonen und Gewehre haben, wie gesagt, von unten nach oben keine Wirkung. Den Feind anzugreifen, ohne sich den Vorteil überhöhenden oder doch aus gleicher Höhe kommenden Feuers verschafft zu haben, wäre dasselbe, wie bewaffnete Truppen mit Leuten angreifen, die nur Knüppel haben, und das ist unmöglich.

Ich komme wieder auf den Angriff zurück. Alles hängt vom richtigen Erkennen der schwächsten Stelle des Feindes ab. Hier hat man keinen so heftigen Widerstand zu erwarten wie da, wo er sich besser vorgesehen hat. Ich glaube, die Klugheit erfordert, einen bestimmten Punkt der feindlichen Armee ins Auge zu fassen, sei es den rechten oder linken Flügel, die Flanken usw. Nach dieser Stelle muß man seinen Hauptstoß richten und mehrere Treffen formieren, um den Angriff zu unterstützen; denn es ist wahrscheinlich, daß Eure ersten Truppen zurückgeworfen werden. Den allgemeinen Angriff widerrate ich als zu gewagt. Bringt man dagegen nur einen Flügel oder einen Teil der Armee ins Feuer, so behält man, falls er geworfen wird, immer noch das Gros übrig, um den Rückzug zu decken, und so kann man nie völlig geschlagen werden.

Bedenkt ferner, daß man nicht soviel Leute verliert, wenn man nur einen Teil der feindlichen Armee angreift, als bei einer allgemeinen Schlacht, und daß man im Falle des Gelingens den Feind ebensogut vernichten kann, wenn sich nicht in zu großer Nähe des Schlachtfeldes ein Defilee befindet oder ein feindliches Detachement bei der Hand ist, das den Rückzug decken kann.

Hierbei scheint es mir zweckmäßig, den Teil des Heeres, den Ihr dem Feinde versagt, zur Demonstration zu benutzen und ihn fortwährend dem Feinde zu zeigen, so daß er seine Stellung nicht zu verlassen wagt, um Verstärkung nach Eurer Durchbruchsstelle zu schicken. Dadurch legt Ihr den

Teil seines Heeres, den Ihr in Respekt haltet, während der Schlacht brach. Schwächt sich der Feind aber auf einer Seite, um nach der anderen Unterstützung zu bringen, so müßt Ihr das bei genügender Truppenmacht ausnutzen, wenn Ihr seine Bewegung rechtzeitig merkt.

Überhaupt muß man das Gute an der Fechtweise des Feindes nachahmen. Die Römer führten die überlegenen Waffen der Völker ein, mit denen sie Krieg führten, und wurden dadurch unüberwindlich. Ohne Zweifel muß man sich die Lagerweise der Österreicher aneignen, sich jedenfalls aber mit einer schmaleren Front begnügen, um an Tiefe zu gewinnen, und große Sorgfalt auf die Stellung und Sicherung seiner Flügel verwenden.

Auch das System der starken Artillerie muß man annehmen, so lästig es ist. Ich habe die unsere beträchtlich vermehrt, so daß sie die Mängel unserer Infanterie auszugleichen vermag, deren Material sich, je länger der Krieg dauert, nur verschlechtern kann. Indem wir so mit richtigerem Blick und größerer Sorgfalt als früher unsere Maßnahmen treffen, befolgen wir nur die alte Kriegsregel, sich niemals wider Willen zum Kampfe zwingen zu lassen.

Bei so vielen Schwierigkeiten, den Feind in seinen befestigten Stellungen anzugreifen, kommt man auf den Gedanken, ihn auf dem Marsche zu überfallen, seinen Aufbruch aus dem Lager zu benutzen und sich mit der Nachhut in einen Kampf einzulassen, wie es z. B. bei Leuze (1691) und Senef (1674) geschah. Aber auch dagegen haben die Österreicher Vorkehrungen getroffen, indem sie nur in durchschnittenen und waldigen Gegenden Krieg führen und schon im voraus Wege herrichten, die durch Wälder oder Sümpfe ziehen, oder indem sie den Talwegen hinter den Bergen folgen und die Berghöhen oder Defileen im voraus sorgfältig mit Detachements besetzen. Zahlreiche leichte Truppen setzen sich in den Wäldern oder auf den Berggipfeln fest, decken ihren Marsch, verschleiern ihre Bewegungen und verschaffen ihnen völlige Sicherheit, bis sie ein neues starkes Lager erreicht haben, in dem man sie vernünftigerweise nicht angreifen darf.

Bei dieser Gelegenheit muß ich noch angeben, wie unsere Feinde verfahren, um sich gute Stellungen auszusuchen. Sie schicken Feldingenieure aus, die das Gelände rekognoszieren und genaue Pläne davon aufnehmen. Erst nach genauer Prüfung und reiflicher Überlegung wird das Lager gewählt und zugleich seine Befestigung angeordnet.

Die Detachements der österreichischen Armee sind zahlreich und stark, die schwächsten nicht unter 3000 Mann. Öfters zählte ich ihrer fünf bis sechs zugleich im Felde. Recht beträchtlich ist die Zahl ihrer ungarischen Truppen. Wären sie alle beisammen, so könnten sie ein starkes Armeekorps bilden. Ihr habt Euch also stets mit zwei Armeen zu schlagen, einer schweren und einer leichten. Die Offiziere, denen sie diese Detachements anvertrauen, sind geschickt und besitzen hervorragende Geländekenntnis. Sie lagern oft ganz in der Nähe unserer Armeen, halten sich dabei aber sorgsam auf den Berggipfeln, in dichten Wäldern oder hinter doppelten und dreifachen Defileen. Aus dieser Art von Schlupfwinkeln schicken sie dann Streifscharen aus, die je nach den Umständen handeln, aber das Hauptkorps zeigt sich nur, wenn es einen großen Schlag wagen kann. Bei ihrer Stärke können diese Detachements unserer Armee ganz nahe kommen, ja sie umzingeln, und es ist sehr ärgerlich, daß wir nicht ebenso viele leichte Truppen haben. Unsere aus Deserteuren zusammengerafften, schwachen Freibataillone wagen oft nicht, sich vor ihnen sehen zu lassen. Unsere Generale getrauen sich nicht, sie vorzuschicken, um sie nicht zu verlieren. Dadurch wird es dem Feind möglich, sich unseren Lagern zu nähern, uns zu beunruhigen und uns Tag und Nacht zu alarmieren. Unsere Offiziere gewöhnen sich mit der Zeit zwar an diese fortwährenden Scharmützel, verachten sie schließlich und verfallen leider in jene unheilvolle Sicherheit, die uns bei Hochkirch so teuer zu stehen kam. Damals hielten viele den Überfall der ganzen österreichischen Armee auf unseren rechten Flügel für ein bloßes Scharmützel der irregulären Truppen.

Ich glaube jedoch, um Euch nichts zu verhehlen, daß Daun seine ungarische Armee noch weit besser verwenden könnte. Sie tut uns lange nicht so viel Schaden, wie sie könnte. Warum unternahmen die Detachementsführer nie etwas gegen unsere Fouragierungen? Warum versuchten sie nicht, die elenden Nester zu überrumpeln, wo wir unsere Magazine hatten? Warum suchten sie nicht bei jeder Gelegenheit unsere Zufuhr abzuschneiden? Warum beunruhigten sie unser Lager des Nachts nur mit kleinen Detachements, anstatt uns mit Macht anzugreifen und unserem zweiten Treffen in den Rücken zu fallen? Das hätte zu viel bedeutenderen und für den Ausgang des Krieges entscheidenderen Resultaten geführt. Ohne Zweifel fehlt es ihnen, so gut wie uns, an unternehmenden Offizieren, die in allen Ländern so selten und so gesucht sind, die einzigen, die aus der großen Zahl derer, die sich ohne Beruf und Talente dem Waffenhandwerk widmen, die Beförderung zur Generalswürde verdienen.

Das sind in kurzen Worten die Grundsätze, nach denen die Österreicher gegenwärtig Krieg führen. Sie haben sich sehr vervollkommnet, aber deshalb kann man doch wieder die Oberhand über sie gewinnen. Die von ihnen so geschickt angewandte Verteidigungsart liefert uns die Mittel, sie anzugreifen.

Ich habe schon einige Gedanken darüber hingeworfen, wie man sich mit ihnen in einen Kampf einläßt. Ich muß noch zwei Dinge hinzufügen, die ich wohl vergessen habe. Erstens muß man sehr darauf achten, das zum Angriff bestimmte Korps gut anzulehnen, damit es beim Vorgehen nicht selbst in der Flanke gefaßt wird, statt die des Feindes zu gewinnen. Zweitens muß man den Bataillonskommandeuren einschärfen, daß sie ihre Leute beim Angriff zusammenhalten, besonders wenn sie in der Hitze des Erfolges die feindlichen Truppen vor sich her treiben. Denn die Infanterie besitzt nur so lange Gefechtskraft, als sie geschlossen und in guter Ordnung bleibt. Ist sie aber gelockert und fast zerstreut, so kann sie durch eine Handvoll Kavallerie vernichtet werden, die im Augenblick der Unordnung über sie herfällt.

Soviel Vorsicht ein Heerführer aber auch gebraucht, er muß doch beim Angriff auf schwierige Stellungen wie überhaupt bei allen Schlachten vieles dem Zufall überlassen.

Die beste Infanterie der Welt kann zurückgeworfen und erschüttert werden, wenn sie gegen das Gelände, den Feind und das Geschütz zugleich kämpfen muß. Die unsere ist durch ihre Verluste, ja selbst durch ihre Erfolge entnervt und entartet und muß daher bei schwierigen Unternehmungen mit Vorsicht geführt werden. Man darf ihren inneren Wert nicht überschätzen und muß seine Forderungen ihrer Leistungsfähigkeit anpassen. Es wäre leichtsinnig, ihre Tapferkeit bei gewagten Unternehmungen auf die Probe zu stellen, die unerschütterliche Geduld und Standhaftigkeit erfordern.

Das Schicksal der Staaten hängt von den Entscheidungsschlachten ab. Eine gut gewählte Stellung, eine tapfer verteidigte Anhöhe kann ein Königreich erhalten oder stürzen. Eine einzige falsche Bewegung kann alles verderben. Ein General, der einen Befehl mißversteht oder schlecht ausführt, bringt Euer Unternehmen in die größte Gefahr. Besonders muß man die Kommandeure der Infanterieflügel gut instruieren und gründlich erwägen, was am besten zu tun ist. So sehr es zu loben ist, wenn man sich auf ein Gefecht einläßt, bei dem man seinen Vorteil findet, so sehr ist es zu vermeiden, wenn das Wagnis größer ist als der Erfolg, den man sich davon verspricht. Verschiedene Wege führen zu einem Ziele. Nach meinem Dafürhalten muß man den Feind im kleinen zu vernichten suchen. Die Mittel zum Zweck sind gleichgültig, wenn man nur die Oberhand behält.

Der Feind schickt viele Detachements aus. Ihre Führer sind nicht alle gleich klug und nicht alle Tage gleich umsichtig. Man muß sich daher vornehmen, sie eins nach dem anderen aufzureiben, und solche Unternehmungen nicht als Kleinigkeiten behandeln, sondern mit Macht darauf losgehen, kräftige Streiche führen und diese kleinen Gefechte ebenso ernst nehmen wie entscheidende Schlachten. Gelingt es Euch ein paarmal, solche einzelnen Korps zu vernichten, so habt Ihr den Vorteil, daß der Feind auf die Defensive beschränkt wird. Er wird seine Truppen aus Vorsicht zusammenhalten und Euch vielleicht eine Gelegenheit bieten, seine Proviantzüge aufzuheben oder gar etwas gegen seine Hauptmacht mit Erfolg zu unternehmen.

Noch andere Möglichleiten fallen mir ein. Doch ich wage sie angesichts der jetzigen Zeitumstände kaum zu erwähnen. Das Gewicht von ganz Europa lastet auf uns. Wir müssen mit unseren Armeen stets unterwegs sein, um bald eine Grenze zu verteidigen, bald einer anderen Provinz zu Hilfe zu eilen. Wir sind gezwungen, die Gesetze unserer Feinde anzunehmen, statt sie ihnen zu geben, und müssen unsere Operationen nach den ihren richten.

Da jedoch solche Krisen nicht andauern und ein einziges Ereignis bedeutende Veränderungen herbeiführen kann, so will ich Euch noch einiges darüber sagen, wohin nach meiner Meinung der Kriegsschauplatz verlegt werden müßte.

Solange wir den Feind nicht in die Ebene locken können, dürfen wir uns nicht schmeicheln, große Erfolge über ihn zu erringen. Gelingt es uns aber, ihn aus seinen Bergen, Wäldern und durchschnittenen Geländen, von denen er so großen Nutzen hat, herauszubekommen, so können seine Truppen den unseren nicht mehr widerstehen.

Wo aber, werdet Ihr fragen, findet man diese Ebenen? In Böhmen und Mähren, bei Görlitz, Zittau oder Freiberg? Dort nicht, antworte ich, wohl aber in Niederschlesien. Bei seiner unersättlichen Begierde, Schlesien zurückzuerobern, wird der Wiener Hof seine Truppen früher oder später dorthin schicken. Dann müssen sie ihre festen Stellungen verlassen, und die Stärke ihrer Positionen, ihr gewaltiges Aufgebot an Artillerie wird ihnen nicht mehr viel nützen. Rückt ihre Armee bei Beginn eines Feldzuges in die Ebene, so kann diese Verwegenheit zu ihrer völligen Vernichtung führen, und dann werden alle Operationen der preußischen Armeen in Böhmen wie in Mähren mühelos gelingen.

Ihr werdet sagen, es sei ein schlimmer Ausweg, einen Feind ins eigene Land zu locken. Zugegeben! Trotzdem ist es das einzige Mittel. Es hat der Natur nun einmal nicht beliebt, in Böhmen und Mähren Ebenen zu schaffen, sondern sie hat diese Länder mit Bergen und Wäldern bedeckt. Es bleibt uns also nichts anderes übrig, als das vorteilhafte Gelände da zu nehmen, wo es ist, und uns um sonst weiter nichts zu kümmern.

Die kunstgerechte Taktik der Österreicher verdient alles Lob. Dagegen ist ihre Heerführung im großen zu tadeln. Diese weit überlegenen Kräfte, diese Völker, die von allen vier Enden der Welt auf uns eindrangen, was haben sie erreicht? Ist es bei so vielen Hilfsmitteln, Kräften und Armen wohl erlaubt, so wenig auszurichten? Ist es nicht klar, daß alle diese Heere bei richtigem Zusammenwirken und gleichzeitigem Handeln unsere Korps eins nach dem anderen hätten zermalmen, und daß sie, stets konzentrisch vordringend, unsere Truppen schließlich auf die Verteidigung der Hauptstadt hätten beschränken können? Aber just ihre große Zahl ist ihnen schädlich geworden. Sie haben sich einer auf den anderen verlassen, der Führer der Reichstruppen auf den österreichischen General, der auf den russischen, der Russe auf den Schweden und dieser endlich auf den Franzosen. Daher die Lässigkeit in ihren Bewegungen und die Langsamkeit bei der Ausführung ihrer Pläne. Von schmeichelnden Hoffnungen und vom festen Vertrauen auf ihre künftigen Erfolge eingelullt, haben sie sich für Herren der Zeit gehalten.

Wie viel günstige Augenblicke haben sie vorbeigehen lassen, wieviele gute Gelegenheiten verpaßt! Kurz, welch ungeheuren Fehlern verdanken wir unsere Rettung!

Diese Betrachtungen sind die einzigen Früchte, die mir der letzte Feldzug geschenkt hat. Der noch frische und lebendige Eindruck dieser Bilder hat mich zum Nachdenken angeregt. Noch ist nicht alles erschöpft. Es bleiben noch viele Dinge zu sagen, deren jedes besondere Prüfung verlangt. Aber wehe dem, der beim Schreiben kein Ende zu finden weiß! Ich will lieber die Diskussion eröffnen, als allein das Wort führen. Mögen meine Betrachtungen die Leser zu neuen Gedanken anregen, die, wenn sie ihren ganzen Scharfsinn darauf verwenden, mehr taugen werden, als diese leicht und eilig hingeworfenen Ideen.

Betrachtungen über die militärischen Talente und den Charakter Karls XII.
(1759)

Zu meiner eigenen Belehrung habe ich mir von den militärischen Talenten und dem Charakter des Schwedenkönigs Karl XII. ein deutliches Bild machen wollen. Ich urteile weder nach den übertriebenen Schilderungen seiner Lobredner noch nach den Zerrbildern seiner Tadler. Ich halte mich nur an Augenzeugen und an Tatsachen, in denen alle Bücher übereinstimmen. Mißtrauen wir all den Anekdoten, von denen die Geschichtsbücher wimmeln! Aus einem Wust von Lügen und Abgeschmacktheiten muß man die großen Ereignisse herausheben: diese allein enthalten Wahrheit.

Unter den Männern, die es unternommen haben, die Welt zu beherrschen oder umzuwälzen, ragen überlegene Geister hervor, deren Großtaten die Folge großer Entwürfe waren, Männer, die die Ereignisse benutzt oder sie selbst herbeigeführt haben, um die politische Gestalt der Welt zu ändern. So Cäsar. Seine der Republik geleisteten Dienste, seine Fehler und Tugenden, seine Siege – alles trug dazu bei, ihn auf den Thron der Welt zu heben. So auch der große Gustav Adolf, Turenne, Eugen, Marlborough in engeren oder weiteren Wirkungskreisen. Die einen ordneten ihre militärischen Operationen dem Ziel unter, das sie sich im Lauf eines Feldzuges gesteckt hatten. Die anderen knüpften ihr ganzes Wirken und mehrere Feldzüge an den Hauptzweck des unternommenen Krieges. Verfolgt man ihre bald bedächtigen, bald glänzenden Taten, so erkennt man aus ihnen das Ziel, dem sie zustrebten. So Cromwell, so Kardinal Richelieu, dem es durch Ausdauer gelang, die Großen des Reiches, die seine Einheit bedrohenden Protestanten und das Haus Österreich, Frankreichs Erbfeind, zu demütigen.

Es ist hier nicht der Ort, nachzuprüfen, mit welchem Rechte Cäsar die Republik unterdrückte, deren Mitbürger er war, ob Kardinal Richelieu im Laufe seiner Regierung Frankreich mehr geschadet als genutzt hat oder ob man Turenne tadeln soll, weil er zu den Spaniern überging. Es handelt sich hier nur um die an sich bewundernswerten Talente und nicht um den rechten oder tadelnswerten Gebrauch, den ihre Besitzer von ihnen machten.

Obwohl die politischen Berechnungen bei Karl XII. oft den heftigen Leidenschaften weichen mußten, denen er unterworfen war, ist er nichtsdestoweniger einer der außerordentlichen Männer gewesen, die in Europa am meisten Aufsehen erregt haben. Er hat die Augen der Kriegsmänner durch eine Fülle immer glänzenderer Taten geblendet. Er hat die grausamsten Schicksalsschläge erlitten, ist der Schiedsrichter des Nordens, Flüchtling und Gefangener in der Türkei gewesen. Ein so berühmter Feldherr verdient nähere Betrachtung. Für alle, die den Waffenberuf ergriffen haben, ist es nützlich, die Ursachen seines Mißgeschicks zu ergründen. Ich gedenke keineswegs, den Ruf dieses hervorragenden Kriegshelden zu schmälern; ich will ihn nur richtig würdigen und bestimmt wissen, in welchen Fällen man ihn unbedenklich nachahmen kann und in welchen man sich hüten muß, ihn zum Vorbild zu nehmen.

In jeder beliebigen Wissenschaft ist es ebenso lächerlich, sich ein vollkommenes Wesen auszudenken, wie zu wollen, daß Feuer den Durst löscht oder daß Wasser sättigt. Wer einen Helden eines Fehlers zeiht, erinnert nur daran, daß der ein Mensch ist. Könige, Staatsmänner, Heerführer, Schriftsteller, kurz alle, die durch ihre hohe Stellung oder ihre Talente die Augen des Publikums auf sich lenken, müssen sich dem Urteil ihrer Zeitgenossen und der Nachwelt fügen.

Karl XII. ist in vieler Hinsicht entschuldbar, wenn er nicht alle Vollkommenheiten eines Kriegsmannes in sich vereint hat. Eine so schwierige Wissenschaft wie die Kriegskunst wird keinem von der Natur eingeimpft. Mögen die angeborenen Anlagen noch so groß sein, es bedarf gründlichen Studiums und langer Erfahrung, um sich auszubilden. Entweder muß man seine Lehrzeit in der Schule und unter den Augen eines großen Feldherrn durchgemacht haben, oder man muß die Regeln nach vielen Fehlern auf eigene Kosten lernen. Die Fähigkeit eines Mannes, der mit sechzehn Jahren König ward, darf man füglich bezweifeln. Karl XII. sah den Feind nicht eher, als bis er zum erstenmal an der Spitze seiner Truppen stand.

Hierbei muß ich bemerken, daß alle, die in früher Jugend Armeen führten, sich eingebildet haben, die ganze Kunst bestände nur in Tapferkeit und Verwegenheit. Pyrrhus, der große Condé, selbst unser Held sind Beispiele dafür. Seit die Erfindung des Schießpulvers das System der gegenseitigen Vernichtung von Grund aus verändert hat, hat auch die Kriegskunst ganz andere Gestalt angenommen. Körperkraft, das Hauptverdienst der alten Helden, gilt heute nichts mehr. List siegt jetzt über Gewalt, Kunst über Tapferkeit. Der Kopf des Heerführers hat mehr Einfluß auf den Erfolg eines Feldzuges als die Arme seiner Soldaten. Klugheit bahnt dem Mute die Wege; die Kühnheit bleibt für die Ausführung aufgespart. Wer den Beifall der Kenner erringen will, muß noch mehr Geschicklichkeit als Glück haben.

Jetzt kann unsere sich dem Waffendienst zuwendende Jugend die Theorie dieses schwierigen Handwerks aus klassischen Büchern und aus den Betrachtungen alter Militärs erlernen. Der Schwedenkönig besaß solche Hilfsmittel nicht. Zu seiner Unterhaltung und um ihm Geschmack für Latein beizubringen, das er nicht liebte, ließ man ihn zwar den geistvollen Roman des Quintus Curtius übersetzen. Dies Buch mochte in ihm wohl den Wunsch wachrufen, es Alexander dem Großen gleichzutun, aber er lernte daraus nicht die Regeln, die das System der neueren Kriegskunst bietet, um Erfolge zu erringen.

Karl XII. verdankte der Kunst nichts, der Natur alles. Sein Geist war nicht gebildet, aber kühn, standhaft, schwungvoll, ruhmbegierig und imstande, dem Ruhme alles andere zu opfern. Seine Taten gewinnen bei näherer Prüfung ebensoviel, wie seine meisten Pläne verlieren. Seine Standhaftigkeit, die ihn über sein Geschick erhob, seine wunderbare Tatkraft und sein Heldenmut waren unzweifelhaft seine hervorragendsten Eigenschaften. Er folgte dem mächtigen Antrieb der Natur, die ihn zum Helden bestimmte. Sobald ihn die Habgier seiner Nachbarn zum Kriege zwang, entwickelte sich sein bisher verkannter Charakter sogleich. Folgen wir ihm denn in seinen verschiedenen Unternehmungen und beschränken wir uns auf seine ersten neun Feldzüge, die ein weites Feld zu Betrachtungen bieten.

Der König von Dänemark griff Karls XII. Schwager, den Herzog von Holstein, an. Statt seine Truppen nach Holstein zu schicken, wo sie den Fürsten, dem sie beistehen sollten, vollends zugrunde gerichtet hätten, läßt unser Held 8000 Mann in Pommern einrücken, schifft sich selbst auf seiner Flotte ein, landet auf Seeland, vertreibt von der Küste die Truppen, die sich seiner Landung entgegenstellen wollen, belagert Kopenhagen, die Hauptstadt seines Feindes, und zwingt den Dänenkönig binnen sechs Wochen zu einem für den Herzog von Holstein vorteilhaften Frieden. Das ist im Plan wie in der Ausführung bewunderungswürdig. Mit diesem Probestück stellt Karl sich Scipio gleich, der den Krieg nach Afrika hinübertrug, um Hannibals Abberufung aus Italien herbeizuführen.

Von Seeland folge ich dem jungen Helden nach Livland. Seine Truppen kommen mit erstaunlicher Schnelligkeit an. Auf diesen Zug paßt Cäsars *veni, vidi, vici*. Die edle Begeisterung, die den König beseelte, teilt sich seinen Lesern mit. Die Erzählung der Heldentaten, die dem großen Siege bei Narwa vorangingen und ihn begleiteten, ist hinreißend. Karls Handlungsweise war klug, zwar kühn, aber nicht tollkühn. Er mußte Narwa entsetzen, das der Zar persönlich belagerte; mithin mußte er die Russen angreifen und schlagen. Ihr zahlreiches Heer war nur eine Horde schlecht bewaffneter und undisziplinierter Barbaren ohne gute Führer. Die Schweden durften sich also den Moskowitern für ebenso überlegen halten wie die Spanier den wilden Völkerschaften Amerikas. Der Erfolg entsprach der Erwartung durchaus, und die Welt erfuhr mit Staunen, daß 8000 Schweden 80 000 Russen besiegt und zersprengt hatten.

Von dieser Stätte des Triumphes begleite ich unseren Helden an die Ufer der Düna, den einzigen Ort, wo er List angewandt hat, und zwar mit Geschick. Die Sachsen verteidigten das jenseitige Flußufer. Karl führte sie durch eine neue, von ihm erfundene Kriegslist irre. Unter dem Schutze künstlich hervorgebrachten Rauches, der seine Bewegungen verhüllt, geht er über den Fluß, noch ehe der alte Steinau, der die Sachsen befehligte, es merkt. Die Schweden sind ebenso schnell in Schlachtordnung gestellt wie ausgeschifft. Nach einigen Kavallerieattacken und schwachem Infanteriefeuer schlagen sie die Sachsen in die Flucht und zerstreuen sie. Welch bewundernswertes Verfahren beim Flußübergange! Welche Geistesgegenwart und Tatkraft, den Truppen gleich beim Landen ein geeignetes Schlachtfeld zu geben! Welche Tapferkeit, in so kurzer Zeit die Entscheidung herbeizuführen!

Solche mustergültigen Leistungen verdienen das Lob der Mit- und Nachwelt. Aber daß gerade die ersten Feldzüge Karls XII. seine vollkommensten Heldentaten sind, muß jedermann in Erstaunen setzen. Vielleicht verwöhnte ihn das Glück durch zu viel Gunst und verdarb ihn. Vielleicht glaubte er, die Kunst sei für den unnütz, dem nichts widersteht. Vielleicht auch verleitete ihn seine allerdings bewundernswerte Tapferkeit oft, bloß verwegen zu sein.

Bisher hatte Karl seine Waffen gegen den Feind gewandt, dessen Bekämpfung sein Interesse gebot. Seit der Schlacht an der Düna verliert man aber den leitenden Faden. Man sieht nur eine Menge Unternehmungen ohne Plan und Zusammenhang, freilich untermischt mit glänzenden Taten, aber nicht auf das Hauptziel gerichtet, das der König sich in jenem Kriege stecken mußte.

Der Zar war unstreitig Schwedens mächtigster und gefährlichster Feind. Gegen ihn hätte unser Held, wie es scheint, nach der Niederlage der Sachsen sofort vorgehen müssen. Die Trümmer der bei Narwa geschlagenen Armee irrten noch umher. Peter I. hatte in aller Eile 30 000 bis 40 000 Moskowiter zusammengerafft, die aber nicht viel mehr taugten als die 80 000 Barbaren, die vor den Schweden die Waffen gestreckt hatten. Er mußte den Zaren jetzt also mit aller Macht bedrängen, ihn aus Ingermanland vertreiben, ihm keine Zeit zum Erholen lassen und die Gelegenheit wahrnehmen, um ihm den Frieden zu diktieren.

August II. war vor kurzem (1697) ohne die Zustimmung des besseren Teiles der Republik, ja unter Widerspruch, zum König von Polen gewählt worden. Er saß also nicht fest auf seinem Thron und mußte, des Beistands der Russen beraubt, von selbst fallen, wenn Schweden überhaupt ein so großes Interesse an seiner Entthronung hatte. Statt aber solche verständigen Maßregeln zu treffen, schien Karl den Zaren und die in den letzten Zügen liegenden Moskowiter gänzlich zu vergessen, um irgend einem polnischen Magnaten nachzulaufen, der einer feindlichen Partei angehörte. Über solchen kleinen Racheakten vernachlässigte er die großen Interessen. Er unterwarf Litauen bald. Von dort ergoß sich seine Armee wie ein wütender Bergstrom nach Polen und überschwemmte das ganze Land. Der König war bald in Warschau, bald in Krakau, Lublin und Lemberg. Die Schweden breiten sich in Polnisch-Preußen aus, eilen dann wieder nach Warschau, setzen König August ab (1704), verfolgen ihn nach Sachsen und beziehen dort ruhig ihre Quartiere (1706). Man beachte wohl, daß diese Feldzüge, die ich nur summarisch wiedergebe, unseren Helden mehrere Jahre lang beschäftigten.

Ich verweile einen Augenblick, um Karls Verhalten bei der Eroberung Polens zu prüfen, und bemerke beiläufig, daß unter allen Schlachten, die er bei seinen fortwährenden Streifzügen gewann, die bei Klissow den Vorzug verdient; ihren Erfolg verdankte er einer geschickten Bewegung, mit der er den Sachsen in die Flanke kam. Karls Methode während des Krieges in Polen war sicherlich verkehrt. Die Republik besitzt bekanntlich keine Festungen und liegt nach allen Seiten offen, ist also leicht zu erobern, aber schwer zu halten. Sehr richtig bemerkt der Graf von Sachsen, daß es bei leicht zu erobernden Ländern desto größerer Anstrengung bedarf, um sie zu behaupten. Die von ihm vorgeschlagene Methode scheint zwar langwierig, ist aber, wenn man sicher gehen will, die einzig richtige. In seinem Ungestüm dachte der Schwedenkönig nie gründlich über die Natur des Landes nach, in dem er Krieg führte, und über die Wendung, die er den militärischen Operationen geben mußte. Hätte er sich zunächst in Polnisch-Preußen festgesetzt und sich dann Schritt für Schritt des Laufs der Weichsel und des Bugs versichert, indem er an den Zusammenflüssen und an den geeigneten Orten Waffenplätze anlegte, die er durch Feldbefestigungen sichern konnte, wäre er in gleicher Weise bei allen durch Polen laufenden Flüssen verfahren, so hätte er feste Stützpunkte gehabt, durch die er das bereits eroberte Land behaupten konnte. Sie hätten es ihm leicht gemacht, Kontributionen zu erheben und Lebensmittel aufzuspeichern. Das hätte den Krieg in geregelte Bahnen gelenkt und allen Einfällen der Moskowiter und Sachsen schnell Einhalt getan. Denn diese gut befestigten Waffenplätze hätten seine Feinde, wenn sie Fortschritte machen wollten, zur Unternehmung von Belagerungen in fernen Ländern gezwungen, wohin der Transport von Geschützen sich um so schwieriger gestaltete, als die Straßen dort schlecht und morastig sind. Selbst im Fall eines Mißerfolges brauchte der König, da sein Rücken gedeckt war, seine Lage nicht als verzweifelt anzusehen; denn jene Plätze hätten ihm Zeit gegeben, seine Verluste zu ersetzen und den siegreichen Feind aufzuhalten und zu beschäftigen.

Dadurch, daß Karl anders verfuhr, war er in Polen stets nur der Gegenden Herr, die seine Truppen besetzt hielten, und seine Feldzüge waren fortwährende Streifzüge. Bei der geringsten Schicksalslaune drohte ihm seine Eroberung wieder zu entgleiten. Er mußte viele unnütze Kämpfe bestehen und gewann durch seine glänzendsten Waffentaten nichts als den unsicheren Besitz einer Provinz, aus der er seine Feinde vertrieben hatte.

Wir nähern uns nun allmählich der Zeit, wo das Schicksal sich gegen unseren Helden zu erklären begann. Die für ihn ungünstigen Ereignisse will ich mit doppelter Vorsicht untersuchen. Man soll die menschlichen Pläne und Unternehmungen nie nach ihrem Ausgang beurteilen. Hüten wir uns, dem Mangel an Vorsicht Unglücksfälle zuzuschreiben, die aus unberechenbaren Ursachen entstehen, Ursachen, die das Volk Zufall nennt und die trotz ihres großen Einflusses auf die Wechselfälle des Lebens doch so vielfältig und verborgen sind, daß sie auch den weitblickendsten Geistern entgehen. Man darf also den Schwedenkönig nicht für alle ihm zugestoßenen Unglücksfälle verantwortlich machen. Vielmehr muß man sorgfältig zwischen denen unterscheiden, die aus einer Verkettung unglücklicher Umstände hervorgegangen sind, und denen, die er sich durch seine eigenen Fehler zugezogen haben kann.

Da ihn bei allen seinen Unternehmungen während des Krieges in Polen das Glück begleitete, so merkte er nicht, daß er oft gegen die Regeln der Kriegskunst verstieß, und da er für seine Fehler nicht gestraft wurde, so erfuhr er auch die schlimmen Folgen nicht, die daraus hätten erwachsen können. Das beständige Glück gab ihm zuviel Zuversicht, und er dachte gar nicht daran, sein Verfahren zu ändern. Bei den Feldzügen nach Smolensk und in der Ukraine (1708) scheint er jede Vorsicht vernachlässigt zu haben. Selbst wenn er den Zaren in Moskau entthront hätte, würde er nicht mehr Lob verdienen; denn sein Erfolg wäre nicht sein Werk, sondern das des Zufalls gewesen. Man hat eine Armee mit einem Gebäude verglichen, dessen Grundlage der Magen ist, da die erste Sorge eines Feldherrn der Ernährung seiner Truppen gelten muß. Was zum Unglück des Schwedenkönigs am meisten beitrug, war die geringe Sorgfalt für die Verpflegung seiner Armee. Wie kann man einen Feldherrn loben, wenn er von den Truppen verlangt, daß sie leben, ohne zu essen, daß sie unermüdlich und unsterblich sind? Man tadelt Karl XII., daß er den Versprechungen Mazeppas zu leichtfertig getraut habe. Aber der Kosakenhetman täuschte ihn nicht. Er selbst wurde durch eine Verkettung unberechenbarer Ursachen getäuscht, die man gar nicht vorhersehen konnte. Zudem sind Geister vom Schlage Karls XII. niemals argwöhnisch. Sie werden nicht eher mißtrauisch, als bis sie die Bosheit und den Undank der Menschen oft erfahren haben.

Doch kehrten wir zur Prüfung von Karls Feldzugsplan zurück. Ich kann zwar nicht wie Correggio sagen: »*Son pittore anch' io*«, wage aber doch eine Mutmaßung. Wollte der König damals, so scheint mir, den Fehler wieder gutmachen, daß er den Zaren zu lange vernachlässigt hatte, so mußte er zum Eindringen in Rußland den bequemsten Weg und zur Niederwerfung seines mächtigen Gegners die sichersten Mittel wählen. Der Weg ging aber sicher nicht über Smolensk noch durch die Ukraine. In beiden Fällen waren ausgedehnte Sümpfe, ungeheure Wüsteneien und große Flüsse zu passieren, und dann mußte er noch durch ein halbwildes Land ziehen, um nach Moskau zu gelangen.

Durch diesen Marsch beraubte sich der König aller Hilfe aus Polen und Schweden. Je tiefer er in Nutzland eindrang, um so mehr war er vom eigenen Lande abgeschnitten. Zur Ausführung dieses Unternehmens bedurfte es mehr als eines Feldzuges. Woher sollte er Lebensmittel nehmen? Auf welchem Wege sollte er Nachschub erhalten? Welchen Kosaken- oder Moskowiterflecken konnte er zum Waffenplatz machen? Wo neue Waffen, Uniformen und alle jene ebenso gewöhnlichen wie notwendigen Dinge finden, die man zum Unterhalt einer Armee immerfort braucht und erneuern muß? Bei so vielen unüberwindlichen Schwierigkeiten war vorauszusehen, daß die Schweden bei jenem Zuge an Beschwerden und Hunger zugrunde gehen, ja, daß selbst ein Sieg sie aufreiben mußte. Und wenn schon Erfolge bei jenem Kriege so traurige Aussichten boten, was war erst im Fall eines Unglücks zu erwarten? Eine sonst leicht zu verwindende Schlappe wird zur endgültigen Katastrophe für eine Armee, die sich in ein wüstes Land ohne feste Plätze und folglich auch ohne Zufluchtsort hineinwagt.

Statt so vielen Schwierigkeiten und Hindernissen zu trotzen, bot sich ein viel natürlicherer Plan, bei dem sich alles wie von selbst ergab, nämlich der Marsch durch Livland und Ingermanland stracks auf Petersburg zu. Die schwedische Flotte und die Transportschiffe konnten der Armee längs der Ostseeküste zur Seite bleiben und ihr Lebensmittel liefern. Der Ersatz und aller sonstige Kriegsbedarf konnte zur See oder über Finnland zur Armee gelangen. Der König deckte seine schönsten Provinzen und blieb in der Nähe seiner Grenzen. Seine Siege waren glänzender, und Niederlagen konnten ihn nie in eine verzweifelte Lage bringen. Nahm er Petersburg, so zerstörte er die neue Gründung des Zaren, Rußlands Fenster nach Europa und die einzige Verbindung mit unserem Erdteil. Nach Beendigung dieses großen Zuges lag es in seiner Hand, seinen Vorteil noch weiter zu verfolgen. Was er aber auch tun mochte, der Friede, so scheint mir, war gesichert, ohne daß er ihn in Moskau hätte zu diktieren brauchen.

Zu meiner Belehrung will ich nun die Regeln, die uns die großen Meister der Kriegskunst hinterlassen haben, mit der Handlungsweise des Königs in jenen beiden Feldzügen vergleichen.

Nach diesen Regeln dürfen Armeen nie aufs Spiel gesetzt werden. Vor allem müssen die Feldherren weite Vorstöße von der Grenze vermeiden. Karl drang bis ins Gouvernement Smolensk, ohne die Verbindung mit Polen irgendwie zu sichern. Unsere Lehrmeister sagen, man müsse sich eine Operationsbasis schaffen, um sich den Rücken frei zu halten, seine Lebensmitteldepots zu sichern und sie durch die Armee zu decken. Die Schweden waren dicht bei Smolensk und hatten nur für vierzehn Tage Brot. Ihre ganze Kriegführung lief darauf hinaus, den Moskowitern auf den Fersen zu folgen, ihre Nachhut zu schlagen und ihnen auf gut Glück nachzujagen, ohne recht zu wissen, wohin der vor ihnen fliehende Feind sie führte. Die einzige Fürsorge, die der König für die Verpflegung traf, bestand darin, daß er den General Lewenhaupt der Armee mit einem starken Proviantzuge folgen ließ. Da man seiner so dringend bedurfte, mußte man ihn nicht so weit hinter sich zurücklassen. Ehe man in die Ukraine eindrang, mußte man auf Lewenhaupt warten; denn je weiter man sich von ihm entfernte, um so größeren Gefahren gab man ihn preis. Klüger wäre es gewesen, die Truppen nach Litauen zurückzuführen: der Zug nach der Ukraine bereitete der schwedischen Armee den Untergang.

Zu diesem planlosen Verhalten, das allein schon zum Scheitern des Zuges führen mußte, traten noch Unglücksfälle, die zum Teil vom Zufall herrühren mochten. Der Zar griff Lewenhaupt dreimal an und nahm den von ihm geführten Proviantzug weg. Der Schwedenkönig muß also von den Absichten und Bewegungen der Russen keinerlei Kenntnis gehabt haben. Geschah das aus Nachlässigkeit, so hatte er sich schwere Vorwürfe zu machen. Konnte er sich infolge unüberwindlicher Hindernisse keine Nachrichten verschaffen, so muß man diese Hindernisse einem unentrinnbaren Verhängnis zurechnen.

Führt man Krieg in halbbarbarischen und wüsten Ländern, so muß man, um sich darin zu halten, feste Stützpunkte anlegen. Das sind Neuschöpfungen. Die Truppen müssen bauen, Befestigungen errichten, Wege herstellen, Brücken und Dämme anlegen, an geeigneten Stellen Schanzen aufwerfen. Aber solche Zeit und Geduld erfordernden Arbeiten, solche langsame Methode paßte nicht zu dem ungestümen Charakter und dem ungeduldigen Geiste des Königs. Man sieht ihn bewunderungswürdig bei allen Gelegenheiten, wo es auf Tapferkeit und Schnelligkeit ankommt. Aber er ist nicht mehr derselbe, wo berechnete Maßregeln und Pläne erforderlich sind, die Zeit und Geduld zur Reife bringen müssen. Wie wahr ist es doch, daß der Krieger seine Leidenschaften bändigen soll, und wie schwer, alle Talente eines großen Feldherrn in sich zu vereinigen!

Ich übergehe hier das Treffen bei Holowczyn und viele andere Gefechte, die während jener Feldzüge stattfanden, weil sie für den Ausgang des Krieges ebenso unnütz wie für die dabei Geopferten verderblich waren. Unser Held hätte bei mancher Gelegenheit sparsamer mit Menschenblut sein können. Es gibt freilich Lagen, wo eine Schlacht kaum zu vermeiden ist. Man soll sich aber nur dann schlagen, wenn man weniger zu verlieren als zu gewinnen hat, wenn der Feind, sei es beim Lagern oder auf dem Marsche, fahrlässig ist, oder wenn man ihn durch einen entscheidenden Schlag zum Frieden zwingen kann. Überhaupt bemerkt man, daß die meisten Feldherren, die immer eine Schlacht liefern wollen, dies nur tun, weil sie sich nicht anders zu helfen wissen. Statt ihnen das zum Verdienst anzurechnen, sieht man es vielmehr als ein Zeichen für die Unfruchtbarkeit ihres Geistes an.

Wir kommen nun zu dem unglücklichen Feldzuge von Pultawa. Die Fehler der Großen sind nachdrückliche Lehren für Leute von beschränkteren

Betrachtungen über die militärischen Talente und den Charakter Karls XII.

Anlagen. Europa hat wenige Feldherren, die nicht aus Karls XII. Mißgeschick Besonnenheit und Vorsicht lernen könnten.

Der verstorbene Feldmarschall Keith hat, als er in russischen Diensten in der Ukraine befehligte, Pultawa gesehen und untersucht. Er sagte mir, die Stadt hätte keine anderen Verteidigungswerte als einen Erdwall und einen schlechten Graben gehabt. Er war überzeugt, die Schweden hätten sie gleich bei ihrem Eintreffen im ersten Anlauf nehmen können, aber Karl XII. hätte die Belagerung eigens in die Länge gezogen, um den Zaren herbeizulocken und zu schlagen. In der Tat gingen die Schweden anfangs nicht mit ihrem gewohnten Ungestüm und Eifer zu Werke. Ferner muß man zugeben, daß sie nicht eher zum Sturm schritten, als bis Menschikow Sukkurs hineingeworfen und sich in der Nähe der Stadt, auf dem anderen Worskla-Ufer, gelagert hatte. Nun aber hatte der Zar in Pultawa ein beträchtliches Magazin. Mußten also die Schweden, denen es an allem fehlte, sich nicht so schnell wie möglich dieses Magazins bemächtigen, um den Russen ihre Vorräte zu nehmen und sich selbst Überfluß zu verschaffen? Karl XII. hatte zweifellos alle Ursache, die Belagerung zu beschleunigen. Er hätte sich jenes Nestes um jeden Preis bemächtigen müssen, bevor es Verstärkung erhielt.

Rechnet man die umherschweifenden Kosaken Mazeppas ab, die an einem Schlachttage bloß eine Last sind, so blieben dem König nur 18 000 Schweden. Was konnte ihn bei dieser Schwäche veranlassen, mit so wenig Truppen eine Belagerung zu unternehmen und zugleich eine Schlacht zu liefern? Beim Anrücken des Feindes mußte er die Belagerung entweder ganz aufgeben oder ein starkes Korps zum Schutze der Laufgräben zurücklassen. Das eine war schimpflich; das andere verringerte die Zahl der Kämpfer fast auf Null. Karls Plan lief also dem Vorteil der Schweden zuwider, gab dem Zaren leichtes Spiel und scheint unseres Helden unwürdig. Dergleichen traut man kaum einem General zu, der nie mit Überlegung Krieg geführt hat.

Suchen wir indes keine Feinheiten, wo keine sind, und schieben wir dem Schwedenkönig keine Pläne unter, an die er wohl nie dachte. Erinnern wir uns vielmehr, daß er über die Bewegungen seiner Feinde oft schlecht unterrichtet war. Es ist also wahrscheinlicher anzunehmen, daß er vom Anmarsch Menschikows und des Zaren keine Nachricht hatte und sich daher einbildete, es sei gar nicht eilig und er könne Pultawa in aller Gemächlichkeit einnehmen.

Hinzu kommt, daß Karl immer nur Feldkriege geführt hatte und im Belagerungskrieg ein völlig unerfahrener Neuling war. Bedenkt man ferner, daß die Schweden drei Monate vor Thorn lagen, dessen Festungswerke, beiläufig gesagt, nicht mehr taugen als die von Pultawa, so kann man von der Ungewandtheit der Schweden im Belagerungskrieg überzeugt sein. Wenn Mons und Tournai Plätze, die ein Coehoorn und Vauban befestigt haben, dem

251

Angriff der Franzosen kaum drei Wochen standhielten, aber Thorn und Pultawa sich gegen die Schweden monatelang behaupten konnten, folgt daraus nicht, daß diesen die Kunst, Festungen zu erobern, fremd war? Keine Stadt widerstand ihnen, wenn sie sie mit dem Säbel in der Faust erstürmen konnten, aber das elendeste Nest hielt sie auf, sobald Laufgräben angelegt werden mußten. Reichen aber alle diese Beweise noch nicht hin, so füge ich noch hinzu, daß Karl XII. bei seinem ungestümen und heftigen Charakter die Stadt Danzig gewiß belagert und eingenommen hätte, um sie für einige Anlässe zur Unzufriedenheit zu bestrafen. Da er aber der Meinung war, daß das Unternehmen seine Kräfte überstieg, so ließ er davon ab und begnügte sich mit einer starken Geldbuße.

Kehren wir nun zu unserem Gegenstand zurück. Da die Belagerung von Pultawa nun einmal im Gange war, konnte sich Karl bei der Annäherung des Zaren und seiner Armee noch immer den geeignetsten Ort auswählen, um sich mit seinem Nebenbuhler im Ruhme zu messen. Er konnte ihn am Worskla-Ufer erwarten, ihm den Übergang streitig machen oder ihn gleich danach angreifen. Die Lage der Schweden erforderte einen raschen Entschluß. Entweder mußten sie über die Russen gleich nach ihrer Ankunft herfallen oder ganz auf eine Schlacht verzichten. Es war ein unverbesserlicher Fehler, dem Zaren die Wahl seiner Stellung zu überlassen und ihm Zeit zu geben, sich darin gut einzurichten. Er hatte schon den Vorteil der Überzahl: das war viel; Karl überließ ihm auch noch die Vorteile des Geländes und der Kunst: das war zu viel.

Wenige Tage vor der Ankunft des Zaren war der Schwedenkönig bei der Belagerung von Pultawa verwundet worden: diese Vorwürfe treffen also nur seine Generale. Indes scheint doch, daß er mit dem Augenblick, wo er sich zur Schlacht entschloß, seine Laufgräben hätte verlassen müssen, um dem Feinde mit voller Kraft entgegenzutreten. Er konnte sicher sein, daß Pultawa von selbst fiel, wenn er die Schlacht gewann; ging sie aber verloren, so mußte die Belagerung ohnedies aufgehoben werden. Eine solche Häufung von Fehlern auf schwedischer Seite verhieß für den Kampf, zu dem sich alles rüstete, nichts Gutes. Das Schicksal scheint schon im voraus alles zum Mißgeschick der Schweden vorbereitet zu haben. Die Verwundung des Königs, die seine gewöhnliche Tatkraft lähmte, die Nachlässigkeit der Generale, deren fehlerhafte Anordnungen beweisen, daß sie die Stellung der Russen gar nicht rekognosziert hatten oder sich doch eine falsche Vorstellung davon machten: das alles waren Vorspiele der Katastrophe. Auch durfte die Kavallerie in diesem Falle die Schlacht nicht eröffnen. Die Hauptaufgabe mußte hier der Infanterie und einer zahlreichen, geschickt aufgestellten Artillerie zufallen.

Die Russen hatten ein vorteilhaftes Terrain inne, das sie durch Befestigungen noch verstärkten. Vor dem einzigen zugänglichen Teil ihrer Front dehnte sich eine kleine Ebene, die vom Kreuzfeuer einer dreifachen Reihe

Betrachtungen über die militärischen Talente und den Charakter Karls XII.

von Redouten bestrichen wurde. Ihr einer Flügel war durch einen Baumverhau gedeckt, hinter dem sich eine Verschanzung erhob; vor dem anderen zog sich ein unüberschreitbarer Sumpf hin. Der verstorbene Feldmarschall Keith, der die so berühmt gewordene Gegend untersucht hatte, war überzeugt, daß Karl XII. den Zaren auch mit 100 000 Mann nicht aus seiner Stellung hätte vertreiben können. Denn die zahlreichen Hindernisse, die die Angreifer nach und nach überwinden mußten, hätten ihnen ungeheure Opfer gekostet, und schließlich werden selbst die tapfersten Truppen abgeschreckt, wenn sie nach langen, mörderischen Kämpfen immer wieder auf neue Schwierigkeiten stoßen. Ich weiß nicht, aus welchem Grunde die Schweden sich in ihrer kritischen Lage auf ein so gewagtes Unternehmen einließen. Wurden sie durch die Notwendigkeit dazu gezwungen, so war es ein schwerer Fehler von ihnen, sich in eine Lage zu bringen, wo sie wider Willen und unter den ungünstigsten Verhältnissen eine Schlacht liefern mußten.

Kurz, alles kam, wie man es vorhersehen mußte. Eine durch Strapazen und Hunger, ja selbst durch ihre Siege geschwächte Armee wurde zur Schlacht geführt. General Creutz, der während des Kampfes den Russen in die Flanke fallen sollte, verirrte sich in den umliegenden Wäldern und erreichte sein Ziel nicht. So griffen denn 12 000 Schweden 30 000 Russen in ihrer furchtgebietenden, verderbenspeienden Stellung an. Und das war nicht mehr eine Barbaren-Horde wie die bei Narwa zersprengte, sondern es waren wohlbewaffnete, gut postierte Soldaten, von geschickten ausländischen Generalen geführt, durch starke Schanzen gedeckt und durch verheerendes Artilleriefeuer geschützt. Die schwedische Kavallerie attackierte die Batterien, mußte aber trotz aller Tapferkeit dem Geschützfeuer weichen. Die nun vorrückende Infanterie wurde durch das Feuer aus den Schanzen niedergeschmettert; trotzdem eroberte sie die beiden ersten. Aber die Russen griffen sie nun in der Front, in den Flanken und von allen Seiten an, warfen sie wiederholt zurück und zwangen sie schließlich, das Feld zu räumen. Nach und nach riß Verwirrung bei den Schweden ein. Der verwundete König konnte der Unordnung nicht steuern. Seine besten Generale waren schon zu Beginn der Schlacht gefangen genommen. Es war also niemand da, um die Truppen schnell genug wieder zu sammeln, und bald war die Flucht allgemein. Da man es verabsäumt hatte, die rückwärtigen Verbindungen der Armee durch Stützpunkte zu sichern, so hatte sie nun keinen Zufluchtsort und mußte sich, nachdem sie bis zum Dnjepr geflohen war, dem Sieger auf Gnade und Ungnade ergeben.

Ein höchst geistreicher Schriftsteller, der aber seine militärischen Kenntnisse nur aus Homer und Virgil geschöpft hat, scheint den Schwedenkönig zu tadeln, weil er sich nicht an die Spitze der Flüchtlinge stellte, die Lewenhaupt zum Dnjepr führte. Den Grund dafür sieht er in dem Wundfieber, an dem der König damals litt und das nach seiner Behauptung den Mut schwächt. Ich erlaube mir aber zu entgegnen, daß ein solcher Entschluß passend sein mochte, als man noch mit blanker Waffe kämpfte. Heutzutage jedoch fehlt es der Infanterie nach einer Schlacht fast stets an Pulver. Die schwedische Munition war bei der Bagage geblieben, und diese war vom Feinde erbeutet worden. Wäre also Karl XII. so toll und eigensinnig gewesen, an der Spitze der Flüchtlinge zu bleiben, die weder Pulver noch Lebensmittel hatten (weshalb sich beiläufig die festen Plätze ergeben müssen), so hätte der Zar bald die Genugtuung gehabt, den so sehnlichst erwarteten Bruder Karl eintreffen zu sehen. Der König hätte also auch bei voller Gesundheit unter so verzweifelten Umständen nichts Klügeres tun können, als seine Zuflucht bei den Türken zu suchen. Herrscher sollen zweifellos die Gefahr verachten, aber ihr Stand nötigt sie auch, sich sorgfältig vor Gefangennahme zu hüten, nicht um ihrer selbst willen, sondern wegen der verhängnisvollen Folgen, die daraus für ihre Staaten erwachsen. Die französischen Schriftsteller sollten sich erinnern, wie nachteilig für ihre Nation die Gefangennahme Franz' I. war. Frankreich spürt noch heute ihre Wirkungen. Der Mißbrauch der Käuflichkeit der Ämter, der damals zur Beschaffung des Lösegeldes für den König eingeführt werden mußte, ist ein Denkmal, das immerfort an jene schimpfliche Epoche erinnert.

In einer Lage, die jeden anderen überwältigt hätte, zeigte sich unser flüchtiger Held noch immer darin bewunderungswürdig, wie er nach Auswegen aus dem Unglück suchte. Während seines Rückzuges sann er auf Mittel, die Pforte gegen Rußland aufzustacheln. So wollte er sein Mißgeschick selbst dazu benutzen, um sein Los wieder zu wenden. Allerdings sehe ich mit Betrübnis, wie er sich in der Türkei zum Höfling des Großherrn erniedrigt und um tausend Beutel bettelt. Welcher Eigensinn oder welch unbegreifliche Hartnäckigkeit, im Lande eines Fürsten zu bleiben, der ihn nicht mehr dulden wollte! Ich wünschte, man könnte aus seiner Geschichte den romanhaften Kampf von Bender auslöschen. Wieviel Zeit ging da unten in Bessarabien in Wahnhoffnungen verloren, während der Hilferuf Schwedens und das Pflichtgefühl den König zur Verteidigung seiner Lande aufforderten, die in seiner Abwesenheit sozusagen verwaist waren und seit einiger Zeit ringsum von den Feinden verheert wurden.

Die Pläne, die man ihm seit seiner Rückkehr nach Pommern zuschreibt und die manche auf Rechnung von Görtz setzen, erscheinen mir so ausschweifend, so seltsam, so wenig der Lage und Erschöpfung seines Landes angemessen, daß man mir zur Schonung seines Ruhmes gestatten möge, sie mit Stillschweigen zu übergehen.

Der an Erfolgen und Mißerfolgen so reiche Krieg war von Schwedens Feinden begonnen worden. Karl war also gezwungen, sich ihrer Angriffe zu erwehren, und im Zustande berechtigter Verteidigung. Seine Nachbarn kannten ihn nicht und griffen ihn an, weil sie ihn wegen seiner Jugend geringschätzten. Solange er Glück hatte und furchtgebietend erschien, beneidete ihn Europa. Sobald aber das Glück ihn verließ, fielen die verbündeten Mächte über ihn her, um ihn auszurauben. Hätte unser Held ebensoviel Mäßigung wie Mut besessen, hätte er seinen Triumphen selbst ein Ziel gesetzt und sich mit dem Zaren verständigt, solange es noch in seiner Hand lag, Frieden zu schließen, er hätte die Mißgunst seiner Neider erstickt. Nun aber, wo er ihnen nicht mehr furchtbar erschien, wollten sie sich mit den Trümmern seines Reiches vergrößern. Doch Karl war in seiner Leidenschaft keiner Mäßigung fähig. Er wollte alles ertrotzen und über andere Herrscher despotisch schalten. Er wähnte, Könige bekriegen und entthronen sei eins.

In allen Büchern über Karl XII. finde ich prachtvolle Lobpreisungen seiner Mäßigkeit und Enthaltsamkeit. Trotzdem hätten zwanzig französische Köche, tausend Weiber in seinem Gefolge, zehn Schauspielerbanden bei seiner Armee seinem Lande nicht ein Hundertstel soviel geschadet wie sein brennender Rachedurst und die ihn beherrschende maßlose Ruhmbegierde. Beleidigungen wirkten auf sein Gemüt so lebhaft und stark, daß die letzte Kränkung stets den Eindruck der vorhergehenden völlig auslöschte. Begleitet man ihn an der Spitze seiner Heere, so sieht man die verschiedenen Leidenschaften, die seine unversöhnliche Seele so gewaltsam durchtobten, sozusagen eine nach der anderen aufblühen. Erst bedrängt er den König von Dänemark heftig; dann verfolgt er den König von Polen bis aufs äußerste; bald wendet sich sein ganzer Haß gegen den Zaren; schließlich hat sein Groll sich einzig auf König Georg I. von England geworfen. Er vergißt sich so weit, daß er den Todfeind seines Landes ganz aus den Augen verliert, um dem Phantom eines Gegners nachzujagen, der es nur gelegentlich oder besser gesagt, zufällig mit ihm verdarb.

Faßt man die verschiedenen Charakterzüge dieses eigenartigen Königs zusammen, so findet man, daß er mehr tapfer als geschickt, mehr tätig als klug, mehr seinen Leidenschaften unterworfen als seinem wahren Vorteil zugetan war. Ebenso kühn wie Hannibal, aber weniger schlau, mehr dem Pyrrhus als Alexander ähnlich, glänzend wie Condé bei Rocroy (1643), Freiburg (1644) und Allersheim (1645), aber niemals mit Turenne zu vergleichen, noch so bewundernswert wie dieser in den Schlachten bei Gien (1652), in den Dünen unweit Dünkirchen (1658), bei Kolmar und besonders in seinen beiden letzten Feldzügen.

Welchen Glanz auch die Taten unseres berühmten Helden verbreiten, man darf ihm doch nur mit Vorsicht nachahmen. Je mehr er blendet, desto geeigneter ist er, die leichtfertige, brausende Jugend irrezuführen. Ihr kann man nicht genug einschärfen, daß Tapferkeit ohne Klugheit nichts ist und daß ein berechnender Kopf auf die Dauer über tollkühne Verwegenheit siegt.

Ein vollkommener Feldherr müßte den Mut, die Ausdauer und die Tatkraft Karls XII., den Blick und die politische Klugheit Marlboroughs, die Pläne, Hilfsmittel und Fähigkeiten des Prinzen Eugen, die List Luxemburgs, die Klugheit, Methode und Umsicht Montecuccolis mit der Gabe Turennes, den Augenblick zu erfassen, vereinigen. Aber ich glaube, dieser stolze Phönix wird nie erscheinen. Man behauptet, Karl XII. habe sich an Alexander gebildet. Trifft das zu, so hat Karl XII. den Prinzen Karl Eduard geschaffen. Sollte es der Zufall fügen, daß dieser einen anderen hervorbringt, so kann das höchstens ein Don Quichote sein.

Aber, wird man sagen, mit welchem Rechte wirfst du dich zum Richter der berühmtesten Krieger auf? Hast du, großer Kritiker, denn selbst die Lehren befolgt, die du so freigebig erteilst? Ach nein! Ich kann hierauf nur das eine antworten: Fremde Fehler fallen uns auf, aber die eigenen übersehen wir.

Gedächtnisrede auf Stille
Gelesen in der Akademie am 25. Juni 1753

Christoph Ludwig von Stille wurde 1696 in Berlin geboren. Sein Vater, Ulrich von Stille, war Königlich Preußischer Generalleutnant und Kommandant der Festung Magdeburg, seine Mutter Ulrike eine geborene von Cosel. Er erhielt seine Schulbildung in Helmstädt und vollendete seine Studien an der Universität Halle.

Die Liebe zu den Wissenschaften erstickte den Durst nach Ruhm in ihm nicht. Als 1716 der Krieg mit Schweden ausbrach, wollte er seinem Vaterland dienen. Er machte die Belagerung von Stralsund mit und trat von der Infanterie zur Kavallerie über, zu der seine Lebhaftigkeit ihn zu bestimmen schien. Ihm genügte es nicht, eine Stellung zu haben, er wollte sie auch würdig ausfüllen.

Der lange Friede von 1717 bis 1733 gab dem Militär keine Gelegenheit, Erfahrung in der Kriegskunst zu sammeln. Alles war auf die bloße Theorie beschränkt, die sich zur Praxis nur wie der Schatten zu dem wirklichen Gegenstand verhält. Beim Tode König Augusts II. von Polen ließ sich Stille die Gelegenheit, die sich bot, nicht entgehen. Er nahm an der berühmten Belagerung von Danzig unter Feldmarschall Münnich (1734) teil und hatte die Genugtuung, den letzten Feldzug, den Prinz Eugen am Rhein führte, mitzumachen.

Nach dem Tode Friedrich Wilhelms ernannte ihn der jetzige König zum Erzieher seines Bruders Heinrich. Stille war dieses Amtes um so würdiger, als er mit den Gaben des Geistes, und den militärischen Talenten Herzenseigenschaften verband. Bei der Erneuerung der Akademie (1744) wurde er zum Kurator gewählt. Es ist traurig, aber wahr, daß man unter den Leuten von Stand selten so aufgeklärte Geister findet wie Stille, Männer, die so gerechte Ansprüche auf die Akademie haben, wie er. Die verschiedenen Wissenschaften, die unsere Akademie umfaßt, waren ihm nicht fremd. Ja, er hätte uns wohl mit literarischen Arbeiten bereichern können, hätten seine verschiedenen Berufspflichten ihm nicht die Zeit dazu geraubt. Seine Neigung galt der schönen Literatur. Den strengen Wissenschaften zog er die Anmut der Beredsamkeit vor, nicht jenen Wortschwall, der nur wohlgefällig dahinplätschert, wohl aber die Kraft der Gedanken, die durch majestätischen Ausdruck den Hörer in ihren Bann zwingt, ihn überredet und zum Beifall fortreißt.

Er betrachtete die Alten als unsere Lehrmeister und gab ihnen vor den Neueren besonders darum den Vorzug, weil sie ihre Kunst gründlicher studiert haben. Wir hörten ihn oft äußern, früher hätte ein Mann Großes erreicht, da er seine Gaben nur der Kunst widmete, die er ausübte. Der Geschmack unserer Zeit aber für die Universalität der Wissenschaften könne nur Dilettanten auf allen Gebieten erzeugen. Ja, er hielt diese Tendenz für die Ursache des Verfalls der Literatur. Er war nicht der Meinung, daß Virgil den Euklid hätte kommentieren und daß Plato Schwänke hätte schreiben müssen; denn ein Menschenleben reiche nicht zur gründlichen Erlernung auch nur einer einzigen Kunst hin.

Bald rief der Krieg Stille aus dem Heim der Musen ab. Er folgte dem König 1742 nach Mähren, erhielt 1743 das Kavallerieregiment Prinz Eugen von Anhalt und wurde zum Generalmajor befördert.

Der Zweite Schlesische Krieg gab ihm Gelegenheit zur Entfaltung seiner militärischen Talente. Mit seiner Brigade schlug er Nadasdy bei einem Vorhutgefecht in der Gegend von Landeshut und verfolgte ihn bis nach Böhmen. Kurz darauf wurde er in der Schlacht von Hohenfriedberg verwundet. Es braucht nicht erst gesagt zu werden, daß er sich dabei Ruhm erwarb. Die Großtaten der preußischen Kavallerie an jenem Tage sind zu bekannt, um hier daran zu erinnern.

Nach dem Winterfeldzug in Sachsen kehrte Stille mit dem König nach Berlin zurück, wo er Maupertuis seit kurzem als Präsidenten der Akademie fand. Er nahm teil an der Freude der ganzen Körperschaft, einen so berühmten Gelehrten an ihrer Spitze zu sehen.

Künste und Wissenschaften gehen Hand in Hand. Die Methode, die einen Mathematiker in die Tiefen der Natur oder einen Philosophen durch die Finsternisse der Metaphysik führt, ist in allen Künsten die gleiche. Stille, der gelehrte Neigungen besaß, hatte sich diese Methode zu eigen gemacht und wollte sie auf einen Beruf anwenden, in dem er Hervorragendes leistete und während des Krieges sich mit Ruhm bedeckt hatte. Er verfaßte ein Werk über Ursprung und Fortschritte der Reiterei. Was wir davon gesehen haben, ist voll eigenartiger Untersuchungen und gelehrter Einzelheiten. Er hatte es bis zum Jahre 1750 fortgeführt, aber der Tod verhinderte ihn an der Vollendung seiner Forschungen, die das Lehrreichste gewesen wären, was er uns bieten konnte. Das Manuskript ist in den Händen seiner Familie; es wäre ein Verlust für die Welt, würde sie dieser Hinterlassenschaft beraubt.

Seit 1760 litt Stille an Asthma. Das Leiden verschlimmerte sich zusehends und führte am 19. Oktober 1752 seinen Tod herbei. Er war verheiratet mit Charlotte von Huß, einer Tochter des Regierungspräsidenten von Magdeburg, und hinterließ zwei Söhne, die Offiziere sind, und vier Töchter, davon zwei in zartem Alter.

Er hatte ein dienstfertiges, lauteres und uneigennütziges Herz. Seine Weisheit war fröhlich und sein Frohsinn weise. Seine Geistesgaben erhöhten nur den Wert seiner Herzenseigenschaften. Er war für die Künste wie für den Krieg, für den Hof wie für die Zurückgezogenheit geschaffen und gehörte zu jener kleinen Anzahl von Menschen, die nie sterben sollten. Da aber auch die Tugend dem Tode nicht widerstehen kann, so wußte er sich selbst zu überleben, indem er einen Namen hinterließ, der in der Wissenschaft Ansehen hat und von allen Ehrenmännern geschätzt wird.

Briefe

An den Kammerjunker von Natzmer

Küstrin, Februar 1731.

Unser gestriger Disput, lieber Freund, blieb noch unentschieden, da der Schlaf uns beide übermannte, als wir im besten Zuge waren, unsere Ansichten auszukramen. Um das Versäumte aber nachzuholen, fahre ich fort:

Das erste System ist die Erhaltung des europäischen Friedens. Demgemäß, muß der König von Preußen sich die größte Mühe geben, mit allen Nachbarn in gutem Einvernehmen zu leben. Da sein Land Europa quer durchschneidet und in zwei Hälften teilt, so versteht es sich, daß er sich mit allen Königen, dem Kaiser und den vornehmsten Kurfürsten auf guten Fuß stellen muß. Denn mit welchem seiner Nachbarn er auch Krieg führt, Vorteile kann er schwerlich erringen, da sein Land von Nachbarstaaten durchsetzt und ohne innere Geschlossenheit ist. Er kann also von mehreren Seiten angegriffen werden, und um sich allerseits zu verteidigen, müßte er die ganze Armee zur Defensive verwenden, so daß nichts für die Offensive übrig bliebe. Stützte er sich zur Behauptung seiner Macht auf dieses System, so wäre er ein schlechter Staatsmann und aller Phantasie und Erfindungsgabe bar, wenn er es dabei bewenden ließe. Denn wer nicht vorwärts kommt (ich spreche von der großen Politik), der geht zurück.

Das andere System, das sich auf dieser Grundlage von selbst aufbaut, ist die fortschreitende Vergrößerung des Staates. Ich habe schon gesagt, daß der preußische Länderbesitz sehr zerstückelt ist. Da kommt es denn bei allen Plänen, die man entwirft, vor allem darauf an, einen engeren Zusammenhang zwischen den Landesteilen herzustellen oder die losgerissenen Stücke, die eigentlich zum preußischen Besitz gehören, ihm wiederanzugliedern.

So hat Polnisch-Preußen von jeher zu Preußen gehört, ist aber durch die Kriege der Polen mit dem Deutschritterorden, seinem damaligen Besitzer, abgesplittert worden. Von der Provinz Preußen ist Polnisch-Preußen nur durch die Weichsel getrennt. Nach Westen stößt es an Hinterpommern. Im Norden bildet das Meer und im Süden Polen seine Grenze. Gehört es einmal zu Preußen, so hat man nicht nur freie Verbindung von Pommern nach Ostpreußen, sondern man hält auch die Polen im Zaum und kann ihnen Gesetze vorschreiben; denn ihre Waren können sie nur verkaufen, wenn sie diese die Weichsel oder den Pregel hinunterschicken, und hierzu bedürfte es dann unserer Zustimmung.

Fahren wir fort. Schwedisch-Pommern ist von Preußisch-Pommern nur durch die Peene getrennt. Es würde sich sehr hübsch ausnehmen, wenn es mit unserem Besitz vereinigt wäre. Abgesehen von den Einkünften (die nur die Finanzleute oder die Steuerräte angehen und die als solche nicht in das politische System gehören, das ich erörtern will), abgesehen von den sehr beträchtlichen Einkünften, die man aus dieser Provinz ziehen könnte, würde man sich vor allen Übergriffen von seiten Schwedens schützen und eine beträchtliche Truppenzahl sparen, die jetzt zur Verteidigung der Grenze oder des Peeneufers notwendig ist. Ferner rundete man das Land mehr und mehr ab und bahnte sich sozusagen den Weg zu einer Eroberung, die sich ganz von selbst darbietet: ich meine Mecklenburg. Hier braucht man nur das Erlöschen des Herzogshauses geduldig abzuwarten, um das Land ohne weitere Förmlichkeit einzustecken.

Ich schreite von Land zu Land, von Eroberung zu Eroberung und nehme mir wie Alexander stets neue Welten zu erobern vor. Den nächsten Schauplatz bilden Jülich und Berg. Sie müssen durchaus erworben werden, damit die armen Länder Kleve, Mark usw. nicht so einsam und verlassen sind. Durch Erwerbung von Jülich und Berg beseitigt man viele Anlässe zu Reibereien und Schikanen, die jetzt in einem fort aus Streitigkeiten über die gegenwärtigen Grenzen entspringen. Der Nutzen dieser Erwerbung liegt auf der Hand. Die Länder der Klevischen Erbschaft werden vereinigt, sie können eine Besatzung von 30 000 Mann tragen und dann mit Verachtung auf die kleinen Schikanen herabsehen, die das Klever Land jetzt nicht allein abwehren kann. Bei einem Bruche mit Frankreich kann man Kleve vom ersten Kriegslärm an nur so lange als preußisch betrachten, wie es den Franzosen beliebt. Ist es aber mit Jülich und Berg vereinigt, so liegt die Sache ganz anders: die Länder sind imstande, sich selber zu verteidigen.

Hier breche ich ab, um mich ganz allgemein darüber auszulassen, wie man mein System verstehen soll. Erstens spreche ich nur als Politiker ohne Erörterung der Rechtsgründe. Sonst, kommt man vom Hundertsten ins Tausendste; denn jeder der von mir berührten Punkte verdient eine besondere Darlegung der Rechtsgründe und Ansprüche, die das Haus Brandenburg erheben kann. Zweitens gehe ich nicht ins Detail darüber, wie man sich in den Besitz dieser Provinzen setzen soll, da man sich des längeren darüber verbreiten müßte. Es kommt mir lediglich auf den Nachweis an, daß Preußen sich bei seiner eigenartigen Lage in der politischen Notwendigkeit befindet, die genannten Provinzen zu erwerben. Meiner Ansicht nach muß nach diesem Plan jeder kluge und treue Diener des Hauses Brandenburg arbeiten. Er muß auf das große Ziel hinstreben, kleinere aber fallen lassen.

Ich hoffe auch, man wird meine Ausführungen für recht vernünftig halten. Denn liegen die Dinge so, wie es nach meinem Projekt der Fall ist, so könnte der König von Preußen unter den Großen der Welt eine gute Figur machen und eine bedeutende Rolle spielen, wenn er einzig und allein aus Gerechtigkeitssinn und nicht aus Furcht den Frieden aufrecht erhielte, und wenn er, sobald die Ehre des Hauses und des Landes es verlangte, mit Nachdruck Krieg führen könnte. Hätte er doch nichts anderes zu fürchten als den Zorn des Himmels, und der wäre nicht zu fürchten, solange in seinem Lande

Gottesfurcht und Rechtssinn über Unglauben, Parteihader, Habgier und Selbstsucht herrschen.

Ich wünsche dem preußischen Staate, daß er sich aus dem Staube, in dem er gelegen hat, völlig erhebe und den protestantischen Glauben in Europa und im Reiche zur Blüte bringe, daß er die Zuflucht der Bedrängten, der Hort der Witwen und Waisen, die Stütze der Armen und der Schrecken der Ungerechten werde. Sollte aber ein Wandel eintreten und Ungerechtigkeit, Lauheit im Glauben, Parteiwesen oder das Laster den Sieg über die Tugend davontragen, was Gott auf ewig verhüten wolle, dann wünsche ich ihm, daß er in kürzerer Zeit untergehe, als er bestanden hat. Damit ist alles gesagt.

An Grumbkow

Ruppin, 2. Dezember 1732.

Ich habe Briefe von einem Freunde erhalten, wonach der König, als er den Husten hatte, zu Hacke sagte: »Nuhn werden die leute sagen, der alte menschen queler wird sterben, aber saget ihnen nuhr, das der nach mihr kommen wird, der werde sie alle zum teufet jagen, und das würden sie davon haben.« Mich läßt das alles völlig kalt. Wie Sie, lieber Freund, gehe ich meinen graden Weg und lasse jeden nach Lust schimpfen. Mein Gewissen ist mein Richter. Mag man von mir alles sagen, was man will; wenn mein Gewissen nur rein ist, pfeife ich auf die Meinung der Leute. La Chétardie wäre sehr zu beklagen, wenn es verboten würde, sich höflich gegen ihn zu benehmen. Es wäre sehr traurig, wenn es eine Sünde wäre, einen Fremden anständig zu behandeln. Komme, was da wolle; ich werde nie aufhören, Ihnen bei jeder Gelegenheit zu beweisen, daß ich Ihr wahrer Freund bin, und daß ich, ernstlich gesprochen, nichts unterlassen werde, um Ihnen meine Dankbarkeit zu bezeigen.

An Camas

Im Lager von Heidelberg, bei Weiblingen, 11. September 1734.
Der gegenwärtige Feldzug ist eine Schule, in der man aus der Verwirrung und Unordnung, die in diesem Heere herrscht, manches lernen kann. Er verlief unrühmlich genug, und Männer, die zeitlebens gewohnt waren, Lorbeeren zu pflücken, und zwar in siebzehn großen Schlachten, haben diesmal keine gefunden. Wir anderen hoffen insgesamt, im nächsten Jahre ans Moselufer zu kommen. Da werden wir den Ruhm finden, den der Rhein uns als den letzten Verteidigern seiner Ufer versagt hat. Nun liegen wir schon drei Wochen hier im Lager; trotzdem macht die Untätigkeit dem Prinzen diesmal mehr Ehre als alle Bewegungen, die er hätte ausführen können. Besteht doch das Hauptziel der Franzosen darin, ihn vom Neckar fortzubekommen und unsere jetzige Stellung zu nehmen.

Ich fürchte, Sie bilden sich ein, lieber Freund, ich wollte hier den tragischen Kothurn anlegen und als kleiner Eugen das Verhalten des einen und die Fehler des anderen rügen, mich dann zum Richter aufwerfen und in lehrhaftem Tone das Urteil fällen, was jeder hätte tun sollen. Nein, lieber Camas, so weit geht meine Anmaßung nicht! Im Gegenteil, ich bewundere das Verhalten unseres Führers und mißbillige das seines würdigen Gegners nicht. Ich suche nur für mein bescheidenes Teil so viel davon zu profitieren, als ich in dem Berufe, den ich ergriffen habe, nach meiner Meinung gebrauchen kann. Aber ich verliere nicht vor Leuten Achtung und Hochschätzung, die mit Narben bedeckt sind und durch langjährige Dienste gründliche Erfahrung gesammelt haben. Vielmehr werde ich lieber denn je ihren Lehren lauschen, die mir die sicherste Bahn zum Ruhme und den kürzesten Weg zur gründlichen Erlernung des Handwerks weisen.

An den Vater

Ruppin, 10. Mai 1735.

Allergnädigster König und Vater!

Mein allergnädigster Vater wird nicht ungnädig nehmen, daß ich mir die Kühnheit nehme, an Ihn zu schreiben und an Ihn, als meinen recht gnädigen und treuen Vater, in aller Untertänigkeit und gebührender Submission mein Herz zu eröffnen. Man höret von allen Seiten schreiben, daß der Prinz Eugène von Wien den zweiten dieses Monds abgegangen wäre und nun wohl bei der Armee sein möge; man schreibet auch, daß die Armee Ordre habe, sich zusammenzuziehen und bei Bruchsal das erste Lager zu formieren, und soll also an keinen Stillstand zu gedenken sein; hergegen soll der Prinz Eugène gewiß Ordre vom Kaiser haben, den Feind zu attackieren. Bei diesen Umständen befindet sich noch, daß Alles, was junge Leute sind, so Ambition haben, Willens sind nach der Armee zu reisen, da der Prinz Karl und der Prinz von Oranien auch hingehen werden. Meinem allergnädigsten Vater ist bewußt, besser als ich es sagen kann, was vorjährige Kampagne für eine schlechte Kampagne gewesen ist, und kann mein allergnädigster Vater leichte schließen, was daher für Raisonnements über mich würden gemacht werden, wenn ich zu Hause bliebe. Kein Mensch würde glauben, daß es meines allergnädigsten Vaters Sein Wille wäre; denn die Welt ist genugsam informiert, daß mein allergnädigster Vater Seine Kinder zum Soldatenleben und zu brave Leute zu werden erziehet; so wird gewiß ein Jeder sagen, daß ich nicht darum angehalten hätte und die faulen Tage zu Hause lieber genießen möchte, als die Fatiguen einer Kampagne, dar man auch darbei exponiert wäre, zu ertragen. Mein allergnädigster Vater, den, wenn ich es sagen darf, für den besten und getreuesten Freund halte, so ich auf Erden habe, sei so gnädig und bedenke um Gottes willen, wie mir bei solchen Raisonnements wird zu Mute werden; ja, Er seie so gnädig und erinnere sich Seiner Jugend und, wie Er mir die Gnade gehabt selber zu erzählen, wie Er sich vor diesem Mühe gegeben hat, um von Seinem Herrn Vater die Permission zu erhalten, in Kampagne zu gehen. Meine Ursache, die mich hierzu beweget, ist dieselbe, die mein allergnädigster Vater gehabt hat, die Ambition und die Begierde, durch Beiwohnung der Kampagne mich kapabler zu machen, als ich anjetzo bin, meinem allergnädigsten Vater zu dienen; ja, ich wäre nicht wert, daß ich die Gnade hätte, meines allergnädigsten Vaters Sohn zu sein, wenn ich keine Ambition hätte; ich wäre auch versichert, mein allergnädigster Vater würde es mir zum meisten verdenken, wenn ich mich nicht bei Ihm derentwegen meldete, zudem ich anjetzo in den besten Jahren bin, da mir meine Leibes-Konstitution in keinen Fatiguen versaget. Jedoch bescheide ich mich Alles, was mein allergnädigster Vater mir befiehlst, und weiß sehr wohl den Gehorsam und die Submission, so ich Ihm schuldig bin, und daß ich Ihm nichts vorzuschreiben. Ich sacrificiere auch meinem allergnädigsten Vater Alles, meine Freude, meine Ambition, und was ich zum meisten auf dieser Erde wünsche. Er mache es alles, wie Er ein gnädiges Wohlgefallen daran hat; ich weiß, daß Er tun wird, was zu meinem Besten ist.

An Voltaire

Berlin, 8. August 1736.

Habe ich auch nicht das Glück, Sie persönlich zu kennen, so sind Sie mir doch durch Ihre Werke bekannt genug. Das sind Geistesschätze, wenn der

Ausdruck erlaubt ist, Kunstwerke, die mit so viel Geschmack und Feinheit gebildet sind, daß ihre Schönheiten sich bei jeder Lektüre in neuem Lichte zeigen. Ich glaube in ihnen den Charakter ihres geistvollen Verfassers zu erkennen, der unserem Jahrhundert und dem menschlichen Geiste zur Ehre gereicht. Die großen Männer der neueren Zeit werden Ihnen einst Dank wissen, und nur Ihnen allein, falls der Streit wieder ausbricht, ob den Neueren oder den Alten der Vorzug gebührt; denn Sie lassen die Waagschale zugunsten der Neueren sinken.

Mit den Eigenschaften eines hervorragenden Dichters verbinden Sie eine Fülle von Kenntnissen, die freilich mit der Poesie in gewisser Weise verwandt sind, ihr aber erst durch Ihre Feder zugehören. Nie hat ein Dichter metaphysische Gedanken in Verse gebracht: solche Ehre war Ihnen zuerst vorbehalten. Diese philosophische Tendenz Ihrer Schriften veranlaßt mich, Ihnen eine durch mich angeregte Übersetzung der Anklage und Rechtfertigung von Wolff zu übersenden, des berühmtesten modernen Philosophen, der Licht in die dunkelsten Gebiete der Metaphysik getragen und diese schwierigen Fragen ebenso erhaben wie klar und bestimmt erörtert hat, dafür aber grausamerweise der Irreligiosität und des Atheismus bezichtigt worden ist. Das ist das Schicksal großer Männer: stets setzt ihr überlegener Genius sie den vergifteten Pfeilen der Verleumdung und des Neides aus.

Ich lasse jetzt die Abhandlung desselben Verfassers »Von Gott, von der Seele und der Welt« übersetzen und werde sie Ihnen zusenden, sobald sie vollendet ist. Ich bin gewiß, Sie werden die Beweiskraft aller seiner Schlüsse schlagend finden; denn sie folgen mathematisch einer aus dem anderen und sind in einander geschmiedet wie Kettenglieder.

Bei der Nachsicht und Unterstützung, die Sie allen gewähren, die sich den Künsten und Wissenschaften widmen, hoffe ich, Sie werden mich nicht aus der Zahl derer streichen, die Sie Ihrer Belehrung würdigen. Denn so nenne ich Ihre Korrespondenz, die jedem denkenden Wesen, nur nützlich sein kann. Ja, ohne das Verdienst anderer zu schmälern, wage ich zu behaupten, das; es auf der ganzen Welt ohne Ausnahme keinen gibt, dessen Lehrer Sie nicht sein könnten.

Fern sei es mir, Sie in einer Weise zu beweihräuchern, die Ihrer unwürdig wäre; dennoch kann ich Ihnen versichern, daß ich in Ihren Werken zahllose Schönheiten finde. Ihre »Henriade« entzückt mich und triumphiert glücklich über die wenig einsichtsvolle Kritik, der man sie unterzogen hat. Das Trauerspiel »Cäsar« zeigt uns durchgeführte Charaktere und ist von großen, gewaltigen Gefühlen erfüllt. Ihr Brutus kann nur Römer oder Engländer sein. »Alzire« verbindet den Reiz der Neuheit mit dem glücklichen Kontrast zwischen den Sitten der Wilden und der Europäer. Der Charakter Gusmans zeigt, daß ein mißverstandenes und von falschem Eifer geleitetes Christentum noch barbarischer und grausamer ist als das Heidentum. Stünde Corneille, der große Corneille, der sich die Bewunderung seines ganzen Zeitalters erwarb, in diesen Tagen wieder auf, er sähe mit Staunen und vielleicht mit Neid, wie die tragische Muse Sie mit Gunstbezeugungen überhäuft, die sie ihm nicht gegönnt hat. Was läßt sich nicht alles von dem Verfasser so vieler Meisterwerke erwarten! Was für neue Wunder werden nicht aus der Feder des Mannes hervorgehen, der schon den »Tempel des Geschmacks« so geistreich und zierlich errichtet hat!

Das erweckt in mir den sehnlichen Wunsch, alle Ihre Werke zu besitzen. Ich bitte Sie, mir diese zu schicken und mir keines zu versagen. Sollte sich unter den handschriftlichen eins befinden, das Sie aus notgedrungener Vorsicht der Öffentlichkeit vorenthalten, so verspreche ich Ihnen, tiefstes Geheimnis zu wahren und ihm nur insgeheim Beifall zu zollen. Leider weiß ich, daß ein Fürstenwort heutzutage wenig gilt; doch hoffe ich, Sie werden sich nicht von den allgemeinen Vorurteilen bestimmen lassen, sondern sich zu meinen Gunsten zu einer Ausnahme entschließen.

Ihre Werke würden mich reicher machen als alle vergänglichen und verächtlichen Glücksgüter dieser Welt, die ein und derselbe Zufall uns schenkt und wieder nimmt. Mit Hilfe des Gedächtnisses kann man sich jene, Ihre Werke, aneignen und sie so lange besitzen wie dieses. Mein Gedächtnis ist schlecht; darum schwanke ich lange, bevor ich mich entscheide, was darin Aufnahme finden soll.

Stünde die Dichtkunst noch auf ihrer alten Stufe, d.h. könnten die Dichter nur langweilige Idyllen trillern, Eklogen nach dem alten Schema und abgeleierte Stanzen verfertigen, oder wüßten sie ihre Leier nur auf den elegischen Ton zu stimmen – ich würde ihr für immer entsagen. Allein, Sie veredeln die Dichtkunst, Sie zeigen uns neue Wege, die ein Cotin und Rousseau nicht beschritten haben.

Ihre Gedichte besitzen so große Vorzüge, daß alle höher stehenden Geister sich gern in sie vertiefen. Sie sind ein Lehrbuch der Moral, das uns denken und handeln lehrt. Sie schmücken die Tugend mit leuchtenden Farben. Der Begriff des wahren Ruhmes wird darin formuliert. Sie gewinnen den Wissenschaften so feine und zarte Reize ab, daß man nach der Lektüre Ihrer Werke vom Ehrgeiz erfaßt wird, in Ihre Spuren zu treten. Wie oft habe ich mich nicht dieser trügerischen Lockung hingegeben und mir dann gesagt: Unseliger, laß ab, diese Bürde übersteigt deine Kräfte! Man kann Voltaire nicht nachahmen, wenn man nicht selber Voltaire ist.

In solchen Augenblicken habe ich es empfunden, daß die Vorzüge der Geburt, der leere Schall von Größe, mit dem die Eitelkeit uns einlullt, nur wenig oder besser gesagt gar nichts vorstellen. Das sind Maßstäbe, die unser inneres Wesen nicht berühren, lediglich äußerer Schmuck. Wie sehr sind ihnen die Geistesgaben vorzuziehen! Wieviel ist man denen schuldig, die die Natur schon bei ihrer Geburt ausgezeichnet hat! Gefällt sie sich doch, Wesen zu schaffen und mit allen nötigen Gaben auszustatten, um Fortschritte in den Künsten und Wissenschaften zu machen; ihre durchwachten Nächte zu belohnen, ist dann Sache der Fürsten. Ach, erwählte der Ruhm doch mich zum Werkzeuge, um Ihre Erfolge zu krönen! Nur das eine würde ich fürchten, daß dies lorbeerarme Land weniger Lorbeeren hervorbrächte, als Ihre Werke verdienen, und daß man statt seiner zum Eppich greifen müßte.

Begünstigt aber das Schicksal mich nicht so sehr, daß ich Sie mein nennen kann, so darf ich wenigstens hoffen, Sie, den ich schon so lange von ferne bewundere, eines Tages zu sehen, um Sie persönlich all der Achtung und Hochschätzung zu versichern, die denen gebührt, die, der Leuchte der Wahrheit folgend, ihre Arbeiten dem allgemeinen Wohle widmen.

An Suhm

Remusberg, 23. Oktober 1736.

Sie werden, glaube ich, nicht böse sein, wenn ich Ihnen ein paar Worte über unseren ländlichen Zeitvertreib sage; denn mit Menschen, die man lieb hat, plaudert man gern, auch über das Unbedeutendste. Wir haben unsere Beschäftigungen in zwei Klassen geteilt: die ersten sind die nützlichen, die zweiten die angenehmen. Unter die nützlichen rechne ich das Studium der Philosophie, der Geschichte und der Sprachen, zu den angenehmen Musik, Lust- und Trauerspiele, die wir selbst aufführen, Maskeraden und gegenseitige Überraschungen mit Geschenken. Die ernsten Beschäftigungen haben indes stets den Vorzug vor den anderen, und ich behaupte kühnlich, wir machen von den Vergnügungen nur maßvollen Gebrauch. Wir benutzen sie nur zur Erholung des Geistes und zur Milderung der Grämlichkeit und des allzu tiefen Ernstes der Philosophie, die sich nicht so leicht die Stirn von den Grazien glätten läßt.

An Grumbkow

Rheinsberg, 20. Januar 1737.

Die politischen Nachrichten haben mir, so gestehe ich Ihnen freimütig, wahrhaften Kummer bereitet. Ohne Hexerei sehe ich voraus, daß unser Plan auf Jülich und Berg gescheitert ist. Man braucht nur die Wirkungen in den Ursachen zu lesen, um sich davon zu überzeugen. Da mir der Ruhm des Königs über die Maßen am Herzen liegt, schmerzt es mich zu sehen, daß nicht das Nötige geschieht, um den Erfolg zu sichern. Ich glaube sogar, einen geheimen, gegen uns gerichteten Anschlag zu erkennen, ich sehe Wolken sich zusammenballen. Vielleicht wäre es noch Zeit, dem Gewitter auszuweichen; vielleicht könnte man durch geeignete Maßnahmen einen Umschwung der Stimmung zu unseren Gunsten herbeiführen. Was mich aber am meisten beunruhigt, ist eine gewisse Lethargie, die ich bei uns bemerke, und das zu einer Zeit, wo die Furcht vor unseren Waffen geschwunden ist und man so weit geht, uns zu verachten. Ich wage nicht auszusprechen, was ich befürchte; vielleicht auch gibt nur mein verdüsterter Sinn mir trübe Gedanken ein: Sie werden sie erraten, auch ohne daß ich mich erkläre. Kurz, ich befürchte um so größeres Unglück, je weniger man darauf vorbereitet ist.

Möge der Himmel, der über die Reiche wacht, der sie nach Gutdünken erhebt und zerstört, alles Unheil abwenden, das mein beängstigter Geist prophezeit! Keinem Menschen geht Preußens Wohlfahrt so nahe als mir.

An Grumbkow

Remusberg, 14. Februar 1737.

Ich schicke Ihnen, hochverehrter General, alle mir mitgeteilten Briefe über die Verhandlungen betreffs Jülich und Berg zurück, da ich zu sehr fürchte, dergleichen Schriftstücke in Händen zu haben. Was ich in unserer Sache tun würde, und was, wie ich glaube, der König tun wird, wäre dies: ich würde mich vor allem mit dem Kaiser gut stellen, den Holländern einreden, ich brauchte ihre Vermittlung, mich aber ihnen gegenüber zu nichts verpflichten und inzwischen alle 40 Schwadronen Dragoner nebst den Husaren nach dem Klevischen schicken, 2 Regimenter Kavallerie nebst den Garnisontruppen in Ostpreußen lassen und die ganze übrige Infanterie sowie den Rest der schweren Kavallerie in der Kurmark zusammenziehen. Sobald dann jemand Miene macht, meinen Plänen entgegenzutreten, bin ich imstande, ihm auf den Leib zu gehen; und die 40 Schwadronen Dragoner erhalten Befehl, bei Eintritt des Erbfalls in Jülich und Berg einzurücken und beide Herzogtümer zu besetzen. Will man dann zu Unterhandlungen schreiten, so kann man weiter nichts tun, als uns zur Räumung von Jülich bewegen und uns Berg lassen. Besetzen wir dagegen nur Berg, so wird man uns auch dies halb wieder abzwacken. Vielleicht können Sie von diesen Erwägungen Gebrauch machen. Finden sie Ihren Beifall, so eignen Sie sie sich bitte nur an. Von entscheidender Bedeutung ist die baldige Entsendung der Dragoner, ehe noch der Erbfall eintritt; denn verpassen wir den Augenblick des Todes des Kurfürsten, so ist unser Streich verfehlt.

An Grumbkow

Ruppin, 24. März 1737.

Vielen Dank, lieber General, für die mir freundlichst mitgeteilten Nachrichten. Ihr Korrespondent spricht von dem maßlosen Hochmut des Wiener Hofes. Dazu möchte ich folgendes bemerken. Blättern Sie in der Geschichte, soviel Sie wollen, stets werden Sie finden, das; das Übermaß des Hochmuts für die Reiche der Vorläufer ihres Verfalles oder ihres Sturzes war. Die gegenwärtige Lage des Hauses Österreich ist ziemlich kritisch. Stürbe der Kaiser heut oder morgen, was für Umwälzungen würde die Welt dann nicht erleben! Jeder möchte an seinem Erbe teilhaben, und man sähe ebensoviel Parteien erstehen, wie es Herrscher gibt.

Ich kehre jetzt nach Rheinsberg zurück; es ist mein Sanssouci. Glücklich, wer frei von Ehrgeiz seine Tage an einer Stätte beschließen kann, wo man nur Ruhe kennt, die Blumen des Lebens pflückt und die kurze Zeit genießt, die uns auf Erden beschieden ist! Sie, Herr General, sind vom Schicksal ausersehen, eine der großen Triebfedern eines Uhrwerks zu bilden, während meine Lage den feststehenden Zeichen auf dem Zifferblatt dieser Uhr ähnelt. Sie sind zum Handeln geschaffen und ich zum Genießen.

An Grumbkow

Remusberg, 1. November 1737.

Sie haben, lieber Feldmarschall, hochherzig meine Verteidigung übernommen, als der König auf mich zu sprechen kam. Nie hatte ein Künstler eine so schlechte Meinung von seinem eigenen Werte, wie der König von mir. Ist es Bescheidenheit, so muß ich gestehen, daß sie etwas weit geht. Eher neige ich zu dem Glauben, daß ein unseliges Vorurteil, das er von jeher gegen mich gehegt, und das durch das Alter eingewurzelt ist, ihn so schlecht über meinen Charakter urteilen läßt. Wer dürfte sagen, daß man mit Frankreich nicht Krieg führen kann, weil man französisch spricht, die guten Schriftsteller liest, die französisch geschrieben haben, und die höflichen und geistreichen Leute liebt, die diese Nation hervorgebracht hat? Ich kenne nichts als meine Ehre. Alles, was ihr vorteilhaft sein kann, wird stets die Richtschnur meines Handelns sein, und keine Rücksicht kann mich hiervon abbringen.

Gott weiß, daß ich dem Könige ein langes Leben wünsche. Tritt aber zu seinen Lebzeiten der Erbfall nicht ein, so wird man die Grundlosigkeit der Anklage erkennen, daß ich meine Interessen fremden Mächten zum Opfer brächte; ich fürchte eher, man wird mir zuviel Verwegenheit und Lebhaftigkeit vorwerfen. Anscheinend hat der Himmel den König dazu bestimmt, alle Vorkehrungen zu treffen, die Weisheit und Vorsicht erfordern, bevor man einen Krieg beginnt. Wer weiß, ob die Vorsehung mich nicht aufspart, um glorreichen Gebrauch von diesen Vorbereitungen zu machen und sie zur Ausführung der Pläne zu benutzen, zu denen des Königs Vorsorge sie bestimmt hatte!

An Grumbkow

(Januar 1738)

Als ich, lieber Feldmarschall, die im Haag vorgelegte Denkschrift las, glaubte ich, die unverschämte Rede zu hören, die der römische Gesandte Papirius dem König Antiochus von Syrien hielt, als dieser mit 80 000 Mann in Ägypten einfallen wollte. Stolz, Hochmut und Hoffart sind da bis zum Äußersten getrieben. Anscheinend gibt Frankreich an Macht und Gewalt Gottvater nichts nach; sich Versailles widersetzen, heißt den göttlichen Ratschlüssen trotzen. Was für eine Unverschämtheit! Man sollte es nicht glauben, daß elende Sterbliche so hochmütig sein können! Ich würde ihnen antworten: der König von Preußen ist

> *la nobile palma;*
> *Se spiantare si tenta allor inalza, la cima altiera.*

Sehen Sie mir diese italienischen Verse nach; sie passen auf den König, auf seine Kräfte und die würdige Art, wie er seine gerechten Ansprüche verficht. Ihre Betrachtungen über die Denkschrift sind sehr zutreffend, aber man sollte sie nicht hinter den verschlossenen Türen des Kabinetts zum besten geben. Glauben Sie mir, jetzt ist es Zeit, zur Feder zu greifen, um die Geister zu bearbeiten und zu gewinnen; jetzt muß die Presse rollen, und es drängt mich mehr denn je, meine Schrift zu veröffentlichen.

An Voltaire

Insterburg. 27. Juli 1739.

Endlich sind wir angekommen, lieber Freund. Wir waren drei Wochen unterwegs, und zwar in einem Lande, das ich für das *Non plus ultra* der zivilisierten Welt halte. Es ist eine in Europa wenig bekannte Provinz, die freilich bekannter zu sein verdiente, da sie als eine Schöpfung des Königs, meines Vaters, gelten kann.

Preußisch-Litauen ist ein Herzogtum von stark 30 deutschen Meilen in der Länge und 20 in der Breite, obwohl es nach Samogitien hin spitz zuläuft. Die Provinz wurde zu Anfang des Jahrhunderts von der Pest verheert; über 300 000 Einwohner raffte die Seuche und das Elend hin. Der Hof, der von dem Unglück wenig wußte, unterließ es, der reichen und fruchtbaren Provinz, die an Einwohnern und an jeder Art von Erzeugnissen Überfluß hatte, wieder aufzuhelfen. Die Krankheit raffte das Volk hin; die Felder lagen brach und bedeckten sich mit Gestrüpp. Auch das Vieh ging in dem allgemeinen Elend zugrunde; kurz, unsere blühendste Provinz verwandelte sich in die schrecklichste Einöde.

Inzwischen starb Friedrich I. und wurde mit seiner falschen Größe begraben. Ihm lag nur an eitlem Prunk und an der pomphaften Zurschaustellung nichtiger Zeremonien.

Mein Vater, der ihm nachfolgte, wurde durch das öffentliche Unglück gerührt. Er begab sich selbst an Ort und Stelle und sah die weiten verheerten Länderstrecken nebst all den schrecklichen Spuren, die Seuche, Hungersnot und die schmutzige Habgier der Minister hinterlassen hatten. Zwölf bis fünfzehn entvölkerte Städte, vier- bis fünfhundert unbewohnte und verödete Dörfer boten seinen Augen einen trostlosen Anblick. Er ließ sich dadurch nicht abschrecken, im Gegenteil, er beschloß, das Land, das fast zur Wüstenei geworden war, neu zu besiedeln und Handel und Wandel wieder zu beleben.

Seitdem hat der König keine Ausgabe gescheut, um seine heilsamen Absichten zu verwirklichen. Er erließ zunächst weise Reglements, baute alles, was die Pest zerstört hatte, wieder auf und ließ Tausende von Familien aus allen Ecken Europas kommen. Die Äcker wurden wieder bestellt, das Land bevölkerte sich, der Handel blühte wieder auf, und gegenwärtig herrscht in dieser fruchtbaren Gegend mehr Überfluß denn je. Litauen besitzt über eine halbe Million Einwohner. Es zählt mehr Städte und Herden als früher, hat mehr Wohlstand und Fruchtbarkeit als irgend eine Gegend Deutschlands. Und all das ist lediglich dem König zu danken, der die Ausführung persönlich angeordnet und auch selbst geleitet hat. Er hat die Pläne entworfen und sie allein ausgeführt; er hat weder Mühe noch Sorge, noch ungeheure Schätze, noch Versprechungen oder Belohnungen gespart, um einer halben Million denkender Wesen Glück und Leben zu sichern. Ihm allein verdanken sie ihr Wohlergehen und ihre Versorgung.

Ich hoffe, Sie werden über die Einzelheiten, die ich Ihnen berichte, nicht böse sein. Ihre Menschenfreundlichkeit muß sich auf Ihre litauischen Brüder so gut erstrecken wie auf die französischen, englischen, deutschen usw., zumal ich zu meinem großen Erstaunen durch Dörfer kam, wo nur Französisch gesprochen wurde.

Ich finde etwas so Heroisches in der hochherzigen und tätigen Art, wie der König diese Wüstenei besiedelt, sie fruchtbar und glücklich gemacht hat, daß es mir schien, als müßten Sie der gleichen Meinung sein, wenn Sie die näheren Umstände dieser Neuschöpfung erführen.

An die Markgräfin Wilhelmine von Bayreuth

Berlin, 1. Juni 1740.

Schwester! Gestern um drei Uhr hat der liebe Gott unseren Vater abberufen: mit engelhafter Gefaßtheit und ohne viel zu leiden ist er gestorben. Was Du in ihm verlierst, kann ich Dir nur durch innige Freundschaft ersetzen und durch aufrichtige, zärtliche Liebe, mit der ich zeitlebens bin Dein treuer Bruder.

An den Propst Reinbeck

Charlottenburg, 6. Juni 1740.
Ihr habet nochmals an den Regierungsrat Wolff zu schreiben, ob er sich nunmehro nicht entschließen könne, in meine Dienste zu gehen, und würde ich ihm alle raisonnable Conditiones accordiren.

Friderich.

Ich bitte Ihme, sich umb des Wolffen Mühe zu geben. Ein Mensch, der die Wahrheit sucht und sie liebt, muß unter aller menschlicher Gesellschaft werth gehalten werden, und glaube ich, daß Er eine *Conquête* im Lande der Wahrheit gemacht hat, wor Er den Wolff hierher persuadiret.

An Maupertuis

(Juni 1740)
Herz und Neigung erweckten in mir seit meiner Thronbesteigung den Wunsch, Sie hier zu haben, damit Sie der Berliner Akademie die Gestalt geben, die Sie allein ihr zu verleihen vermögen. So kommen Sie denn und setzen Sie auf diesen wilden Schößling das Pfropfreis der Wissenschaften, damit er blühe. Sie haben der Welt die Gestalt der Erde gezeigt: zeigen Sie auch einem König, wie, schön es ist, einen Mann wie Sie zu besitzen.

An das Departement der Auswärtigen Affairen

(17. Juni 1740)
Sprechen die Minister von Politik, sind sie geschickte Leute, doch reden sie vom Kriege, so ist es, als wenn ein Irokese von der Astronomie spricht. Ich werde mich in diesem Jahre nach dem Klevischen begeben und es noch einmal im guten versuchen; finde ich Widerstand, so werde ich mir mein Recht zu schaffen wissen. Der Kaiser ist das alte Spuk- und Götzenbild! Einst stellte er eine Macht dar, heute ist er nichts mehr. Er war ein kräftiger Mann, aber Franzosen und Türken haben ihm zu übel mitgespielt; jetzt ist er schwach und matt. Bis zu meiner Reise nach Wesel muß also alles ruhen, damit ich meinen Entschluß nach Lage der Dinge fassen kann.

An Voltaire

Charlottenburg, 27. Juni 1740.

Ihre Briefe, lieber Voltaire, bereiten mir stets unendliche Freude, nicht durch die Lobreden, die Sie mir halten, sondern durch Ihre belehrende Prosa und die reizenden Verse. Sie wollen, daß ich von mir selbst rede wie der ewige Abbé Chaulieu. Was tut's? Ich muß Sie zufriedenstellen.

Nachstehend die verlangte Berliner Zeitung.

Ich traf Freitag abend in Potsdam ein, wo ich den verstorbenen König in sehr traurigem Zustande fand. Ich dachte mir gleich, daß sein Ende bevorstünde. Er erwies mir tausend Freundlichkeiten und sprach mit mir mehr als eine volle Stunde über die inneren und die äußeren Staatsgeschäfte, und zwar mit aller erdenklichen Geistesklarheit und Vernunft. Das gleiche tat er am Sonnabend, Sonntag und Montag. Er schien sehr ruhig und gefaßt und ertrug seine unendlichen Leiden mit größter Standhaftigkeit. Am Dienstag früh fünf Uhr legte er die Regierung in meine Hände, nahm zärtlich Abschied von meinen Brüdern, von allen höheren Offizieren und von mir. Die Königin, meine Brüder und ich waren in seinen letzten Stunden um ihn; er bewies in seinen Qualen den Stoizismus Catos. Er starb mit der Neugier eines Physikers über das, was im Augenblick seines Todes in ihm vorging, und mit dem Heroismus eines großen Mannes und hinterließ uns allen den aufrichtigen Schmerz über seinen Verlust und das nachahmenswürdige Beispiel seines tapferen Sterbens.

Die Fülle von Arbeit, die mir seit seinem Tode zugefallen ist, hat mir zu meinem berechtigten Schmerze kaum Zeit gelassen. Ich glaubte, daß ich seitdem ganz dem Vaterland gehörte. In diesem Sinne habe ich nach besten Kräften gearbeitet und schleunigst Maßnahmen zum allgemeinen Wohle getroffen, soweit ich es vermochte.

Ich habe gleich damit begonnen, die Wehrkraft des Staates um sechzehn Bataillone, fünf Schwadronen Husaren und eine Schwadron Gardesdukorps zu vermehren. Ich habe die Grundlagen unserer neuen Akademie gelegt. Wolff, Maupertuis, Vaucanson und Algarotti habe ich gewonnen. Von's Gravesande und Euler erwarte ich die Antwort. Ich habe eine neue Behörde für Handel und Industrie geschaffen; ich nehme Maler und Bildhauer in Dienst und reise nach Ostpreußen, um mir dort huldigen zu lassen.

Meine Lebensweise ist gegenwärtig recht ungeregelt, da die Ärzte es für angebracht hielten, mir *ex officio* Pyrmonter Brunnen zu verordnen. Ich stehe um 4 Uhr auf, trinke bis 8 Uhr Brunnen, schreibe bis 10, besichtige bis Mittag die Truppen, schreibe bis 5 Uhr und erhole mich des Abends in guter Gesellschaft. Wenn die Reisen zu Ende sind, wird meine Lebensweise ruhiger und gleichmäßiger werden, aber bisher habe ich die gewöhnlichen Geschäfte und außerdem die neuen Einrichtungen zu bearbeiten; überdies sind noch viele unnütze Komplimente zu drechseln und Rundschreiben zu erlassen.

Die meiste Mühe macht mir die Errichtung von Kornmagazinen in allen Provinzen, die so groß sind, daß das ganze Land für anderthalb Jahre Nahrung vorrätig hat.

Doch genug von mir! Mich will's verdrießen!
Teurer Freund, erfahre, welche Lust
Wir schon jetzt erfüllt die Brust,
Bald Dich an mein Herz zu schließen!

An Voltaire

Remusberg, 26. Oktober 1740.

Das allerunvermutetste Ereignis hindert mich diesmal, lieber Voltaire, meine Seele wie gewöhnlich der Ihren zu erschließen und nach Herzenslust zu plaudern. Der Kaiser ist tot!

Der Fürst, den Natur für den Thron nicht erschuf,
Ward König, dann Kaisers; Eugen hat Ruhm ihm erworben.
Doch ist er, zum Unglück für seinen Ruf,
Als Bankrottierer gestorben.

Dieser Todesfall wirft alle meine friedlichen Pläne über den Haufen. Ich glaube, im Monat Juni wird es sich eher um Schießpulver, Soldaten, Laufgraben handeln, als um Schauspielerinnen, Ballette und Theater. Daher sehe ich mich gezwungen, den Handel, den wir vorhatten, zu vertagen. Meine Lütticher Affaire ist ganz erledigt; aber was jetzt kommt, ist für Europa von weit größerer Bedeutung. Dies ist der Augenblick der völligen Umwandlung des alten politischen Systems; der Stein hat sich gelöst, den Nebukadnezar auf das Bild aus vier Metallen rollen sah, der sie alle vier zerstörte.

Tausend Dank für die Vollendung des Druckes vom »Machiavell«! Arbeiten kann ich jetzt nicht daran; ich bin mit Geschäften überlastet. Meinem Fieber gebe ich nun den Laufpaß; denn ich habe meine Maschine nötig. Sie muß jetzt alles hergeben, was nur möglich ist.

An Algarotti

Remusberg, 28. Oktober 1740.

Ich gebe gern zu, lieber Algarotti, daß mein »Antimachiavell« die von Ihnen bezeichneten Fehler besitzt. Ja, ich bin überzeugt, man könnte noch eine

Unmenge von Dingen hinzusetzen und fortstreichen, wodurch das Buch sehr gewinnen würde. Aber der Tod des Kaisers macht aus mir einen sehr schlechten Textverbesserer. Er ist für mein Buch verhängnisvoll, vielleicht aber glorreich für mich selbst. Es freut mich sehr, daß es Ihnen im ganzen gefallen hat. Mir liegt mehr am Beifall eines verständigen und scharfsinnigen Mannes als an Lob oder Tadel der Durchschnittsautoren,

> All jener schnöden Brut, die stets am Fuß
> Des Helikon im Sumpfe quaken muß,
> Die neidisch sich verfolgt und auf der Spur
> Apollos kriecht – im Schneckentempo nur.

Wir spielen hier in aller Ruhe Cäsar und Antonius und harren des Tages, wo wir sie wirklich nachahmen können. Das nennt man mit dem Balle spielen, bevor die Partie beginnt.

Ich gehe nicht nach Berlin. Eine solche Bagatelle wie der Tod des Kaisers verursacht nicht viel Aufhebens. Alles war vorhergesehen, alles war vorherbedacht. Also handelt es sich nur um die Ausführung von Entwürfen, die ich seit lange in meinem Kopfe bewegt habe.

An den Herzog von Lothringen in Wien

Remusberg, 30. Oktober 1740.

Ich habe aufrichtig Anteil an dem Verluste genommen, den Ew. Königl. Hoheit soeben in der Person des Kaisers erleiden. Das Ereignis wird ganz unverzüglich Europa in Brand setzen und schreckliche Folgen nach sich ziehen, um so mehr, je weniger der Fall vorhergesehen war. Sie kennen die Hochachtung und Freundschaft, die ich stets für Ihre Person gehegt habe, und ich bitte Ew. Königl. Hoheit, mich bei dieser Gesinnung für Ihren guten und wohlgeneigten Vetter zu halten.

An den Minister Graf Podewils

Schweidnitz, 16. Dezember 1740.

Lieber Podewils, ich habe den Rubikon überschritten mit fliegenden Fahnen und klingendem Spiel. Meine Truppen sind vom besten Willen beseelt, die Offiziere voller Ehrgeiz, und unsere Generale hungern nach Ruhm; alles wird nach Wunsch gehen, und ich habe Anlaß, mir alles erdenkliche Gute von diesem Unternehmen zu versprechen.

Schicken Sie mir Bülow, gehen Sie ihm recht um den Bart und machen Sie ihm den eigenen Vorteil seines Herrn handgreiflich. Kurzum, es gilt, sich die Kenntnis des menschlichen Herzens zunutze zu machen, und so wollen wir zu unseren Gunsten Eigennutz, Ehrgeiz, Liebe, Ruhmsucht und alle Mächte in Bewegung setzen, die die menschliche Seele aufrütteln können.

Ich bin entschlossen, entweder unterzugehen oder mit diesem Unternehmen mir einen ehrenvollen Namen zu machen.

Mein Herz weissagt mir alles nur mögliche Gute. Genug, es ist eine innere Gewißheit, deren Ursprung für uns im Dunkeln ruht, die mir Glück und Gelingen verheißt. Ich werde in Berlin nicht erscheinen, ohne mich des Blutes, aus dem ich entsprossen bin, würdig erwiesen zu haben, und würdig der tüchtigen Soldaten, die ich zu führen die Ehre habe. Leben Sie wohl, ich empfehle Sie dem Schutze Gottes.

An Voltaire

Hauptquartier Herrendorf in Schlesien, 23. Dezember 1740.

Ich erhielt zwei Briefe von Ihnen, lieber Voltaire, konnte aber nicht eher antworten. Wie der König im Schachspiel Karls XII. bin ich stets auf den Beinen. Seit vierzehn Tagen sind wir immerfort unterwegs, und bei was für Wetter!

Ich bin zu abgespannt, um Ihre reizenden Verse zu beantworten, und zu durchgefroren, um ihren Reiz voll auszukosten, aber das kommt wieder. Verlangen Sie keine Gedichte von einem, der gegenwärtig wie ein Fuhrmann auf der Landstraße liegt und manchmal bis über die Ohren im Schmutz steckt.

Wollen Sie wissen, wie mein Leben sich abspielt? Wir marschieren von 7 Uhr früh bis 4 Uhr nachmittags. Dann speise ich, arbeite, empfange langweilige Besuche, und schließlich kommt ein Wust von albernen Bagatellen. Da gilt es, Querköpfe zurechtzusetzen, Heißsporne zu zügeln, Faule anzutreiben, Ungeduldige im Zaum zu halten, Raubgierige in die Schranken des Rechts zu weisen, Schwätzer anzuhören und Stumme zu unterhalten. Kurz, man muß mit den Durstenden trinken, mit den Hungernden essen, mit den Juden zum Juden und mit den Heiden zum Heiden werden.

Das ist meine Beschäftigung! Gern würde ich sie mit einer anderen vertauschen, wenn mir das Phantom, Ruhm genannt, nicht allzu oft erschiene. Wahrhaftig, es ist großer Wahnsinn, aber man kommt schwer davon los, ist man einmal davon ergriffen.

An Jordan

In einem Dorf, dessen Aussehen und Namen ich nicht kenne,
den 3. März 1741.

Jordan, es tut mir sehr leid, daß es Dir schlecht geht. Meine Wünsche sind stets auf Dein Wohlbefinden und auf alles gerichtet, was Dir ersprießlich sein kann. Mir ist es nicht besser ergangen als Dir. Ich bin glücklich einem dichten Schwarm Husaren entronnen, der uns umstellen und gefangen nehmen wollte. Ohne mich zu rühmen, ich habe mich ziemlich geschickt aus der Klemme gezogen. Ich habe keinen meiner Leute verloren, aber eine Schwadron vom Regiment Schulenburg hat Unglück gehabt. Vierhundert Husaren sind darüber hergefallen und haben 40 Mann zusammengehauen.

Ich bin überhäuft mit Geschäften aller Art. Meiner Treu, wenn die Menschen vernünftig wären, würden sie sich weniger um das Phantom des Ruhmes kümmern, das ihnen das Leben so verdrießlich und so schwer macht, das der Himmel ihnen zum Genuß geschenkt hat. Du wirst mich philosophischer finden, als Du glaubst. Ich war stets Philosoph, bald mehr, bald minder. Meine Jugend, die Glut der Leidenschaft, der Ruhmesdurst, ja selbst die Neugier, um Dir nichts zu verhehlen, kurz ein geheimer Instinkt hat mich den Freuden der Ruhe entrissen. Die Genugtuung, meinen Namen in den Zeitungen und später in der Geschichte zu sehen, hat mich verführt.

Lebwohl, lieber, treuer Freund. Grüße Cäsarion!

An den Minister Graf Podewils

(März 1741)

Podewils! Truchseß macht Fortschritte, Mardefeld geht seinen Weg, Chambrier verrichtet Wunder, Klinggräffen ist anbetungswürdig. Also, *cara anima mia, non desperar!* Raesfeld kriecht wie eine Schnecke, der dänische Finck juckt sich, der sächsische Finck hat mit Contrebande zu tun. Aber werden wir dieser Schwierigkeiten Herr, und wir werden triumphieren. Für den

Faulen wächst kein Lorbeer, Frau Gloria reicht ihn nur dem, der sich rührt und Herz hat.

Beiläufig gesagt: zweimal bin ich den österreichischen Husaren entwischt. Sollte mir das Unglück zustoßen, lebend gefangen zu werden, so gebiete ich Ihnen aufs strengste, und Sie haften mir mit Ihrem Kopf dafür, daß Sie sich während meiner Abwesenheit an keinen meiner Befehle kehren, daß Sie meinem Bruder ratend zur Seite stehen und daß ja der Staat für meine Befreiung nichts unternimmt, was unter seiner Würde ist. Im Gegenteil! Für diesen Fall ist es mein Wille und Befehl, daß mit entschiedenerem Nachdruck als je vorgegangen werde. König bin ich nur, wenn ich frei bin.

Falle ich, so ist mein Wille, daß mein Leib nach Römerart verbrannt und in einer Urne in Rheinsberg beigesetzt werde. Knobelsdorff soll mir ein Grabdenkmal errichten, wie das des Horaz zu Tuskulum.

Ich werde Ihnen eine eingehende Schrift zugehen lassen mit meinen Gedanken über die Weltlage, über das, was mir für heut und für die Zukunft geraten scheint. Mag dann mein Nachfolger nach eigenem Ermessen und dem Wandel der Verhältnisse gemäß verfahren. Vielleicht mache ich diese Arbeit umsonst, doch auch überflüssige Vorkehrungen sind nicht so vom Übel, wie alles, was sich nicht voraussehen läßt, dem Zufall allein zu überlassen. Leben Sie wohl, lieber Freund, vergessen Sie mich nicht.

An den Thronfolger August Wilhelm

Pogarell, 8. April 1741.

Soeben rückt der Feind in Schlesien ein, wir sind nicht mehr als eine viertel Meile von ihm entfernt. Der morgige Tag soll also über unser Schicksal entscheiden. Wenn ich sterbe, so bewahre das Andenken an einen Bruder, der Dich stets innig geliebt hat. Sterbe ich, so empfehle ich Dir meine liebe Mutter, meine Bedienten und mein erstes Bataillon. Ich habe Eichel und Schumacher von allen meinen letzten Bestimmungen unterrichtet. Bleibe stets meiner eingedenk, aber tröste Dich über meinen Verlust. Der Ruhm der preußischen Waffen und die Ehre des Hauses bestimmen mein Handeln und werden mich bis in den Tod leiten. Du bist mein alleiniger Erbe. Sterbe ich, so empfehle ich Dir die, die ich im Leben am meisten geliebt habe: Keyserling!, Jordan, Wartensleben, Hacke, der ein Ehrenmann ist, Fredersdorf und Eichel, auf die Du Dich ganz verlassen kannst. Ich vermache 8000 Taler, die ich bei mir habe, meinen Bedienten. Alles, was ich sonst besitze, liegt in Deiner Hand. Jedem meiner Brüder und Schwestern mache ein Geschenk in meinem Namen. Tausend Grüße und Komplimente an meine Schwester in Bayreuth. Du weißt, was ich über sie alle denke, und besser, als ich es zu sagen vermag, kennst Du die Liebe und alle Gefühle unverbrüchlicher Freundschaft, mit denen ich auf immer verbleibe, mein lieber Bruder, Dein treuer Bruder und Diener bis zum Tode.

An Jordan

Pogarell, 8. April 1741.

Lieber Jordan, wir werden uns morgen schlagen. Du kennst das Los der Waffen. Das Leben eines Königs wird nicht mehr geschont als das eines gewöhnlichen Soldaten. Ich weiß nicht, was aus mir wird. Ist mein Schicksal besiegelt, so gedenke eines Freundes, der Dich stets zärtlich liebt. Schenkt der Himmel mir noch längeres Leben, so schreibe ich Dir morgen, und Du sollst unseren Sieg erfahren. Lebwohl, lieber Freund, ich werde Dich bis in den Tod lieben.

An Jordan

Hauptquartier Selowitz, 17. März 1742.

Wenn ich Sie einmal wiedersehe, müssen Sie sich darauf gefaßt machen, daß ich Ihnen unendlich viel zu erzählen habe. Wahrhaftig, die Ehre, das große Rad der Geschicke Europas zu drehen, ist ein schweres Stück Arbeit. Wer zwar weniger glänzend, aber unabhängig lebt, in Müßiggang und Vergessenheit, der ist meines Ermessens glücklicher daran: das ist das wahre Los des Weisen auf Erden. Ich denke oft an Nemusberg, wo ich mich aus eigenem Antrieb fleißig mit Künsten und Wissenschaften vertraut machte; aber schließlich gibt es keinen Stand ohne Schattenseiten. Damals hatte ich meine kleinen Freuden und Leiden; ich fuhr auf sanften Gewässern. Jetzt schwimme ich auf hohem Meer; eine Welle hebt mich gen Himmel, die nächste reißt mich in die Tiefe, und die dritte trägt mich noch rascher in schwindelnde Höhe. Solche heftigen Gemütserregungen sind nichts für den Philosophen; denn was man auch sagen mag, es ist sehr schwer, gegen Fortunas Launen gleichgültig zu bleiben und das Gefühl aus dem Menschenherzen zu bannen. Umsonst versucht man, im Glück kalt zu erscheinen und sich vom Unglück nicht beugen zu lassen. Sein Mienenspiel kann man wohl verstellen, aber im Herzensgrunde bleibt der Mensch doch nicht unberührt. Alle meine Wünsche gipfeln darin, daß die Erfolge meiner Menschenliebe und den Tugenden, die ich stets bekannt habe, keinen Abbruch tun. Ich hoffe zuversichtlich, daß meine Freunde stets den Alten in mir wiederfinden werden. Wohl werde ich manchmal beschäftigter, sorgenvoll, unruhig und mit Arbeit überbürdet sein, aber stets dienstbereit und vor allem bestrebt, Ihnen zu beweisen, daß ich Sie von ganzem Herzen achte und liebe. Adieu.

An Jordan

Lager bei Kuttenberg, 15. Juni 1742.
Fredericus Jordano Heil! Nun endlich ist der Friede da, der Friede, nach dem Sie so geseufzt haben, um den so viel Blut geflossen ist und an dem ganz Europa zu verzweifeln begann. Was man von mir sagen wird, weiß ich nicht. Ich mache mich allerdings auf ein paar satirische Geißelhiebe und auf die landläufigen Redensarten und Gemeinplätze gefaßt, die die Toren und Ignoranten, kurz alle, die nicht denken, immerfort einander nachschwatzen. Aber ich frage wenig nach dem blöden Gerede der Welt und appelliere an alle Lehrer des Rechts und der politischen Moral, ob ich nach denkbar treuester Erfüllung meiner Verpflichtungen noch fernerhin gebunden bin, wenn ich bei meinen Verbündeten sehe, daß überhaupt nichts oder nur Verkehrtes geschieht, und außerdem befürchten muß, beim ersten Mißerfolg von meinem stärksten und mächtigsten Verbündeten in einem Scheinfrieden preisgegeben zu werden. Ich frage: hat in einem Falle, wo ich den Untergang meiner Armee, die Erschöpfung meines Schatzes, den Verlust meiner Eroberungen, die Entvölkerung des Staates, das Unglück meines Volkes, kurz, all das Mißgeschick voraussehe, dem uns das launische Kriegsglück und die Doppelzüngigkeit der Staatsmänner aussetzen, – hat in einem solchen Falle der Herrscher nicht das Recht, sich durch einen weisen Rückzug vor sicherem Schiffbruch oder offenbarer Gefahr zu retten?

Verlangen Sie Ruhm von uns? Meine Truppen haben genug erworben. Verlangen Sie Vorteile? Die Eroberungen geben Zeugnis davon. Wünschen Sie, daß unsere Truppen kriegstüchtig werden? Ich berufe mich auf das unwiderlegliche Zeugnis meiner Feinde. Kurz, nichts kommt meinem Heer an Tapferkeit, Kraft, Geduld in der Arbeit und in alledem gleich, was Truppen unbesieglich macht.

Findet man schon einen Spieler verständig, der das Spiel aufgibt, wenn er ein Septleva gewonnen hat, wieviel mehr muß man dann das Verhalten eines Kriegsmannes billigen, der sich nach einer glänzenden Reihe von Erfolgen vor den Launen des Schicksals in Sicherheit bringt!

Nicht Sie werden den Stab über mich brechen, wohl aber die Stoiker, die bei ihrer Herzenshärte und Hirnverbranntheit zu starrer Moral neigen. Diesen entgegne ich, daß sie gut daran tun, ihre Grundsätze zu befolgen, daß sich aber das Fabelland für so strenge Tugendübung mehr eignet als der von uns bewohnte Erdball, und daß alles in allem ein Privatmann ganz andere Gründe hat, seine Ehrenhaftigkeit zu bewahren, als ein Herrscher. Bei dem Privatmann handelt es sich nur um seinen persönlichen Vorteil, den er beständig dem Gesamtwohl opfern muß. So wird die strenge Beobachtung der Moral für ihn zur Pflicht, nach der Regel: »Es ist besser, ein Mensch sterbe für das Volk, denn daß das ganze Volk verderbe.« Für den Herrscher handelt es sich um den Vorteil eines großen Volkes; dafür zu sorgen, ist seine Pflicht. Zu dem Zweck muß er sich selbst opfern – um wieviel mehr also seine Verpflichtungen, wenn sie in Widerstreit mit der Wohlfahrt seines Volkes geraten.

Das hatte ich Ihnen zu sagen, und Sie können bei Gelegenheit, in Gesellschaft und im Gespräch, davon Gebrauch machen, aber lassen Sie nichts davon merken, daß der Friede geschlossen ist.

An den Minister Graf Podewils

Hauptquartier Pomsdorf, 27. April 1745.
Wenn alle meine Hilfsmittel versagen, alle Verhandlungen scheitern, kurz, alle Umstände sich gegen mich erklären, dann will ich lieber in Ehren untergehen, als für mein ganzes Leben Ruhm und guten Namen verlieren! Ich habe es mir zur Ehrensache gemacht, mehr als ein anderer die Wacht meines Hauses zu erhöhen, und habe eine vornehme Rolle unter Europas gekrönten Häuptern gespielt. All das sind persönliche Verbindlichkeiten, die ich eingegangen bin; ich bin völlig entschlossen, dafür einzustehen, und koste es mich Glück und Leben. Sie denken wie der redlichste Ehrenmann, und wäre ich Podewils, empfände ich genau so. Aber ich habe einmal den Rubikon überschritten und will nun meine Macht behaupten, oder es mag alles zugrunde gehen und bis auf den preußischen Namen mit mir begraben werden. Indessen beruhigen Sie sich und fassen Sie sich in Geduld. Sollte der Feind etwas unternehmen, so werden wir ihn ganz gewiß schlagen, oder aber wir lassen uns allesamt für des Vaterlandes Wohl und des Hauses Ruhm zusammenhauen. Mein Entschluß steht fest. Tun Sie, was Sie wollen – jeder Versuch, mir meinen Entschluß auszureden, ist aussichtslos. Ein Schiffskapitän, der sich von Feinden umringt sieht und nach allen Versuchen, sich durchzuschlagen, keinen Ausweg mehr weiß – was müßte der für ein Feigling sein, wenn er nicht in stolzem Mute die Lunte an die Pulverkammer legte, um die Hoffnungen des Feindes zuschanden zu machen! Bedenken Sie, daß die Königin von Ungarn, eine Frau, nicht an ihrem Schicksal verzweifelte, als ihre Feinde schon vor Wien standen und ihre blühendsten Län-

der überschwemmten. Und Sie wollen nicht einmal den Mut eines Weibes aufbringen, wo wir doch keine Schlachten verloren haben, kein empfindlicher Schlag uns betroffen hat, wo wir durch einen glücklichen Erfolg uns höher erheben können, als wir je gestanden haben! Leben Sie wohl, lieber Podewils, stählen Sie Ihren Mut, geben Sie den anderen davon ab, und wenn ein Unheil kommt (das mich doch gewiß am schwersten träfe), halten Sie den Kopf hoch mit Seelengröße und Festigkeit. Das ist alles, was Cato und ich Ihnen sagen können.

An die Gräfin Camas

Lager bei Semowitz, 30. August 1745.

Als ich Ihnen das letztemal schrieb, war meine Seele ruhig, und ich sah das Unglück, das über mich hereinbrechen sollte, nicht voraus. Ich habe binnen drei Monaten meine beiden treuesten Freunde verloren, Männer, die stets um mich waren und die mir durch ihre erquickende Gesellschaft, ihre Ehrenhaftigkeit und durch aufrichtige Freundschaft oft über Kummer und

Krankheit hinweggeholfen haben. Sie werden verstehen, wie schwer es für ein warm fühlendes Herz wie das meine ist, den tiefen Schmerz über diesen Verlust zu ersticken. Wenn ich nach Berlin zurückgekehrt bin, werde ich mich fast als Fremdling im eigenen Vaterland und sozusagen am heimischen Herd vereinsamt fühlen. Ich sage dies einer Frau, die Proben von Charakterstärke abgelegt hat, als sie Schlag auf Schlag viele geliebte Menschen verlor; aber ich gestehe, gnädige Frau, daß ich Ihr bewundernswürdiges Beispiel noch nicht nachahmen kann. Ich setze meine Hoffnung allein auf die Zeit, die allem auf Erden ein Ende macht und die erst unseren Geist abstumpft, um schließlich uns selbst zu vernichten.

Ich freute mich so auf meine Rückkehr; jetzt fürchte ich Berlin, Charlottenburg und Potsdam, kurz, alle Orte, die mir eine trübe Erinnerung an die Freunde sind, die ich für ewig verloren habe. Machen Sie sich in Berlin keine Sorgen. Treten nicht Rückschläge ein, die sich unmöglich vorhersehen lassen, so sehe ich keinen Schatten von Gefahr; und wenn das Schicksal nicht beschlossen hat, uns zu verderben, so weiß ich nicht, was zu fürchten wäre.

An die Markgräfin Wilhelmine von Bayreuth

(Potsdam) 16. November 1746.

Ich glaube, Du bist jetzt in Bayreuth im Mittelpunkt der Künste und Vergnügungen. Auch hier haben wir einige. Aber ich bin weit entfernt zu glauben, daß die Künste in Frankreich dahinsiechen. Dort finden sie mehr Ermunterung als im ganzen übrigen Europa. Zur Hochzeit des Dauphins sind in Paris zwanzig neue Komödien und Tragödien geschrieben worden, wogegen wir in Deutschland keine einzige haben. Wir kommen eben erst aus der Barbarei heraus, und die Künste liegen noch in den Windeln, aber die Franzosen haben schon ein Stück Wegs zurückgelegt und sind uns vor allem in jeder Art mit Erfolg um ein Jahrhundert voraus. Ich habe in Berlin einen geschickten Kupferstecher, der schöne Pastellbilder malt. Ich werde mir erlauben, Dir eins zu schicken, um zu sehen, ob es Dich befriedigt. Aus Paris erwarte ich Maler und Bildhauer für die Akademie; sie sind noch nicht angelangt, und die Maler sind nur Historienmaler. Wir haben einen vorzüglichen Dekorationskünstler namens Bellavita bekommen und erwarten noch die Astrua, eine ausgezeichnete Sängerin. Das sind lauter Ausländer. Wenn sie bei uns keine Schule machen, wird es sein wie in Frankreich zur Zeit Franz' I. Der ließ Künstler aus Italien kommen, aber sie zeitigten keine Früchte.

An die Markgräfin Wilhelmine von Bayreuth

Berlin, 28. Januar 1752.

Deine Tröstungen, liebe Schwester, wirkten auf mich wie der Tropfen auf den heißen Stein, sie haben mein Schmerzgefühl ein wenig gestillt, doch all Deine Güte, alle Lehren der Philosophen und selbst Gottes Allmacht wird das Geschehene nicht rückgängig machen können. Immerhin ist es mir eine rechte Wohltat, in Deinem Mitgefühl und Deinem feinen Verständnis eine Erleichterung zu finden, auf die ich hier beinahe bei keinem Menschen rechnen kann. Ich gebe Dir zu, liebe Schwester, die Mehrzahl der Menschheit, unempfindlich oder gleichgültig, wie sie ist, findet Freundschaft und Herzeleid lächerlich. Das zwingt uns zu einer Zurückhaltung, die um so unerträglicher wird, als man sich selber deswegen allerhand Vorwürfe macht. Ich studiere eifrig, und das schafft mir tatsächlich Erleichterung. Doch schweift dann mein Geist zurück in vergangene Zeiten, so öffnen sich die Wunden des Herzens von neuem, und ich muß vergeblich wieder betrauern, was ich alles verlor. Ich wünsche Dir von ganzem Herzen Kräftigung Deiner Gesundheit. Das gäbe mir den Todesstoß, sollte ich auch Dich noch verlieren nach so vielen schweren Schlägen, die ich zu bestehen hatte! Ach, liebe Schwester, denke an die, die Dir mit Zärtlichkeit zugetan sind, und schone Dich, wenn nicht um Deiner selbst willen, so doch wenigstens einem Bruder zuliebe, der mit aller Freundschaft und mit äußerster Anhänglichkeit Dein ist.

An den Lord Marschall von Schottland

Berlin, 23. Oktober 1753.

Zum Glück, lieber Mylord, bin ich sehr gleichgültig gegen alles, was in Wort und Schrift auf meine Kosten zu Markt gebracht wird; ja, ich bin sogar ganz stolz darauf, wenn ich einem armen Schriftsteller Honorar eintrage, der sonst vielleicht Hungers sterben müßte. Jederzeit habe ich das Urteil der Welt verachtet und bei all meinem Tun und Lassen allein auf das Zeugnis meines Gewissens Wert gelegt. Ich diene dem Staate mit all den Fähigkeiten und mit all der Redlichkeit, die die Natur mir zuerteilt hat. So gering meine Gaben sein mögen, schuldig bleibe ich dem Staate nichts; man kann eben nicht mehr geben, als man selber hat. Im übrigen gehört das nun einmal zum Wesen eines Mannes in öffentlicher Stellung, daß Kritik und Satire und oft sogar Verleumdung ihn aufs Korn nehmen. Wer nur je einen Staat geleitet hat, sei er Minister, General oder König, ohne Stiche ist er nicht davongekommen; es sollte mir leid tun, wenn es mir allein anders beschieden wäre.

Und so verlange ich keine Widerlegung des Buches noch eine Bestrafung des Verfassers. Ich habe das Pamphlet mit sehr kühlem Kopfe gelesen und es sogar einigen Freunden mitgeteilt. Es gehört eine größere Eitelkeit, als ich sie besitze, dazu, um sich über derartige Anwürfe zu ärgern, wie sie jeden auf seinem Wege treffen können; ich müßte auch weniger Philosoph sein, als ich es bin, wollte ich mich vollkommen und über jede Kritik erhaben dünken. Ich gebe Ihnen die Versicherung, lieber Mylord, die Schmähungen des anonymen Verfassers haben nicht den mindesten Wolkenschatten über die Heiterkeit meines Daseins gebreitet; meinetwegen können sie noch zehn Pasquille dieser Art zusammenschreiben, mich soll es in meinem Handeln und Denken nicht im geringsten stören.

An den Lord Marschall von Schottland

Potsdam, 16. März 1754.

Allerdings hatte ich nicht erwartet, lieber Mylord, daß ich es mit einem Philosophen zu tun bekommen würde, der mir eine Vorlesung über das Wesen des Ehrgeizes hielte. Im Grunde sind wir, glaube ich, einig; was uns trennt, sind nur die Bezeichnungen. Ich verstehe unter Ehrsucht eine heftige, leidenschaftliche Begier, größer zu werden, zu glänzen, Aufsehen zu erregen, sich einen hohen Namen zu schaffen; und das ist eine Gesinnung, die ich als Laster verdamme: ihr Endziel ist nicht sittlich. Wende ich mich nun auch von dieser Leidenschaft ab, die den Nächsten bedroht und ihrem eigenen Herrn gefährlich ist – anders denke ich über das Ehrgefühl: Dieses äußert sich in einem glühenden Verlangen, seine Pflicht besser zu leisten als andere, es ihnen durch innere Würdigkeit zuvorzutun. Ehrgefühl spornt, ohne Eifersucht zu erwecken, die Seele an, entreißt sie der Untätigkeit und Gleichgültigkeit. Ehrgefühl ließ den Prinzen Condé seinen Feldzug in die Franche Comté unternehmen, damit er Turennes holländischen von 1672 überbiete. Ich glaube, selbst ein Mensch, der fern von der großen Welt lebt, kann diesen Stachel verspüren; es ist, mit einem Wort, der edelste Antrieb zu allen unseren Leistungen. Was nun die meinen anlangt, so verdienen sie, lieber Mylord, die hohe Anerkennung nicht, die Ihre Freundschaft ihnen zollt. Die Menschen betrachten uns Könige mit denselben Augen wie kleine Kinder, die schon mit ihrem Lallen Bewunderung ernten, als sei das viel für ihr Alter: ganz erstaunt sind sie, wenn unsereiner weder stumpfsinnig noch närrisch ist, und so erklärt man sich schon mit unseren bescheidensten, vernünftigen Handlungen zufrieden. Sieht man nun aber von einigen wenigen Herrschern ab, so bleiben allein die Begründer der Reiche, die wirkliche Männer gewesen sind; Lässigkeit und

Schlaffheit war dagegen offenbar das Erbteil aller ihrer Nachfolger. Ich glaube, ihre verdammenswerte seelische Trägheit ist auf Rechnung der üblichen Prinzenerziehung zu setzen, die sie wohl zum Gehorchen anhält, aber nicht zum Gebieten.

An den Geheimen Kämmerer Fredersdorf

(April 1764)

Wohr Heute gegen Mittag die Sonne Scheint So werde ich ausreiten, kom doch am Fenster ich wolte dihr gerne sehen, aber das *Fenster* mus feste zu bleiben und in der *Camer* mus Stark Feuer Seindt. ich wünsche von Hertzen das es sich von tage zu tage mit dihr bessern Möhge. gestern habe ich deine Beßerung *Celebrirt*, mit 2 *buteillen* ungerschen Wein.

An den Geheimen Kämmerer Fredersdorf

(1754)

Es ist mihr recht lieb das du dießes mahl wieder durch bist, allein wessen Schuld ist es? meine beiersche Köchin berümt Sich das sie dihr in der *Cuhr* Hat, Lachmann brauchstu dermank und wer weis wie Viehl andere Dokters.

ich mus dihr die reine Wahrheit Sagen du führst dihr wie ein ungezogen Fant auf und wan du gesundt wärst wie ein unfernünftiger Mensch mach doch ein Mahl ein Ende mit die Närsche Quacksalberei da duh gewiße wohr du nicht davon abläßest dihr den thoht mit thun würst, oder du wirft mihr zwingen deine Leute in Eid und Flicht zu nehmen auf daß sie mihr gleich angeben müssen wen ein neuer *Docter* kömmt oder dihr *Medicin* geschicket wirdt Hästu mihr gefolget so Würstu dießen Sommer und Herbst guht zu gebracht haben, aber die Närsche und ohnmögliche einbildung in 8 Tagen gesundt zu werden hat dihr fast ein Mörder an deinen Leibe gemacht, ich Sage es dihr rein heraus Würstu dir jetzunder nicht von allen deinen *Jdioten Docters* alte *Weiber* etc. loßschlagen so werde ich *Cothenius* verbieten den Fuß in deinen Hause zu setzen und werde mihr nicht weiter umb dihr bekümmern den wenn du so Närsch bist das du dihr nach so vielen Proben durch Solches liederliches Gesinde willst umbs leben bringen lassen So Mögstu deinen Willen haben aber so wirdt dich auch kein Mensch beklagen.

Du Hast mihr zwar Vihl versprochen aber du bist so leichtgläubig und So leicht Sinnig das man auf deine Worte keinen Staat machen kann. Sehe nuhn Selber was du thun willst, und Morgen gib deine *resolution*, den es muß der

Sache ein rechtes Ende werden Sonsten Crepirste meiner Sehlen aus *puren* übermuth.

An die Markgräfin Wilhelmine von Bayreuth

Potsdam, 28. Juli 1756.

Rings um mich her, liebe Schwester, sehe ich Ehrgeizige Schiffbruch leiden. So suche ich meinem Alter entsprechend mein Benehmen einzurichten. Weit entfernt, jeder ersten Regung meines Innern zu folgen, schlage ich eine sichere Straße ein. Ich habe Verhandlungen mit meinen Feinden eingeleitet: sie sollen sich über ihre Absichten erklären, und auf diese Weise soll meine Haltung vor der ganzen Welt gerechtfertigt werden. Zeigt dieser Versuch, daß sich mit jenen Leuten nicht reden läßt, verschließen sie in ihrem Taumel auch ferner ihr Ohr der Stimme der Vernunft, so werde ich tun, was jeder an meiner Stelle täte, aber mit völlig reinem Gewissen und voll Vertrauen auf meine gerechte Sache. Mache Dir, liebe Schwester, keine Gedanken über die Zukunft; sie ist ungewiß, ein Schleier verbirgt sie zum Glück vor unseren Augen. Unsere Hoffnungen so wenig wie unsere Befürchtungen werden den Lauf der Ereignisse hemmen, und da wir nun einmal Menschen sind, also für Glück und Unglück geboren, so muß man auf alles gefaßt sein und

mit gleicher Miene entgegennehmen, was für ein Naß auch Jupiter aus seinen beiden Schalen über uns ausschütten wird. Schließlich, liebe Schwester, tun wir uns selber Unrecht, wenn wir nur immer Unheil voraussehen. Aus beidem, Glück und Unglück, ist unser Los gemischt, und wir dürfen uns mehr Glück als Unglück versprechen.

An den Thronfolger August Wilhelm

Potsdam, 13. August 1756.

Wenn unsere Feinde, lieber Bruder, uns den Krieg aufdrängen, so muß man fragen: Wo stehen sie? und nicht: Wieviel sind ihrer? Wir haben nichts zu fürchten, unsere Feinde laufen größere Gefahr als wir, und nach allen Regeln der Wahrscheinlichkeit werden wir uns höchst ehrenvoll aus der Schlinge ziehen. Laß die Weiber in Berlin über Teilungsverträge schwatzen! Wir preußischen Offiziere, die wir unsere Kriege hinter uns haben, müssen wissen, daß keine Überzahl und keine Schwierigkeit uns je den Sieg entreißen konnten, und müssen bedenken, daß es noch dieselben Truppen sind wie im letzten Kriege, daß das ganze Heer noch besser für die Schlacht geschult ist, und daß es für uns, wenn wir nicht allzu grobe Dummheiten begehen, moralisch unmöglich ist, vorbeizuhauen. Diese Herzstärkung, lieber Bruder, wird hoffentlich die trüben Nebel zerteilen, die die Politiker und die politisierenden Damen über die Stadt verbreitet haben.

An die Prinzessin Amalie

Lockwitz, 26. März 1757.

Unsere politische und militärische Lage ist bis zu dieser Stunde unverändert; nur haben wir nunmehr Kantonnementsquartiere bezogen. Auch der Feind fängt an, sich zu sammeln und sich zu verstärken. Wappne Dich also gegen jedes mögliche Ereignis; denke an das Vaterland und halte Dir gegenwärtig, daß dessen Verteidigung unsere oberste Pflicht ist. Hörst Du, daß einem von uns ein Unglück zugestoßen sei, so frage, ob er im Kampf gefallen ist, und ist es so, dann danke Gott. Für uns gibt es nur Tod oder Sieg; eins von beiden muß uns beschieden sein. So denkt hier jedermann. Wie? Du willst, daß jeder sein Leben für den Staat darbringt, aber nicht, daß Deine Brüder darin mit ihrem Beispiel vorangehen? Liebe Schwester, in diesem Augenblicke ist Schonung nicht mehr am Platz; hier gilt es nur: Hinauf zum Gipfel des Ruhmes oder Vernichtung! Der bevorstehende Feldzug bedeutet für uns das gleiche, wie der von Pharsalus für die Römer oder jener von Leuktra für die Griechen, wie Denain für die Franzosen, oder die Belagerung von Wien für Österreich: das sind epochemachende Ereignisse, die über alles entscheiden und das Antlitz Europas verändern. Vor dieser Entscheidung heißt es, ein grausiges Glücksspiel bestehen; doch wenn der Knoten gelöst ist, hellt sich der Himmel auf und wird wieder heiter. So stellt sich unsere Lage dar. Man braucht an nichts zu verzweifeln, muß aber auf jeden Ausgang gefaßt sein und auf sich nehmen, was das Geschick einem zuteilen will, mit unbewegter Miene, ohne Stolz, wenn es gut ausgeht, und ohne sich vom Unglück erniedrigen zu lassen.

An die Königin-Mutter

(Mai 1757)

Meinen Brüdern und mir geht es noch immer gut. Der ganze Feldzug ist für die Österreicher so gut wie verloren, und ich habe freie Hand mit 150 000 Mann. Nimm dazu, daß wir Herren über ein Königreich sind, das genötigt ist, uns Truppen und Geld zu liefern. Die Österreicher sind zerstoben wie Spreu vor dem Winde. Einen Teil meiner Truppen werde ich zur Bewillkommnung der Herren Franzosen absenden und mit dem Rest meines Heeres die Österreicher verfolgen.

An den Thronfolger August Wilhelm

Leitmeritz, 19. Juli 1757.

Du weißt nicht, was Du willst, noch was Du tust. In einem Briefe schreibst Du, ich möchte Dir von hier aus Brot senden, und dabei gibst Du feige Gabel preis, das die Verbindung mit Zittau, Deinem Magazin, herstellt! Du wirst immer nur ein jammervoller Heerführer sein. Befehlige doch einen Harem von Hoffräuleins, meinetwegen; solange ich aber am Leben bin, vertraue ich Dir keine zehn Mann mehr an. Wenn ich tot bin, mache so viel Dummheiten, wie Du willst; die gehen dann auf Deine Rechnung. Aber solange ich lebe, sollst Du keine mehr machen, die dem Staat zum Nachteil ausschlagen. Das ist alles, was ich Dir zu sagen habe. Mögen Deine besten Offiziere jetzt die Schweinerei, die Du angerichtet hast, wieder gutmachen; prüfe Deine Kraft, ehe Du um ein Kommando bittest! Was ich Dir sage, ist hart, doch wahr. Du zwingst mich dazu, indem Du es dahin bringst, daß die Armee und ich ihren Ruf einbüßen und der Staat zugrunde geht.

An die Markgräfin Wilhelmine von Bayreuth

Erfurt, 17. September 1757.

Deine lieben Briefe, teure Schwester, sind mein einziger Trost. Könnte der Himmel soviel Edelsinn und heroische Empfindungen vergelten! Seit meinem letzten Schreiben häuft sich bei mir Unglück auf Unglück. Es scheint, das Schicksal will seinen ganzen wütenden Ingrimm auf meinen armen Staat entladen.

Ich will immer noch den Himmel für seine Güte segnen, wenn er mir nur die Gunst gewährt, mit dem Degen in der Faust zu fallen. Täuscht mich auch diese Hoffnung, dann, wirst Du mir zugeben, wäre es allzu hart, müßte ich vor dieser Verräterbande im Staube kriechen, die jetzt durch ihre glückgekrönten Verbrechen in der Lage ist, mir ihren Willen zu diktieren. Wie vermöchte ich, teure, unvergleichliche Schwester, der Gefühle der Rache und der Erbitterung Herr zu werden gegen all meine Nachbarn, unter denen auch nicht einer ist, der nicht an der Beschleunigung meines Sturzes mitgeholfen hätte und sich nicht seines Anteils an dem Raube freute. Kann ein Fürst seinen Staat, den Ruhm seiner Nation, die Ehre seines eigenen Namens überleben? Nein, liebe Schwester, Du denkst zu groß, um mir solche Feigheit anzusinnen. Soll das kostbare Vorrecht der Freiheit den gekrönten Häuptern des achtzehnten Jahrhunderts weniger teuer sein als einst den römischen Patriziern? Und wo steht geschrieben, daß Brutus und Cato es an hoher Gesinnung Fürsten und Königen zuvortun würden? Die Festigkeit besteht im Widerstand gegen das Unglück; nur Memmen beugen sich unter das Joch, schleppen ergeben ihre Ketten und ertragen ruhig die Unterdrükkung. Nie wird es mir möglich sein, in solche Schmach zu willigen. Hat mich die Ehre doch schon hundertmal im Kriege mein Leben der Gefahr aussetzen und aus geringerem Anlaß als hier dem Tode trotzen lassen. Das Leben ist es sicherlich nicht wert, sich so fest daran zu klammern, zumal wenn man voraussehen muß, daß es fortan nur eine Kette von Leiden sein wird und daß man sein Brot wird mit Tränen essen müssen:

> Endlos wie ein Jahrhundert Schmerz und Not,
> Und nur ein kurzer Augenblick der Tod.

Hätte ich nur meiner Neigung folgen wollen, ich hätte gleich nach der unglücklichen Schlacht, die ich verloren habe, ein Ende gemacht; doch ich fühlte, das wäre Schwäche, und es sei meine Pflicht, die Scharte wieder auszuwetzen. Meine Hingebung an den Staat erwachte wieder; ich sagte mir: Im Glück Verteidiger zu finden, das will nichts bedeuten, wohl aber im Unglück. So machte ich es mir zur Ehrensache, allen Schaden wieder gutzumachen, was mir noch letzthin in der Lausitz gelungen ist. Kaum aber bin ich hierher geeilt, neuen Feinden die Stirn zu bieten, da wird Winterfeldt bei

An die Markgräfin Wilhelmine von Bayreuth

Görlitz geschlagen und getötet, da dringen die Franzosen ins Herz meiner Staaten ein, da blockieren die Schweden Stettin. Was kann ich da noch beginnen? Der Feinde sind es zuviel. Selbst wenn ich so glücklich wäre, zwei Heere zu schlagen, das dritte würde mich vernichten.

Die Dankbarkeit, die innige Anhänglichkeit an Dich, unsere altbewährte Freundschaft, die sich nie verleugnet, verpflichtet mich, ganz offen gegen Dich zu handeln. Nein, herrliche Schwester, ich will keinen meiner Schritte vor Dir geheimhalten, von allem Dich in Kenntnis setzen. Meine Gedanken, das Innerste meines Herzens, meine Entschließungen, alles sollst. Du rechtzeitig erfahren. Überstürzen werde ich nichts, andrerseits wird es mir aber auch unmöglich sein, meine Gesinnung zu ändern. Wohl schien nach der Prager Schlacht die Lage der Königin von Ungarn bedenklich) aber sie hatte mächtige Verbündete und noch bedeutende Hilfsquellen; ich habe weder das eine noch das andere. Ein Unglück allein würde mich nicht zu Boden werfen, ich habe schon so viele überstanden: die Niederlagen bei Kolin und bei Jägersdorf in Ostpreußen; den unglücklichen Rückzug meines Bruders und den Verlust des Magazins von Zittau, die Einbuße aller meiner westfälischen Provinzen, das Unglück und den Tod Winterfeldts, den Einbruch in Pommern, in das Magdeburgische und Halberstädtische, die Untreue meiner Verbündeten. Und trotz aller dieser Schläge recke ich mich auf gegen das Mißgeschick, so daß ich glauben darf, daß meine Haltung bis heute von jeder Schwäche frei ist. Ich bin fest entschlossen, gegen das Unheil anzukämpfen, zugleich aber auch, nie meinen Namen unter die Schande und Schmach meines Hauses zu setzen.

Nun weißt Du alles, liebe Schwester, was im Grunde meiner Seele vorgeht; da hast Du meine Generalbeichte. Was Dich anlangt, unvergleichliche Schwester, so habe ich nicht das Herz, Dich in Deinen Entschließungen umstimmen zu wollen. Unsere Denkweise ist ganz die gleiche; unmöglich kann ich Empfindungen, die ich täglich selber hege, bei Dir verdammen. Das Leben ward uns von der Natur als eine Wohltat gegeben; sobald es eine solche nicht mehr ist, läuft der Vertrag ab, wird jeder Mensch Herr darüber, seinem Mißgeschick ein Ende zu setzen in dem Augenblick, da er es für geraten hält. Einen Schauspieler, der auf der Bühne bleibt, wenn er nichts mehr zu sagen hat, pfeift man aus. Unglückliche beklagt die Welt nur in den ersten Augenblicken; bald wird sie ihres Mitgefühls müde; dann sitzt die Schmähsucht der Menschen über sie zu Gericht und befindet, alles, was sie betroffen, hätten sie sich nur durch eigene Schuld zugezogen; schon ist der Stab über sie gebrochen, und schließlich fallen sie der Verachtung anheim. Überlasse ich mich fernerhin dem gewöhnlichen Lauf der Natur, so werden der Kummer und meine schlechte Gesundheit in wenigen Jahren meine Tage kürzen. Das hieße mich selber überleben und feige dulden, was zu vermeiden in meiner Hand liegt. Außer Dir bleibt mir in der weiten Welt nie-

mand mehr, der mich noch ans Diesseits bände; meine Freunde, meine teuersten Verwandten ruhen im Grabe – mit einem Wort: ich habe alles verloren. Ist Dein Entschluß der gleiche wie meiner, so enden wir gemeinsam unser Unglück, unser unseliges Geschick. Die in der Welt zurückbleiben, mögen sich dann mit den Sorgen abfinden, die auf ihnen lasten werden, und all das Schwere auf sich nehmen, das so lange unsere Schultern gedrückt hat.

Das sind, angebetete Schwester, trübselige Betrachtungen, doch schicken sie sich zu meinem Zustand. Wenigstens wird keiner sagen können, ich hätte die Freiheit meines Vaterlandes, die Größe meines Hauses überlebt; mein Tod wird den Beginn der Zwingherrschaft des Hauses Österreich bezeichnen. Doch was liegt daran, wie es zugehen wird, wenn ich nicht mehr bin? Mein Gedächtnis wird dann nicht belastet sein mit all dem Elend, das nach meinem Erdenleben über die Welt kommen wird, und dann wird man dankbar, wenn auch zu spät, erkennen, daß ich mich bis zum letzten der Unterdrückung und Knechtung meines Vaterlandes entgegengestemmt habe, und daß ich nur dank der Erbärmlichkeit derer unterlegen bin, die es mit ihrem tyrannischen Unterjocher gehalten haben, anstatt mit ihrem Verteidiger.

An die Markgräfin Wilhelmine von Bayreuth

Bei Weihenfels, 5. November 1757.

Endlich, teure Schwester, kann ich Dir etwas Gutes melden. Du wußtest ohne Zweifel, daß die Franzosen nebst der Reichsarmee Leipzig einnehmen wollten. Ich bin herbeigeeilt und habe sie über die Saale zurückgejagt. Der

Herzog von Richelieu hatte ihnen eine Verstärkung von 20 Bataillonen und 14 Schwadronen geschickt; sie selbst haben ihre Zahl auf 63 000 Mann angegeben. Gestern habe ich sie rekognosziert, konnte sie aber in ihrer befestigten Stellung nicht angreifen; das hat sie verwegen gemacht. Heute rückten sie vor, um mich anzugreifen, ich bin ihnen aber zuvorgekommen. Das war eine zahme Schlacht. Gottlob hatte ich keine hundert Tote; der einzige schwer verwundete General ist Meinicke. Mein Bruder Heinrich und General Seydlitz haben leichte Streifschüsse am Arm. Wir haben alle Kanonen des Feindes erbeutet; seine Auflösung ist vollständig; ich bin in vollem Marsche, um ihn über die Unstrut zurückzuwerfen.

Nach soviel Aufregung dank dem Himmel ein günstiges Ereignis! Es wird heißen, daß 20 000 Preußen 60 000 Franzosen und Deutsche geschlagen haben. In Frieden werde ich nun ins Grab steigen, seit der Ruhm und die Ehre meines Volkes gerettet sind. Wir können wohl unglücklich sein, aber nicht ehrlos.

An die Markgräfin Wilhelmine von Bayreuth

Breslau, 8. Februar 1758.

Wir leben hier, liebe Schwester, verhältnismäßig ruhig. Wir sind dabei, unsere Verluste auszugleichen, damit wir im nächsten Frühjahr unseren Feinden den denkbar stärksten Widerstand leisten können. Schwester Amalie ist nach Berlin zurückgekehrt, und so führe ich ungefähr das Leben eines Einsiedlers, arbeite viel, gehe nicht aus und erhole mich abends in kleinem Kreise und mit Musik.

Es tut mir wirklich sehr leid, daß Euer Land für alle möglichen Besuche so bequem liegt. Die Triumvirn Europas haben Gewalt anstatt der Herrschaft der Gesetze eingeführt. Auf dem weiten Erdenrund sieht man nur noch Unrecht und Gewalttat, und wenn das Glück uns nicht wunderbar begünstigt, wird die Tyrannei die ganze bekannte Welt in Ketten schlagen. Wir alle müssen uns damit trösten, daß unser Zeitalter in der Weltgeschichte Epoche machen wird, und daß wir die außerordentlichsten Ereignisse miterlebt haben, die der Wechsel aller Erdendinge seit lange hervorgebracht hat. Das ist viel für unsere Neugier, aber nichts für unser Glück. Kurz, liebe Schwester, dieses Gesindel von Kaisern, Kaiserinnen und Königen zwingt mich dies Jahr noch zum Seiltanzen. Ich tröste Mich mit der Hoffnung, daß ich dem einen oder anderen mit der Balancierstange tüchtig eins auswischen werde; ist das aber geschehen, so muß man wahrhaftig an Frieden denken. Was für Menschenopfer, was für eine entsetzliche Schlächterei! Ich denke nur mit Schaudern daran. Was man aber auch

dabei empfinden mag, es gilt, sich ein ehernes Herz zu schaffen und sich auf Mord und Gemetzel vorzubereiten.

Ich bitte Dich herzlich, mache Dich von diesen düsteren Gedanken frei und heitere Dich auf, soweit es Dir möglich ist. Bedenke, liebe Schwester, Deine Freundschaft bildet meinen ganzen Trost, und verlöre ich Dich, so würde ich alles verlieren.

An die Markgräfin Wilhelmine von Bayreuth

Lager bei Skalitz, 4. August 1758.
Wie ich höre, liebe Schwester, geht es Dir sehr schlecht. Du kannst Dir denken, wie groß meine Besorgnis, mein Kummer, meine Verzweiflung ist. Habe ich je einen Freundschaftsbeweis von Dir gefordert, hast Du je Liebe für mich empfunden, so bitte ich Dich jetzt um eine Probe davon. Erhalte Dich am Leben, und wenn es nicht um Deiner selbst willen ist, so denke: es geschieht für einen Bruder, der Dich anbetet, der Dich als seine Herzensfreundin, als seinen Trost ansieht. Denke daran, daß Du mir von allen mei-

nen überlebenden Verwandten die teuerste bist. Ich werde Mittel und Wege finden, mich aller meiner Feinde zu entledigen; ich werde, wenn es dem Himmel gefällt, den Staat aus der Gefahr retten; aber verliere ich Dich, so ist es nicht wieder gutzumachen, und Du selbst stößt mir den Dolch ins Herz. Alles in der Welt kann sich ändern, aber der Verlust eines Menschen wie Du ist ein unheilbares Unglück. Bei allem, was Dir lieb und teuer ist, suche Deinen eigenen großen Kummer zu bezwingen und auch den, den wir etwa teilen; vor allem aber erhalte Dich am Leben. Das meine ist an das Deine geknüpft; ohne Dich wird es mir unerträglich. Du bist mein Trost, nur Dir allein kann ich mein Herz rückhaltlos öffnen. Ja, liebe Schwester, entweder kennst Du mich schlecht, oder, wenn Du mich kennst, wirst Du alle Kraft zusammennehmen, um wieder zu genesen. Du wirst Deine Sorgen beschwichtigen, wirst Dich selbst bezwingen und alles für Deine Gesundheit tun.

Um meinetwillen beunruhige Dich nicht. Du weißt, die Geschäfte gehen niemals glatt; aber ich versichere Dir, Du sollst gute Nachrichten von unseren Kriegsoperationen erhalten. Mir geht es gut und wird es gut gehen, wenn ich nur von Deiner Besserung höre. Erhalte ich aber schlechte Nachrichten aus Bayreuth, so wird meine Sündhaftigkeit unterliegen.

An Marquis d'Argens

Reich-Hennersdorf, 28. Mai 1759.

Noch ist kein Anlaß, Viktoria zu rufen oder die Zukunft vorauszusagen. Die Hauptarbeit, die Lösung des Knotens, steht uns erst bevor, und es muß abgewartet werden, wie das Schicksal die Ereignisse lenkt. Was aber auch geschieht, nichts soll meine Philosophie umstoßen. An meine Gesundheit und meine innere Zufriedenheit denke ich nicht; das sind Dinge, die mir höchst gleichgültig erscheinen. Ich sehe, lieber Marquis, Sie lassen sich irreführen wie die Öffentlichkeit. Meine Lage mag von fern wohl noch halbwegs glänzend erscheinen, aber aus der Nähe betrachtet, ist es nichts als dikker Rauch und Qualm. Ich weiß fast nicht mehr, ob es auf Erden noch ein Sanssouci gibt: wo der Ort auch liegen mag, für mich paßt der Name nicht mehr. Kurz, lieber Marquis, ich bin alt, traurig und grämlich. Hin und wieder leuchtet meine alte Fröhlichkeit wohl noch auf, aber es sind nur Funken, die, weil die nährende Kohlenglut fehlt, verglimmen; es sind Blitze, die durch dunkle Wetterwolken flammen. Ich rede die Wahrheit: wenn Sie mich sähen, fänden Sie die Spuren dessen, was ich einst war, nicht mehr. Sie sähen einen alt und grau gewordenen Mann, der die Hälfte seiner Zähne verloren hat, einen Mann ohne Frohsinn, ohne Feuer, ohne Einbildungskraft. Das ist übrigens weniger das Werk der Jahre als des Kummers; es ist der traurige Anfang der Hinfälligkeit, die der Herbst unseres Lebens unweigerlich mit sich bringt. Solche Betrachtungen machen mich höchst gleichgültig gegen das Leben und bringen mich in die rechte Stimmung eines Menschen, dem es bestimmt ist, auf Tod und Leben zu kämpfen. Ist man mit dem Leben erst so weit fertig, dann schlägt man sich tapfer und scheidet ohne Bedauern aus der Welt.

Instruktion für General Wedell

(Juli 1759)

1. Alle Wagens sofort von der Armee abzuschaffen und es auf den hiesigen Fuß, der dem General von Wedell bekannt ist, zu halten.
2. Vor das Brot zu sorgen und solches aus Glogau oder Küstrin beizuschaffen.
3. Auf scharfen Gehorsam zu halten.
4. Denen Officiers bei Cassation das Lamentieren und niederträchtige Reden zu untersagen.
6. Zu schimpfen auch diejenige, die des Feindes Stärke bei allen Gelegenheiten zu groß ausschreien.
6. Den Feind erstlich durch eine gute Position aufzuhalten.
7. Alsdann nach meiner Manier zu attaquieren.
8. Sollte, davor Gott sei, die Armee geschlagen werden, sich zu setzen, wor der Feind eindringen will, oder hinter Frankfurt, Krossen oder bei der Festung Glogau.
9. Diejenigen Officiers, so *Lâchetéten* begehen, sofort vors Kriegsrecht zu setzen.
10. Die leichten Truppen durch unsere Husaren, Dragoners etc. in Respect zu halten.
11. Mannszucht und strengen Gehorsam bei der Armee zu erhalten.
12. Mir bei seiner Ankunft gleich von allem zu benachrichtigen.

An den Minister Graf Finckenstein

Wulkow, 8. August 1759.

Wenn Sie morgen schießen hören, wundern Sie sich nicht: es ist das Viktoriaschießen für die Schlacht bei Minden. Vermutlich werde ich Sie noch ein paar Tage unnütz warten lassen. Ich habe viele Anordnungen zu treffen und

finde große Schwierigkeiten zu überwinden: es gilt das Vaterland zu retten, aber nicht zugrunde zu richten; ich muß vorsichtiger und zugleich unternehmender sein denn je. Kurzum, ich werde alles tun und unternehmen, was ich für ausführbar und möglich halte. Dabei bin zur Eile gezwungen, um Hadiks etwaige Anschläge auf Berlin zu vereiteln. Leben Sie wohl, mein Lieber. Binnen kurzem werden Sie entweder ein *De profundis* oder ein *Te deum* anstimmen.

An den Minister Graf Finckenstein

Reitwein, 12. August 1759.

Heute morgen um 11 Uhr habe ich den Feind angegriffen. Wir haben ihn bis an den Judenkirchhof bei Frankfurt getrieben. Alle meine Truppen haben Wunder verrichtet, aber dieser Kirchhof hat uns ungeheure Verluste gebracht. Unsere Leute gerieten in Verwirrung, ich habe sie dreimal wieder gesammelt; schließlich wäre ich beinahe selbst in Gefangenschaft geraten und mußte das Schlachtfeld räumen. Mein Rock ist von Kugeln durchbohrt; zwei Pferde sind mir unter dem Leibe erschossen. Zu meinem Unglück lebe ich noch. Unser Verlust ist sehr beträchtlich; von einem Heere von 43 000 Mann habe ich jetzt, wo ich dies schreibe, keine 3000.

Alles flieht, und ich bin nicht mehr Herr meiner Leute. Man wird in Berlin gut tun, an seine Sicherheit zu denken. Das ist ein grausamer Schlag, ich werde ihn nicht überleben. Die Folgen davon werden schlimmer sein als die Sache selbst. Ich habe keine Hilfsmittel mehr) ungelogen, ich halte alles für verloren. Den Untergang meines Vaterlandes werde ich nicht überleben. Adieu für immer.

Vollmacht und Instruktion für General Finck

(August 1759)

Weilen mir eine schwere Krankheit zugestoßen, so übergebe das Commando meiner Armee während der Krankheit bis an meine Besserung an den General Finck, und kann er im Nothfall von des General Kleisten Corps ingleichen disponieren, nachdem es die Umstände erfordern; ingleichen von denen Magazins in Stettin, Berlin, Küstrin und Magdeburg.

Friderich.

Instruktion vor den General Finck

Der General Finck kriegt eine schwere Commission. Die unglückliche Armee, so ich ihm übergebe, ist nicht mehr im Stande, mit die Russen zu schlagen. Hadik wird nach Berlin eilen, vielleicht Laudon auch. Gehet der General Finck diese beide nach, so kommen die Russen ihm im Rücken. Bleibt er an der Oder stehen, so kriegt er den Hadik diesseit. Indessen so glaube, daß, wann Laudon nach Berlin wollte, solchen könnte er unterwegens attaquiren und schlagen. Solches, wor es gut gehet, giebt dem Ungelück einen Anstand und hält die Sachen auf. Zeit gewonnen, ist sehr viel bei diesen desperaten Umständen.

Die Zeitungen aus Torgau und Dresden wird ihm Cöper, mein Secretär, geben. Er muß meinem Bruder, den ich (zum) Generalissimus bei der Armee declariret, von allem berichten. Dieses Unglück ganz wieder herzustellen, gehet nicht an; indessen was mein Bruder befehlen wird, das muß geschehen. An meinen *Neveu* muß die Armee schwören.

Dieses ist der einzige Rath, den ich bei denen unglücklichen Umständen im Stande zu geben bin; hätte ich noch *Ressourcen,* so wäre ich darbei geblieben.

Friderich.

An Graf Algarotti

Freiberg, 10. März 1760.

Es steht fest, daß wir im letzten Feldzuge nichts als Unglück gehabt haben, und daß unsere Lage ungefähr so war wie die der Römer nach der Schlacht bei Cannä. Ebenso hätte sich auf unsere Feinde das Wort des Barkas an Hannibal anwenden lassen: »Zu siegen verstehst Du« usw. Unglücklicherweise hatte ich gegen Ende des Feldzuges einen schweren Gichtanfall, der mir beide Beine und die linke Hand lähmte. Ich vermochte nichts weiter zu tun, als mich hinzuschleppen und unserem Unglück müßig zuzuschauen. Fürwahr, wir haben eine ganze Welt gegen uns; nur mit äußerster Anspannung kann man da widerstehen, und ist es nicht zu verwundern, daß uns oft etwas fehlschlägt. Hat der ewige Jude jemals gelebt, dann hat er kein so unstetes Leben geführt wie ich. Schließlich sinkt man auf das Niveau herumziehender Komödianten, die weder Haus noch Herd haben. Wir irren durch die Welt und führen da unsere blutigen Tragödien auf, wo unsere Feinde gerade die Bühne aufschlagen.

Klägliche Narren, die wir sind! Nur einen Augenblick haben wir zu leben, und den machen wir uns so schwer wie möglich! Da zerstören wir die Meisterwerke des Gewerbfleißes und der Zeit und hinterlassen ein Andenken, das durch die von uns angerichteten Verwüstungen und alle daraus folgenden Leiden uns zum Fluche wird! Sie leben jetzt friedlich in einem Lande, das lange der Schauplatz ähnlicher Katastrophen gewesen ist und es seinerzeit wieder werden wird. Genießen Sie Ihre Ruhe und vergessen Sie die nicht, gegen die Ihr Papst eine Art Kreuzzug gepredigt hat, die die Martern der Ungewißheit und die rühmlichen Nöte aushalten müssen, welche die Staatsgeschäfte mit sich bringen.

An Marquis d'Argens

Neumarkt, 17. August 1760.

Gott ist stark in den Schwachen: das sagte der alte Bülow jedesmal, wenn er uns anzeigte, daß seine Kurprinzessin schwanger sei. Ich wende dies schöne Wort auf unsere Armee an. Die Österreicher, 80 000 Mann stark, wollten 35 000 Preußen umzingeln. Wir haben Laudon geschlagen, und die übrigen haben uns nicht angegriffen. Das ist ein großer, unverhoffter Erfolg. Aber damit ist das letzte Wort noch nicht gesprochen. Wir müssen noch klettern, bis wir die Höhe des steilen Felsens erreichen, um das Werk zu krönen. Mein Rock und meine Pferde sind blessiert. Ich selbst bin bisher unverwundbar. Niemals haben wir größere Gefahren überstanden, niemals gewal-

tigere Anstrengungen gehabt. Aber was wird das Ende unserer Mühen sein? Ich komme immer wieder auf den schönen Vers von Lukrez zurück:
Glücklich, wer in dem Tempel der Weisen geborgen!«
Haben Sie Mitleid, lieber Marquis, mit einem armen Philosophen, der seiner Sphäre gar wunderlich entrückt ist, und behalten Sie mich stets lieb.

An Marquis d'Argens

Reußendorf, 18. September 1760.
bin ich einer sehr großen Gefahr entronnen und habe bei Liegnitz so viel Glück gehabt, als nach Lage der Dinge möglich war. In einem gewöhnlichen Kriege hieße das viel. In dem jetzigen sinkt die Schlacht zum Scharmützel herab, und meine Sache ist damit im ganzen nicht vorwärts gekommen. Ich will Ihnen keine Jeremiaden schreiben und Sie nicht mit allen meinen Befürchtungen und Besorgnissen ängstigen, versichere Ihnen aber, daß sie groß sind. Die gegenwärtige Krisis nimmt eine andere Gestalt an, aber entschieden ist nichts und ein Ende nicht abzusehen. Ich brate bei gelindem Feuer; ich bin wie ein Körper, den man verstümmelt, und der jeden Tag ein paar Glieder verliert. Der Himmel sei mit uns – das können wir sehr brauchen!

Sie reden immer von meiner Person. Und doch müßten Sie wissen, daß ich nicht zu leben brauche, wohl aber, daß ich meine Pflicht tun und für mein Vaterland kämpfen muß, um es zu retten, wenn das noch möglich ist. Ich hatte viele kleine Erfolge und möchte mir beinahe den Wahlspruch zulegen: *Maximus in minimis et minimus in maximis*. Sie können sich gar nicht vorstellen, was für furchtbare Strapazen wir auszuhalten haben: dieser Feldzug übersteigt alle früheren, und ich weiß manchmal nicht aus noch ein. Aber ich langweile Sie nur mit der Aufzählung meiner Sorgen und Kümmernisse. Mein Frohsinn und meine gute Laune sind begraben mit den geliebten und verehrten Menschen, an denen mein Herz hing. Mein Lebensende ist trüb und schmerzlich. Vergessen Sie Ihren alten Freund nicht, lieber Marquis.

An Marquis d'Argens

Kemberg, 28. Oktober 1760.
Geben Sie meiner Denkweise welchen Namen Sie wollen, lieber Marquis. Ich sehe, wir begegnen uns in unseren Anschauungen nicht und gehen von ganz verschiedenen Voraussetzungen aus. Sie legen auf das Leben Wert als

Sybarit; ich für mein Teil betrachte den Tod als Stoiker. Nie wird der Tag kommen, der mich zwingen soll, einen nachteiligen Frieden zu schließen. Kein Zureden, keine Beredsamkeit können mich dahin bringen, meine Schande zu unterzeichnen. Entweder lasse ich mich unter den Trümmern meines Vaterlandes begraben oder, wenn dieser Trost dem mich verfolgenden Schicksal noch zu süß erscheint, werde ich meinem Unglück ein Ziel setzen, wenn ich es nicht mehr zu ertragen vermag. Ich habe gehandelt und werde zu handeln fortfahren nach dieser inneren Stimme und dem Ehrgefühl, die alle meine Schritte leiten. Mein Verhalten wird jederzeit mit diesen Grundsätzen übereinstimmen. Meine Jugend habe ich meinem Vater und meine reiferen Jahre dem Staat geopfert; damit glaube ich das Recht erworben zu haben, über mein Alter frei zu bestimmen. Ich habe es Ihnen gesagt und wiederhole es: nie wird meine Hand einen demütigenden Frieden unterzeichnen. Und so will ich diesen Feldzug beenden, entschlossen, alles zu wagen und die verzweifeltsten Dinge zu versuchen, um zu siegen oder ein Ende mit Ruhm zu finden.

Ich habe zwar Betrachtungen über die militärischen Talente Karls XII. angestellt, aber nicht untersucht, ob er den Tod hätte suchen sollen oder nicht. Nach der Einnahme von Stralsund hätte er, glaube ich, klug daran

getan, sich aus der Welt zu schaffen; aber was er auch getan oder unterlassen hat, sein Beispiel ist für mich nicht maßgebend. Es gibt Menschen, die sich dem Schicksal fügen. Das widerstrebt meiner Natur, und wenn ich für die anderen gelebt habe, will ich wenigstens nach meinem Sinn sterben. Was die Welt darüber sagt, ist mir höchst gleichgültig. Ludwig XIV. war ein mächtiger König mit großen Hilfsquellen; er überstand alles Unglück. Ich für mein Teil habe nicht seine Kräfte, aber die Ehre liegt mir mehr am Herzen als ihm, und wie gesagt, ich richte mich nach niemandem. Wir rechnen, soviel ich weiß, fünftausend Jahre seit Erschaffung der Welt; ich glaube allerdings, die Welt ist viel älter. Brandenburg hat in der ganzen Zeit vor meiner Geburt bestanden; es wird auch nach meinem Tode weiterbestehen. Die Staaten erhalten sich durch die Fortpflanzung der Art, und solange die Menschen an ihrer Vermehrung Vergnügen finden, wird die große Masse durch Minister oder Fürsten beherrscht werden. Das kommt ungefähr auf das Gleiche heraus. Etwas mehr Torheit oder Weisheit – das sind so geringe Unterschiede, daß die Gesamtheit des Volkes es kaum verspürt. Kommen Sie mir also nicht, lieber Marquis, mit Redensarten, wie sie der Höfling gebraucht, und glauben Sie nicht, daß solche Vorurteile, wie Eigenliebe und Eitelkeit, mir imponieren oder mich im geringsten von meiner Meinung abbringen können. Einem unglücklichen Leben ein Ende zu machen, ist keine Schwäche, sondern vernünftige Politik, die uns zu Gemüte führt, daß der glücklichste Zustand für uns der ist, wo niemand uns schaden oder unsere Ruhe stören kann. Wieviel Gründe, das Leben zu verachten, hat man doch mit fünfzig Jahren! Mir bleibt nur noch die Aussicht auf ein Alter voller Krankheit und Schmerzen, voller Kummer, Reue, Schande und Beleidigungen. Wahrhaftig, wenn Sie sich recht in meine Lage versetzen, werden Sie mein Vorhaben weniger verurteilen als jetzt! Ich habe alle meine Freunde und meine teuersten Angehörigen verloren; ich bin so unglücklich, wie es ein Mensch nur sein kann, und habe nichts mehr zu hoffen; ich sehe, wie ich zum Gespött meiner Feinde werde, wie sie sich in ihrem Dünkel anschicken, mich mit Füßen zu treten. Ja, lieber Marquis,

    Verlor man alles, lischt der Hoffnung Licht,
    So ist das Leben Schmach und Tod ist Pflicht!

An die Gräfin Camas

Aus meinem Schilderhaus in Meißen, 22. März 1761.
Ich habe Ihnen noch vielmals für das gute Wasser aus Lichtenwalde, für den Champagner und vor allem für Ihren freundlichen Brief zu danken. Gern würde ich Ihnen von hier Wasser aus dem Jungbrunnen schicken, aber das

giebt es leider nicht, und so bitte ich Sie, statt dessen Ungarwein anzunehmen, so gut wie ihn meine kleine Feldausrüstung liefert.

Ich befinde mich hier im sächsischen Peking, in der Porzellanstadt. Sollten wir ebenso zerbrechlich werden wie die schönen Sächelchen, die man hier herstellt, dann werden unsere Feinde keine große Mühe haben, uns nach ihrem Lieblingsausdruck zu zerschmettern. Aber ich hoffe, wir haben mehr vom Eisen als vom Porcellan, und Sie werden mir zugeben, gnädige Frau, daß in den jetzigen Zeiten die Männer vom Phasisstrand den Vorzug vor den Sybariten verdienen. Wenn möglich, müßte man sich Knochen aus Stahl und Fleisch aus Quadersteinen anschaffen. Das Fleisch wäre nicht gerade zart, aber das könnte man ja, sobald es Frieden giebt, wieder aufweichen.

Ich schäme mich über all das dumme Zeug, das ich Ihnen schreibe. Es sieht etwas dem alten Schwätzer ähnlich und muß Sie langweilen. Aber ich befinde mich fast in der gleichen Lage wie der alte Marschall Schulenburg, der, blind und taub, sich von seinen Gondolieren auf alle Gesellschaften in Venedig bringen ließ. Einer seiner Diener, der mit ihm auf vertrauterem Fuße stand, sagte ihm wohl hin und wieder: »Aber, gnädiger Herr, wollen wir nicht heimkehren? wir langweilen die Leute hier.« – »Was tut das?« erwiderte der alte Marschall. »Mir macht es Spaß.« Verzeihen Sie mir also, gnädige Frau, all mein Geschwätz und halten Sie es meiner Hochachtung und Anhänglichkeit zugute, die ich Ihnen allzeit bewahren werde.

An Marquis d'Argens

Bögendorf, 21. Juli 1762.

Unsere Sache, lieber Marquis, nahm schon einen recht günstigen Verlauf – da wird plötzlich alles gestört durch eines jener politischen Ereignisse, die sich weder vorhersehen noch verhindern lassen; Sie werden noch genug davon Hören. Der Friede, den ich mit Nutzland geschlossen, bleibt in Kraft, aber das Bündnis ist zu Wasser geworden. Alle Truppen marschieren nach Nutzland zurück, und so stehe ich ganz allein. Trotzdem haben wir noch zwei österreichische Detachements geschlagen. Man muß abwarten, ob das zu etwas Solidem führt: ich zweifle daran und sehe mich daher von neuem in einer peinlichen, schwierigen und heiklen Lage. Ich bin der Brummkreisel des Schicksals; es hält mich zum besten. Wir haben heute 1000 Gefangene gemacht und 14 Geschütze erobert; das führt aber zu keiner Entscheidung, und alles, was dazu nicht hilft, vermehrt nur meine Verlegenheit. Vermutlich geht in Berlin und anderswo manches drüber und drunter. Aber was soll ich Ihnen sagen? Das Schicksal, das alles regiert, ist stärker als ich; ich muß ihm gehorchen. Ich habe Kummer im Herzen und bin in der größten Verlegenheit – aber was tun? Geduld fassen. Wenn ich Ihnen heute einen törichten Brief schreibe, machen Sie die Politik verantwortlich. Ich bin ihrer so müde! Könnte ich diesen unglückseligen Krieg einmal beendigen, ich glaube, ich sagte der Welt Valet. Leben Sie wohl, mein Lieber, ich umarme Sie!

An Prinz Heinrich

Leipzig, 2. Februar 1763.

Unrecht wäre es, lieber Bruder, wenn ich nicht Dir zuerst die frohe Botschaft mitteilte, daß der Friede geschlossen ist. Wir sind in allem einig. Nächste Woche soll der Vertrag unterzeichnet werden, und so wird denn dieser grausame Krieg enden, der soviel Blut, Sorgen und Verluste gekostet hat. Du weißt zu gut, wie ich denke, um anzunehmen, daß ich meine Schande oder etwas für die Nachwelt Schädliches unterzeichnet hätte. Ich glaube, wir haben den besten Frieden geschlossen, der bei unserer Lage möglich war.

An den Lord Marschall von Schottland

Potsdam, 24. April 1763.

Bei meiner Ankunft hierselbst, lieber Mylord, fand ich Arbeit für sechs Monate vor, und zwar harte, mühselige und unerquickliche Arbeit. Trotzdem muß sie bewältigt werden. Sie machen mir Aussicht auf ein Wiedersehen; das wäre mir eine große Freude. Wohl finde ich hier alle Mauern meiner Heimat wieder, aber keinen der alten Bekannten; Sie werden hier also meinen Trost bilden. Ich begreife, daß die Schwalben Ihr Nahen verkünden und daß die Sonne, wenn sie kräftiger scheint als jetzt, Sie begleiten wird. Leben Sie wohl, lieber Mylord. Staatsgeschäfte unterbrechen mich, und ich habe alle Augenblicke etwas anderes zu tun. Seien Sie versichert, daß niemand Sie mehr liebt und schätzt als ich.

An d'Alembert

Sanssouci, August 1763.

Es tut mir leid, den Augenblick Ihrer Abreise nahen zu sehen! Nie werde ich das Glück vergessen, einen wahren Philosophen gesehen zu haben. Ich war glücklicher als Diogenes; denn ich fand den Mann, den er so lange gesucht hat. Aber er reist ab, er geht fort! Trotzdem werde ich den Platz des Akademiepräsidenten offenhalten, da er nur von ihm ausgefüllt werden kann. Eine gewisse Vorahnung sagt mir, daß es so kommen wird, aber ich will Geduld haben, bis seine Stunde geschlagen hat. Manchmal bin ich versucht, den Himmel zu bitten, daß die Verfolgung der Auserwählten in gewissen Ländern zunähme. Ich weiß, diese Bitte streift ans Verbrecherische; denn damit wünscht man ja die Wiederkehr der Unduldsamkeit, der Bedrückung und alles dessen, was die Menschheit verdummen würde. So weit ist es mit mir gekommen – es liegt in Ihrer Macht, solchen sündigen Wünschen, die mein Zartgefühl verletzen, ein Ende zu machen. Ich dränge Sie nicht und werde

Sie nicht belästigen, sondern still den Augenblick abwarten, wo der Undank Sie zwingen wird, Ihre Heimat mit einem Lande zu vertauschen, dessen Bürger Sie bereits für alle denkenden Menschen sind, die Kenntnisse genug besitzen, um Ihr Verdienst zu schätzen.

An den Lord Marschall von Schottland

Berlin, 7. April 1764.

Gestern, lieber Mylord, empfing ich Ihren Brief bei der Rückkehr aus Schlesien, wohin ich gereist war, um die Wunden zu heilen, die der Krieg der Provinz geschlagen hatte. Ich bin entzückt von der Aussicht, Sie wiederzusehen. Stets habe ich gehofft, daß dieser Trost mir noch bliebe.

Die »Denkwürdigkeiten«, von denen Sie sprechen, sind vollendet; mehr und mehr habe ich mich davon überzeugt, daß Geschichteschreiben so viel heißt, wie die Torheiten der Menschen und die Spiele des Zufalls aneinanderzureihen. Alles läuft auf diese zwei Dinge hinaus, und so geht es in der Welt schon von Ewigkeit her. Wir sind ein elendes Geschlecht, das sich abhetzt in der kurzen Spanne Zeit, wo es auf dem kleinen Staubkorn, Erde genannt, vegetiert. Wer seine Tage in Ruhe und Frieden verbringt, bis seine Maschine stillsteht, ist vielleicht vernünftiger als alle, die auf soviel gewundenen, dornigen Umwegen ins Grab steigen. Doch ich bin nun einmal gezwungen, mich wie ein vom Wasser getriebenes Mühlrad zu drehen; denn der Mensch wird von seinem Schicksal fortgerissen und ist nicht Herr seines Tuns und Lassens.

Die schöne Jahreszeit naht; ich rette mich in meinen Garten, um die Fortschritte des Frühlings nach Herzenslust zu betrachten, das Sprießen und Blühen zu sehen und, wie Fontenelle sagt, die Natur in *flagranti* zu ertappen.

Leben Sie wohl, lieber Mylord! Lassen Sie es sich stets gut gehen! Vergessen Sie die Abwesenden nicht und seien Sie überzeugt, daß ich Ihr bester und treuster Freund bin.

An d'Alembert

(August 1764)

Allerdings habe ich Aufzeichnungen verfaßt; aber sie werden in der Fülle des Geschehens untergehen und bald vergessen sein. Was bedeutet ein solcher kleiner Fieberanfall, wie ich ihn schildere, der Europa ein paar Jahre hindurch heimsuchte, gegenüber den schweren Krankheiten, die es von Jahr-

hundert zu Jahrhundert durchgemacht hat, und die es mehr als einmal fast völlig umgewälzt haben? Ihre Werte, lieber d'Alembert, werden noch dauern, wenn von der epidemischen Wut, die die europäischen Großmächte ergriffen hat, und deren Opfer wir beinahe geworden wären, längst nicht mehr die Rede ist. Noch sind diese Tatsachen frisch; sie werden uns so lange beschäftigen, bis die zerstörten Häuser aufgebaut und die Schäden der Feuersbrünste wieder geheilt sind. Danach aber wird das, was dann gerade geschieht und besonders in die Augen fällt, die ganze Aufmerksamkeit der Menschen fesseln und die Vergangenheit vergessen lassen; wer dagegen die Welt aufzuklären und zu belehren vermag, wird zum Lehrer der künftigen Geschlechter und unterrichtet sie weiter von einem Jahrhundert zum anderen. Das ist der Unterschied zwischen unseren Leistungen! Die meinen werden nur eine Weile dauern; die Ihren dagegen verdienen wie die Wunder Ägyptens den Wahlspruch der französischen Akademie: »Für die Ewigkeit.« Ihre Werke haben Anrecht darauf; Sie aber bitte ich, so spät wie möglich in die Ewigkeit einzugehen. Sie sind es wert, sich Ihres Rufes noch lange zu erfreuen. Kein Mensch nimmt mehr Anteil an Ihrem Leben als ich. Gern würde ich zu Ihrer Erhaltung beitragen, stände es in meiner Macht; denn wer bliebe uns, wenn Europa Sie verlöre? Niemand!

An die Gräfin Camas

Potsdam, November 1765.

Vielen Dank, gutes Mütterchen, für Ihre Teilnahme an unserer Trauer. Es ist ein Verlust für alle ehrenhaften Menschen; denn meine Schwester war eine wirklich tugendhafte Frau. Seit lange weiß ich, daß die Menschen sterblich sind. Ich sah, wie ihre Kräfte schwanden, aber das hindert nicht, gutes Mütterchen, daß ich den Heimgang einer Schwester schmerzlich empfinde, die mir der Tod gewissermaßen aus den Armen gerissen hat. Blutsbande, zärtliche Freundschaft, wahrhafte Hochschätzung – das alles fordert sein Recht, und ich muß erfahren, gutes Mütterchen, daß mein Gefühl stärker ist als meine Vernunft. Meine Tränen, meine Trauer sind vergebens, und doch kann ich sie nicht unterdrücken. Unsere Familie kommt mir vor wie ein Wald, in dem ein Sturm die schönsten Bäume umgeworfen hat, wo man von Zeit zu Zeit eine entwipfelte Fichte erblickt, die nur noch an ihren Wurzeln zu hängen scheint, um dem Sturz ihrer Gefährten zuzuschauen und all die Sturmschäden und Verwüstungen des Unwetters zu sehen. Ich wünsche, gutes Mütterchen, das; der Hauch des Todes Sie verschont, und daß Sie noch lange leben mögen, damit ich Ihnen die Versicherung meiner alten, treuen Freundschaft recht oft wiederholen kann.

An die Kurfürstin Maria Antonia von Sachsen

Potsdam, 8. März 1766.

Zweifellos kann keine Gesellschaft ohne Gerechtigkeit bestehen. Tu keinem etwas an, wovon du nicht willst, daß es dir geschehe – in diesem Grundsatz liegt alle Tugend, liegen alle Pflichten der Menschen gegen die Gesellschaft, in die er gesetzt ist. Daher leitet sich auch das an den deutschen Universitäten so berühmte öffentliche Recht ab, das aber vom kanonischen Recht fast stets erdrückt wird. So befindet sich die Vernunft mit der Leidenschaft der Menschen stets in Widerstreit, und was die eine aufrichtet, reißt die andere nieder. Ich glaube, man muß die an der Spitze der Regierungen Stehenden erst anhören, bevor man sie verdammt. Ich betrachte sie nicht als Despoten; sind sie es, so ist das ein Mißbrauch ihrer Macht. Die Absicht, um derentwillen man sie eingesetzt hat, macht sie zu den ersten Dienern ihrer Völker. Ihre Hauptpflicht besteht darin, für den Vorteil ihrer Völker nach besten Kräften zu sorgen, d. h. für die Sicherheit des Besitzes, die das erste Recht aller Bürger ist, ferner sie gegen Unternehmungen der Nachbarn zu schützen, die ihnen schaden wollen, und schließlich, sie vor Übergriffen und Gewalttaten ihrer Feinde zu schirmen. Betrauen Sie nun den sanftmütigsten und selbstlosesten Menschen mit diesem Amte, so werden Sie zugeben müssen, daß er, will er seine Pflichten erfüllen, anders handeln muß als nach seiner natürlichen Neigung. Er ist gewissermaßen ein Vormund, der mit seinem eigenen Gut freigebig ist, aber mit dem seines Mündels geizt. Das ist mein Begriff vom Herrscheramt, und demgemäß handle ich in meinem kleinen Wirkungskreise. Ja, ich achte und ehre Sie und würde Ihnen alles zum Opfer bringen, was mir selber gehört, aber nichts von dieser Vormundschaft, die mir übertragen ist. Mein Gewissen würde mir bittere Vorwürfe machen, wollte ich gegen diese Pflicht verstoßen.

An d'Alembert

Potsdam, 5. Mai 1767.

Sie drängen mich, Ihnen meine Ansicht über Ihre Zusätze zu Ihren »literarischen Versuchen« mitzuteilen. Ich wage Ihnen gar nicht zu sagen, daß ich in den Gedanken eines großen Mathematikers über die Musik hie und da sophistische Spitzfindigkeiten gefunden habe. Aber ich glaube, daß gelegentlich Worte im falschen Sinne gebraucht sind, und da ich sie vielleicht anders definiere, vermag ich die Meinung des großen Mannes nicht zu teilen. Die Musik kann nur Gemütsbewegungen ausdrücken; folglich gehört alles, was in den Bereich der anderen Sinne fällt, nicht zur Akustik. Trotzdem verlangt er vom Komponisten, er solle den Sonnenaufgang zum Ausdruck bringen. Meint er damit nicht, er solle die holde und sanfte Freude ausdrücken, die der Sonnenaufgang in uns erweckt? Wohl möglich. Aber von den tiefsten Saiten des Instruments zu den höchsten hinaufgehen und mathematisch wieder heruntersteigen – das wird nie die geringste Analogie zwischen dem Anblick eines schönen Morgens und den musikalischen Klängen herbeiführen. Halten wir uns in der Musik also an den Ausdruck der Gemütsbewegungen und hüten wir uns, das Quaken der Frösche, das Krächzen der Raben und hundert andere Dinge nachzuahmen, deren Darstellung in der Musik ebenso verkehrt ist wie in der Poesie. Wie alle Dinge auf Erden haben auch die Künste, die zu unserer Freude dienen, feste Schranken. Lassen wir sie über ihre Sphäre hinausgreifen, so entstellen wir sie, statt sie zu vervollkommnen. Ich bin nur ein *dilettante* und maße mir keine Entscheidung über Dinge an, von denen ich nur oberflächlich reden kann. Aber Sie wollten meine Meinung hören: hier ist sie.

An die Prinzessin Wilhelmine von Oranien

Potsdam, 25. Januar 1768.

Vielen Dank, liebes Kind, für die Artigkeiten, die Du Deinem alten Onkel sagst. Er verdient sie nicht. Er ist ein alter hinfälliger Schwätzer, den man auf dem kürzesten Wege ins Jenseits schicken müßte, wo er weiter sein dummes Zeug reden kann. Aber Du denkst nicht so. Bei Deinem warmen Herzen nimmst Du Anteil an dem alten Gerippe, weil es ein Verwandter ist und Du in Deiner angeborenen Güte jedermann Gutes wünschst. Solange ich lebe, werde ich Dich lieben und Dir zärtlich zugetan sein. Darauf, liebe Nichte, kannst Du bauen.

An General Fouqué

Berlin, 22. Dezember 1768.

Anbei, lieber Freund, ein kleines Andenken von mir. Es ist Brauch, daß man sich in der Familie Weihnachtsgeschenke macht, und ich betrachte Sie wie einen Angehörigen: sowohl als Ehrenmann und wackeren Ritter ohne Furcht und Tadel wie als alten Freund. Sorgen Sie nur recht für Ihre Gesundheit, damit ich meinen guten alten Freund so lange wie möglich behalte.

An General Fouqué

Am 6. Mai 1770, dem Tage der Schlacht bei Prag. Ich schicke Ihnen alten Ungarwein, lieber Freund, damit Sie sich daran delektieren – am selben Tage, wo Sie vor dreizehn Jahren von unseren Feinden so schwer verwundet wurden.

Ich hatte die Gicht; sie hat mich diesmal furchtbar geplagt; ich hatte drei Anfälle hintereinander an beiden Beinen sowie am Knie; aber jetzt denke ich nicht mehr daran. Wir exerzieren wunderbar, und ich gehe meinen Weg, solange noch ein Hauch von Leben in mir ist.

Möchte es Ihnen so gut gehen, wie ich es wünsche, und möchten Sie überzeugt sein, mit welcher Liebe und unendlichen Hochschätzung ich an Ihnen hänge. Leben Sie wohl.

An die Königin Ulrike von Schweden

Potsdam, 15. April 1772.

Ich wünschte, liebe Schwester, daß unser Klima während Deines Besuches sich aufraffte und herrliche Früchte zeitigte, wie Andalusien oder das Königreich Neapel. Die ich Dir anbieten kann, haben nicht das Aroma, aber da es nun einmal so ist, bist Du so liebenswürdig und gibst Dich mit dem zufrieden, was ich Dir anzubieten mir erlaube.

Auf Deiner Pilgerfahrt nach Wusterhausen hat Dich also, liebe Schwester, der alte Baron, unsere wandelnde Chronik, begleitet. Ich kann mir denken, was er Dir gesagt hat: »Hier war es, wo Frau von Kameke immer so viel aß, bis sie sich den Magen verdorben hatte; hier gab Astralicus seine Mordsgeschichten zum besten. Da pflegte der verstorbene König zu sitzen und zu rauchen, und an jener Stelle unterhielt ich die Gesellschaft mit meinen Reiseerinnerungen. Dort nach der Küche zu saß Holwedel und wurden die Köche, bevor der Tisch gedeckt wurde, regelmäßig mit Stockschlägen traktiert. In diesem Saal feierte man den Hubertustag; bis alles berauscht war; auf den Tischen standen Henkelkrüge und Würstchen. Dort waren die Hoboisten aufgestellt, die aus den alten Opern spielten, die Buononcini im Auftrag der Königin Sophie Charlotte in Charlottenburg komponiert hatte. Hier bekamen die Hunde ihr Jagdrecht. Hier wohnten Grumbkow und Seckendorff, und endlich an dieser Stelle kriegten sich der Fürst von Anhalt und Grumbkow beinahe in die Haare.«

Gut 16 Jahre sind es her, daß ich nicht mehr den Fuß in dies verzauberte Schloß gesetzt habe, und doch ist meine Erinnerung an alles noch recht frisch. Ich für meine Person kann mich noch recht gut auf eine Reihe von für mich recht unerquicklichen Auftritten besinnen. Das alles kommt uns jetzt nur noch wie ein Traum vor.

An den Thronfolger Friedrich Wilhelm

Potsdam, 28. September 1772.

Mit großer Befriedigung ersehe ich aus Deinem Schreiben vom 27., wie aufrichtig Du an der Genugtuung teilnimmst, die ich über die soeben erfolgte bedeutende Vergrößerung meiner Staaten empfinde. Diese macht mir um so mehr Freude, als Du seinerzeit die Früchte davon ernten wirst. Hab' also verbindlichen Dank, lieber Neffe, und sei gleichzeitig überzeugt von den Gefühlen wahrer Hochschätzung und Zuneigung, mit denen ich bin usw.

Friderich.

Für Dich arbeite ich, aber Du mußt darauf sehen, daß Du bewahrst, was ich schaffe. Bist Du träge und indolent, wirst Du zwischen Deinen Händen zerrinnen sehen, was ich mit soviel Mühe zusammengebracht habe.

An die Prinzessin Wilhelmine von Oranien

Potsdam, 25. Oktober 1774.

Ich kann mir wohl denken, daß die englischen Schauspieler Dir nicht gefallen haben. Die erste Bedingung zum Genuß ist, daß man versteht, was gesprochen wird, und die zweite, daß man etwas Gutes hört. Ich kenne das englische Theater nur aus den Übersetzungen, die ich gelesen habe; die meisten englischen Stücke haben auf mich einen schauderhaften Eindruck gemacht. Man findet da weder Beachtung der Regeln, noch Geschmack, noch Kunst, hie und da zwar wuchtige Partien, die aber für die mitfolgenden Dummheiten nicht entschädigen können. Man muß ein Engländer, bezecht und spleenig sein, um Gefallen daran zu finden. Offen gestanden, ziehe ich das französische Theater allen anderen vor; denn es beobachtet alle Regeln, und keine Sprache hat Verse, die die von Racine und Voltaire übertreffen.

An die Kurfürstin Maria Antonia von Sachsen

Potsdam, 15. März 1775.

All die Wechselfälle dieser Welt halte ich aus dem Grunde für nötig, weil nichts ist, was nicht sein soll. Auch über die Ursachen der Kriege braucht man sich nicht den Kopf zu zermartern. Sie erklären sich aus den menschlichen Leidenschaften, zumal wenn diese Leidenschaften heftig und die Mittel zu ihrer Befriedigung vorhanden sind. Gäbe es keine Gesetze, so würden sich die Bürger untereinander ebenso zerfleischen, wie es jetzt die Häupter der Völker tun, die keinen Richter über sich haben. Die Weltgeschichte ist nichts als eine Kette von Kriegen, die von unseren Tagen zurückreicht, soweit als der Mensch zurückdenken kann. Aber die Leidenschaften, die Erreger der Kriege, sind nur in der Jugend heftig. Ich bin längst über diese schönen Jahre hinaus; alles mahnt mich an das Nahen des Greisentums. Meine Haare bleichen, meine Tatkraft versiegt und meine Kräfte erlöschen. Ich gebe diese glänzende und gefahrvolle Bahn anderen Wettkämpfern frei, die frischer sind und die der trügerische Glanz des Ruhmes mehr als mich berauscht.

An Prinz Heinrich

Potsdam, 28. Dezember 1775.

Du erkundigst Dich, lieber Bruder, nach meiner Gesundheit. Ich gehorche Deinem Wunsche und sage Dir, daß es sonst ganz gut geht Nur fühle ich mich überaus schwach; die Kräfte wollen noch immer nicht wiederkommen. Ich fange an, etwas zu gehen, aber die Beine wollen mich anscheinend nicht tragen, und ich habe in den Händen keine Kraft. Das Rückgrat will sich nicht aufrichten. Ich bin mehr schwach als krank; aber das wird alles wieder werden. Ein Greis gebraucht eben mehr Zeit als ein junger Mensch, um wieder zu Kräften zu kommen. In meinen Jahren geht alles langsam.

Ich verbringe hier, lieber Bruder, den Karneval bei meinen Büchern. Gestern war ich mit Woolston auf der Redoute, heute gehe ich mit den »Akademischen Fragen« in die Oper, und morgen in die Komödie mit Voltaires »Briefen über die Wunder«. Darauf gehe ich mit Machiavell zur Tafel bei Hofe und in eine Damengesellschaft mit Gressets »*Vert-Vert*«. Eine solche Feier des Karnevals stimmt mehr zu meinen Jahren und meiner Denkart als jede andere, und schließlich läuft es auf dasselbe hinaus, wenn man sich nur unterhält. Möchtest auch Du, so wünsche ich Dir, lieber Bruder, die Zeit in Berlin angenehm verbringen.

An die Prinzessin Wilhelmine von Oranien

Potsdam, 28. April 1776.

Ich zweifle, liebe Nichte, an dem Vergnügen, das Du in Spa und noch weniger in Aachen finden wirst. Wahrscheinlich wirst Du hier bei Frau Bouget wohnen, einige schwachköpfige Originale aus dem Kölner Ländchen, einige Franzosen und Französinnen, die mit Generalpächtern verwandt oder verschwägert sind, und einige spleenige Engländer sehen, vielleicht auch einige Reisende, die unter dem Vorwande ihrer Gesundheit sich einige Tage zum Vergnügen oder um des Spieles willen in den Bädern aufhalten werden. Auch ich habe 1742 vier Wochen dort zugebracht. Ich habe gebadet, aber sonst eine greuliche Gesellschaft vorgefunden. Das sehenswerteste ist in Aachen noch die Prozession, in der man alle Jahre Kaiser Karl den Großen in einem alten Kamisol aus gelbem Taft durch die Straßen führt. Zwei Leute tragen ihn. Unterwegs macht man sie trunken, und so kehrt Kaiser Karl der Große schwankend in seine Nische zurück, nachdem er oftmals in Gefahr gewesen, mitten in den Straßenschmutz zu fallen. Viele Grüße an unseren lieben Prinzen.

An die Königin Ulrike von Schweden

Potsdam, 5. Oktober 1776.

Was mich von allen Nachrichten aus Stockholm am meisten interessiert, ist Deine Gesundheit, liebe Schwester. Man schreibt mir, das Fieber habe Dich endlich ganz verlassen, und ich wünsche, daß es nie wiederkehrt.

Die Ritterschauspiele eines Amadis und Roland, die man aus ihrem Schlummer erweckt hat, können uns einen Augenblick unterhalten, indem sie das Kostüm und die Torheiten des 14. und 15. Jahrhunderts zur Anschauung bringen. Aber diese modernen Ritterkämpfe werden kaum mit solcher Erbitterung ausgefochten sein, wie jene alten, die manch tapferem Kämpen das Leben kosteten und den Tod Heinrichs II. verursachten. In Braunschweig habe ich dergleichen in burlesker Form darstellen sehen. Es war lustig genug. Die Ritter waren Stallknechte, im Narrenkleid, mit vorn und hinten zerbeultem Panzer; statt Lanzen trugen sie Holzstangen mit einer Platte an der Spitze. Sie hoben sich damit leicht aus dem Sattel und konnten sich im Fall nicht wehe tun, da sie überall ausgestopft waren. Dies schöne Schauspiel fand auf meiner Hochzeit statt.

An Prinz Heinrich

Potsdam, 25. Januar 1777.

Zu gütig, lieber Bruder, ist Deine Teilnahme an meinem alten Geburtstag, dessen einziges Verdienst darin besteht, daß er Dir einen treuen Freund beschert hat. Aber nur schwer wirst Du die Neuigkeit glauben – und sie ist eine –, daß ich nach 65 Jahren gestern einen Glückwunsch von ganz neuer Art erhalten habe. Er stammt von Seiner Exzellenz dem Oberstallmeister. Er wünschte mir, ich möchte weder Druse noch Spat noch Rotz bekommen, Wie Du siehst, weiß sein fruchtbarer Geist alten und verbrauchten Wendungen eine ganz neue Form zu geben.

Weiß der Himmel, was für Gerüchte in der Welt umlaufen! Dabei ist in den Provinzen einzig und allein von einer neuen Eintragung der Pferde in die Listen und der Erneuerung der Lieferungsverträge mit den Händlern die Rede gewesen. Ich glaube, auf das erste Gerücht davon hat sich bei unseren Feinden ihr schlechtes Gewissen gemeldet. Sie wissen, was sie vergangenes Jahr im Schilde führten, und auch, daß ich davon unterrichtet war. Dennoch sollten sie vernünftiger urteilen und begreifen, daß ich sie ohne Vorwand und ohne vorherigen Abschluß einer Offensivallianz nicht angreifen werde. Ja, ganz anders lägen die Dinge, gingen jetzt etwa der Kurfürst von Bayern oder der Markgraf von Ansbach mit dem Tode ab. Selbst wenn ich ihnen

nun vorhielte: »Vergangenes Jahr habt Ihr mich angreifen wollen«, – würden sie da nicht antworten: »Haben wir's getan? Kein einziges Regiment ist marschiert; der schlechteste Vorwand genügt Dir, um uns den Krieg zu erklären.« Und was könnte ich ihnen darauf erwidern? nichts! Wenn also diese Leute nicht endlich zu besserer Einsicht kommen, so sind sie entweder vernagelt oder sie halten mich für einen Brausekopf. Doch was ficht das mich an, wenn ich nur mit Mithridates sagen kann:

Mein letzter Blick sah Ostreich auf der Flucht.

An die Kurfürstin Maria Antonia von Sachsen

Potsdam, 22. Oktober 1777.

Ew. Königliche Hoheit tun mir zu viel Ehre an! Großmütig wie Sie sind, wollen Sie meinem Namen unendliche Dauer geben. Gestatten Sie mir, Ihnen schlicht und einfach zu sagen, wie ich darüber denke. Wenn manche Menschen sich mehr als andere rühren, so redet die Welt von ihnen, eben weil sie keinen Frieden halten. Sterben sie, so spricht man schon weniger von ihnen. Andere unruhige Geister tauchen auf, erfüllen die Köpfe mit neuen Geschichten und lenken die ganze Aufmerksamkeit der Öffentlichkeit auf sich. Ihnen folgen wieder andere; kurz, die Fülle der Ereignisse, der

Strom der Zeit, der unablässig neue Bilder vor unseren Augen vorübergleiten läßt, löscht die alten aus, und so fließen nach einer bestimmten Folge von Jahrhunderten Namen und Geschehnisse ineinander und ersticken sich sozusagen gegenseitig. Unsere Kenntnis des von uns bewohnten Erdballs reicht kaum fünftausend Jahre hinauf, und doch steht es fest, daß die Welt von Ewigkeit her bestanden haben muß. Wir wissen also fast nichts von dem, was sich während dieser unendlichen Dauer zugetragen hat. Fügen wir nun zu unserem Jahrhundert noch vierzig hinzu, so wird die ungeheure Fülle der Tatsachen der Nachwelt jede Geschichtskenntnis unmöglich machen. Sie wird sich auf die Kenntnis der neuesten Ereignisse beschränken, die sie unmittelbar angehen, und der Rest wird aus ihrem Gedächtnis verschwinden, gar nicht zu reden von den physikalischen und moralischen Umwälzungen, die noch eintreten können, den Überschwemmungen oder Erdbeben, die weite Länderstriche verheeren, den Kriegen, die ganze Völker in die Barbarei zurückwerfen, wie es mit Griechenland geschehen ist, dessen Bürger nicht mehr wissen, daß jemals ein Lykurg, Solon, Epaminondas, Perikles, Demosthenes und Homer in den unglücklichen Gefilden lebte, wo sie als Sklaven der Türken hausen. Das sind Umwälzungen, die auf unserem Erdball stattgefunden haben und noch weiter stattfinden müssen. Aber ich wage Ew. Königliche Hoheit kühnlich zu versichern, daß wir vor jeder völligen Vernichtung geborgen sind. Das Werk des höchsten Wesens ist über Schicksalsschläge erhaben. Dies Wesen ist weise und sein Wille ewig; es wird also nicht aus Laune zerstören, was es einzurichten und zu vervollkommnen für gut befand.

An Prinz Heinrich

Potsdam, 5. März 1778.

Glaube nicht, lieber Bruder, daß ich mich schon am Ziele meiner Arbeit wähne. Deutlich sehe ich alle Schwierigkeiten, die sich mir auf meiner Bahn entgegenstellen, und andere Zufälle, die bei den heutigen kritischen Umständen eintreten können. Darum muß ich so langsam vorgehen und darf nicht eher den Fuß niedersetzen, als bis ich den Boden genau geprüft habe. Ich weiß nur zu gut, welch jämmerliche Kreaturen die armen deutschen Fürsten sind, und so liegt mir die Absicht fern, ihren Don Quichote zu spielen. Wollte ich aber dulden, daß Österreich sich despotische Macht in Deutschland anmaßt, so hieße das, ihm Waffen gegen uns selbst liefern und es noch furchtbarer werden lassen, als es ohnehin schon ist. Kein Mensch, der sich auf dem Posten befindet, wo ich stehe, kann das zulassen. Das Gleichgewicht der beiderseitigen Kräfte ist der zweite Grund, der mich zur Einmischung zwingt; denn ich kann nicht die Hand dazu bieten, daß Österreich eine solche Überlegenheit erlangt, daß jeder Widerstand mit der Zeit aussichtslos wird. Du begreifst, lieber Bruder, diese Gründe sind so mächtig und gewichtig, daß man sich ihnen unterwerfen muß.

An de Catt

Burkersdorf, August 1778.

Dank für die kleinen Züge, die Sie mir von dem verstorbenen Patriarchen berichten. Lieber wäre es mir freilich, Sie gäben mir Kunde von seinem Leben als von seinem Tode. Bei der Unruhe hier im Felde und der Schwere meines Amtes komme ich jetzt nicht dazu, seine Gedächtnisrede zu verfassen. Ich schiebe diese Arbeit für die Winterquartiere auf, fürchte aber, der Redner wird seinem Gegenstand nicht gewachsen sein. Schade, daß die Bibliothek des großen Mannes für Europa so gut wie verloren ist. Unser Zeitalter entartet; es hat keine Liebe mehr für die schönen Künste und Wissenschaften. Gehen diese Künste zugrunde, wie ich voraussehe, so ist das wohl nur dem mangelnden Interesse an ihnen zuzuschreiben. Ich für mein Teil werde sie bis zum letzten Atemzug lieben. Sind meine angeborenen Gaben auch nur gering, so finde ich doch allein bei den Musen Trost und Erleichterung von der Bürde des Lebens. Ich versichere Ihnen, wäre ich Herr meines Schicksals gewesen, weder der Glanz des Thrones, noch der Stolz, Heeren zu gebieten, noch der Geschmack an seichten Zerstreuungen hätten ihnen den Rang abgelaufen. Die wenigen Augenblicke der Muße, die ich erübrigen kann, widme ich der Literatur. So ist Voltaires Verlust für mich um so empfindlicher, als der Thron des Parnasses, den er eingenommen hat, lange leer bleiben wird und ich ihn nie mehr besetzt sehen werde.

An die Großfürstin Maria Feodorowna von Rußland

Im Lager von Schatzlar, 1. Oktober 1778.

Wollte ich Ew. Kaiserl. Hoheit von unserem Feldzug in Böhmen erzählen, so müßte ich Ihren Geist mit barbarischen Namen wie Gitschin, Schwarzthal, Lauterwasser, Prausnitz usw. beschweren. Ich verschone Sie, liebe Nichte, mit den Namen der Freischarenführer, wie Wurmser, Otto, Semihay, Querestony und anderen ebenso wohllautenden, mit denen wir unsere Ohren gequält haben. Unser Vergnügen besteht darin, alle 100 Schritt dem Bild eines böhmischen Heiligen zu begegnen, wie Sankt Nepomuk, Wenzeslaus, die

Heilige Ludomilla, die weder Sie noch ich kenne. Da wir aber in Böhmen Krieg führen, so schneiden uns alle diese Heiligen böse Gesichter, und wir stellen ihnen unsere schlesischen Heiligen entgegen, an ihrer Spitze meine Urahne, die heilige Hedwig. Sucht die Kaiserin-Königin den Himmel durch Weihegaben zu bestechen, die sie der Heiligen Jungfrau von Kloster Zell darbringt, so setze ich Bestechung gegen Bestechung und gewinne für mich durch reiche Spenden die wundertätige Maria von Martha.

Sie sehen, liebe Nichte, über unserer Betätigung hienieden vernachlässigen wir den Himmel nicht. Doch eine andere Heilige giebt es in Petersburg, auf die ich größeres Vertrauen setze als auf alle die Himmlischen, die unbestechlich ist und nur dem Gebot der Weisheit folgt. Sie kennen diese Heilige und genießen, glücklicher als ich, alltäglich ihren wohltätigen Umgang. Doch ich muß fürchten, mein Brief langweilt Ew. Kaiserl. Hoheit; allein ich versichere Ihnen, nur weil ich nichts besseres weiß, womit ich Sie unterhalten könnte, erzähle ich vom Feldlager, das von Eisen und Soldaten starrt, wo sich jedermann täglich nur mit der Sorge für Essen und Trinken beschäftigt, wo man sich auf des Leibes Notdurft beschränkt, und wo sich sonst leider nichts wichtiges zuträgt.

An d'Alembert

Potsdam, 1. August 1780.

Ihr Brief klingt so traurig, daß es mir weh getan hat. Es scheint, Sie haben ebenso über Ihr körperliches Befinden wie über Ihr Schicksal zu klagen. Wir sind Greise und stehen am Ziel unserer Lebensbahn; man muß versuchen, sie heiter zu enden. Wären wir unsterblich, so dürften wir uns wohl über unsere Leiden betrüben; aber unser Leben ist zu kurz, als daß wir uns an Dinge klammern sollten, die unseren Augen bald für ewig entrückt sein werden. Sie sagen, lieber Anaxagoras, Sie hätten die Tatkraft verloren, die Sie im Jahre 1763 besaßen. Ich auch – das ist das Los der Greise. Mein Namensgedächtnis schwindet, meine geistige Frische läßt nach; meine Beine sind schwach; ich sehe schlecht, – kurz, ich habe Beschwerden wie jeder andere. Aber diese ganze Prozession von Krankheiten und Gebrechen raubt mir meine Heiterkeit nicht, und ich werde mich mit lachendem Antlitz begraben lassen. Suchen Sie doch alles von sich abzuwälzen, was Ihre Seelenruhe stören kann. Bedenken Sie, daß das Leben nur ein Traum ist, und daß nichts übrig bleibt, wenn es vorbei ist. Voller Betrübnis muß ich auf das Vergnügen, Sie wiederzusehen, verzichten, und unsere Unterhaltung muß schwarz auf weiß fortgeführt werden. Aber das ist immer noch besser als gar nichts. Sie werden also Ihre Gedanken schildern, und ich werde sie mir zunutze machen.

Ich habe es wohl schon gesagt und ich fürchte, ich behalte recht: das Grab Voltaires wird das der schönen Künste sein. Er war der Schlußstein des schönen Zeitalters Ludwigs XIV. Wir kommen in die Periode des Plinius, Seneca und Quintilian. In Zeiten der Unfruchtbarkeit scheidet man leichter aus der Welt als in Zeiten des Überflusses; denn dann hängen wir nicht mehr an dem, was wir verlassen müssen. Folgen Sie darum meinem Rat, lieber Anaxagoras. Kränzen Sie Ihr Haupt mit Rosen, suchen Sie Zerstreuung und fügen Sie sich in Ihr Schicksal. Möchten Sie glücklich sein und bei guter Gesundheit bleiben.

An die Prinzessin Wilhelmine von Oranien

Potsdam, 14. April 1783.

Das Alter, liebes Kind, bringt Krankheiten und Gebrechen mit sich; jeder muß sein ihm zugemessenes Teil tragen. Wir sind Menschen und müssen uns daher ohne Murren dem Los der Menschheit unterwerfen. Dein alter Onkel ist in allem mit seinem Schicksal einig, nur wünschte er Dir gern ein glücklicheres Geschick.

Der Prinz handelt klug, bietet er zu allem die Hand, was zu einer Verständigung führen kann. Er muß Zeit gewinnen, und wenn er nur noch solange die Segel einzieht, bis der Sturm ausgetobt hat, wird er gewonnenes Spiel haben. Die Italiener sagen: »*Chi ha tempo, ha vita*«, und sie haben recht.

Doch ich fürchte, liebe Nichte, daß meine Briefe Dir sehr langweilig vorkommen; sie gleichen in Stil und Tonart denen, wie sie ein alter vergrämter und verschlossener Schulmeister schreibt. Ich schäme mich darob und möchte Dich lieber mit kurzweiligen Späßen unterhalten, aber solcher Stoff fehlt mir. Ich lebe mit alten Leuten. Da fragt man sich: »Was macht Ihr Reißen?« Ein anderer erkundigt sich: »Haben Sie noch die Gicht?« Und ein dritter sagt: »Haben Sie Ihre Kolik schon überstanden?« Da läßt sich nicht viel schreiben; der Stoff ist gar zu armselig.

An den Minister Graf Finckenstein

Potsdam, 21. Februar 1784.

Das Beste, was wir in der gegenwärtigen Lage tun können, ist, uns nicht zu rühren und ruhig abzuwarten, bis sich in Europa dies oder jenes ereignet, woraus wir sofort Nutzen ziehen müssen.

Auf Rußland, das gestehe ich, rechne ich für die nächsten Zeiten nicht; denn die Zarin, ihr Bakunin, ihr Besborodko und ihr Woronzow sind österreichisch bis in die Fingerspitzen. Wollen wir uns also nicht in eitle Selbstgefälligkeit wiegen und uns selbst etwas vormachen, so dürfen wir nicht darauf rechnen, die russische Macht wiederzugewinnen, falls nicht der Großfürst den Thron besteigt. Aus dem Briefe des Grafen Hofenfels ersehen Sie, wie sklavisch Frankreich der Königin folgt und wie sehr es sich folglich von Österreich beherrschen läßt. Also selbst wenn die Franzosen Vereinbarungen mit uns treffen wollten, wäre man seiner Sache nie sicher; denn die Königin könnte bei ihrem Einfluß stets alle Maßregeln durchkreuzen.

Bliebe also England. Nun hat die englische Regierung unter den jetzigen Verhältnissen erstens noch gar keine feste Gestalt gewonnen, und zweitens, wüßte man auch, wer ans Ruder kommt und daß die Staatsmaschine wieder arbeitet, so kennt man doch auch ihre gegenwärtige Erschöpfung und Schwäche: England wird sich also fürs erste nicht auf große Dinge einlassen.

Von Schweden und Dänemark rede ich erst gar nicht; beide sind kraftlos.

Bleiben also lediglich die Reichsfürsten. Unter ihnen kämen für ein Bündnis in Betracht: Hannover, Hessen, Braunschweig, vielleicht auch Bamberg, Würzburg, Fulda, Paderborn, Hildesheim und ganz Norddeutschland. Vielleicht könnte man auch den Kurfürsten von der Pfalz hinzunehmen, vorausgesetzt, daß der jetzige stirbt und der Herzog von Zweibrücken Kurfürst wird. Man müßte einen Bund aller dieser Fürsten zustande bringen, lediglich zum Zweck, der Aufrechterhaltung des Reichssystems, wie es jetzt besteht. Käme es zum Kriege, so müßte man nach meiner Meinung sie sämtlich ins Spiel ziehen und ihnen Subsidien bezahlen, was nicht unmöglich wäre.

Das ist alles, was sich bisher ausdenken läßt. Auch müßte man dem Ganzen einen Anstrich geben. Soweit sich die Zukunft beurteilen läßt, wird auch Rußland sich einmischen, wenn der Kaiser uns zu Leibe will. Frankreich wird nicht mitmachen wollen. Wir können uns also mit Hilfe all dieser Reichsfürsten noch aus der Klemme ziehen und den Völkermassen die Stirn bieten, die die beiden Kaiserhöfe gegen uns ins Feld zu stellen vermöchten; aber ein anderes Mittel will mir nicht einfallen.

An die Minister Graf Finckenstein und von Hertzberg

Potsdam, 1. November 1784.

Ich habe Ihre gestrigen Vorstellungen erhalten. Wollen Sie, Herr von Hertzberg, mir die Freude machen, ein paar Tage hier zu verweilen, so kann ich Ihnen all meine Gedanken über den fraglichen Gegenstand eingehend auseinandersetzen.

Das erste, womit man anfangen müßte, ist eine mündliche Aussprache mit den Reichsfürsten, um ihnen ihre jetzige Lage klar zu machen und ihnen zu zeigen, wohin die Dinge treiben können. Erinnern Sie sich, welch schreckliche Schwierigleiten beim Zustandekommen des Schmalkaldener Bundes entstanden, um die unter einander uneinigen Fürsten unter einen Hut zu bringen. Ein Herzog von Braunschweig war in den kleinen Raufereien jener Zeit gefangen genommen worden. Der Kurfürst von Brandenburg lehnte jedes Bündnis ab, bevor jener nicht in Freiheit gesetzt war. Der Kurfürst von Sachsen wollte von keinem Bündnis mit dem König von England wissen, noch mit Frankreich, noch selbst mit den Schweizern, weil es sein Gewissen bedrückte, sich mit Heinrich VIII, zu verbünden, dessen Religion sich mit der lutherischen nicht völlig deckte, noch gar mit Franz I., der die Protestanten im eigenen Lande verfolgte, noch mit den Schweizern, die Calvinisten waren. Der Landgraf von Hessen stellte zwar alle diese Punkte in Abrede, konnte aber den Kurfürsten von Sachsen nie überzeugen. Der trat dem Bunde erst bei, nachdem Karl V. auf dem Reichstag zu Regensburg einen höchst anmaßlichen Ton angeschlagen hatte. Erst dessen Erklärung brachte die Fürsten zusammen, ließ ihnen den Kamm schwellen und bewog sie Truppen auszuheben.

In dieser Sache gilt es nicht, Staaten zu einigen, sondern sie aufzurütteln, damit sie ihre Verfassungen aufrecht erhalten und nicht auf ihren eigenen Interessen einschlafen. Ebensowenig handelt es sich darum, einen Krieg zu beginnen, wofern nicht Länderraub oder Rechtsbrüche von seiten des Kaisers die Reichsfürsten zwingen, ihm mit vereinigten Kräften entgegenzutreten. Um aber das Ziel zu erreichen, dünkt mich das Rechte, sich über den Plan eines Fürstenbundes erst mündlich auszusprechen, damit man hört, was jeder darauf zu antworten hat, und vernimmt, wie schwer oder leicht er sich die Sache denkt. Sämtliche katholische Bischöfe müssen im eigensten Interesse dem Projekt notgedrungen beitreten. Stirbt der Kurfürst von der Pfalz, so haben wir auch Bayern und Sachsen für uns, vielleicht auch Hannover, ferner Trier, Bamberg, Würzburg und Fulda. Und entzweit sich Frankreich mit dem Hause Österreich, so treten zu alledem noch der Herzog von Württemberg und die Reichsstädte in Schwaben. Bleibt aber das Bündnis zwischen Frankreich und dem Wiener Hofe in Kraft, so kommen Württemberg, Baden, die Pfalz, der Kurfürst von Trier u. a. m. in Wegfall. Tun wir indes gar nichts und legen die Hände in den Schoß, so ist es so sicher wie zweimal zwei gleich vier, daß kein Mensch an ein solches Bündnis denkt und dem Kaiser freie Hand bleibt, zu tun, was ihm beliebt. Lassen wir aber durch unsere verschiedenen Gesandten den Boden sondieren, so wird man hören, was die Leute zu sagen haben. Unternimmt dann der Kaiser irgend etwas gegen sie, so wird ganz gewiß einmütig Protest erhoben werden.

Ich erwarte Ihre Ankunft hierselbst, Herr von Hertzberg, um ausführlicher mit Ihnen zu reden.

An Prinz Heinrich

Potsdam, 20. Januar 1786.

Dein Geburtstag mußte jedenfalls von einem Bruder, der Dich liebt, festlich begangen werden. Wir haben ihn gefeiert, in Duodezformat, so wie es bei den paar Menschen, die hier sind, möglich war. Aber das war für mein Herz kein Hindernis, aufrichtigsten Anteil daran zu nehmen. Du erkundigst Dich, lieber Bruder, nach mir? Ich habe mich der vorgeschriebenen ärztlichen Mittel bedient. Einen Tag lang fühlte ich mich erleichtert; seitdem nimmt die Verschleimung wieder zu, und infolge eines ständigen quälenden Hustens kann ich keine Nacht ein Auge schließen. Ich werde merklich schwächer, und so lange der Ausfluß, der sich in Luftröhre und Lunge ergießt, nicht geringer wird, glaube ich nicht an Genesung.

Ich habe den Herzog von Weimar hier gesehen; ich fand ihn ausgezeichnet, fand auch nicht, daß »Götz von Berlichingen« die geringste Spur bei ihm hinterlassen hat.

An die Herzogin Charlotte von Braunschweig

Sanssouci, 10. August 1786.

Der Arzt aus Hannover hat sich bei Dir herausstreichen wollen, meine gute Schwester, aber die Wahrheit ist, daß er mir nichts genützt hat. Das Alter muß der Jugend weichen, damit jede Generation ihren Platz findet. Und wohl erwogen, was ist das Leben? Es besteht darin, daß man seine Mitbürger sterben und zur Welt kommen sieht. Inzwischen fühle ich mich seit einigen Tagen etwas erleichtert. Mein Herz bleibt Dir unveränderlich zugetan, meine gute Schwester.

Politische Schriften

Der Antimachiavell

Vorwort

Der »Fürst« von Machiavell bedeutet auf dem Gebiete der Moral, was Spinozas Werk für den Glauben bedeutet: Spinoza untergrub die Grundlagen des Glaubens, indem er nichts Geringeres anstrebte als einen Umsturz des Gebäudes der Religion; Machiavell pflanzte den Keim des Verderbens in das staatliche Leben und unternahm es, die Vorschriften gesunder Sittlichkeit zu zerstören. Waren die Irrtümer des Einen nur Verirrungen des Denkens, so hatten die des Anderen ihre Bedeutung für das Leben selbst. Und doch! Gegen Spinoza haben die Glaubenshüter Sturm geläutet und zu den Waffen gerufen, sein Buch hat man in aller Form widerlegt, die Gottheit wider seine Angriffe behauptet – Machiavell ward kaum von einigen Moralisten umplänkelt und hat sich, ihnen zum Trotz und trotz seiner verhängnisvollen Lehre, auf dem Lehrstuhl der Staatskunst behauptet bis in unsere Tage.

Ich wage es, die Verteidigung der Menschlichkeit aufzunehmen wider ein Ungeheuer, das sie verderben will.

Von jeher sah ich im »Fürsten« Machiavells eins der gefährlichsten unter allen Büchern von Weltverbreitung. Naturgemäß wird es den Männern fürstlichen Standes, wird es allen, die Sinn für Fragen der Staatskunst haben, in die Hände fallen; und gehört nur wenig dazu, daß ein junger Mann, von Ehrgeiz beseelt und dabei an Gemüt und Urteil noch zu unfertig, um Gut und Böse zu unterscheiden, durch Grundsätze, die seinen ungestümen Leidenschaften schmeicheln, Schaden nehme, so muß man jedes Buch, von dem dergleichen Wirkung zu erwarten ist, für einen Unsegen, für einen Schädling am Wohle der Menschheit ansehen.

Ist es aber schon schlimm, den arglosen Sinn eines Einzelnen zu verführen, dessen Einwirkung auf das Wohl und Wehe der Welt unerheblich ist, wieviel schlimmer ist es, dem Denken der Fürsten eine verderbliche Richtung zu geben, die berufen sind, Führer der Völker zu sein, Verweser des Rechts, Vorbilder darin für ihre Untertanen, sichtbare Abbilder der Gottheit, die ja erst ihre seelischen Eigenschaften, ihr innerer Wert zu Königen macht, viel mehr als ihre Standeshoheit und ihre Macht.

Die Überschwemmungen, die ganze Landstriche verwüsten, der zündende Blitz, der Städte in Asche wandelt, der Gifthauch der Pest, der Provinzen entvölkert – sie sind der Welt nicht so verhängnisvoll wie die schlechte Moral, wie die zügellosen Leidenschaften der Könige. Denn wie die Macht, Gutes zu tun, wofern sie dazu gewillt sind, in ihre Hand gegeben ist, gleichermaßen steht es bei ihnen, Böses auszuüben, wenn sie es wollen. Ein Jammer ist es aber um das Los der Völker, alles vom Mißbrauch der Herrschermacht fürchten zu müssen: wenn all ihre Habe der Gier des Fürsten, ihre Freiheit seinen Launen, ihre Ruhe seinem Ehrgeiz, ihre Sicherheit seiner Tücke, ihr Leben seiner Grausamkeit ausgeliefert ist! Wohlan, da haben wir das Bild eines Reiches unter einem politischen Ungeheuer von jenem Schlage, wie Machiavell es zu züchten sich anheischig macht!

Gesetzt aber meinetwegen, das Gift des Autors fände seinen Weg nicht bis in Throneshöhe – ich behaupte: Solange Machiavell und Cäsar Borgia auch nur einen einzigen Jünger werben können, haben wir allen Grund, solch ein Schandbuch mit Entrüstung abzulehnen.

Mancher hat freilich gemeint, Machiavell habe weniger geschildert, wie es die Fürsten halten sollen, als wie sie es in Wirklichkeit treiben, eine Meinung, die um einer gewissen Wahrscheinlichkeit willen Anklang fand, so daß man es bei solcher Verkehrtheit bewenden ließ, weil sie etwas Bestechendes hatte, und sie immer aufs neue vorbrachte, weil sie einmal ausgesprochen war.

Sei es mir denn vergönnt, die Sache der Fürsten wider ihre Verleumder zu führen, sie von der abscheulichsten Anklage zu reinigen, sie, deren Amt einzig und allein Arbeit zum Wohle der Menschheit ist.

Unzweifelhaft gründen sich derartige Beurteilungen von Fürsten auf das Beispiel des einen oder anderen Herrschers von übler Art, wie Machiavell solche anführt, auf die Geschichte der kleinen italienischen Gewalthaber sei-

ner Tage und das Leben etlicher Tyrannen, die nach solchen bedenklichen Staatslehren verfahren sind. Demgegenüber erinnere ich, daß es in jeglichem Lande anständige Leute und schlimme Gesellen gibt, wie man wohl in jeder Familie neben Wohlgewachsenen Bucklige, Blinde oder Lahme findet; genau so gab es jederzeit und wird es jederzeit unter den Fürsten Mißgeburten geben, unwürdige Träger dieses heiligen Namens. Hinzufügen könnte ich, daß bei der ungeheuren Macht der Versuchung da oben auf dem Throne mehr als landläufiger Menschenwert dazu gehört, um dagegen fest zu bleiben; kein Wunder also, daß man so wenig gute Fürsten findet. So schnellfertige Beurteiler sollten daran denken, daß es neben Gestalten wie Caligula und Tiberius auch Herrscher wie Titus, Trajan und die Antonine gibt; so wäre es denn eine himmelschreiende Ungerechtigkeit, einer Gesamtheit die Sünden von etlichen ihrer Glieder zur Last zu legen.

Möge die Weltgeschichte nur die Namen der guten Fürsten aufbewahren und die der anderen dem Untergange weihen samt ihrer Faulheit und ihrem Unrecht! Was dabei die Bücher der Geschichte an Umfang verlören, gewänne die Sache der Menschheitsveredlung; die Ehre eines Fortlebens in der Erinnerung wäre erst der angemessene Lohn für hohen persönlichen Wert. Das Buch Machiavells vermöchte nicht fürderhin seine vergiftende Wirkung auf die auszuüben, die über Staatsfragen Belehrung suchen; nur Verachtung wäre sein Teil für all die kläglichen Widersprüche, in denen er ständig mit sich selber liegt, und man würde sehen, daß eine echte Staatskunst der Könige auf der Grundlage von Gerechtigkeit und Güte doch etwas anderes ist als jenes zerfahrene Lehrgebäude voller Grauen und Falschheit, das Machiavells Dreistigkeit der Öffentlichkeit zu bieten gewagt hat.

Ursprung der Herrschergewalt

Wer zu klarer Einsicht gelangen will, muß zunächst die Wesensart seines Gegenstandes ergründen, er muß zurückgreifen auf den Ursprung der Erscheinungen, um nach Möglichkeit ihre Anfänge und deren Gesetze zu erkennen; von da aus ist es leicht, ihre Entwicklungsstufen sowie alle denkbaren Folgerungen herzuleiten.

Statt die verschiedenen Arten der Staaten zu beschreiben, wäre es meines Erachtens Machiavells Aufgabe gewesen, dem Ursprung der Fürsten und der Quelle ihrer Herrschergewalt nachzugehen, zu erörtern, was wohl freie Menschen bestimmen konnte, sich selber Herren zu geben.

Allerdings wunderlich genug hätten sich in einem Werke, das so recht ein Dogmen- und Lehrbuch tyrannischer Ruchlosigkeit abgeben sollte, Betrachtungen ausgenommen, die geeignet gewesen wären, allen Tyrannenrechten den Boden zu entziehen. Es wäre eine harte Zumutung für Machiavell gewesen, ausführen zu müssen: um ihrer Ruhe, um ihrer Erhaltung willen haben es die Völker für nötig befunden, Richter zu haben, die ihren Hader schlichten, Schirmherren, die ihren Besitz wider die Neider decken, Fürsten, die die Interessen aller, so mannigfaltig sie sind, zusammenfassen könnten zu einem Gesamtinteresse, und die Völker haben aus ihrer Mitte die Männer ausgewählt, die sie für die weisesten, gerechtesten, uneigennützigsten, menschlichsten und tapfersten hielten, über sie Herren zu sein und die drückende Last der Geschäfte ihnen abzunehmen.

Also, Wahrung des Rechtes, hätte man ihm vorgehalten, ist demnach eines Herrschers erste Obliegenheit. Aber alles soll ihm seiner Völker Wohlfahrt gehen. Ihres Gedeihens oder Behagens Mehrer oder auch Begründer hätte er demnach zu sein. Aber was sollen dann all diese Begriffe Eigennutz, Hoheit, Ehrgeiz, Despotismus? So läuft es darauf hinaus, daß der Herrscher, weit entfernt, der unumschränkte Gebieter über seine Untertanen zu sein, nur ihr erster Diener ist, das Werkzeug ihres Glückes, wie jene das Werkzeug seines Ruhmes. Nein, der Verfasser fühlte wohl: bei einem Eingehen auf Betrachtungen solcher Art war wenig Ehre für ihn zu holen, diese Erörterung konnte höchstens die Zahl der kläglichen Widersprüche mehren, daran feine Staatslehre krankt.

Machiavells Grundsätze widersprechen ebenso gesunden sittlichen Begriffen wie eines Descartes Lehrgebäude dem Newtons. Dem Cartesianischen Wirbel entspricht hier der alles wirkende Eigennutz. Dieses Staatslehrers Grundsätze sind ebenso verderbt, wie die Gedanken jenes Philosophen oberflächlich. Nichts kommt der Frechheit gleich, mit der dieser Schandpolitiker Anweisung zu den abscheulichsten Verbrechen gibt; ginge es nach ihm, so stünde die empörendste Ungerechtigkeit in allen Ehren, sobald Selbstsucht und Ehrgeiz dahinterstehen. Untertanen sind Hörige, deren Leben und Tod ohne Einschränkung vom Willen des Fürsten abhängen, ungefähr wie die Schafe in der Hand des Züchters, dessen Zwecken ihre Milch und ihre Wolle dient, und der sie auch abschlachten läßt, wenn es ihm paßt.

Meine Aufgabe ist es, jene irrigen und heillosen Grundsätze im einzelnen zu widerlegen. Aber so viel schon hier im allgemeinen: nach meinen Ausführungen über den Ursprung der Fürsten erscheint das Tun eines Usurpators noch empörender, als wenn man nur die Gewalttat als solche im Auge hat: er schlägt eben der Meinung und Absicht der Völker ins Gesicht, die einen Herrn über sich gesetzt haben lediglich, damit er ihnen Schirm und Schutz sei, die nur unter dieser Bedingung sich ihm unterworfen haben! Während, wenn sie dem Zwingherrn gehorchen, sie damit sich selbst und ihre Habe preisgeben, um die Gier und die Laune eines oft grausamen und immer verabscheuten Tyrannen zu befriedigen.

Es gibt also nur drei Wege, auf rechtmäßige Weise Herr über ein Land zu werden: durch Erbfolge, durch Wahl durch die dazu berechtigten Völker oder durch Eroberungen von feindlichen Provinzen in einem rechtmäßig unternommenen Kriege.

Der Fürst als oberster Kriegsherr

Die Ansichten Machiavells über die Pflichten eines großen Fürsten als Kriegsherrn teile ich durchaus. In der Tat, alles, aber auch alles verpflichtet ihn, die Führung seiner Truppen auf sich zu nehmen und der Erste zu sein in seinem Heere wie in seinem Hoflager. Sein eigener Vorteil, seine Pflicht, sein Ruhm, alles gebietet ihm dies. Er ist das Haupt der strafenden Gerechtigkeit, in gleicher Weise ist er der Schirmherr und der Verteidiger seiner Völker. Die Landesverteidigung ist eine der wichtigsten Aufgaben seines Amtes, aus diesem Grunde darf er sie keinem anderen anvertrauen. Sein Vorteil scheint unabweislich seine persönliche Anwesenheit beim Heere zu erheischen, da alle Befehle von ihm ausgehen und auf diese Weise Gedanke und Tat in der denkbarsten Unmittelbarkeit einander folgen. Außerdem macht die ehrfurchtgebietende Gegenwart des Fürsten allen Reibereien unter den Generalen, die ein Fluch für das Heer, ein fühlbarer Schaden für den Kriegsherrn sind, ein Ende. Sie bringt größere Ordnung in alles, was das Magazinwesen, die Versorgung mit Munition und allem Kriegsbedarf angeht. Was wäre ohne solche Ordnung Cäsar selbst an der Spitze von 100 000 Streitern? Wo blieben ohne sie seine Erfolge, seine Heldentaten? Der Fürst ist es, der eine Schlacht schlagen läßt; so ist es auch seine Sache, ihren Gang zu bestimmen, durch seine Gegenwart seinen Truppen den Geist zuversichtlicher Kampfesfreudigkeit mitzuteilen; an ihm ist es, zu zeigen, wie der Sieg seine Unternehmungen stetig krönt, wie er das Glück durch Klugheit an sich fesselt, und ein leuchtendes Beispiel ihnen zu geben, wie man furchtlos der Gefahr und selbst dem Tode trotzt, wenn Pflicht, wenn Ehre und unsterblicher Nachruhm es gebieten.

Welch ein Ruhm für einen Fürsten, der mit Gewandtheit, mit Klugheit und tapferem Herzen seine Staaten vor dem Einbruch der Feinde deckt, durch Kühnheit und Geschicklichkeit über alle machtvollen Anschläge der Gegner triumphiert und durch seine Festigkeit, Besonnenheit und durch seine kriegerische Überlegenheit sein gutes Recht glücklich behauptet, das ihm ungerechte Anmaßung bestreiten will!

Alle diese Gründe zusammen, scheint mir, müssen den Fürsten verpflichten, die Führung seiner Truppen selbst zu übernehmen und alle Not und Fährnis, der er sie aussetzt, mit ihnen zu teilen.

Nun wird man einwenden, nicht jeder sei ein geborener Soldat, und viele Fürsten hätten weder das Talent noch die Erfahrung, die zur Führung einer Armee gehören. Das gebe ich freilich zu, doch soll dieser Einwurf mich nicht allzusehr in Verlegenheit setzen. Gewiegte Generale gibt es jederzeit in einem Heere, da hat der Fürst nur deren Ratschläge zu befolgen. Der Krieg wird dann doch immer einen glücklicheren Verlauf nehmen, als wenn der Feldherr von einem Ministerrat bevormundet wird, der, fern der Armee, gar nicht imstande ist, die Kriegslage zu beurteilen, und der oftmals schon dem geschicktesten General jede Möglichkeit benommen hat, zu zeigen, was er kann.

Wege zum Nachruhm

Lärm und Aufsehen in der Welt verursachen und sich Ruhm gewinnen – das ist zweierlei. Die große Masse, ein sehr unberufener Richter darüber, wem Ehre gebühre, läßt sich durch den äußeren Schein alles Großen und Wunderbaren leicht betören und verwechselt gar zu gern gute Taten und außerordentliche, Reichtum und persönliches Verdienst, blendenden Glanz und innere Gediegenheit. Ganz anders der Maßstab, den aufgeklärte und geistig bedeutende Menschen anlegen, vor denen hält es schwerer zu bestehen; sie zergliedern das Leben der Großen wie ein Anatom eine Leiche und werfen die Frage auf: War, was sie wollten, recht und edel? Waren sie gerechten Sinnes? Was hatte von ihnen die Welt: mehr Segen oder mehr Schaden? Stand ihr Mut unter der Vormundschaft ihrer Weisheit oder war er nur ein Ausbruch ihres Temperaments? Den Wert des Erreichten bemessen sie nach dem Werte der Beweggründe, beurteilen aber nicht die Beweggründe nach dem Erfolge. Mag das Laster in den schönsten Schein sich hüllen, sie lassen sich nicht blenden und geben den Preis des Ruhms nur dem Verdienste und dem Manneswert.

Was Machiavell groß und ruhmwürdig nennt, ist genau jener falsche Schimmer, der das Urteil der Masse besticht! Ganz im Geiste des Volkes schreibt er, und zwar des niedrigen, des gemeinen Volkes. Doch für ihn wird es ebenso unmöglich sein, mit dieser gewöhnlichen Denkweise den vornehmen Geschmack eines Mannes von höheren Ehrbegriffen zu treffen, wie es für Molière unmöglich war; wer den Misanthrop recht hochstellt, wird den Scapin um so tiefer stellen.

Das vorliegende Kapitel Machiavells enthält Brauchbares und Fehlerhaftes nebeneinander. Ich will zunächst die Verstöße aufweisen, um dann zu unterschreiben, was er an Nichtigem und Löblichem vorbringt. Zum Schluß will ich mir erlauben, zu einigen Fragen, die sich ungezwungen hier anschließen, Stellung zu nehmen.

Für alle, die durch große Unternehmungen und seltene, außerordentliche Leistungen sich auszuzeichnen gedenken, stellt der Verfasser als Vorbilder auf: Ferdinand von Aragonien und Bernhard von Mailand. Er findet das Wunder ohnegleichen in der Kühnheit eines Unternehmens und in der Schnelligkeit seiner Ausführung. Das ist etwas Großes, zugegeben; doch anerkennenswert vermag ich es nur so weit zu nennen, wie der Eroberer in den Grenzen des Rechts bleibt. »Du rühmst dich der Ausrottung der Räuber«, sagten die skythischen Gesandten zu Alexander, »und dabei bist du selber der größte Räuber auf Erden, hast du doch die Völker, die dir erlagen, insgesamt ausgeraubt und geplündert. Bist du ein Gott, so mußt du den Menschen Gutes tun und ihnen nicht entreißen, was sie besitzen; bist du ein Mensch, so vergiß auch niemals, daß du es bist.«

Ferdinand von Aragonien begnügte sich nicht damit, offen und ehrlich das Kriegshandwerk zu treiben, sondern er benutzte als Deckmantel für seine Pläne die Religion. War dieser König wirklich fromm, so beging er eine lästerliche Entweihung des Heiligen, indem er die Sache Gottes zum Vorwand nahm, um seinen wilden Leidenschaften zu folgen. War er nicht gläubig, so handelte er gar als Betrüger und Schuft, indem er durch sein heuchlerisches Tun den frommen Glauben des Volkes mißbrauchte, um seinen Machthunger zu stillen.

An zweiter Stelle führt Machiavell das Beispiel Bernhards von Mailand an zur Beherzigung für die Fürsten, damit sie daran lernen, ihre Belohnungen wie ihre Strafen so ins Werk zu setzen, daß es in die Augen fällt, damit all ihr Tun die Gebärde der Größe trage. Nun, Fürsten von edler Art kommen ohnehin schon zu Glanz und Ansehen, zumal wenn ihre Freigebigkeit, ohne selbstische Zwecke, einfach der Ausdruck ihrer Seelengröße ist. Herzensgüte wird ihnen leichter als jeder andere Vorzug den Weg zur Größe bahnen. Cicero sagte zu Cäsar: »Das Größte, was dein Glück dir gegeben hat, ist die Macht, so vielen Mitbürgern ein Retter zu sein; nichts, was deiner Güte würdiger wäre, als der Wille, es zu tun.« Alle Strafen also, die ein Fürst verhängt, sollten hinter dem Maße der Kränkung, die er erfuhr, zurückbleiben, alle Belohnungen, die er spendet, hinausgehen über die Bedeutung des Dienstes, den er empfing.

So unrichtig die eben betrachteten Ausführungen Machiavells sind, so zutreffend ist seine Warnung an die Fürsten, sich mit anderen Herrschern, die mächtiger sind als sie, leichtfertig zu verbünden, die, anstatt ihnen beizustehen, sie erst in den Abgrund stoßen könnten. Das wußte sehr wohl ein großer deutscher Fürst, gleich geachtet bei Freund und Feind. Die Schweden fielen in sein Land zur Zeit, da er mit allen seinen Truppen fern am Niederrhein stand, um den Kaiser in seinem Kriege gegen Frankreich zu unterstützen. Seine Minister rieten auf die Kunde von dem überraschenden Einbruch, den russischen Zaren zu Hilfe zu rufen. Der Fürst jedoch, scharfsichtiger als

sie, erwiderte, die Moskowiter seien wie die Bären: wehe dem, der sie loskette; einmal freigelassen, seien sie schwer wieder an die Kette zu legen! Hochgemut nahm er das schwere Werk der Vergeltung auf seine eigenen Schultern, und er brauchte es nicht zu bereuen.

Ebenso verständig wie die Frage von Bündnissen behandelt Machiavell die der Neutralität. Alte Erfahrung lehrt, daß ein Fürst, der neutral bleibt, dadurch sein Gebiet rücksichtsloser Behandlung durch beide kriegführende Parteien aussetzt; seine Staaten werden das Kriegstheater, stets verliert er nur durch seine neutrale Haltung, ohne je einen greifbaren Vorteil dabei zu gewinnen.

Auf zwiefache Art kann ein Herrscher sich vergrößern: einmal durch Eroberung, wenn ein kriegerischer Fürst mit Waffengewalt die Grenzen seiner Herrschaft erweitert. Das andere Mittel ist die Tatkraft des betriebsamen Fürsten, der alle Werktätigkeiten und alle Wissenschaften in seinem Lande zur Blüte bringt, die es kräftiger und gesitteter zu machen vermögen. Unser Buch enthält von vorn bis hinten nichts als Betrachtungen über jene erste Art der Vergrößerung; reden wir doch auch einmal von der zweiten, die unschuldiger und gerechter ist und dabei ganz so gedeihlich wie jene.

Die für das Leben notwendigsten Tätigkeiten sind die Landwirtschaft, der Handel und der Gewerbfleiß; die Wissenschaften, darinnen der Menschengeist seine höchste Würde offenbart, sind die Geometrie, Philosophie, Astronomie, Redekunst, Poesie und die Gesamtheit der sogenannten schönen Künste.

Wie nun jegliches Land seine eigene Natur hat, so ruht die Stärke des einen in seiner Landwirtschaft, die anderer im Weinbau, hier in den Gewerben, da im Handel; auch gedeihen diese Fertigkeiten in manchem Lande wohl gleichzeitig nebeneinander.

Entscheidet sich nun ein Fürst für diese friedliche und freundliche Form der Machterweiterung, so wird seine nächste Aufgabe sein, sich um die gründliche Kenntnis der Natur seines Landes zu bemühen, um sich darüber klar zu werden, welche von jenen Erwerbsmöglichkeiten dort die aussichtsvollsten und welche demgemäß zu fördern am dringendsten die Pflicht gebietet. Den Franzosen und Spaniern ward das Fehlen des Handels fühlbar, und so sannen sie denn auf Mittel, den der Engländer zu vernichten. Sollte Frankreich damit Glück haben, so würde der Niedergang des englischen Handels seine Machtstellung in viel beträchtlicherem Maße heben, als es die Eroberung von zwanzig Städten und tausend Dörfern vermöchte, und England und Holland, die beiden blühendsten und reichsten Länder der Welt, würden dabei ganz allmählich zugrunde gehen, wie ein Kranker, der an Schwindsucht oder Auszehrung dahinsiecht.

Die Länder, deren Getreide- und Weinbau all ihren Reichtum darstellt, haben zweierlei zu beobachten: erstens sollen sie alles Land sorgfältig urbar machen, um jedes Fleckchen Erde auszunutzen; zweitens sollen sie auf jede Weise bedacht sein, den Absatz zu vergrößern und zu erweitern, ferner ihre Waren wohlfeil zu befördern und deren Preis nach Möglichkeit heraufzuschrauben.

Die Industrie bringt vielleicht jedem Staate am meisten Nutzen und Gewinn; denn sie befriedigt die Bedürfnisse und den Luxus der Einwohner, und auch die Nachbarn sehen sich genötigt, eurem Gewerbfleiß ihren Zoll zu entrichten. So wird auf der einen Seite das Geld im Lande behalten, auf der anderen muß es hereinströmen.

Stets war es meine Überzeugung, daß der Mangel an diesen Erzeugnissen eine Ursache mehr für die ungeheuren Auswanderungen aus den Nordlanden gewesen ist, so der Goten und der Vandalen, die so häufig die südlichen Länder überschwemmten. In jenen fernen Zeiten kannte man in Schweden, in Dänemark wie im größten Teile von Deutschland von allen Tätigkeiten nur den Ackerbau; der ertragfähige Boden war auf eine bestimmte Anzahl von Eignern verteilt, die ihn bebauten und ihren Unterhalt daraus zogen. Nun ist aber das Menschengeschlecht zu jeder Zeit von besonderer Fruchtbarkeit in jenen kalten Himmelsstrichen gewesen, und so gab es bald doppelt soviel Einwohner im Lande, als der Ackerbau ernähren konnte; da taten sich denn die jüngeren Söhne der Adelsgeschlechter zusammen, wurden notgedrungen zu Glücksrittern, überfielen fremde Länder und warfen dort die Besitzer hinaus. In der Geschichte Ost- und Westroms war es denn auch die Regel, daß die Barbarenhorden nichts begehrten als Grund und Boden zur

Bebauung, um ihren Lebensunterhalt zu finden. Die Nordlande sind heut nicht weniger dicht bevölkert als damals, aber inzwischen hat der Luxus wohlweislich unsere Bedürfnisse vervielfältigt und damit den Anstoß zu gewerblicher Tätigkeit und zu all jenen Fertigkeiten in der Herstellung gegeben, von denen ganze Völker leben können, die sonst ihren Unterhalt auswärts suchen müßten.

Diese verschiedenen Mittel, die einen Staat zur Blüte bringen, sind der fürstlichen Weisheit anvertraute Pfunde; der Fürst soll damit wuchern, soll sie nutzbringend anlegen.

Das sicherste Kennzeichen dafür, daß ein Land unter weiser Leitung des Glückes, der Wohlhabenheit und Fülle genießt, ist dann das Erwachen der schönen Künste und Wissenschaften; denn diese Blumen gedeihen nur auf fettem Boden und unter mildem Himmel; bei Trockenheit, beim Ungestüm nördlicher Winde sterben sie hin.

Nichts gibt einem Reiche mehr Glanz, als wenn die Künste unter seinem Schutz erblühen. Das Zeitalter des Perikles dankt seinen Ruhm ebenso dem Phidias, dem Praxiteles und zahlreichen anderen Großen, die damals zu Athen lebten, wie den Schlachten, die dieselben Athener gewannen. Das augusteische ist bekannter durch einen Cicero, Ovid, Horaz und Virgil als durch die Ächtungslisten des grausamen Kaisers, der schließlich doch einen guten Teil seines Nachruhms der Leier des Horaz verdankt. Das Jahrhundert des großen Ludwig ist gefeierter um solcher Größen willen wie Corneille, Racine, Molière, Boileau, Descartes, Coypel, Le Brun, Regnaudin, als durch den über alles Maß gelobten Rheinübergang, die Belagerung von Mons, an der Ludwig in Person teilnahm, und die Schlacht bei Turin, die Marsin auf allerhöchsten Befehl den Herzog von Orléans verlieren ließ.

Die Könige ehren die ganze Menschheit in der Auszeichnung und Belohnung derer, die ihr am meisten Ehre machen; wer wäre das sonst als die überragenden Geister, die der Vervollkommnung unserer Erkenntnis, dem Dienste der Wahrheit sich weihen, die keinem irdischen Werte nachfragen, um das rein geistige Element zu immer höherer Vollendung zu steigern? Wie die Weisen die Leuchten der Welt sind, so sollten sie eigentlich ihre Gesetzgeber sein.

Glücklich die Herrscher, die selbst diese Wissenschaften pflegen, die da mit Cicero, dem römischen Konsul, dem Befreier seines Vaterlandes, dem Altmeister der Redekunst, denken: »Die Wissenschaft bildet die Jugend heran, beschert den reiferen Jahren seinen schönsten Reiz; dem Glück gibt sie höheren Glanz, dem Unglück Trost; sie macht in unseren vier Wänden, im fremden Hause, auf der Reise, in der Einsamkeit, zu allen Zeiten wie an jedem Orte die Wonne unseres Daseins aus.«

Lorenzo von Medici, der Größte seines Volkes, war für Italien der Friedebringer und zugleich der Erneuerer der Wissenschaften; sein redlicher

Sinn gewann ihm das Vertrauen aller Fürsten insgesamt. Mark Aurel, einer der größten Kaiser Roms, vereinte Feldherrnglück mit der Weisheit des Philosophen; er hielt sich in seiner Lebensführung aufs strengste an die Sittenlehre, die er bekannte. Schließen wir mit seinem Wort: »Einem Könige, den Gerechtigkeit leitet, ist die Welt ein Tempel, darinnen die guten Menschen als Priester des Opferdienstes walten.«

Ratgeber der Fürsten

Zwei Arten von Fürsten gibt es in der Welt: die einen wollen mit eigenen Augen sehen und die Regierung ihrer Staaten selber in der Hand behalten, die anderen verlassen sich ganz auf die Ehrlichkeit ihrer Minister und lassen sich von denen leiten, die Einfluß auf sie gewonnen haben.

Die Herrscher der ersten Gattung sind die Seele ihrer Staaten; auf ihnen allein ruht das volle Gewicht der Regierung wie die Welt auf den Schultern des Atlas. Sie regeln die äußeren wie die inneren Angelegenheiten, alle Verordnungen, Gesetze, Erlasse gehen von ihnen aus; sie füllen zur selben Zeit das Amt eines Justizministers aus, des Oberfeldherrn wie des Finanzministers, kurz, alles, was nur irgend für den Staat von Wichtigkeit sein kann, geht durch ihre Hand. Ihnen stehen zur Seite, nach dem Vorbilde Gottes, dem als die Vollstrecker seines Willens geistige Wesen von höherer Art denn der Mensch gesellt sind, scharfsichtige und arbeitsfrohe Geister, um ihre Absichten auszuführen und im einzelnen zu verwirklichen, was sie in großen Zügen entworfen haben. Ihre Minister sind eigentlich nur Werkzeuge in der Hand eines weisen und geschickten Meisters.

Die Herrscher der zweiten Gattung sind, aus angeborener Trägheit oder weil ihnen der Genius fehlt, wie versunken in einen Abgrund von Gleichgültigkeit. Wie man nun einen Ohnmächtigen durch starke ätherische und balsamische Gerüche wieder ins Leben zurückruft, genau so muß ein Staat, der infolge der Schwäche seines Herrn ohnmächtig daniederliegt, durch den Geist und das Feuer eines Ministers, der fähig ist, die Mängel seines Herrn zu ersetzen, wieder aufgerichtet werden. In diesem Falle ist der Fürst nur das Werkzeug seines Ministers, seine Bedeutung beschränkt sich höchstens darauf, vor dem Volke dem leeren Schemen der Königshoheit sichtbare Gestalt zu geben; seine Person ist für den Staat so entbehrlich, wie die des Ministers unentbehrlich ist. Bringt für den Fürsten der ersten Art die rechte Wahl seiner Minister nur eine Arbeitserleichterung ohne erheblichen Einfluß auf das Wohl des Volkes, so hängt beim Fürsten der zweiten Gattung geradezu alles von dieser Wahl ab: das Wohl und Wehe des Volkes wie sein eigenes.

Es ist für einen Fürsten gar nicht so leicht, wie man meint, die Sinnes- und Gemütsart der Männer, die er für seinen Dienst aussieht, recht zu ergründen; denn so schwer es dem Fürsten gemacht ist, sein inneres Wesen vor den Augen der Welt zu verhehlen, so leicht hat es der einzelne, vor dem Auge des Herrn eine falsche Rolle zu spielen. Mit dem inneren Wesen der Höflinge ist es wie mit dem Gesicht geschminkter Frauen: mit vieler Kunst erreichen sie es, daß einer genau dem anderen gleicht. Könige sehen die Menschen niemals, wie sie in Wirklichkeit sind, sondern nur so, wie sie erscheinen wollen. Ein Mensch beim Hochamt im Augenblick der Weihe, ein Höfling bei Hof in der Gegenwart des Fürsten, und derselbe im Freundeskreise – jedesmal wird das ein völlig anderer Mensch sein; der Cato des Hofes gilt als der Anakreon der Stadt; der Weise vor der Öffentlichkeit ist ein Narr daheim, und wer mit lauter Stimme ein großes prunkendes Wesen von seiner Tugend macht, vernimmt in seinem Innern die leise Stimme seines Gewissens, die ihn schmählich Lügen straft.

Doch hier handelt es sich nur um Verstellung gewöhnlicher Art. Nun laßt aber erst einmal selbstsüchtige, laßt ehrgeizige Zwecke mit dareinreden, laßt sie sich um eine erledigte Stelle drängen mit einem Eifer, wie die zahlreiche Freierschar Penelope umwarb! Mit der Habgier eines Höflings wächst seine Dienstbeflissenheit für seinen Fürsten und seine Achtsamkeit auf sich selbst; alle Mittel der Betörung, auf die sein Geist verfällt, sind ihm recht, wenn es gilt, sich angenehm zu machen; er schmeichelt dem Fürsten, teilt seinen Geschmack, heißt seine Leidenschaften gut – ein Chamäleon, bereit, jede Farbe seiner Umgebung anzunehmen.

Ohne Mühe wird ein Fürst von Geist sich ein Urteil bilden über das Genie und die Fähigkeiten seiner Diener. Aber fast ein Ding der Unmöglichkeit ist es für ihn, ein rechtes Bild zu gewinnen von dem Grade ihrer Selbstlosigkeit und Treue; besteht doch gewöhnlich darin die ganze Kunst der Minister, ihre Ränke und Schliche vor dem geheim zu halten, der, wenn er dahinter käme, berechtigt wäre, sie zu bestrafen.

Oft erlebt man es, daß Menschen im Scheine der Untadligkeit dastehen, nur weil es ihnen an der Gelegenheit fehlte, sich als das Gegenteil zu entpuppen, daß sie aber, kaum daß ihre Tugend auf die erste Probe gestellt ward, auf alle Ehrbarkeit verzichteten. Ehe Tiberius, Nero, Caligula auf den Thron gelangt waren, wußte in Rom kein Mensch ihnen etwas Arges nachzusagen; wer weiß, ob nicht ihre Ruchlosigkeit in der Entwicklung steckengeblieben wäre, ohne die Gelegenheit, die ihr Luft machte, die gleichsam den Keim ihrer Niedertracht erst aufgehen ließ.

Es gibt Menschen, bei denen sich eine Fülle von Geist, Weltgewandtheit und Fähigkeiten zu dem schwärzesten, undankbarsten Gemüte gesellt, und wieder andere mit allen Vorzügen des Herzens ohne jene lebendige und glänzende Treffsicherheit, die dem Genie eigen ist. Da haben denn kluge

Fürsten gewöhnlich solchen Männern, bei denen die Gemütsseite überwog, den Vorzug gegeben für die Verwendung im inneren Staatsdienst; für ihre auswärtigen Verhandlungen dagegen bedienten sie sich lieber der lebhaften und feurigen Köpfe. Mit gutem Grunde, denke ich: handelt es sich nur um die Aufrechterhaltung von Ordnung und Recht im eigenen Lande, so ist Redlichkeit dafür Bürgschaft genug; gilt es aber, den Nachbar durch Scheingründe hinters Licht zu führen, den Pfad des Ränkespiels zu beschreiten und sogar Bestechungen anzuwenden, wozu Gesandte im Ausland oftmals gezwungen sind, dann ist es mit der Ehrlichkeit nicht getan, das liegt auf der Hand, dann braucht es Witz und Geschmeidigkeit.

Ich meine, ein Fürst kann Treue und Diensteifer gar nicht genug belohnen eine Erkenntlichkeit, die uns schon unser natürliches Gerechtigkeitsgefühl zum unabweisbaren Bedürfnis macht. Außerdem aber gebietet es den Großen der eigene Nutzen, Dankbarkeit mit ebensoviel Hochherzigkeit zu üben, wie sie mit Milde strafen sollen. Kommt ein Minister dahinter, daß die Tugend gar kein so schlechtes Geschäft ist, so fühlt er sich ganz gewiß nicht mehr auf verbrecherische Streiche angewiesen und wird sich lieber die Wohltaten des eigenen Herrn gefallen lassen als die Bestechungen eines fremden. So begegnen sich hier durchaus die Forderung der Gerechtigkeit und die der Weltklugheit, und wollte einer, statt großmütige Dankbarkeit zu üben, die Zuneigung seiner Minister auf eine gefährliche Probe stellen – ich weiß nicht, was dabei bedenklicher wäre: seine Herzlosigkeit oder sein Unverstand.

Manche Fürsten verfallen wieder in einen anderen Fehler, der ihrem wahren Vorteil genau so zuwiderläuft: sie wechseln ihre Minister mit bodenloser Leichtfertigkeit und ahnden mit übertriebener Härte die geringfügigsten Fehle. Arbeitet ein Minister unmittelbar unter den Augen seines Fürsten, so kann dem Herrn nach einer geraumen Amtsdauer unmöglich entgehen, wo jener etwa versagt; je scharfsichtiger er ist, desto leichter kommt er dahinter. Da wird denn ein Herrscher ohne philosophische Besonnenheit gar bald die Geduld verlieren, wird außer sich geraten über die Schwächen seines Beamten, wird ihm seine Gnade entziehen, ihn fallen lassen. Ein Fürst, der tiefer denkt, kennt die Menschen besser: er weiß sie allzumal gezeichnet mit dem Mal der Menschlichkeit, wie es denn nichts Vollkommenes hienieden gibt; er weiß, daß alle wertvollen Eigenschaften gewissermaßen durch große Mängel aufgewogen werden, und daß ein Genie aus dem Guten wie dem Schlechten seinen Vorteil ziehen muß. Aus diesem Grunde behält er lieber, wofern keine Pflichtvergessenheit im Spiel ist, seine Minister mit ihren guten wie ihren schlechten Eigenschaften bei, hält sich lieber an die, die er schon ausgeprobt hat, statt es mit neuen, die er vielleicht fände, zu versuchen. So wird ein Musiker von Verstand sein altes Instrument, dessen Vorzüge und Schwächen ihm geläufig sind, einem neuen von unbekannter Güte vorziehen.

Diplomatische Verhandlungen und gerechte Ursachen zum Kriege

Wir sahen, mit welchen Mitteln trüglicher Darstellung Machiavell in diesem Werke versucht, uns etwas vorzumachen, uns Verbrechernaturen als große Persönlichkeiten aufzuschwatzen.

Ich habe mich meinerseits bemüht, ihn zu widerlegen und die Welt, in der uns so oft ganz irrige Vorstellungen von der Staatskunst der Fürsten begegnen, eines Besseren zu belehren. Da wies ich nach, daß es nur eine Fürstenweisheit gibt: sein Bestes zu tun und im Staate möglichst der Vollkommenste zu sein; daß des Fürsten eigenster Vorteil ein Leben nach Recht und Gerechtigkeit von ihm erfordere, damit ihm die peinliche Zwangslage erspart bleibe, an anderen verdammen zu müssen, was er sich selber als sein gutes Recht nachsieht. Mit glanzvollen Großtaten, die doch nur der Sättigung der Ehr- und Ruhmsucht dienen, ist gar nichts getan; jede Leistung für das Glück der Menschheit, jede Leistung, die drohendem Verderben vorbeugt, steht unendlich höher an Wert. Darin erkannte ich das einzige Mittel für einen Herrscher, seinen Namen und Ruf auf Felsengrund zu bauen und es sich redlich zu verdienen, daß sein Ruhm ungetrübt und unverdunkelt bis auf die fernste Nachwelt komme.

Nun will ich hier zwei Betrachtungen anschließen; die eine betrifft die Arten diplomatischer Verhandlung, die andere gilt der Frage: wie sieht wohl für einen Herrscher ein vollwichtiger Anlaß aus, um sich auf einen offenen Krieg einzulassen?

Gesandte, die von ihren Fürsten an fremden Höfen gehalten werden, sind privilegierte Spione zur Überwachung des Königs, bei dem sie weilen. Ihre Aufgabe ist, hinter dessen Absichten zu kommen, jeden seiner Schritte aufzuklären, all seinen Handlungen auf den Grund zu gehen, um den eigenen Herrn auf dem laufenden zu halten und ihn, sobald sie etwas wittern, was dem Vorteil des Gebieters Eintrag tun könnte, rechtzeitig zu benachrichtigen. Ein Hauptgegenstand ihrer Sendung ist die Pflege freundschaftlichen Einvernehmens zwischen den Herrschern; freilich sind sie nur zu oft, statt Meister der Friedenskunst, Werkzeuge des Krieges. Sie wissen mit dem Köder der Bestechung die geheiligtesten Bande des Geheimnisses zu lösen; sie sind geschmeidig, gefällig, geschickt und verschlagen. Ihre Eigenliebe geht Hand in Hand mit ihrer Pflicht, und so dienen sie ihrem Herrn mit ganzer Hingebung.

Vor den Bestechungsversuchen und Kunstgriffen dieser Spione sollen Fürsten auf der Hut sein. Unbedingt muß die Regierung auf jeden ihrer Schritte ein Auge haben und über sie unterrichtet sein, um jede ihrer Maßregeln vorweg erraten und ihren gefährlichen Folgen zuvorkommen zu können, auch jedes Geheimnis vor den Augen dieser Luchse hüten, dessen Offenbarung die Klugheit verbietet. Ins Unberechenbare aber wächst ihre immer vorhandene Gefährlichkeit mit der steigenden Wichtigkeit ihres Auftrags. Alsdann können die Fürsten gar nicht streng genug das Verhalten ihrer eigenen Staatsdiener im Auge behalten, ob nicht etwa bereits ein Danae-Regen ihre Tugendstrenge gebrochen hat.

In Zeiten ernster Entscheidungen, wo es sich um Verträge und Bündnisse handelt, muß die Klugheit eines Herrschers ganz besonders auf der Hut sein. Da soll er die Vertragspflichten, die er auf sich nehmen will, nach ihrer Tragweite in jeder Richtung prüfend zergliedern, ob ihre Erfüllung nicht etwa das Maß seiner Kräfte übersteige; da soll er sich die Verträge, die man ihm unterbreitet, nach allen Seiten genau auf ihre möglichen Folgen ansehen, ob hier auch eine Grundlage gefunden ist für seiner Völker Wohlergehen, ihren tatsächlichen Nutzen, oder ob es sich nur um einen Notbehelf des Augenblicks handelt, ein Machwerk der berechnenden List fremder Herrscher. Zu allen diesen Vorsichtsmaßregeln gehört aber auch eine gewissenhafte Prüfung aller Ausdrücke; da muß der wortklauberische Grammatiker den Vortritt haben vor dem gewiegten Staatsmanns, damit Geist und Wortlaut des Vertrages keine falsche Auslegung erfährt. Soviel ist gewiß, auch Große haben noch nie die Zeit bedauert, die sie an ein Wägen vor dem Wagen gewandt haben, weil sie in der Folge die Verbindlichkeiten, die sie eingegangen waren, nicht zu bereuen brauchten; zum mindesten hat, wer keinen Rat höherer Einsicht unberücksichtigt ließ, sich weniger Vorwürfe zu machen als der, der mit Feuer einen Entschluß faßte, um ihn mit Übereilung auszuführen.

Nicht alle Verhandlungen liegen in den Händen beglaubigter Gesandter; oft schickt man auch Leute ohne amtliche Eigenschaft an einen dritten Ort, um dort in völlig unverdächtiger Weise Vorschläge zu machen. Auf diese Art kamen die Präliminarien zum letzten Frieden zwischen dem Kaiser und Frankreich zustande, ohne Vorwissen des Reichs und der Seemächte. Bei einem am Rhein angesessenen Reichsgrafen ward dies Abkommen getroffen.

Viktor Amadeus, gewandt und gewitzigt wie kein Fürst seiner Zeit, verstand sich ganz unvergleichlich auf die Kunst, seine Absichten in Dunkel zu hüllen. Mehr als einmal täuschte er die Welt mit seinen listigen Anschlägen, unter anderem, als der Marschall Catinat in einer Mönchskutte und unter dem Scheine priesterlicher Bemühung um das ewige Heil dieser Königsseele ihn der Partei des Kaisers abwendig und zu einem Anhänger der Sache Frankreichs machte. Die Verhandlung, immer unter vier Augen, ward mit solchem Geschick geführt, daß das neue Bündnis zwischen Frankreich und Sardinien den Staatsmännern jener Tage als unerwartetes, unerhörtes Ereignis erschien.

Dies Beispiel führe ich nicht etwa an, um das Verhalten von Viktor Amadeus zu rechtfertigen; meine Feder verzeiht einem Könige so wenig Falschheit, wie sie einem Bürger Untreue nachsieht. Ich will nur darauf hinweisen, was Verschwiegenheit und Gewandtheit unter Umständen wert ist – Voraussetzung bleibt dabei immer, daß unsere Zwecke nicht unwürdig und unredlich sind.

So gilt denn als allgemeine Regel, daß Fürsten für schwierige Verhandlungen die überlegensten Köpfe auswählen sollen, Männer, die nicht nur über die nötige Verschlagenheit und Geschmeidigkeit verfügen, um sich überall leicht Eingang zu schaffen, sondern auch den rechten Blick haben, um die Geheimnisse des Herzens aus dem Auge abzulesen, verstohlene Absichten der anderen aus ihren Gebärden, aus ihren scheinbar unverfänglichsten Handlungen, damit ihrem Spürsinne nichts entgehe und alles vor der Überlegenheit ihres Verstandes offen daliege.

Nur insoweit sollten Herrscher von Listen und Kunstgriffen Gebrauch machen, wie eine eben umschlossene Stadt sich der Leuchtkugeln bedient, das heißt, nur um die Pläne ihrer Feinde zu entdecken. Wenn sie im übrigen offen und aufrichtig vorgehen, werden sie unfehlbar das Vertrauen Europas gewinnen und ohne schändliche Mittel ihr Gedeihen finden, zu Macht und Bedeutung gelangen lediglich durch das, was sie persönlich wert sind. Alle Verhandlungen von Staat zu Staat haben naturgemäß nur einen Endzweck: das ist der Friede und das Wohlergehen des Landes. In diesem Mittelpunkt müssen alle Wege der Staatskunst immer wieder zusammenlaufen.

Die Ruhe Europas ist in erster Linie bedingt durch die Erhaltung eines weisen Gleichgewichts, das darin besteht, daß dem Übergewichte einzelner Herrscher die vereinigten Kräfte der anderen Mächte die Wage halten. Jede Störung dieses Gleichgewichtes beschwört die Gefahr einer allgemeinen Umwälzung herauf und des Emporkommens einer neuen Monarchie auf den Trümmern der Fürstentümer, die ihre Uneinigkeit schwach und kraftlos machte.

So scheint es eine Lebensfrage für die Fürsten Europas, niemals die Verhandlungen, Verträge und Bündnisse aus den Augen zu verlieren, durch die die Aufrechterhaltung eines gewissen Gleichgewichts unter den machtvollsten Herrschern ermöglicht wird, und ängstlich alles zu vermeiden, was das Unkraut der Zwietracht zwischen ihnen aussäen könnte; denn früher oder später würde es sich zu ihrem Verderben auswachsen. Ausgesprochene Vorliebe und Abneigung für und wider die eine oder andere Nation, Vorurteile nach Frauenweise, Zank und Händel der einzelnen, kleine Sonderzwecke, Belanglosigkeiten dürfen niemals den Blick eines Mannes trüben, der ganzen Völkern ein Führer ist. Da heißt es, den Blick auf das Ganze richten und der Hauptsache ohne Zaubern Nebendinge zum Opfer bringen. Große Fürsten haben noch stets ihr eigenes Ich hinter dem einen Gedanken an das Staatswohl zurücktreten lassen; daß sie jeder Voreingenommenheit sich gewissenhaft entledigt haben, um ihrer eigentlichen Aufgabe um so ungeteilter zu gehören, versteht sich dabei von selbst. Die Abneigung der Nachfolger Alexanders, sich gegen die Römer zu verbünden, erinnert an den Widerwillen mancher Leute gegen den Aderlaß; dabei kann eine Versäumnis ein hitziges Fieber oder Blutspeien zur Folge haben, wo dann oft gar kein Mittel mehr hilft. So ist in Staatsfragen ein unparteiischer, von keinem Vorurteil beirrter Geist ebenso vonnöten wie in der Rechtsprechung: dort, um auf Schritt und Tritt dem Gebot der Weisheit treu zu bleiben, hier, um niemals wider das Gebot der Gerechtigkeit zu verstoßen.

Die Welt wäre glücklich daran, bedürfte es keiner anderen Mittel als der Verhandlungen, um dafür zu sorgen, daß Recht Recht bleibe, und um den Frieden unter den Völkern immer wieder herzustellen. Dann gäbe es an Stelle der Waffen Gründe und Gegengründe, statt der Halsabschneidereien einen Austrag zwischen den Meinungen hüben und drüben. Es ist eine traurige Notwendigkeit, daß Fürsten sich einen letzten Weg offen halten müssen, einen Weg, der viel grausamer, verhängnisvoller und hassenswerter ist. Es gibt Umstände, da muß Waffengewalt die Freiheit der Völker wider die Unterdrückung durch Unrecht schirmen, Fälle, da wir im guten nichts ausrichten und der Unbilligkeit abtrotzen müssen, was sie uns weigert, Fälle, da die Fürsten, die geborenen Schiedsrichter der Völkerzwiste, diese nicht anders zu schlichten wissen als im Messen ihrer Kräfte, indem sie ihre Sache dem Schlachtenlos anheimstellen. In solchen Fällen wird zur Wahrheit, was so gewagt klingt: erst ein guter Krieg schafft und sichert einen guten Frieden.

Wir wollen uns nunmehr die Frage vorlegen, wann ein Herrscher einen Krieg verantworten kann, ohne sich über das vergossene Blut seiner Untertanen Vorwürfe machen zu müssen, wann es ohne zwingende Notwendigkeit und wann es aus Eitelkeit und Hoffart geschieht.

Von allen Kriegen die gerechtesten und unvermeidlichsten sind die Verteidigungskriege, sobald Feindseligkeiten ihrer Gegner die Fürsten zu wirksamen Gegenmaßregeln wider ihre Angriffe zwingen und sie Gewalt mit Gewalt abwehren müssen. Dann liegt in der Stärke ihres Armes aller Schutz wider die nachbarliche Begehrlichkeit, und alle Bürgschaft für die Ruhe ihrer Untertanen in der Tapferkeit der Truppen; und genau wie der im Recht ist, der einen Dieb, den er beim Einbruch ertappt, aus dem Hause jagt, so ist es eine Tat im Namen des Rechtes, wenn ein Großer oder ein König mit Waffengewalt einen Usurpator zwingt, aus seinen Staaten zu weichen.

Nicht weniger wohlbegründet als die genannten Kriege sind solche, mit denen ein Herrscher bestimmte Rechte oder bestimmte Ansprüche, die man ihm bestreiten will, behauptet. Über Könige gibt es keinen Gerichtshof, keine Obrigkeit hat über ihre Händel ein Urteil zu fällen, so muß denn das Schwert über ihre Rechte und die Stichhaltigkeit ihrer Beweismittel entscheiden. Das ist die Art, wie Fürsten ihren Rechtsstreit führen: mit den Waffen in der Hand. So zwingen sie, wenn es ihnen gelingt, ihre Neider, der Gerechtigkeit ihrer Sache die Bahn freizugeben. So dienen denn solche Kriege der Erhaltung des Rechtszustandes in der Welt und der Verhütung der Völkerknechtung: das heiligt ihre Anwendung, ja macht sie unerläßlich.

Auch Angriffskriege gibt es, die ihre Rechtfertigung in sich tragen, ebenso wie die eben besprochenen: es sind das die vorbeugenden Kriege, wie sie Fürsten wohlweislich dann unternehmen, wenn die Riesenmacht der größten europäischen Staaten alle Schranken zu durchbrechen und die Welt zu verschlingen droht. Man sieht ein Unwetter sich zusammenziehen, allein vermag man es nicht zu beschwören, da vereinigt Man sich mit allen den Mächten, die gemeinsame Gefahr zu Schicksalsgefährten macht. Hätten sich gegen die Römermacht alle übrigen Völker zusammengetan, niemals hätte jene so viele große Reiche zu stürzen vermocht; eine mit Weisheit entworfene Bundesgenossenschaft und ein Krieg, mit frischem Mut unternommen, hätten all jenen Plänen des Machthungers, deren Durchführung die Welt in Ketten schlug, vor der Zeit ein Ende bereitet.

Klugheit empfiehlt immer die Wahl des kleineren Übels und ein Handeln, solange man seines Handelns Herr ist. Besser also, zum Angriffskriege schreiten, solange man noch zwischen Ölzweig und Lorbeer zu wählen hat, als bis zu dem Zeitpunkt warten, wo alles so verzweifelt steht, daß eine Kriegserklärung nur noch einen kurzen Aufschub der völligen Knechtung und des Unterganges bedeutet. So quälend die Lage für einen Fürsten ist, ihm bleibt nichts Besseres, als seine Kräfte zu gebrauchen, bevor ihm die feindlichen Maßnahmen die Hände binden und ihm die Freiheit zu handeln nehmen.

Auch ein Bundesverhältnis kann Fürsten in die Kriege ihrer Verbündeten hineinziehen, wenn sie diesen die vertragsmäßig festgesetzten Hilfstruppen zuführen. Da Fürsten nun einmal nicht ohne Allianzen bestehen können, weil nur selten oder nie sich einer aus eigener Kraft zu halten vermag, so verpflichten sie sich zu gegenseitiger Hilfeleistung in der Not, zu wechselseitiger Stellung von Hilfstruppen in ganz bestimmter Zahl, eine Maßnahme, die der Erhaltung ihrer Stellung wie ihrer Sicherheit gleichermaßen dient. Erst der Gang der Ereignisse entscheidet darüber, wer von den Bundesgenossen die Vorteile ihres Verhältnisses genießt. Aber da die Gelegenheit, die heute dem einen Teilnehmer gewogen ist, morgen bei veränderter Sachlage dem hold sein kann, der die Hilfstruppen stellt, so ist es ein Gebot fürstlicher Weisheit, die Vertragspflicht heilig zu halten und sie mit peinlicher Sorgfalt zu erfüllen, um so mehr, als es im Interesse der Völker liegt, daß die Schutzmacht der Herrscher durch solche Bündnisse verstärkt und dadurch den Feinden furchtbarer gemacht wird.

So sind denn also alle Kriege, die, nach strenger Prüfung, der Abwehr eines Usurpators, der Aufrechterhaltung wohlverbriefter Rechte, der Sicherung der Freiheit der Welt, der Notwehr wider Bedrückung und Gewalttat durch die Ehrgeizigen dienen, in Übereinstimmung mit den Forderungen des Rechtes und der Billigkeit. Beginnt ein Landesherr einen Krieg dieser Art, so ist er unschuldig an dem vergossenen Blut: er befand sich in der Zwangslage, handeln zu müssen, und unter solchen Umständen ist der Krieg ein geringeres Übel als der Friede.

Der Gegenstand bringt mich von selbst auf die Fürsten, die mit dem Blute ihrer Untertanen einen niederträchtigen Schacher treiben. Ihre Truppen gehören dem Meistbietenden. Das ist die reine Versteigerung, wo die, die in Form von Subsidien das größte Angebot machen, die Soldaten dieser unwürdigen Landesfürsten zur Schlachtbank führen. Erröten müßten sie ob ihrer Verkommenheit, das Leben von Menschen zu verkaufen, die sie landesväterlich beschützen sollten! Diese kleinen Tyrannen sollten die Stimme der Menschlichkeit hören, die einen solchen grausamen Mißbrauch der Macht verabscheut, die ihnen darum auch jede Würdigkeit abspricht, eine höhere Stufe einzunehmen und eine Krone zu tragen.

Über Religionskriege sage ich hier nur so viel, daß ein Herrscher alles daransetzen soll, sie zu vermeiden. Im übrigen ist kein Wort zu scharf für den verbrecherischen Mißbrauch, der sich für jegliches Tun die Worte: Gerechtigkeit und Billigkeit anmaßt, der sich der gottlosen Lästerung nicht schämt und mit seinem abscheulichen Machtstreben sich hinter den Namen des Höchsten steckt. Grenzenlose Verruchtheit gehört dazu, die Welt mit so dreistem Vorgeben betrügen zu wollen. Die Fürsten sollten wirklich mit dem Blute ihrer Völker einigermaßen haushälterisch umgehen und nicht durch unsinnigen Mißbrauch der Tapferkeit ihrer Krieger deren Leben verschleudern.

Der Krieg ist ein solcher Abgrund des Jammers, sein Ausgang so wenig sicher und seine Folgen für ein Land so verheerend, daß es sich die Landesherren gar nicht genug überlegen können, ehe sie ihn auf sich nehmen. Ich rede gar nicht von all der Unbill und den Gewalttaten, die sie an ihren Nachbarn begehen; ich beschränke mich nur auf das Unheil, das über ihre eigenen Untertanen hereinbricht.

Ich bin überzeugt, sähen die Könige einmal ein schonungsloses Bild von all dem Elend des Volkes, es griffe ihnen ans Herz. Doch ihre Einbildungskraft ist nicht lebendig genug, sich all die Leiden, die an sie in ihrer Stellung gar nicht herankommen, in ihrer wahren Gestalt vorzustellen. Man sollte einem Herrscher, den feuriger Ehrgeiz zum Kriege treibt, all das Verhängnis in seiner Gefolgschaft, das seine Untertanen auszubaden haben, einmal vor Augen rücken: die Steuerlast, unter der das Volk erliegt, die Aushebungen, die einem Lande seine gesamte Jugend hinwegnehmen, in den Heeren die ansteckenden Seuchen, wo Tausende elendiglich zugrunde gehen; die mörderischen Belagerungen, die noch grausameren Schlachten, die Verwundeten, Verkrüppelten, die mit ihren Gliedern das letzte Mittel, ihr Dasein zu fristen, einbüßen; all die Waisen, denen das feindliche Eisen die genommen hat, die sie vor Todesgefahr zu decken wußten, sie, die nun ihrem Fürsten der Kinder Leben, alles, was die nährte und erhielt, zum Opfer gebracht haben; soviel dem Staate wertvolles Leben geerntet, ehe es reif ward! Kein Tyrann hat noch je solche Schrecknisse kalten Blutes zu begehen vermocht. Ein Fürst, der einen ungerechten Krieg anfängt, ist grausamer als ein Tyrann. Er bringt seiner ungebärdigen Leidenschaft das Leben, das Glück, die Gesundheit von Tausenden zum Opfer, die er beschützen und glücklich machen müßte, anstatt sie so leichtherzig den bittersten Heimsuchungen preiszugeben, vor denen die Menschheit zu bangen hat. Genug, die Walter und Herren der Welt können nicht vorsichtig und umsichtig genug jeden ihrer Schritte bedenken, können nicht sparsam genug mit dem Leben der Ihren geizen; denn jene sind nicht ihre Hörigen, sie sollen ihresgleichen in ihnen sehen, in gewissem Sinne sogar ihre Gebieter.

Ehe ich schließe, eine Bitte an die fürstlichen Leser: keiner darf sich durch die Freiheit, mit der ich hier zu ihm sprach, gekränkt fühlen. Aufrichtigen Herzens, ohne jemandem zu schmeicheln, nur der Wahrheit die Ehre zu geben, das war mein Bestreben. Ich habe von den jetzt regierenden Fürsten eine zu hohe Meinung, um sie nicht für würdig zu halten, die Wahrheit anzuhören. Vor Unmenschen, Tyrannen, vor einem Tiberius, einem Borgia muß man mit ihr zurückhalten: sie schlüge ihren Verbrechen, ihrer Schurkerei allzu grob ins Angesicht. Dank sei dem Himmel, unter den Herrschern Europas findet sich kein einziger Unhold dieser Art. Doch das wissen wir, wie sie selber auch, daß sie über Menschenschwachheit keineswegs erhaben sind, und das schönste Lob ist es für sie, wenn ich sage: vor ihnen darf man kühnlich alle Schuld der Könige geißeln, jeglichen Verstoß wider die Gerechtigkeit und wider menschliches Empfinden.

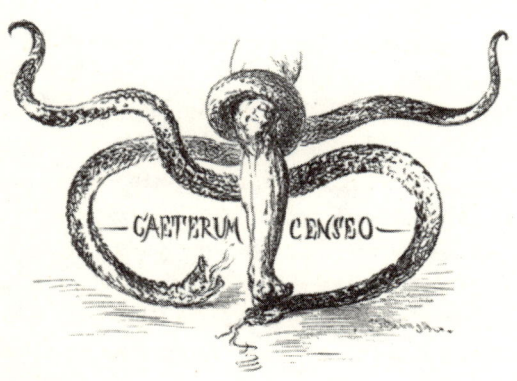

Regierungsformen und Herrscherpflichten
(1777)

Wir finden, wenn wir auf die fernste Vorzeit zurückblicken, daß die Völker, von denen uns Kunde ward, ein Hirtenleben führten und keinen gesellschaftlichen Körper bildeten. Ein ausreichendes Zeugnis dafür gibt der Bericht der Genesis über die Geschichte der Patriarchen. Vor dem kleinen jüdischen Volk lebten jedenfalls auch die Ägypter sippenweise verstreut in den Gegenden, die der Nil nicht überschwemmte, und es sind ohne Zweifel viele Jahrhunderte verflossen, bevor dieser Strom so weit bezwungen war, daß die Einwohner sich in Dörfern sammeln konnten. Aus der griechischen Geschichte erfahren wir die Namen der Städtegründer und der Gesetzgeber, die das Volk zuerst zu einem Staatskörper zusammenfaßten. Lange blieb auch diese Nation so ungesittet wie alle Bewohner unseres Erdballs.

Wären die Annalen der Etrusker, der Samniten, Sabiner usw. auf uns gekommen, so würden sie uns sicherlich lehren, daß diese Völker in Familienverbände zersplittert waren, bevor sie sich sammelten und Einheiten wurden. Die Gallier bildeten schon, ehe Julius Cäsar sie unterwarf, größere Gemeinschaften. Dagegen war Großbritannien, scheint es, noch nicht so weit entwickelt, als derselbe Eroberer zum erstenmal mit den römischen Truppen hinüberging. Die Germanen standen zur Zeit dieses großen Mannes erst auf der Stufe der Irokesen, der Algonkins und ähnlicher wilder Völkerschaften; sie lebten nur von Jagd und Fischfang und von der Milch ihrer Herden. Ein Germane glaubte sich zu erniedrigen, wenn er den Erdboden anbaute; für diese Arbeiten verwendete er seine kriegsgefangenen Sklaven. Überdies bedeckte der Herzynische Wald fast gänzlich die weitgedehnte Länderfläche, die nun Deutschland bildet. Das Volk konnte nicht zahlreich sein, da es an genügender Nahrung fehlte. Zweifellos liegt darin der wahre Grund für die ungeheuren Wanderungen der nordischen Völker, die sich auf den Süden stürzten, um völlig urbar gemachte Länder und ein minder rauhes Klima zu gewinnen.

Man erstaunt, wenn man sich vorstellt, daß das Menschengeschlecht so lange in einem Zustand der Wildheit, ohne staatliche Gemeinschaften zu bilden, hinleben konnte, und eifrig forscht man nach dem Vernunftgrund, der es vermochte, die Menschen so weit zu bringen, daß sie sich zu Volkskörpern zusammenschlossen. Unzweifelhaft haben die Gewalttaten und Plündereien benachbarter Horden in den vereinzelten Sippen den Gedanken wachgerufen, sich mit anderen Familienverbänden zusammenzuschließen, um ihre Besitztümer in gegenseitiger Verteidigung zu schützen. Daraus entsprangen die Gesetze, die den Gemeinschaften beibringen, daß das Interesse der Allgemeinheit dem persönlichen Wohl des Einzelnen vorangehe. Ohne

Bestrafung zu gewärtigen, wagte seitdem niemand, sich fremden Gutes zu bemächtigen oder das Leben des Nächsten anzutasten. Jeder mußte Weib und Güter des anderen als geheiligte Werte anerkennen, und wenn die Gesamtheit angegriffen war, mußte jeder Einzelne zu Hilfe eilen.

Die große Wahrheit, daß wir gegen die anderen so handeln sollen, wie wir von ihnen behandelt zu werden wünschen, wird zur Grundlage der Gesetze und des Gesellschaftsvertrags. Hier ist der Ursprung der Liebe zum Vaterland, in dem wir das Obdach unseres Glückes erblicken. Da jedoch die Gesetze ohne unaufhörliche Überwachung weder fortbestehen noch Anwendung finden konnten, so bildeten sich Obrigkeiten heraus, die das Volk erwählte und denen es sich unterordnete. Man präge sich dies wohl ein: Die Aufrechterhaltung der Gesetze war der einzige Grund, der die Menschen bewog, sich Obere zu geben; denn das bedeutet den wahren Ursprung der Herrschergewalt. Ihr Inhaber war der erste Diener des Staates. Hatten die Volksgemeinschaften im Entstehen etwas von den Nachbarn zu befürchten, so bewaffnete dies Oberhaupt das Volk und setzte schleunig die Verteidigung der Bürger ins Werk.

Der allgemeine Trieb der Menschen, sich den größtmöglichen Glücksanteil zu verschaffen, gab Anlaß zur Bildung der unterschiedlichen Regierungsformen. Die einen glaubten, dies Glück zu finden, wenn sie etlichen weisen Männern die Führung überließen; daher entstand die aristokratische Regierung. Andere entschieden sich für die Oligarchie, Athen und die meisten anderen Republiken Griechenlands wählten die Demokratie. Persien und der übrige Orient beugten sich unter den Despotismus. Die Römer hatten eine Zeitlang Könige; als sie aber der gewalttätigen Tarquinier müde wurden, wandelten sie die Form ihrer Regierung in Adelsherrschaft. Bald danach bekam das Volk die Härte der Patrizier satt, die es wucherisch bedrückten. Es trennte sich von ihnen und kehrte nicht früher wieder nach Rom zurück, als bis der Senat die Tribunen bestätigte, die das Volk zum Schutz gegen die Vergewaltigung durch die Großen gewählt hatte; von da ab ward das Volk beinahe zum Träger der höchsten Machtfülle. Tyrannen wurden die genannt, die gewaltsam die Herrschaft in ihren Besitz brachten und, lediglich ihren Leidenschaften und Launen folgend, die zur Erhaltung des Gemeinwesens geschaffenen Gesetze und Grundprinzipien umstürzten.

Allein wie weise die Gesetzgeber und die ersten Staatengründer, wie trefflich ihre Einrichtungen sein mochten, es hat doch unter all den Regierungsformen keine gegeben, die sich in voller Reinheit erhalten hätte. Warum? Weil die Menschen und folglich auch ihre Werke unvollkommen sind. Weil die Bürger im Drang der Leidenschaften sich durch ihr Sonderinteresse verblenden lassen, das stets dem allgemeinen Interesse zuwiderläuft. Endlich, weil nichts auf dieser Welt Bestand hat. In den Staaten mit Adelsherrschaft pflegt Mißbrauch der Gewalt, wie ihn die ersten Glieder des

Staatsganzen treiben, gewaltsame Umwälzungen nach sich zu ziehen. Die Demokratie der Römer wurde vom Volke selbst gestürzt; die blinde Masse der Plebejer ließ sich von ehrgeizigen Bürgern verführen, danach unterdrücken und ihrer Freiheit berauben. Dies ist das Schicksal, worauf England sich gefaßt machen kann, wenn das Unterhaus nicht den wahrhaften Interessen der Nation den Vorzug vor der schmählichen Korruption gibt, die sie erniedrigt.

Von der monarchischen Regierungsform kennt man die unterschiedlichsten Abarten. Die alte Feudalherrschaft, die vor ein paar Jahrhunderten in Europa fast allgemeine Geltung hatte, war aus den Eroberungen der Barbaren hervorgegangen. Der Feldherr, der eine Horde führte, machte sich zum unabhängigen Herrscher des eroberten Landes und verteilte die Einzelbezirke an seine Hauptleute. Sie waren ihm zwar als ihrem Lehnsherrn Untertan und lieferten ihm Truppen, sobald er es forderte; da aber etliche seiner Vasallen ebenso mächtig wie das Oberhaupt wurden, so bildeten sich Staaten im Staat. Das ward zu einer Pflanzschule für die Bürgerkriege, die so viel Unheil über die Allgemeinheit brachten. In Deutschland sind diese Vasallen unabhängig geworden; in Frankreich, England und Spanien wurden sie niedergerungen. Das einzige Beispiel dieser abscheulichen Regierungsform, das uns verblieb, bietet noch die Republik Polen. Der Beherrscher der Türkei ist Despot; straflos darf er die empörendsten Grausamkeiten begehen. Dafür begibt es sich freilich oft genug – durch ein Umsturzstreben, das in allen Barbarenvölkern steckt, oder auch durch gerechte Vergeltung –, daß der Despot seinerseits erdrosselt wird. Die wahrhaft monarchische Regierung ist die schlimmste oder aber die beste von allen, je nachdem sie gehandhabt wird.

Wir haben gesehen, daß die Bürger einem ihresgleichen immer nur darum den Vorrang vor allen zugestanden, weil sie Gegendienste von ihm erwarteten. Diese Dienste bestehen im Aufrechterhalten der Gesetze, in unbestechlicher Pflege der Gerechtigkeit, in kraftvollstem Widerstand gegen die Sittenverderbnis, im Verteidigen des Staates gegen seine Feinde. Der Staatslenker muß sein Augenmerk auf die Bodennutzung gerichtet halten, er muß für reichliche Beschaffung von Lebensmitteln Sorge tragen, muß Handel und Gewerbe fördern. Er gleicht einer ständigen Schildwache, die über die Nachbarn und das Verhalten der Feinde zu wachen hat. Von ihm wird verlangt, daß er mit weitblickender Klugheit zur rechten Zeit Verbindungen anknüpfe und Bundesgenossen wähle, wie sie den Interessen seines Gemeinwesens am zuträglichsten sind. Man erkennt aus dieser kurzen Übersicht, welche Fülle besonderer Kenntnisse jeder einzelne dieser Gegenstände erfordert. Und damit muß sich noch ein gründliches Studium der Landesbeschaffenheit und genaue Kenntnis des Geistes der Bevölkerung verbinden. Denn der Herrscher macht sich ebenso schuldig, wenn er aus Unkenntnis fehlt, wie wenn er es aus böser Absicht tun würde: das eine Mal sind es Fehler aus

Trägheit, das andere Mal Gebrechen des Herzens; allein das Übel, das dem Gemeinwesen daraus erwächst, ist beide Male dasselbe.

Die Fürsten, die Herrscher, die Könige sind also nicht etwa deshalb mit der höchsten Macht bekleidet worden, damit sie ungestraft in Ausschweifung und Luxus aufgehen könnten. Sie sind nicht zu dem Zweck über ihre Mitbürger erhoben worden, daß ihr Stolz in eitel Repräsentation sich brüste und der schlichten Sitten, der Armut, des Elends verächtlich spotte. Sie stehen keineswegs an der Spitze des Staates, um in ihrer Umgebung einen Schwarm von Nichtstuern zu unterhalten, die durch ihren Müßiggang und ihr unnützes Wesen alle Laster fördern.

Schlechte Verwaltung kann bei monarchischer Regierung auf sehr verschiedene Ursachen zurückgeführt werden, die ihre Wurzel im Charakter des Herrschers haben. So wird ein Fürst, der den Frauen ergeben ist, sich von seinen Mätressen und Günstlingen regieren lassen. Die mißbrauchen ihre Macht über des Fürsten Sinn und bedienen sich ihres Einflusses, um Ungerechtigkeiten zu begehen, Menschen ohne sittlichen Halt zu begünstigen, Ämter zu verschachern und ähnlicher Schändlichkeiten mehr zu verüben. Sobald der Fürst aus Nichtstuerei das Steuer des Staates Mietlingshänden überläßt – sagen wir: seinen Ministern –, so wird der eine es nach rechts drehen, der andere nach links, niemand wird nach einheitlichem Plan arbeiten. Jeder Minister wird die Einrichtungen, die er vorfindet, mögen sie noch so gut sein, umstürzen wollen, um ein Schöpfer neuer Dinge zu werden und seine launenhaften Einfälle zu verwirklichen – oft zum Schaden des Gemeinwohls. Andere Minister, die dann an deren Stelle treten, beeilen sich, ihrerseits diese Anordnungen wieder mit derselben Leichtfertigkeit, die ihre Vorgänger bewiesen, über den Haufen zu werfen; sie sind befriedigt, wenn sie nur für erfinderische Köpfe gelten. So läßt das ewige Wechseln und Abändern den Plänen keine Zeit, Wurzeln zu fassen. Hieraus erwachsen Verwirrung, Unordnung und alle Laster einer schlechten Verwaltung. Die Pflichtvergessenen haben eine Entschuldigung stets zur Hand: sie decken ihre Schande mit dem unaufhörlichen Wechsel und Wandel. Und da diese Art von Ministern froh ist, wenn kein Mensch ihre eigene Amtsführung nachprüft, so hüten sie sich wohl, durch Einschreiten gegen ihre Untergebenen ein Beispiel dafür zu geben.

Die Menschen verwachsen innerlich mit dem, was ihnen gehört. Der Staat gehört den Ministern nicht; sein Wohlergehen liegt ihnen also nicht wahrhaft am Herzen. Alles wird vielmehr lässig, mit einer Art stoischen Gleichmuts vollführt. Dies muß den Verfall der Rechtspflege, der Finanzen und des Heereswesens zur Folge haben. So entartet das monarchische Regiment tatsächlich zu einem aristokratischen, darin Minister und Generale nach Gutdünken schalten. Von einem einheitlichen System ist dann nichts mehr zu spüren. Jeder folgt seinen Sondergedanken, und der Mittelpunkt, der Einheitspunkt, ist verloren. Gleichwie alle Wertteile einer Uhr vereint auf denselben Zweck, die Zeitmessung, hinwirken, so sollte auch das Getriebe der Regierung derartig angeordnet sein, daß all die einzelnen Teile der Verwaltung gleichmäßig zum besten Gedeihen des Staatsganzen zusammenwirken; denn dieses Hauptziel darf niemals aus dem Auge gelassen werden. Ferner bringt das persönliche Interesse der Minister und Generale es gemeiniglich mit sich, daß sie in allem einander entgegenarbeiten und manches Mal die Ausführung des besten Beschlusses verhindern, bloß weil sie ihn nicht selber angeregt haben. Das Übel erreicht aber den Gipfel, wenn es verderbten Seelen gelingt, den Herrscher zu überzeugen, daß seine Interessen andere seien als die seiner Untertanen. Dann wird der Fürst zum Feind seines Volkes, ohne zu wissen, wie das kommt. Aus Mißverständnis wird er hart, streng, unmenschlich. Da die Grundanschauung, von der er ausgeht, falsch ist, müssen notwendigermaßen auch die Folgerungen es sein. Der Herrscher ist durch unlösliche Bande mit dem Staatskörper verknüpft; demnach fühlt er durch rückwirkende Kraft alle Leiden seiner Untertanen mit, und ebenso leidet die Staatsgemeinschaft unter dem Unglück, das ihn trifft. Es gibt für ihn nur ein Heil, das ist das allgemeine des Staates. Verliert der Fürst Provinzen, so ist er nicht mehr imstande, den Untertanen beizustehen wie zuvor; hat sein Mißgeschick ihn genötigt, Schulden aufzunehmen, so ist es an den armen Staatsbürgern, sie zu tilgen. Und wiederum, wenn das Volk wenig zahlreich ist, wenn es in Elend verkommt, so ist der Landesherr aller Hilfsquellen beraubt. All das sind so unanfechtbare Wahrheiten, daß es nicht nottut, weiter dabei zu verweilen.

Ich wiederhole also: der Herrscher repräsentiert den Staat; er und sein Volk bilden bloß einen einzigen Körper, der nur insoweit glücklich sein kann, als Eintracht die einzelnen Glieder zusammenhält. Der Fürst ist für den Staat, den er regiert, dasselbe, was das Haupt für den Körper ist: Er muß für die Allgemeinheit sehen, denken und handeln, um ihr jeglichen wünschenswerten Vorteil zu verschaffen. Soll die monarchische Regierung sich der republikanischen überlegen zeigen, so ist die Richtschnur für den Herrscher gegeben: er muß tätig und rein von Charakter sein und all seine Kräfte zusammennehmen, um die Aufgabe zu erfüllen, die ihm vorgezeichnet ward. Die Vorstellung, die ich mir von seinen Pflichten mache, ist folgende.

Er muß sich sorgsam und eingehend über Stärke und Schwäche seines Landes unterrichten, und zwar ebensogut im Hinblick auf die Geldquellen wie auf die Bevölkerungsmenge, die Finanzen, den Handel, die Gesetze und den Geist des Volkes, das er regieren soll. Wenn die Gesetze gut sein sollen, so müssen sie klar ausgedrückt sein, damit keine Rechtsverdrehung sie nach Belieben deuten kann, um den Sinn zu umgehen und regellos, nach Gutdünken über das Geschick der Bürger zu entscheiden. Das Verfahren soll so kurz wie irgend möglich sein, um die Parteien nicht zugrunde zu richten. Sie dürfen nicht genötigt werden, sich in unnütze Ausgaben zu stürzen, um das zu erlangen, was die Justiz ihnen von Rechts wegen schuldig ist. Dieser Teil der Regierungsgeschäfte kann nicht genugsam überwacht werden, damit der Begehrlichkeit der Richter und dem maßlosen Eigennutz der Advokaten jede erdenkliche Schranke gesetzt werde. Alle Beamten werden zur Pflichterfüllung angehalten durch Visitationen, die man von Zeit zu Zeit in den Provinzen vornimmt. Jeder, der sich geschädigt glaubt, wagt alsdann seine Klagen bei der Kommission vorzubringen; die Pflichtvergessenen sind streng zu strafen. Vielleicht ist es überflüssig, hinzuzufügen, daß die Strafe niemals schwerer als das Vergehen sein, Gewalt nie an die Stelle der Gesetze treten darf und ein Herrscher lieber zu nachsichtig als zu streng sein soll.

Der einzelne Bürger sogar verfährt leichtsinnig, wenn er nicht nach Grundsätzen handelt. Um wieviel mehr ist daran gelegen, daß ein Staatsoberhaupt, das über das Wohl eines ganzen Volkes zu wachen hat, in Politik und Kriegswesen, Finanzen, Handel und Gesetzen sich stets an ein vorbestimmtes System halte. So darf beispielsweise ein sanftes Volk keine überstrengen Gesetze erhalten, sondern solche, die seinem Charakter angepaßt sind. Die Grundlage dieser Systeme muß immer das höchste Wohlergehen der bürgerlichen Gesellschaft berücksichtigen. Die Richtlinien müssen der Lage des Landes, seinen alten Bräuchen, soweit sie gut sind, und dem Volksgeist angemessen sein.

In der Politik z. B. ist es eine bekannte Tatsache, daß die natürlichen und folglich besten Verbündeten diejenigen sind, deren Interessen mit den unseren übereinstimmen und die nicht so nahe Nachbarn sind, daß man mit ihnen in einen Widerstreit der Interessen geraten kann. Zuweilen geben absonderliche Ereignisse Anlaß zu außergewöhnlichen Kombinationen. In unseren Tagen sahen wir Völker, die einander allzeit als Nebenbuhler oder gar als Feinde gegenüberstanden, unter ein und derselben Fahne marschieren. Doch sind das Fälle, die selten vorkommen und niemals als Vorbilder dienen werden. Verbindungen dieser Art können nur ein Eintagsleben haben, wogegen den anderen, die auf einem gemeinsamen Interesse beruhen, allein Dauer vergönnt ist. Bei der heutigen Lage Europas, da alle Fürsten gerüstet sind und übermächtige Staaten fähig wären, die schwächeren zu vernichten, ist es eine Forderung der Klugheit, daß man sich mit anderen Mächten verbünde: entweder um sich Hilfe gegen Angriffe zu sichern oder um gefahrdrohende Pläne der Feinde zu vereiteln, oder endlich um mit dem Beistand der Bundesgenossen gerechte Ansprüche gegen die Widersacher zu verfechten. Allein das genügt noch nicht. Man braucht bei seinen Nachbarn, namentlich bei seinen Feinden, offene Augen und Ohren, die getreulich berichten, was sie gesehen und gehört haben. Die Menschen sind böse; man muß sich besonders vor Überraschungen wahren, weil alles, was überraschend kommt, Schrecken und Entschlußunfähigkeit verursacht. Ist man vorbereitet, so kann das niemals geschehen, mag das Ereignis, das zu erwarten steht, noch so verdrießlich sein. Die europäische Politik ist so trügerisch, daß der Scharfsichtigste betrogen werden kann, wenn er nicht stets regsam und auf seiner Hut ist.

Das militärische System muß gleichfalls auf guten, sicheren Grundsätzen aufgebaut sein, die durch Erfahrung bestätigt sind. Man muß wissen, welche Fähigkeiten der Nation innewohnen und wie weit man, wenn sie gegen den Feind geführt wird, seine Unternehmungen ausdehnen darf. In unserer Zeit verbietet es sich, die Kriegsbräuche der Griechen und Römer anzuwenden. Die Erfindung des Schießpulvers hat die Art der Kriegführung vollkommen verändert. Die Überlegenheit des Feuers entscheidet heutzutage den Sieg; die Waffenübungen, die Reglements und die Taktik sind demgemäß von Grund auf umgestaltet worden. Die ungeheuer übertriebene Anwendung zahlreicher Artillerie, die jedes Heer schwerfällig macht, zwingt uns neuerdings, diese Mode ebenfalls mitzumachen, teils um unsere Stellungen zu behaupten, teils um den Feind in den seinigen anzugreifen, falls wichtige Gründe es erfordern. All die überfeinen Neuerungen haben die Kriegskunst so entschieden beeinflußt, daß ein General heute eine unverzeihliche Tollkühnheit begehen würde, wenn er einen Turenne, einen Condé, den Marschall von Luxemburg nachahmen und auf Grund der Anordnungen, wie diese großen Feldherren sie zu ihrer Zeit trafen, eine Schlacht wagen wollte. Damals gewann man seine Siege durch Wut und Kraft. Jetzt entscheidet die Artillerie alles, und die Geschicklichkeit des Generals beschränkt sich darauf, seine Truppen an den Feind heranzuführen, ohne daß sie zusammengeschossen werden, bevor sie den Angriff beginnen können. Um dies zu erreichen, muß er das Feuer des Gegners durch die Überlegenheit des eigenen zum Schwelgen bringen. Was sich jedoch in der Kriegskunst ewig erhalten wird, das ist die Lagerkunst oder die Kunst, den größtmöglichen Vorteil aus einem Gelände zu ziehen. Wenn noch weitere Entdeckungen gemacht werden, so ergibt sich die Notwendigkeit, daß die Feldherren jener künftigen Zeiten diese Neuerungen verwerten und an unserer Taktik ändern, was der Verbesserung bedarf.

Es gibt Staaten, die nach Lage und Anlage Seemächte sein müssen. Das sind England, Holland, Frankreich, Spanien, Dänemark. Sie grenzen ans Meer, und die entlegenen Kolonien, die sie besitzen, nötigen sie, Schiffe anzuschaffen, um Verbindung und Handel zwischen dem Mutterland und den Außenteilen aufrechtzuerhalten. Andere Staaten dagegen, wie Österreich, Polen, Preußen und selbst Rußland, brauchen entweder keine Marine oder sie würden sich eines unverzeihlichen politischen Fehlers schuldig machen, wenn sie ihre Streitkräfte zersplitterten, um auch auf der See Truppen zu verwenden, die sie zu Lande durchaus nicht entbehren können.

Die Zahl der Truppen, die ein Staat aufbringt, muß sich nach der Zahl der feindlichen Streitkräfte richten. Sie muß ebenso groß sein; der Schwächere läuft Gefahr, zu unterliegen. Es ließe sich einwenden, der Fürst solle auf die Hilfe seiner Verbündeten rechnen. Das wäre richtig, wenn die Verbündeten so wären, wie sie sein sollten. Allein ihr Eifer ist nur lau, und man täuscht sich sicherlich, wenn man sich auf andere statt auf sich selbst verläßt. Ist die Grenze so beschaffen, daß sie durch Festungen verteidigt werden kann, so darf man nichts versäumen, um diese zu bauen, und nichts sparen, um sie zu vervollkommen. Frankreich gab uns das Beispiel, und bei mehr als einer Gelegenheit hat es den Nutzen verspürt.

Indessen, weder Politik noch Heerwesen können gedeihen, wenn die Finanzen nicht in größter Ordnung gehalten werden und der Fürst selber nicht sparsam und umsichtig ist. Das Geld gleicht dem Stab, womit die Zauberer ihre Wunder hervorbrachten. Weitausschauende politische Pläne, Erhaltung der Heeresmacht, die besten Absichten für die Entlastung des Volkes: all das bleibt im Keime stecken, wenn das Geld es nicht zum Leben erweckt. Sparsamkeit des Herrschers ist um so wertvoller für das Gemeinwohl, als alle Lasten auf seine Untertanen zurückfallen, wenn nicht genügende Mittel vorhanden bleiben, um ohne außerordentliche Steuerauflagen Kriegskosten zu bezahlen oder um den Bürgern bei allgemeiner Notlage Unterstützung zu bieten. Und gerade in unglücklichen Zeitläuften finden die Untertanen ja selber keinen Verdienst und sind nur zu sehr auf Beistand von oben angewiesen. Ohne Steuern kommt kein Regierungssystem aus; republikanisch oder monarchisch, es braucht sie. Das Oberhaupt, das die ganze Last der Staatsgeschäfte trägt, muß zu leben haben. Die Richter sind zu bezahlen, damit sie nicht in Pflichtwidrigkeit geraten. Der Soldat soll ernährt werden, da Mangel ihn zu Gewalttätigkeiten verleiten kann. Desgleichen müssen die Leute, denen die Finanzverwaltung anvertraut ist, ausreichend entlohnt werden, damit sie nicht nötig haben, öffentliche Gelder zu veruntreuen. Diese unterschiedlichen Ausgaben erfordern bedeutende Summen. Es kommt noch hinzu, daß alljährlich etwas Geld für außerordentliche Fälle beiseite gelegt werden sollte. All das muß vom Volke aufgebracht werden.

Die große Kunst besteht nun darin, diese Summen zu erheben, ohne die Staatsbürger zu bedrücken. Damit die Einschätzung gleichmäßig und ohne Willkür vonstatten gehe, legt man Kataster an, die, sofern sie auf genauer Abstufung beruhen, die Lasten im Verhältnis zu den Mitteln des einzelnen verteilen. Das ist unbedingt notwendig. Es wäre ein nicht zu vergebender Fehler der Finanzwirtschaft, wenn die Steuern so ungeschickt verteilt würden, daß sie dem Landmann seine Arbeit verleideten; er muß vielmehr, nachdem er seine Abgaben entrichtet hat, mitsamt seiner Familie noch in einer gewissen Behaglichkeit leben können. Keinesfalls darf den Nährvätern des Staates das Dasein erschwert werden. Im Gegenteil, sie müssen ermutigt werden, damit sie ihr Land wohl bestellen; denn dies macht den wahren Reichtum des Landes aus. Die Erde liefert die notwendigsten Lebensmittel, und diejenigen, die sie bebauen, sind wirklich, wie wir schon sagten, die Nährväter der Gesellschaft.

Eine andere Art von Steuer, die in den Städten erhoben wird, sind die Akzisen. Sie wollen mit geschickter Hand gehandhabt werden; sonst werden die notwendigsten Lebensmittel, wie Brot, Dünnbier, Fleisch usw. belastet, und das trifft die Soldaten, die Arbeiter und die Gewerbetreibenden. Zum Unheil für das Volk ergäbe sich daraus eine Erhöhung des Arbeitslohnes; infolgedessen würden die Waren so teuer, daß man den Absatz nach dem Ausland verlieren würde. Ebendas erlebt man gegenwärtig in Holland und England. Beide Nationen hatten in den letzten Kriegen ungeheure Schulden gemacht und schufen nun, um sie abzutragen, neue Steuern. Da sie aber durch ihre Ungeschicklichkeit den Arbeitslohn steigerten, haben sie beinahe ihre Manufakturen zugrunde gerichtet. Seither hat sich die Teuerung in Holland noch verschlimmert. Deshalb läßt es jetzt seine Tuchstoffe in Verviers und Lüttich herstellen, und England hat in Deutschland einen beträchtlichen Absatz an Wollwaren verloren. Um solchen Mißgriffen zu begegnen, muß der Herrscher sich den Zustand des armen Volkes oftmals gegenwärtig halten, muß sich an die Stelle eines Landmannes oder Fabrikarbeiters setzen und sich fragen: wenn ich in der Klasse dieser Bürger geboren wäre, deren Arme ihr ganzes Kapital bedeuten, was würde ich wohl vom Herrscher begehren? Was sein gesunder Menschenverstand ihm dann eingibt, das zu verwirklichen ist seine Pflicht.

In den meisten Staaten Europas findet er Provinzen, wo die Bauern an die Scholle gefesselt sind, als Leibeigene ihrer Edelleute. Von allen Lagen ist dies die unglücklichste und muß das menschliche Gefühl am tiefsten empören. Sicherlich ist kein Mensch dazu geboren, der Sklave von seinesgleichen zu sein. Mit Recht verabscheut man diesen Mißbrauch und meint, man brauche nur zu wollen, um die barbarische Unsitte abzuschaffen. Dem ist aber nicht so; sie stützt sich auf alte Verträge zwischen den Grundherren und den Ansiedlern. Der Ackerbau ist auf die Frondienste der Bauern zugeschnitten. Wollte man diese widerwärtige Einrichtung mit einem Male abschaffen, so würde man die ganze Landwirtschaft über den Haufen werfen. Der Adel mußte dann für einen Teil der Verluste, die er an seinen Einkünften erleidet, Entschädigung erhalten.

Hierauf kommt der Artikel Manufakturwaren und Handel in Betracht; er ist nicht minder wichtig. Soll ein Land sich in blühendem Gedeihen erhalten, so ist es unbedingt notwendig, daß die Handelsbilanz günstig stehe: wenn es mehr für die Einfuhr bezahlt, als es an der Ausfuhr verdient, so muß es unfehlbar von Jahr zu Jahr ärmer werden. Man stelle sich eine Geldtasche vor, die hundert Dukaten enthält: nehmen wir täglich einen heraus und tun nichts dafür hinein, so müssen wir zugeben, daß am Ende der hundert Tage die Geldtasche leer ist. Die Mittel, solchem Schaden vorzubeugen, sind folgende: Verarbeitung aller Rohstoffe, die man besitzt, Bearbeitung der fremdländischen Stoffe, um dem eigenen Land den Werklohn zuzuwenden, und billiges Arbeiten, um sich Absatz nach dem Ausland zu schaffen. Beim Handel dreht es sich um drei Punkte: um den Überschuß der Landeserzeugnisse, den wir ausführen; um die Erzeugnisse unserer Nachbarn, deren Verkauf uns bereichert; und um die fremden Waren, die wir einführen, weil unsere Bedürfnisse es erfordern. Nach diesen ebengenannten Produkten muß der Handel eines Staates sich regeln; dazu ist er nach der Natur der Dinge imstande. England, Holland, Frankreich, Spanien, Portugal haben Besitzungen in Amerika und Indien und reichere Hilfsquellen für ihre Handelsmarine als die anderen Reiche. Seine Vorteile ausnutzen und über das Maß seiner Kräfte hinaus nichts unternehmen: das ist der Weisheit Rat.

Wir haben noch davon zu sprechen, welche Mittel am besten geeignet sind, den reichlichen Zufluß an Lebensmitteln unveränderlich zu erhalten, den die Allgemeinheit unbedingt braucht, um auf der Höhe zu bleiben. Die Hauptsache ist, daß Sorge getragen werde für gute Bestellung des Landes, für Urbarmachung alles ertragfähigen Bodens, für Mehrung der Herden, damit mehr Milch, Butter, Käse und Mast gewonnen werde. Ferner ist genau festzustellen, wieviel Scheffel der verschiedenen Getreidearten in guten, mittelmäßigen und schlechten Jahrgängen geerntet werden. Davon muß man den Verbrauch abziehen und hieraus ermitteln, wieviel überflüssig ist und also ausgeführt werden darf, oder aber was zur Verbrauchsmenge noch fehlt und demnach beschafft werden muß. Jeder Herrscher, dem das Gemeinwohl am Herzen liegt, ist verpflichtet, sich mit wohlversorgten Magazinen zu versehen, um Mißernten auszugleichen und der Hungersnot vorzubeugen. In Deutschland haben wir während der schlechten Jahre 1771 und 1772 gesehen, welche Nöte Sachsen und die Lande im Reiche auszustehen hatten, weil diese nutzbringende Voraussicht versäumt worden war. Das Volk mahlte die Rinde der Eichen, um sie für die Ernährung zu verwenden. Die elende Speise erhöhte nur noch die Sterblichkeit; viele Familien gingen rettungslos zugrunde; es war eine allgemeine Verheerung. Andere wanderten aus, fahl, bleich, abgezehrt, um in der Fremde Hilfe zu finden. Ihr Anblick erregte tiefes Mitleid; ein Herz von Stein hätte er gerührt. Welche Vorwürfe mußte sich nicht ihre Obrigkeit machen, da sie diesem Unglück zuschaute, ohne Hilfe bringen zu können!

Wir kommen nunmehr zu einem anderen Gegenstand, der wohl ebenso interessant ist. Es gibt wenige Länder, wo die Bürger die gleichen religiösen Anschauungen haben. Oft sind die Bekenntnisse gänzlich verschieden voneinander. Da erhebt sich die Frage: müssen alle Bürger ein und dasselbe glauben, oder darf man jedem erlauben, nach seiner eigenen Weise zu denken?

Regierungsformen und Herrscherpflichten

Geht man auf den Ursprung der bürgerlichen Gesellschaft zurück, so ist es ganz augenscheinlich, daß der Herrscher keinerlei Recht über die Denkungsart der Bürger hat. Müßte man nicht von Sinnen sein, um sich vorzustellen, Menschen hätten zu ihresgleichen gesagt: Wir erheben dich über uns, weil wir gern Sklaven sein wollen, und wir geben dir die Macht, unsere Gedanken nach deinem Willen zu lenken? Sie haben im Gegenteil gesagt: Wir bedürfen deiner, damit die Gesetze, denen wir gehorchen wollen, aufrechterhalten werden, damit wir weise regiert und verteidigt werden; im übrigen verlangen wir von dir, daß du unsere Freiheit achtest. Damit ist das Urteil gesprochen; es gibt keine Berufung dagegen. Die Toleranz ist für die Gemeinschaft, in der sie eingeführt ist, sogar dermaßen vorteilhaft, daß sie das Glück des Staates begründet. Sobald jedes Bekenntnis frei ist, hat alle Welt Ruhe; wogegen die Glaubensverfolgung die blutigsten und langwierigsten Bürgerkriege verursacht hat.

Dies sind im allgemeinen die Pflichten, die ein Fürst erfüllen muß. Damit er niemals von ihnen abirre, muß er sich oft ins Gedächtnis zurückrufen, daß er ein Mensch ist wie der geringste seiner Untertanen. Wenn er der erste Richter, der erste Feldherr, der erste Finanzbeamte, der erste Minister der Gemeinschaft ist, so soll er das nicht sein, um zu repräsentieren, sondern um seine Pflichten zu erfüllen. Er ist nur der erste Diener des Staates, ist verpflichtet, mit Redlichkeit, mit überlegener Einsicht und vollkommener Uneigennützigkeit zu handeln, als sollte er jeden Augenblick seinen Mitbürgern Rechenschaft über seine Verwaltung ablegen. Er macht sich also schuldig, wenn er das Geld des Volkes, den Ertrag der Steuern in Luxus, Festgepränge oder Ausschweifungen vergeudet – er, dem es obliegt, über die guten Sitten, die Hüterinnen der Gesetze, zu wachen und die Volkserziehung zu vervollkommnen, aber sie nicht durch schlechte Beispiele noch zu verderben. Die Reinhaltung der guten Sitten ist eines der wichtigsten Ziele. Dazu kann der Herrscher viel beitragen, wenn er solche, die sich tüchtig erweisen, auszeichnet und belohnt, während er denen, die in ihrer Verkommenheit über ihren schlechten Lebenswandel nicht mehr erröten, seine Verachtung kundgibt. Der Fürst soll jede ehrlose Handlung vernehmlich mißbilligen und den Unverbesserlichen jede Auszeichnung verweigern.

Noch ein bedeutsamer Punkt darf nicht außer acht gelassen werden; seine Vernachlässigung brächte den guten Sitten einen nicht wieder gutzumachenden Schaden. Das geschieht nämlich, wenn der Fürst Personen allzusehr auszeichnet, die kein Verdienst haben, aber große Reichtümer besitzen. So übel angebrachte Ehrenbezeugungen bestärken die Allgemeinheit in dem volkstümlichen Vorurteil, reich sein genüge, um angesehen zu sein. Eigennutz und Begehrlichkeit sprengen dann die Fessel, die sie noch hielt. Jeder will Reichtümer anhäufen. Sie zu erwerben, werden die rechtswidrigsten Mittel angewandt. Die Korruption greift um sich, schlägt Wurzeln und wird allgemein. Die Talente, die sittenreinen Leute werden mißachtet, und die Welt ehrt nur die Bastarde des Midas, die mit ihrem reichlichen Geldausgeben, ihrem Prunk sie blenden. Um zu verhindern, daß die nationale Sittlichkeit so scheußlich entarte, muß der Fürst ohne Unterlaß darauf bedacht sein, nur das persönliche Verdienst auszuzeichnen und dem üppigen Reichtum ohne Sitte und Tugend nur Verachtung zu zeigen.

Endlich ist der Herrscher recht eigentlich das Oberhaupt einer Familie von Bürgern, der Vater seines Volkes und muß daher bei jeder Gelegenheit den Unglücklichen zur letzten Zuflucht dienen: an den Waisen Vaterstelle vertreten, den Witwen beistehen, ein Herz haben für den letzten Armen wie für den eisten Höfling und seine Freigebigkeit auf jene verteilen, die jedes Beistandes bar sind und allein durch seine Wohltaten Hilfe finden.

Damit haben wir, nach den eingangs aufgestellten Grundsätzen, eine genaue Vorstellung gegeben von den Herrscherpflichten und von der einzigen Möglichkeit, die monarchische Regierung gut und ersprießlich zu gestalten. Wenn viele Fürsten es anders halten, so kommt das daher, daß sie über ihr Amt und die Pflichten, die daraus erwachsen, zu wenig nachgedacht haben. Sie haben eine Bürde auf sich genommen, deren Gewicht und Bedeutung sie

verkannten, sie sind aus Mangel an Kenntnissen fehlgegangen; denn in unserer Zeit hat die Unwissenheit mehr Verfehlungen auf dem Gewissen als die Bosheit.

Diese Skizze, wie ein Herrscher sein soll, wird den Kritikern vielleicht wie das Vorbild der Stoiker erscheinen, wie die Idee des Weisen, der einzig in ihrer Vorstellung lebt und dem nur Mark Aurel nahe kam. Wir wünschten, dieser schwache Versuch wäre imstande, Fürsten wie Mark Aurel heranzubilden. Das wäre der schönste Lohn, den wir erwarten könnten, und er würde zugleich das Heil der Menschheit bedeuten. Wir müssen jedoch hinzufügen, daß auch ein Fürst, der die mühereiche Laufbahn, wie wir sie verzeichneten, wirklich durchmäße, die höchste Vollkommenheit dennoch nicht erreichen würde. Beim allerbesten Willen konnte er sich doch in der Wahl, derer täuschen, die er mit der Verwaltung der Staatsgeschäfte betraut. Man könnte ihm die Dinge in falschem Lichte darstellen; seine Befehle würden nicht pünktlich ausgeführt werden; ungerechte Taten würde man so verschleiern, daß sie nicht zu seiner Kenntnis gelangen; harte und halsstarrige Beamte würden allzu streng und hochfahrend vorgehen. Mit einem Wort: in einem ausgedehnten Lande kann der Fürst nicht überall zugegen sein.

So ist und bleibt es denn das Los der Dinge hienieden, daß man niemals an den Grad der Vollkommenheit heranreicht, der für das Glück der Völker zu wünschen wäre, und daß man in der Regierung von Staaten wie in allem anderen sich mit dem mindest Mangelhaften bescheiden muß.

Fürstenspiegel oder Unterweisung des Königs für den jungen Herzog Karl Eugen von Württemberg
(1744)

Mit dem Anteil, den ich an Ihrer Mündigkeitserklärung hatte, verbindet sich mein Interesse an einem glücklichen Verlauf Ihrer Regierung. Ich stelle mir geradezu vor, das Gute oder Schlimme, das daraus entspringe, werde sich irgendwie auch auf mich zurückwenden. In diesem Sinn halte ich mich für verpflichtet, Ihnen mit freundschaftlichem Freimut meine Anschauungen über den neuen Stand, in den Sie nun eintreten, auszusprechen.

Ich gehöre gar nicht zu den Leuten, die aus Dünkel und Eitelkeit schließlich statt der Ratschläge nur mehr Befehle zu erteilen wissen, ihre Ansichten für unfehlbar halten und vom Freunde wünschen, er solle nur noch genau nach ihrer Weise denken, sich regen und atmen. So lächerlich solche Anmaßung wäre, so gewiß würde ich doch andrerseits eine Schuld auf mich laden, wenn ich es versäumte, Ihnen das zu sagen, was all Ihre Diener und Untertanen zu sagen sich nicht unterfangen werden, ja was sie um ihres persönlichen Vorteils willen vielleicht nicht einmal sagen wollen.

Es ist gewiß, daß jedermann die Augen auf das erste Hervortreten eines Mannes richtet, der ein hohes Amt auf sich nimmt; und gewöhnlich bestimmen gerade die ersten Handlungen das Urteil der Öffentlichkeit. Legen Sie zuvörderst den Grund zu allgemeiner Achtung, so werden Sie das Vertrauen der Öffentlichkeit gewinnen, wonach meines Trachtens ein Fürst vor allem trachten sollte.

Überall werden Sie Personen finden, die Ihnen schmeicheln und nur beflissen sind, Ihr Vertrauen zu erwerben, um Ihre Gunst zu mißbrauchen und Sie selbst zu beherrschen. Sie werden auch, hauptsächlich unter den Verwaltungsbeamten, noch eine andere Art Leute finden; die sind gesonnen, Ihnen die Kenntnis der Geschäfte sorgsam vorzuenthalten, um sie nach eigenem Gefallen zu leiten. Um Sie von der Arbeit abzuschrecken, werden sie dafür sorgen, daß die leichtesten Dinge Ihnen Schwierigkeiten bereiten. In ihnen allen werden Sie die wohlüberlegte Absicht finden, Sie dauernd unter Vormundschaft zu halten, und zwar unter Wahrung der schönsten Formen, auf eine Weise, die für Sie noch höchst schmeichelhaft zu sein scheint.

Sie werden fragen: was soll ich dagegen tun? Sie müssen sich mit allen Finanzangelegenheiten vertraut machen, einen Sekretär aussuchen, der als kleiner oder mittlerer Beamter in dem Fach gearbeitet hat, und müssen ihm gute Belohnung dafür versprechen, daß er Sie in allem, was Sie berührt, unterweise. Die Finanzen sind der Nerv des Landes; wissen Sie darüber genau Bescheid, so werden Sie mit dem übrigen jederzeit fertig werden.

Seien Sie fest in Ihren Entschließungen! Erwägen Sie zuvor das Für und Wider; sobald Sie aber Ihren Willen einmal kundgegeben haben, ändern Sie nichts mehr daran! Sonst wird ein jeder Ihrer Autorität spotten, und Sie würden für einen Mann gehalten werden, auf den man nicht bauen kann.

Da eine vormundschaftliche Regierung voranging, wird es Ihrem Hof an Intriguen nicht fehlen. Strafen Sie die Anstifter der ersten streng; dann wird jeder sich hüten, dem bösen Beispiel zu folgen. Güte am unrechten Ort ist nichts als Schwäche, gleichwie Strenge ohne zwingenden Grund ein schwerer Frevel. Übertreibungen nach beiden Richtungen müssen vermieden werden, wiewohl es bloß das Gebrechen eines edlen Herzens ist, wenn die Milde ausartet.

Denken Sie nur nicht, das Land Württemberg sei für Sie geschaffen worden! Glauben Sie vielmehr, daß Sie nach dem Plane der Vorsehung zur Welt gekommen sind, um das Volk glücklich zu machen. Legen Sie stets mehr Wert auf dessen Wohlfahrt als auf Ihre Zerstreuungen. Wenn Sie, in Ihrem zarten Alter, Ihre Wünsche dem Wohl Ihrer Untertanen aufzuopfern vermögen, so werden Sie nicht nur die Freude, Sie werden auch die Bewunderung der Welt erregen.

Sie sind für Ihr Land das Haupt der bürgerlichen Religion, die aus der Rechtschaffenheit und allen moralischen Tugenden besteht. Zu Ihrer Aufgabe gehört es, daß Sie helfen, diese Tugenden zu verwirklichen und namentlich die Menschlichkeit, die Haupttugend jedes denkenden Wesens.

Die geistliche Religion überlassen Sie dem höchsten Wesen. Auf diesem Felde sind wir alle blind, durch unterschiedliches Wähnen in die Irre geraten. Wer unter uns ist so verwegen, daß er entscheiden wollte, welcher der rechte Weg sei? Nehmen Sie sich denn in acht vor dem religiösen Fanatismus, der zu Verfolgungen führt. Wenn armselige Sterbliche dem höchsten Wesen irgend Wohlgefallen können, so geschieht es durch Wohltaten, die sie den Mitmenschen erweisen, und nicht durch Gewalttaten, die sie gegen starrköpfige Geister verüben. Wenn die wahre Religion, die Menschlichkeit, Sie nicht zum rechten Verhalten bestimmen sollte, so muß mindestens die Politik es tun; denn all Ihre Untertanen sind Protestanten. Toleranz wird Ihnen Verehrung, Verfolgungen würden nur Abscheu erwecken.

Die Lage Ihres Landes, das an Frankreich und die Staaten des Hauses Österreich grenzt, macht Ihnen eine maßvolle und gleichmäßige Haltung gegen diese zwei mächtigen Nachbarn zur Pflicht. Lassen Sie keinerlei Vorliebe für einen von beiden erkennen, auf daß sie Ihnen nicht Parteilichkeit vorwerfen können. Denn ihre Geschicke sind veränderlich, und beide Staaten würden nicht ermangeln, abwechselnd Sie entgelten zu lassen, was sie glauben, Ihnen mit Grund vorwerfen zu können.

Lassen Sie niemals vom Reich und von seinem Oberhaupt. Eine Sicherheit gegenüber dem Ehrgeiz und der Macht Ihrer Nachbarn gibt es für Sie nur, solange das System des Reiches erhalten bleibt. Seien Sie stets der Feind dessen, der es umstürzen will; denn in Wahrheit hieße das, gleichzeitig auch Ihren Sturz wollen.

Machen Sie sich Ihre Jugend zunutze, ohne sie zu mißbrauchen. Lassen Sie ein paar Jahre dem Vergnügen gewidmet sein. Dann denken Sie ans Heiraten. Das erste Jugendfeuer ist der Ehe nicht günstig; da glaubt die Beständigkeit, die auf drei Jahre zurückblicken kann, sie sei steinalt geworden. Wenn Sie eine Prinzessin aus allzu hohem Haus nehmen, so bildet sie sich ein, Ihnen eine Gnade anzutun, indem sie Ihre Gemahlin wird. Das ergäbe für Sie einen alles verschlingenden Aufwand, und Sie hätten keinen Vorteil davon, als daß Sie der Sklave Ihres Schwiegervaters sein dürften. Wählen Sie eine Gattin von annähernd gleicher Standeshöhe, so sind Sie glücklicher. Sie werden ruhiger leben, und die Eifersucht, wozu fürstliche Personen höheren Ranges ihrer Ehehälfte immer Anlaß geben, wird Ihnen nicht zu schaffen machen.

Ehren Sie in Ihrer Mutter die Urheberin Ihres Lebens. Je mehr Aufmerksamkeiten Sie ihr widmen, um so höher sind Sie zu achten. Wenn Sie etwa kleine Händel mit ihr haben sollten, so nehmen Sie allemal das Unrecht auf sich. Die Dankbarkeit gegen die Eltern hat keine Grenzen; man wird getadelt, wenn man hierin zu wenig tut, niemals aber, wenn man zuviel tut.

Die innige Freundschaft, die ich für Sie fühle, wird mich immer so aufrichtigen Anteil an Ihnen nehmen lassen, daß ich es mit einer Freude ohnegleichen hören werde, wenn Ihre Untertanen Ihnen Beifall spenden und Sie segnen. Und jede Gelegenheit, Ihnen nützlich zu sein, werde ich mit äußerster Bereitwilligkeit ergreifen. Mit einem Wort, mein lieber Herzog, es gibt kein Glück, das ich Ihnen nicht wünschte, und keines, dessen Sie nicht würdig wären.

Aus den Politischen Testamenten

Einleitung

Die erste Bürgerpflicht ist, seinem Vaterlande zu dienen. Ich habe sie in allen verschiedenen Lagen meines Lebens zu erfüllen gesucht. Als Träger der höchsten Staatsgewalt hatte ich die Gelegenheit und die Mittel, mich meinen Mitbürgern nützlich zu erweisen. Meine Liebe zu ihnen gibt mir den Wunsch ein, ihnen auch nach meinem Tode noch einige Dienste zu leisten. Doch bin ich nicht so anmaßend, zu glauben, daß mein Verhalten denen, die meinen Platz einnehmen werden, zur Richtschnur dienen soll. Ich weiß, daß der Augenblick des Todes den Menschen und seine Pläne vernichtet und daß alles in der Welt dem Gesetz des Wandels unterliegt. Mit der Abfassung dieses Politischen Testaments verfolge ich daher keine andere Absicht, als einem Piloten gleich, der die stürmischen Zonen des politischen Meeres kennt, meine Erfahrungen der Nachwelt mitzuteilen. Ich will die Klippen angeben, die sie zu meiden hat, und die Häfen, wo sie Zuflucht finden kann. Ich lasse mich nicht auf kleine Einzelheiten ein, sondern behandle alle Gegenstände im Großen, da ich überzeugt bin, daß alle, die selbst das Staatsruder führen werden, mich zur Genüge verstehen.

Die Regierung beruht auf vier Hauptpfeilern: auf der Rechtspflege, weiser Finanzwirtschaft, straffer Erhaltung der Mannszucht im Heere und endlich auf der Kunst, die geeigneten Maßnahmen zur Wahrung der Staatsinteressen zu ergreifen, das heißt, auf der Politik.

Gehen wir diese verschiedenen Zweige der Reihe nach durch.

Rechtspflege

In eigener Person Recht zu sprechen, ist eine Aufgabe, die kein Herrscher übernehmen kann, ein König von Preußen noch weniger als ein anderer. Die unendlichen Einzelheiten eines einzigen Rechtshandels würden die Zeit verschlingen, die er vorzugsweise anderen Zweigen der Regierung widmen muß. Spricht der Fürst aber auch nicht selber Recht, so folgt daraus nicht, daß er die Rechtspflege vernachlässigen darf. Ich habe in Preußen auf dem Gebiet des Zivilprozesses Gesetze vorgefunden, die, statt den Parteien zu helfen, die Rechtshändel verwirrten und die Prozesse in die Länge zogen. Daraufhin erteilte ich dem Großkanzler Coccejihn Auftrag zu einer Gesetzesreform auf der Grundlage der natürlichen Billigkeit. Der hochverdiente Beamte führte meinen Willen zur allgemeinen Zufriedenheit aus. Fest steht, daß Ungerechtigkeiten jetzt seltener als früher vorkommen, daß die Richter unbestechlicher, die Prozesse kürzer sind und daß nur wenig Rechtshändel

bei den Gerichtshöfen schweben. Es wäre zu wünschen, daß die Herrscher ihr besonderes Augenmerk auf die gute Besetzung des Großkanzleramtes richteten und Männer von der Rechtschaffenheit, Geschicklichkeit und lauteren Gesinnung Coccejis dafür fänden. Nur so läßt sich das Gute, das er für den Staat geleistet hat, erhalten. Ja, die Wahl dieser Persönlichkeit muß mit um so mehr Kenntnis und Überlegung erfolgen, als der Herrscher einen Teil seiner Autorität in ihre Hände legt und sie zum Schiedsrichter über Hab und Gut der Bürger macht.

Bei der Unvollkommenheit aller menschlichen Dinge sehen wir die besten Einrichtungen entarten. Daher muß von Zeit zu Zeit, wo es nötig ist, die bessernde Hand angelegt werden, damit die Einrichtungen ihren ursprünglichen Zweck wieder erfüllen.

Ich habe mich entschlossen, niemals in den Lauf des gerichtlichen Verfahrens einzugreifen; denn in den Gerichtshöfen sollen die Gesetze sprechen und der Herrscher soll schweigen. Aber dies Stillschweigen hat mich doch nicht daran gehindert, die Augen offen zu halten und über die Aufführung der Richter zu wachen. So ist die Einrichtung getroffen, daß zwei Räte des höchsten Gerichtshofes alle drei Jahre die Provinzen bereisen, die Aufführung der Richter prüfen und jeden, der sich etwas zuschulden kommen läßt, zur Anzeige bringen. Man darf mit den Pflichtvergessenen kein Erbarmen haben: Die Stimme der Witwen und Waisen fordert Vergeltung, und Sache des Fürsten ist es, die Beamten zu ihrer Pflicht anzuhalten und streng gegen die vorzugehen, die seine Autorität mißbrauchen und das öffentliche Vertrauen unter dem Vorwand von Recht und Gerechtigkeit täuschen. Gerade gegen derartige Fälle von Pflichtvergessenheit muß ich die äußerste Strenge anraten; denn der Herrscher macht sich gewissermaßen zum Mitschuldigen an den Verbrechen, die er unbestraft läßt.

Finanzwirtschaft

Soll das Land glücklich sein, will der Fürst geachtet werden, so muß er unbedingt Ordnung in seinen Finanzen haben. Noch nie hat eine arme Regierung sich Ansehen verschafft. Europa lachte über die Unternehmungen Kaiser Maximilians, der habgierig zusammenraffte und verschwenderisch ausgab und daher nie Geld hatte, wenn er etwas unternehmen wollte. Die Italiener, die ihn kannten, sie nannten ihn *Massimiliano senza denari*. In unseren Tagen haben wir gesehen, wie die Zerrüttung der Finanzen beim Tode Karls VI. die Königin von Ungarn zur Annahme von englischen Subsidien nötigte. Das brachte sie in die Knechtschaft König Georgs und kostete ihr die Abtretung mehrerer schöner Provinzen an Preußen und Sardiniens. Da die kluge Fürstin gesehen hat, wie sehr der Geldmangel ihren Angelegenheiten schadete, arbeitet sie jetzt mit stetem Fleiß an der Reform dieser Mißwirtschaft. Wären Sachsens Finanzen gut verwaltet gewesen, so hätte es in dem Kriege, der im Jahre 1740 ausbrach, eine Rolle spielen können. Da es aber stark verschuldet war, so verdingte es sich an den Meistbietenden und war allenthalben unglücklich. August III. gewann nichts im Bunde mit uns und den Franzosen und wurde zu Boden geschmettert, als ihn die englischen Subsidien zum Kriege gegen Preußen gebracht hatten. Wären seine Kassen gefüllt gewesen, so hätte er seine Interessen nicht für so mäßige Summen zu verkaufen brauchen. Holland, das das Joch seiner Tyrannen abschüttelte und von da an bis nach dem Spanischen Erbfolgekrieg eine so große Rolle in Europa spielte, zählt heute kaum noch zu den Großmächten, weil die Regierung tief in Schulden steckt und, was noch schlimmer ist, keinen Kredit hat. Fährt Frankreich mit seiner jetzigen Mißwirtschaft fort, so kann es trotz seiner Machtfülle in Verfall geraten und seinen Nebenbuhlern verächtlich werden.

Diese Beispiele zeigen, daß keine Macht sich ohne geregelte Finanzwirtschaft Ansehen zu verschaffen vermag. Wenn schon Holland, Sachsen und Frankreich sich infolge ihrer schlechten Wirtschaft zugrunde richten, so wäre es um Preußen für immer geschehen, wollte es ihrem Vorgange folgen; denn, seine Macht beruht nicht auf innerer Kraft, sondern allein auf seinem Gewerbfleiß. Es ist eine alte Wahrheit: Preußen hat keine anderen Hilfsquellen als seine festen Einnahmen, und man kann im Falle der Bedrängnis vom eigenen Lande nur eine Anleihe von höchstens zwei Millionen erwarten. Wir besitzen weder ein Peru, noch reiche Handelskompagnien, noch eine Bank, noch soviel andere Hilfsquellen wie Frankreich, England und Spanien, aber durch Gewerbfleiß können wir dahin gelangen, neben ihnen eine Rolle zu spielen.

Die Finanzwirtschaft beruht auf Pünktlichkeit in den Einnahmen und auf Ordnung in den Ausgaben.

Einnahmen

Die Finanzeinnahmen umfassen sehr verschiedene Zweige. Alles, was Akzise und Kontribution heißt, gehört zum Bereich der Kriegskasse. Die Einkünfte aus den Krongütern (die mein Vater stark vermehrt hat), aus Salinen, Forsten, Zöllen, Post und Münze, alles zusammen bildet den Fonds, über den die Domänenkasse verfügt.

Ausgaben

Die festen Einnahmen des Staates belaufen sich auf 12 150 000 Taler und 1 Million von der Münze. Davon bezahlt Schlesien 3 400 000 Taler und die anderen Provinzen 8 750 000 Taler. Der Etat setzt sich folgendermaßen zusammen.

Die Kriegskasse bezahlt die Regimenter, die aus 135 600 Mann bestehen. Sie bestreitet den Unterhalt der Festungswerke, die Kosten für die Uniformen der Armee, für die Remonten der Kavallerie, für die Pulverfabrik, die jährlich 4000 Zentner Pulver herstellt. Sie bezahlt ferner die Gehälter für die Gouverneure, Kommandanten und einige andere Offiziere. Die Pferde- und Montierungskasse wird von General Massow so trefflich verwaltet, daß sie jährlich eine Ersparnis von 150 000 Talern erzielt. Dieser Fonds beträgt infolgedessen jetzt 765 000 Taler. Das ist aber nicht genug. Man muß mit den Ersparnissen einige Jahre fortfahren, um nicht allein 900 000 Taler in barem

Gelde, sondern auch noch viele Vorräte, Wehrgehänge, Waffen, Zelte usw. fertig in den Zeughäusern zu haben.

Die Domänenkasse zahlt jährlich 1 700 000 Taler an die Kriegskasse, die ohne diesen Zuschuß die Truppen nicht bezahlen könnte. Sie bestreitet die Fahrgehälter, die Besoldung für die Gerichte und liefert einiges Geld an den Herrscher. Nach Bezahlung aller Kosten und Bestreitung aller Ausgaben bleibt von den Domänen ein Überschuß von 1 300 000 Talern nebst einer Million von der Münze, also im ganzen 2 300 000 Taler, um die der Staatsschatz jährlich vermehrt wird. Dieser ist für den Fall eines Unglücks, eines Krieges oder einer öffentlichen Not bestimmt.

Der Wert unserer Einrichtungen besteht darin, daß die Kassen niemals vermengt werden. Infolgedessen leben wir nicht auf Vorschuß, sondern legen jedes Jahr zurück. Unsere Zahlungen werden nicht auf Grund liederlicher Rechnungen oder mit Papier, sondern in guter Münze geleistet, und wir ändern im Laufe des Jahres nichts an der Ordnung des zu Beginn des Rechnungsjahres festgestellten Voranschlages.

Meine Einnahmen

Da das Gehalt, das ich vom Staate beziehe, für die militärischen Ausgaben, wie der hohe Sold des dritten Bataillons Garde, meine Überzähligen, die Uniformen und Tischgelder der Offiziere, fast ganz verbraucht wird, so habe ich meine Zuflucht zu anderen Fonds genommen, die alle zusammen beträchtliche Summen ausmachen und nicht in den Staatseinkünften einbe-

griffen sind. Ich habe mir 100 000 Taler aus Ostfriesland vorbehalten und die Einnahme aus den Forsten auf 180 000 Taler Überschuß gesteigert. Die Einkünfte aus der Post haben in diesem Jahr 110 000 Taler mehr als früher gebracht. Die Akzisen und Zölle aus Schlesien, der außerordentliche Verkauf von Salz und die Ersparnisse aus mehreren Fonds haben die Summe von 260 000 Talern geliefert. Die ostpreußischen Häfen haben 56 000 Taler über den Etat eingebracht. Die Ersparnisse bei den Domänenkammern belaufen sich, wenn es keine Unglücksjahre gibt, in Ostpreußen auf 30 000 Taler und in Litauen auf 20 000. Fügt man zu allen diesen Einnahmen, die unter meinem Vater nur sehr gering waren, einige außerordentliche Beträge aus den Domänen, so können sie jährlich auf durchschnittlich 700 000 Taler gebracht werden. Davon habe ich für mich 120 000 Taler genommen, die ein monatliches Gehalt von 10 000 Talern ausmachen. Alles übrige habe ich zum Wohle des Staates verwendet, teils für Festungsbauten, für die Artillerie, für die Remontekasse, teils für nützliche Einrichtungen im Lande. Ja, ich habe daraus sogar Zuwendungen an den Staatsschatz gemacht, zur Abrundung seines Bestandes und zum Ersatz für schlechte Münzen.

Wirtschaftspolitik

Charakteristik der Provinzen

Die zahlreichen Provinzen, aus denen der Staat besteht, erstrecken sich der Länge nach über mehr als halb Europa. Da sie unter verschiedenen Himmelsstrichen liegen und ihre Lage Handel, Sitten und Gebräuche bedingt, so lassen sie sich unmöglich bis ins einzelne nach gleichen Grundsätzen regieren.

Ostpreußen bringt eigentlich nur Getreide und Flachs hervor; die Krone besitzt hier eine große Anzahl von Pachtämtern. Da aber das rauhe Klima und die Überschwemmungen, denen die Provinz ausgesetzt ist, die Ernten oft vernichten, so muß man unaufhörlich in den Säckel greifen, um den Schaden zu vergüten. Die Provinz ist fast ohne jede Industrie und hätte viele gute Manufakturen nötig.

Die Kurmark, Pommern, Magdeburg und Halberstadt haben beinahe die gleichen Erzeugnisse und die gleiche Industrie. Diese Provinzen und mit ihnen Schlesien sind stets das Hauptfeld meiner Tätigkeit gewesen, und zwar aus folgendem Grunde: Sie bilden ein zusammenhängendes Gebiet, sind das Herz des Staates und lassen sich militärisch behaupten, während die anderen Provinzen entfernt liegen und in bestimmten Fällen nicht verteidigt werden können. Pommern und die Kurmark verkaufen Holz, Getreide, Tuche und alle Sorten Wollenstoffe ans Ausland.

Schlesien hat ganz abweichende Einrichtungen. Die Krone besitzt dort nur wenig Pachtämter. Die Kontributionen sind auf einem anderen Fuße geregelt. Geistlichkeit und Adel bezahlen hier im Verhältnis viel mehr als in irgendeiner anderen Provinz, und der Bauer weniger. Aus politischen Rücksichten ist der Bauer geschont worden, weil er die große Masse ausmacht, aber der Adel ist belastet, um bestimmte Magnaten uns vom Halse zu schaffen, die dem Hause Österreich anhingen. Sie haben ihre Güter in Schlesien denn auch größtenteils verkauft. Der Leinen- und Tuchhandel dieser schönen Provinz verdient Ermutigung durch die Herrscher. Die Leinwand bringt Schlesien fast ebensoviel ein wie Peru dem König von Spanien. Ich möchte der Nachwelt raten, nicht ohne sehr triftige Gründe an die von mir in Schlesien getroffenen Einrichtungen zu rühren.

Kleve hat keinerlei Ähnlichkeit weder mit Schlesien noch mit der Kurmark, noch mit Ostpreußen. Die Bevölkerung ist sehr träge. Bei dem geringen Waldbestand findet man schöne Kulturen. Fremde, die sich während meiner Regierung im Klevischen niederließen, haben gute Manufakturen eingeführt. Die Bauernhöfe liegen alle zerstreut und bilden nicht Dörfer wie hier und im Reich. Das Fürstentum Minden ähnelt den hiesigen Provinzen mehr. Die Gebräuche sind fast die gleichen. Die Leinenmanufakturen blühen, sind aber viel unbedeutender als in Schlesien. Ostfriesland ernährt sich allein von seinem Vieh und zieht viel Geld aus dem Ausland durch den Verkauf von Pferden, Kühen, Milch, Käse und Ziegeln, die nach dem ganzen Norden gehen.

Auf Grund eingehender Kenntnis aller dieser Gebiete ist für jede Provinz die Instruktion für den Präsidenten und für die Domänenkammer verfaßt. Alle nach den gleichen Gesetzen regieren wollen, hieße die Provinzen mutwillig verderben.

Allgemeine Grundsätze (1768)

Die Wirtschaftspolitik ist sehr verwickelt. Sie erfordert viele Kenntnisse und großen Fleiß. Der Herrscher kann sich unmöglich mit all den winzigen Einzelheiten der Ausführung befassen. Seine Sache ist es, solide Grundsätze aufzustellen und von ihnen nicht abzuweichen.

Der erste Grundsatz, der allgemeinste und wahrste ist der, daß die wahre Kraft eines Staates in einer hohen Volkszahl liegt. Wollt Ihr ihn bestätigt haben, so vergleicht Holland, das etwa 40 deutsche Meilen lang und höchstens 15 breit ist, mit Sibirien, das gegen 300 Meilen lang und vielleicht 100 Meilen oder mehr breit ist. In Holland leben 3 Millionen fleißiger Einwohner, die der Republik 15 bis 16 Millionen Taler entrichten. Dies Land hielt allein den Krieg gegen König Philipp von Spanien, seinen Bedrücker und Tyrannen, aus. Sibirien zählt auf seinem ungeheuren Gebiet nur 600 000 Einwohner, von denen Rußland keine 300 000 Taler bezieht, und der erste beste Eroberer könnte diese Wüsteneien unterjochen, denen es an Armen zur Bebauung und Verteidigung fehlt. Wie Ihr seht, ist es also nicht der weite Gebietsumfang, sondern die Zahl fleißiger Einwohner, worauf es ankommt. Ich könnte diesen Vergleich unendlich weiterführen, von Schweden und England, von Polen und Deutschland reden, falls das Gesagte zum Beweis des obigen Satzes nicht schon hinreichte.

Um diesen Grundsatz in die Praxis zu übertragen, gibt es zwei Mittel: erstens alle anbaufähigen Ländereien urbar zu machen und Kolonisten anzusetzen; zweitens die Manufakturen zu vermehren. Ich habe beide Mittel angewandt und keine Kosten gescheut, um Dörfer längs der Oder, Netze und Warthe anzulegen, in Ostpreußen einen Sumpf zu entwässern und urbar zu machen, die meisten Vorwerke in Dörfer zu verwandeln, um eine große Zahl von Wollspinnern anzusiedeln, die auf dem platten Land fehlten. Das meiste ist in dieser Hinsicht getan, aber keineswegs alles vollendet.

Was die Manufakturen betrifft, so habe ich die Tuchfabriken vermehrt, hier wie in Schlesien und in den Provinzen, wo es gute Wolle gibt. Ich habe sämtliche bestehenden Seidenfabriken geschaffen, nicht um Seide auszuführen, sondern zur Deckung des eigenen Bedarfs. Ich habe eine Anzahl von Eisenhämmern in Gegenden angelegt, wo das Holz mangels eines nahen Wasserweges im Walde verfaulte. Alle Baumwoll- und Barchentspinnereien

habe ich gegründet, ebenso die Spitzenfabriken, Steingut- und Porzellanmanufakturen, die englischen Gerbereien, die das Leder für Kavalleriestiefel bearbeiten, Webereien für Strümpfe und Handschuhe, Etamin und Manchester, wie ihn Desjardins herstellt, Leinenbleichereien im Fürstentum Halberstadt, kurz, ich habe große Ausgaben gemacht, um fleißige Hände ins Land zu ziehen und die Arbeit zu fördern. Für 1769 will ich noch 20 000 Taler zur Ermunterung der Seidenindustrie ausgeben, und ich hoffe, dadurch einen so nützlichen Gewerbszweig fest begründet zu haben.

Ich kehre zum Ackerbau zurück. Wir haben viel Sandboden. Wäre unser Boden besser, so könnten wir die Einwohnerzahl in vielen Gegenden verdoppeln. Da dies nicht angeht, wurden Sandgegenden mit Fichten bepflanzt. Dadurch gewinnen wir Brennholz für die Landbevölkerung und sparen uns somit das Bauholz aus den Forsten, das ans Ausland verkauft werden kann.

Die Wirtschaftpolitik fordert, wie gesagt, die Vermehrung der Bevölkerung, soweit sich Mittel dazu finden. Sie fordert aber auch die möglichste Erhaltung des Volksvermögens, damit es nicht unnötig ins Ausland abwandert. Dies ist der Grundsatz bei der Aufstellung der Akzise- und Zolltarife, darum besteuern wir unbarmherzig alle Waren, die wir selbst herstellen, und unsere Bodenerzeugnisse. So verhindern wir auch, daß wir durch übertriebenen Luxus bettelarm werden. Aus den Einfuhrlisten erfahren wir ferner, was ins Land kommt; auf ihrer Grundlage baut man seine Berechnungen auf und zieht neue Industrien ins Land, um fremde Waren entbehren zu können.

Unser Volk ist schwerfällig und träge. Mit diesen zwei Fehlern hat die Regierung immerfort zu kämpfen. Durch Euren Antrieb bringt Ihr die Masse in Bewegung, aber sie kommt sofort zum Stillstand, sobald der Antrieb einen Augenblick nachläßt. Niemand kennt etwas anderes als den alten Brauch. Man liest wenig, kümmert sich wenig darum, wie es anderswo hergeht, und erschrickt daher bei allem Neuem. Ich habe meinem Volke nichts als Gutes erwiesen, und doch glaubt es, ich wollte ihm das Messer an die Kehle setzen, sobald es sich um eine zweckmäßige Reform oder eine notwendige Änderung handelt. In solchen Fällen bin ich meinen ehrlichen Absichten, der Stimme meines Gewissens und meiner langen Erfahrung gefolgt und ruhig meinen Weg gegangen.

Politik

Politik ist die Kunst, mit allen geeigneten Mitteln stets den eigenen Interessen gemäß zu handeln. Dazu muß man seine Interessen kennen, und um diese Kenntnis zu erlangen, bedarf es des Studiums, geistiger Sammlung und angestrengten Fleißes.

Die Politik der Herrscher zerfällt in zwei Teile. Der eine betrifft die innere Verwaltung; er umfaßt die Interessen des Staates und die Erhaltung des Regierungssystems. Der zweite Teil schließt das ganze politische System Europas in sich und verfolgt das Ziel, die Sicherheit des Staates zu befestigen und, soweit möglich (auf gewohnten und erlaubten Wegen), die Zahl der Besitzungen, die Macht und das Ansehen des Fürsten zu mehren.

Innere Politik

Die Finanzwirtschaft, die ich soeben dargelegt habe, bildet einen Teil der inneren Politik. Aber das ist nicht alles. Noch mancherlei ist zu beachten. Zunächst gilt es, den Geist der Völker, die man regieren soll, zu erfassen, damit man weiß, ob sie mild oder streng regiert werden müssen, ob sie rebellisch sind, ob sie zu Unruhen, Intrigen, zur Spottlust usw. neigen, worin ihre Talente bestehen und zu welchen Ämtern sie sich am meisten eignen. Die nachfolgenden Urteile über die Völker, die ich zu regieren die Ehre habe, beziehen sich nur auf den Durchschnitt. Davon sind stets einige auszunehmen, die edler oder lasterhafter veranlagt sind als ihre Mitbürger.

Charakteristik der Provinzen

Ich habe die Erfahrung gemacht, daß die Ostpreußen feinen und gelenken Geistes sind, daß sie Geschmeidigkeit besitzen (die in Abgeschmacktheit ausartet sobald sie nicht aus ihrer Provinz herauskommen). Man beschuldigt sie der Falschheit, aber ich glaube nicht, daß sie falscher sind als andere. Viele Ostpreußen haben gedient und dienen noch mit Auszeichnung, sowohl im Heere wie in der Verwaltung. Aber ich würde wider besseres Wissen handeln, wollte ich einen einzigen von denen, die ich persönlich kennen gelernt habe, der Falschheit bezichtigen.

Die Pommern haben einen geraden und schlichten Sinn. Unter den Untertanen aller Provinzen eignen sie sich am besten für den Kriegsdienst wie für alle anderen Ämter. Nur mit diplomatischen Verhandlungen möchte ich sie nicht betrauen, weil ihr Freimut nicht für Geschäfte paßt, bei denen man der Schlauheit mit Schläue begegnen muß.

Der Adel der Kurmark ist genußsüchtig. Er besitzt weder den Geist der Ostpreußen noch die Solidität der Pommern. Der magdeburgische Adel besitzt mehr Scharfsinn und hat einige große Männer hervorgebracht.

Die Niederschlesier sind das, was man brave Menschen nennt, etwas beschränkt: das ist aber nur die Folge ihrer schlechten Erziehung. Sie sind eitel, lieben Luxus, Verschwendung und Titel, hassen stetige Arbeit und den zähen Fleiß, den die militärische Zucht erfordert. Wer dem schlesischen Adel eine bessere Erziehung beibringt, wird ihm wie Prometheus das himmlische

Feuer schenken. Der oberschlesische Adel besitzt die gleiche Eitelkeit, dabei mehr Geist, aber auch weniger Anhänglichkeit an die preußische Regierung, da er stockkatholisch ist und die Mehrzahl seiner Verwandten unter österreichischer Herrschaft steht.

Die Edelleute der Grafschaft Mark und des Mindener Landes haben dem Staate gute Untertanen geliefert. Bei ihrer etwas groben Erziehung fehlt ihnen der Schliff des Weltmanns. Aber sie haben dafür ein Talent, das höher steht: sie machen sich dem Vaterlande nützlich.

Der Klevische Adel ist dumm, wirr und im Rausche gezeugt. Er besitzt weder angeborene noch erworbene Talente.

Im großen und ganzen stellt der Adel eine Körperschaft dar, die Achtung verdient. Besonders hebe ich den pommerschen, ostpreußischen, märkischen und magdeburgischen Adel, sowie den Adel von Minden und der Grafschaft Mark hervor. Dieser würdige Adel hat Gut und Blut im Dienste des Staates geopfert. Seine Treue und seine Verdienste müssen ihm den Schutz aller seiner Herrscher sichern. Es ist ihre Pflicht, die verarmenden Familien zu unterstützen und sie im Besitze ihrer Güter zu erhalten. Denn der Adelsstand bildet die Grundlage und die Säulen des Staates.

Geist des Volkes

In Preußen sind keine Parteiungen und Empörungen zu befürchten. Der Herrscher braucht nur milde zu regieren und sich vor einigen verschuldeten oder unzufriedenen Edelleuten oder vor einigen Domherren und Mönchen in Schlesien zu hüten. Aber auch die sind keine offenen Feinde: ihre Machenschaften beschränken sich auf Spionendienste für unsere Feinde.

Nur bei wenigen Anlässen ist Strenge geboten. Ich habe bisher das Glück gehabt, mehr über Mangel an Belohnungen für verdiente Männer als über Mangel an Gefängnissen zur Einsperrung von Missetätern klagen zu müssen.

Außer diesen allgemeinen und allzu unbestimmten Kenntnissen muß der Herrscher Menschenkenntnis besitzen und die Leute ergründen, deren er sich bedienen will. Er muß ihre Verdienste ihre starken und schwachen Seiten in Erfahrung bringen, um jeden seinen Fähigkeiten entsprechend zu verwenden. Herrscher, die ihre Minister und Generale allein nach ihrer äußeren Erscheinung beurteilen, übertragen die Verwaltung ihrer Finanzen einem Schurken von liebenswürdigem Äußern, eine kühne Unternehmung im Felde einem langsamen General, den sie für tatenlustig hielten, einen Auftrag, der Klugheit erheischt, einem Leichtfuß, der die Ehre genießt, ihnen Kuppeldienste zu leisten. Dadurch verderben sie alles. Nur wenige Menschen sind ohne Talent geboren. Jeden auf den rechten Platz stellen, heißt doppelten Vorteil aus allen ziehen. Dann täuscht man sich nicht und gibt dem Staatskörper erhöhte Kraft und Stärke, weil alles in seinem Dienste steht und alles nützliche Dienste zu leisten vermag.

Regierungssystem (1768)

Die allgemeine Verwaltung besteht aus 6 Departements: 1. Justiz, 2. Krieg, 3. Finanzen, 4. Handel und Manufakturen, 5. das Kriegskommissariat, 6. auswärtige Angelegenheiten.

Herr von Jariges steht an der Spitze der Justizverwaltung und versieht sein Amt mit vorbildlicher Unbestechlichkeit. Die Gerichte in den Provinzen sind ihm untergeordnet. Alle Zivilprozesse werden nach den Gesetzen entschieden; der Herrscher hat nur die Pflicht, sie in Kraft zu erhalten. Wo es sich aber um Sein oder Nichtsein der Staatsbürger handelt, hat der Herrscher die Urteile nachzuprüfen, damit er die Strenge der Gesetze in allen Fällen mildern kann, wo Gnade am Platze ist.

Alles, was mit dem Kriege zusammenhängt, habe ich stets selbst behandelt; denn ich hielt es für meine Pflicht, Heerführer und Inspekteur zu sein. Will man Ordnung in seinen Geschäften haben, so muß man sich selbst darum kümmern. Und da alles, was das Heerwesen betrifft, von größter Wichtigkeit ist, hielt ich es für meine Pflicht, mir diese Aufgabe vorzubehalten. Ich bin dabei gut gefahren, und ich rate meinen Nachfolgern, es ebenso zu machen, oder sie werden es bald zu bereuen haben. Sagt doch das Sprichwort: »Herrenauge macht die Pferde fett«. Um so mehr kann man sagen: »Herrenauge zwingt die Offiziere, ihre Pflicht zu tun.«

Das Generaldirektorium, das in 6 Departements zerfällt, hat bei uns die Aufsicht über die Finanzen. Ich habe ihm die Sachen von untergeordneter Bedeutung überlassen und nur die Leitung in allen wichtigen Fragen behalten; denn jede Angelegenheit ist in den eigenen Händen am besten aufgehoben.

Das Departement für Handel und Manufakturen ist neu. Ich habe es dem Generaldirektorium angegliedert. Auch hier gebe ich nur die großen Richtlinien an und überlasse die Einzelheiten anderen; denn es ist unmöglich, daß ein Herrscher sich um diese kümmert.

Das Kriegskommissariat ist nur ausführendes Organ. Ich schreibe auch ihm alles vor, was es zu tun hat.

Die auswärtige Politik schließlich umfaßt alle Streitfragen, Chikanen, Unterhandlungen und Staatsverträge mit fremden Mächten. Ich habe den Leitern dieses Departements alle Reichsangelegenheiten überlassen, da sie zu vielen Auseinandersetzungen führen und man dabei immerfort auf die alten Verfassungen, Familienverträge, Gesetze und Testamente zurückgreifen muß. Das würde meine ganze Zeit verschlingen, ohne daß ich weit damit käme. Dafür habe ich mir die Hauptgeschäfte der auswärtigen Politik vorbehalten, nämlich die Unterhandlungen mit den Großmächten, die Vertragsschlüsse, die Intriguen (denn ohne sie geht es nicht) und schließlich alles, was zu den Lebensinteressen des Staates gehört.

Ich habe nie einen Ministerrat abgehalten; denn recht besehen, gibt es nichts Schädlicheres. Jede Regierung bedarf eines Systems, und es ist aus-

geschlossen, daß viele Köpfe so viele verschiedene Interessen einheitlich zusammenfassen und unverrückbar auf das gleiche Ziel hinstreben können. Anders ein Herrscher, der in seiner Hand alle Zweige der Regierung bereinigt, der sie wie ein Dreigespann Stirn an Stirn lenkt und sie dem vorgesteckten Ziele entgegenführt. Zudem muß man sich darauf gefaßt machen, daß jede Beratung, bei der viele zugegen sind, nie ganz geheim bleibt, daß unter ihren Teilnehmern Männer sind, die sich befeinden oder aus Eigensinn auf ihrer Meinung beharren, und daß somit mehr Nachteil als Vorteil daraus entsteht. Ein Herrscher, der sich auf seine Geschäfte versteht, sie einheitlich zusammenfaßt und richtig rechnet, kommt allein viel weiter als mit allen Ministerräten. Er handelt mit Nachdruck und Tatkraft und wahrt das Geheimnis, was nie geschehen kann, wenn sechs bis sieben Personen zusammenkommen müssen, um sich über einen Entschluß zu einigen. Daraus schließe ich, daß der Herrscher seine Rolle gut studieren muß, damit er imstande ist, selber zu regieren. Das ist in allen Staaten von Vorteil und in unserem unerläßlich, weil wir einen Mittelpunkt brauchen. Die Zweige einer Regierung sind doch eben nur Zweige. Die Minister beschränken sich darauf, den ihnen anvertrauten Teil schlecht und recht zu erledigen; um das übrige kümmern sie sich wenig. Der Herrscher muß also selbst regieren, wenn er dazu fähig ist, oder er muß sich einen Premierminister nehmen, wie es soviele europäische Herrscher und Könige getan haben.

Sehen wir jedoch zu, was dabei herauskommt. Beispiele aus der Geschichte anderer Völker und solche aus unserem eigenen Hause mögen Euch darüber aufklären, wie Ihr Euch zu verhalten habt und was Eure Pflichten fordern. Selten besitzt ein Premierminister die gleiche Autorität wie der rechtmäßige Herrscher. Die meisten haben sie mißbraucht, Richelieu durch Hochmut und Rachsucht, Mazarin durch Eigennutz. Richelieu vollbrachte Großes unter Ludwig XIII. Trotzdem scheint es sicher, daß ein aufgeklärter König, dem naturgemäß die Interessen seines Staats mehr am Herzen liegen, mehr geleistet und er den Krieg gegen Spanien und Deutschland mit größerem Nachdruck geführt hätte. Ludwig XIV. herrschte selbst, und so wurde Frankreich das erste Reich der Welt, bis die geistigen Kräfte des Königs verfielen. Ludwig XV. hatte Premierminister; Fleury war der letzte. Dann wollte der König selbst regieren. Aber seine Trägheit und Lässigkeit machte ihn unfähig dazu, und so schenkte er sein schwankendes Vertrauen bald dem einen, bald dem anderen Minister. Ein elendes Frauenzimmer, die Tochter eines obskuren Lieferanten, beherrschte unter ihm das Königreich. Frankreich hat kein System, jeder Fachminister macht sich sein eigenes zurecht, und der Nachfolger tut das Gegenteil des Vorgängers. Die Wirkungen davon seht Ihr am Vertrag von Versailles, an dem schmachvollen Kriege, den die Franzosen in Deutschland, zur See und in Amerika geführt haben, an ihrer

lächerlichen Expedition nach Marokko und den Händeln mit Genf, schließlich in der Unternehmung gegen Korsika.

Wollt Ihr einen Blick auf die Geschichte Eures eigenen Hauses werfen, so geht bis auf Georg Wilhelm zurück. Sein Premierminister, Graf Schwartzenberg, verriet ihn. Er hatte weder Truppen, noch Geld, noch ein System; und so berichtet die Geschichte von der Schmach, die ihm Österreich und Schweden antaten, vom Ruin seiner Staaten und der furchtbaren Erniedrigung, in der er lebte. Dann kam der Kurfürst Friedrich Wilhelm, der mit Recht der Große genannt wird, nicht nur, weil er selbst regierte, sondern weil er den Staat wiederherstellte und die festen Grundlagen seiner Größe schuf. Sein Sohn Friedrich I. war ein Schwächling. Er ließ sich von seinen Ministern leiten, besonders vom Grafen Wartenberg. Er erwarb eine Würde ohne Macht, die schwer auf dem Schwachen lastete, seiner Herrschereitelkeit schmeichelte, aber seine Macht nicht vermehrte. Er entvölkerte sein durch den Dreißigjährigen Krieg verwüstetes Land vollends, indem er Truppen und Rekruten im Dienste des Kaisers nach Flandern und Italien sandte. Sein Vater hatte mehr Einsicht und kannte alle Fehler der Verwaltung. Er sah ein, daß er sich zum Wiederaufbau des Staates auch mit den kleinsten Einzelheiten abgeben mußte. Er bevölkerte das durch die Pest verheerte Ostpreußen neu. Er ermunterte den Ackerbau, machte weite Landstrecken urbar, legte die notwendigsten Manufakturen an, brachte Ordnung und Pünktlichkeit in die Einnahmen und Ausgaben. Er eroberte einen Teil von Schwedisch-

Pommern mit der Stadt Stettin und brachte sein Heer von den 24 000 Mann, die er vorgefunden hatte, bis zu seinem Tode auf 66 000 Mann.

Diese Beispiele bedürfen keines weiteren Kommentars. Der Grundsatz ist offenbar und handgreiflich: der Herrscher hat die Pflicht und muß sich bemühen, selbst zu regieren. Er soll an der Spitze aller Regierungszweige stehen, vor allem seine Truppen im Kriege selbst führen. Es ist sein Vorteil und der seines Volkes, wenn er dies tut. Auf die Dauer werden die Herrscher, die am fleißigsten, beharrlichsten, systematischsten und in ihren Grundsätzen am unerschütterlichsten sind, den Sieg über ihre Nachbarn davontragen, die ihre Geschäfte nur oberflächlich behandeln und die Zügel der Regierung ihren Ministern überlassen. Denn wie ich wohl schon sagte, bedarf es eines Mittelpunktes, in dem alle Fäden der Regierung zusammenlaufen. Führt nicht alles zum gleichen Zweck, arbeitet nicht alles auf das gleiche Ziel hin, so wird es stets Mängel in der Regierung geben, sei es im Heerwesen, in den Finanzen oder in der äußeren Politik.

Soll ein Fürst selbst regieren?

In einem Staate wie Preußen ist es durchaus notwendig, daß der Herrscher seine Geschäfte selbst führt. Denn ist er klug, wird er nur dem Staatsinteresse folgen, das auch das seine ist. Ein Minister dagegen hat, sobald seine eigenen Interessen in Frage kommen, stets Nebenabsichten. Er besetzt alle Stellen mit seinen Kreaturen, statt verdienstvolle Leute zu befördern, und sucht sich durch die große Zahl derer, die er an sein Schicksal kettet, auf seinem Posten zu befestigen. Der Herrscher dagegen wird den Adel stützen, die Geistlichkeit in die gebührenden Schranken weisen, nicht dulden, daß die Prinzen von Geblüt Ränke spinnen, und das Verdienst ohne jene eigennützigen Hintergedanken belohnen, die die Minister bei allen ihren Handlungen hegen.

Ist es aber schon notwendig, daß der Herrscher die inneren Angelegenheiten seines Staates selber lenkt, um wieviel mehr muß er dann seine äußere Politik selbst leiten, die Allianzen schließen, die ihm zum Vorteil gereichen, seine Pläne selber entwerfen und in bedenklichen und schwierigen Zeitläuften seine Entschlüsse fassen.

Bei dem innigen Zusammenhang zwischen Finanzen, innerer Verwaltung, äußerer Politik und Heerwesen ist es unmöglich, einen dieser Zweige ohne Rücksicht auf die anderen zu behandeln. Sobald das geschieht, fahren die Fürsten schlecht.

In Frankreich regieren vier Fachminister das Königreich: der Finanzminister unter dem Namen des Generalkontrolleurs, der Marineminister, der Kriegsminister und der Minister der auswärtigen Angelegenheiten. Diese vier Könige verständigen und vertragen sich nie. Daher kommen all die Widersprüche, die wir in der französischen Regierung sehen. Eifersüchtig stößt der eine um, was der andere mit Geschick aufbaut. Da gibt es kein

System, keinen Plan, der Zufall herrscht, und alles ist in Frankreich der Spielball der Umtriebe am Hofe. Die Engländer erfahren alles, was in Versailles vorgeht. Da gibt es kein Geheimnis, und folglich läßt sich auch keine Politik treiben.

Eine gut geleitete Staatsregierung muß ein ebenso fest gefügtes System haben wie ein philosophisches Lehrgebäude. Alle Maßnahmen müssen gut durchdacht sein, Finanzen, Politik und Heerwesen auf ein gemeinsames Ziel steuern: nämlich die Stärkung des Staates und das Wachstum seiner Macht. Ein System kann aber nur aus einem Kopfe entspringen; also muß es aus dem des Herrschers hervorgehen. Trägheit, Vergnügungssucht und Dummheit: diese drei Ursachen hindern die Fürsten an ihrem edlen Berufe, für das Glück ihrer Völker zu wirken. Solche Herrscher machen sich verächtlich, werden zum Spott und Gelächter ihrer Zeitgenossen, und ihre Namen geben in der Geschichte höchstens Anhaltspunkte für die Chronologie ab. Sie vegetieren auf dem Throne, dessen sie unwürdig sind, und denken nur an das liebe Ich. Ihre Pflichtvergessenheit gegen ihre Völker wird geradezu strafbar. Der Herrscher ist nicht zu seinem hohen Rang erhoben, man hat ihm nicht die höchste Macht anvertraut, damit er in Verweichlichung dahinlebe, sich vom Marke des Volkes mäste und glücklich sei, während alles darbt. Der Herrscher ist der erste Diener des Staates. Er wird gut besoldet, damit er die Würde seiner Stellung aufrechterhalte. Man fordert aber von ihm, daß er werktätig für das Wohl des Staates arbeite und wenigstens die Hauptgeschäfte mit Sorgfalt leite. Er braucht zweifellos Gehilfen. Die Bearbeitung der Einzelheiten wäre zu umfangreich für ihn. Aber er muß ein offenes Ohr für alle Klagen haben, und wem Vergewaltigung droht, dem muß er schleu-

nig sein Recht schaffen. Ein Weib wollte einem König von Epirus eine Bittschrift überreichen. Hart fuhr er sie an und gebot ihr, ihn in Ruhe zu lassen. »Wozu bist du denn König«, erwiderte sie, »wenn nicht, um mir Recht zu schaffen?« Ein schöner Ausspruch, dessen die Fürsten unablässig eingedenk sein sollten.

Äußere Politik

Das politische System von 1752

Man muß das christliche Europa als eine Republik von Herrschern auffassen. die in zwei mächtige Parteien zerfällt. Seit fünfzig Jahren haben Frankreich und England die Initiative ergriffen. Bei dem Gegensatz ihrer Interessen und ihrem alten Haß vertragen sich diese beiden Monarchien nur, wenn ihre Länder menschenarm geworden und alles Geld in ihren Truhen vertan ist. Mag Rußland mit Schweden oder Polen Krieg führen, das Haus Österreich die Freiheit der Reichsstände bedrohen, in Parma oder in Schlesien einfallen – sofort ergreifen die beiden Vormächte Partei, und durch die Menge ihrer beiderseitigen Verbündeten entsteht ein Gleichgewicht der Mächte, das zur Gleichheit der Kräfte zwischen Angreifer und Angegriffenen führt. Bricht ein kriegerischer Fürst den Frieden zu einer Zeit, wo Frankreich und England sich darüber einig sind, den Krieg vermeiden, so ist anzunehmen, daß sie den Kriegführenden ihre Vermittlung anbieten und aufzwingen werden. Einmal bestehend, verhindert dies politische System in Europa große Eroberungen und schlägt die Kriege mit Unfruchtbarkeit, wenn sie nicht mit überlegener Macht und unausgesetztem Glück geführt werden.

Die preußischen Provinzen

Die Provinzen der preußischen Monarchie liegen fast alle voneinander getrennt. Der Kern des Staates, in dem seine Kraft ruht, umfaßt die Kurmark, Pommern, Magdeburg, Halberstadt und Schlesien. Diese Provinzen bilden das Herz des Staates. Sie verdienen in erster Linie die Fürsorge des Herrschers; denn in ihnen kann er gründliche Maßnahmen treffen, sowohl für die inneren Verhältnisse wie für die Landesverteidigung.

Ostpreußen ist von Pommern durch Polnisch-Preußen getrennt; es grenzt an Polen und Rußland, dessen Zarin in Kurlands allmächtig ist. Das Herzogtum Kleve und Ostfriesland berühren sich mit Holland. Schlesien stößt an Böhmen und Mähren, ja sogar an Ungarn. Die Kurmark und das Herzogtum Magdeburg umschließen Sachsen; Pommern ist nur durch die Peene von den deutschen Besitzungen des Königs von Schweden geschieden, und das Fürstentum Minden ist von Gebieten von Hannover, Münster, Hessen-Kassel, Hildesheim und Braunschweig durchsetzt.

Wie Ihr seht, macht uns diese geographische Lage zu Nachbarn der größten europäischen Herrscher. Alle diese Nachbarn sind ebenso viele Neider oder geheime Feinde unserer Macht. Die Lage ihrer Länder, ihr Ehrgeiz, ihre Interessen, alle diese verschiedenen Faktoren bilden die Grundlage ihrer mehr oder minder versteckten Politik, je nach den Zeitläuften und Verhältnissen.

Unser System

Bei der heutigen Lage der Dinge kann es Preußen nie an Bundesgenossen fehlen. Um die rechte Wahl zu treffen, muß man sich von jedem persönlichen Haß, sowie von jedem günstigen und ungünstigen Vorurteil freimachen. Das Staatsinteresse ist der einzige Leitstern im Rat der Fürsten. Zumal seit der Erwerbung Schlesiens verlangt unser gegenwärtiges Interesse, daß wir im Bunde mit Frankreich und ebenso mit allen Feinden des Hauses Österreich bleiben. Die Politik des Versailler Hofes bestand stets darin, sich der Vergrößerung und dem Despotismus der Kaiser zu widersetzen. Preußen hat die gleichen Interessen. Die Franzosen stehen stets auf gespanntem Fuße mit den Engländern, wir desgleichen mit Hannover. Es handelt sich also um dasselbe, und die Interessen beider Kronen befinden sich in Übereinstimmung. Frankreich kann Preußen unterstützen, indem es Diversionen in Flandern oder am Rhein ausführt, im Lauf eines Krieges die Pforte gegen Rußland oder Österreich aufwiegelt und Truppen deutscher Fürsten in Sold nimmt, um sie Preußen zur Verfügung zu stellen. Aus allem Gesagten geht hervor, daß dies Bündnis natürlich ist, daß alle Interessen beider Höfe übereinstimmen, und daß es seine Entstehung somit mehr der europäischen Konjunktur als dem Geschick der Unterhändler verdankt.

Wie ansehnlich diese Allianz, selbst Schweden und viele deutsche Fürsten inbegriffen, aber auch ist, so baue ich doch durchaus nicht auf die Hilfe dieser Bundesgenossen, sondern rechne nur mit meinen eigenen Kräften.

Noch eins möchte ich diesen Betrachtungen hinzufügen. Wären wir mit England und dem Hause Österreich verbündet (abgesehen davon, daß dies gegen unsere Interessen liefe), so könnten wir uns bei dieser Mächtegruppierung keinerlei Gebietszuwachs versprechen. Dagegen können wir im Bündnis mit Frankreich im Kriegsfall auf Eroberungen hoffen, wofern uns das Waffenglück nur ein wenig lächelt.

Welchen Gewinn wir uns aber auch von einem Kriege versprechen mögen, mein jetziges System beruht auf der Erhaltung des Friedens, solange es möglich ist, ohne die Majestät des Staates zu verletzen; denn Frankreich befindet sich in völliger Erschlaffung. Seine schlechte Finanzwirtschaft macht es ihm fast unmöglich, auf dem Kriegsschauplatz mit der ihm gebührenden Kraft und Würde aufzutreten. Ferner ist Schweden nur ein leerer

Name, aber keine Macht. Endlich hat sich Frankreich aus Nachlässigkeit Spanien abspenstig machen lassen, und das bringt uns um den Vorteil einer Diversion in Italien. Noch andere Gründe kommen hinzu. Es frommt uns nicht, noch einmal den Krieg anzufangen. Eine glänzende Tat wie die Eroberung Schlesiens gleicht den Büchern, deren Originale einschlagen, aber deren Nachahmungen abfallen. Durch die Eroberung dieses schönen Herzogtums haben wir den Neid ganz Europas erregt und alle unsere Nachbarn aufgeschreckt. Mein Leben ist zu kurz, um sie uns gegenüber wieder in Sicherheit einzuwiegen.

Wäre ferner ein Krieg für uns ratsam, solange Rußland stark gerüstet an unseren Grenzen steht, nur des Augenblicks gewärtig, um loszuschlagen (was es freilich nur mit Hilfe englischer Subsidien vermag), ja wo eine Diversion dieser Macht alle unsere Pläne vom ersten Kriegstage an über den Haufen würfe?

Unter solchen Verhältnissen ist es am sichersten, den Frieden zu wahren und in aufrechter Haltung neue Ereignisse abzuwarten. Sollen diese unseren Unternehmungen förderlich sein, so müßte Bestushew, der Zar-Minister Rußlands, der im Solde des Wiener Hofes steht, in Ungnade fallen, und man müßte seinen Nachfolger durch starke Summen gewinnen. Ferner müßte England durch den Tod seines Königs in die Wirren einer vormundschaftlichen Regierung geraten. Ein Soliman müßte auf dem türkischen Thron sitzen, und ein ehrgeiziger und allmächtiger Premierminister in Frankreich herrschen. Alsdann, bei dieser oder ähnlicher Gestaltung der Lage, ist es Zeit, zu handeln, aber auch dann ist es nicht nötig, als erster auf dem Plan zu erscheinen. Nach meiner Ansicht müßte man das erste Kriegsfeuer verrauchen lassen und erst zu den Waffen greifen, wenn die Anderen vom

Kampfe erschöpft sind. Solch vorsichtiges Verhalten würde uns um so größeren Vorteil bringen, als wir finanziell außerstande sind, einen langen Krieg zu führen. Aber wir könnten allemal die drei bis vier letzten Feldzüge aushalten, nach dem Grundsatz des Kardinals Fleury: Sieger bleibt, wer den letzten Taler in der Tasche hat.

Die Zukunft Deutschlands

Hier drängt sich die Frage auf: Wird sich die veraltete, wunderliche Reichsverfassung erhalten, oder läßt sich eine Änderung voraussehen? Ich bin der Meinung, sie wird sich dank der Eifersucht der Reichsfürsten wie der Nachbarmächte erhalten. Trotzdem glaube ich, daß die Zahl der kleinen Fürsten und namentlich der Reichsstädte ständig abnehmen wird. Ich selbst habe miterlebt, wie das Herzogtum Zeitz, Merseburg und Weißenfels durch Erbschaft an Sachsen fielen. Ostfriesland kam an Preußen, die Grafschaft Hanau an den Landgrafen von Hessen (1736), Sachsen-Lauenburg an Hannover. Nach dem Erlöschen des bayrischen Hauses werden Bayern, die Pfalz und das Herzogtum Zweibrücken einen einzigen Staat bilden. Das Haus Hannover wird sicherlich im Besitz des Bistums Osnabrück bleiben, sobald es ihm nach dem Tode des Kurfürsten von Köln zugefallen ist. Preußen kann die Erbfolge in Mecklenburg und in den fränkischen Markgrafschaften antreten. Somit werden die Kleinstaaten allmählich von den großen verschluckt werden. Das gleiche Los harrt der Reichsstädte. Der König von Dänemark begehrt Hamburg, Sachsen begehrt Erfurt, der Kurfürst von Bayern Augsburg, der Herzog von Württemberg Ulm; der Kurfürst von der Pfalz steckte gern Frankfurt am Main ein, und der Kurfürst von Hannover wird sich nicht die Gelegenheit entgehen lassen, die Hand auf Bremen und Lübeck zu legen. Anders steht es mit den geistlichen Fürstentümern. Die Zeit, wo man sie säkularisierte, wie im Westfälischen Frieden, ist vorüber. Nur das Bistum Osnabrück könnte seinen Charakter wechseln. Die anderen sind sämtlich katholisch, somit werden sich der Papst und alle Katholiken ihrer Säkularisierung widersetzen; auch möchte kein katholischer Fürst sie besitzen.

Prüfe ich derart die Lage des Reiches, so ist es mir wahrscheinlich, daß die Kaisermacht ständig sinken wird; denn wenn sich die Kurfürsten zusammentun und sich auf Frankreich stützen, kann ihre zunehmende Wacht ein Gegengewicht gegen die Kaisermacht bilden. Deshalb fürchtet man in Wien auch den Machtzuwachs der Kurfürsten- und Herzoghäuser. Aber die Kaiser vermögen nichts dagegen, sobald diese Vergrößerung auf dem legitimen Wege unbestreitbaren Erbrechtes vor sich geht.

Vielleicht wundert Ihr Euch, daß ich die Worte »Haus Österreich«, »Kaiser« und »Wiener Hof« als Wechselbegriffe gebrauche. Das geschieht aber mit Vorbedacht. Man wird das Haus Österreich nicht sobald von dem Kaiserthron verdrängen. Dazu müßte man ihm ein mächtiges Haus entgegensetzen, das, von guten Bundesgenossen unterstützt, die höchste Würde mit bewaffneter Hand fordern kann. Wir sahen den letzten Kaiser aus dem Haus Bayerns Schiffbruch erleiden, weil er zu schwach war, um der Macht der Königin von Ungarn Widerstand zu leisten, und heute kann kein Kurfürst dem jungen Erzherzog Joseph gegenüber als Bewerber um die Kaiserwürde auftreten. Ist einmal Bayern mit der Pfalz vereinigt, so kann der Kurfürst im Besitz dieser Lande vielleicht den Wettbewerb mit dem neuen Haus Österreich aufnehmen und ihm die Kaiserwürde streitig machen; dann bleibt aber noch die Frage offen, ob der Kurfürst die nötigen Eigenschaften besitzt, um einen so hochfliegenden Plan auszuführen.

»Aber«, wird man einwenden, »muß ein Kaiser denn katholisch sein? Warum denkst du denn nicht daran, deinem Hause diese Würde zu erwerben?« Ich antworte: Kein Gesetz schließt die Protestanten von dem Kaiserthron aus, aber abgesehen davon, würde ich Euch nicht raten, nach dieser höchsten Würde zu trachten. Ein König von Preußen muß mehr darauf sinnen, eine Provinz zu erobern, als sich mit einem leeren Titel zu schmücken Eure erste Sorge sei, den Staat zu dem Gipfel der Größe zu führen, dessen Idealbild ich Euch zeichne. Kurz, erst dann dürft Ihr der Eitelkeit opfern, wenn Ihr Eure Macht dauerhaft begründet habt.

Vergrößerungspläne

Auch die Politik hat ihre Metaphysik. Wie es keinen Philosophen gibt, der nicht sein Vergnügen daran gehabt hätte, sein System aufzustellen und sich die abstrakte Welt seinem Denken gemäß zu erklären, so darf auch der Staatsmann in dem unendlichen Gefilde chimärischer Entwürfe lustwandeln. Können sie doch bisweilen zur Wirklichkeit werden, wenn man sie nicht aus den Augen verliert, und wenn einige Generationen nacheinander, auf dasselbe Ziel losschreitend, Geschicklichkeit genug besitzen, ihre Absichten vor den neugierigen und scharfen Augen der europäischen Mächte gründlich zu verbergen.

Machiavell sagt, eine selbstlose Macht, die zwischen ehrgeizigen Mächten steht, müßte schließlich zugrunde gehen. Ich muß leider zugeben, daß Machiavell recht hat. Die Fürsten müssen notwendigerweise Ehrgeiz besitzen, der aber muß weise, maßvoll und von der Vernunft erleuchtet sein. Wenn der Wunsch nach Vergrößerung dem fürstlichen Staatsmann auch keine Erwerbungen verschafft, so erhält er doch wenigstens seine Macht; denn dieselben Mittel, die er zum offensiven Handeln bestimmt, sind stets zur Verteidigung des Staates bereit, falls sie notwendig ist und er dazu gezwungen wird.

Es gibt zweierlei Arten der Vergrößerung: durch reiche Erbschaften oder durch Eroberungen.

Erbschaften, die dem Königshaus zufallen können

Das Haus Brandenburg hat unbestreitbare Rechte auf die Erbfolge in den Markgrafschaften Ansbach und Bayreuth. Diese Erbschaften können ihm in keiner Weise streitig gemacht werden. Das Recht ist zu klar, als daß es sich durch Verdrehungen in Frage stellen ließe. Außerdem kann kein Fürst beim Erlöschen der beiden regierenden fränkischen Linien den geringsten Widerstand gegen die Besitzergreifung durch die Krone Preußen leisten.

Unsere Ansprüche auf Mecklenburg sind ebenso klar. Sie beruhen auf einem Erbverbrüderungsvertrag, den die Kurfürsten von Brandenburg mit den Herzögen von Mecklenburg geschlossen haben. Trotzdem wird die Erbfolge beim Aussterben der letzteren strittig sein. Das Haus Hannover, das Mecklenburg wegen seiner günstigen Lage gern einstecken möchte, hat sich unter dem Vorwand der Reichsexekution in den Pfandbesitz einiger mecklenburgischer Ämter gesetzt. Indem es die Exekutionskosten willkürlich auf lächerlich hohe Summen veranschlagt, rechnet es, einen Fuß im Lande zu behalten und, sobald die Herzöge aussterben, bei der Teilung mit Preußen ein ansehnliches Stück zu ergattern. Gegenwärtig leben noch acht mecklenburgsche Prinzen, der Erbfall scheint also in die Ferne gerückt; jedenfalls werde ich ihn höchst wahrscheinlich nicht mehr erleben. Tritt er in der Folge der Zeiten ein, so meine ich, muß man sich unverzüglich in den Besitz von Mecklenburg setzen, die hannoverschen Truppen hinauswerfen, was nicht schwer fallen dürfte, und unsere Rechte mit dem Schwerte behaupten. Denn das Recht des Besitzes ist im Heiligen Römischen Reich ein großer Vorteil. Auch kann man seine Sache in aller Ruhe verfechten, wenn man die Einkünfte aus seiner Erwerbung ungestört bezieht. Für Preußen wäre das Beste, wenn dieser Erbfall zu einer Zeit einträte, wo der König von England mit dem Hause Österreich verfeindet oder im Krieg ist, oder wenn Österreich einen schwierigen Krieg in Ungarn oder in der Lombardei zu führen hat. Dann wäre es leicht zu beweisen, daß die Hannoveraner Unrecht haben und das unstreitige Recht auf unserer Seite ist.

Erwerbungen günstig gelegener Länder

Von allen Ländern Europas kommen am meisten für Preußen in Betracht: Sachsen, Polnisch-Preußen und Schwedisch-Pommern; denn alle drei runden den Staat ab.

Sachsen wäre jedoch am nützlichsten. Sein Besitz würde die Grenzen am meisten erweitern und deckte Berlin, die Landeshauptstadt und den Sitz des Königshauses, wo sich der Staatsschatz und alle höchsten Justiz- und Finanzbehörden sowie die Münze befinden. Die Hauptstadt ist zur Verteidigung zu weitläufig gebaut und hat durch einen Fehler meines Vaters ihre Befestigungen eingebüßt. Der Besitz Sachsens würde diese Schwäche der Hauptstadt wettmachen und ihr durch die Elbe und die böhmischen Grenzgebirge eine doppelte Deckung verschaffen. Hätte man sich Sachsens bemeistert, so müßte man Torgau als Festung stark ausbauen, bei Wittenberg, dicht an der Elbe, eine Festung in der Art von Hüningen anlegen und auf den Höhen jenseits von Zittau und diesseits von Peterswalde zwei starke Forts erbauen, die die beiden Straßen nach Böhmen sperren. Dann blieben nur noch die Straßen nach Karlsbad, Teplitz und Gera zu verteidigen, aber sie würden einer österreichischen Armee beim Durchmarsch große Schwierigkeiten bieten, zumal diese ihre Lebensmittel auf elenden, langen und fast unbefahrbaren Wegen auf Karren mit sich führen müßte. Ein geschickter Führer könnte diese drei letzten Einfallstore ohne Mühe verteidigen. Die Kurmark wäre also gedeckt und von einer doppelten Sperre umgeben.

Ließe sich aber nicht ganz Sachsen unserem Staate angliedern, so könnte man sich mit der Lausitz begnügen und die Elbe zur Grenze nehmen. Das würde für den gedachten Zweck hinreichen, teils durch die Erweiterung der Grenze und teils durch zwei Festungen und einen Fluß, der schwer zu überschreiten ist und der die Hauptstadt gegen feindliche Einfälle deckte.

Ihr werdet gewiß einwenden, es genüge nicht, die für uns vorteilhaften Länder zu bezeichnen, sondern man müsse auch die Mittel angeben, wie sie zu erwerben sind. Es sind folgende: Man muß seinen Plan geheim halten und verbergen, die politische Lage benutzen, das Eintreten günstiger Umstände abwarten und, wenn sie gekommen sind, kraftvoll handeln. Die Eroberung würde erleichtert, wenn Sachsen im Bündnis mit der Königin von Ungarn stände und sie oder ihre Nachfolger mit Preußen brächen. Das wäre ein Vorwand zum Einmarsch in Sachsen, um die Truppen zu entwaffnen und sich im Lande festzusetzen. Selbst Frankreich ließe sich beschwichtigen, wenn man ihm klar machte, daß es gegen die Regeln der Staatskunst verstoße, im Kriege einen so mächtigen Gegner wie Sachsen in seinem Rücken zu lassen. Die Sachsen wären leicht zu entwaffnen, wenn man über Halle, Brandenburg, Wusterhausen, Krossen und Naumburg (am Queiß) fünf Korps einrücken ließe, die unter dem Vorwand eines Einmarsches in Böhmen die sächsischen Garnisonen unterwegs aufhöben.

Soll dieser Plan voll gelingen, so müßte, während wir mit Österreich und Sachsen kämpfen, Rußland im Krieg mit der Türkei liegen. Außerdem müßte man dem Wiener Hof soviel Feinde wie möglich auf den Hals ziehen, um nicht gegen seine gesamten Kräfte kämpfen zu müssen.

Nach Unterwerfung Sachsens müßte der Krieg nach Mähren getragen werden. Eine Entscheidungsschlacht in dieser Provinz würde die Tore von Olmütz und Brünn öffnen und den Krieg in die Nähe der Hauptstadt verlegen. Noch im Laufe des Feldzuges müßte man 40 000 Mann in Sachsen ausheben, Truppen von Reichsfürsten gegen Subsidien in Dienst nehmen und seine eigenen Kräfte verstärken. Im folgenden Feldzug wäre an der Aufwiegelung Ungarns zu arbeiten. 20 000 Mann von den Neuausgehobenen würden in Böhmen einfallen und dies unverteidigte Land leicht erobern. Träfe es sich zugleich, daß auf Englands Thron ein träger Herrscher säße, so brauchte keine Rücksicht auf das Kurfürstentum Hannover genommen zu werden. Wäre er aber ein kriegerischer Fürst, so würde man Frankreich zu einer Diversion in das Kurfürstentum mit seinen deutschen Subsidientruppen bewegen. Dadurch bekäme Preußen die Ellbogen frei. Der Einfall in Hannover aber zwänge England zur Annahme der Bedingungen, die Frankreich und seine Verbündeten stellen würden. Beim Friedensschluß würde Frankreich Flandern einstecken; Preußen gäbe Mähren an die Königin von Ungarn zurück und tauschte Böhmen an den König von Polen gegen Sachsen aus.

Ich gestehe, daß das Gelingen dieses Plans viel Glück voraussetzt. Mißlingt er aber, so ist keine Schande dabei, wenn man nur sein Geheimnis wahrt. Und sollte man Sachsen auf den ersten Hieb nicht ganz erwerben, so ist es doch sicher, daß sich ein Teil davon sehr leicht absprengen ließe. Die Hauptsache wäre, daß Rußland und die Königin von Ungarn einen Krieg mit der Türkei, Frankreich und dem König von Sardinien zu bestehen hätten.

Nächst Sachsen wäre für uns Polnisch-Preußen am vorteilhaftesten. Es trennt jetzt Pommern von Ostpreußen und hindert, dieses zu behaupten, erstens wegen der Stromschranke der Weichsel und zweitens wegen der drohenden russischen Truppenlandung im Danziger Hafen. Das wird Euch um so mehr einleuchten, falls Ihr bedenkt, daß Ostpreußen nur von den Russen angegriffen werden kann. Wenn sie also in Danzig landen, schneiden sie den in Ostpreußen stehenden Truppen alle rückwärtigen Verbindungen ab, und wären diese zum Rückzug genötigt, so müßte man ihnen eine bedeutende Truppenmacht entgegenschicken, um ihnen den Weichselübergang zu erleichtern.

Ich halte es nicht für angebracht, diese Provinz mit Waffengewalt zu gewinnen, vielmehr möchte ich wiederholen, was Viktor Amadeus von Sardinien seinem Nachfolger Karl Emanuel zu sagen pflegte: »Mein Sohn, die Lombardei muß man Blatt für Blatt verspeisen, wie eine Artischocke.« Polen ist ein Wahlreich; beim Tode des jeweiligen Königs wird es jedesmal durch Parteikämpfe zerrissen. Das muß man sich zunutze machen und um den Preis seiner Neutralität bald eine Stadt, bald ein anderes Gebiet erwerben, bis man alles geschluckt hat.

Ist die Erwerbung glücklich abgeschlossen, werden jedenfalls Thorn, Elbing und Marienwerder befestigt und sogar kleinere feste Plätze längs der Weichsel errichtet werden. Dadurch würden alle etwaigen Unternehmungen der Russen gegen uns vereitelt. Zweifellos sind ihre regulären Truppen nicht sehr zu fürchten, aber ihre Kalmücken und Tataren sind Mordbrenner und Länderverwüster, die ganze Völker in Gefangenschaft fortschleppen und alles niederbrennen, wo sie sich als die Stärkeren fühlen. Das muß Euch bestimmen, einen Krieg mit Rußland so lange zu vermeiden, als Eure Ehre es zuläßt.

Erwerbungen mit der Feder sind solchen mit dem Schwert allemal vorzuziehen. Man setzt sich weniger Zufällen aus und schädigt weder seine Börse noch seine Armee. Bei der friedlichen Eroberung von Polnisch-Preußen halte ich es für durchaus nötig, Danzig bis zuletzt aufzusparen. Denn über diese Erwerbung werden die Polen ein großes Geschrei erheben, führen sie doch ihr ganzes Getreide über Danzig aus: sie würden also mit Recht fürchten, durch die Weichselzölle, die Preußen auf alle von den Herren Sarmaten ausgeführte Waren legen könnte, in dessen Abhängigkeit zu geraten.

Nächst den beiden genannten Ländern wäre Schwedisch-Pommern für uns am vorteilhaftesten. Diese Erwerbung wäre nur durch Verträge zu erreichen. Dieser Plan ist noch phantastischer als die vorhergehenden. Trotzdem könnte er unter folgenden Umständen gelingen. Rußland als stärkste Macht im Norden hat Schweden dahin gebracht, sich mit Preußen zu verbünden, um ein Gegengewicht in die Wagschale der Mächte zu werfen. Träte nun der günstige Umstand ein, daß Rußland einen Krieg auf dem Hals hätte und Schweden dies benutzte, um Livland zurückzuverlangen, könnte Preußen diesem dann nicht gegen Abtretung von Schwedisch-Pommern seinen Beistand versprechen? Die Schwierigkeit eines Angriffs auf Rußland in Liv- und Esthland liegt aber darin, daß man notwendigerweise die Überlegenheit zur See haben müßte. Die schwedische Flotte ist jedoch schwach, und wir haben nicht ein Kriegsschiff. Die Belagerung von Reval, Narwa und den anderen Seestädten wäre also ausgeschlossen, ganz abgesehen davon, daß die Zufuhr von Lebensmitteln fast unmöglich wäre. Angenommen auch, es gelänge Preußen, Livland zu erobern, so liegt es doch fast auf der Hand, daß Schweden nicht durch Finnland vordringen könnte; denn die Russen haben dort Festungen, die durch ihre Lage uneinnehmbar sind. Somit käme es nach vielem Blutvergießen zu einem Frieden, in dem alles wieder herausgegeben würde und jeder soviel behielte, als er vor Kriegsbeginn besessen.

Das ist ungefähr alles, was ich über die für uns vorteilhaften Erwerbungen sagen kann. Bringt unser Haus große Fürsten hervor, bewahrt das Heer seine jetzige Kriegszucht, legen die Herrscher im Frieden zurück, um im Kriege Geld zu haben, benutzen sie die Ereignisse mit Geschick und Besonnenheit, sind sie schließlich selbst einsichtsvoll, so zweifle ich nicht, daß der Staat allmählich wächst und sich vergrößert, und daß Preußen mit der Zeit zu einer der bedeutendsten Mächte Europas wird.

Konsolidierung der Macht Preußens

Unserem Staate fehlt noch die innere Kraft. Alle preußischen Provinzen umfassen nur fünf Millionen Seelen. Das Heer ist ansehnlich, aber nicht stark genug, um den Feinden, die uns umgeben, zu widerstehen. Unsere Einnahmen sind beträchtlich, aber es fehlt uns im Falle der Not an Hilfsquellen. Mühsam ziehen wir uns aus der Verlegenheit, indem wir unsere Truppen zweimal soviel manövrieren lassen als der Feind und ihm stets dieselben Leute entgegenstellen, von welcher Seite er auch komme. Das ermüdet sie sehr und setzt bei ihrem Führer große Wachsamkeit voraus. Unsere Finanzen drehen sich ganz um Ersparnisse und dienen uns zur Kriegführung, ohne daß wir andere Hilfsmittel besitzen als Klugheit bei ihrer Verwaltung. Soll also das Schicksal des Staates gesichert sein, so darf sein Wohl nicht von den guten oder schlechten Eigenschaften eines Einzelnen abhängen. Um sich aus eigener Kraft zu erhalten, müßten Heer und Finanzen etwa auf folgenden Stand gebracht werden. Ich wünschte, daß wir Provinzen genug besäßen, um 180 000 Mann, also 44 000 mehr als jetzt, zu unterhalten. Ich wünschte, daß nach Abzug aller Ausgaben ein jährlicher Überschuß von 5 Millionen erzielt würde. Sie dürften aber nicht auf feste Ausgaben angewiesen werden, sondern der Herrscher müßte nach freiem Belieben über sie verfügen können, nachdem er 20 Millionen in den Staatsschatz gelegt hat. Diese 5 Millionen machen ungefähr die Kosten eines Feldzugs aus. Mit ihnen könnte man den Krieg aus eigenen Einkünften bestreiten, ohne in Geldverlegenheiten zu geraten und irgend jemand zur Last zu fallen. In Friedenszeiten könnte diese Einnahme zu allen möglichen nützlichen Ausgaben für den Staat verwandt werden.

Das politische System von 1768

Die preußischen Provinzen

Zunächst schildere ich Euch im einzelnen die Stärke und Schwäche unseres Staates; denn man muß sich selbst kennen, bevor man den Blick aus das Ausland richtet. Ihr wißt, wie hoch sich unsere Einkünfte belaufen, kennt die Hilfsquellen in Zeiten der Not, wißt ebenso, wie stark unsere Armee ist. Nun gilt es, die Lage der Provinzen ins Auge zu fassen.

Ich beginne mit Ostpreußen. Es wird im Norden von der Ostsee umspült, im Osten stößt es an Samogitien, im Süden an Polen, und im Westen wird es durch die Weichsel und Polnisch-Preußen von unseren übrigen Provinzen abgeschnitten. Infolge dieser Lage ist es unhaltbar, wenn Rußland uns bekriegen will, wofern man nicht des Wiener Hofes völlig sicher ist; doch das erscheint mir sehr problematisch. Träte aber dieser sehr unwahrscheinliche Fall ein, so könnte man Ostpreußen schützen, indem man eine Armee von 70 000 Mann bei Tilsit aufstellte und Danzig und Thorn besetzte, um Herr des Weichselabschnittes zu sein, den Rücken frei zu haben und gesicherte Verbindungen mit der Heimat zu besitzen. Es ist aber wahrscheinlicher, daß die Russen Ostpreußen nur im Bunde mit Österreich angreifen. In diesem Falle muß man das Land preisgeben, die Weichsellinie so lange wie möglich verteidigen, sich dann auf die Netze und Warthe zurückziehen und ein verschanztes Lager bei Kolberg beziehen.

Gehen wir nach dem Westen. Hier liegt das Herzogtum Kleve und die Grafschaft Mark, von allen meinen anderen Provinzen getrennt, zwischen Holland, dem Kurfürstentum Köln und dem Bistum Münster eingekeilt. Hier liegt ferner Ostfriesland, gewissermaßen am Ende der Welt. Ist Frankreich unser Feind und will es den Krieg nach Deutschland tragen, ohne daß wir starke Verbündete haben, dann müssen wir diese Provinzen von Anfang an preisgeben. Aus diesem Grunde habe ich die Befestigungen von Geldern schleifen lassen und die von Wesel eingeschränkt. Auch beabsichtige ich, ein ganzes Polygon unterminieren zu lassen, um es in die Luft zu sprengen, sobald die Besatzung abrückt.

Kehre ich vom Rhein zur Elbe zurück, so finde ich an der Weser das Fürstentum Minden von unseren übrigen Besitzungen getrennt. In gewissen Fällen kann es sich halten, in anderen muß man es preisgeben, wie es im letzten Kriege geschehen ist. Nun ist es eine stehende Regel, in Provinzen, die man räumen muß, keine Festungen anzulegen; denn sie kämen nur dem Feinde zugute, und wenn man die verlorenen Länder zurückerobern will, müßte man Festungen belagern, die man selbst erbaut hat und die nun andere gegen uns selbst benutzen.

Die Provinzen, die den eigentlichen Staatskörper bilden, sind Pommern, die Kurmark, Magdeburg, Halberstadt und Schlesien. Diese Länder lassen sich verteidigen, wenn nicht ganz Europa gegen uns verbündet ist. Für Pommern sind die Russen die gefährlichsten Feinde. Ich habe Euch einen Verteidigungsplan entworfen, den Ihr befolgen müßtet, abgesehen von einigen Verbesserungen, die je nach den Verhältnissen und der Lage der Dinge zu treffen wären. Um die Kurmark und Magdeburg gegen Österreich zu schützen, muß man sich sofort bei Kriegsausbruch Sachsens bemächtigen, die böhmischen Grenzgebirge besetzen, besonders bei Peterswalde, und ein Korps nach der Lausitz abzweigen, um den Einfällen zu begegnen, die die Feinde von dort nach der Mark Brandenburg machen könnten. Doch wäre ich nicht dafür, sich bei Kriegsbeginn auf die Defensive zu beschränken, vielmehr müßte man sofort in Mähren eindringen, das für die Österreicher die empfindlichste Stelle ist; denn längs der March vorrückend, kann man Streifkorps bis in die Nähe von Wien vortreiben. Unmöglich aber lassen sich die Operationen im voraus endgültig festlegen. Dazu muß man die genaue Sachlage und die besonderen Umstände bei Kriegsausbruch kennen, nämlich: welche Verbündeten und welche Feinde man hat und wieviel Truppen diese uns entgegenstellen können.

Es sind also zwei schwere Mängel, die durch unsere geografische Lage bedingt sind; denn zwei Provinzen müssen wir schon bei Kriegsausbruch preisgeben. Das heißt Verluste erleiden, bevor der Krieg begonnen hat. So kommt ein Teil der Einkünfte nicht mehr in den Schatz, der für die außerordentlichen Kosten bestimmt ist. Damit gehen auch Menschenreservoire für Rekruten verloren, aus denen man das Heer nicht mehr ergänzen kann. Diese Erwägungen müssen die Herrscher dahin führen, daß sie sich sparsamer Wirtschaft befleißigen und in guten Zeiten zurücklegen, um in der Not einen Rückhalt zu haben. Einige dieser Nachteile lassen sich indes abwenden. Was die Finanzen betrifft, so kann man die Abgaben ein Vierteljahr im voraus erheben. Ferner zieht man in Ostpreußen 20 000 Kantonisten ein, zahlt ihnen den Sold und läßt sie mit den Truppen abmarschieren, wenn man das Land räumen muß. Dadurch kann man sich Rekruten für die ostpreußischen Regimenter während des ganzen Krieges sichern, falls er nicht zu blutig und zu lang wird.

Angesichts der Lage unserer Provinzen seht Ihr ein, wie nötig für uns ein starkes Heer ist. Denkt an die Kräfte Österreichs, Rußlands und Frankreichs, nehmt die Schweden hinzu, und wenn Ihr wollt, auch die Reichstruppen. Allem Anschein nach werden sie ja nicht alle über uns herfallen, wie im letzten Kriege. Trotzdem steht es außer Zweifel, daß die Feinde, die uns angreifen wollen, das Äußerste versuchen werden, um die völlige Übermacht zu erlangen. Gebot der Klugheit aber ist es, alle möglichen Fälle im voraus ins Auge zu fassen und sich beizeiten darauf zu rüsten. Gegenwärtig arbeite ich an einem Plan zur Heeresvermehrung. Lebe ich noch ein paar Jahre, so kann ich das Heer auf 166 000 Mann bringen. Für den Krieg sind Maßregeln zur Aufstellung von 210 000 Mann getroffen, einschließlich 22 Freibataillonen, die im Reich und überall ausgehoben werden sollen, wo Soldaten zu finden sind. Sachsen muß mindestens 20 000 Rekruten liefern, um diese Zahl vollzumachen. Man kann die Sachsen in die Garnisonregimenter stecken und alte Soldaten heraus nehmen, um die Fronttruppen aufzufüllen. Um uns aber nicht zu täuschen rechnen wir nur mit 166 000 Mann. Davon gehen zunächst 30 000 Mann für die Festungsbesatzungen ab; bleiben also nur 136 000 Mann Feldtruppen. Österreich allein stellt die gleiche Zahl auf. Um einem überlegenen Feinde die Spitze zu bieten und bei gleicher Zahl im Vorteil zu sein, müssen Eure Truppen besser sein als die der Nachbarn. Man muß also dauernd ein Auge auf ihre Ausbildung haben. Die Offiziere muß man durch alle möglichen Auszeichnungen anfeuern. Mehr noch: ist der Herrscher nicht selbst Soldat, kümmert er sich nicht selbst um den Dienst, gibt er nicht in allem ein Beispiel, ficht er nicht an der Spitze seiner Truppen, so kann man unfehlbar darauf rechnen, daß das ganze Gebäude, das unsere Vorfahren mit soviel Mühe, Sorge und Ausdauer errichtet haben, eines Tages zusammenstürzt.

Unser System

Wir haben einen allgemeinen Überblick über Europa gegeben und uns eine Vorstellung von der gegenwärtigen Verfassung aller Staaten gemacht. Nun gilt es, alle diese einzelnen Züge zu einem Gesamtbilde zu vereinigen und zu unseren politischen Zielen in Beziehung zu setzen.

Sofort springen vier Großmächte in die Augen, die allen anderen überlegen sind und auf der Bühne der Wechselfälle, die wir die Welt nennen, die erste Rolle spielen. Das sind Frankreich, England, der Kaiserhof und die Zarin von Rußland. Auf der einen Seite stehen die Bourbonen, durch ihren Familienpakt geeint, mit der Kaiserin-Königin verbündet, auf der anderen England, isoliert und von diesen verbündeten Mächten bedroht. Dazu kommen im Norden Rußland und seine Verbündeten: Preußen, Schweden, Dänemark und Polen. Die übrigen Könige und Herrschen spielen etwa die Rolle der Halbgötter bei den Heiden.

Gegenwärtig ist es das Ziel der französischen Politik, Englands Macht und seinen Handel zu untergraben und ihm im Verein mit Spanien an allen Ecken und Enden Verlegenheiten zu bereiten, um danach mit überlegenen Kräften einen energischen Landkrieg in Amerika und einen energischen Seekrieg mit ihm zu führen, wo sich die Gelegenheit dazu bietet. Das Haus Österreich will seine Schulden tilgen, um mit der Zeit in die Lage zu kommen, uns Schlesien wieder abzunehmen. Rußland hat sich in die polnischen Wirren gemischt, mehr aus Eitelkeit als aus Ehrgeiz.

Nach dem letzten Kriege hatte ich schwerwiegende Gründe, ein Bündnis mit dieser Macht einzugehen. Erstens, weil sie als erste aus dem Ring unserer Feinde austrat und einen Sonderfrieden mit uns schloß; zweitens, weil die Zarin diesen Frieden bei ihrer Thronbesteigung nicht brach; drittens, weil wir einen dauerhaften Frieden brauchten, um das Elend des letzten Krieges wieder gut zu machen. Hierzu konnte nichts mehr beitragen als ein Bündnis mit Rußland. Man muß allerdings zugeben, daß sich gegen dies Bündnis Einwände erheben lassen. Wir mußten uns zu den Maßregeln bequemen, die die Zarin für die polnische Königswahl ergriffen hatte, mußten die Augen über die Wirren schließen, die sie in Polen hervorrief, als sie daran ging, die Dissidenten zu schützen und die Rechte des Königs zu mehren, und als sie auf Grund ihrer Bürgschaft in die inneren Verhältnisse eingriff, um den von ihr eingeführten Verfassungsänderungen dauernden Bestand zu sichern. Man muß zugeben, daß wir gezwungen waren, uns zu Maßregeln herzugeben, die wir nicht völlig gutheißen konnten, und die unseren Interessen nicht völlig entsprachen. Man bedenke jedoch, daß Rußland sein Ziel ebenso im Bunde mit Österreich erreicht hätte, und daß wir ohne all diese Gefälligkeiten kein Bündnis mit ihm hätten bekommen können. Man muß ferner bedenken, daß wir nach Abschluß des Hubertusburger Friedens keinen anderen Verbündeten finden konnten als Rußland. England hatte uns nicht nur im Stich gelassen, sondern verraten; Frankreich war allzu feindselig aufgetreten und war überdies mit unserem Todfeind Österreich verbündet. So zwang uns also unsere damalige Lage, dem Bündnis mit Rußland den Vorzug zu geben. In der Politik darf man keine Vorliebe für ein Volk und keine Abneigung gegen ein anderes haben. Man muß blind dem Staatsinteresse folgen und sich mit der Macht verbünden, deren augenblickliche Interessen mit den unseren am besten zusammenstimmen.

Unser dauerndes Interesse erfordert, daß wir an unserem Bündnis mit Rußland festhalten, ja es noch enger knüpfen. Die Gelegenheit eines Bruches mit der Türkei ist günstig. Da die Russen mich nötig haben, hoffe ich, unser Bündnis auf 10 Jahre zu verlängern und sie dahin zu bringen, uns die Erbfolge in Ansbach und Bayreuth zu garantieren. Diese Länder müssen uns durch Erbfolge zufallen, aber Österreich neidet sie uns. So werden wir uns dennoch in ihren Besitz setzen oder eine Entschädigung erlangen, die uns näher liegt und damit unseren Staatskörper abrundet.

Der Gipfel der Staatskunst besteht darin, die Gelegenheit abzuwarten und sie nach Gunst der Umstände zu benutzen. Wer glaubt, die Ereignisse herbeiführen zu können, täuscht sich fast immer und sieht seine Pläne scheitern.

Was hat die Staatskunst nicht alles versucht, um die spanische Erbfolge im voraus zu regeln, und wie haben doch die Ereignisse die Pläne der Minister auf den Kopf gestellt! Wollt Ihr noch schlagendere Beweise, so denkt an den letzten Krieg und die Pläne, die eine Anzahl von Mächten gegen uns im Schilde führte, und was daraus geworden ist! Das Sicherste ist, die Gelegenheit zu erfassen, und wenn sie da ist, sie zu benutzen.

Der größte Irrtum, in den man verfallen kann, ist der Glaube, irgendwelche Herrscher oder Minister nähmen Anteil an unserem Schicksal. Diese Leute lieben sich nur selbst; ihr Vorteil ist ihr Gott. Ihre Sprache wird einschmeichelnd und freundlich, in dem Maße, wie sie uns brauchen. Sie werden Euch mit verruchter Falschheit schwören, Eure Interessen wären ihnen ebenso teuer wie die eigenen, aber glaubt das nicht und verstopft Eure Ohren vor diesen Sirenentönen.

Soviel steht ungefähr fest, wessen man sich von den Großmächten zu versehen hat, mit denen Verhandlungen in Frage kommen. England wird Euch Subsidien zahlen und Euch für einen Lohnarbeiter halten, den man entläßt, sobald er seine Schuldigkeit getan hat. Frankreich zahlt ungern Subsidien und nur wenig; denn es ist selbst tief verschuldet. Um Euch für ihre Pläne zu gewinnen, werden die Franzosen Euch den Mond versprechen; nur müßt Ihr ihn Euch selbst erobern. Die Österreicher sind langsam in ihren Entschließungen und betrachten ihre Verbündeten mehr als Untergebene denn als selbständige Mächte, die sich zu gemeinsamem Vorteil verbünden. Die Russen fordern von ihren Verbündeten mehr, als sie für sie zu tun beabsichtigen.

So sind die Großmächte Europas beschaffen. Es bedarf der Geschicklichkeit und Geschmeidigkeit, der Ränke und Ausgaben, um Vorteil daraus zu ziehen und sie unvermerkt dahin zu bringen, daß sie am gleichen Strange ziehen. Die Franzosen kann man leicht zum Kriege bewegen, wenn man sie bei ihrer Eitelkeit packt und ihnen klar macht, daß es unter ihrer Würde sei, sich nicht in alle europäischen Fragen zu mischen. Aber die Mängel ihrer Kriegführung bringen ihre Verbündeten in große Not. Nachdem sie mit ein paar glänzenden Taten begonnen haben, lassen sie sich schlagen und halten nicht mehr stand, sobald der Krieg etwas länger dauert. So erging es ihnen häufig, in Italien, in Deutschland bei Höchstädt (1704), in Flandern nach der Schlacht bei Ramillies (1706), im Kriege von 1740 in Böhmen und Bayern, und wie sind sie erst in unserem letzten Kriege geschlagen worden! Ihre Verbündeten können auf ihren Beistand nicht rechnen; so sehr herrschen Unbestand und Leichtsinn bei all ihren Handlungen vor.

Die erste Sorge eines Herrschers muß darin bestehen, sich zu behaupten; dann erst kommt die Frage der Vergrößerung. Dies System erfordert Schmiegsamkeit und bei der Ausführung die Benutzung aller Umstände. Bald muß man lavieren, bald mit vollen Segeln fahren, aber nie darf man sein

Ziel aus den Augen lassen. Was am ersten Tag nicht gelingt, das bringt die Zeit zur Reife. Das beste Mittel, seinen geheimen Ehrgeiz zu verbergen, ist, daß man friedliche Gesinnungen zur Schau trägt, bis der günstige Augenblick kommt, wo man seine Karten aufdecken kann. So haben alle großen Staatsmänner gehandelt. An diesem Grundsatz muß man unverbrüchlich festhalten, will man nicht die Eifersucht aller Völker erregen und ihnen Zeit geben, den eigenen Plänen zuvorzukommen.

Auch das ist eine schwierige Frage, wann man – gelinde gesagt – politische Streiche ausführen, mit anderen Worten, wann man die anderen betrügen darf. Wer ein solches Verfahren für rechtmäßig hält, führt zur Entschuldigung an, es seien ja nur Gauner und Schurken, denen gegenüber man Verpflichtungen eingegangen sei; man könne also gleiches mit gleichem vergelten. Andere meinen, daß die Schurken sich damit selbst um jedes Ansehen bringen, ja daß man sogar dem Kardinal Mazarin vorwarf, er beginge den großen politischen Fehler, daß er im Großen wie im Kleinen betrüge. Nach meiner Meinung soll man so wenig wie möglich vom geraden Wege abirren. Sieht man, daß ein anderer Herrscher nicht ehrlich verfährt, so ist es zweifellos erlaubt, ihm mit gleicher Münze zu dienen. Auch gibt es Fälle, wo der Bruch der eigenen Verpflichtungen entschuldbar ist, wenn nämlich das Wohl und Wehe des Vaterlandes es erfordert.

Doch lassen wir diese Abscheulichkeiten. Man kann sie sich ersparen, ja selbst peinliche Lagen vermeiden, sobald man die Bündnisverträge, die man schließen will, genau prüft, zweideutige Ausdrücke vermeidet und nur ausführbare Dinge verspricht, die man auch wirklich ausführen will. Immerhin erheischt die Klugheit, daß man seinen Verbündeten nur mit gutem Grunde traut, auf ihr Verhalten acht hat und sich weniger auf ihren Beistand als auf seine eigenen Kräfte verläßt. Eroberungen macht man nie mit fremder Hilfe. Fürsten, die gehofft haben, ihre Freunde würden zu ihrer Größe beitragen, sind durch die Ereignisse stets enttäuscht worden. Denkt nur an das Beispiel von Kaiser Karl VII., an Kurfürst Maximilian Emanuel von Bayern. Wer diese letzten Sätze liest, wird vielleicht fragen: wozu überhaupt Verbündete, wenn sie unnütz sind? Einverstanden. Aber will es nicht schon viel heißen, wenn man sie derart gebunden hat, daß sie einem nicht zu schaden wagen, und ist nicht schon viel gewonnen, wenn man bei einem schwierigen Unternehmen vor dieser oder jener Großmacht nicht mehr in Sorge zu sein braucht?

Bei der Schilderung der zerstreuten Lage unserer Provinzen habe ich schon darauf hingewiesen, welche Schläge die anderen Herrscher gegen uns zu führen vermögen. Prüfen wir nun kurz, wodurch wir unseren Feinden gefährlich werden können.

Ich beginne mit Rußland. Seine günstigen Grenzen sichern es vor allen unseren Unternehmungen. Um eine Offensive zu wagen, müßten wir eine

Flotte haben, die der ihrigen überlegen ist. Ich glaube, der einzige erfolgversprechende Plan wäre, längs der Ostsee zu marschieren, stets von der Flotte begleitet, um keinen Nahrungsmangel zu leiden, und über Riga, Reval und Esthland bis Petersburg vorzudringen. Aber welche unendliche Schwierigkeit läge darin, so viele feste Plätze zu erobern und die Armee in diesem rauhen, barbarischen Klima schlagfertig zu erhalten! Und schließlich hätte man mit dieser Eroberung nicht mehr gewonnen, als daß man dies wilde Volk in seine alten Schlupfwinkel zurückscheuchte.

In Polen erleichtern unsere Grenzen uns den Einmarsch, da sie dieses Land zur Hälfte einschließen. Wer den Weichsellauf und Danzig beherrscht, ist mehr Herr des Landes als der König, der es regiert.

Sind wir im Kriege mit Schweden, so können wir ihm ohne Mühe das Stück von Pommern entreißen, das es noch besitzt. Mit Dänemark können wir keine Streitigkeiten bekommen. Auch das ist ein Vorteil.

Hätten wir ernstliche Zerwürfnisse mit England, so könnten wir uns an ihm rächen, indem wir das Kurfürstentum Hannover besetzen, das zur Verteidigung wenig gerüstet ist.

Die Franzosen sind uns zu fern, ihre Grenzen von den unseren zu weit abgelegen, um ihnen alles Unrecht und Übel, das sie uns etwa antun könnten, unmittelbar zu vergelten.

Anders die Kaiserin-Königin. So oft es zu einem Waffengang zwischen uns kommt, müssen wir den Krieg stets mit der Besetzung Sachsens eröffnen und von da längs der Elbe mit einem Korps nach Böhmen eindringen. Eine größere Armee muß in Schlesien aufgestellt werden. Sie entsendet Detachements nach Landeshut und in die Grafschaft Glatz und dringt über Hultschin in Mähren ein. Haben wir Verbündete, die mit uns zusammen operieren, so können wir die Österreicher im zweiten Kriegsjahre über die Donau zurückwerfen. Zugleich müssen die Türken gegen Ungarn vorgehen, oder ein Detachement von 30 000 Russen muß zwischen Preßburg und Budapest über die Donau setzen. So könnten wir uns Böhmens bemächtigen, um es nachher gegen ein Kurfürstentum auszutauschen, das unseren Grenzen näher liegt.

Man muß auf jedes Ereignis gefaßt sein. Hat man also die Maßnahmen gegen alle Mächte erwogen, die mit uns in Krieg geraten können, so ist man sich über alle Gefahren und Zufälle klar, die uns dabei drohen, und weiß ihnen zu begegnen. Auch kennt man die Vorteile, die man aus ihrer Bundesfreundschaft oder ihrer Feindschaft ziehen kann. So entspricht es z. B. weit mehr unseren Interessen, Rußland zum Bundesgenossen als zum Feinde zu haben; denn es kann uns viel schaden, und wir können es ihm nicht vergelten.

Das politische System von 1776

Es gehört zu den Grundregeln der Staatskunst, ein Bündnis mit dem unter seinen Nachbarn zu suchen, der dem Staate die gefährlichsten Schläge versetzen kann. Deshalb hat Preußen mit Rußland eine Allianz geschlossen, weil Rußland uns in Ostpreußen den Rücken deckt und wir, solange dieses Bündnis dauert, keine Einfälle Schwedens in Pommern zu befürchten haben. Die Zeiten können wechseln, und die Wandelbarkeit der politischen Verhältnisse kann uns zum Abschluß anderer Bündnisse zwingen. Wir werden aber bei anderen Mächten nie die Vorteile finden, die ein Bund mit Rußland bietet. Die französischen Truppen taugen nichts, und die Franzosen pflegen ihre Verbündeten nur lau zu unterstützen. Die Engländer sind gewohnt, Subsidien zu zahlen, und opfern ihre Verbündeten beim Friedensschluß, um ihre eigenen Interessen zu fördern. Von Österreich will ich gar nicht reden. Es gehört fast ins Reich der Unmöglichkeit, mit ihm feste Bande zu knüpfen.

Fragt man sich, welche Eroberungen für Preußen politisch ratsam wären, so bietet Sachsen unbestritten die größten Vorteile. Das preußische Gebiet würde durch Einverleibung Sachsens abgerundet, und die Gebirge zwischen Sachsen und Böhmen, die man befestigen müßte, gäben einen natürlichen Grenzwall ab. Es ist schwer vorauszusehen, wie sich diese Erwerbung ausführen ließe. Das sicherste wäre, Böhmen und Mähren zu erobern und Sachsen dagegen einzutauschen. Man könnte auch die rheinischen Besitzungen sowie Jülich oder Berg dafür hingeben oder noch einen anderen Tausch machen. Jedenfalls ist die Erwerbung Sachsens unumgänglich notwendig, damit Preußen die ihm fehlende Geschlossenheit erhält. Denn ist einmal Krieg, so kann der Feind ohne den geringsten Widerstand schnurstracks auf Berlin rücken.

Ich rede nicht von unseren Erbansprüchen auf Ansbach, Jülich, Berg und Mecklenburg, weil sie bekannt sind und man den Eintritt des Erbfalls abwarten muß.

Da Preußen arm ist, muß man sich besonders vor der Einmischung in solche Kriege hüten, bei denen nichts zu gewinnen ist. Sonst erschöpft man sich umsonst und kann eine sich später bietende günstige Gelegenheit nicht ausnutzen. Alle weitab liegenden Erwerbungen fallen dem Staate zur Last. Ein Dorf an der Grenze ist mehr wert als ein Fürstentum, das sechzig Meilen entfernt liegt. Es ist dringend notwendig, seine ehrgeizigen Pläne so sorgfältig wie möglich verborgen zu halten und, wenn möglich, den Neid Europas gegen andere Mächte wachzurufen, um dann unbemerkt und unauffällig seinen Schlag zu führen. Der Fall kann eintreten. Österreich, das seine Maske fallen ließ, zieht sich wegen seiner ehrgeizigen Absichten den Neid und die Eifersucht der Großmächte auf langehin zu. Geheimhaltung ist eine Kardinaltugend für die Politik wie für die Kriegskunst.

Schlußbetrachtungen

Selbstregierung des Herrschers

Aus all diesen Einzelheiten erseht Ihr, wie wichtig es ist, daß der König von Preußen selbständig regiert. So wenig Newton in gemeinsamer Arbeit mit Leibniz und Descartes sein Gravitationsgesetz hätte entdecken können, so wenig kann ein politisches System aufgestellt werden und sich behaupten, wenn es nicht aus einem einzigen Kopfe hervorgeht. Es muß aus dem Geiste des Herrschers entspringen wie die gewaffnete Minerva aus Jupiters Haupt: das heißt, der Fürst muß sein System entwerfen und es selbst zur Ausführung bringen. Denn da seine eigenen Gedanken ihm mehr am Herzen liegen als die der anderen, so wird er seine Pläne mit dem Feuer betreiben, das zu ihrem Gelingen nötig ist, und so wird seine Eigenliebe, die ihn an sein Werk fesselt, auch dem Vaterlande zum Nutzen gereichen.

Alle Zweige der Staatsverwaltung stehen in innigem Zusammenhang. Finanzen, Politik und Heerwesen sind untrennbar. Es genügt nicht, daß eins dieser Glieder gut verwaltet werde; sie wollen es alle gleichermaßen sein. Sie müssen in gradgestreckter Flucht, Stirn an Stirn, gelenkt werden, wie das Viergespann im olympischen Wettkampf, das mit gleicher Wucht und gleicher Schnelle die vorgezeichnete Bahn zum Ziele durchmaß und seinem Lenker den Sieg gewann. Ein Fürst, der selbständig regiert, der sich sein politisches System gebildet hat, wird nicht in Verlegenheit geraten, wenn es einen schnellen Entschluß zu fassen gilt; denn er verknüpft alles mit dem gesteckten Endziel.

Die Einheit der Regierung (1776)

Da Preußen arm ist und keine Hilfsquellen besitzt, so muß der Herrscher stets über einen wohlausgestatteten Staatsschatz verfügen, um wenigstens einige Feldzüge bestreiten zu können. Sein einziger Notbehelf ist eine Anleihe von 5 Millionen Talern bei der »Landschaft« und die Erhebung von ungefähr 4 Millionen Talern auf den Kredit der Bank. Das ist aber auch alles. In Friedenszeiten kann er zwar über 5 700 000 Taler verfügen, aber diese Summe soll größtenteils in den Staatsschatz fließen oder zu öffentlichen Zwecken verwandt werden, wie Festungsbauten, Meliorationen, Manufakturen, Kanäle, Urbarmachungen, Ersetzung der Holzhäuser in den Städten durch Steinbauten – alles zur Verbesserung der wirtschaftlichen Lage des Staates. Aus diesen Gründen muß der König von Preußen sparsam sein und auf größte Ordnung in den Geschäften halten. Ein zweiter Grund ist ebenso wichtig. Gibt der König das Beispiel der Verschwendung, so wollen seine Untertanen es ihm nachtun und richten sich bei ihrer Armut zugrunde. Zur Erhaltung der guten Sitten ist es vor allem notwendig, daß einzig und allein das Verdienst und nicht der Wohlstand ausgezeichnet wird. In Frankreich hat die Nichtbeachtung dieses Grundsatzes die Sitten der Nation verdorben. Früher kannte sie nur den Weg der Ehre, um Ruhm zu erwerben. Jetzt glaubt sie, um zu Ehren zu kommen, brauche man nur reich zu sein.

Jeder Krieg ist ein Abgrund, der Menschen verschlingt. Man muß also auf eine möglichst hohe Bevölkerungszahl sehen. Daraus entspringt noch der weitere Vorteil, daß die Felder besser bebaut und die Besitzer wohlhabender werden.

Ich glaube nicht, daß Preußen sich je zur Bildung einer Kriegsmarine entschließen darf. Die Gründe sind folgende. Mehrere Staaten Europas haben große Flotten: England, Frankreich, Spanien, Dänemark und Rußland. Ihnen werden wir niemals gleichkommen können. Da wir also mit wenigen Schiffen immer hinter den anderen Nationen zurückbleiben würden, so wäre die Ausgabe unnütz. Hinzu kommt, daß wir, um die Kosten für eine Flotte aufzubringen, Landtruppen entlassen müßten, da Preußen nicht volkreich genug ist, um Mannschaften für das Landheer und Matrosen für die Schiffe zu stellen. Außerdem führen Seeschlachten nur selten eine Entscheidung herbei. Daraus ziehe ich den Schluß, daß man besser tut, das erste Landheer in Europa zu halten als die schlechteste Flotte unter den Seemächten.

Die Politik soll möglichst weit in die Zukunft blicken. Man muß sich über die europäische Lage ein Urteil bilden und danach seine Bündnisse schließen oder die Pläne seiner Feinde durchkreuzen. Man glaube nicht, daß die Staatskunst imstande sei, Ereignisse herbeizuführen. Sobald aber Ereignisse eintreten, muß sie sie ergreifen und ausnutzen. Deshalb muß auch Ordnung in den Finanzen herrschen und Geld vorrätig sein, damit die Regierung zu handeln bereit ist, sobald die Staatsraison es gebietet.

Der Krieg selbst muß nach den Grundsätzen der Politik geführt werden, um seinen Feinden die blutigsten Schläge zu versetzen. Derart verfuhr Prinz Eugen, der sich durch den Marsch und die Schlacht bei Turin (1706), durch die Schlachten von Höchstädt (1704) und Belgrad (1717) einen unsterblichen Namen gemacht hat. Nicht alle großen Feldzugspläne gelingen. Sind sie aber groß angelegt, so erwachsen stets größere Vorteile aus ihnen als aus kleinen Entwürfen, die sich auf die Wegnahme eines Grenznestes beschränken. So lieferte der Marschall von Sachsen die Schlacht bei Rocour (1746) nur, um im folgenden Winter sein Unternehmen auf Brüssel ausführen zu können, und das gelang ihm.

Nach allem Gesagten ist es klar, wie eng Politik, Heerwesen und Finanzen zusammenhängen. Man darf sie deshalb nie trennen und muß sie wie ein

Dreigespann Stirn an Stirn lenken. Werden sie derart nach den Regeln der gesunden Politik geleitet, so erwachsen daraus die größten Vorteile für den Staat.

In Frankreich hat man für jeden Verwaltungszweig einen eigenen König, den Minister, der die Finanzen, das Kriegswesen oder die auswärtigen Angelegenheiten beherrscht. Aber der gemeinsame Mittelpunkt fehlt, und so streben diese Zweige jeder für sich auseinander. Jeder Minister befaßt sich nur mit den Einzelheiten seines Ressorts, niemand gibt ihm ein festes Ziel, und jedes Zusammenarbeiten fehlt.

Träte in Preußen Ähnliches ein, so wäre der Staat verloren. Große Monarchien gehen trotz eingerissener Mißbräuche ihren Weg von selber und erhalten sich durch ihre eigene Schwerkraft und ihre innere Stärke. Kleine Staaten aber werden rasch zermalmt, sobald nicht alles bei ihnen Kraft, Nerv und Lebensfrische ist.

Das sind einige Betrachtungen und meine Gedanken über die Regierung Preußens. Solange das Land keine größere Geschlossenheit und bessere Grenzen besitzt, müssen seine Herrscher *toujours en vedette* sein, über ihre Nachbarn wachen und jeden Augenblick sich bereit halten, die verderblichen Anschläge ihrer Feinde abzuwehren.

Testament des Königs vor der Schlacht bei Leuthen

(28. November 1757)

Disposition, was geschehen soll, wenn ich getötet werde

Ich habe meinen Generalen Befehl für alles gegeben, was nach der Schlacht im Falle des glücklichen oder unglücklichen Ausganges geschehen soll. Im übrigen will ich, was meine Person betrifft, in Sanssouci beigesetzt werden, ohne Prunk, ohne Pomp und bei Nacht. Man soll meinen Körper nicht öffnen, sondern mich ohne Umstände dorthin bringen und mich bei Nacht beerdigen.

Was die Geschäfte anlangt, so muß sofort an alle Kommandeure Befehl ergehen, die Truppen auf meinen Bruder zu vereidigen. Wird die Schlacht gewonnen, muß mein Bruder nichtsdestoweniger jemand mit der Notifikation und zugleich mit der Vollmacht zu Friedensverhandlungen nach Frankreich senden.

Das Testament soll geöffnet werden. Ich entbinde meinen Bruder von der Auszahlung aller Legate in barem Gelde, weil der traurige Zustand seiner Angelegenheiten ihn an ihrer Erfüllung verhindert. Ich empfehle ihm meine Flügeladjutanten, besonders Wobersnow, Krusemarck, Oppen und Lentulus. Dies soll als Testament im Felde gelten.

Ich empfehle alle meine Bedienten seiner Fürsorge.

Friderich.

Das Testament vom 8. Januar 1769

Unser Leben führt uns mit raschen Schritten von der Geburt bis zum Tode. In dieser kurzen Zeitspanne ist es die Bestimmung des Menschen, für das Wohl der Gemeinschaft, deren Mitglied er ist, zu arbeiten. Seit dem Tage, da mir die Leitung der Geschäfte zufiel, war es mein ernstes Bemühen, mit allen Kräften, die mir die Natur verliehen, und nach Maßgabe meiner schwachen Einsicht den Staat, den zu regieren ich die Ehre hatte, glücklich und blühend zu machen. Ich habe dem Recht und den Gesetzen zur Herrschaft verholfen, habe Ordnung und Klarheit in die Finanzen gebracht und im Heere Mannszucht erhalten, die ihm seine Überlegenheit über die anderen Truppen Europas verschaffte.

Nachdem ich diese Pflichten gegen den Staat erfüllt habe, hätte ich mir ewige Vorwürfe zu machen, wenn ich die Angelegenheiten meiner Familie vernachlässigte. Für Abwendung von Zerwürfnissen unter meinen Angehörigen, die wegen meiner Erbschaft entstehen könnten, erkläre ich in dieser feierlichen Urkunde meinen letzten Willen.

Gern und ohne Klage gebe ich meinen Lebensodem der wohltätigen Natur zurück, die ihn mir gütig verliehen hat, und meinen Leib den Elementen, aus denen er besteht. Ich habe als Philosoph gelebt und will als solcher begraben werden, ohne Gepränge, ohne feierlichen Pomp. Ich will weder geöffnet noch einbalsamiert werden. Man bestatte mich in Sanssouci auf der Höhe der Terrassen in einer Gruft, die ich mir habe herrichten lassen. Prinz Moritz von Nassau ist in gleicher Weise in einem Wäldchen bei Kleve beigesetzt worden. Sterbe ich in Kriegszeiten oder auf der Reise, soll man mich am ersten besten Orte beisetzen und im Winter nach Sanssouci an die bezeichnete Stätte bringen.

Meinem lieben Neffen Friedrich Wilhelm, dem Thronfolger, hinterlasse ich das Königreich Preußen, die Provinzen, Staaten, Schlösser, Festungen, Munition, Zeughäuser, die von mir eroberten oder ererbten Länder, alle Kronjuwelen (die sich in Händen der Königin und seiner Gemahlin befinden), die Gold- und Silberservice, die in Berlin sind, meine Landhäuser, die Bibliothek, das Münzkabinett, die Gemäldegallerie, Gärten usw. Ferner hinterlasse ich ihm den Staatsschatz, so wie er ihn am Tage meines Todes vorfinden wird, als Eigentum des Staates und allein dazu bestimmt, die Völker zu verteidigen oder ihnen Erleichterung zu verschaffen.

Sollte ich irgend welche kleine Schuld hinterlassen, an deren Bezahlung der Tod mich hindert, so soll mein Neffe gehalten sein, sie zu begleichen: dies ist mein Wille.

Der Königin, meiner Gemahlin, hinterlasse ich das Einkommen, das sie genießt und das um jährlich 10 000 Taler erhöht werden soll, zwei Tonnen Wein jährlich, freies Holz und das Wildbret für ihre Tafel. Unter dieser

Bedingung hat die Königin sich verpflichtet, meinen Neffen zu ihrem Erben zu ernennen. Da ferner kein geeigneter Witwensitz für sie vorhanden ist, so begnüge ich mich, der Form halber Stettin zu bestimmen. Zugleich verlange ich von meinem Neffen, daß er ihr eine angemessene Wohnung im Berliner Schlosse überläßt und ihr mit der Ehrerbietung begegnet, die ihr als Witwe seines Onkels und als einer Fürstin zukommt, deren Tugend sich niemals verleugnet hat.

Kommen wir auf den Allodialnachlaß. Ich bin niemals geizig oder reich gewesen; ich habe also nicht über viel zu verfügen. Die Einkünfte des Staates habe ich stets als Bundeslade betrachtet, die keine profane Hand anzutasten wagt. Die öffentlichen Einkünfte sind niemals für meinen eigenen Bedarf in Anspruch genommen. Meine persönlichen Ausgaben haben niemals 220 000 Taler im Jahre überschritten. Meine Verwaltung läßt mir also ein ruhiges Gewissen, und ich kann der Öffentlichkeit ohne Furcht Rechenschaft darüber ablegen.

Meinen Neffen Friedrich Wilhelm setze ich zum Universalerben meines Allodialvermögens ein, unter der Bedingung, daß er folgende Legate auszahlt.

Ich empfehle meinem Erben aufs wärmste die tapferen Offiziere, die unter meinem Befehl den Krieg mitgemacht haben. Ich bitte ihn, besonders für die Offiziere meiner Umgebung zu sorgen. Er soll keinen fortschicken und keinen von ihnen, wenn er alt und schwach ist, im Elend umkommen lassen. Er wird in ihnen geschickte Militärs und Leute besitzen, die Beweise von ihrer Einsicht, Tapferkeit und Treue gegeben haben.

Ich empfehle ihm meine Privatsekretäre, ebenso alle, die in meinem Kabinett gearbeitet haben. Sie haben Übung in den Geschäften und können ihn im Anfang seiner Regierung über sehr viele Dinge aufklären, die ihnen bekannt sind und die selbst die Minister nicht wissen.

Ich empfehle ihm gleichfalls alle, die in meinen Diensten gestanden haben, ebenso meine Kammerdiener. Ich vermache Zeysing 2000 Taler für seine große Treue und 500 Taler jedem meiner Garderobediener. Ich hoffe bestimmt, daß mein Erbe ihnen ihr Gehalt läßt, bis sie passend versorgt sind.

Jedem Stabsoffizier meines Regiments, des Bataillons Lestwitz und der Gardesdukorps vermache ich eine goldene Denkmünze, die auf die von den Truppen unter meiner Führung errungenen Erfolge und Siege geprägt worden ist. Jedem dieser vier Bataillone vermache ich zwei Taler pro Kopf und ebensoviel jedem Gardedukorps.

Füge ich vor meinem Tode diesem Testament ein eigenhändig geschriebenes und unterzeichnetes Kodizill bei, so soll es die gleiche Kraft haben wie diese feierliche Urkunde.

Wenn jemand von denen, die ich bedacht habe, vor mir stirbt, so ist das Legat null und nichtig.

Wenn ich während des Krieges sterbe, soll mein Generalerbe gehalten sein, erst nach Wiederherstellung des Friedens meine Erbschaft auszuzahlen. Im Verlaufe des Krieges aber soll niemand das Recht haben, an den Nachlaß Forderungen zu stellen.

Ich empfehle meinem Nachfolger, sein eigen Blut in seinen Onkeln, Tanten und allen Blutsverwandten zu achten. Der Zufall, der über dem Menschengeschick waltet, entscheidet die Erstgeburt. Aber deshalb, weil man König ist, ist man noch nicht besser als die anderen. Ich empfehle allen meinen Verwandten, in Frieden miteinander zu leben. Möchten sie, wenn es einmal gilt, ihre persönlichen Interessen dem Wohle des Vaterlandes und dem Vorteil des Staates zu opfern verstehen.

Bis zum letzten Atemzuge werden meine Wünsche dem Glücke des Staates gelten. Möchte er stets mit Gerechtigkeit, Weisheit und Stärke regiert werden! Möchte er durch die Milde der Gesetze der glücklichste, in seinen Finanzen der bestverwaltete und durch ein Heer, das nur nach Ehre und edlem Waffenruhm trachtet, der am tapfersten verteidigte sein! Möchte er blühen bis ans Ende der Zeiten!

Zu meinem Testamentsvollstrecker ernenne ich den regierenden Herzog Karl von Braunschweig, von dessen Freundschaft, Aufrichtigkeit und Redlichkeit ich mir verspreche, daß er die Vollziehung meines letzten Willens auf sich nehmen wird.

Berlin, 8. Januar 1769.

Friderich.

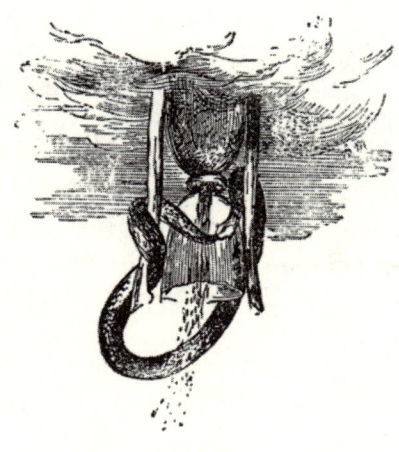

Politische und theologische Streitschriften

KRITIK DER ABHANDLUNG
»ÜBER DIE VORURTEILE«
(1770)

Ich habe soeben ein Buch gelesen, das den Titel führt: »Über die Vorurteile«. Während ich es prüfend las, fand ich zu meinem äußersten Erstaunen, daß es selber von Vorurteilen strotzt. Es ist ein Gemisch von Wahrheiten und falschen Vernunftschlüssen, von bitteren Kritiken und chimärischen Entwürfen, vorgetragen von einem fanatisch schwärmenden Philosophen. Um Ihnen genauen Einblick zu geben, werde ich mich genötigt sehen, bei einzelnem zu verweilen. Da ich jedoch nicht viel Zeit übrig habe, will ich mich auf etliche Bemerkungen über die Hauptsachen beschränken.

Im Werk eines Mannes, der auf jeder Seite den Philosophen betont, hoffte ich bestimmt, Weisheit und sehr folgerichtige Gedankengänge zu finden; ich bildete mir ein, da werde eitel Licht und Klarheit herrschen. Weit gefehlt! Der Autor stellt sich die Welt ungefähr so vor, wie Plato sich seine Republik ausdachte: empfänglich für Tugend, Glück und Vollkommenheit. Ich kann ihm versichern, daß die Welt, darin ich lebe, anders aussieht. Hier treten Gut und Böse überall vermischt auf, Leiblichkeit und Sittlichkeit haben gleichermaßen unter den Unvollkommenheiten, die sie kennzeichnen, zu leiden. Schulmeisterhaft bekräftigt er: die Wahrheit ist für den Menschen geschaffen, und man muß sie ihm bei jeder Gelegenheit sagen. Das verdient nachgeprüft zu werden. Ich stütze mich auf die Erfahrung und die Analogie, um ihm zu beweisen, daß die spekulativen Wahrheiten ganz und gar nicht für den Menschen geschaffen sind, daß sie sich vielmehr unaufhörlich seinem mühereichsten Suchen entziehen. Es ist für unsere Eigenliebe ein demütigendes Zugeständnis: die Macht der Wahrheit entreißt es mir.

Die Wahrheit liegt auf dem Grund eines Brunnens, die Philosophen arbeiten nach Kräften, sie von dort heraufzuholen. Alle Gelehrten klagen über die Anstrengungen, die es kostet, die Wahrheit zu entdecken. Wäre sie für den Menschen geschaffen, so würde sie sich von selbst seinen Augen darbieten. Ohne Mühen, ohne langes Nachdenken, ohne erst fehlzugreifen, würde er sie empfangen; ihre Augenscheinlichkeit würde jeden Irrtum siegreich überwinden und unfehlbar überzeugend wirken. An sicheren Merkmalen würde man sie vom Irrtum unterscheiden, der so oft uns täuscht, wenn er unter der geborgten Form des Wahren erscheint. Alle Vermutungen würden aufhören. Es gäbe nur noch Gewißheiten. Die Erfahrung aber lehrt mich ganz das Gegenteil: sie zeigt mir, daß kein Mensch frei von Irrtum ist; daß die größten Narrheiten, wie die Einbildungskraft sie nur im Fieberwahn gebären kann, zu allen Zeiten aus Philosophenhirnen hervorgingen; daß nur wenige philosophische Systeme ohne Vorurteile und falsche Schlüsse auskommen. Sie erinnert mich an die Wirbel, die Descartes ersann, an Newtons, des großen Newton Erläuterungen zur Apokalypse, an die prästabilierte Harmonie, die Leibniz erfand, ein Genie, das diesen großen Männern ebenbürtig ist. Überzeugt von der Ohnmacht des menschlichen Verstandes und erschüttert von den Irrtümern so berühmter Philosophen, rufe ich aus: O Eitelkeit der Eitelkeiten, Eitelkeit des philosophischen Geistes!

Die Erfahrung dehnt ihre Untersuchung noch weiter aus. Sie zeigt mir, daß durch alle Jahrhunderte hindurch der Mensch ein Sklave des Irrtums war, der religiöse Kult sich auf absurde Fabeln gründete und absonderliche Riten, lächerliche Feste, abergläubische Bräuche im Gefolge hatte, womit die Völker das Bestehen ihrer Macht verknüpften. Erfahrung lehrt uns, daß Vorurteile den Kult beherrschen, gleichwie sie die ganze Welt von einem Ende bis zum anderen regieren.

Forscht man nach den Ursachen dieser Irrtümer, so findet man, daß ihr Ursprung im Menschen selbst liegt. Die Vorurteile sind die Vernunft des Volkes; es hat einen unwiderstehlichen Hang zum Wunderbaren. Dazu kommt, daß der größte Teil der Menschheit, da er auf tägliche Arbeit angewiesen ist, in unüberwindliche Unwissenheit versunken hinlebt. Für Denken und Nachdenken hat er keine Zeit. Da sein Geist an vernunftmäßiges Denken nicht gewöhnt, sein Urteil nicht geschult ist, so kann er unmöglich die Dinge, über die er Klarheit wünscht, nach den Regeln einer gesunden Kritik untersuchen und ebensowenig einer Kette von Schlüssen folgen, wodurch man seine Irrtümer beiseite zu räumen vermöchte. Daher stammt seine Anhänglichkeit an den Kult, dem eine lange Gewöhnung Weihe verlieh; lediglich Gewalt kann ihn davon losreißen. Mit Gewalt haben denn auch jeweils die neuen Religionslehren die alten ausgerottet. Die Henker bekehrten die Heiden, und Karl der Große verkündete den Sachsen das Christentum mit Feuer und Schwert. So müßte auch unser Philosoph mit dem Schwert in der Hand den Völkern predigen, um sie aufzuklären. Indessen, da die Philosophie ihre Jünger sanft und tolerant macht, hoffe ich, er überlegt es sich noch, bevor er Waffen und Rüstung eines kriegerischen Bekehrers anlegt.

Die zweite Ursache des Aberglaubens liegt im Charakter der Menschen: in ihrer Neigung, ihrem starken Hang zu allem, was ihnen wunderbar erscheint. Jedermann spürt etwas davon in sich; unwillkürlich schenken wir den übernatürlichen Dingen, von denen wir hören, Aufmerksamkeit. Es scheint, das Wunderbare erhebt die Seele und adelt unser ganzes Wesen, indem es ein unermeßliches Gebiet erschließt, das den Kreis unserer Vorstellungen erweitert und unserer Phantasie freien Lauf läßt; denn mit Lust verliert sie sich in unbekannte Gefilde. Der Mensch liebt alles, was groß ist, was ihm Staunen oder Bewunderung erweckt. Majestätischer Pomp, eindrucksvolle Zeremonien packen ihn. Ein geheimnisvoller Kult verdoppelt seine Anteilnahme. Verkündet man ihm obendrein die unsichtbare Gegenwart einer Gottheit, so bemächtigt sich seines Gemüts ein ansteckender Aberglaube, setzt sich darinnen fest und wächst, bis er zum Fanatismus wird. Diese seltsamen Wirkungen sind die Folgen der Herrschaft, die des Menschen Sinne über ihn ausüben; denn er lebt mehr im Gefühl als im Verstand. Wir sehen also, daß die Mehrzahl der menschlichen Lehrmeinungen auf Vorurteile, Fabeln, Irrtum und Betrug gegründet ist. Was können wir anders daraus schließen, als daß der Mensch für den Irrtum geschaffen, der ganze Erdball dessen Herrschaft unterworfen ist und daß wir so blind wie die Maulwürfe sind? Der Autor muß daher, nach der Erfahrung aller Zeitalter, gestehen, daß die Welt von abergläubischen Vorurteilen, wie wir sahen, überschwemmt und die Wahrheit also für den Menschen nicht geschaffen ist.

Was aber wird nun aus seinem System werden? Ich bin darauf gefaßt, daß unser Philosoph mich hier unterbricht und mich ersucht, die spekulativen Wahrheiten nicht mit denen der Erfahrung zu verwechseln. Ich habe die Ehre, ihm darauf zu erwidern, daß es bei Lehrsätzen und beim Aberglauben auf spekulative Wahrheiten ankommt; und darum hat es sich gehandelt. Die Erfahrungswahrheiten beeinflussen bloß das bürgerliche Leben, und ich bin überzeugt, ein großer Philosoph wie unser Autor bildet sich nicht ein, er kläre die Menschheit auf, wenn er sie lehrt, daß man am Feuer sich verbrennt und im Wasser ertrinkt, daß man Nahrung zu sich nehmen muß, um das Leben zu erhalten, daß die menschliche Gesellschaft ohne die Tugend nicht bestehen kann, und andere Gemeinplätze mehr. Aber gehen wir weiter.

Der Autor sagt im Anfang seines Werkes, da die Wahrheit allen nützlich sei, müsse man sie ihnen kühn und rückhaltlos sagen. Im achten Kapitel – wenn ich nicht irre, denn ich zitiere aus dem Gedächtnis – spricht er sich ganz anders aus. Da vertritt er die Meinung, die Notlügen seien erlaubt und nützlich. Er geruhe doch sich selber zu entscheiden, ob Wahrheit oder Lüge siegen soll, damit wir wissen, woran wir uns zu halten haben! Wenn ich es wagen darf, nach einem so großen Philosophen auch meine Meinung in die Wagschale zu werfen, so möchte ich raten, ein vernünftiger Mensch solle mit nichts, nicht einmal mit der Wahrheit, Mißbrauch treiben. Ich werde nicht ermangeln, mit Beispielen diese Meinung zu stützen.

Nehmen wir an, eine furchtsame und schreckhafte Frau befinde sich in Lebensgefahr. Wollte man ihr auf unbesonnene Weise die Gefahr, in der sie schwebt, kundgeben, so würde ihr Gemüt durch die Todesfurcht erregt, erschüttert, außer Fassung gebracht werden. Hierdurch würde eine allzu stürmische Bewegung sich dem Blut mitteilen und vielleicht den Ausgang noch beschleunigen. Ließe man ihr dagegen Hoffnungen auf Genesung, so könnte die Ruhe ihrer Seele vielleicht den übrigen Heilmitteln helfen, die

Wiederherstellung wirklich zu vollbringen. Was kommt dabei heraus, wenn man einen Menschen aufklärt, den seine Illusionen glücklich machen? Es kann einem gehen wie jenem Arzt, der einen Geisteskranken geheilt hatte und sein Honorar dafür forderte. Jener entgegnete ihm, er gebe nichts; denn während seiner Umnachtung habe er im Paradies zu leben geglaubt und nun, da er seinen Verstand wiederhabe, sehe er sich in der Hölle. Hätten die römischen Senatoren bei der Nachricht, daß Varro die Schlacht bei Cannä verloren habe, auf dem Forum geschrien: »Römer, wir sind besiegt, Hannibal hat unsere Heere gänzlich geschlagen!« so hätten die unüberlegten Worte den Schrecken des Volkes dermaßen gesteigert, daß es, wie nach der Niederlage an der Allia, Rom verlassen hätte. Um die Republik wäre es geschehen gewesen. Der Senat war klüger, da er dieses Unglück geheim hielt. Er trieb das Volk wieder zur Verteidigung des Vaterlandes an, ergänzte das Heer, setzte den Krieg fort, und zu guter Letzt triumphierten die Römer über die Karthager. Es scheint also festzustehen, daß man die Wahrheit mit Zurückhaltung sagen muß: niemals dort, wo sie schaden könnte, und immer nur in gutgewählter Stunde.

Wenn ich den Autor überall, wo mir Ungenauigkeiten auffallen, in die Enge treiben wollte, so könnte ich ihn auch wegen seiner Definition des Wortes paradox angreifen. Er behauptet, das Wort bezeichne jede Meinung, die nicht anerkannt sei, aber zur Geltung gelangen könne; während das Wort doch nach gewöhnlichem Sprachgebrauch eine Meinung bedeutet, die irgendeiner Erfahrungswahrheit entgegengesetzt ist. Ich will mich bei dieser Kleinigkeit nicht aufhalten. Aber ich kann mich doch nicht enthalten, diejenigen, die den Namen eines Philosophen in Anspruch nehmen, zu erinnern, daß sie richtige Definitionen geben und jedes Wort nur in seinem üblichen Sinn anwenden sollen.

Ich komme nun zu dem Ziel, das der Verfasser anstrebt. Er verhehlt es nicht, er gibt vielmehr recht klar zu verstehen, daß er es auf den religiösen Aberglauben seines Landes abgesehen hat, daß er den Kult abschaffen möchte, um auf dessen Trümmer die Naturreligion zu erheben. Dabei will er eine Moral einführen, die von allem wesensfremden Beiwerk befreit ist. Seine Absichten muten uns rein an: er will nicht, daß das Volk durch Fabeln irregeführt werde und daß die Betrüger, die diese verschleißen, allen Gewinn daraus ziehen, gleichwie die Quacksalber aus den Arzneien, die sie verkaufen. Diese Betrüger sollen nicht die einfältige Menge beherrschen, nicht weiterhin sich der Macht erfreuen, die sie mißbräuchlich gegen Fürst und Staat ausspielen. Er will, mit einem Wort, den herrschenden Kult aus dem Weg räumen, der Masse die Augen öffnen und ihr helfen, das Joch des Aberglaubens abzuschütteln. Der Entwurf ist groß; fragt sich nur, ob er auch ausführbar und der Autor richtig vorgegangen ist, um ihn durchsetzen zu können.

Wer die Welt gründlich studiert und das menschliche Herz erforscht hat, wird die Unternehmung für unausführbar halten. Alles stellt sich ihr entgegen: die Halsstarrigkeit, womit die Menschen an ihren gewohnten Anschauungen hangen, ihre Unwissenheit und Urteilsunfähigkeit, ihre Neigung zum Wunderbaren, die Macht des Klerus und die Mittel, die ihm für seine Selbstbehauptung zur Verfügung stehen. Nach alledem muß man bei einer Bevölkerung von sechzehn Millionen, wie man sie in Frankreich zählt, auf die Bekehrung von fünfzehn Millionen achthunderttausend Seelen verzichten, weil in ihren Meinungen unüberwindliche Hemmungen liegen. Für die Philosophie bleiben also zweihunderttausend. Das ist schon viel. Ich möchte es niemals auf mich nehmen, einer so großen Anzahl dieselbe Gedankenrichtung zu geben, einer Vielheit, die an Verständnis, Geist, Urteil, Anschauungsweise genau so verschieden ist wie an kennzeichnenden Gesichtszügen. Nehmen wir ruhig an, die zweihunderttausend Proselyten hätten dieselbe Ausbildung empfangen; darum wird jeder doch seine Eigengedanken, seine Sonderansichten haben, und am Ende werden unter all den vielen nicht zwei zu finden sein, die dasselbe denken. Ich gehe noch weiter. Ich möchte beinahe versichern, daß in einem Staat, wo alle Vorurteile ausgerottet wären, keine dreißig Jahre vergehen würden, ohne daß man neue aufkommen sähe; worauf die Irrtümer sich mit Geschwindigkeit ausbreiten und das Ganze wieder überschwemmen würden. Wer sich an die Phantasie der Menschen wendet, wird allemal den besiegen, der auf ihren Verstand einwirken will. Kurz, ich habe bewiesen, daß jederzeit der Irrtum in der Welt geherrscht hat. Und da eine so feststehende Erscheinung als allgemeines Naturgesetz angesehen werden darf, schließe ich, daß das ewig Dagewesene auch ewig da sein wird.

Indessen, ich muß dem Autor Gerechtigkeit widerfahren lassen, wo sie ihm gebührt. Nicht Gewalt beabsichtigt er anzuwenden, um der Wahrheit Jünger zuzuführen. Er gibt zu verstehen, daß er sich darauf beschränke, den Geistlichen den Unterricht der Jugend, von dem sie Besitz ergriffen haben, zu entziehen, um Philosophen damit zu betrauen. Das würde die Jugend vor den religiösen Vorurteilen bewahren und behüten, mit denen sie bisher durch die Schulen von klein auf angekränkelt wurden. Ich bin jedoch so frei, ihm entgegenzuhalten, daß er, selbst wenn er dies Unternehmen durchzuführen vermöchte, eine Enttäuschung erleben würde. Ich berufe mich dafür auf ein Beispiel, das in Frankreich, fast unter seinen Augen, sich zuträgt. Den Calvinisten ist dort der Zwang auferlegt, ihre Kinder in die katholischen Schulen zu schicken: da betrachte er, wie die Väter den Kindern bei ihrer Heimkehr vorpredigen, wie sie ihnen den Katechismus Calvins abhören und welchen Abscheu sie ihnen vor dem Papsttum einflößen. Das ist eine bekannte Tatsache, und es ist des weiteren einleuchtend, daß es ohne die Beharrlichkeit dieser Familienhäupter längst keine Hugenotten mehr in Frankreich geben würde. Ein Philosoph kann sich gegen eine solche Bedrükkung der Protestanten auflehnen, aber er darf nicht selber dem Beispiel folgen; denn es bedeutet Gewalttätigkeit, wenn den Vätern die Freiheit genommen wird, ihre Kinder nach ihrem Willen zu erziehen. Es würde auch Gewalttätigkeit bedeuten, wenn die Kinder zur Schule der Naturreligion geschickt würden, während die Väter wünschten, daß sie katholisch seien wie sie selbst.

Ein Philosoph, der zum Verfolger würde, wäre in den Augen des Weisen ein Monstrum. Mäßigung, Menschlichkeit, Gerechtigkeit, Duldsamkeit: das sind die Tugenden, die ihn kennzeichnen sollen. Seine Grundsätze müssen unwandelbar bleiben, seine Worte, Entwürfe, Handlungen müssen seinen Grundsätzen entsprechen.

Gönnen wir dem Verfasser seine Begeisterung für die Wahrheit und bewundern wir die Geschicklichkeit, mit der er seine Ziele zu erreichen sucht. Wir haben gesehen, daß er einen mächtigen Gegner angreift: die herrschende Religion, den Priester, der sie verteidigt, und das abergläubische Volk, das unter ihren Fahnen steht. Aber als habe er an einem so furchtbaren Feind nicht genug für seinen Mut, erweckt er sich noch einen anderen, um seinen Triumph zu steigern, seinen Sieg glorreicher zu machen. Er unternimmt einen nachdrücklichen Ausfall gegen die Regierung und beleidigt sie ebenso grob wie unziemlich. Die Mißachtung, die er dabei an den Tag legt, empört jeden vernünftigen Leser.

Vielleicht wäre die Regierung neutral geblieben, eine friedliche Zuschauerin der Schlachten, die unser Held der Wahrheit den Aposteln der Lüge lieferte; aber er selbst zwingt sie, für die Kirche Partei zu ergreifen wider den gemeinsamen Feind. Wenn wir den großen Philosophen nicht achteten, hätten wir diesen Angriff für den Streich eines leichtfertigen Schulbuben gehalten, wofür er strenge Bestrafung durch seine Lehrer verdiente.

Kann man denn sein Vaterland nur fördern, wenn man es um und um kehrt und alle bestehende Ordnung über den Haufen wirft? Gibt es nicht mildere Mittel, die man lieber anwenden sollte, um dem Vaterland mit Nutzen zu dienen? Unser Philosoph, scheint mir, hält es mit jenen Ärzten, die kein Heilmittel als das Brechmittel kennen, mit jenen Chirurgen, die sich nur auf Amputationen verstehen. Wenn ein Weiser über den Schaden nachdenkt, den die Kirche seinem Land verursacht, wird er sich ohne Zweifel Mühe geben, es von dem Übel zu befreien; aber er wird mit Vorsicht zu Werke gehen. Anstatt das alte gotische Gebäude einfach niederzureißen, wird er sich mühen, die Fehler zu beseitigen, die es entstellen.

Er wird die abgeschmackten Fabeln entkräften, die der Dummheit der Masse zum Futter dienen. Er wird sich gegen Absolution und Ablässe auflehnen, die nur ein Ansporn zum Verbrechen sind, weil sie dem Bußfertigen die Sühne zu leicht machen und seine Gewissensbisse zu mühelos beschwichtigen. Er wird zu Felde ziehen gegen all die Ausgleichsmittel, die von der Kirche eingeführt wurden, um die größten Missetaten zu tilgen, gegen die geistlichen Exerzitien, die kindlichen Mummenschanz an die Stelle wirklicher Tugenden setzen. Er wird seine Stimme erheben wider die Ansammlungen von Nichtstuern, die vom arbeitsamen Teil der Nation lebten, wider diese Menge von Mönchen, die den Naturtrieb unterdrücken und so ihr möglichstes zum Niedergang der Menschheit beitragen. Den Herrscher wird er anfeuern, die unermeßliche Macht, die das Priestertum sträflich gegen sein Volk und gegen ihn selbst anwendet, einzuschränken, dem Klerus jeden Einfluß auf die Regierung zu nehmen und ihn denselben Gerichten zu unterwerfen, die über die Laien urteilen. Durch dieses Mittel würde die Religion ein für Sitten und Regierung gleichgültiger Gegenstand theoretischer Betrachtung werden, der Aberglaube würde nachlassen, und die Toleranz würde von Tag zu Tag an Herrschaft über die Welt gewinnen.

Kommen wir nun zu dem Abschnitt, worin der Verfasser die Politik behandelt. Welche Umwege er auch einschlagen mag, um den Schein zu erwecken, als betrachte er die Dinge nur unter allgemeinen Gesichtspunkten, man merkt doch, daß er immer Frankreich vor Augen hat und über die Grenzen seines Vaterlandes nicht hinausschreitet. Seine Darlegungen, seine Kritik, alles bezieht sich auf Frankreich, alles hängt damit zusammen. Nur in Frankreich werden die richterlichen Ämter verkauft; kein Staat hat so viel Schulden wie dieser; nirgends schreit man so laut gegen die Steuern. Man lese nur die Vorstellungen der Parlamente gegen gewisse Steueredikte und zahlreiche Broschüren über denselben Gegenstand. Das Wesentliche der Klagen gegen die Regierung ist auf kein anderes Land Europas anwendbar als auf Frankreich. Nur dort werden die Staatseinkünfte durch Steuerpächter erhoben. Die englischen Philosophen beklagen sich nicht über ihren Klerus. Von spanischen, portugiesischen, österreichischen Philosophen habe ich bisher nicht reden hören. Nur in Frankreich können also die Philosophen über die Priester klagen. Kurz, alles weist auf des Verfassers Vaterland hin, und es würde ihm schwer, wo nicht unmöglich werden, zu leugnen, daß seine Hiebe sich unmittelbar gegen Frankreich richten.

Indessen, er hat Augenblicke, wo sein Zorn sich legt und sein beruhigter Geist ihm erlaubt, seine Schlüsse mit besserer Einsicht zu ziehen. Wenn er behauptet, es sei die Pflicht des Fürsten, seine Untertanen glücklich zu machen, so ist das eine alte Wahrheit, die jedermann mit ihm anerkennen wird. Wenn er betont, Unwissenheit und Trägheit der Herrscher seien verhängnisvoll für ihre Völker, so wird man ihm versichern, daß das die Überzeugung aller ist. Wenn er hinzufügt, das Interesse der Monarchen sei untrennbar verknüpft mit dem der Untertanen und ihr Ruhm bestehe darin, über eine glückliche Nation zu herrschen, so wird ihm niemand die augenscheinliche Nichtigkeit dieser Meinung bestreiten. Verleumdet er aber mit heftiger Erbitterung und Ausfällen ätzendster Satire seinen König und die

Regierung seines Landes, so sieht man ihn für einen Verrückten an, der, seinen Fesseln entronnen, sich den wildesten Ausbrüchen seiner Wut hingibt.

Wie, Herr Philosoph, Sie Schützer der Sitten und der Tugend, wissen Sie nicht, daß ein guter Bürger die Regierungsform, unter der er lebt, achten soll? Wissen Sie nicht, daß es einem Bürger nicht zukommt, die Machthaber zu beschimpfen, daß man weder seine Mitbürger noch seinen Herrscher noch sonst jemand verleumden darf, und daß ein Autor, der seine Feder zu solchen Ausschreitungen hergibt, nicht Weiser noch Philosoph ist?

Nichts verbindet mich persönlich mit dem Allerchristlichsten König; ich hätte vielleicht ebensoviel Grund, mich über ihn zu beklagen wie irgendein anderer. Aber die Entrüstung über die Schmähungen, die der Verfasser gegen ihn ausgespien hat, und vor allem die Liebe zur Wahrheit, die stärker als jede Erwägung ist, zwingen mich, Beschuldigungen zu widerlegen, die so falsch wie empörend sind.

Hier die Hauptanklagepunkte:

Der Verfasser beschwert sich darüber, daß die vornehmsten Häuser Frankreichs allein im Besitz der ersten Würden seien; daß das Verdienst nicht ausgezeichnet werde; daß man den Klerus ehre und die Philosophen mißachte; daß der Ehrgeiz des Herrschers ohne Unterlaß neue aufreibende Kriege entzünde; daß einzig die gedungenen Henker – mit diesem geschmackvollen Epitheton ehrt er die Soldaten – Belohnungen und Auszeichnungen genießen; daß die Richterstellen käuflich seien, die Gesetze schlecht, die Steuern maßlos, die Bedrückung unerträglich und die Erziehung der Fürsten ebenso verständnislos wie tadelnswert.

Hier meine Antwort:

Das Wohl des Staates fordert, daß der Fürst die bedeutenden Dienste, die der Regierung geleistet werden, anerkennt. Wenn er seine Dankbarkeit bis auf die Nachkommen derer ausdehnt, die sich um das Vaterland verdient gemacht haben, so ist das die größte Ermutigung, die er den Talenten und der Tüchtigkeit geben kann. Familien auszeichnen, die durch die trefflichen Taten ihrer Vorfahren emporgekommen sind, heißt das nicht: alle anspornen, daß sie dem Staate gute Dienste leisten, um die Nachkommen im Genusse ähnlicher Vergünstigungen hinterlassen zu können? Bei den Römern schon galt der Patrizierstand mehr als der Plebejer- und der Ritterstand. Nur in der Türkei sind die Stände vermengt, und es geht ihr darum nicht etwa besser. In allen Staaten Europas genießt der Adel dieselben Vorrechte. Die Bürgerlichen bahnen sich zuweilen den Weg zu den bevorzugten Stellen, wenn Genie, Talente und Leistungen sie adeln. Dieses Vorurteil aber, wenn man es so nennen will, dieses (wie ich betonen möchte) allgemein anerkannte Vorurteil würde es sogar dem König von Frankreich verwehren, einen Bürgerlichen als Gesandten an bestimmte fremde Höfe zu schicken.

Wo die Rechte der Geburt nicht anerkannt werden, lebt nicht philosophische Freiheit, sondern kleinbürgerliche und lächerliche Eitelkeit.

Der Verfasser klagt weiter, in Frankreich zeichne man das persönliche Verdienst nicht aus. Ich bekenne mich zu dem Argwohn, daß ein Minister ihm gegenüber in einer persönlichen Angelegenheit etwas versehen hat. Vielleicht lud er die Schuld auf sich, ihm irgendeine Pension abzuschlagen oder diesen hochweisen Lehrmeister der Menschheit in seiner Dachkammer nicht zu entdecken, wiewohl er so würdig ist, dem Minister in seinen politischen Geschäften beizustehen – was sage ich? ihn anzuleiten vielmehr!

Sie behaupten, Herr Philosoph, daß die Könige sich in der Wahl ihrer Diener oftmals täuschen. Nichts ist wahrer; die Gründe lassen sich leicht finden: auch die Könige sind eben Menschen, dem Irrtum unterworfen wie die anderen. Wer nach hohem Amte trachtet, tritt ihnen niemals anders gegenüber als mit der Maske vor dem Gesicht. Ohne Zweifel kommt es vor, daß die Könige sich irreführen lassen. Die Schliche, Ränke und Kabalen der Höflinge können gelegentlich obsiegen. Wenn aber ihre Wahl nicht immer glücklich ist, so soll man nicht sie allein anklagen. Das wahre Verdienst und die Männer von überlegenen Geistesgaben sind allenthalben viel seltener, als so ein übersinnlicher Träumer sich einbildet. Er hat ja nur theoretische Vorstellungen von der Welt des Staatsmanns, die er niemals kennen lernte. Das Verdienst wird nicht belohnt: die Klage hört man in jedem Land. Und jeder anmaßende Kerl kann sagen: Ich habe geniale Fähigkeiten; die Regierung läßt mir keine Auszeichnung zuteil werden; folglich fehlt es ihr an Weisheit, Urteil und Gerechtigkeit.

Unser Philosoph gerät sodann in den Harnisch, da er einen Gegenstand behandelt, der ihn näher angeht. Er scheint äußerst empört zu sein, weil man in seinem Vaterland die Apostel der Lüge denen der Wahrheit vorzieht. Er wird gebeten, doch nur ein paar flüchtige Erwägungen anzustellen, die vielleicht seines ungestümen Genies unwürdig, immerhin aber geeignet sind, seinen Zorn zu besänftigen. Er möge sich einmal vergegenwärtigen, daß der Klerus eine beträchtliche Körperschaft im Staate bildet, während die Philosophen vereinzelte Privatleute sind. Er erinnere sich gefälligst, daß er selbst gesagt hat, der Klerus sei durch die Autorität, die er über das Volk zu gewinnen wußte, mächtig geworden, habe sich dadurch dem Herrscher furchtbar gemacht und müsse nun auf Grund seiner Macht schonend behandelt werden. Die Natur der Dinge bringt es also mit sich, daß der Klerus sich ausgeprägterer Vorrechte und Auszeichnungen erfreut, als man sie gemeiniglich denen zubilligt, die von Standes wegen auf allen Ehrgeiz verzichten und, erhaben über die menschlichen Eitelkeiten, alles verachten, was der Haufe mit so viel Eifer begehrt.

Weiß unser Philosoph nicht, daß der Aberglaube des Volkes den Monarchen auf dem Thron in Ketten schlägt? Das Volk selbst zwingt ihn, Rücksicht auf diese widerspenstigen und aufruhrbrütenden Priester zu nehmen, auf diesen Klerus, der einen Staat im Staate errichten will und nicht davor zurückschreckt, Vorgänge von solcher Tragik heraufzubeschwören, wie sie dem Leben Heinrichs III. und des guten Königs Heinrich IV. ein Ende setzten. Der Fürst darf nur mit feinfühlig geschickter Hand an den bestehenden Kult rühren. Will er sich an das Gebäude des Aberglaubens machen, so muß er es zu untergraben suchen; es hieße allzuviel wagen, wenn er an ein offenkundiges Niederreißen ginge. Begibt es sich gelegentlich, daß Philosophen über das Regierungswesen schreiben, ohne Fachkenntnisse und Weitblick zu zeigen, so sehen die Politiker mitleidig auf sie herab und verweisen sie auf die Anfangsgründe ihrer Wissenschaft. Theoretische Spekulationen verdienen kein Vertrauen; sie halten die Feuerprobe der Erfahrung nicht aus. Die Regierungskunde ist eine Wissenschaft für sich; wer da fachgerecht mitsprechen will, muß ein langes Studium hinter sich haben. Sonst gerät man auf Irrwege oder empfiehlt Arzneien, die schlimmer sind als das Leiden, worüber man klagt.

Noch eine Standrede gegen den Ehrgeiz der Fürsten! Unser Autor ist außer sich: er klagt die Herrscher an, sie seien die Schlächter ihrer Völker, sie schickten sie als Schlachtopfer in den Krieg, um sich die Langeweile zu vertreiben.

Ohne Zweifel hat es ungerechte Kriege gegeben, Blut ist geflossen, das man hätte sparen sollen und können. Nichtsdestoweniger gibt es mehrere Fälle, in denen der Krieg nötig, unvermeidlich und gerecht ist. Ein Fürst muß seine Verbündeten verteidigen, wenn sie angegriffen werden. Die Selbsterhaltung nötigt ihn, mit bewaffneter Hand das Gleichgewicht zwischen den Mächten Europas zu erhalten. Seine Pflicht ist es, die Untertanen vor feindlichen Einfällen zu schützen. Er ist durchaus befugt, für seine Rechte einzutreten, für eine Erbschaft, die angefochten wird, oder für ähnliche Streitfragen, und zwar indem er die Unbill, die man ihm antut, mit Gewalt zurückweist.

Welchen Schiedsrichter haben denn die Herrscher? Wer will ihr Richter sein? Da sie denn für ihre Rechtsstreitigkeiten kein Gericht finden, das mächtig genug wäre, das Urteil zu fällen und zu vollziehen, so kehren sie unter das Naturrecht zurück, und Gewalt muß die Entscheidung übernehmen. Gegen solche Kriege Geschrei erheben, die kriegführenden Herrscher schmähen, das heißt, mehr Haß gegen die Könige an den Tag legen als Mitleid und Menschlichkeit gegen die Völker, die mittelbar unter den Kriegen leiden. Würde unser Philosoph wohl mit einem Herrscher einverstanden sein, der sich feige seiner Staaten berauben ließe, der Ehre, Interesse und Ruhm seiner Nation dem Gelüst der Nachbarn preisgäbe und durch unnützes Mühen um Erhaltung des Friedens sich selbst, seinen Staat und sein Volk zugrunde richtete? Mark Aurel, Trajan, Julian lagen beständig im Krieg, und doch spenden die Philosophen ihnen Lob. Warum tadeln sie also die modernen Herrscher, die hierin dem Beispiel der alten folgen?

Merken Sie sich, Sie Feind der Könige, moderner Brutus, merken Sie sich, daß die Könige nicht die einzigen sind, die Krieg führen. Die Republiken haben jederzeit ein gleiches getan. Wissen Sie nicht, daß die Griechenrepubliken mit ihren unaufhörlichen Zwistigkeiten fortwährend von Bürgerkriegen heimgesucht wurden? Ihre Annalen umfassen eine ununterbrochene Folge von Kämpfen: gegen die Mazedonier, die Perser, Karthager, Römer, bis zur Zeit, da der Ätolische Bund ihren Untergang beschleunigte. Wissen Sie nicht, daß keine Monarchie kriegerischer war als die römische Republik? Um all ihre Waffentaten Ihnen vor Augen zu führen, müßte ich die Geschichte der Republik Rom vom einen Ende bis zum anderen wiedergeben.

Gehen wir zu den modernen Republiken über. Die venezianische hat gegen die genuesische gekämpft, gegen die Türken, den Papst, die Kaiser und gegen Ihren Ludwig XII. Die Schweizer haben Kriege mit dem Haus Österreich und mit Karl dem Kühnen, dem Herzog von Burgund, ausgefochten. Und sind sie nicht – um mich Ihres feinen Ausdrucks zu bedienen – schlimmere Schlächter als die Könige: verkaufen sie nicht ihre Mitbürger zum Dienst bei Fürsten, die im Kampf stehen? Von England, das ja auch eine Republik ist, sage ich nichts; Sie wissen es aus Erfahrung, ob England Kriege führt und wie es sie führt. Die Holländer haben sich seit der Begründung ihrer Republik in alle Wirren Europas gemischt. Schweden hat seinerzeit, solange es Republik war, verhältnismäßig ebensoviel Kriege unternommen wie unter der Monarchie. Was Polen betrifft, so frage ich Sie nur, was gegenwärtig dort vorgeht, was in unserem Jahrhundert dort schon vorgegangen ist, und ob Sie glauben, daß das Land ewigen Frieden genieße? Alle Regierungsformen Europas und der ganzen Erde, die Quäker ausgenommen, sind demnach, wenn es auf Ihre Grundsätze ankommt, tyrannisch und barbarisch. Warum also beschuldigen Sie einzig die Monarchien dessen, was sie doch mit den Republiken gemeinsam haben?

Sie ereifern sich gegen den Krieg. Er ist an sich schreckensvoll, aber doch nur ein Übel, wie die anderen Geißeln Gottes, von denen man wohl annehmen muß, daß sie innerhalb der Weltordnung notwendig sind, da sie periodisch auftreten und bis jetzt noch kein Jahrhundert sich rühmen konnte, frei von ihnen geblieben zu sein. Wenn Sie den ewigen Frieden herstellen wollen, so müssen Sie sich in eine Idealwelt begeben, wo das Mein und Dein unbekannt ist, wo Fürsten, Minister und Untertanen allesamt leidenschaftslos sind und jedermann der Vernunft gehorcht. Oder schließen Sie sich den Plänen des verstorbenen Abbé Saint-Pierre an. Oder aber, wenn das Ihnen zuwider ist, weil er Priester war, so lassen Sie doch den Dingen ihren Lauf; denn in dieser Welt müssen Sie darauf gefaßt sein, daß es Kriege geben wird, wie es immer Kriege gegeben hat, soweit unsere Überlieferung zurückreicht.

Sehen wir nun zu, ob Ihre stark aufgetragenen Anklagen wider die französische Staatsleitung, die so haltlos erscheinen, vielleicht doch irgendeine Grundlage haben. Sie beschuldigen Ludwig XV. – indem Sie ihn kenntlich machen, ohne ihn zu nennen –, er habe nur ungerechte Kriege unternommen. Denken Sie nicht, es genüge, derartige Sachen mit unverschämter Frechheit vorzubringen; sie wollen auch bewiesen sein. Oder Sie werden, so sehr Sie als Philosoph erscheinen möchten, nur für einen großartigen Verleumder gehalten werden. Prüfen wir denn die Akten des Rechtsstreites, suchen wir zu beurteilen, ob die Gründe, die Ludwig XV. zu seinen Kriegen bestimmten, schlecht oder stichhaltig waren.

Der erste Krieg, der in Frage kommt, ist der von 1733. Ludwigs Schwiegervater wird zum König von Polen erwählt. Kaiser Karl VI. widersetzt sich, im Bund mit Rußland, dieser Wahl. Da der König von Frankreich dem russischen Reich nicht zu Leibe kann, greift er Karl VI. an, um die Rechte seines zweimal auf denselben Thron erhobenen Schwiegervaters zu unterstützen. Und da er in Polen nicht die Oberhand zu gewinnen vermag, verschafft er dem König Stanislaus zur Entschädigung Lothringen. Soll man nun einen Schwiegersohn verurteilen, der seinem Schwiegervater beisteht, einen König, der das Wahlrecht einer freien Nation schützt, einen Fürsten, der fremde Mächte hindert, sich das Recht zum Verschenken von Königreichen anzumaßen? Sofern man sich nicht von Erbitterung und unversöhnlichem Haß hinreißen läßt, ist es bis hierher unmöglich, das Verhalten dieses Fürsten zu tadeln.

Der zweite Krieg begann im Jahre 1741. Er wurde um die Erbschaft des Hauses Österreich geführt, dessen letzter männlicher Sproß, Kaiser Karl VI., eben gestorben war. Es ist sicher, daß die berühmte Pragmatische Sanktion, worauf Karl VI. seine Hoffnungen setzte, weder den Erbrechten der Häuser Bayern und Sachsen noch den Ansprüchen, die das Haus Brandenburg auf einige Herzogtümer Schlesiens erhob, im mindesten Abbruch tun konnte. Zu Beginn dieses Krieges war es höchst wahrscheinlich, daß ein französisches Heer, das damals nach Deutschland entsandt wurde, König Ludwig XV. zum Schiedsrichter über die miteinander streitenden Fürsten machen und sie zwingen würde, sich nach dem Willen Ludwigs gütlich über die Erbschaft zu einigen. Ganz gewiß konnte Frankreich nach der Rolle, die es beim Westfälischen Frieden gespielt hatte, keine schönere und größere als diese neue spielen. Aber Mißgeschick und allerlei Ereignisse trafen zusammen, um diese Pläne zu vereiteln. Muß man nun Ludwig XV. verdammen, weil ein Teil des Krieges unglücklich verlief? Darf ein Philosoph einen Entwurf nach seinem Ausgang beurteilen?

Allein es ist leichter, aufs Geratewohl Beleidigungen auszusprechen als zu prüfen und zu erwägen, was man sagen will. Siehe da! Der Mann, der sich im

Anfang seines Werkes als eifernden Verfechter der Wahrheit ausgibt, ist also nur ein gemeiner Aufschneider, der mit seiner Bosheit die Lüge verbindet, um die Herrscher zu beschimpfen!

Ich komme zum Krieg von 1756. Der Verfasser der »Vorurteile« muß selber gar viele Vorurteile und viel Erbitterung gegen sein Vaterland hegen, wenn er nicht ehrlich zugibt, daß England damals Frankreich gezwungen hat, die Waffen zu ergreifen. Wie soll man in dem blutdürstig barbarischen Tyrannen, den Sie uns in so düsteren Farben malen, den friedlichen Ludwig XV. wiedererkennen, der mit engelgleicher Geduld und Mäßigung verfuhr, bevor er sich gegen England erklärte? Was kann man ihm vorwerfen? Will man behaupten, er hätte sich nicht verteidigen dürfen? Mein Freund, entweder bist du ein Nichtswisser oder ein Hirnverbrannter oder ein großartiger Verleumder. Ein Philosoph aber bist du nicht.

Soviel über die Herrscher. Man braucht nun durchaus nicht zu glauben, der Verfasser behandle die anderen Stände besser. Alle dienen sie ihm als Zielscheibe seines Hohns. Mit welch schmählicher Verachtung aber, wie abscheulich behandelt er die Kriegsleute! Wenn man ihn hört, muß man glauben, sie seien der niedrigste Auswurf der menschlichen Gesellschaft. Noch vergeblich sucht sein Philosophenstolz ihr Verdienst zu verkleinern; die Notwendigkeit, sich zu verteidigen, wird immer dafür sorgen daß Kriegerwert gewürdigt wird. Wollen wir aber dulden, daß ein hirnverbrannter Kopf den vornehmsten Beruf der Staatsgemeinschaft schmäht, den Beruf, die Mitbürger zu schützen?

O Scipio, der du Rom aus den Händen Hannibals errettetest und Karthago niederwarfst; Gustav, großer Gustav, Schützer der germanischen Freiheit; Turenne, Schild und Schwert deines Vaterlandes; Marlborough, dessen Arm Europa im Gleichgewicht erhielt; Eugen, du Hort und Ruhm Österreichs; Moritz, du letzter Held Frankreichs! Befreit euch, erlauchte Schatten, aus dem Kerker des Todes, aus den Fesseln des Grabes! Wie werdet ihr mit Staunen vernehmen, daß man in diesem Jahrhundert der Paradoxen eure Arbeit schmäht, eure Taten, die euch mit Fug und Recht die Unsterblichkeit eintrugen! Werdet ihr eure Nachfolger unter dem geschmackvollen Namen gedungener Henker erkennen, den die Sophisten ihnen geben? Was werdet ihr sagen, wenn ihr einen Cyniker, der unverschämter als Diogenes ist, aus dem Hintergrund seiner Tonne kläffen hört wider eure leuchtende Ehre, deren Glanz ihn ärgert? Aber was vermag dieses ohnmächtige Gekreisch gegen eure ruhmumstrahlten Namen und gegen die gerechte Huldigung jedes Zeitalters, die ihr fort und fort erntet?

Die ihr in den Spuren dieser echten Helden wandelt, fahret fort, ihren Tugenden nachzustreben, und verachtet das nichtige Gezeter eines unsinnigen Sophisten, der sich Apostel der Wahrheit nennt, aber nur Lügen, Verleumdungen und Schimpferei vorbringt!

Nichtswürdiger Phrasenmacher, muß man dich lehren, daß die Künste nur unter dem Schutz der Waffen friedlich gedeihen? Hast du während der Kriege, die du erlebtest, nicht gesehen, daß, solange der furchtlose Soldat über die Grenzen wacht, der Landmann darauf rechnet, die Früchte seiner Arbeit in reichen Ernten einzusammeln? Weißt du nicht, daß der Kaufmann ungestört fortfahren kann, sein Geschäft zu treiben, solange der Krieger zu Land und zur See bereit ist, den Tod zu geben oder zu empfangen? Bist du so stumpfsinnig, daß du nicht merktest, wie du in deiner Kammer all das Flickwerk, all die Albernheiten, Frechheiten und Dummheiten, die du uns versetzt hast, ruhig ausdenken konntest, während die Feldherren und Offiziere, die deine Feder so unwürdig behandelt, den Unbilden der Witterung trotzten und sich den härtesten Strapazen aussetzten? Wie! Soll es von dir heißen, daß du alle Begriffe verwirrst? Und beanspruchst du, durch grobe Sophismen die klugen Maßnahmen weiser und weitblickender Regierungen fragwürdig zu machen? Muß man in unserem Jahrhundert noch beweisen, daß ein Reich ohne die Verteidigung durch tapfere Soldaten dem ersten besten, der zugreift, zur Beute würde?

Ja, mein sogenannter Herr Philosoph, Frankreich unterhält große Heere. Darum hat es auch die Zeiten der Unruhe und der Verwirrung hinter sich, in denen es von Bürgerkriegen zerrissen wurde, verhängnisvoller und grausamer, als es durch auswärtige Kriege geschehen könnte.

Aber was hätten Sie wohl gesagt, wenn es sich im Verlauf des letzten Krieges begeben hätte, daß die Engländer bis zu den Toren von Paris vorgedrungen wären? Wie ungestüm wären Sie da nicht über die Regierung hergefallen, die so übel für die Sicherheit des Landes und der Hauptstadt vorgesorgt hätte! Und Sie hätten recht gehabt. Warum also, Mann der Inkonsequenz, von deinen Träumen Berauschter, suchst du die wahren Säulen des Staates, das ehrenwerte Militär, in den Augen eines Volkes, das ihm höchsten Dank schuldet, zu beschimpfen und zu erniedrigen? Wie! Die kühnen Verteidiger, die ihr Leben hingeben, die Opfer des Vaterlandes, die beneidest du um die Ehren und Auszeichnungen, deren sie so ganz mit Recht genießen! Mit ihrem Blut haben sie die Vorteile bezahlt, mit dem Einsatz ihrer Ruhe, ihrer Gesundheit, ihres Lebens sie erworben. Nichtswürdiger Sterblicher, der das Verdienst in den Staub ziehen will, den gebührenden Lohn und den Ruhm, der es begleitet, ihm nehmen, die schuldigen Dankesgefühle des Volkes ersticken möchte!

Man denke indessen nicht, die Soldaten seien die einzigen, die sich über unseren Verfasser zu beklagen haben. Kein Stand im Königreich ist vor seinen Ausfällen sicher. Er lehrt uns auch, daß in Frankreich die Richterstellen käuflich sind. Das weiß man längst. Um den Ursprung dieses schlechten Brauches kennen zu lernen, muß man, wenn ich nicht irre, bis auf die Zeit zurückgreifen, da König Johann von den Engländern gefangengehalten wurde, oder – um noch sicherer zu gehen – auf die Gefangenschaft Franz' I. Frankreich hatte die Ehrenpflicht, seinen König aus den Händen Karls V. zu befreien, der ihm die Freiheit nur unter bestimmten Bedingungen wiedergeben wollte. Der Schatz war erschöpft. Da man nun eine so erhebliche Summe, wie sie als Lösegeld für den König gefordert wurde, nicht auftreiben konnte, geriet man auf den unheilvollen Ausweg, die Richterämter feilzubieten, um mit dem Ertrag die Freiheit des Landesfürsten zu erkaufen. Der Freilassung Franz' I. folgten beinahe ununterbrochen Kriege, unter seinen Nachkommen entbrannten innere Unruhen und Bürgerkriege. So wurden die Monarchen verhindert, die Schuld einzulösen, mit der sie noch heut im Finanzwesen wirtschaften.

Das Unglück Frankreichs hat es gewollt, daß Ludwig XV. bis auf unsere Tage sich in keiner günstigeren Lage befand als seine Vorfahren. Das hat ihn gehindert, den Besitzern der Richterstellen die beträchtlichen Darlehen zurückzuzahlen, die sie in Unglückszeiten vorgeschossen hatten. Muß man sich also an Ludwig XV. halten, wenn der alte Mißbrauch noch nicht abgeschafft werden konnte? Ohne Zweifel sollte das Recht, über das Los der Bürger zu entscheiden, nicht für Geld erhältlich sein. Anklagen darf man aber deswegen nur jene, die den Mißbrauch einführten, nicht einen König, der schuldlos daran ist. Und wenn die Mißbräuche auch fortbestehen, so wird der Verfasser nichtsdestoweniger gezwungen sein, zuzugeben, daß man das Pariser Parlament in Wahrheit nicht der Pflichtvergessenheit beschuldigen kann und daß die Käuflichkeit der Ämter auf die Rechtsprechung keinen Einfluß geübt hat.

Der Verfasser sollte sich lieber über die verwirrende Menge von Gesetzen beschweren, die von Provinz zu Provinz wechseln, während sie in einem Staat wie Frankreich einfach und gleichförmig sein müßten. Ludwig XIV. wollte die Reform der Gesetze durchführen, doch Hindernisse jeder Art hielten ihn ab, das Werk zu vollenden. Unser Autor wisse denn, wenn er es noch nicht weiß, und begreife, wenn er kann, daß unendliche Mühen und immer neue Hemmungen dem bevorstehen, der an die durch Gewohnheit geheiligten Bräuche rühren will. Man muß sich in unabsehbare Einzelheiten vertiefen, um den inneren Zusammenhang so verschiedenartiger Dinge klarzustellen, die durch den Gang der Zeit geformt wurden. Wer heute an sie rührt, gerät in Mißhelligkeiten, die schlimmer sind als das Übel, dem man abhelfen will. Hier gilt das Wort: Kritik ist leicht, aber schwer ist die Kunst.

Treten Sie jetzt näher, Herr Generalkontrolleur der Finanzen, und Sie, meine Herren Finanzbeamten: die Reihe ist nun an Ihnen. In schlechter Laune ereifert sich der Verfasser gegen die Steuern, gegen die Erhebung der öffentlichen Gelder, gegen die Lasten, die das Volk trägt und die es, wie er behauptet, erdrücken, gegen die Steuerpächter, gegen die Verwalter der Einkünfte. Ihnen insgesamt wirft er Unterschleife, Erpressung und Raub vor. Recht schön – wenn er Beweise bringt. Da ich aber beim Lesen gegen seine ewigen Übertreibungen mißtrauisch ward, hege ich den Argwohn, daß er die Dinge gewaltig aufbauscht, um die Regierung verhaßt zu machen. Das Beiwort vom barbarischen Tyrannen, das sich in seinem Geist untrennbar mit der Vorstellung vom Königtum verbindet, und das er, so oft er kann, mittelbar auf seinen Herrscher anwendet, macht mir die Gutgläubigkeit seiner Deklamationen verdächtig. Sehen wir nun, ob er die Dinge kennt, über die er spricht, und ob er sich die Mühe genommen hat, den Sachverhalt zu untersuchen.

Woher kommen denn die ungeheuren Schulden, die auf Frankreich lasten? Aus welchen Gründen sind sie so angewachsen? Es ist bekannt, daß ein großer Teil davon noch aus der Regierungszeit Ludwigs XIV. stammt, und zwar aus dem Spanischen Erbfolgekrieg, dem gerechtesten von allen, die er unternommen hat. Danach gab der Regent, Herzog Philipp von Orleans, sich der Hoffnung hin, mit Hilfe des Systems, das Law ihm vorschlug, die Schulden abzutragen. Weil er aber das System überspannte, zerrüttete er das Königreich, und die Schulden wurden nur teilweise abgelöst, nicht gänzlich getilgt. Nach dem Tod des Regenten, unter der weisen Verwaltung des Kardinals Fleury, heilte die Zeit etliche Wunden des Reiches. Allein die Kriege, die dann ausbrachen, nötigten Ludwig XV., neue Schulden aufzunehmen. Treu und Glaube, die Erhaltung des Staatskredits verlangen, daß die Schulden abgetragen werden, oder mindestens, daß die Regierung die Zinsen pünktlich bezahlt. Die ordentlichen Einkünfte des Staates waren aber unter den laufenden Ausgaben verrechnet: woher sollte der König die nötigen Summen zur Bezahlung der Zinsen und zur Tilgung der Schulden nehmen, wenn er sie nicht von seinem Volk erhielt? Und da sich seit langem der Brauch im Lande eingeführt hat, daß die Erhebung bestimmter Pachtgelder und neuer Auflagen durch die Hände der Steuerpächter geht, sieht der König sich gewissermaßen genötigt, ihre Dienste in Anspruch zu nehmen.

Es ist nicht zu leugnen, daß im Finanzwesen die vielleicht allzu zahlreichen Beamten und Angestellten Erpressungen und Diebstähle begehen und das Volk manchmal Grund hat, sich über die Härte ihrer Eintreibung zu beklagen. Aber wie will man das in einem Königreich vom Umfang Frankreichs hindern? Je größer eine Monarchie, desto mehr Mißstände werden in ihr herrschen. Wenn man auch die Zahl der Aufsichtführenden im Verhältnis zur Zahl der Erheber vermehren wollte, so würden diese es doch verstehen, mit neuen Listen und Kunstgriffen die aufmerksamen Augen der Wächter zu täuschen.

Wären die Absichten des Verfassers rein gewesen, hätte er die Ursache der Ausgaben, die dem Staat verderblich wurden, richtig erkannt, so würde er bescheidentlich gemahnt haben: man möge bei den Ausgaben für den Krieg mehr Sparsamkeit walten lassen und die Unternehmer abschaffen, die sich mit unerlaubtem Gewinn bereichern, während der Staat verarmt; man solle acht darauf haben, daß die Lieferungsverträge nicht, wie es vorgekommen ist, bis zur doppelten Höhe ihres Lieferungswertes gesteigert werden. Schließlich hätte er nahelegen können, daß in der Streichung aller überflüssigen Pensionen und in der Einschränkung der Ausgaben für den Hof ein Mittel zur Erleichterung der Steuerlast gegeben sei, wie es der Aufmerksamkeit eines guten Fürsten wohl wert sei. Wenn er sich dabei eines bescheidenen Tones bedient hätte, so hätten seine Ansichten Eindruck machen können. Die Beleidigungen aber erregen Zorn und überzeugen keinen Menschen. Er empfehle doch, wenn er dergleichen weiß, Mittel und Wege, um die Schulden zu bezahlen, ohne das öffentliche Vertrauen zu erschüttern und ohne die Untertanen zu bedrücken. Dann bürge ich ihm dafür, daß er sofort zum Finanzminister ernannt wird.

Früher hat man, sobald ein Nachbarstaat gefährlich ward, in aller Eile die Bauern bewaffnet. Diese Miliz erhielt keinen regelmäßigen Sold, sie war auf Raub und Plünderung angewiesen. Bei Friedensschluß wurde sie entlassen. Ein echter Philosoph würde nun wohl unparteiisch untersucht haben, ob die großen Heere, die auch in Friedenszeiten unterhalten werden, und die kostspieligen Kriege von heute vorteilhafter oder minder vorteilhaft sind als der alte Brauch.

Der einzige Gewinn, den die Alten davon hatten, lag darin, daß das Heer ihnen in Friedenszeiten nichts kostete. Sobald die Sturmglocke ertönte, ward jeder Bürger Soldat. In unserer Zeit hingegen, da die Stände sich mehr gespalten haben, fahren Bauer und Gewerbetreibender ohne Unterbrechung in ihren Verrichtungen fort, weil ein vorbestimmter Teil der Staatsbürger den Schutz der anderen übernimmt. Wenn unsere großen Heere während der Feldzüge auf Staatskosten erhalten werden und dadurch teuer sind, so ergibt sich daraus doch wenigstens der Vorteil, daß die Kriege höchstens acht bis zehn Jahre dauern können. Wenn nämlich den Herrschern dann das Geld ausgeht, so geben sie sich manches mal friedlicher, als wenn es bloß nach ihrer Neigung ginge. Unser modernes Verfahren hat also die Wirkung, daß unsere Kriege kürzer als die der Alten und minder verheerend für die Gegenden sind, die den Schauplatz bilden. Den großen Unkosten, die sie mit sich bringen, verdanken wir die Friedensepochen, deren wir uns erfreuen. Sie sind gegenwärtig noch kurz genug, durch die Erschöpfung der Mächte werden sie aber wahrscheinlich länger werden.

Ich fahre fort. Unser Königsfeind behauptet, die Herrscher hätten ihre Macht nicht von Gottes Gnaden erhalten. Wir wollen ihm dessentwillen nicht weiter zusetzen. Es glückt ihm so selten, recht zu haben, daß es üble Laune verriete, wenn man ihm auch da widersprechen wollte, wo die Wahrscheinlichkeit einmal für ihn ist.

In der Tat, die Capetinger ergriffen mit Gewalt Besitz von der Herrschaft, die Karolinger bemächtigten sich ihrer mit Geschick und List, die Valois und die Bourbonen gewannen die Krone durch das Recht der Erbschaft. Auch Titel wie Ebenbilder der Gottheit oder Statthalter der Gottheit wollen wir dem Verfasser preisgeben, da sie so wenig zutreffen. Die Könige sind Menschen wie die anderen. In einer Welt, wo nichts Vollkommenheit hat, genießen sie keineswegs des ausschließlichen Vorrechts, vollkommen zu sein. Sie bringen ihre Verzagtheit oder Entschlossenheit, ihre Tatkraft oder Trägheit, ihre Laster oder Tugenden mit auf den Thron, wohin der Zufall der Geburt sie setzt. In einem erblichen Königreich müssen mit Notwendigkeit Fürsten unterschiedlichsten Charakters einander folgen.

Es wäre ungerecht zu fordern, daß die Fürsten ohne Fehl seien, während man es selber nicht ist. Es gehört keine Kunst dazu, zu sagen: dieser oder jener ist träge, geizig, verschwenderisch oder liederlich. So wenig, wie wenn man beim Spaziergang durch eine Stadt die Hausschilder liest. Ein Philosoph, der wissen muß, daß der Dinge Wesensgrund sich niemals ändert, wird sich nicht damit vergnügen, einer Eiche vorzuwerfen, daß sie keine Äpfel trägt, einem Esel, daß ihm Adlerfittiche fehlen, oder einem Stör, daß er keine Stierhörner hat. Er wird die tatsächlichen Übel, die schwer zu heilen sind, keinesfalls übertreiben, er wird nicht schreien: alles ist schlecht! wenn er nicht sagen kann, wie all das gut werden könnte. Seine Stimme wird nicht als Trompete des Aufruhrs dienen, nicht als Signal zur Sammlung der Mißvergnügten, als Vorwand zur Empörung. Er wird Achtung haben vor den geltenden, durch die Nation anerkannten Bräuchen und vor der Regierung, vor den Regierenden selbst wie vor ihren Untergebenen. So dachte auch der friedfertige du Marsais, den man nun, zwölf Jahre nachdem er tot und begraben ist, eine Schmähschrift verfassen läßt, während der wirkliche Urheber nur ein Schulbube sein kann, ein leichtherziger Neuling in dieser Welt.

Kritik der Abhandlung »Über die Vorurteile«

Was bleibt mir noch zu sagen übrig, wenn man in einem Land, wo der Verfasser des »Telemach« den Thronfolger erzog, gegen die Erziehung der Prinzen Geschrei erhebt? Sollte der Schulbube antworten, daß es keinen Fénelon mehr in Frankreich gibt, so müßte er sich an die Unfruchtbarkeit des Jahrhunderts halten, aber nicht an Prinzenerzieher.

Das wären im wesentlichen meine allgemeinen Bemerkungen zur Abhandlung »Über die Vorurteile«. Der Stil erschien mir langweilig, weil das Ganze eine eintönige Deklamation bildet, darin dieselben Ideen immer wiederkehren und sich allzu oft in derselben Gestalt darstellen. Inmitten des Chaos fand ich jedennoch ein paar ausgezeichnete Einzelheiten. Wollte man übrigens aus dem Werk ein nützliches Buch machen, so müßte man die Wiederholungen, genialischen Schiefheiten, falschen Schlußfolgerungen, die Wissensmängel und Beleidigungen streichen. Das würde die Schrift auf ein Viertel ihres Umfanges zusammendrängen.

Was habe ich nun aus dieser Lektüre gelernt? Welche Wahrheit hat der Verfasser mich gelehrt? Daß alle Geistlichen Ungeheuer sind, die man steinigen müßte. Daß der König von Frankreich ein barbarischer Tyrann ist, seine Minister Erzschelme sind, seine Höflinge feige Schurken, die vor den Stufen des Thrones kriechen, die Großen des Reiches Ignoranten, strotzend von Anmaßung. (Nähme er wenigstens den Herzog von Nivernais aus!) Ferner erfährt man, daß die französischen Heerführer und Offiziere gedungene Henker, die Richter infame Amtsfrevler sind, die Finanzbeamten Spitzbuben wie Cartouche und Mandrin, die Geschichtsschreiber nichts als Fürstenverderber, die Dichter Vergifter der Allgemeinheit, kurz: daß es im ganzen Königreich nichts Weises, Löbliches, Achtenswertes gibt als den Verfasser und seine Freunde, die sich den Titel Philosoph verliehen haben.

Es ist mir leid um die Zeit, die ich ans Lesen eines solchen Werkes vergeudet habe, und um die obendrein, die ich hier verlor, indem ich es rezensierte.

Vorrede zum Auszug aus Fleurys Kirchengeschichte
(1766)

Das Christentum hat wie alle Mächte der Welt einen bescheidenen Anfang gehabt. Der Held dieser Sekte ist ein Jude aus der Hefe des Volkes, von zweifelhafter Herkunft, der in die Abgeschmacktheiten der alten hebräischen Weissagungen gute Morallehren flicht, dem man Wunder zuschreibt und der am Ende zu schimpflichem Tode verurteilt wird. Zwölf Schwärmer verbreiten seine Lehre vom Morgenland bis nach Italien, gewinnen die Geister durch die reine und heilige Moral, die sie predigen, und lehren – einige Wunder abgerechnet, die Menschen mit glühender Einbildungskraft aufregen konnten – nichts als Deismus.

Die christliche Religion begann sich zu der Zeit auszubreiten, wo das römische Reich unter der Tyrannei einiger Wüteriche seufzte, die es nach einander beherrschten. Der Bürger, der unter ihrem blutigen Regiment schon auf alles Elend gefaßt war, das die Menschheit befallen kann, fand nirgends Trost und Beistand gegen so große Leiden außer im Stoizismus. Die christliche Moral war mit der stoischen Lehre verwandt: das ist die einzige Ursache der raschen Fortschritte, die das Christentum machte.

Seit der Regierung des Claudius hielten die Christen zahlreiche Versammlungen ab, in denen sie ihre Liebesmahle oder gemeinsamen Mahlzeiten einnahmen. Die Häupter der Regierung schöpften um so mehr Verdacht, als sie sich ihrer Tyrannei bewußt waren. Sie verboten diese Versammlungen, die heimlichen Zusammenkünfte und jede Zusammenrottung des Volkes; denn sie fürchteten, es könnte sich daraus eine Verschwörung entspinnen und irgend ein kühner Volksführer möchte die Fahne der Empörung aufpflanzen. Der Glaubenseifer der Frommen trotzte dem Verbot des Senates. Einige Schwärmer störten die Opferfeiern und trieben ihre fromme Frechheit so weit, daß sie die Götterbilder umstürzten. Andere zerrissen die kaiserlichen Edikte. Ja, einige Christen, die in den Legionen dienten, verweigerten den Gehorsam. Das war der Grund zu den Verfolgungen, die die Kirche sich zum Triumph anrechnet. Daher die gerechte Bestrafung einiger obskurer Christen, die als Übertreter der Staatsgesetze und als Störer des bestehenden Kultus hingerichtet wurden. Natürlich mußten die Christen diese Schwärmer vergöttern. Die heidnischen Henker bevölkerten das Paradies. Nach der Hinrichtung sammelten Priester die Gebeine der Märtyrer und bestatteten sie ehrenvoll. Nun mußten bei ihren Gräbern Wunder geschehen. Das Volk in seinem dumpfen Aberglauben verehrte die Asche der Blutzeugen. Bald stellte man ihre Bilder in den Kirchen auf, und heilige

Betrüger, die einander zu übertreffen suchten, führten allmählich die Anrufung der Heiligen ein. Sie wußten wohl, daß dieser Brauch gegen das Christentum und besonders gegen das mosaische Gesetz verstieß. Um also den Schein zu retten, unterschieden sie zwischen Anbetung und Verehrung. Das dumme Volk aber, das keine Unterschiede macht, betete plump und ehrlich die Heiligen an. Indes kam dies Dogma und der neue Kultus nur allmählich in Aufnahme. Er wurde erst nach der Regierung Karls des Großen, um die Mitte des neunten Jahrhunderts, fest begründet.

Durch ähnliche Fortschritte kamen alle neuen Dogmen zur Macht. Im Urchristentum hatte Christus für einen Menschen gegolten, an dem das höchste Wesen Wohlgefallen fand. Als Gott wird er in den Evangelien nirgends bezeichnet, wenn anders man nicht Aussprüche wie Gottes Sohn, Sohn Belals mißversteht, die nur sprichwörtliche Redensarten der Juden zur Bezeichnung der Güte oder Schlechtigkeit eines Menschen waren. Die Meinung, daß Christus Gott sei, kam erst in der Kirche auf und befestigte sich schließlich durch die Spitzfindigkeit einiger griechischer Philosophen von der peripatetischen Sekte, die zum Christentum übergetreten waren. Sie bereicherten es mit einem Teil jener dunklen Metaphysik, in die Plato einige Wahrheiten gehüllt hatte, deren Bekanntgabe ihm zu gefährlich erschien.

Im Kindesalter der Kirche, in den ersten Jahrhunderten, wo die Machthaber und Beherrscher des römischen Reiches Heiden waren, konnten die Förderer einer noch im Dunkeln lebenden Sekte keine Macht erlangen. Folglich mußte die Regierungsform der Kirche notwendig republikanisch sein. In den Lehren herrschte insgemein keinerlei Zwang, und die Christen blieben bei der größten Mannigfaltigkeit ihrer Ansichten doch immer vereint. Zwar verfocht mancher starrsinnige Priester seine Glaubenssätze hartnäckig und bäumte sich gegen jeden Widerspruch auf. Aber dieser Eifer beschränkte sich bloß auf das Disputieren. Die Geistlichen hatten keine Macht zur Verfolgung und daher keine Mittel, ihre Gegner zu ihrer Denkweise zu zwingen.

Zu Beginn des vierten Jahrhunderts, als Konstantin sich aus politischen Gründen zum Beschützer des Christentums aufwarf, änderte sich alles. Kaum saß er fest auf dem Throne, so schrieb er ein ökumenisches Konzil nach Nizäa aus (325). Von den Kirchenvätern, die zu diesem Konzil erschienen, stimmten dreihundert gegen Arius. Sie erklärten und bestätigten rundweg die Göttlichkeit Christi, fügten ins Glaubensbekenntnis die Worte »Gottes eingeborener Sohn« ein und taten schließlich die Arianer in Bann. So erwuchsen bei jeder Kirchenversammlung neue Dogmen. Beim Konzil zu Konstantinopel (331) kam die Reihe an den Heiligen Geist. Den versammelten Kirchenvätern wäre es indessen wohl schwer gefallen, die dritte Person der Gottheit zum Vater und Sohn hinzuzufügen, wäre ihnen nicht ein Priester zu Hilfe gekommen, der verschmitzter und durchtriebener war als die anderen. Er flickte nämlich einen eigens ersonnenen Vers vorn an das Johannesevangelium an: »Im Anfang war das Wort, und das Wort war bei Gott, und Gott war das Wort« usw. So grob der Betrug in unserer Zeit scheinen würde, so war er es damals doch nicht. Denn schon hatten anstatt des Volkes die Bischöfe die Bewahrung des Glaubens und der Schriften in die Hände bekommen und aus einer Menge von Schriften eine Anzahl ausgewählt, die sie für kanonisch erklärten. Zu diesem Vorteil, den sie bereits hatten, kam noch die Spaltung des Reiches, kamen die Kriege und die Verheerungen der Barbaren, die die Wissenschaft zerstörten und Unwissenheit und Dummheit beförderten. So war das Betrügen denn, wie man einsieht, keine große Kunst. Unbildung, Aberglaube und Stumpfsinn hatten ihm lange genug vorgearbeitet. Hätte auch jemand gewagt, die Stelle im Johannesevangelium für interpoliert zu erklären, so brauchte man ja nur zu sagen, die Originalhandschrift sei erst neuerdings entdeckt worden.

Als Stifter neuer Dogmen mußten die Bischöfe sich notwendig ihrer Macht und ihres Einflusses bewußt werden. Es liegt in der Menschennatur, die Vorteile, die man hat, auszunutzen. Auch die Geistlichen waren Menschen und handelten demgemäß. Immerhin gingen sie mit einem gewissen Geschick zu Werte. Irgend ein Waghalsiger, den sie vorschoben, mußte eine neue Meinung äußern, die für sie vorteilhaft war und die sie annehmen wollten. Dann beriefen sie ein Konzil, und da wurde die Meinung als Glaubensartikel festgesetzt. So fand irgend ein Mönch in einer Stelle der Makkabäer die Lehre vom Fegefeuer. Die Kirche nahm sie an, und das neue Dogma brachte ihr mehr Schätze ein, als Spanien durch die Entdeckung von Amerika gewonnen hat. Ähnlichen Machenschaften ist auch die Verfertigung der falschen Dekretalien zuzuschreiben, die den Päpsten zum Schemel ihres Thrones gedient haben, von dem herab sie fortan den bestürzten Völkern Gesetze diktierten.

Bevor die Kirche aber zu dieser Höhe emporstieg, machte sie noch mehrere Wandlungen durch. Während der ersten drei Jahrhunderte dauerte die republikanische Form fort. Seit Kaiser Konstantins Übertritt zum Christentum aber entstand eine Art von Aristokratie, deren Häupter die Kaiser, die Päpste und die vornehmsten Patriarchen waren. Diese Regierungsform erfuhr in der Folge Veränderungen, wie alles Menschenwerk. Wenn Ehrgeizige miteinander um Macht und Ansehen buhlen, so sparen sie weder List noch Kunstgriffe, um einander zu verdrängen, und am Ende siegen die Geriebensten über ihre Rivalen. Die Schlausten waren diesmal die Päpste. Sie benutzten die Schwäche des oströmischen Reiches, um die Macht der Cäsaren an sich zu reißen und die Rechte der Kaiserkrone auf die päpstliche Tiara zu übertragen. Gregor III. war der erste, der das versuchte. Papst Stephan III. ging auf diesem Wege weiter. Vom Longobardenkönig Aistulph aus Rom vertrieben, floh er nach Frankreich und krönte dort den Usurpator

Pippin (754), unter der Bedingung, daß Pippin Rom von den Longobarden befreite. Nach Rom zurückgekehrt, schrieb der Papst, um die Hilfe aus Frankreich zu beschleunigen, einen Brief an den König, den er im Namen der Jungfrau, des heiligen Petrus und aller Heiligen gekrönt hatte, und drohte ihm mit ewiger Verdammnis, wenn er ihn nicht schleunigst vom Druck der Longobarden befreite. Das fränkische Reich, auf das er keinerlei Recht besaß, hatte er Pippin geschenkt, und Pippin schenkte ihm dafür – so behauptete er wenigstens – Rom und das römische Gebiet, das doch eigentlich den Kaisern in Konstantinopel gehörte. Darauf wurde Karl der Große vom Papstes zu Rom gekrönt (800) – nicht, weil er glaubte, die Kaiserkrone kraft päpstlicher Gnade zu empfangen, sondern, weil geschrieben steht, daß Samuel die Könige Saul und David salbte. Durch diese Zeremonie wollten die Kaiser nur Dem huldigen, der nach seinem Willen die Reiche erhebt oder erschüttert, erhält oder stürzt. Aber so verstanden die Päpste es nicht.

Unter Ludwig dem Frommen, Karls des Großen Sohn, erhob Gregor IV. seine geistliche Macht über die weltliche und machte dem Kaiser begreiflich, daß sein Vater Krone und Reich nur dem Heiligen Stuhle zu danken hätte. So deuteten die Päpste, die Ausleger der Mysterien, die Salbung der Herrscher! Man hielt sie für Statthalter Christi; sie erklärten sich für unfehlbar und wurden angebetet. Die Finsternis der Unwissenheit wurde von Jahrhundert zu Jahrhundert tiefer. Was bedurfte es noch mehr, um dem Betrug Ansehen und Verbreitung zu verschaffen?

Die stets rastlose Politik der Geistlichkeit machte immer neue Fortschritte. Ein Mönch von anmaßendem, strengem und kühnem Charakter, namens Hildebrand, bekannter als Gregor VII., legte den eigentlichen Grund zur Größe des Papsttums. Er kannte kein Maß mehr, schrieb sich das Recht zu, Kronen auszuteilen und zu nehmen, Königreiche in den Bann zu tun, Untertanen vom Treueid zu entbinden. Seine Ansprüche waren grenzenlos, wie man sich aus seiner berüchtigten Bulle *In coena Domini* überzeugen kann.

Von seinem Pontifikat an muß man die Epoche des Despotismus der Kirche rechnen. Seine Nachfolger legten den Geistlichen die Vorrechte zu, die im alten Rom die Volkstribunen besaßen. Ihre Person wurde für unverletzlich erklärt, und um sie gänzlich der Strafgewalt ihrer rechtmäßigen Herrscher zu entziehen, entschieden die Konzile, der Niedere könne in keinem Fall über den Höheren richten, was im Stil der Zeit soviel hieß wie: die Fürsten hätten in ihren Staaten keine Gewalt über den Klerus. Durch dies Mittel sicherte sich der römische Bischof einen Anhang, ein Heer, das stets bereits war, in allen Ländern auf seinen Befehl zu kämpfen. So ungereimt uns derartige Unternehmungen heute vorkommen, so waren sie es damals doch nicht. Die Schwäche des in Europa allgemein eingeführten Feudalsystems, die großen Vasallen, die als geborene Feinde ihrer Lehnsherren die Bannbullen der Päpste aus Eigennutz unterstützten, benachbarte Fürsten, die Neider oder Feinde des Exkommunizierten waren, die Priester, die ganz dem päpstlichen Stuhle anhingen und der Macht ihres weltlichen Herrschers entzogen waren – all das waren Mittel, um die Könige zu plagen. So viele gemeinsame Interessen schufen den Päpsten eifrige und begeisterte Vollstrecker ihrer Bullen!

Wir wollen hier die Streitigkeiten zwischen Kaisern und Päpsten über ihre Ansprüche auf die Stadt Rom, über die Belohnung mit Stab und Ring oder über die Erbfolge in den Ländern der Markgräfin Mathilde nicht aufzählen. Wie jedermann weiß, haben allein diese geheimen Triebfedern die häufigen Exkommunikationen der Kaiser und Könige veranlaßt. Die Art von Hochmut, die aus schrankenloser Macht erwächst, brach nie anstößiger hervor, als in dem Betragen Gregors VII. gegen Kaiser Heinrich IV. Im Schlosse zu Canossa, wo er mit der Markgräfin Mathilde saß, zwang der Papst den Kaiser zu den erniedrigendsten und schimpflichsten Demütigungen, bevor er ihn vom Kirchenbann lossprach (1077). Trotzdem darf man nicht glauben, die Wirkung der Bullen und Bannstrahlen sei überall die gleiche gewesen. Für die Kaiser war sie furchtbarer als für die Könige von Frankreich. Die gallische Krone galt für unabhängig, und die Franzosen erkannten die Gewalt der römischen Bischöfe nur in geistlichen Dingen an.

So groß aber auch die Macht der Päpste war, jede Exkommunikation eines Kaisers zog doch einen Bürgerkrieg in Italien nach sich. Oft wurde der Papstthron dadurch erschüttert. Einige Päpste wurden aus ihrer Hauptstadt vertrieben, flohen in andere Länder und suchten Schutz bei einem Herrscher, der ein Feind ihres Verfolgers war. Allerdings kehrten sie triumphierend nach Rom zurück, aber nicht mit Waffengewalt, sondern dank ihrer Geschicklichkeit: so sehr war ihre Politik der der weltlichen Fürsten überlegen!

Um sich jedoch der Ebbe und Flut des Glückes zu entziehen, erfanden sie Triebfedern, die, einmal in Bewegung gesetzt, ihre Herrschaft sichern und ihren Despotismus befestigen mußten. Der Leser merkt gewiß schon, daß wir auf die Kreuzzüge hinauswollen. Um die Schwärmer zusammenzubringen, wurden Ablässe erteilt. Das heißt, jedem, der sich dem Dienste der Kirche und des Heiligen Vaters widmete, wurde Straflosigkeit für alle seine Verbrechen zugesichert. Um sich in Palästina herumzuschlagen, wo man gar nichts zu fordern hatte, um das Heilige Land zu erobern, das die Kosten des Zuges nicht wert war, verliehen Fürsten, Könige und Kaiser mit zahllosen Heerscharen aus allen europäischen Ländern ihre Heimat und setzten sich in weiter Ferne unvermeidlichen Gefahren aus. Angesichts der unglücklichen Folgen so schlecht entworfener Pläne lachten sich die Päpste ins Fäustchen über die törichte Verblendung der Menschen und freuten sich ihres eigenen Erfolges. Während der freiwilligen Verbannung so vieler Menschen fand Rom nirgends Widerstand gegen seinen Willen, und solange dieser Wahnsinn dauerte, schalteten die Päpste unumschränkt über Europa. Als man in Rom merkte, daß die Völker durch die Mißerfolge der Kreuzzüge den Mut verloren, war man klüglich darauf bedacht, sie wieder anzufeuern durch die Hoffnung auf besseres Gelingen, die ihnen irgend ein tonsurierter Betrüger machen mußte. Bei mehreren Gelegenheiten diente Bernhard von Clairvaux dem Heiligen Stuhle zum Werkzeuge. Seine Beredsamkeit war ganz dazu angetan, das Gift dieser Epidemie zu verbreiten. Er schickte viele Schlachtopfer nach Palästina, hütete sich aber wohl, selbst hinzugehen. Was war der Erfolg so vieler Unternehmungen? Kriege, die Europa entvölkerten, Eroberungen, die, kaum gemacht, wieder verloren gingen. Ja, die Christen öffneten dadurch selbst die Bresche, durch die die Türken in Europa eindrangen und sich in Konstantinopel festsetzten.

Noch größer war das moralische Elend, das die Kreuzzüge hervorriefen. All die Ablässe, all die Vergebungen von Verbrechen, die man an den Meistbietenden verkaufte, bewirkten allgemeine Entsittlichung. Die Gesinnung der Menschen wurde immer verderbter. Die so heilige und lautere christliche Moral geriet ganz in Verfall, und auf ihren Trümmern erhoben sich äußerlicher Gottesdienst und abergläubische Gebräuche. Waren die Schätze der Kirche erschöpft, so versteigerte man das Paradies und bereicherte damit die päpstlichen Kassen. Wollten die Päpste einen Herrscher, mit dem sie unzufrieden waren, bekriegen, so predigten sie den Kreuzzug gegen ihn, bekamen Truppen und konnten sich schlagen. Wollte der Heilige Stuhl einen Fürsten stürzen, so ward er für einen Ketzer erklärt und in den Bann getan. Auf dies Losungswort hin rottete sich alles gegen ihn zusammen.

Durch solche Maßnahmen wurde das despotische Joch der Päpste immer drückender. Die Großen der Welt waren seiner längst überdrüssig und hätten es gern abgeschüttelt, wagten es aber nicht. Die Macht der meisten war zu wenig befestigt, und die große Masse ihrer Untertanen, die in der tiefsten Unwissenheit schmachtete, war durch die Ketten des Aberglaubens gleichsam gebunden und geknebelt. Zwar versuchten einige ihre Zeit überragende Geister, den betörten Völkern die Augen zu öffnen und sie durch das schwache Licht des Zweifels zu erleuchten, aber die Tyrannei der Kirche vereitelte alle ihre Bemühungen. Sie hatten mit Richtern zu tun, die zugleich Partei waren. Ihnen drohten Verfolgung, Kerker und Schmach, ja selbst die Flammen, die bereits von den Scheiterhaufen der Inquisition auflöderten.

Zur Vervollständigung des Bildes dieser Zeiten des Schwindelgeistes und der Verdummung denke man sich noch die Pracht und Üppigkeit der Bischöfe hinzu, die dem allgemeinen Elend gleichsam Hohn sprach, das schamlose Leben und die schwarzen Verbrechen so vieler Päpste, die die Moral des Evangeliums dreist Lügen straften, den Ablaßschacher, diesen offenbaren Beweis, daß die Kirche, um sich zu bereichern, das Heiligste des Glaubens verriet. Kurz, die Päpste trieben Mißbrauch mit ihrer auf die

Leichtgläubigkeit der Menschen gegründeten Macht, genau wie heutzutage manche Völker ihren Staatskredit mißbrauchen. All dieser gehäufte Zündstoff bereitete die Reformation vor.

Der Vollständigkeit halber müssen wir einen Umstand erwähnen, der die Ausführung erleichterte. Seit dem Konzil zu Konstanz, wo Kaiser Sigismund drei Päpste hintereinander absetzen ließ, fürchtete der Heilige Stuhl die allgemeinen Kirchenversammlungen ebensosehr, als er sie bis dahin gewünscht hatte. Die Väter zu Konstanz hatten erklärt: ein Konzil habe durch göttliches Recht die Macht, die Päpste zu reformieren und abzusetzen. Schon zur Zeit der Ottonen hatten die Kaiser aus Unwillen darüber, die Bannflüche von ihren Vorfahren mitzuerben, auch ihrerseits die Religion und die Versammlungen der Bischöfe geschickt benutzt, um den römischen Bischof abzusetzen und ihn mit seinen eigenen Waffen zu bekriegen. Seit dem großen Schisma der abendländischen Kirche verloren die Päpste viel von ihrem Staatskredit. Unheilige Hände griffen das vergoldete Götzenbild an, vor dem die Welt im Staube lag, und fanden, daß es nur aus Ton bestand. Seitdem fürchtete sich der Heilige Stuhl vor den Königen, Kaisern und Konzilen, und die einst so schrecklichen Waffen des Bannfluches verrosteten in den Händen der Päpste. Kurz, alles kündete eine Umwälzung an, als Wycliffe in England und Johann Huß in Böhmen auftraten.

Doch das war erst die schwache Morgenröte des Tages, der die Finsternis verscheuchen sollte. Indes das Maß war voll. So roh und stumpf das Volk auch sein mochte, es war der ewigen Abgaben an die Geistlichen müde, nahm Anstoß an der Pracht und dem schändlichen Leben der Bischöfe und geriet in jene Art von Gärung, die den großen Umwälzungen vorherzugehen pflegt. Endlich gab der Ablaßschacher den Anstoß. Halb Europa kündigte dem Heiligen Stuhl den Gehorsam auf und fiel von ihm ab. Diese große Revolution der Geister mußte früher oder später eintreten; denn einerseits kennt die Machtgier keine Grenzen und andrerseits besitzt der menschliche Geist doch nur ein gewisses Maß von Geduld. Die Päpste aber, die schon seit vielen Jahrhunderten im Besitz des Rechtes waren, die Völker zu betrügen, konnten nicht vorhersehen, daß sie Gefahr liefen, wenn sie den Weg ihrer Vorgänger weiterschritten.

Ein sächsischer Mönch von verwegenem Mute, voll lebhafter Einbildungskraft, klug genug, um die Gärung der Geister zu benutzen, ward zum Haupt der Partei, die sich gegen Rom erklärte. Dieser neue Bellerophon warf die Chimäre zu Boden, und die Verzauberung schwand. Sieht man bloß auf die plumpen Grobheiten seines Stils, so erscheint Martin Luther zwar nur als ein polternder Mönch, als ein roher Schriftsteller eines noch wenig aufgeklärten Volkes. Wirft man ihm aber auch mit Recht sein ewiges Schelten und Schimpfen vor, so muß man doch bedenken, daß die, für die er schrieb, nur bei Flüchen warm wurden, aber Gründe nicht verstanden.

Betrachten wir jedoch das Werk der Reformatoren im großen, so müssen wir zugeben, daß der menschliche Geist ihrem Wirken einen guten Teil seiner Fortschritte dankt. Sie befreien uns von vielen Irrtümern, die den Verstand unserer Väter verdunkelten. Indem sie ihre Gegner zu größerer Vorsicht zwangen, erstickten sie das Aufkeimen neuen Aberglaubens und wurden, weil man sie verfolgte, tolerant. Nur in der heiligen Freistätte der in den protestantischen Staaten eingeführten Duldung konnte sich die menschliche Vernunft entwickeln, pflegten Weise die Philosophie, erweiterten sich die Grenzen unseres Wissens. Hätte Luther auch weiter nichts getan, als daß er die Fürsten und Völker aus der Knechtschaft befreite, in der sie der römische Hof gefesselt hielt, so verdiente er schon, daß man ihm als dem Befreier des Vaterlands Altäre errichtete. Hätte er den Schleier des Aberglaubens auch nur zur Hälfte zerrissen, wieviel Dank wäre ihm die Wahrheit nicht schuldig! Der strenge, kritische Blick der Reformatoren hielt die Väter auf dem Konzil zu Trient zurück, als sie schon die Jungfrau zur vierten Person der Dreieinigkeit machen wollten. Immerhin gaben sie ihr zur Entschädigung den Titel Mutter Gottes und Königin des Himmels.

Die Protestanten zeichneten sich durch strenge Tugend aus und zwangen dadurch den katholischen Klerus zu gesitteterem Wandel. Die Wunder hörten auf. Es wurden weniger Heilige kanonisiert. Der päpstliche Stuhl wurde nicht mehr durch den ruchlosen Wandel der Päpste befleckt. Die Fürsten waren vor Bannstrahlen sicher. Die Kirchen wurden seltener mit Interdikt belegt, die Völker nicht mehr ihrer Eide entbunden, und die Ablaßbriefe kamen außer Mode.

Noch einen anderen Vorteil brachte die Reformation: die Theologen so vieler Sekten mußten nun mit der Feder kämpfen und waren daher genötigt, etwas zu lernen. Das Wissensbedürfnis machte sie gelehrt. So blühte die Beredsamkeit Griechenlands und des alten Roms wieder auf. Zwar benutzte man sie nur zu abgeschmackten theologischen Streitschriften, die kein Mensch lesen kann, aber es erschienen doch in allen Parteien große Männer, und auf die Lehrstühle, auf denen bisher nur Trägheit und Unwissenheit gesessen hatte, traten nun Lehrer von hervorragenden Verdiensten.

Das war der Segen der Reformation. Vergleicht man ihn mit den Übeln, die sie hervorbrachte, so muß man gestehen, der Vorteil war teuer erkauft. In ganz Europa kamen die Geister in Gärung. Die Laien prüften, was sie bisher angebetet hatten. Bischöfe und Äbte bangten um den Verlust ihrer Einkünfte, Die Päpste zitterten um ihr Ansehen. Kurz, alles geriet in Flammen. Nichts ist so erbittert, so erbarmungslos, wie der Priesterhaß. Er mischte sich in die Politik der Fürsten und erregte jene Kriege, die so viele Reiche verheerten. Ströme von Mut überschwemmten Deutschland, Frankreich und die Niederlande. Erst nachdem das Glück lange geschwankt hatte, nachdem alle Abscheulichkeiten begangen waren, die die Bosheit der sich selbst überladenen Menschen in Verbindung mit Schwärmerei verüben kann, erst da erlangten Deutschland und Holland mitten unter den rauchenden Trümmern ihres Vaterlandes das unschätzbare Gut: die Gedankenfreiheit. Später folgte der ganze Norden ihrem Beispiel.

Wer sähe nicht, wenn er die Geschichte der Kirche durchläuft, daß alles nur Menschenwerk ist? Welch erbärmliche Rolle läßt man Gott spielen! Er schickt seinen einzigen Sohn in die Welt. Dieser Sohn ist Gott. Er opfert sich selbst, um sich mit seinen Geschöpfen zu versöhnen. Er wird Mensch, um das verderbte Menschengeschlecht zu bessern. Was entspringt aus diesem großen Opfer? Die Welt bleibt so verderbt, wie sie vor seiner Ankunft war. Der Gott, der da sprach: »Es werde Licht!« – und es ward Licht –, sollte so unzureichende Mittel benutzen, um zu seinen anbetungswürdigen Zwecken zu gelangen? Ein einziger Willensakt von ihm genügt, um das geistige und leibliche Böse aus der Welt zu verbannen, den Völkern welchen Glauben er will einzuflößen und sie auf den Wegen, die seiner Allmacht offen stehen, glücklich zu machen. Nur beschränkte und enge Geister wagen Gott ein Betragen zuzuschreiben, das seiner anbetungswürdigen Vorsehung so unwürdig ist, und lassen ihn durch eines der größten Wunder ein Werk unternehmen, das ihm doch nicht gelingt.

Und eben die Menschen, die vom höchsten Wesen so unzureichende Begriffe haben, setzen auf jedem Konzil neue Glaubensartikel fest! Man findet sie sämtlich in dem chronologischen Auszug aus der großen Kirchengeschichte von Fleury, einem unverdächtigen Geschichtsschreiber. Das Kennzeichen von Gottes Werken ist ihre Beständigkeit, das der menschlichen Werke ihre Wandelbarkeit. Wo bleibt da die Möglichkeit, Lehren für göttlich zu halten, die nacheinander aufkommen, die vermehrt, vermindert und verändert werden, je nach dem Gutdünken und Vorteil der Priester? Wie kann man an die Unfehlbarkeit derer glauben, die sich für Statthalter Christi ausgeben, wo man sie nach ihren Sitten eher für Statthalter jener schlimmen Wesen halten möchte, die, wie es heißt, die Abgründe der Qualen und Finsternisse bevölkern? Wir sehen Päpste, die einander in den Bann tun, Päpste, die ihre Worte zurücknehmen, Konzile, die die Lehrsätze vorhergehender Konzile unter dem Vorwand einer Erklärung der Dogmen abändern. Der Schluß ist klar: entweder haben sich diese oder jene geirrt. Warum, fragt man ferner, bekehrte man die Völker mit Verfolgungen, mit Feuer und Schwert, wie es z. B. Karl der Große in Deutschland tat, oder wie die Spanier nach Vertreibung der Mauren und noch jetzt in Amerika? Muß nicht jeder Leser auf den Gedanken kommen: wenn die Religion wahr ist, so reicht ihre Evidenz zur Überzeugung hin. Ist sie aber falsch, so muß man freilich verfolgen, um die Menschen zu ihr zu bekehren! Wir wollen gar nicht Wert darauf legen, daß die Wunder nur in den Jahrhunderten der Unwissenheit so häufig und in aufgeklärteren Zeiten so selten sind.

Mit einem Worte, die Kirchengeschichte offenbart sich uns als ein Werk der Staatskunst, des Ehrgeizes und des Eigennutzes der Priester. Statt etwas Göttliches darin zu finden, trifft man nur auf lästerlichen Mißbrauch mit dem höchsten Wesen. Ehrwürdige Betrüger benutzen Gott als Schleier zur Verhüllung ihrer verbrecherischen Leidenschaften. Wir unterlassen es klüglich, diesem Bilde noch etwas hinzuzufügen. Für jeden denkenden Leser ist genug gesagt. Automaten wollen wir nichts vorbuchstabieren.

DAS HIMMLISCHE JERUSALEM
EIN SCHWANK FÜR VOLTAIRE
(1770)

Und ich hatte Plato gelesen, und ich verstand nichts davon, und zur Kurzweil las ich einen Mathematiker, und ich sank in tiefen Schlaf, und ein Geist erschien mir und sprach zu mir: »Erhebe deine Seele!« Und ich fragte ihn: »Habe ich eine?« Und er antwortete: »Tu, als hättest du eine.« Und ich erhob mich, und mich deuchte, Dinge zu sehen, die noch kein Auge gesehen, kein Ohr gehört und kein Geist sich erdacht hat.

Als meine Verzückung wich, erblickte ich eine große Stadt. Die war, wie mich deuchte, mit Menschen bevölkert, die aus der Drachensaat des Kadmus entsprossen waren; denn sie verfolgten sich alle. Und ich fragte nach dem Namen der Stadt. Und sie antworteten mir, getauft ist sie Zion, aber eigentlich heißt sie die Verruchte.

Und der Stoff, daraus sie gebaut war, glich mitnichten dem, daraus wir unsere Städte errichten. Und ich fragte den Geist: »Was ist das?« Und der Irrwisch antwortete: »Die Grundmauern bestehen aus Hirngespinsten, der Kitt aus Wundern, diese Quadersteine stammen aus dem Steinbruch des Fegefeuers und jene glänzenderen aus den Ablässen.« Ich, der ich nichts von diesem Kauderwelsch verstand, betrachtete den Bau der Stadt. Sie war befestigt, wie es im Altertum Brauch war, etwa so, wie man Babel darstellt. Ringsum liefen starke und hohe Mauern mit vorspringenden Türmen, die hießen: Turm der Dummheit, Turm der Vorurteile, Turm des Aberglaubens, Turm des Fanatismus und schließlich Turm des Teufels. Der sollte der größte sein.

Und ich fragte: »Wozu dient das alles?« Und der Geist antwortete: »Das sind Sinnbilder.« – »Und was sind Sinnbilder?« fragte ich weiter. Der Kobold erwiderte: »Dinge, von denen du nichts verstehen kannst. Du bist in dem Lande, da die Einbildungskraft alles vermag, und es gibt einträgliche Einbildungen.«

Da zerteilte sich eine Wolke vor meinen Blicken, und ich sah alles, was je war, ist und sein wird. Die Stadt schien mir voller Aufruhr. Ströme von Blut flossen, und jeder Aufstand endigte mit Vertreibung etlicher Familien. Der Geist nannte mir die Namen der Verbannten. Die einen heißen Nestorianer, die andern Arianer, wieder andere Manichäer. Bei diesen einschläfernden Namen fielen mir die Augen zu. »Aber warum vertreibt man sie denn?« fragte ich. – »Sie sehen nicht wie die übrigen, sondern anders.« – »Sehen sie besser?« fragte ich. – »Nein«, erwiderte der Geist, »sie sind schielend, einäugig oder blind. Aber auf andere Weise als die Einwohner der Verruchten.«

Da erblickte ich Kriegsleute mit verbrämten Mützen; sie waren gerüstet und gewappnet mit Argumenten und zogen Ballisten und Katapulte hinter sich her. Die hießen *in barbara, dario, celarent* und *in ferio*. Und ich fragte: »Was ist das?« Und der Geist antwortete: »Große Kämpfe stehen bevor. O Verruchte, wieviel Feinde hast du! Du verdienst sie! Die auf dich eindringen, sind die Vorposten der Vernunft. Sie haben kein Heer hinter sich, sie werden nur gegen dich plänkeln, und du wirst sie verdammen! Siehst du jenen Helden? Das ist Gottschalk. Du wirst sehen, wie sie ihn behandeln. Der dort nennt sich Valla. Dies ist Berengar, der dort ist Waldus; er reißt eine kleine Bresche in die Mauer. Der dort, der stolzer Gekleidete, das ist der berühmte De Vinea. Ihn wird man fälschlich beschuldigen, Pfeile geschossen zu haben. Der dort heißt Gerson und wird seine Tapferkeit beweisen. Dies ist der berühmte Sarpi, auch Fra Paolo genannt, der Feind der Herrschaft und des Herrschers der Verruchten. Siehst du, wie er sie angreift?« Nachdem das Geplänkel vorüber war, sah ich Scheiterhaufen errichten, und ich wandte den Blick ab; denn die Verruchte hatte eine starke Prätorianergarde von Henkersknechten; und wer die Gewalt in Händen hat, der besitzt von jeher und bis ans Ende der Zeiten eins der bündigsten Argumente, um Recht zu behalten.

Da kam ein anderer Held daher. »O, den glaube ich zu kennen«, sprach ich. »Ich sah ihn in Rotterdam. Ist's nicht Erasmus?« – »Ganz recht«, antwortete der Geist. »Doch er plänkelt nur in der frommen Vorstadt der Pediculosi. Man schont ihn; denn er könnte sich mit Stärkeren verbünden, und er weiß im Innern der Veste zu gut Bescheid.«

Dann aber deuchte mich, als rückte ein ganzes Heer gegen die Verruchte an. Ich war erstaunt ob seiner Stärke und fragte nach dem Namen des Volkes. Der Geist antwortete: »Es sind mehrere Völker. Die einen nennen sich Waldenser die anderen Wycliffiten, wieder andere Taboriten. Das da sind die Utraquisten, und die letzten sind die Socinianer und Anabaptisten und alle Isten der Welt.«

»Wie?« rief ich, »diese Leute wollen Krieg führen? Haben sie denn die Enzyklopädie und die Enzyklopädisten nicht gelesen?« – »Ihre Werke«, erwiderte der Geist, »waren damals noch nicht geschrieben. Aber die Enzyklopädisten kommen auch noch dran. Gedulde dich nur, und du wirst sie kämpfen sehen.« Indes nahm die Belagerung ihren Anfang. Das Blut floß in großen Strömen, und die Vorstädte wurden erobert. Es war ein entsetzliches Gemetzel. Eine finstere, wilde Wut beseelte die Kämpfer. Sie schlugen sich im Dunkeln herum, doch die Stadt ward nicht erobert.

Die Belagerung ward aufgehoben, und abermals erschien ein Schwarm von Plänklern. Sie waren unverwundbar und von unbezwinglicher Kraft. »Der eine«, sagte der Geist, »heißt Galilei, der Sonnenritter. Er will, daß die Erde sich dreht, aber die Verruchte will sich nicht drehen. Der andere da ist der Ritter Gassendi. Er möchte, daß die Verruchte ihren Unrat ausräumt, aber die Verruchte liebt ihren Unrat. Der wackere Kämpe, der nach ihm kommt, das ist Bayle, der Ritter Pyrrhons, ein großer Ingenieur. Er würde die Stadt wohl erobern, wenn er Truppen hätte. Toland und Woolston sind seine Knappen.« – »Und warum«, fragte ich, »hat er keine Truppen?« – »Weil er nicht das rechte Geld hat, um sie zu besolden«, antwortete der Geist. – »Und welches Geld ist das?« – »Es sind Guineen, die mit dem Stempel des gesunden Menschenverstandes geprägt sind. Das Publikum kennt diese Münze nicht. Sie hat weder in Paris, noch in Madrid, noch in Genua, noch in Rom, Wien usw. Kurs und Geltung.« – »Trotzdem«, versetzte ich, »gehen diese Leute geschickt mit ihrem Sturmbock um. Würden sie unterstützt, so wäre es um die Verruchte geschehen.« Gleichwohl leistete die Mauer Widerstand. Die Einwohner und der Despot spotteten dieses Krieges. Das tonsurierte Volk schrie, die Prätorianer wetzten ihre Messer, und die Kämpfer verschwanden.

Dann folgte eine neue Szene, Ein lichtstrahlender Ritter in funkelnder Rüstung erschien am Horizont. Die Leute liefen auf seinen Ruf herbei. Die aus der Stadt entwichen und kamen zu ihm, und bald hatte er ein Heer beisammen. »Was ist das?« fragte ich. »Welcher Wundermann tritt mir vor Augen?« – »Ein himmlischer Geist gleich mir«, antwortete der Kobold, »und ein größerer Kriegsmann als Alexander, Cäsar, Dschingiskhan und Mohammed. Er wird sie alle durch seine Eroberungen übertreffen; denn man erobert leichter Persien, das Reich des Großmoguls und das Römische Reich als die Verruchte. Zur Besoldung seiner Truppen hat er das Geld seiner Vorgänger umgeprägt. Er hat die Legierung des guten Witzes und das Salz des Epigramms hinzugesetzt, und er bringt viele Truppen auf; denn jedermann will lachen, und nur wenige verstehen sich aufs Denken.« Und das Heer rückte vor die Stadt, und ich sah eine große Belagerungsmaschine, von den Enzyklopädisten gezogen. Die rückte gegen die Mauer, und ich fragte, wie sie hieße, und der dienstfertige Geist erklärte es mir. »Sie heißt Helepolis«, sagte er. – »Ach, die kenne ich«, rief ich. »Sie diente in der Diadochenzeit zur Belagerung von Seleukia.« – »So ist es«, nickte der Geist. Und ich sah, wie sie sich bewegte. Sie stieß mit wunderbarer Kraft gegen die Mauer, also daß ein Teil davon einstürzte. Und der Krieg war unblutig, und alle Welt lachte, und ich lachte mit.

Da plötzlich – o welch ein Schauspiel! Die Haare stehen mir noch zu Berge, wenn ich daran denke! – fliegen zwei Ungeheuer aus der Verruchten auf, schwingen sich empor, schweben über der Stadt und verbreiten Finsternis. Das eine war männlichen, das andere weiblichen Geschlechts. Sie hatten riesige Fledermausflügel, scheußliche Leiber und rote, funkelnde Augen. Wut und Raserei standen auf ihrer Stirn. Das eine schwang brennende Fackeln, das andere hatte die Hände und den Gürtel voller Dolche. Und sie schrieen mit furchtbarer Stimme: »Es ist aus! Wir entfleuchen! Dies ist dein letzter Tag, unselige, bejammernswerte Stadt! Du siegst, Held des Lichtes! Fanatismus und Unduldsamkeit kehren in die höllische Finsternis heim. Lebe wohl, Verruchte, lebe wohl für immer!« Schatten umhüllte sie, und sie verschwanden gleich einer sich zerteilenden Wolke.

Eine Weile blieb ich verblüfft und verzückt stehen, so verwundert war ich. Der Geist beruhigte mich und brachte mich wieder zu mir, und ich sah: zur Verteidigung der Stadt blieben nur noch alte, abgelebte Weiblein und der ärgste Pöbel zurück. Die Türme der Dummheit und des Teufels standen zwar noch, aber die gelockerten Steine fielen allenthalben herab, und ein Stoß der siegreichen Helepolis hätte alle Bollwerke in Trümmer gelegt. Und ich war voll Bewunderung und fragte den Geist: »Wer ist der Held, der solche Wunder vollbringt?« – »Der Held, der deine Bewunderung so sehr verdient«, gab er zur Antwort, »heißt François Marie Arouet de Voltaire. Hätte er noch mehr Namen, er würde sie alle unsterblich machen.«

Das bewegte mich tief, und mein Geist war verwirrt und betroffen. Und ich erwachte und schrieb meinen Traum nieder und sandte ihn nach der Schweiz.

Schreiben Nicolinis an Franculoni, Prokurator von San Marco
Aus dem Italienischen.

Konstantinopel, den 16. August 1769.

Seit unserer Ankunft in Konstantinopel waren wir mehreren recht peinlichen Szenen ausgesetzt. Die asiatischen Truppen, die auf dem Marsche nach der Donau durch die Hauptstadt rücken, meutern häufig, und bei dieser Art von Empörungen sind namentlich die Fremden allerlei Mißhandlungen ausgesetzt. Die Regierung ist ohnmächtig, die zügellose Wildheit dieser barbarischen Horden zu unterdrücken, und oft geht es um Tod und Leben, wenn man ihnen zu seinem Unglück in den Weg kommt.

Dieser Tage schickte mich der Herr Botschafter in Geschäften zum Dragoman der Pforte. Nachdem wir das Geschäftliche erledigt hatten, kam das Gespräch unwillkürlich auf die Mißhandlungen, denen die Fremden in Konstantinopel ausgesetzt sind. Auf meine Beschwerden antwortete der Dragoman: »Sie würden das weniger befremdlich finden, wenn Sie den Grund für die Erbitterung des Volkes kennten. Das Publikum ist nämlich überzeugt, daß wir mit den Moskowitern nur auf Anstiften eines großen europäischen Königs Krieg führen. Man flüstert sich ins Ohr, jener König habe beträchtliche Summen im Diwan ausgeteilt, um den Ausbruch dieses unseligen Krieges zu beschleunigen. Das Volk hält nun alle Fremden für Angehörige der Nation, der es an all seinem Unglück schuld gibt, und will sich an ihnen für das Waffenglück der Moskowiter rächen. Auch läuft ein dumpfes Gerücht um, selbst der Papst mische sich in unsere Angelegenheiten, schüre das Feuer und habe an den Mufti der Hohen Pforte geschrieben, er solle uns bei unseren Unternehmen Mut machen.

»Unmöglich!« rief ich aus. »Wäre es wohl im geringsten wahrscheinlich, daß der Heilige Stuhl sich mit dem Oberhaupt der mohammedanischen Sekte einlassen sollte? Wie Sie wissen, haben die Päpste den Türken jederzeit die Ehre angetan, sie von Herzensgrund zu hassen. Ein so eingewurzelter Haß erlischt nicht so rasch. Und dann wissen Sie doch, wie empfindlich der römische Hof in dem sogenannten *puntiglio* ist, und wie peinlich er auf das Zeremoniell hält, das er im Verkehr mit anderen Mächten beobachtet. Wie könnte also ein Papst sich über den alten Brauch hinwegsetzen und die unermeßliche Kluft überspringen, die zwischen der abgründigen, zur Schau getragenen Verachtung der Päpste gegen die Muselmanen und einem freundschaftlichen Verkehr zwischen zwei so wenig übereinstimmenden Personen gähnt?«

»Die Herrscher«, erwiderte jener, »wissen den Mantel nach jedem Winde zu drehen. Sobald ihr Vorteil im Spiel ist, beugen sie die Formeln nach ihrem

Willen; und nach den mancherlei Vorfällen der siebzehn Jahrhunderte, von denen wir genaue geschichtliche Kenntnis haben, darf ein gescheiter Mann nichts für unmöglich halten. Zur Abkürzung des Streites will ich Ihnen jedoch gestehen, daß ich das fragliche Schreiben des Papstes in Händen habe und es Ihnen sogar zeigen kann.«

Ich bat ihn um diese Gefälligkeit. Nun las er es mir vor und gestattete mir sogar, eine Abschrift zu nehmen. Bei dieser Lektüre fiel ich auf den Rücken und brauchte geraume Zeit, um mich von meiner Bestürzung zu erholen.

Anbei sende ich Ihnen den seltsamen Brief, der Ihre ganze Neugier zu erregen verdient. Jetzt zweifle ich an nichts mehr! Wenn nur der Heilige Vater sich nicht eines Tages beschneiden läßt und den Gläubigen ein gleiches befiehlt! Nach den sieben Sakramenten, die wir schon haben, wäre dies das achte. Freilich war Christus beschnitten, aber es wäre doch arg, wenn man es zu unserer Zeit würde! Doch Scherz beiseite! Ich überlasse den Brief des Papstes Ihrem eigenen einsichtsvollen Nachdenken und bitte Sie nur, mein Vertrauen auf Ihre Diskretion nicht zu mißbrauchen.

In aufrichtigster Freundschaft verbleibe ich

Ihr untertänigster und gehorsamster Diener
Nicolini.

Breve des Papstes Klemens XIV. an den Mufti Osman Molla

Aus dem Lateinischen

Klemens XIV., Papst, entbietet Unserem lieben Vetter in Abraham, Osman Molla, Mufti der Hohen Pforte, seinen Gruß.

Unser lieber Vetter in Abraham!

Wiewohl Wir Euch nicht Unseren lieben Sohn in Christo nennen können, wiewohl Ihr beschnitten und ungetauft seid, wiewohl Ihr Mohammed dem heiligen Petrus vorzieht, danken Wir Euch und dem ganzen erhabenen Kollegium der Imams doch nicht minder für den Beistand, den Ihr Uns durch Euer Fetwa wider die Gottlosen geleistet, die sich zu Feinden der römisch-katholischen apostolischen Religion aufgeworfen haben. Gottes Wege sind nicht die Wege der Menschen. Es hat Gott gefallen, durch den Arm der Muselmanen den Glauben der Apostel zu unterstützen. Darum segnen Wir mit Unserem wirksamen Segen die Fahne des Propheten, die, vor Euren unüberwindlichen Janitscharen wehend, Unsere geliebten Söhne, die Bischöfe von Polen, befreien wird von jenem Auswurf der Hölle, jenen verstockten Ketzern, jenen abscheulichen Dissidenten, die man vom Erdboden ausrotten sollte mitsamt ihren Beschützern, den schismatischen Russen, die so unverschämt sind, den Heiligen Geist nicht so ausgehen zu lassen, wie es die Kirche zu bestimmen für gut fand. Mit frommem und heiligem Haß hassen Wir alle, die nicht so denken wie Wir. Unzweifelhaft war Euer großer Prophet der gleichen Gesinnung; und hätte er Unsere Feinde gekannt, er hätte sie von seinem schmalen Steg herab derb in den Abgrund gestürzt.

Ach, lieber Vetter! Wenn wir uns gut auf unseren Vorteil verstehen, so müssen wir, als Leute vom Handwerk, uns gegenwärtig enger denn je verbinden, um uns durch gemeinschaftliche Bemühungen aufrechtzuerhalten und unser Ansehen gegenseitig zu befestigen. Unseren Händen ist das Schwert anvertraut. Gottes Sache ist unsere Sache, oder wenn Ihr wollt, ist unsere Sache die seinige, und es ist doch schön, einen allmächtigen Gott zu rächen! Ich, sein Statthalter, und Ihr, ich weiß nicht was, wir beide stellen ihn in den Ländern dar, wo Gewohnheit, Lehre und Ansehen uns die Herrschaft geben. So wollen Wir denn gut muselmanisch und Ihr gut katholisch zu sein trachten, um unsere Kräfte gegen Die zu vereinigen, die uns mißfallen oder die des lange getragenen Joches müde sind und es abwerfen wollen. Blinder Gehorsam artet in den Geist des Aufruhrs aus. Die gottlose Vernunft wagt sich dreist an die Prüfung dessen, was sie in Einfalt anbeten sollte, und um das Unglück voll zu machen, unterstehen sich die Menschen, selbst zu denken, statt wie in der guten alten Zeit ihre Gedanken nach Unseren heiligen Befehlen zu richten. Ihr, edler Mufti, habt Omars großes Schisma und die neuen Sekten zu bekämpfen, die gleich der Hydra ihre immer neu erstehenden Köpfe wider den Koran Eures großen Propheten erheben. Wir haben aufrührerische Söhne, die Uns verfolgen, die Uns taub gemacht haben, damit Wir sie nicht hören, und stumm, damit Wir ihnen nicht antworten müssen. Wenn wir uns zusammentun, so werdet Ihr Unsere Exkommunikationen mit Euren tapferen Janitscharen unterstützen, Wir aber werden von Unserem Heiligen Stuhl das Anathema gegen Eure Omaristen herabdonnern. Möge der barmherzige Gott alle, die nicht so denken wie wir, zum Heil ihrer Seelen ausrotten, die Schismatiker, die Ketzer, die Omaristen und nicht zu vergessen die Philosophen, eine Sekte, die noch verkehrter, ungläubiger und vernünftelnder ist als alle anderen. Wir können nicht umhin, Euren großen Propheten zu preisen, daß er so weise war, bei Euch Mohammedanern für heilige und fromme Unwissenheit in allen Dingen zu sorgen. Einer Unserer Vorgänger, Leo X., war weniger weise und bei weitem unbesonnener. Er beschützte die abscheulichen Wissenschaften, die die Menschen aufklären und ihnen den Geist des Schwindels und der Unabhängigkeit einflößen, dessen verderbliche Fortschritte den Altar untergraben, indem sie Unseren Thron erschüttern. Ach! Warum sind die Christen im Punkte der Unwissenheit keine Muselmanen!

Ihr sehet, Unser Vetter in Abraham, wir kommen Euch näher; wir wünschen so unwissend zu sein wie Ihr. Warum sollte die Hohe Pforte nicht an die dreißig Konzile annehmen? Sie würden im Verein mit dem Koran und der gottseligen Unwissenheit, in der Ihr verharrt, alle Muselmanen der unendlichen Herrlichkeit der Heiligen würdig machen, die mit Abraham, Isaak und Jakob in ungetrübter Seligkeit leben. Jeden Tag werfe ich mich nieder vor dem Gott Abrahams, der auch der Eure ist, und flehe ihn mit Tränen und Zerknirschung an, Euren Geist und Euer Herz unserem Glauben zuzuwenden und Euch aufzunehmen in seine heilige Herde. Aber die Wege seiner Vorsehung sind unseren Augen verborgen. Eure Stunde ist noch nicht gekommen. Bis daß sie erscheint, flehe ich zu Gott, seinem Sohn und der ganzen Schar der Heiligen, daß sie die unüberwindlichen Heere der Hohen Pforte stärken, segnen und beschirmen. Schon öffnen sich meine Augen. Ja, ich sehe, ich sehe Eure unbezwinglichen Janitscharen über die Schismatiker, die Ketzer und die Legionen der Hyperboräer triumphieren. Reinigt denn das sarmatische Zion von den Moabitern und Amalekitern, die es entweihen! Setzet unsere heiligen Bischöfe wieder auf ihre verlassenen Stühle und rächet im Namen Mohammeds den heiligen Petrus, seine Schlüssel, seine Kirche!

O Mufti, bester Mufti, den das osmanische Reich je gehabt hat! Wir danken Euch nochmals für Euer heiliges Fetwa, das Euren jetzigen Krieg sanktioniert und den großen Mann auf alle Eure Feinde schleudert, die auch die Feinde der Kirche sind. Verlaßt Euch auf Unsere Unfehlbarkeit, wenn wir Euch glücklichen Erfolg weissagen, und vertraut mit fester Hoffnung darauf, daß der Himmel die Wahrheit Unserer Verheißungen durch furchtbare Niederlagen Eurer Feinde bestätigen wird. Wir schließen Euch, Unser lieber Vetter in Abraham, in Unser väterliches Herz und geben Euch den apostolischen Segen.

Rom, den 4. August, im ersten Jahre Unseres Pontifikats.

Vorrede zum Auszug aus dem historisch-kritischen Wörterbuch von Bayle
(1764)

Der dem Publikum hier vorgelegte Auszug aus Bayles Wörterbuch findet hoffentlich Anklang. Besonders hat man darauf gesehen, die philosophischen Artikel dieses Wörterbuches zusammenzustellen, in denen Bayle äußerst glücklich war. Trotz den Vorurteilen der Schulweisheit und der Eigenliebe der zeitgenössischen Schriftsteller wagen wir dreist die Behauptung: Bayle hat durch die Kraft seiner Logik alles übertroffen, was die Alten und Neueren in diesem Fache geleistet haben. Man vergleiche seine Werke mit den uns überkommenen Schriften Ciceros »Über die Natur der Götter« und mit den »Tuskulanen«. Bei dem römischen Redner findet man zwar den gleichen Skeptizismus, mehr Beredsamkeit, einen korrekteren und eleganteren Stil. Dafür zeichnet sich Bayle, obwohl er wenig von Mathematik verstand, durch mathematischen Sinn aus. Seine Beweisführung ist bündiger, schärfer. Er geht gerade auf die Sache los und hält sich nicht mit Plänkeleien auf, wie es Cicero in den genannten Werken bisweilen tut. Auch im Vergleich zu seinen Zeitgenossen, Descartes, Leibniz, die freilich schöpferische Geister waren, oder zu Malebranche, erscheint er, wie wir zu behaupten wagen, als der Größere. Nicht als hätte er neue Wahrheiten entdeckt, sondern weil er stets der exakten logischen Methode treu geblieben ist und die Folgerungen aus seinen Prinzipien am besten entwickelt hat. Er war so klug, sich nie durch ein System festzulegen, wie jene berühmten Männer. Descartes und Malebranche nahmen bei ihrer starken und regen Einbildungskraft die bloßen Fiktionen ihres Geistes bisweilen für bare Wahrheiten. Der eine schuf sich eine Welt, die nicht die wirkliche ist. Der andere verlor sich in Spitzfindigkeiten, verwechselte die Geschöpfe mit dem Schöpfer und machte den Menschen zum Automaten, der durch den höchsten Willen in Bewegung gesetzt wird. Auch Leibniz geriet auf ähnliche Abwege, wenn anders man nicht annehmen will, er habe sein Monadensystem und die prästabilierte Harmonie nur zum Zeitvertreib erfunden und um den Metaphysikern Stoff zum Disputieren und Streiten zu geben. Bayle hat alle philosophischen Träume der Alten und Neueren mit scharfem und strengem Geiste geprüft und, wie Bellerophon in der Sage die Chimäre vermehrt, die dem Hirn der Denker entsprang. Er hat nie die weise Lehre vergessen, die Aristoteles seinen Schülern einprägte: »Der Zweifel ist der Vater aller Weisheit.« Er hat nie gesagt: »Ich will beweisen, daß dies oder jenes wahr oder falsch ist.« Stets sieht man ihn getreulich dem Wege folgen, den Analyse und Synthese ihm weisen.

Sein Wörterbuch, dies schätzbare Denkmal unseres Zeitalters, war bisher in großen Bibliotheken vergraben. Der hohe Preis verbot den Gelehrten und den wenig begüterten Liebhabern der Wissenschaft seine Anschaffung. Wir nehmen diese Medaille aus ihrem Kabinett und prägen sie zu gangbarer Münze um. Ein Unbekannter veröffentlichte vor einigen Jahren einen »Esprit de Bayle«. Ihm scheint der Plan, den wir heute ausführen, vorgeschwebt zu haben, nur mit dem Unterschiede, daß er nicht alle philosophischen Artikel vereinigt und mehrere geschichtliche in seine Sammlung aufgenommen hat. In der vorliegenden Auswahl ist alles Geschichtliche fortgelassen, weil Bayle sich in einigen Anekdoten und Tatsachen irrte, die er auf das Zeugnis schlechter Gewährsmänner hin erzählte, und weil man Geschichte ganz gewiß nicht in Wörterbüchern studieren soll.

Der Hauptzweck dieses Auszuges ist die allgemeinere Verbreitung von Bayles bewundernswerter Logik. Er ist ein Brevier des gesunden Menschenverstandes und die nützlichste Lektüre für Personen jedes Ranges und Standes. Denn es gibt für den Menschen kein wichtigeres Studium als die Bildung seiner Urteilskraft. Wir berufen uns auf alle, die etwas Weltkenntnis besitzen. Sie werden oft bemerkt haben, welche nichtigen und unzulänglichen Gründe das Motiv zu den wichtigsten Handlungen bilden.

Wir sind nicht so einfältig, zu wähnen, man brauche nur Bayle gelesen zu haben, um richtig zu denken. Wie billig, unterscheiden wir die Gaben, die die Natur den Menschen geschenkt oder versagt hat, von dem, was die Kunst an ihnen vervollkommnen kann. Aber ist es nicht schon etwas wert, wenn man den guten Köpfen Hilfsmittel liefert, die unmäßige Neugier der Jugend zügelt und den Dünkel der hochmütigen Leute demütigt, die so leicht dazu neigen, Systeme zu zimmern? Welcher Leser sagt, wenn er die Widerlegung der Systeme des Zeno und Epikur liest, nicht zu sich selbst: »Wie? Die größten Philosophen des Altertums, die zahlreichsten Sekten waren dem Irrtum unterworfen? Um wieviel mehr bin ich also in Gefahr, mich oft zu täuschen! Wie? Ein Bayle, der sein ganzes Leben lang mit philosophischen Disputen zugebracht hat, zog, aus Furcht, sich zu irren, so vorsichtig seine Schlüsse? Um wieviel mehr muß ich also mich hüten, voreilig zu urteilen!« Nachdem man die Widerlegung so vieler menschlicher Meinungen gesehen hat – wie sollte man da nicht überzeugt werden, daß die metaphysische Wahrheit fast stets jenseits der Grenzen unserer Vernunft liegt? Man treibe seinen wilden Renner in diese Laufbahn – er wird bald von unüberschreitbaren Abgründen gehemmt. Solche Hindernisse offenbaren uns die Schwäche unseres Geistes und flößen uns weise Scheu ein. Das ist der größte Nutzen, den man sich von der Lektüre dieses Buches versprechen kann.

Aber wozu, wird man sagen, soll ich meine Zeit mit dem Suchen nach Wahrheit vergeuden, wenn sie doch über unseren Horizont geht? Auf diesen

Vorrede zum Auszug aus dem historisch-kritischen Wörterbuch von Bayle

Einwand antworte ich: es ist eines denkenden Wesens würdig, sich wenigstens anzustrengen, ihr näherzukommen. Und wenn man sich ernstlich darum bemüht, hat man zum mindesten den Gewinn, einer Unzahl von Irrtümern ledig zu werden. Trägt euer Acker auch nicht viele Früchte, so trägt er doch wenigstens keine Dornen mehr und ist zum Anbau geeigneter. Ihr werdet den Spitzfindigkeiten der Logiker weniger trauen und unvermerkt etwas von Bayles Geist bekommen. Ihr werdet beim ersten Blick die schwache Seite einer Beweisführung entdecken und auf den dunklen Pfaden der Metaphysik fortan weniger Gefahr laufen.

Sicherlich wird mancher im Publikum anders denken als wir und sich wundern, daß wir Bayles Schriften so vielen Werken über Logik vorziehen, die den Markt überschwemmen. Die Antwort ist leicht. Die Anfangsgründe der Wissenschaften sind von einer gewissen Trockenheit, die sich aber verliert, wenn sie von einem geschickten Meister behandelt werden.

Da unser Gegenstand uns auf diesen Punkt führt, so ist es vielleicht nicht unangebracht, wenn wir der Jugend einen Fingerzeig geben, welchen verschiedenen Gebrauch Redner und Philosophen von der Logik machen. Ihr Ziel ist völlig verschieden. Der Redner begnügt sich mit Wahrscheinlichkeit, der Philosoph verwirft alles, was nicht Wahrheit ist. Vor Gericht bietet der Redner, der seine Klienten zu verteidigen hat, alles auf, um sie zu retten. Er macht den Richtern etwas vor, gibt den Dingen andere Namen. Laster sind ihm nur Schwächen und Vergehen beinahe Tugenden. Er beschönigt und bemäntelt die Nachteile seiner Sache, und reicht das noch nicht aus, so nimmt er die Leidenschaften zu Hilfe und wendet alle Macht der Beredsamkeit an, um sie aufzustacheln. Die Kanzelberedsamkeit hat zwar Ernsteres zum Gegenstand als die gerichtliche, aber ihre Methode ist die gleiche. Fromme Seelen seufzen darum oft genug über die wenig scharfsinnige Wahl der Beweise, die der Redner – jedenfalls aus Mangel an Urteilskraft – vorbringt. Leider gibt er dadurch den streitsüchtigen und spitzfindigen Geistern gewonnenes Spiel, die sich nicht mit schwacher Beweisführung und prunkhaften Worten abspeisen lassen.

Solches Wortgeklingel, solche Spitzfindigkeiten, solche seichten Begründungen – nichts von alledem wird in der strengen, exakten Beweisführung der guten Philosophen geduldet. Sie wollen nur durch Evidenz und Wahrheit überzeugen. Sie prüfen ein System mit gerechtem, unparteiischem Geiste, führen alle Beweise zu seinen Gunsten an, ohne sie zu beschönigen oder abzuschwächen, erschöpfen alle Gründe, die dafür sprechen, und bekämpfen es danach mit gleichem Nachdruck. Zuletzt fassen sie alle Wahrscheinlichkeiten dafür und dagegen zusammen, und da bei diesen Fragen selten völlige Evidenz erzielt wird, so lassen sie die Entscheidung in der Schwebe, um kein unbesonnenes Urteil zu fällen. Ist der Mensch, wie die Schulweisheit behauptet, ein vernunftbegabtes Wesen, so müssen die Philosophen mehr Menschen sein als andere. Darum hat man sie auch stets als Lehrer des Menschengeschlechts betrachtet, und ihre Werke, der Katechismus der Vernunft, können sich zum Nutzen der Menschheit nie genug verbreiten.

Die Preussische Kirchenpolitik

Katholiken, Lutheraner, Reformierte, Juden und zahlreiche andere christliche Sekten wohnen in Preußen und leben friedlich beieinander. Wenn der Herrscher aus falschem Eifer auf den Einfall käme, eine dieser Religionen zu bevorzugen, so würden sich sofort Parteien bilden und heftige Streitereien ausbrechen. Allmählich würden Verfolgungen beginnen, und schließlich würden die Anhänger der verfolgten Religion ihr Vaterland verlassen, und Tausende von Untertanen würden unsere Nachbarn mit ihrem Gewerbfleiß bereichern und deren Volkszahl vermehren.

Für die Politik ist es völlig belanglos, ob ein Herrscher religiös ist oder nicht. Geht man allen Religionen auf den Grund, so beruhen sie auf einem mehr oder minder widersinnigen System von Fabeln. Ein Mensch von gesundem Verstand, der diese Dinge kritisch untersucht, muß unfehlbar ihre Verkehrtheit erkennen. Allein diese Vorurteile, Irrtümer und Wundergeschichten sind für die Menschen gemacht, und man muß auf die große Masse soweit Rücksicht nehmen, daß man ihre religiösen Gefühle nicht verletzt, einerlei, welchem Glauben sie angehören.

Die Juden sind von allen diesen Sekten die gefährlichsten; denn sie schädigen den Handel der Christen und sind für den Staat nicht zu brauchen. Wir haben die Juden zwar wegen des Kleinhandels mit Polen nötig, aber wir müssen verhindern, daß sie sich vermehren. Sie dürfen nicht nur eine gewisse Zahl von Familien, sondern auch eine gewisse Kopfzahl nicht überschreiten. Wir müssen ihren Handel einschränken, indem wir sie vom Großhandel fernhalten und ihnen nur den Kleinhandel gestatten.

Die Hauptmasse der Katholiken sitzt in Schlesien. Man läßt ihnen die freie Ausübung ihrer Religion. Damit aber die Klöster mit ihrem Zölibat die Hoffnungen der Familien nicht begraben, darf niemand vor erfolgter Großjährigkeit Mönch oder Nonne werden. Sonst lasse ich den Geistlichen jede Freiheit und die ihnen zustehenden Rechte. Die Priester sind ziemlich zuverlässig, die Mönche neigen mehr zum Hause Österreich. Die Jesuiten, die gefährlichste Gattung unter allen Mönchen, gehören in Schlesien zu den ganz fanatischen Anhängern des Hauses Österreich. Um Altar gegen Altar zu setzen, habe ich gebildete französische Jesuiten kommen lassen, die den schlesischen Adel erziehen. Durch die Erbitterung zwischen den französischen und deutschen Mönchen werden die Ränke vereitelt, die sie sonst zugunsten des Hauses Österreich spinnen könnten.

Ich bin gewissermaßen der Papst der Lutheraner und das kirchliche Haupt der Reformierten. Ich ernenne die Prediger und fordere von ihnen nichts als Sittenreinheit und Versöhnlichkeit. Ich erteile Ehedispense und bin in diesem Punkte sehr nachsichtig, da die Ehe im Grunde nur ein bürgerlicher

Vertrag ist, der gelöst werden kann, sobald beide Parteien damit einverstanden sind; denn diese Verbindungen stiften keinerlei Schaden.

Alle anderen christlichen Sekten werden in Preußen geduldet. Dem ersten, der einen Bürgerkrieg entzünden will, schließt man den Mund, und die Lehren der Neuerer werden der verdienten Lächerlichkeit preisgegeben Ich bin neutral zwischen Rom und Genf. Will Rom sich an Genf vergreifen, so zieht es den kürzeren. Will Genf Rom unterdrücken, so wird Genf verdammt. Auf diese Weise kann ich dem religiösen Haß steuern, indem ich allen Parteien Mäßigung predige. Ich suche aber auch Einigkeit unter ihnen zu stiften, indem ich ihnen vorhalte, daß sie Mitbürger eines Staates sind und daß man einen Mann im roten Kleide ganz ebenso lieben kann wie einen, der ein graues Gewand trägt.

Ich suche gute Freundschaft mit dem Papst zu halten, um dadurch die Katholiken zu gewinnen und ihnen begreiflich zu machen, daß die Politik der Fürsten die gleiche bleibt, auch wenn die Religion, zu der sie sich bekennen, verschieden ist.

Philosophische Schriften

Gedächtnisrede auf Prinz Heinrich den Jüngeren

Ein verständiger Mensch darf sich gewiß dem Kummer hingeben, wenn er mit seinem Vaterlande und einem zahlreichen Volke den Schmerz um einen unersetzlichen Verlust teilt. Es ist nicht die Aufgabe der Philosophie, das natürliche Gefühl in uns zu ersticken; sie beschränkt sich darauf, die Ausbrüche der Leidenschaften in die rechte Bahn zu lenken und zu mäßigen. Sie wappnet das Herz des Weisen mit so viel Festigkeit, daß er sein Unglück mit Seelengröße trägt, würde ihn aber tadeln, wenn er Verlust und Unglück seiner Mitbürger mit dumpfer Gleichgültigkeit und kaltem Blick ansähe. Es muß mir also vergönnt sein, meine Stimme mit der so vieler tugendhafter Bürger zur Klage um einen jungen Prinzen zu vereinen, den die Götter der Welt nur gezeigt und wieder genommen haben.

Die hohe Geburt, die Prinz Heinrich dem Thron so nahe stellte, war nicht die Ursache so allgemeiner Trauer: Hoheit, Glanz und Macht flößen nur Furcht ein, erzwungene Ergebenheit und Respekt, der ebenso leer ist wie das Idol, dem man ihn erweist. Stürzt das Idol, so ist es mit der Achtung vorbei, und die Bosheit schlägt sie in Trümmer. Nein, meine Herren, was man am Prinzen Heinrich schätzte, ist nicht das Werk des Schicksals, sondern das Werk der Natur, seine Geistesgaben und Herzenseigenschaften, das eigenste Verdienst.

Dieser Jüngling, der keine Spur seines Daseins zurückließ, verdient unsere Trauer, weil er zu den schönsten Hoffnungen berechtigte und wir nur wenige Prinzen zu verlieren haben.

Meine Herren, worauf beruht die Stärke eines Staates? Auf den weiten Grenzen, die vieler Verteidiger bedürfen? Auf den durch Handel und Gewerbefleiß angehäuften Reichtümern, deren Nutzen allein in ihrer guten Anwendung liegt? Auf zahlreichen Völkern, die sich gegenseitig vernichten würden, wenn ihnen die Führer fehlten? Nein, meine Herren, das alles ist roher Stoff, der nur so weit Wert und Bedeutung hat, als Klugheit und Geschicklichkeit ihn zu kneten weiß. Die Stärke der Staaten beruht aus den großen Männern, die ihnen zur rechten Stunde geboren werden. Man durchlaufe die Weltgeschichte, und man wird sehen, daß die Zeiten des Aufstiegs und des Glanzes der Reiche die waren, wo erhabene Geister, tugendhafte Seelen, Männer von hervorragendem Talent in ihnen glänzten und die Last der Regierung unter hochherzigen Anstrengungen trugen.

Ein unbestimmtes Gefühl durchbebt die Welt, wenn Männer von hoher Geburt sterben; denn man erwartete wichtige Dienste von ihnen. Vernichtet ein rauher Winter eine zarte Pflanze kurz vor ihrer Blüte, so beklagt man das mehr als den Fall eines alten Baumes, dessen Säfte eingetrocknet sind und dessen Äste verdorren. Ebenso, meine Herren, empfindet es die Menschheit schmerzlicher, wenn ihre Hoffnungen ihr kurz vor der Erfüllung geraubt werden, als wenn ein Greis die Welt verläßt, von dessen gebrechlichem Alter wir nicht mehr so viel erwarten durften wie von seiner Jugend.

Auf wen hätten wir je festere Hoffnungen gründen können, als auf den Prinzen, dessen geringste Handlungen uns seinen bewunderungswürdigen Charakter enthüllten, der bereits ahnen ließ, was er eines Tages leisten könnte? Wir sahen den Keim von Talenten und Tugenden wachsen und gedeihen, auf einem Felde, das reiche Ernte versprach.

Die aufgeklärtesten und welterfahrensten Leute, die viel in den Herzen der Menschen geforscht haben, wissen tief in den Seelen zu lesen, welche Taten man von ihnen erwarten kann. Was fanden sie nicht alles bei dem jungen Prinzen? Eine Seele, die den Stempel der Tugend trug, ein Herz voll edler Gefühle, einen wißbegierigen Geist, einen Genius von höchstem Schwunge, ein männliches und vor der Zeit gereiftes Urteil. Wollen Sie Beispiele dafür, wieviel die Vernunft in einem so zarten Alter über ihn vermochte? Meine Herren, gedenken Sie an jene sturmbewegten, unglücksreichen Tage, da das betörte Europa sich verschworen hatte, unsere Monarchie zu stürzen, da wir rings nur Feinde sahen und es schwer war, die Freunde herauszufinden. Damals verließ der Prinz von Preußen Magdeburg, dessen Wälle der königlichen Familie als letzte Zuflucht dienten, um den König in den Feldzug von 1762 zu begleiten. Prinz Heinrich brannte darauf,

wie sein Bruder in den Krieg zu ziehen; aber er begriff nicht nur, daß seine Jugend den Strapazen nicht gewachsen war, sondern auch, daß der König, sein Oheim, nicht leichtfertig alle Hoffnungen des Staates auf einmal offenen Gefahren aussetzen durfte. Diese Erwägungen bestimmten ihn, sich ganz dem Studium hinzugeben. Er sagte, er wolle jeden freien Augenblick, den er nicht dem Ruhme weihen könnte, nutzbringend anwenden. Seine Fortschritte entsprachen seinem Entschluß.

Unser Prinz wußte, daß die Natur ihm, wie allen Menschen, nur die Fähigkeit, sich zu unterrichten, verliehen hätte, daß er daher alles lernen müßte, was ihm unbekannt wäre. So füllte er denn sein Gedächtnis, diese kostbare Vorratskammer, mit Kenntnissen an, von denen er sein Leben lang Gebrauch machen konnte. Er war überzeugt, daß die Einsicht, die man durch das Studium gewinnt, die Erfahrung frühzeitig reift, und daß eine gründlich durchdachte Theorie die Praxis leicht macht.

Wollen Sie wissen, welch weites Gebiet von Kenntnissen er umfaßte? Er beherrschte die Geschichte von den ältesten Zeiten bis auf die Gegenwart. Mit besonderem Fleiße hatte er sich die Charaktere der großen Männer, die wichtigsten, auffälligsten Ereignisse eingeprägt. Er wußte, was zum Aufstieg und Untergang der Reiche am meisten beigetragen hat. Diese kostbare, erlesene Auswahl aus der Geschichte hatte er sich ganz zu eigen gemacht. Es gab kein militärisches Werk von einigem Rufe, das er nicht studiert und über das er nicht die Meinung erfahrener Leute eingeholt hätte. Wollen Sie noch unzweideutigere Zeugnisse für seinen Eifer, sich gründlich zu unterrichten? Vernehmen Sie denn, meine Herren: er hatte die verschiedenen Befestigungssysteme durchgenommen; da er sich aber auf diesem Gebiet noch nicht so erfahren fühlte, wie er gewünscht hätte, nahm er sechs Monate lang Unterricht bei Oberst Ricaud, ohne daß ihn jemand dazu angeregt hätte, ja, ohne Vorwissen seiner Eltern! Mit achtzehn Jahren wußte er die Systeme von Descartes, Leibniz, Malebranche und Locke darzustellen. Ja, sein Gedächtnis hatte nicht allein alle diese abstrakten Dinge erfaßt; seine Urteilskraft hatte sie auch geläutert. Er war erstaunt, in den Forschungen dieser großen Geister weniger Wahrheiten als geistreiche Voraussetzungen zu finden, und er war mit Aristoteles zu der Ansicht gelangt, daß der Zweifel der Vater der Weisheit sei.

Ein guter Kopf ist fähig, sich auf jedem Gebiet zu betätigen. Er gleicht einem Proteus, der mühelos seine Gestalt wechselt und stets wirklich als das erscheint, was er darstellt. Mit dieser glücklichen Anlage geboren, bezog unser Prinz auch die Praxis der Kriegskunst in den Kreis seiner Kenntnisse ein. Für alles, was er unternahm, schien er geschaffen. Sein Wetteifer und seine militärische Neigung traten besonders bei den jährlichen Revuereisen hervor, die er im Gefolge des Königs durch alle Provinzen unternahm. Er kannte die Armee und war ihr bekannt. Er beherrschte die gefahrvolle

Kriegskunst von den geringsten Einzelheiten bis zu den schwersten Aufgaben.

Dabei war er stets guter Laune, mäßig in seinen Sitten, geschickt in allen Leibesübungen, beharrlich in seinen Unternehmungen, unermüdlich in der Arbeit und ein Freund von allem, was nützlich und ehrenvoll ist.

So viele hervorragende Talente, mit denen die Natur Prinz Heinrich begabt hatte, würden jedoch kein vollkommenes Lob ausmachen, ohne die Eigenschaften des Herzens, die für alle Menschen, besonders aber für die Großen so wichtig sind. Sie setzten seinem Charakter erst die Krone auf.

Wer will mich Lügen strafen, wenn ich sage, daß Prinz Heinrich, der mit feurigem Gemüt geboren war, seine Lebhaftigkeit durch Klugheit zu zügeln wußte? Wer immer die Ehre hatte, ihm näherzutreten, wußte, daß man ihm ruhig sein Herz ausschütten konnte, ohne befürchten zu müssen, daß er ein ihm anvertrautes Geheimnis verriete. Sein Herz war das Schönste und Edelste an ihm. Er war sanftmütig gegen alle, die ihm nahten, mitleidig gegen die Unglücklichen, zärtlich gegen die Leidenden, menschlich gegen jedermann. Er teilte den Gram der Betrübten, trocknete die Tränen der vom Schicksal Verfolgten und überschüttete die Dürftigen mit Wohltaten. Die Herzensgüte war ihm angeboren. Es kostete ihm so wenig, sie zu betätigen, daß man deutlich erkannte: sie floß aus einer lauteren, unerschöpflichen Quelle. Warum ließ ein feindliches Geschick sie so bald versiegen?

Soll ich die kurze Zeit vergessen, die er bei seinem Regiment zugebracht hat? Ihr, seine Offiziere, und Ihr, tapfere Kürassiere, die stolz waren, unter ihm zu dienen: wird einer unter Euch mir widersprechen, wenn ich sage: Ihr habt ihn nur durch seine Wohltaten kennen gelernt, und dieser junge Prinz konnte Euch allen Führer und Vorbild sein?

Sie wissen es selbst, meine Herren, daß völlige Uneigennützigkeit die Quelle ist, aus der alle Tugenden fließen. Der Selbstlose zieht Ehre und Ruf den Vorteilen des Reichtums vor, Billigkeit und Gerechtigkeit den Trieben zügelloser Begehrlichkeit, die Wohlfahrt von Staat und Gesellschaft dem Eigennutz und dem Vorteil der Familie, das Heil und die Erhaltung des Vaterlandes der Selbsterhaltung, den Gütern, der Gesundheit, dem Leben. Kurz, sie erhebt den Menschen über das Menschliche und macht ihn fast zum Bürger des Himmels. Diese edle, hochherzige Gesinnung äußerte sich in allen Handlungen des Prinzen. Wie sehr wünschte er seinem Bruder, dem Prinzen von Preußen, eine fruchtbare Ehe! Obwohl er sich nicht verhehlen konnte, daß die Kinderlosigkeit dieser Ehe ihm die Anwartschaft auf den Thron brächte, war er aufrichtig erfreut, als er die Entbindung der Prinzessin Elisabeth, seiner Schwägerin, erfuhr, und bedauerte allein, daß sie keinem Prinzen das Leben geschenkt hatte! Es fiele mir nicht schwer, Ihnen noch ähnliche Züge anzuführen, die Sie mit Liebe erfüllen und zur Bewunderung hinreißen würden. Aber gestatten Sie mir, daß ich hierbei stehen bleibe und den Schleier nicht lüfte, der den ungeweihten Blicken verbirgt, was im Innern des Königshauses vorgeht.

Wer sollte nach allem, was Sie vom Prinzen Heinrich vernommen haben, nicht befürchten, daß die außerordentliche Selbstzufriedenheit aller Menschen, die Bedeutung, die sie ihren geringsten Handlungen zuschreiben, die schmeichlerische Neigung, sich selbst Beifall zu zollen, das Herz eines Jünglings mit einer stets abstoßenden, wenn auch nicht ganz unbegründeten Eitelkeit geschwellt hätte! Welche Klippe für die Eigenliebe bilden so zahlreiche Talente, ja selbst so viele Tugenden! Zum Glück hatten wir für ihn nichts zu befürchten. Etwas Höheres bewahrte ihn vor dieser gefährlichen Klippe. Sie wissen, seine schöne Seele war die einzige, die mit sich selbst nicht zufrieden war. Die Eigenschaften, die er besaß, genügten ihm nicht; er machte sich einen höheren Begriff von denen, die er zu erwerben hoffte. Das war es, was seinen Eifer entflammte, sich die ihm fehlenden Kenntnisse anzueignen. Er wollte auf allen Gebieten der Vollendung so nahe kommen, wie es der menschlichen Schwachheit verstattet ist.

Aber wenn auch Eitelkeit ihm eine lächerliche Schwäche deuchte, so war er doch gegen die Lockungen des Ruhmes nicht fühllos. Welcher tugendhafte Mensch hat den Ruhm je verschmäht? Er ist die letzte Leidenschaft des Weisen; die strengsten Philosophen haben ihn nicht auszurotten vermocht. Gestehen wir es offen: das Streben nach dauerndem Ruhme ist die mächtigste und hauptsächlichste Triebfeder der Seele, ist die Quelle und ewige Grundlage der Tugend. Aus ihr entstehen alle Taten, durch die sich die Menschen unsterblich machen. Prinz Heinrich wollte seinen Ruf nicht der niedrigen Gefälligkeit des Pöbels verdanken, des verächtlichen Anbeters des Glücks, der seine Abgötter knechtisch beweihräuchert, auch wenn sie verdienstlos sind. Er strebte nach einem Ruhme, der von seiner Person unzertrennlich war und den kein Neid anzweifeln konnte. Er wollte keinen erborgten Namen, sondern echten, von einem unveränderlichen Charakter getragenen Ruhm.

Wir sahen den Prinzen in die Welt treten, die Bahn des Ruhmes tat sich vor ihm auf. Wir glaubten einen Wettläufer zu sehen, der seinen Lauf glorreich vollenden würde. Seine blühende Jugend schwellte unser Hoffen. Schon im voraus genossen wir alle seine Verdienste. Ach! Wir wußten nicht, daß ein düsteres Verhängnis ihn uns so bald rauben würde!

Plötzlich wurde er von einer ebenso heftigen wie furchtbaren Krankheit ergriffen. Der Prinz, der keine Furcht kannte, scheute sich auch nicht vor den Blattern, obwohl sie im letzten Winter so große Verheerungen angerichtet hatten und fast jedermann mit Schrecken erfüllten. Bewundern Sie seine Menschlichkeit! Als die Ärzte ihm seine Krankheit nannten, verbot er den Zutritt allen seinen Dienern, die bisher von den Blattern verschont geblieben waren. Der Prinz sagte, wenn man ihm seine Ruhe nicht rauben wolle, müsse man ihn allein die Gefahr bestehen lassen und ihn nicht dem aussetzen, andere anzustecken. Ein Flügeladjutant des Königs, der keine Blattern gehabt hatte, erbot sich, bei ihm zu wachen, aber der Prinz ließ es nicht zu. Er fürchtete, das Leben seiner Umgebung in Gefahr zu bringen, und trotzte selbst der Gefahr. Diese Herzensgüte und edle Gesinnung, diese hochherzige Denkweise, diese Menschlichkeit, die Krone aller Tugenden, kennzeichneten ihn bis zum letzten Augenblick. Geduldig ertrug er sein Leiden, blickte dem Tod furchtlos entgegen und starb wie ein Held.

Gedenken Sie, meine Herren, des Schicksalstages, da das schnell sich verbreitende Gerücht uns plötzlich die traurigen Worte verkündete: »Prinz Heinrich, ist tot!« Welche Bestürzung! Welch aufrichtige, wenn auch vergebliche Klagen!

Das, meine Herren, ist das Vorrecht der Tugend, wenn sie in ihrer ganzen Reinheit erstrahlt: So sehr die Menschen auch zum Laster neigen, sie müssen doch zu ihrem eigenen Besten die Tugend lieben und ihr Gerechtigkeit widerfahren lassen. Der aufrichtige Beifall des ganzen Volkes, das allgemeine Zeugnis der öffentlichen Hochachtung, das Lob, das Prinz Heinrich nach seinem Tode gezollt ward, also zu einer Zeit, wo er jeder Schmeichelei entrückt war, – gehört das alles nicht zu jenen einmütigen Kundgebungen, worin die Stimme Gottes sich durch die Stimme eines ganzen Volkes zu offenbaren scheint? Messen wir also das Leben der Menschen nicht nach seiner längeren oder kürzeren Dauer, sondern nach dem Gebrauche, den sie von der Zeit ihres Daseins gemacht haben. O liebenswerter Prinz! Deine Weisheit ließ Dich diese Wahrheit einsehen. Dein Lebenslauf war kurz, aber Deine Tage waren inhaltsreich.

Ach! meine Herren, diese traurigen Betrachtungen vermögen unseren Gram nicht zu lindern. Aber achten wir die Beschlüsse der Vorsehung und bedenken wir, daß wir als Menschen dem Leid unterworfen sind. Der Feige erliegt unter seiner Last, doch der Beherzte erträgt es standhaft. Könnte dieser liebenswerte und geliebte Prinz unsere Klagen und die Schmerzenslaute so vieler Leidtragenden hören, er mißbilligte diese traurigen Zeugnisse unseres ohnmächtigen, fruchtlosen Schmerzes. Er würde denken: da er uns in der kurzen Frist seines Lebens nicht so nützlich sein konnte, wie es in seiner edlen Absicht lag, so sollten wir zum mindesten aus seinem Tode eine Lehre ziehen.

O Ihr, erlauchte Jünglinge, die Ihr Euch dem Waffenberufe widmet und nur für den Ruhm lebt, tretet an sein Grab! Erweist die letzte Pflicht dem Prinzen, der mit Euch wetteiferte und Euch ein Vorbild war! Seht, was uns von ihm bleibt: ein entstellter Leichnam, Gebeine, Asche, Staub – das gemeinsame Schicksal aller, die des Todes Sense weggemäht hat! Doch bedenkt zugleich, was ihn unvergänglich überlebt, das Andenken an seine hohen Eigenschaften, das Beispiel seines Lebens, das Vorbild seiner Tugenden. Mir ist, als sähe ich seine erloschene Asche sich aufs neue beleben, aus dem Grab auferstehen, in dem seine kalten Überreste ruhen, und also zu Euch sprechen: »Euer Leben ist eng begrenzt, wie lange es auch währe. Eines Tages werdet Ihr alle die sterbliche Hülle ablegen. Benutzt die Frist zur Tätigkeit. Seht, wie rasch meine Tage entschwanden. Soll Euer Andenken Euch überleben, so beherzigt, daß Euer Name nur durch edle Taten und Tugenden der zerstörenden Zeit und dem Dunkel der Vergessenheit entgeht.«

Auch Ihr, tapfere Verteidiger des Vaterlandes, die Ihr mit beispielloser Anstrengung dem Ansturm ganz Europas Trotz botet, Ihr, höchste Diener des Staates, die Ihr in Euren verschiedenen Ämtern für das öffentliche Wohl wirkt, tretet an das Grab dieses Jünglings! Möge er, den wir wegen seiner Talente und seltenen Tugenden betrauern, Euch in dem Glauben befestigen, daß nicht hohe Würden noch äußere Ehrenzeichen, noch selbst die erlauchteste Geburt denen Achtung erwirbt, die an der Spitze der Völker stehen. Nur ihre Verdienste, ihr Eifer, ihre Arbeit, ihre treue Hingabe an das Vaterland können ihnen den Beifall des Volkes, der Weisen und der Nachwelt erwerben.

Da ich Euch alle an das Grab geführt habe, wie könnte ich allein nicht herantreten? Mein Prinz! Du wußtest, wie teuer Du mir warst, wie wert ich Dich hielt! Kann die Stimme der Lebenden zu den Toten dringen, so leihe Dein Ohr einer Stimme, die Dir nicht fremd war, und erlaube, daß ich Dir dies vergängliche Denkmal errichte, das einzige, ach, das ich Dir setzen kann! Versage es einem an Dir hängenden Herzen nicht, von Deinem Schiffbruch so viel Trümmer zu retten, als es vermag, um sie im Tempel der Unsterblichkeit niederzulegen. Ach! Solltest Du mich lehren, wie sehr der Mensch mit den wenigen ihm beschiedenen Tagen haushalten muß? Sollte ich von Dir lernen, dem herannahenden Tode zu trotzen, ich, den Alter und Hinfälligkeit jeden Tag mahnen, daß er dicht am Ziel seines Lebens steht? Nie wird Dein herrlicher Charakter aus meinem Gedächtnis entschwinden. Ewig wird mir das Bild Deiner Tugenden gegenwärtig sein. Ewig wirst Du in meinem Herzen leben. Dein Name wird sich in alle meine Gespräche mischen, und Dein Andenken wird erst mit dem letzten Atemzuge in mir erlöschen. Schon sehe ich das Ende meiner Laufbahn und den Augenblick, teurer Prinz, wo das höchste Wesen unser beider Asche auf immer vereinen wird.

Der Tod, meine Herren, ist uns allen beschieden, Wohl denen, die mit dem tröstlichen Bewußtsein sterben, daß sie die Tränen der Überlebenden verdienen!

Gedächtnisrede auf Knobelsdorff

Hans Georg Wenceslaus Freiherr von Knobelsdorff wurde am 17. Februar 1699 geboren. Sein Vater besaß die Ortschaft Cossar im Herzogtum Krossen. Seine Mutter war eine Baronin von Haugwitz.

Mit fünfzehn Jahren ergriff er den Waffenberuf. Er trat ins Regiment Lottum ein und machte bei ihm den Feldzug in Pommern und die Belagerung von Stralsund (1715) mit. Hier zeichnete er sich aus, soweit der enge Wirkungskreis des Subalternoffiziers es gestattete. Die Strapazen des rauhen Feldzuges und der bis an die Schwelle des Winters fortgesetzten Belagerung zerrütteten seine Gesundheit. Er bekam einen Bluthusten, bezwang die frühe Krankheit aber und diente trotz seiner zarten Gesundheit bis 1730 weiter. Dann quittierte er den Dienst als Kapitän.

Es ist ein Kennzeichen des Genies, daß es seinen natürlichen Neigungen unbezwinglich folgt und klar erkennt, wozu es geschaffen ist. Daher kommt es, daß so viele tüchtige Künstler sich selbst gebildet und sich neue Wege auf dem Gebiete der Kunst erschlossen haben. Dieser mächtige Drang zeigt sich besonders bei geborenen Dichtern und Malern. Ich brauche wohl nicht erst auf Ovid zu verweisen, der trotz des väterlichen Verbots Verse machte, oder auf Tasso, für den ein gleiches zutraf, oder auf Correggio, der sich beim Anblick von Raffaels Gemälden zum Maler berufen fühlte. Auch Knobelsdorff bildet ein Beispiel dafür. Er war zum Maler und zum großen Architekten geboren. Die Natur hatte ihm die Begabung geschenkt; es blieb der Kunst nur noch übrig, die letzte Hand anzulegen. Schon während seiner Dienstzeit zeichnete er in seinen Mußestunden nach Gipsmodellen und malte bereits Landschaften im Stil Claude Lorrains, ohne den Meister zu kennen, dem er so nahe kam. Nachdem er den Dienst quittiert hatte, überließ er sich völlig seinen Neigungen, befreundete sich mit dem berühmten Pesne und verschmähte es nicht, sich von ihm ausbilden zu lassen. Unter diesem geschickten Lehrer studierte er namentlich jenes bestechende Kolorit, das mit sanftem Trug der Natur ihre Rechte nimmt, indem es die tote Leinwand lebendig macht. Er vernachlässigte kein Genre von der Historienmalerei bis zur Blumenmalerei, vom Öl bis zum Pastell. Die Malerei führte ihn zur Architektur. Hatte er die Bauwerke anfangs nur als Staffage für seine Gemälde benutzt, so stellte sich doch bald heraus, daß das, was er nur für eine Nebensache gehalten hatte, sein eigentliches Talent ausmachte.

Trotz seines zurückgezogenen Lebens blieb er dem König, dem damaligen Kronprinzen, nicht verborgen. Der berief ihn in seinen Dienst. Knobelsdorffs erster Versuch war die Ausschmückung des Schlosses von Rheinsberg, das er nebst den Gartenanlagen in seinen jetzigen Zustand brachte. Er verschönerte die Architektur durch seinen malerischen Geschmack, der den gewöhnlichen Ornamenten eigene Anmut verlieh. Er liebte die edle Schlichtheit der Griechen, und sein Feingefühl verwarf alle unangebrachten Verzierungen.

Begierig, sich Kenntnisse zu erwerben, wünschte Knobelsdorff Italien kennen zu lernen, um dort, selbst in den Ruinen, die Regeln seiner Kunst zu studieren. Im Jahre 1736 trat er seine Reise an. Er bewunderte das Kolorit der Venezianer, die Zeichnung der römischen Schule und sah alle Gemälde der großen Meister. Von allen zeitgenössischen Malern erschien ihm allein Solimena denen ebenbürtig, die unter Papst Leo X. ihr Vaterland ausgezeichnet hatten. In der Architektur der Alten fand er mehr Majestät als in der Neueren. Er bewunderte die prunkvolle Peterskirche in Rom, ohne gegen ihre Fehler blind zu sein. Er erkannte wohl, daß die verschiedenen Baumeister, die daran gearbeitet, sehr zu Unrecht Michelangelos ursprünglichen Plan nicht befolgt haben. Dann kehrte Knobelsdorff nach Berlin zurück (1737), durch die Kunstschätze Italiens bereichert, in seinen architektonischen Grundsätzen befestigt und durch die Erfahrung in seiner Vorliebe für Pesnes Kolorit bestärkt. Nach seiner Rückkehr malte er den verstorbenen König, den Kronprinzen und viele andere Porträts, die allein seinen Ruf begründet hätten, wäre er nur Maler gewesen.

Im Jahre 1740, nach dem Tode Friedrich Wilhelms I., übertrug ihm der König die Oberaufsicht über die Bauwerke und Gärten. Sofort befaßte sich Knobelsdorff mit der Ausschmückung des Berliner Tiergartens. Er machte ihn zu einem köstlichen Fleckchen Erde durch die Mannigfaltigkeit der Alleen, der Hecken und Rondelle und durch die reizvolle Mischung des verschiedensten Laubwerks. Er verschönerte den Park durch Statuen und die Anlage von Wasserläufen, so daß die Bewohner der Hauptstadt hier eine bequeme und schmucke Promenade finden, wo die Reize der Kunst nur unter den ländlichen Reizen der Natur auftreten.

Aber nicht zufrieden damit, in Italien gesehen zu haben, was die Künste einst waren, wollte Knobelsdorff sie auch in einem Lande studieren, wo sie gegenwärtig in Blüte stehen. Er erhielt also Urlaub zu einer Reise nach Frankreich (Herbst 1740) und widmete sich während seines dortigen Aufenthalts ganz seinem Gegenstand. Sein Sinn war zu sehr auf die schönen Künste gerichtet, als daß er die Zerstreuungen der großen Welt gesucht hätte, und er war zu wissensdurstig, um sich in anderer Gesellschaft als der von Künstlern zu bewegen. So sah er nichts als Ateliers, Gemäldegalerien, Kirchen und Baudenkmäler. Wir schweifen von unserem Gegenstand nicht ab, wenn wir hier sein Urteil über die französische Malerschule berichten. Seinen vollen Beifall fand die poetische Komposition von Le Bruns Gemälden, die kühne Zeichnung Poussins, das Kolorit Blanchards und der Boullongne, die Ähnlichkeit und die Vollendung der Gewänder auf den Bildern von Rigaud, das Helldunkel von Raoux, die schlichte Naturwahrheit von Chardin. Großen

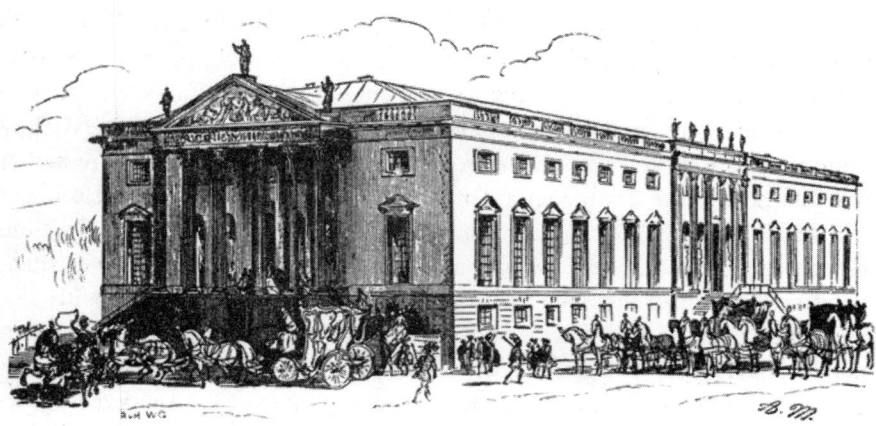

Gefallen fand er auch an den Bildern von Charles van Loo und den Kunstlehren von Detroy. Immerhin fand er bei den Franzosen das Talent für die Skulptur stärker ausgeprägt als das für die Malerei: ist sie doch von Bouchardon, Pigalle und den Adam zur höchsten Vollendung gebracht worden. Von allen Bauwerken Frankreichs schienen ihm nur zwei völlig klassisch: Perraults Fassade des Louvre und die Gartenfront von Versailles. Für die Außenarchitektur gab er den Italienern den Vorzug, aber den Franzosen für die Innendekoration, die Anlage und Wohnlichkeit der Räume. Nach Verlassen Frankreichs bereiste er Flandern, wo ihm, wie man sich denken kann, die Werke van Dycks, Rubens' und Wouwermans nicht entgingen.

Nach seiner Heimkehr übertrug ihm der König den Bau des Opernhauses, eines der schönsten und stilgerechtesten Gebäude, die die Hauptstadt zieren. Die Fassade ist der des Pantheon frei nachgebildet. Das Innere ist durch das glückliche Verhältnis der Maße bei aller Größe von guter Akustik. Danach übernahm Knobelsdorff den Bau des neuen Flügels des Charlottenburger Schlosses, in dem die Kunstfreunde die Schönheit des Vestibüls und des Treppenhauses, die Eleganz des großen Saales und der Galerie bewundern. Ebenso kamen seine Talente bei der Anlage der neuen Kolonade des Potsdamer Stadtschlosses, der Marmortreppe und des Saales zur Geltung, der die Apotheose des Großen Kurfürsten enthält. Auch der Kuppelsaal in Sanssouci, eine freie Nachbildung vom Innern des Pantheon, entstand nach seinen Entwürfen, ebenso die Grotte und die Marmorkolonnade im Park dieses Schlosses. Außer den genannten Bauwerken wurde noch eine Unzahl von Privathäusern in Berlin und Potsdam, sowie das Schloß in Dessau nach seinen Zeichnungen ausgeführt.

Die Königliche Akademie der Wissenschaften ließ sich ein so vielseitiges Talent bei ihrer Erneuerung nicht entgehen und ernannte Knobelsdorff zu ihrem Ehrenmitglied. Man wundere sich nicht, einen Maler und großen

Architekten unter Astronomen, Mathematikern, Physikern und Dichtern sitzen zu sehen. Künste und Wissenschaften sind Zwillingsgeschwister. Ihre gemeinsame Mutter ist das Genie. Natürliche und unzerreißbare Bande verknüpfen sie miteinander. Die Malerei erfordert genaue Kenntnis der Mythologie und Geschichte; sie führt zum Studium der Anatomie, denn sie bedarf der Kenntnis aller Triebfedern der menschlichen Bewegungen, damit die Muskulatur bei der Stellung der Figuren der Wirklichkeit entspricht und die Glieder nur richtige Schwellungen und Vertiefungen aufweisen. Die Landschaftsmalerei erfordert Kenntnis der Optik und Perspektive, und bei der Darstellung der Architektur auch das Studium der Geometrie, der bewegenden Kräfte und der Mechanik. Vor allem hängt die Malerei mit der Dichtkunst zusammen. Das gleiche Feuer der Einbildungskraft, das den Dichter beseelt, muß auch den Maler durchglühen. Das alles gehört zum Schaffen eines guten Malers. Vielleicht liegt einer der großen Vorzüge unseres aufgeklärten Jahrhunderts darin, daß es die Wissenschaften unentbehrlich gemacht und sie dadurch verbreitet hat.

Alle diese Kenntnisse machten Knobelsdorff zum würdigen Mitglieds der Akademie. Sie würden ihm noch mehr zur Ehre gereicht haben, wäre er uns nicht in einem Alter entrissen worden, wo seine Talente in voller Reife standen. Er litt unter Gichtanfällen. Seine Krankheit artete dann schließlich in Wassersucht aus. Die Ärzte schickten ihn nach Spaa, in der Hoffnung, er würde durch die Kur genesen, aber er fühlte, daß die dortigen Bäder ihm nichts halfen. Mit Mühe kehrte er nach Berlin zurück und starb dort am 16. September 1753 im Alter von vierundfünfzig Jahren und sieben Monaten.

Knobelsdorff erwarb sich durch seinen lauteren und rechtschaffenen Charakter allgemeine Hochachtung. Er liebte die Wahrheit und glaubte, sie verletze niemanden. Gefälligkeit betrachtete er als Zwang und floh alles, was seine Freiheit zu beeinträchtigen schien. Man mußte ihn genau kennen, um sein Verdienst voll zu würdigen. Er förderte die Talente, liebte die Künstler und ließ sich Leber suchen, als daß er sich vordrängte. Vor allem muß zu seinem Lobe gesagt werden: er verwechselte nie Wetteifer mit Neid, Gefühle, die sehr verschieden sind, und die zu unterscheiden man den Künstlern und Gelehrten zu ihrer eigenen Ehre und Ruhe und zum Wohle der Gesellschaft nie genug anraten kann.

ÜBER DIE SCHMÄHSCHRIFTEN
(April 1759)

Es gibt viele Arten, sein Auskommen zu finden. Fleiß und Erfindungsgeist liefern täglich neue, von den gewöhnlichen Gewerben ganz abzusehen. Schon allein das schriftstellerische Talent bereichert die Gelehrten durch die Früchte ihrer Nachtwachen. Schriftsteller zweiten Ranges leben von ihren Buchhändlern. Die einen ernähren sich durch Versemachen, die anderen durch Lesen der Korrekturbogen, wieder andere durch Abschreiben, und noch andere schließlich widmen sich dem edlen Berufe, an den Schoßkindern Fortunas und den Machthabern Fehler zu entdecken. Sinnreich machen sie sich an Charaktere, die ihnen unbekannt sind. Sie malen aus der Phantasie, und da ihr Pinsel schwärzer ist als der Spagnolettos, sind ihre Gemälde voll tiefer Schatten. Sie besitzen die Kunst, ihre Helden verhaßt zu machen, und wie man gestehen muß, ist dies schöne Geschäft noch einträglich. Solche gefährliche Keckheit nimmt in unseren Tagen zu und verbreitet sich mehr und mehr. Die Herren, die sich ihr hingeben, müssen fürchten, daß ihre große Zahl die Honorare drückt und sie schließlich an den Bettelstab bringt. Sollte man es wohl glauben: sie möchten sich die Rechte der Zensoren im alten Rom aneignen! Nur finde ich einen kleinen Unterschied: Rom wählte seine Zensoren, diese Herren aber setzen sich selber ein; sie können wie die Könige von sich sagen: »von Gottes Gnaden und nicht durch Menschengunst.« Man muß gestehen, daß ihre Arbeit ihnen wenig Mühe kostet; sie besteht größtenteils nur aus Schimpfreden, oder sie ist die Frucht düsterer Einbildungskraft und finsterer Vorstellungen. Mit diesen Beschimpfungen treiben sie Handel und verteilen sie nach dem Gutdünken ihrer Beschützer, die ihre Dienste anzuerkennen wissen. Man erstaunt immerfort über ihre kecke Dreistigkeit; doch gewährt ihnen ihre obskure Stellung eine Zuflucht. Was sie rettet, ist die Geringschätzung, mit der die Reichen und Stolzen ihre Schmähschriften behandeln. Ihr Geschrei erzeugt einen mißtönenden Lärm, der in der Luft verhallt. Sie kommen mir wie Mücken vor, die zu ihrem Spaß einen Elefanten stechen.

Vor einiger Zeit reiste ich in Holland und kam durch eine Stadt, wo ich in einem Gasthofe einkehren mußte. Dort sah ich einen ziemlich gut gekleideten Mann mit stolzer Miene und gebieterischer Haltung eintreten. Er betrachtete seine Umgebung mit verächtlichen Blicken und schien das ganze Menschengeschlecht zu bemitleiden. Ich hielt ihn für einen der Herren, die zwei-, dreimal wöchentlich Könige auf der Bühne darstellen und dank dem fortwährenden Spielen solcher Rollen sich schließlich selbst für Könige halten. Das merkwürdige Benehmen des Mannes erregte meine Neugier, und ich fragte, wer er sei. Der Wirt, der ihn kannte, sagte: »Er ist einflußreicher, als Sie glauben. Er besitzt die Gabe, guten Ruf zu schaffen und zu vernichten; doch nach Art der Eroberer beschäftigt er sich mehr mit dem Zerstören als mit dem Aufbauen. Er lebt von seiner Feder, wie die Landleute von ihren Feldern. Sein Hausrat, seine Kleidung, seine Nahrung, alles ist auf Kosten der großen Herren erworben, die er ihren Nebenbuhlern opfert. Er treibt es fast so, wie der selige Kardinal Polignac, der, wie man sagt, für jede Antike, die er nach Paris senden durfte, dem Papst einen jansenistischen Bischof opferte, den er verbannen ließ. So kann auch unser Mann von jedem Stück seines Hausrats nachweisen, daß es auf Kosten des guten Rufes von dem und dem erworben ist. Er wälzt jetzt einen großen Plan in seinem Kopfe, und gelingt er, so möchte er sein Vermögen nicht mit dem eines Taxera noch eines Schwartzau tauschen.« – »Darf man wissen, worin dieser wunderbare Plan besteht?« fragte ich. – »Es handelt sich«, sprach der Wirt, »um eine gute Satire gegen einen Herrscher. Macht er sie recht kräftig und so boshaft, wie man verlangt, so wird er mit Ehren überhäuft werden.«

Alles, was ich vernommen hatte, steigerte meine Neugier, dies Original kennen zu lernen, und ich bekam Lust, eine Unterhaltung mit dem Despoten anzuknüpfen, der es wagte, die Großen bei ihren Lebzeiten zu richten, wie die alten Ägypter es nach ihrem Tode taten. Ich glaubte in ihm den Geist jener Päpste zu erkennen, die Herrscher in den Bann taten und Königreiche mit dem Interdikt belegten. So trat ich denn an den furchtbaren Zensor heran und redete ihn an. Er empfing mich mit jener würdevollen oder frechen Miene, wie sie von Fürstengunst aufgeblähte Minister annehmen, wenn jemand eine Gnade von ihnen erbittet. Sein Hochmut, der mich kränkte, ließ mich zögern; aber schließlich faßte ich Mut und machte ihm ein ziemlich lahmes Kompliment über das Vergnügen, ihn kennen zu lernen.

Nach einigen allgemeinen Redensarten stellte ich die Frage, ob er mit seinem Gewerbe zufrieden sei. – »Ungemein«, entgegnete er. »Ich stehe mit mehr als einem Hofe in geheimem Briefwechsel und habe mit vielen großen Herren zu tun, die mich fürchten und aufsuchen. Ich habe mir durch meine Tätigkeit ein Reich gegründet, herrsche ohne Staat und schalte despotisch ohne Macht.« – »Aber, mein Herr«, fragte ich, »ist Ihr Reich auch fest begründet, und haben Sie keinen der Schicksalsschläge zu befürchten, denen die Hochstehenden so sehr ausgesetzt sind?« – »Was hätte ich zu befürchten?« erwiderte er. »Entthronen kann man mich nicht. Ich beherrsche die Geister, und solange es Federn und Tinte auf Erden gibt, gehe ich meinen Weg. Von meinem Arbeitszimmer aus lenke ich die Geschicke der Weltbedrücker. In meinen Händen halte ich den Ruf aller Großen, vor denen das Volk im Staube liegt. Beliebt es mir, so lasse ich sie vor Ärger vergehen, senke Verzweiflung in ihr Herz und raube ihnen die Früchte aller Gunstbeweise, mit denen Fortuna sie überschüttet.« – »Ach!« rief ich, »welch unmenschliches Vergnügen können Sie daran finden, Menschen unglücklich zu machen, vorausgesetzt daß Sie wirklich so handeln! Plagt Sie denn der geheime Drang jener bösen Geister, die grausame Freude daran haben sollen, das Menschengeschlecht zu verfolgen? Ach, mein Herr, ich bitte Sie ...« – »Wie?« unterbrach er mich. »Glauben Sie denn, mein Blut wäre Rosenwasser? Skrupeln und zarte Rücksichten überlasse ich den ängstlichen Gemütern. Mir gefällt es, die Eitelkeit und Anmaßung derer zu demütigen, die nichts zu fürchten haben, die harten Herzen, die mit dem öffentlichen Elend niemals Mitleid fühlen, zu betrüben und in Verzweiflung zu bringen, und die etwas leiden zu lassen, die täglich Leid stiften.« – »Ach, mein Herr, ich bitte um Gnade für das Menschengeschlecht!« rief ich aus. »Glauben Sie nicht, es sei so verderbt, wie Sie es sich vorstellen! Gewiß bedeckt das Laster die Erde, aber die Seuche ist nicht allgemein. Glauben Sie nicht, daß Wohlergehen und Tugend unvereinbar seien; machen Sie wenigstens Unterschiede ...« – »Ich mache keine Unterschiede«, entgegnete er. »Alle Menschen sind schlecht, also kann ich sie alle mit gutem Gewissen angreifen.« – »Das Ihre ist scheinbar nicht zart«, sagte ich. – »Wer würde mich ernähren?« fuhr er fort. »Wenn ich Hunger habe, wovon soll ich leben? Denn schließlich muß man heutzutage doch etwas vorstellen, sonst wird man verachtet. Mein Schweigen bezahlt niemand, aber meine Arbeiten werden teuer bezahlt, und ich ziele ja nur auf Menschenherzen.« – »Wie tief«, so rief ich aus, »muß dieser so despotische Herrscher, dieser schreckliche, so gefürchtete Zensor, dieser oberste Richter über alle Großen der Welt gesunken sein! Wie? Krösus ist inmitten seiner Schätze auf Almosen angewiesen?« – »Scherz beiseite! Mein Königtum ernährt mich nur, soweit ich meines Amtes walte. Ich bin zwar viel unumschränkter als die Könige; sie sind die Sklaven der Gesetze und können nur insoweit strafen oder belohnen, als diese es gestatten; sie haben keine Macht über den Ruhm, können ihn nicht verleihen noch nehmen. Ich dagegen mache mich zum Beherrscher der öffentlichen Meinung. Durch meinen Einfluß auf sie bildet man sich seine Vorstellungen über die Personen, je nachdem, wie ich sie schildere, und gleich den Königen beziehe ich Subsidien, die die Bosheit der einen mir zahlt, um die Verruchtheit der anderen aufzudecken. Daher besteuere ich die Großen und Fürsten; sie sind meine Sklaven; ich verkaufe ihren Namen teurer oder billiger, je nach der Schwierigkeit, ihr Verdienst herabzuwürdigen. Ich brandschatze Haß und Neid und beschränke mich nicht auf Privatleute. Der Thron hat für mich nichts Furchtgebietendes; und so, wie Sie mich hier sehen, ohne Schatz und Heer, erkläre ich den Königen den Krieg und greife sie an, so mächtig sie sein mögen.« – »Wahrhaftig«, rief ich, »Sie wagen da viel. Der Krieg hat seine Wechselfälle, und eines Tages könnte Sie das Mißgeschick ereilen, das auch die größten Feldherren erfahren haben: völlig geschlagen zu werden.« – »Scherz beiseite!« erwiderte er. »Die Fürsten, die Monarchen verstehen sich meiner Waffen nicht zu bedienen; sie können knapp ihren

Namen schreiben. Wollten sie einen Federkrieg mit mir beginnen, so ginge es lustig her. Ihre Schriften würden verworfen, während man den meinen Glauben schenkt. Was mich furchtbar macht, ist, daß ich der Lehrmeister des Publikums bin; ich schreibe ihm vor, was es denken soll.« – »Aber«, wandte ich ein, »die Herrscher haben es nicht nötig, sich der Feder zu bedienen ...« – »Gemach!« erwiderte er. »Ich glaube, Sie kommen mir ins Gehege.« – »Gott behüte!« rief ich aus. »Sofern nicht irgend eine Kraft von Ihnen ausströmt, wie von den Leichnamen der Heiligen, und auf mich einwirkt. Aber um auf unser Thema zurückzukommen: belehren Sie mich doch bitte, wie es Ihnen gelingt, die in Verruf zu bringen, denen die Verleumdung nicht beikommen kann.« – »Besitze ich denn keine Phantasie?« erwiderte mein Mann. »Ist es schwerer, eine Schmähschrift als einen Roman zu schreiben? Was kostet es, geheime Anekdoten zu erfinden und Geschichten zu fabrizieren, die wahrscheinlich klingen? Der Grad von Wahrscheinlichkeit, den man den aufgetischten Märchen zu geben weiß, verschafft ihnen den meisten Glauben. Ist es überhaupt so schwer, die Menschen lächerlich zu machen?«

Er war im Begriff, mir alle seine Geheimnisse auszukramen, als ich mich nicht enthalten konnte, ihm zu sagen, ich schätzte mich sehr glücklich, vom Schicksal nicht zu einem Rang erhoben zu sein, bei dem ich Gefahr liefe, in seine Hände zu fallen. Ja, ich priese den Himmel für meine bescheidene Stellung, die mich zu gering machte, um von ihm vor der Welt an den Pranger gestellt zu werden. »Ich kann Ihnen nicht verhehlen«, setzte ich hinzu, »daß ich an Ihrer Stelle die Mächtigen fürchten würde; denn ihr Arm reicht so weit, daß sie überall hinlangen. Zudem scheint es mir, daß Sie, der als Tyrann schalten will, sich selbst das Los der Tyrannen bereiten.«

Darob geriet unser Mann in edle, heroische Begeisterung und führte mir zu Gemüte, daß es nichts Erhabeneres und Mutvolleres gäbe als kühne Wagnisse, daß man Leute, die auf der Straße spazieren gehen, nicht bezahle, wohl aber die Seiltänzer, und daß man schwierige und gewagte Pläne entwerfen müsse, um seinen Namen unsterblich zu machen. So entwickelte er mir bombastisch die Gefühle der Standhaftigkeit und Charakterstärke, die ihn beseelten. »Ja«, fügte er hinzu, »gern unterwürfe ich mich der grausamsten Marter, um meine Unabhängigkeit, meine Freiheit, meine Rechte und die innere Genugtuung zu wahren, die ich darin finde, über die ganze Welt meine Glossen zu machen.« – »Recht schade«, erwiderte ich, »daß Sie nicht während der ersten Jahrhunderte der Kirche zur Welt kamen! Ihr Name hätte in den Verfolgungen geglänzt und gehörte jetzt der Legende an, und sicherlich würde Ihr Namenstag gefeiert. Ich fürchte nur, es kommt ganz anders, als Sie sich denken. Nachdem Sie eine Weile der geheimen Rachsucht hochstehender Neider zum Werkzeug gedient haben, werden Sie tragisch enden, ohne die erhoffte Berühmtheit zu erlangen.«

Er wollte mir antworten, als jemand, der den Schluß unserer Unterredung gehört hatte, auf uns zutrat und ihm mit dürren und unverblümten Worten die berühmte Geschichte von dem eisernen Käfig erzählte, in den Ludwig XIV. einen Schwätzer seines Schlages, der sein Talent gegen ihn geübt hatte, eingesperrt haben soll. Unser Mann erwiderte, es herrschten alljährlich im Frühjahr böse Fieber, aber nicht jeder stürbe daran; die Großen wüßten gute Witzworte gar nicht zu schätzen; das Zeitalter sei sehr wählerisch und würde es immer mehr, und man machte zu wenig Aufhebens von Verdienst und Talent. Allein ich bemerkte, daß seine Miene sich seit der Geschichte von dem eisernen Käfig verdüstert hatte; er wurde in der Tat nachdenklich und schweigsam. Als ich ihn so finster sah, ging ich fort und überließ ihn seinen trüben Gedanken.

Kann man aus alledem nicht schließen, daß die Bosheit, auch wenn sie die Gewissensbisse erstickt, doch niemals von schrecklichen Befürchtungen frei ist, und daß ein tugendhaftes Leben allein Ruhe gewährt?

ÜBER DIE DEUTSCHE LITERATUR

Die Mängel, die man ihr vorwerfen kann, ihre Ursachen und die Mittel zu ihrer Verbesserung

Sie wundern sich, mein Herr, daß ich nicht in Ihren Beifall über die Fortschritte einstimme, die nach Ihrer Meinung die deutsche Literatur täglich macht. Ich liebe unser gemeinsames Vaterland ebensosehr wie Sie, und darum hüte ich mich wohl, es zu loben, bevor es Lob verdient. Das hieße ja einen Wettläufer mitten im Laufe als Sieger ausrufen. Ich warte, bis er sein Ziel erreicht hat. Dann wird mein Beifall ebenso aufrichtig wie wahr sein.

Wie Sie wissen, herrscht in der Gelehrtenrepublik Meinungsfreiheit. Sie haben Ihren Standpunkt und ich den meinen. Gestatten Sie also, daß ich Ihnen meine Denkweise und meine Ansichten über die alte und neue Literatur darlege, sowohl in Bezug auf die Sprache wie auf die Kenntnisse und den Geschmack.

Ich beginne mit Griechenland, als der Wiege der schönen Künste. Die Griechen besaßen die wohllautendste Sprache, die es je gegeben hat. Ihre ersten Theologen, ihre ersten Geschichtsschreiber waren Dichter. Sie gaben der Sprache glückliche Wendungen, schufen eine Fülle malerischer Ausdrücke und lehrten ihre Nachfolger, sich mit Grazie, Höflichkeit und Anstand ausdrücken.

Von Athen gehe ich nach Rom. Dort finde ich eine Republik, die lange gegen ihre Nachbarn ringt, die um Ruhm und Herrschaft kämpft. Alles im römischen Staate war Nerv und Kraft. Erst nach der Niederwerfung seiner Nebenbuhlerin Karthago bekam Rom Geschmack für die Wissenschaften. Der große Africanus, der Freund des Laelius und Polybios, war der erste Römer, der die Wissenschaften schirmte. Nach ihm kamen die Gracchen, dann Antonius und Crassus, zwei zu ihrer Zeit berühmte Redner. Kurz, die Sprache, der Stil, die römische Beredsamkeit gelangten zur Vollendung erst in der Zeit des Cicero und Hortensius und durch die Schöngeister, die das augusteische Zeitalter zierten.

Diese kurze Übersicht zeigt mir den Gang der Dinge. Ich bin überzeugt, daß ein Autor nicht gut zu schreiben vermag, wenn die Sprache, die er spricht, nicht geformt und geschliffen ist. Ich sehe, daß man in allen Ländern mit dem Notwendigen beginnt und erst später das Angenehme hinzufügt. Die römische Republik entsteht; sie kämpft um die Eroberung von Ländern und kultiviert sie. Sobald sie nach den Punischen Kriegen feste Gestalt gewonnen hat, stellt sich der Geschmack an den Künsten ein; die lateinische Sprache und Beredsamkeit vervollkommnen sich. Allein ich übersehe nicht,

daß zwischen dem ersten Africanus und Ciceros Konsulat eine Zeitspanne von hundertsechzig Jahren liegt.

Daraus schließe ich, daß die Fortschritte in allen Dingen langsam sind, und daß der Kern, den man in die Erde legt, erst Wurzel schlagen, wachsen, seine Zweige ausbreiten und kräftig werden muß, bevor er Blüten und Früchte hervorbringt.

Nach dieser Regel untersuche ich nun Deutschland, um die gegenwärtige Lage richtig zu beurteilen. Ich reinige meinen Geist von allen Vorurteilen: die Wahrheit allein soll mir leuchten. Ich finde eine halbbarbarische Sprache, die in ebenso viele Mundarten zerfällt, als Deutschland Provinzen hat. Jeder Kreis bildet sich ein, seine Redeweise sei die beste. Es gibt noch keine von der Nation anerkannte Sammlung einer Auswahl von Wörtern und Ausdrücken, die die Reinheit der Sprache feststellt. Was man in Schwaben schreibt, wird in Hamburg nicht verstanden, und der österreichische Stil erscheint den Sachsen dunkel. Aus diesem äußeren Grunde ist ein Schriftsteller auch bei der schönsten Begabung außerstande, die rohe Sprache in vorzüglicher Weise zu handhaben. Verlangt man von einem Phidias, er solle eine kindische Venus bilden, so gebe man ihm einen fehlerlosen Marmorblock, feine Meißel und gute Spitzhämmer. Dann kann es ihm gelingen: ohne Werkzeuge keine Künstler.

Vielleicht wird man mir einwenden, daß die griechischen Republiken einst ebenso viele verschiedene Mundarten hatten wie wir. Man wird hinzufügen, daß man selbst in unseren Tagen die engere Heimat der Italiener an Stil und Aussprache erkennt, die von Landschaft zu Landschaft wechseln. Ich zweifle diese Wahrheiten nicht an, aber das darf uns nicht hindern, den Verlauf der Tatsachen im alten Griechenland wie im modernen Italien zu verfolgen. Die berühmten Dichter, Redner und Geschichtsschreiber stellten die Sprache durch ihre Schriften fest. Das Publikum übernahm durch stillschweigende Übereinkunft die Wendungen, Ausdrücke und Bilder, die die großen Künstler in ihren Werten geprägt hatten. Diese Ausdrücke wurden Allgemeingut. Sie verfeinerten, bereicherten und veredelten jene Sprachen. Werfen wir nun einen Blick auf unser Vaterland. Ich höre ein Kauderwelsch reden, dem jede Anmut fehlt, das jeder nach seiner Laune handhabt. Die Ausdrücke werden wahllos angewandt, die treffendsten und bezeichnendsten Wörter vernachlässigt, und der eigentliche Sinn ertrinkt in einem Meere von Beiwerk.

Ich stelle Nachforschungen an, um unseren Homer, unseren Virgil, Anakreon und Horaz, unseren Demosthenes, Cicero, Thukydides und Livius auszugraben. Ich finde nichts, meine Mühe ist umsonst. Seien wir also aufrichtig und gestehen wir uns ehrlich: die schönen Künste sind auf unserem Boden bisher nicht gediehen. Deutschland hat Philosophen hervorgebracht, die den Vergleich mit den alten aushalten, ja, sie in mehr als einer Hinsicht übertroffen haben. Ich behalte mir vor, in der Folge darauf zurückzukommen.

Was die schöne Literatur angeht, so wollen wir unsere Armut nur ruhig zugeben. Alles, was ich Ihnen einräumen kann, ohne mich zum niedrigen Schmeichler meiner Landsleute zu machen, ist dies: Wir haben in der kleinen Gattung der Fabeln einen Gellert gehabt, der sich neben Phädrus und Äsop zu stellen gewußt hat. Die Dichtungen von Canitz sind erträglich, nicht wegen ihrer Diktion, sondern eher als schwache Nachahmung des Horaz. Nicht übergehen will ich die Idyllen von Geßner, die einige Anhänger gefunden haben. Erlauben Sie mir jedoch, den Werken des Catull, Tibull und Properz den Vorzug zu geben.

Gehe ich die Historiker durch, so finde ich nur die deutsche Geschichte von Professor Mascov, die ich als die wenigst unvollständige anführen kann. Soll ich ehrlich vom Verdienst unserer Redner sprechen? Da kann ich nur den berühmten Quandt aus Königsberg anführen, der das seltene und einzige Talent besaß, seiner Sprache Wohllaut zu verleihen. Und ich muß zu unserer Schande hinzufügen, daß sein Verdienst weder anerkannt noch gefeiert wurde. Wie kann man von den Menschen verlangen, daß sie sich Mühe geben, sich in ihrem Fache zu vervollkommnen, wenn der Ruhm nicht ihr Lohn ist?

Ich füge zu den Genannten noch einen anonymen Autor hinzu, dessen ungereimte Verse ich las. Ihr Tonfall und Wohlklang kam von einem Gemisch von Daktylen und Spondeen. Sie hatten Sinn und Verstand, und mein Ohr wurde angenehm berührt von wohlklingenden Lauten, die ich unserer Sprache nicht zugetraut hätte. Ich gestatte mir die Vermutung, daß diese Art des Versbaus für unsere Sprache vielleicht die angemessenste und überdies dem Reim vorzuziehen ist. Wahrscheinlich würde man Fortschritte machen, wenn man sich die Mühe gäbe, sie auszubilden.

Vom deutschen Theater will ich gar nicht reden. Melpomene ist nur von sehr rauhen Liebhabern umworben worden. Die einen liefen auf Stelzen, die anderen krochen im Schlamme, aber alle verstießen gegen ihre Gesetze. Sie wußten weder zu fesseln noch zu rühren und wurden von ihren Altären gestürzt. Thaliens Liebhaber waren glücklicher. Sie haben uns wenigstens ein wirkliches, bodenwüchsiges Lustspiel geliefert: den »Postzug«. Es sind unsere Sitten, unsere Lächerlichkeiten, die der Dichter da auf der Bühne bloßstellt. Das Stück ist gut gearbeitet. Hätte Molière das gleiche Thema bearbeitet, er hätte es nicht besser machen können.

Es tut mir leid, Ihnen kein größeres Verzeichnis unserer guten Erzeugnisse vorlegen zu können. Ich klage die Nation deshalb nicht an: es fehlt ihr weder an Geist noch an Talent, aber äußere Ursachen verhinderten sie daran, sich mit ihren Nachbarn zugleich emporzuschwingen.

Gehen wir, wenn es Ihnen gefällt, bis zur Wiedergeburt der Künste und Wissenschaften zurück, und vergleichen wir die Lage Italiens, Frankreichs und Deutschlands zur Zeit jener Umwälzung des menschlichen Geistes.

Wie Sie wissen, stand ihre Wiege wieder in Italien. Das Haus Este, die Medizäer und Papst Leo X., die sie beschützten, trugen zu ihren Fortschritten bei. Während Italien sich kultivierte, zerfiel Deutschland, durch Theologen verhetzt, in zwei Parteien, die sich durch ihren Haß aufeinander, durch Schwärmerei und Fanatismus hervortaten. Zur selben Zeit versuchte Franz I. von Frankreich, sich mit Italien den Ruhm zu teilen, zur Wiederherstellung der Künste und Wissenschaften beizutragen. Er erschöpfte sich in vergeblichen Anstrengungen, sie in sein Land zu verpflanzen: seine Bemühungen blieben fruchtlos. Die Monarchie war durch das Lösegeld erschöpft, das sie für ihren König an Spanien zahlen mußte und befand sich in einem Zustande der Entkräftung.

Die Kriege der Ligue, die nach dem Tode Franz' I. ausbrachen, hinderten die Bürger, sich den schönen Künsten zu widmen. Erst gegen Ende der Regierungszeit Ludwigs XIII., als die Wunden der Bürgerkriege verheilt waren, unter dem Ministerium des Kardinals Richelieu, in einer Zeit, die dem Unternehmen günstig war, nahm man den Plan Franz' I. wieder auf. Der Hof ermunterte die Gelehrten und Schöngeister. Alles wurde von Wetteifer ergriffen, und bald darauf, unter Ludwig XIV., stand Paris weder Rom noch Florenz nach.

Was geschah damals in Deutschland? Gerade als Richelieu sich durch die Geschmacksbildung seiner Nation mit Ruhm bedeckte, tobte der Dreißigjährige Krieg. Deutschland wurde von zwanzig verschiedenen Heeren verwüstet und geplündert, die bald siegreich, bald unterliegend, Not und Elend verbreiteten. Das Land war verheert, die Felder lagen brach, die Städte waren fast menschenleer. Nach dem Westfälischen Frieden fand Deutschland keine Zeit, sich zu erholen. Bald kämpfte es gegen die Macht des türkischen Reiches, das damals sehr furchtbar war. Bald widerstand es den französischen Heeren, die Germanien überschwemmten und das Reich der Gallier vergrößern wollten. Als die Türken Wien belagerten (1683) oder Mélac die Pfalz verwüstete (1689), als die Flammen Häuser und Städte in Asche legten, als die wilde Zügellosigkeit der Soldateska selbst das Asyl des Todes entweihte und die toten Kaiser aus ihren Gräbern riß, um sie ihrer elenden Hüllen zu berauben, als verzweifelte Mütter sich mit ihren verhungerten Kindern im Arm aus den Trümmern der Heimat retteten – sollte man da zu Wien oder Mannheim Sonette dichten oder Epigramme machen? Die Musen verlangen ruhige Heimstätten. Sie fliehen die Orte, wo Verwirrung herrscht und alles zusammenstürzt. Wir fingen daher erst nach dem Spanischen Erbfolgekrieg an, das wiederherzustellen, was wir durch eine solche Kette von Mißgeschicken verloren hatten. Die geringen Fortschritte, die wir gemacht haben, fallen also weder dem Geist noch den Talenten der Nation zur Last. Wir dürfen sie nur einer Reihe unseliger Umstände zuschreiben, einer Verkettung von Kriegen, die uns zugrunde gerichtet, uns an Menschen und Geld arm gemacht haben.

Verlieren Sie den Faden der Ereignisse nicht. Folgen Sie unseren Vätern auf ihrem Wege, und Sie werden ihrem weisen Benehmen Beifall zollen. Sie haben genau so gehandelt, wie es sich in ihrer Lage gebührte. Sie haben sich zunächst der Landwirtschaft zugewandt, haben die Felder, die aus Mangel an Arbeitskräften unbestellt dalagen, wieder ertragfähig gemacht, die zerstörten Häuser aufgebaut, die Fortpflanzung aufgemuntert. Überall ging man emsig an die Urbarmachung brachliegenden Landes. Die zunehmende Bevölkerung erzeugte den Gewerbfleiß. Selbst der Luxus, der in kleinen Staaten eine Geißel ist, aber den Geldumlauf großer Reiche vermehrt, hat sich eingestellt. Kurz, reisen Sie jetzt in Deutschland, durchziehen Sie es von einem Ende zum anderen, so werden Sie auf Ihrem Weg überall Flecken in blühende Städte verwandelt sehen, hier Münster, weiterhin Kassel, dort Dresden und Gera. In Franken finden Sie Würzburg und Nürnberg. Auf dem Wege nach dem Rhein kommen Sie nach Fulda und Frankfurt, und weiterhin nach Mannheim, Mainz und Bonn. In jeder dieser Städte findet der erstaunte Reisende Bauten, die er im Herznynischen Walde wohl nicht anzutreffen glaubte. Die mannhafte Tatkraft unserer Landsleute hat sich also nicht darauf beschränkt, die durch früheres Unglück erlittenen Verluste zu ersetzen. Sie strebte höher hinaus und verstand das zu vollenden, was unsere Vorfahren begonnen hatten.

Seit diesen vorteilhaften Veränderungen sehen wir den Wohlstand allgemeiner werden. Der dritte Stand schmachtet nicht mehr in schmählicher Erniedrigung. Die Väter können den Unterricht ihrer Kinder bestreiten, ohne sich in Schulden zu stürzen. Das sind die Grundlagen der glücklichen Umwälzung, die wir erwarten. Die Fesseln, die den Geist unserer Vorfahren ketteten, sind zerbrochen. Schon merkt man, daß die Saat edlen Wetteifers in den Geistern aufkeimt. Wir schämen uns, unseren Nachbarn in manchem nicht gleichzustehen. Mit unermüdlicher Arbeit streben wir danach, die Zeit wieder einzuholen, die wir durch unser Mißgeschick verloren haben. Im allgemeinen ist der nationale Geschmack entschieden für alles, was unserem Vaterlande zum Ruhm gereichen kann. Bei solcher Gesinnung liegt es fast auf der Hand, daß die Musen auch uns in den Tempel des Ruhmes einführen werden.

Prüfen wir also, was uns zu tun übrig bleibt, um aus unseren Feldern das letzte Dorngestrüpp der Barbarei auszurotten und die so erwünschten Fortschritte zu beschleunigen, nach denen unsere Landsleute streben.

Wie ich schon sagte: man muß damit anfangen, die Sprache zu vervollkommnen. Sie muß gehobelt und gefeilt, muß von geschickten Händen geformt werden. Klarheit ist die erste Regel für alle, die reden und schreiben wollen, da sie ja ihre Gedanken veranschaulichen, ihre Ideen durch Worte ausdrücken müssen. Was helfen die richtigsten, stärksten, glänzendsten Gedanken, wenn man sich nicht verständlich machen kann? Viele unserer Schriftsteller gefallen sich in weitschweifigem Stil. Sie häufen Einschaltung auf Einschaltung, und oft findet man das Zeitwort, von dem der Sinn des ganzen Satzes abhängt, erst am Ende der Seite. Nichts verdunkelt den Satzbau mehr. Sie sind weitläufig, wo sie reich sein sollten. Das Rätsel der Sphinx läßt sich leichter erraten als ihre Gedanken.

Etwas anderes schadet dem Fortschritt der Literatur ebensosehr wie die Mängel, die ich unserer Sprache und dem Stil unserer Schriftsteller vorwerfe, nämlich das Fehlen guter Studien. Unser Volk wurde der Pedanterie beschuldigt, weil wir eine Menge kleinlicher und schwerfälliger Kommentatoren gehabt haben. Um sich von diesem Vorwurf zu reinigen, fängt man an, das Studium der gelehrten Sprachen zu vernachlässigen. Um nicht für pedantisch zu gelten, ist man drauf und dran, oberflächlich zu werden. Wenige von unseren Gelehrten können mühelos die klassischen Autoren, griechische wie lateinische, lesen. Will man aber sein Ohr am Wohllaut Homerischer Verse bilden, so muß man sie fließend lesen können, ohne Beihilfe eines Wörterbuches. Ein gleiches gilt für Demosthenes, Aristoteles, Thukydides und Plato. Auf dieselbe Weise muß man sich mit den lateinischen Autoren vertraut machen. Die heutige Jugend befaßt sich fast gar nicht mehr mit dem Griechischen, und wenige lernen Latein genug, um die Werke der großen Schriftsteller, die Zierden des augusteischen Zeitalters, mittelmäßig übersetzen zu können. Und doch sind das die reichen Quellen, aus denen die Italiener, Franzosen und Engländer, unsere Vorgänger, ihre Kenntnisse geschöpft haben. An diese großen Vorbilder haben sie sich so viel wie möglich gehalten und von ihnen denken gelernt. Aber bei aller Bewunderung der großen Schönheiten, von denen die Werke der Alten wimmeln,

sind ihnen deren Mängel nicht entgangen. Bei aller Hochschätzung soll man Kritik üben und niemals in blinde Schmeichelei verfallen.

Die schönen Tage, die Italiener, Franzosen und Engländer vor uns genossen haben, beginnen jetzt merklich abzunehmen. Das Publikum ist gesättigt von den bereits erschienenen Meisterwerken. Die Kenntnisse werden seit ihrer größeren Verbreitung weniger geachtet. Kurz, diese Völker glauben sich im Besitze des Ruhmes, den ihre Schriftsteller ihnen erworben haben, und schlafen auf ihren Lorbeeren ein.

Aber ich weiß nicht, wie mich diese Abschweifung von meinem Gegenstand abgebracht hat. Kehren wir zum heimischen Herde zurück und fahren wir fort in der Prüfung der Mängel, die unseren Studien anhaften.

Ich glaube zu bemerken, daß die kleine Zahl guter und geschickter Lehrer für die Bedürfnisse unserer Schulen nicht ausreicht. Wir haben viele Schulen, und alle wollen versorgt sein. Sind die Lehrer Pedanten, so verweilt ihr kleinlicher Geist bei Nichtigkeiten und vernachlässigt die Hauptsache. Breit, weitschweifig, langweilig, gehaltlos in ihrem Unterricht – so ermüden sie ihre Schüler und flößen ihnen Widerwillen gegen die Studien ein. Andere versehen ihr Amt nur ums Geld. Ob ihre Zöglinge durch ihren Unterricht etwas lernen oder nicht, ist ihnen gleich, wenn sie nur ihr Gehalt pünktlich ausgezahlt bekommen. Noch schlimmer ist es, wenn solche Lehrer selbst mangelhafte Kenntnisse besitzen. Wie sollen sie anderen etwas beibringen, wenn sie selber nichts wissen? Aber Gott verhüte, daß es von dieser Regel keine Ausnahmen gäbe und daß man in Deutschland nicht einige tüchtige Lehrer fände! Ich bestreite das durchaus nicht. Nur wünsche ich innigst, ihre Zahl möchte größer sein.

Was wäre nicht über die fehlerhafte Methode zu sagen, mit der die Lehrer in Grammatik, Logik, Rhetorik und anderen Wissenschaften unterrichten! Wie können sie den Geschmack ihrer Schüler bilden, wenn sie selber das Gute vom Mittelmäßigen und dies vom Schlechten nicht zu unterscheiden wissen, wenn sie Weitschweifigkeit mit reichem Stil, den gemeinen und niedrigen mit dem naiven, nachlässige, fehlerhafte Prosa mit schlechtem Stil, Schwulst mit dem Erhabenen verwechseln, wenn sie die Arbeiten ihrer Schüler nicht gewissenhaft verbessern, ihre Fehler nicht rügen, ohne sie zu entmutigen, und ihnen nicht mit Sorgfalt die Regeln einprägen, die sie beim Schreiben stets vor Augen haben sollen? Das gleiche gilt für die Richtigkeit der bildlichen Ausdrücke. Ich erinnere mich aus meiner Jugendzeit, in dem Widmungsbrief eines Professor Heineccius an eine Königin die schönen Worte gelesen zu haben: »Ihro Majestät glänzen wie ein Karfunkel am Finger der jetzigen Zeit.« Kann man ein schieferes Bild gebrauchen? Warum ein Karfunkel? Hat die Zeit einen Finger? Man stellt sie mit Flügeln dar, weil sie unablässig entflieht, mit einem Stundenglase, weil sie die Stunden einteilt. Man gibt ihr eine Sense in die Hand, zum Zeichen, daß sie alles Lebende niedermäht und zerstört. Wenn aber schon Professoren sich in so läppischem und niedrigem Stil ausdrücken, was soll man dann von ihren Schülern erwarten?

Gehen wir nun von den Schulen zu den Universitäten über und untersuchen wir sie ebenso unparteiisch. Der Fehler, der mir am meisten in die Augen springt, ist der Mangel einer allgemeinen Methode für den gelehrten Unterricht. Jeder Professor hat seine eigene. Nach meiner Ansicht gibt es nur eine gute Methode; an die muß man sich halten. Wie geht es aber heute zu? Ein Professor der Jurisprudenz z. B. hat einige Lieblingsjuristen, deren Meinungen er erklärt. Er hält sich an ihre Werke und verschweigt, was andere Autoren über das Recht geschrieben haben. Er streicht die Würde seiner Wissenschaft heraus, um seine eigenen Kenntnisse ins Licht zu setzen. Er glaubt für ein Orakel zu gelten, wenn er in seinen Vorträgen dunkel ist. Er spricht von den Gesetzen von Memphis, wenn es sich um das Osnabrücker Gewohnheitsrecht handelt, oder bläut einem würdigen Zögling des Klosters Sankt Gallen die Gesetze des Minos ein.

Der Philosoph hält sich ungefähr in der gleichen Weise an sein Lieblingssystem. Die Schüler verlassen seine Vorlesungen voller Vorurteile. Sie haben nur einen kleinen Teil der philosophischen Systeme vernommen und kennen weder all ihre Irrtümer noch all ihre Ungereimtheiten. Bei der Medizin schwanke ich noch, ob sie eine Kunst ist oder nicht. Jedenfalls aber bin ich überzeugt, daß kein Mensch die Macht besitzt, einen Magen, Lungen oder Nieren zu erneuern, wenn diese wichtigen Organe des menschlichen Lebens schadhaft sind. Meinen Freunden rate ich ernstlich, im Krankheitsfalle lieber einen Arzt zu rufen, der schon mehrere Kirchhöfe angefüllt hat, als einen Schüler Hoffmanns oder Boerhaves, der noch keinen umgebracht hat. Gegen die Mathematiklehrer habe ich nichts einzuwenden. Die Mathematik ist die einzige Wissenschaft, die keine Sekten erzeugt hat. Sie beruht auf Analysis, Synthese und Berechnung. Sie beschäftigt sich nur mit greifbaren Wahrheiten, und so hat sie denn in allen Ländern die gleiche Methode. Auch der Theologie gegenüber hülle ich mich in ehrfürchtiges Schweigen. Man sagt, sie sei eine göttliche Wissenschaft, und Ungeweihte dürften das heilige Rauchfaß nicht berühren.

Mit den Herren Geschichtsprofessoren darf ich wohl weniger behutsam verfahren und bei ihrer Prüfung einige leise Zweifel ausdrücken. Ich gestatte mir die Frage an sie: Ist das Studium der Chronologie das Wichtigste in der Geschichte? Ist es eine unverzeihliche Sünde, sich im Todesjahr des Belos zu irren, oder in dem Tage, da Darius durch das Wiehern seines Pferdes auf den persischen Thron erhoben wurde? Zu welcher Stunde die goldene Bulle bekannt gemacht wurde, ob um sechs Uhr morgens oder um vier Uhr nachmittags? Was mich betrifft, so genügt mir der Inhalt der Goldenen Bulle und daß sie im Jahre 1356 erlassen wurde. Ich will damit zwar nicht die Historiker in Schutz nehmen, die Verstöße in der Zeitrechnung begehen. Aber ich würde ihnen solche kleinen Fehler eher nachsehen als bedeutende Mängel, wie z. B. verworrene Darstellung der Begebenheiten, unklare Entwicklung der Ursachen und Wirkungen, Außerachtlassen aller Methode, schwerfälliges Verweilen bei Kleinigkeiten und oberflächliches Berühren der Hauptsachen. Über die Genealogie denke ich fast ebenso. Ich meine, man soll einen Gelehrten nicht steinigen, weil er den Stammbaum der heiligen Helena, Kaiser Konstantins Mutter, oder der Hildegard, der Gattin oder Geliebten Karls des Großen, nicht zu entwirren vermag. Man soll nur das Wissenswerte lehren und den Rest übergehen.

Vielleicht finden Sie mein Urteil zu streng. Da hienieden nichts vollkommen ist – so werden Sie schließen –, haften auch unserer Sprache, unseren Schulen und Universitäten Mängel an. Sie werden hinzufügen, die Kritik sei leicht, aber die Kunst schwer, und wenn man es besser machen wolle, müsse man die Regeln angeben, die zu befolgen sind. Ich bin gern erbötig, mein Herr, Sie zufriedenzustellen. Ich glaube, wenn andere Nationen sich vervollkommnen konnten, so haben wir die gleichen Mittel wie sie, und es kommt nur auf ihre Anwendung an. Schon lange habe ich in meinen Mußestunden darüber nachgedacht. Der Gegenstand ist mir also geläufig genug, um ihn zu Papier zu bringen und ihn Ihrer Einsicht zu unterbreiten, zumal ich nicht den geringsten Anspruch auf Unfehlbarkeit mache.

Beginnen wir mit der deutschen Sprache. Ich werfe ihr vor, daß sie weitschweifig, spröde und unmelodisch ist und daß es ihr an der Fülle bildlicher Ausdrücke gebricht, die so notwendig sind, um gebildeten Sprachen neue Wendungen und Anmut zu geben. Zur Bestimmung des Weges, den wir einschlagen müssen, um dies Ziel zu erreichen, untersuchen wir, welchen Weg unsere Nachbarn gegangen sind.

In Italien sprach man zur Zeit Karls des Großen noch eine barbarische Mundart, ein Gemisch hunnischer und longobardischer Worte, mit lateinischen Wendungen vermengt, die aber dem Ohr eines Cicero oder Virgil unverständlich gewesen wären. Diese Mundart blieb, wie sie war, in den nachfolgenden Jahrhunderten der Barbarei. Lange nachher erschien Dantes. Seine Verse entzückten seine Leser, und die Italiener begannen zu glauben, daß ihre Sprache die der Welteroberer ablösen könnte. Später, kurz vor und während der Wiedergeburt der Künste und Wissenschaften, blühten Petrarca, Ariost, Sannazaro und Kardinal Bembo. Der Genius dieser berühmten Männer legte die italienische Sprache im wesentlichen fest. Zugleich bildete sich die Akademie *della crusca*, die über die Erhaltung und Reinheit des Stils wacht.

Ich gehe nun zu Frankreich über. Ich finde die Art, wie man am Hofe Franz' I. sprach, mindestens ebenso mißtönig wie unser heutiges Deutsch. Mögen die Bewunderer von Marot, Rabelais und Montaigne mir vergeben:

ihre rohen, anmutlosen Schriften haben mir nichts als Langeweile und Ekel verursacht. Nach ihnen, gegen Ende der Regierung Heinrichs IV., erschien Malherbe, der erste Dichter, den Frankreich gehabt hat. Oder besser gesagt, als Versmacher ist er weniger fehlerhaft wie seine Vorgänger. Zum Beweis dafür, daß er es in seiner Kunst noch nicht zur Vollendung gebracht hat, brauche ich Sie nur an die Verse erinnern, die Sie aus einer seiner Oden kennen:

> Nimm, Ludwig, Deinen Blitz, und wie ein Leu
> Schlag mit dem letzten Schlag das letzte Haupt
> Der Rebellion entzwei!

Sah man je einen Löwen mit einem Blitzstrahl bewaffnet? Die Fabel legt den Blitz in die Hand des Göttervaters oder leiht ihn dem Adler, der ihn begleitet, aber nie hat der Löwe dies Attribut gehabt. Doch verlassen wir Malherbe mit seinen schiefen Bildern und kommen wir zu Corneille, Racine, Boileau, Bossuet, Fléchier, Pascal, Fénelon, Boursault und Vaugelas, den wahren Vätern der französischen Sprache. Sie haben den Stil gebildet, den Wortgebrauch festgelegt, den Tonfall der Sätze harmonisch gemacht und der alten mißtönigen, barbarischen Mundart ihrer Voreltern Kraft und Energie verliehen. Die Werke dieser Schöngeister wurden verschlungen. Was gefällt, bleibt im Gedächtnis. Wer literarisches Talent besaß, ahmte sie nach. Stil und Geschmack dieser großen Männer teilte sich seitdem der ganzen Nation mit.

Gestatten Sie mir jedoch, einen Augenblick stehen zu bleiben. Ich möchte Sie darauf aufmerksam machen, daß in Griechenland, in Italien und Frankreich die Dichter die ersten waren, die ihre Sprache biegsam und wohlklingend machten. Dadurch war sie schon geschmeidiger und bildsamer, als die nachfolgenden Prosaschriftsteller sie übernahmen.

Gehe ich nun zu England über, so finde ich ein ähnliches Bild, wie ich es von Italien und Frankreich entworfen. England wurde von den Römern, den Sachsen, den Dänen und endlich von Wilhelm dem Eroberer, Herzog der Normandie, unterjocht (1066). Aus dem Sprachwirrwarr seiner Besieger entstand unter Beimischung der Mundart, die noch jetzt in Wales gesprochen wird, die englische Sprache. Ich brauche Ihnen nicht erst zu sagen, daß sie in jenen barbarischen Zeiten mindestens ebenso roh war wie die Sprachen, von denen vorhin die Rede war. Doch die Wiedergeburt der Künste und Wissenschaften hatte bei allen Völkern die gleiche Wirkung. Europa war der krassen Unwissenheit müde, in der es so viele Jahrhunderte geschmachtet hatte: es wollte sich aufklären. England, stets eifersüchtig auf Frankreich, strebte nach Hervorbringung eigener Schriftsteller, und da man zum Schreiben eine Sprache haben muß, fing es an, die seine zu vervollkommnen. Um schneller vorwärts zu kommen, eignete es sich aus dem Lateinischen, Französischen und Italienischen alle Ausdrücke an, die ihm notwendig erschienen. Es brachte berühmte Schriftsteller hervor, aber sie konnten die scharfen Laute ihrer Sprache, die jedes fremde Ohr verletzen, nicht mildern. Andere Sprachen verlieren in der Übersetzung; das Englische allein gewinnt. Bei dieser Gelegenheit fällt mir ein: als ich einmal mit Gelehrten zusammen war, fragte jemand, welche Sprache wohl die Schlange gesprochen hätte, die unsere Urmutter verführte. »Sie sprach Englisch«, antwortete ein Gelehrter, »denn die Schlange zischt.« Nehmen Sie den schlechten Scherz für das, was er wert ist.

Nachdem ich Ihnen dargelegt habe, auf welche Weise bei anderen Völkern die Sprache ausgebildet und vervollkommnet wurde, werden Sie gewiß meinen, wir könnten mit den gleichen Mitteln dasselbe erreichen. Wir müssen also große Dichter und Redner haben, die uns diesen Dienst leisten. Von den Philosophen dürfen wir ihn nicht erwarten; ihnen kommt es zu, die Irrtümer auszurotten und neue Wahrheiten zu entdecken. Die Dichter und Redner aber sollen uns durch ihren Wohllaut entzücken, uns überzeugen und rühren.

Da sich indes kein Genie nach Belieben erzeugen läßt, wollen wir zusehen, ob wir nicht auch so einige Fortschritte machen können, indem wir uns an provisorische Hilfsmittel halten. Um unseren Stil gedrungener zu machen, ist jede unnütze Einschaltung fortzulassen. Um Energie zu erlangen, laßt uns die alten Autoren übersetzen, die den kraftvollsten Ausdruck hatten. Nehmen wir von den Griechen Thukydides und Xenophon. Vergessen wir die Poetik des Aristoteles nicht. Bemühen wir uns vor allem, die Kraft des Demosthenes wiederzugeben. Von den Lateinern nehmen wir Epiktets Handbuch, die Selbstbetrachtungen des Kaisers Mark Aurel, Cäsars Kommentarien, Sallust, Tacitus und die *»ars poetica«* des Horaz. Die Franzosen können uns die »Gedanken« von Larochefoucauld, die »Persischen Briefe« und den »Geist der Gesetze« von Montesquieu liefern. Alle diese vorgeschlagenen Bücher, meist in Spruchform geschrieben, werden die Übersetzer zur Vermeidung aller unnützen und überflüssigen Worte zwingen. Unsere Schriftsteller werden ihren ganzen Scharfsinn aufbieten, um ihre Gedanken zusammenzudrängen und ihrer Übersetzung die gleiche Kraft zu geben, die man an den Originalen bewundert. Indes werden sie bei allem Streben nach Energie darauf zu achten haben, daß sie nicht dunkel werden. Um die Klarheit des Stils, die oberste Pflicht jedes Schriftstellers, zu bewahren, werden sie nie von den Regeln der Grammatik abweichen und die Zeitwörter, die die Sätze regieren sollen, so stellen, daß kein Doppelsinn möglich ist. Derartige Übersetzungen werden dann als Muster dienen, nach denen unsere Schriftsteller sich bilden können. Dann werden wir uns schmeicheln dürfen, die Vorschrift befolgt zu haben, die Horaz in seiner Poetik den Schriftstellern erteilt: *tot verba, tot pondera.*

Es wird schwer sein, die harten Laute zu mildern, an denen unsere meisten Worte reich sind. Die Vokale schmeicheln dem Ohr. Zu viele Konsonanten hintereinander verletzen es, da sie schwer auszusprechen sind und keinen Wohllaut haben. Auch haben wir viele Tätigkeits- und Hilfszeitwörter, deren letzte Silbe stumm und unschön ist, wie sagen, geben, nehmen. Man füge diesen Endungen ein a hinzu und bilde daraus sagena, gebena, nehmena: diese Laute tun dem Ohre wohl. Allein ich weiß auch: selbst wenn der Kaiser mit seinen acht Kurfürsten auf feierlichem Reichstage das Gesetz erließe, daß die Worte so ausgesprochen werden sollen, die eifrigen Deutschtümler würden sich doch darüber lustig machen und auf gut Lateinisch schreien: *Caesar non est super grammaticos!* Und das Volk, das in jedem Land über die Sprache entscheidet, würde nach wie vor sagen und geben wie gewöhnlich aussprechen. Die Franzosen haben durch die Aussprache viele Worte gemildert, die das Ohr verletzten. Kaiser Julian sagte einst, die Gallier krächzten wie die Raben. Solche Worte sind nach der alten Aussprache *crojo-gent, voi-yai-gent*. Heute spricht man *croient* und *voient* aus. Wenn das auch nicht schön klingt, so doch weniger unangenehm. Ich glaube, wir könnten es mit manchen Worten ebenso machen.

Es gibt noch einen Fehler, den ich nicht übergehen darf, nämlich die niedrigen und trivialen Vergleiche, die der Sprache des gemeinen Volkes entnommen sind. So z. B. drückte sich ein Dichter aus, der seine Werke ich weiß nicht welchem Gönner widmete: »Schieß, großer Gönner, schieß deine Strahlen armdick auf deinen Knecht hernieder.« Was sagen Sie zu diesen armdicken Strahlen? Hätte man zu jenem Dichter nicht sagen sollen: »Mein Freund, lerne erst denken, ehe du zur Feder greifst«? Ahmen wir also nicht die Armen nach, die reich werden wollen. Gestehen wir ehrlich unsere Dürftigkeit ein und lassen wir uns durch dies Geständnis lieber ermuntern, uns durch Fleiß die Schätze der Literatur anzueignen, deren Besitz unseren nationalen Ruhm krönen wird.

Nachdem ich Ihnen dargelegt habe, wie man unsere Sprache veredeln könnte, bitte ich Sie, mir die gleiche Aufmerksamkeit bei der Wahl der Mittel zu leihen, durch die man den Kreis unserer Kenntnisse erweitern, die Studien leichter und nützlicher machen und zugleich den Geschmack der Jugend bilden könnte.

Ich schlage erstens vor, eine überlegtere Wahl der Schullehrer zu treffen und ihnen eine verständige, sinnreiche Lehrmethode der Grammatik und Logik vorzuschreiben. Die fleißigen Kinder sollen kleine Auszeichnungen erhalten und die nachlässigen leichte Rügen. Ich glaube, das beste und klarste Handbuch der Logik ist das von Wolff. Man müßte also alle Schullehrer nötigen, danach zu lehren, zumal das Handbuch von Batteux nicht übersetzt und auch nicht besser ist. Für die Rhetorik halte man sich an Quintilian. Wer bei seinem Studium keine Beredsamkeit lernt, wird sie nie erlangen. Der Stil seines Werkes ist klar; es enthält alle Regeln und Vorschriften der Redekunst. Daneben aber müssen die Lehrer auch die Aufsätze ihrer Schüler sorgfältig durchsehen, ihnen die Gründe für die gemachten Verbesserungen angeben und die gelungenen Stellen loben.

Bei Befolgung der vorgeschlagenen Methode werden die Lehrer die Keime der natürlichen Anlagen entwickeln, das Urteil ihrer Schüler bilden, sie daran gewöhnen, nicht ohne Kenntnis des Grundes zu entscheiden und richtige Schlüsse aus ihren Regeln zu ziehen. Die Rhetorik wird ihren Geist methodisch machen. Sie werden die Kunst lernen, ihre Ideen zu ordnen, in Zusammenhang zu bringen und sie durch natürliche, unmerkliche und geschickte Übergänge zu verknüpfen. Sie werden den Stil dem Gegenstand anpassen lernen, richtige Bilder wählen, sowohl um Abwechslung hineinzubringen, wie um Blumen auf die geeigneten Stellen zu streuen. Sie werden es vermeiden, zwei bildliche Ausdrücke miteinander zu verquicken, was so leicht einen schiefen Sinn gibt. Durch die Rhetorik werden sie weiterhin lernen, die vorzubringenden Beweise dem Verständnis ihrer Zuhörer anzupassen, sich in die Geister einzuschmeicheln, zu gefallen und zu rühren, Abscheu und Mitleid zu erregen, zu überzeugen und den Beifall aller zu gewinnen. Welch göttliche Kunst ist es, durch das bloße Wort, ohne äußere Macht und Gewalt, die Geister zu unterjochen, die Herzen zu beherrschen und in einer zahlreichen Gesellschaft die Leidenschaft zu erregen, die man ihr einflößen will!

Wären die guten Autoren ins Deutsche übersetzt, so würde ich ihre Lektüre als etwas Wichtiges und Notwendiges empfehlen. So gibt es zur Ausbildung der Logik nichts Besseres als Bayles Abhandlungen über die Kometen und über das »Nötige sie hereinzukommen!« Nach meiner schwachen Einsicht ist Bayle der erste Logiker Europas. Seine Schlüsse besitzen nicht nur Kraft und Schärfe, sondern er zeichnet sich vor allem auch dadurch aus, daß er eine Behauptung mit einem Blick übersieht, ihre starke und schwache Seite erkennt, wie man sie stützen und wie man die Gegner widerlegen kann. In seinem großen »*Dictionnaire*« greift er Ovid wegen der Entstehung der Welt aus dem Chaos an. Da findet man vorzügliche Artikel über die Manichäer, über Epikur, Zoroaster usw. Alle verdienen gelesen und studiert zu werden. Das wird ein unschätzbarer Gewinn für die Jugend sein, die sich die Urteilskraft und den durchdringenden Verstand dieses großen Mannes zu eigen machen kann.

Sie erraten schon im voraus, welche Autoren ich den Schülern der Beredsamkeit empfehle. Damit sie den Grazien opfern lernen, wünschte ich, sie läsen die großen Dichter, Homer, Virgil, ein paar ausgewählte Oden des Horaz, einige Verse des Anakreon. Damit sie Geschmack an der hohen Redekunst gewinnen, würde ich ihnen Demosthenes und Cicero in die Hand geben. Man müßte ihnen klar machen, worin der Unterschied zwischen diesen beiden Redekünstlern besteht. Dem einen ließe sich nichts hinzufügen, dem anderen nichts fortnehmen. Auf diese Lektüre könnten die schönen Grabreden Bossuets und Fléchiers, des französischen Demosthenes und Cicero, und die kleinen Fastenpredigten von Massillon folgen, die voller Züge erhabenster Beredsamkeit sind.

Damit die Schüler lernen, wie man Geschichte schreiben soll, möchte ich, daß sie Livius, Sallust und Tacitus läsen. Man müßte sie auf den Adel des Stils, die Schönheit der Darstellung aufmerksam machen, aber zugleich die Leichtgläubigkeit rügen, mit der Livius am Ende jedes Jahres eine Aufstellung von Wundern gibt, deren eins immer lächerlicher ist als das andere. Danach könnten die jungen Leute die Weltgeschichte von Bossuet und die »Römischen Staatsumwälzungen« vom Abbé Vertot lesen. Auch könnte man die Einleitung zur »Geschichte Karls V.« von Robertson hinzufügen. Auf diese Weise würde man ihren Geschmack bilden und sie lehren, wie man schreiben muß. Besitzt aber der Lehrer selbst solche Kenntnisse nicht, so wird er sich mit dem Hinweis begnügen: »Hier wendet Demosthenes das große oratorische Argument an. Hier und im größten Teil seiner Rede bedient er sich des Enthymema. Hier ist eine Apostrophe, dort eine Prosopopöe, hier eine Metapher, eine Hyperbel.« Das ist ja gut; wenn aber der Lehrer die Schönheiten des Autors nicht besser hervorhebt und nicht auf die Fehler aufmerksam macht, die auch dem größten Redner unterlaufen, so hat er seine Aufgabe nur halb erfüllt. Ich dringe so sehr auf alle diese Dinge, weil ich möchte, daß die Jugend mit klaren Begriffen die Schule verläßt, daß man nicht nur ihr Gedächtnis anfüllt, sondern vor allem auch ihr Urteil zu bilden sucht, damit sie das Gute vom Schlechten unterscheiden lerne und nicht bloß sage: »Das gefällt mir«, sondern künftig auch stichhaltige Gründe angeben könne, warum sie etwas billigt oder verwirft.

Um sich von dem Mangel an Geschmack zu überzeugen, der bis auf diesen Tag in Deutschland herrscht, brauchen Sie nur ins Schauspiel zu gehen. Da sehen Sie die abscheulichen Stücke von Shakespeare in deutscher Sprache aufführen, sehen alle Zuhörer vor Wonne hinschmelzen beim Anhören dieser lächerlichen Farcen, die eines kanadischen Wilden würdig sind. Ich nenne sie so, weil sie gegen alle Regeln des Theaters verstoßen. Diese Regeln sind nicht willkürlich. Sie finden sie in der Poetik des Aristoteles. Dort sind Einheit der Zeit, des Ortes und der Handlung als die einzigen Mittel vorgeschrieben, ein Trauerspiel packend zu machen. In den englischen Stücken dagegen umspannt die Handlung den Zeitraum von Jahren. Wo bleibt da die Wahrscheinlichkeit? Da treten Lastträger und Totengräber auf und halten Reden, die ihrer würdig sind; dann kommen Fürsten und Königinnen. Wie kann dies wunderliche Gemisch von Hohem und Niedrigem, von Hanswurstereien und Tragik gefallen und rühren? Man mag Shakespeare solche wunderlichen Verirrungen verzeihen; denn die Geburt der Künste ist niemals die Zeit ihrer Reife. Aber nun erscheint noch ein »Götz von Berlichingen« auf der Bühne, eine scheußliche Nachahmung der schlechten englischen Stücke, und das Publikum klatscht Beifall und verlangt mit Begeisterung die Wiederholung dieser abgeschmackten Plattheiten. Ich weiß, über Geschmack läßt sich nicht streiten. Gleichwohl erlauben Sie mir, Ihnen eins zu sagen: wer an Seiltänzern und Marionetten ebensoviel Vergnügen findet wie an den Tragödien von Racine, der will nur die Zeit totschlagen. Der zieht das, was zu seinen Augen spricht, dem vor, was zum Geiste spricht, die bloße Schaustellung dem, was zu Herzen geht. Doch kehren wir zu unserem Thema zurück.

Nachdem ich von den Schulen gesprochen habe, muß ich den Universitäten gegenüber mit dem gleichen Freimut auftreten und Ihnen die Verbes-

serungen vorschlagen, die allen denen als die vorteilhaftesten und nützlichsten erscheinen werden, die sich die Mühe reiflichen Nachdenkens geben. Man glaube nur ja nicht, die Lehrmethode der Wissenschaften sei gleichgültig. Wenn es den Professoren an Klarheit und Deutlichkeit gebricht, ist ihre Mühe umsonst. Sie haben ihre Vorträge schon im voraus fertig und halten sich daran. Ob nun dieser Lehrgang gut oder schlecht ausgearbeitet sei, danach fragt niemand. Man sieht denn auch, wie wenig Nutzen die Studenten von ihrem Studium haben. Sehr wenige verlassen die Universität mit den Kenntnissen, die sie von dort mitbringen sollten. Meine Idee wäre also die, jedem Professor die Regel vorzuschreiben, nach der er sich bei seinen Vorlesungen zu richten hätte. Hier ein Entwurf dazu.

Lassen wir den Mathematiker und Theologen beiseite, da sich der Gewißheit des einen nichts hinzufügen läßt und man die allgemeinen Anschauungen in Bezug auf den anderen nicht antasten soll.

Ich nehme mir zuerst den Philosophen vor. Ich würde verlangen, daß er seinen Kursus mit einer genauen Definition des Begriffes Philosophie beginnt. Dann soll er bis auf die fernsten Zeiten zurückgehen und all die verschiedenen philosophischen Systeme in der Reihenfolge, in der sie gelehrt worden sind, nacheinander durchgehen. So würde es z.B. nicht genügen, wenn er seinen Schülern von den Stoikern sagt, sie nähmen in ihrem System an, daß die menschlichen Seelen Teile der Gottheit seien. So schön und erhaben dieser Gedanke auch ist, so muß der Professor doch auf den in ihm liegenden Widerspruch hinweisen. Denn wäre der Mensch ein Teil der Gottheit, so besäße er unbegrenztes Wissen; das aber hat er nicht. Wäre Gott in den Menschen, so könnte es jetzt geschehen, daß der englische Gott sich mit dem französischen und spanischen bekriegte, daß diese verschiedenen Teile der Gottheit sich gegenseitig zu vernichten suchten und daß endlich alle von den Menschen begangenen Missetaten und Verbrechen göttliche Werke wären. Was für Aberwitz, solche Abscheulichkeiten anzunehmen! Sie sind also nicht wahr.

Kommt er zum System Epikurs, so wird er vor allem auf die Gleichgültigkeit verweisen, die der Philosoph seinen Göttern beilegt, die aber der göttlichen Natur widerspricht. Er wird nicht vergessen, auf die Ungereimtheit der Lehre von der Abweichung der Atome sowie auf alles aufmerksam zu machen, was der Exaktheit und Folgerichtigkeit des logischen Denkens widerstrebt. Er wird ohne Zweifel auch die Sekte der Skeptiker erwähnen und darauf hindeuten, wie notwendig es oft ist, sein Urteil in metaphysischen Fragen zurückzuhalten, da weder Analogie noch Erfahrung uns einen Faden reichen, der uns durch dies Labyrinth führt.

Dann wird er auf Galilei kommen, wird dessen System klarlegen und dabei die Torheit des damaligen römischen Klerus ins rechte Licht setzen, der nicht dulden wollte, daß die Erde sich dreht, und der sich gegen die Antipoden auflehnte, aber trotz seiner Unfehlbarkeit seinen Prozeß wenigstens dreimal vor dem Richterstuhl der Vernunft verlor. Dann kommt Kopernikus, Tycho de Brahe, das System der Wirbel. Der Professor wird seinen Hörern die Unmöglichkeit des vollen Raumes klarmachen, der jede Bewegung ausschlösse. Er wird trotz Descartes klar beweisen, daß die Tiere keine Maschinen sind. Daran wird sich ein Abriß des Newtonschen Systems vom leeren Raume schließen, den man annehmen muß, ohne sagen zu können, ob das eine Negation des Daseins oder ob die Leere ein Wesen sei, von dessen Natur wir uns keinen bestimmten Begriff machen können. Das hindert jedoch nicht, daß der Professor seine Hörer von der völligen Übereinstimmung des von Newton berechneten Systems mit den Naturerscheinungen unterrichtet, die die Neueren zur Annahme der Schwere, der Gravitation, der Zentripetal- und Zentrifugalkraft nötigt, verborgenen Eigenschaften der Natur, die bis auf diesen Tag unerforscht geblieben sind.

Nun wird die Reihe an Leibniz kommen, an das Monadensystem und die prästabilierte Harmonie. Der Professor wird zweifellos darauf hinweisen, daß es ohne Einheit keine Zahl gibt. Es müssen also unteilbare Körper angenommen werden, aus denen die Materie besteht. Er wird seinen Zuhörern klarmachen, daß die Materie theoretisch unendlich teilbar ist, daß aber in der Wirklichkeit die Urkörper sich wegen ihrer zu großen Kleinheit der Wahrnehmung entziehen und daß man notwendig unzerstörbare Atome annehmen muß, die die Grundlage der Elemente bilden; denn aus nichts entsteht nichts, und nichts geht zugrunde. Der Professor wird das System der prästabilierten Harmonie als den Roman eines genialen Mannes darstellen und gewiß hinzufügen, daß die Natur den kürzesten Weg nimmt, um zu ihren Zielen zu gelangen. Er wird bemerken, daß man die Dinge nicht ohne Notwendigkeit vervielfältigen darf.

Dann wird Spinoza an die Reihe kommen. Er wird ihn ohne Mühe mit den gleichen Argumenten widerlegen, die er gegen die Stoiker angewandt hat. Wenn er Spinozas System da angreift, wo es die Existenz des höchsten Wesens zu leugnen scheint, so wird es ihm leicht fallen, es zu Staub zu zermalmen, zumal wenn er die Bestimmung jedes Dinges, den Zweck aufzeigt, wozu es geschaffen ist. Alles, selbst das Wachstum eines Grashalmes, beweist das Dasein Gottes. Wenn der Mensch auch nur einen Funken von Verstand besitzt, den er sich nicht selbst gegeben hat, mit wieviel mehr Grund muß dann das Wesen, von dem er alles hat, einen unendlich tieferen und unermeßlichen Verstand besitzen!

Unser Professor wird Malebranche nicht ganz übergehen. Er wird die Grundlehren dieses gelehrten Paters aus dem Orden des Oratoriums entwickeln und dabei zeigen, daß die daraus von selbst entfließenden Folgerungen zur Lehre der Stoiker zurückführen, zur Annahme einer Weltseele, von der alle lebenden Wesen Teile sind. Wenn wir aber in Gott alles sehen, wenn unsere Gefühle, Gedanken und Wünsche und unser Wille unmittelbar aus seiner geistigen Einwirkung auf unsere Organe entstehen, so werden wir zu Maschinen, die Gottes Hand bewegt. Gott allein bleibt, und der Mensch verschwindet.

Ich gebe mich der Hoffnung hin, daß der Professor, wenn er Verstand hat, nicht den weisen Locke vergißt, den einzigen Metaphysiker, der die Phantasie dem gesunden Menschenverstand geopfert hat, sich an die Erfahrung hält, soweit sie ihn führen kann, und klüglich halt macht, wenn dieser Führer versagt.

In der Sittenlehre wird der Professor einiges über Sokrates sagen, Mark Aurel gerecht werden und ausführlicher auf Ciceros Buch »Von den Pflichten« eingehen, das beste Moralbuch, das man je geschrieben hat und schreiben wird.

Den Ärzten will ich nur zwei Worte sagen. Sie müssen ihre Schüler vor allem zu genauer Beobachtung der Symptome der Krankheiten anhalten, damit sie gut erkennen, um welche es sich handelt. Diese Symptome sind ein rascher und schwacher Puls, ein starker und heftiger Puls, ein aussetzender Puls, trockene Zunge, die Augen, die Art der Transpiration, der Ausscheidungen. Aus alledem können sie Schlüsse ziehen und die Art des Übels, das die Krankheit verursacht, mit größerer Bestimmtheit erkennen. Nach dieser Diagnose müssen sie die richtigen Heilmittel wählen. Auch wird der Professor seine Schüler sorgfältig auf die eigenartige Verschiedenheit der Temperamente hinweisen und auf die Berücksichtigung, die sie erfordern. Er wird die gleiche Krankheit bei den verschiedenen Temperamenten verfolgen und vor allem darauf dringen, daß bei ein und derselben Krankheit die Arznei stets der Konstitution des Kranken angepaßt werde. Trotz aller dieser Belehrungen wage ich nicht zu behaupten, daß die jungen Äskulape Wunder verrichten werden. Das Publikum wird nur den Gewinn haben, daß weniger Menschen durch die Unwissenheit und Trägheit der Ärzte ums Leben kommen.

Der Kürze halber übergehe ich die Botanik, die Chemie und die physikalischen Experimente, um mich mit dem Herrn Professor der Rechtsgelehrsamkeit zu befassen, der mir eine recht mürrische Miene zeigt. Zu ihm werde ich sagen: »Herr Professor, wir leben nicht mehr im Jahrhundert der Worte, sondern der Tatsachen. Haben Sie zu Nutz und Frommen der Menschheit die Gewogenheit, etwas weniger Pedanterie und etwas mehr gesunden Menschenverstand in Ihre vermeintlich so tiefen Vorlesungen zu bringen. Sie verlieren Ihre Zeit mit dem Vortrag eines Völkerrechts, das nicht einmal Privatpersonen, geschweige denn die Mächtigen achten und das die Schwachen nicht schützt. Sie unterweisen Ihre Schüler in den Gesetzen des Minos, Solon, Lykurg, der zwölf Tafeln Roms, des *Codex Justinianus*. Aber kein Wort oder nur wenig von den Gesetzen und Bräuchen in unseren Provinzen! Gestatten Sie daher, Herr Professor, so gelehrt Sie auch sind, daß ein Unwissender meines Schlages Ihnen eine Art von Kursus der Rechtslehre vorschlägt, den Sie abhalten könnten. Sie würden damit beginnen, die Notwendigkeit der Gesetze zu beweisen, weil keine Gesellschaft ohne sie bestehen kann. Sie würden zeigen, daß es bürgerliche Gesetze, Strafgesetze und andere, die auf Übereinkunft beruhen, gibt. Die ersten sollen das Eigentum schützen, sowohl Erbschaften, Mitgiften, das Erbteil der Witwen, wie das Handels- und Verkehrsrecht. Sie geben an, nach welchen Grundsätzen bei Grenzstreitigkeiten zu verfahren und überhaupt strittige Rechte zu entscheiden sind. Die Strafgesetze hingegen sollen das Verbrechen mehr zu Boden schlagen als bestrafen. Die Strafen müssen dem Vergehen angemessen sein, und die milderen sind den strengeren allemal vorzuziehen. Die Übereinkunftsgesetze endlich werden von den Regierungen geschaffen, um Handel und Industrie zu begünstigen. Die beiden ersten Gesetzesarten sind stetiger Natur, die letzteren hingegen dem Wechsel unterworfen, mögen nun äußere oder innere Ursachen zur Abschaffung oder zur Einführung dieser oder jener

Bestimmungen nötigen.« Ist diese Einleitung mit aller nötigen Klarheit erfolgt, so wird der Herr Professor, ohne Pufendorf oder Grotius zu Rate zu ziehen, gütigst die Gesetze des Landes erläutern, in dem er lebt. Er wird sich vor allem hüten, seinen Schülern den Geist der Streitsucht einzuimpfen. Statt Verwirrer wird er Entwirrer aus ihnen machen und sich sorgfältig bemühen, Nichtigkeit, Klarheit und Genauigkeit in seine Vorlesungen zu bringen. Um seine Schüler von Jugend auf zu dieser Methode zu erziehen, wird er insbesondere nicht versäumen, ihnen Verachtung für sophistische Rechthaberei einzuflößen, die offenbar eine unerschöpfliche Fundgrube für Spitzfindigkeiten und Rechtsverdrehung ist.

Ich wende mich nun an den Herrn Geschichtsprofessor. Ihm schlage ich als Muster den weisen und berühmten Thomasius vor. Unser Professor wird Ruf gewinnen, wenn er diesem großen Manne nahekommt, und Ruhm, wenn er ihm gleicht. Er wird seinen Kursus chronologisch mit der alten Geschichte beginnen und mit der neueren enden. Er wird in der Abfolge der Jahrhunderte kein Volk auslassen, weder die Chinesen noch die Russen, weder die Polen noch den Norden, wie es Bossuet in seinem sonst sehr schätzenswerten Werke getan hat. Unser Professor wird sich namentlich der Geschichte Deutschlands widmen, da sie für die Deutschen am fesselndsten ist. Er wird sich indes hüten, sich zu sehr in die Dunkelheit der ältesten Zeiten zu vertiefen, über die uns die Urkunden fehlen und deren Kenntnis im übrigen sehr unnütz ist. Er wird ohne längeres Verweilen das neunte bis zwölfte Jahrhundert durchgehen. Erst beim dreizehnten Jahrhundert, wo die Geschichte mehr Interesse verdient, wird er ausführlicher werden. Je weiter er vorrückt, um so mehr wird er sich auf Einzelheiten einlassen, weil diese immer enger mit der Geschichte der Gegenwart zusammenhängen. Insbesondere wird er sich länger bei Ereignissen aufhalten, die Folgen gehabt haben, als bei denen, die sozusagen ohne Nachkommenschaft gestorben sind. Der Professor wird auf den Ursprung der Rechte, Bräuche und Gesetze eingehen, wird zur Kenntnis bringen, bei welchen Anlässen sie im Reich eingeführt wurden. Er wird die Entstehung der freien Reichsstädte und ihre Privilegien, die Entstehung der Hansa und der Landeshoheit von Bischöfen und Äbten schildern. Er wird, so gut er kann, erklären, wie die Kurfürsten das Recht erwarben, den Kaiser zu wählen. Die verschiedenen Formen der Rechtspflege im Laufe der Jahrhunderte dürfen nicht übergangen werden. Besonders aber von der Zeit Karls V. an muß der Professor all seine Einsicht und Geschicklichkeit aufbieten. Von jener Epoche ab wird alles fesselnd und denkwürdig. Er wird nach bestem Vermögen die Ursachen der großen Ereignisse aufzuklären suchen. Parteilos wird er die Taten derer loben, die sich berühmt gemacht haben, und die tadeln, die Fehler begingen.

Nun beginnen die Religionswirren: diesen Teil wird der Professor als Philosoph behandeln. Es folgen die Kriege, die aus jenen Wirren entstanden.

Diese Fragen, die großes Interesse beanspruchen, sind mit der gebührenden Würde zu erörtern. Schweden nimmt Partei gegen den Kaiser. Der Professor wird sagen, aus welchem Anlaß Gustav Adolf nach Deutschland ging und weshalb Frankreich für Schweden und die Sache des Protestantismus eintrat. Aber er wird nicht die alten Lügen wiederholen, die allzu leichtgläubige Geschichteschreiber verbreitet haben. Er wird nicht sagen, Gustav Adolf sei von einem deutschen Fürsten getötet worden, der in seinem Heere diente, weil das weder wahr noch erwiesen noch wahrscheinlich ist. Der Westfälische Friede wird ein umständlicheres Eingehen erfordern, da er die Grundlage der deutschen Freiheit bildet, das Grundgesetz, das den kaiserlichen Ehrgeiz in gebührenden Schranken hält. Auf ihm beruht unsere heutige Verfassung.

Hiernach wird der Professor berichten, was sich unter der Regierung der Kaiser Leopold I., Joseph I. und Karl VI. zutrug. Dies weite Feld bietet ihm Gelegenheit zur Betätigung seiner Gelehrsamkeit und seines Geistes, besonders wenn er nichts Wesentliches fortläßt.

Nach der Darstellung der denkwürdigen Ereignisse jedes Jahrhunderts wird er nicht vergessen, über die jeweiligen Geistesströmungen und über die Männer zu berichten, die sich durch ihre Talente, ihre Entdeckungen oder ihre Werke hervorgetan haben. Er wird auch, wenn er von den Deutschen spricht, die ausländischen Zeitgenossen nicht unerwähnt lassen.

Hat er derart die Geschichte Volk für Volk durchgenommen, so würde er, glaube ich, den Studierenden einen Dienst erweisen, wenn er den ganzen Stoff zusammenfaßte und ihn in einer allgemeinen Übersicht darstellte. Dabei wäre besonders die chronologische Anordnung nötig, damit man die Zeitalter nicht verwechselt und jedes wichtige Ereignis an die Stelle setzt, die ihm in der Zeitfolge zukommt, die Zeitgenossen neben die Zeitgenossen. Um das Gedächtnis nicht mit Daten zu überlasten, wäre es gut, die Epochen zu bezeichnen, in denen die wichtigsten Umwälzungen stattfanden. Das sind lauter Anhaltspunkte für das Gedächtnis, die man leicht behält und ohne die das ungeheure Chaos der Geschichte im Kopfe der jungen Leute wirr durcheinanderwogt.

Ein Geschichtskursus, wie ich ihn vorschlage, muß reiflich überlegt, gründlich durchdacht und von allen Kleinigkeiten frei sein. Weder das *Theatrum europaeum* noch Bünaus »Deutsche Geschichte« darf der Professor zu Rate ziehen. Lieber möchte ich ihn auf die Kolleghefte von Thomasius verweisen, wenn solche noch vorhanden sind.

Was ist für einen Jüngling, der in die Welt treten will, notwendiger und unterrichtender als die Betrachtung der Reihe von Wechselfällen, die das Antlitz der Welt so oft verändert haben? Wo lernt er die Nichtigkeit alles Menschlichen besser kennen, als wenn er auf den Trümmern der Königreiche und Weltmonarchien umhergeht? Aber welche Freude muß ihn erfüllen, wenn er in dem Wust von Verbrechen, den man an seinen Augen vorüberziehen läßt hier und da eine jener tugendhaften göttlichen Seelen findet, die für die Verderbtheit des Menschengeschlechts um Gnade zu bitten scheinen! Das sind die Vorbilder, denen er folgen soll. Er hat eine Menge glücklicher, von Schmeichlern umgebener Menschen gesehen. Der Tod trifft den Abgott, die Schmeichler entfliehen, die Wahrheit tritt zutage, und die Flüche des Volkes ersticken die Stimme der Lobredner.

Ich hoffe, der Professor wird Einsicht genug haben, seinen Schülern die Grenzen zwischen edlem Wetteifer und maßlosem Ehrgeiz zu zeigen und sie zum Nachdenken über so viele verderbliche Leidenschaften anzuregen, die den Untergang der größten Reiche verschuldet haben. Mit hundert Beispielen wird er ihnen beweisen, daß gute Sitten die wahren Wächter der Staaten sind, wogegen Verderbtheit, Luxus und übermäßige Sucht nach Reichtum jederzeit die Vorläufer ihres Verfalls waren.

Bei Befolgung des vorgeschlagenen Lehrplans wird der Herr Professor sich nicht darauf beschränken, das Gedächtnis seiner Schüler mit Tatsachen anzufüllen, sondern danach trachten, ihr Urteil zu bilden, ihre Denkweise zu berichtigen und ihnen vor allem Liebe zur Tugend einzuflößen. Das ist nach meiner Ansicht all den unverdauten Kenntnissen vorzuziehen, mit denen man die Köpfe der Jugend vollpfropft.

Aus allem bisher Dargelegten ergibt sich allgemein die Notwendigkeit, die alten und neuen Klassiker mit Fleiß und Eifer ins Deutsche zu übertragen. Das brächte uns den doppelten Vorteil, unsere Sprache auszubilden und Kenntnisse zu verbreiten. Wenn wir alle guten Autoren bei uns einbürgern, bringen sie uns neue Ideen und bereichern uns mit der Anmut und den Reizen ihrer Schreibweise. Und wieviel würde das Publikum nicht daraus lernen! Von den sechsundzwanzig Millionen, die in Deutschland wohnen, können wohl keine hunderttausend gut Lateinisch. So sind also 25 900 000 Seelen von allem Wissen ausgeschlossen, nur weil sie es nicht in der Landessprache erwerben können. Welche Veränderung könnte wohl für uns günstiger sein, was uns besseres widerfahren, als wenn das Wissen verbreitet und verallgemeinert würde? Der Edelmann, der auf dem Lande lebt, würde eine Auswahl von Büchern treffen, die ihm zusagen; er würde sich unterhalten und dabei belehren. Der grobe Bürgersmann würde weniger ungeschliffen sein. Die Müßiggänger fänden ein Mittel gegen die Langeweile. Der Sinn für die schöne Literatur würde allgemein werden. Liebenswürdigkeit, Sanftmut und Grazie würden sich über die Gesellschaft verbreiten, und der Unterhaltung würden unerschöpfliche Quellen erschlossen. Aus der Reibung der Geister entspränge jener feine Takt, jener gute Geschmack, der mit raschem Unterscheidungsvermögen das Schöne erfaßt, das Mäßige verwirft und das Schlechte verschmäht. Das Publikum würde zum aufgeklärten Richter werden und die neuen Schriftsteller zwingen, ihre Werke mit größerer Emsigkeit und Sorgfalt auszuarbeiten und sie nicht eher herauszugeben, als bis sie gründlich gefeilt und geglättet sind.

Der Weg, den ich weise, ist nicht aus meiner Phantasie entsprungen. Er ist der Weg aller Völker, die zur Kultur gelangt sind. Einen anderen gibt es nicht. Je mehr der Sinn für die Literatur zunimmt, um so mehr Auszeichnung und Erfolg haben die zu erwarten, die sie in hervorragender Weise pflegen, und um so mehr wird ihr Beispiel andere ermutigen. Deutschland erzeugt Männer der emsigen Forschung, Philosophen, Genies und alles, was man wünschen kann. Es fehlt nur ein Prometheus, der das himmlische Feuer raubt und sie beseelt.

Der Boden, der den berühmten de Vinea, den Kanzler des unglücklichen Kaisers Friedrich II., erzeugte, das Land, wo die Verfasser der berühmten Dunkelmännerbriefe geboren wurden, die ihrer Zeit weit voraus waren und Rabelais zum Muster gedient haben, der Boden, der den berühmten Erasmus hervorbrachte, dessen »Lob der Narrheit« von Witz sprudelt und noch besser wäre, wenn man ein paar jener Plattheiten entfernte, denen man den schlechten Geschmack der Zeit anmerkt, das Land, wo Melanchthon geboren wurde, so klug wie gelehrt – der Boden, sage ich, der die großen Männer hervorgebracht hat, ist nicht erschöpft und wird noch viele andere erzeugen. Wieviel große Männer könnte ich ihnen zur Seite stellen! Dreist zähle ich zu den unseren Kopernikus, der durch seine Berechnungen das Planetensystem berichtigte und das bewies, was Ptolemäos ein paar tausend Jahre vor ihm zu behaupten gewagt hatte. Derweil entdeckte am anderen Ende von Deutschland ein Mönch durch seine chemischen Versuche die erstaunlichen Wirkungen des Schießpulvers, und ein anderer erfand die Buchdruckerkunst, diese glückliche Erfindung, die gute Bücher verewigt und dem Volke für geringes Geld Bildung ermöglicht. Dem erfinderischen Geiste Otto von Guerickes verdanken wir die Luftpumpe. Unvergessen ist der berühmte Leibniz, der Europa mit dem Rufe seines Namens erfüllte. Seine Einbildungskraft hat ihn zwar zu einigen Hirngespinsten in seinem Systeme verleitet, aber seine Irrtümer sind doch nur die eines großen Geistes. Ich könnte meine Liste durch die Namen Thomasius, Bilfinger, Haller und viele andere erweitern. Allein die Gegenwart gebietet mir Schweigen. Das Lob der einen würde die anderen zurücksetzen.

Ich sehe einen Einwand voraus. Man wird mir vielleicht vorhalten, es habe während der italienischen Kriegswirren einen Pico von Mirandola gegeben. Gewiß, aber der war doch nur ein Gelehrter. Man wird hinzufügen: während Cromwell sein Vaterland umstürzte und seinen König auf dem Blutgerüst enthaupten ließ, veröffentlichte Toland seinen »Leviathan« und kurz darauf Milton sein »Verlorenes Paradies«. Ja, selbst zur Zeit der Königin Elisabeth hatte der Kanzler Bacon schon Aufklärung in Europa verbreitet und war zum Orakel der Philosophie geworden, indem er die zu machenden Entdeckungen angab und den Weg zu diesem Ziele wies. Auch während der Kriege Ludwigs XIV. machten gute Schriftsteller aller Art Frankreich berühmt. Warum also, wird man sagen, sollten unsere deutschen Kriege der Literatur verderblicher gewesen sein als die unserer Nachbarn?

Darauf kann ich leicht antworten. In Italien blühten die Künste und Wissenschaften eigentlich nur unter dem Schutze des Lorenzo de Medici, des Papstes Leo X. und des Hauses Este. Damals gab es wohl vorübergehende Kriege, aber sie waren nicht verderblich. Italien wachte eifersüchtig über den Ruhm, den ihm die Wiedergeburt der schönen Künste verschaffen mußte, und munterte sie mit allen Kräften auf. In England richtete sich Cromwells Politik, von Fanatismus geschürt, nur gegen den Thron. Er war grausam gegen seinen König, aber er regierte sein Volk mit Weisheit, und daher blühte der Handel nie mehr als unter seinem Protektorat. So kann man den »Leviathan« denn nur als Schmähschrift einer Partei ansehen. Miltons »Verlorenes Paradies« ist zweifellos besser. Der Dichter besaß stärkere Einbildungskraft. Er hatte den Stoff seiner Dichtung aus einem jener religiösen Spiele entlehnt, die noch zu seiner Zeit in Italien aufgeführt wurden, und wie vor allem betont werden muß, herrschte damals Friede und Wohlstand in England. Bacon, der sich unter der Regierung Elisabeths hervortat, lebte an einem gebildeten Hofe. Er besaß den Scharfblick von Jupiters Adler zur Erforschung der Wissenschaften und die Weisheit Minervas zu ihrem reiflichen Durchdenken. Bacons Genie ist eine jener seltenen Erscheinungen, die von Zeit zu Zeit auftauchen und ihrem Jahrhundert so viel Ehre machen wie dem menschlichen Geiste. In Frankreich hatte Richelieus Regierung das große Zeitalter Ludwigs XIV. vorbereitet. Aufklärung begann sich zu verbreiten; der Krieg der Fronde war nur ein Kinderspiel. Ludwig XIV., nach jeder Art von Ruhm begierig, wollte, daß seine Nation in der Literatur und im guten Geschmack ebenso die erste wäre, wie in Machtfülle, in Eroberungen, Politik und Handel. Er trug seine Waffen siegreich in Feindesland. Frankreich rühmte sich der Erfolge seines Monarchen, ohne die Verheerungen des Krieges zu spüren. Es ist natürlich, daß die Musen, die sich nur in Ruhe und Überfluß wohlfühlen, sich in seinem Reiche niederließen.

Besonders aber sollte man eins beachten: in Italien, England und Frankreich schrieben die ersten Schriftsteller und ihre Nachfolger in der eigenen Sprache. Das Publikum verschlang ihre Werke, und das Wissen wurde Allgemeingut des Volkes.

Bei uns lagen die Dinge ganz anders. Unsere ersten Gelehrten waren wie überall Männer, die in ihrem Gedächtnis Tatsachen auf Tatsachen häuften, urteilslose Pedanten, wie Lipsius, Freinshemius, Gronovius, Graevius, schwerfällige Wiederkäuer einiger dunkler Phrasen, die sie in den alten Handschriften fanden. Das mochte bis zu einem gewissen Grade nützlich sein, allein sie hätten nicht ihren ganzen Fleiß auf Nebensachen und Nichtigkeiten verwenden dürfen. Das Ärgerlichste dabei war, daß diese Herren in ihrer pedantischen Eitelkeit den Beifall ganz Europas beanspruchten. Teils um mit ihrem schönen Latein zu prunken, teils um von fremden Pedanten bewundert zu werden, schrieben sie nur lateinisch, so daß ihre Werke für Deutschland fast ganz verloren gingen. Daraus entsprang ein doppelter Nachteil. Erstens wurde die deutsche Sprache nicht geformt und blieb in ihrem rohen Zustande stecken, und zweitens konnte die Masse des Volkes, die kein Latein verstand, sich nicht bilden und verharrte nach wie vor in der tiefsten Unwissenheit. Das sind einwandfreie Wahrheiten. Möchten die Herren Gelehrten sich bisweilen erinnern, daß die Wissenschaften Nahrungsmittel des Geistes sind. Das Gedächtnis nimmt sie auf, wie der Magen die Speisen, aber sie verursachen Verdauungsbeschwerden, wenn der Verstand sie nicht verarbeitet. Ist unser Wissen ein Schatz, so muß man es nicht vergraben, sondern nutzbar machen, indem man es in einer allen Mitbürgern verständlichen Sprache verbreitet.

Erst seit kurzem wagen die Gelehrten in ihrer Muttersprache zu schreiben, und schämen sich nicht mehr, Deutsche zu sein. Wie Sie wissen, ist es noch nicht lange her, daß das erste Wörterbuch der deutschen Sprache erschienen ist. Ich erröte, daß ein so nützliches Werk nicht ein Jahrhundert vor mir auf die Welt kam. Indes mehren sich die Anzeichen, daß ein Umschwung der Geister sich vorbereitet. Der Nationalruhm macht sich geltend. Man hegt den Ehrgeiz, den Nachbarn gleichzukommen, und will sich Wege zum Parnaß und zum Tempel des Gedächtnisses bahnen. Die Feinfühligen unter uns spüren das schon. Man übersetze also die Werke der alten und neuen Klassiker in unsere Sprache. Soll das Geld bei uns in Umlauf kommen, so bringen wir es unter die Leute, indem wir die einst so seltenen Kenntnisse verallgemeinern!

Um schließlich nichts zu vergessen, was unsere Fortschritte gehemmt hat, füge ich hinzu, daß die wenigsten deutschen Höfe sich der deutschen Sprache bedient haben. Unter Kaiser Joseph I. sprach man in Wien nur Italienisch; unter Karl VI. wurde Spanisch bevorzugt; unter Franz I., einem geborenen Lothringer, war die Umgangssprache mehr Französisch als Deutsch. Ebenso war es an den kurfürstlichen Höfen. Was konnte der Grund sein? Ich wiederhole: das Spanische, Italienische, Französische waren Sprachen mit feststehenden Regeln, das Deutsche aber nicht. Doch trösten wir uns: in Frankreich ging es ebenso. Unter Franz I., Karl IX., Heinrich III. sprach man in der guten Gesellschaft mehr Spanisch und Italienisch als Französisch, und die heimische Sprache nahm erst ihren Aufschwung, als sie geschliffen, klar und elegant wurde, als sie durch Entlehnung malerischer Ausdrücke aus zahllosen klassischen Werken Farbe und zugleich grammatische Regeln bekam. Unter Ludwig XIV. verbreitete sich das Französische über ganz Europa, und zwar zum Teil den guten Schriftstellern zuliebe, die damals blühten, ja sogar wegen der guten Übersetzungen der Alten, die man in Frankreich hatte. Heutzutage ist diese Sprache zum Schlüssel geworden, der Ihnen in allen Häusern und Städten Einlaß verschafft. Reisen Sie von Lissabon nach Petersburg, von Stockholm nach Neapel: mit Französisch werden Sie überall durchkommen. Durch diese einzige Sprache sparen Sie sich viele andere, die Sie sonst lernen müßten und die Ihr Gedächtnis belasten würden. Anstatt dessen können Sie es mit Wissen erfüllen, was bei weitem vorzuziehen ist.

Das, mein Herr, sind die verschiedenen Hindernisse, infolge deren wir nicht so schnell vorwärts gekommen sind wie unsere Nachbarn. Doch wer zuletzt kommt, überholt bisweilen seine Vorgänger. Das könnte bei uns schneller geschehen, als man glaubt, sobald die Herrscher Geschmack an der Literatur finden, sobald Sie Die ermuntern, die sich ihr widmen, und Die loben und belohnen, die am meisten geleistet haben. Wenn wir erst Medicäer haben, werden wir auch Genies erblühen sehen. Ein Augustus wird einen Virgil hervorbringen. Wir werden unsere Klassiker haben. Jeder wird sie lesen, um von ihnen zu lernen. Unsere Nachbarn werden Deutsch lernen. Die Höfe werden mit Vergnügen Deutsch sprechen, und es kann geschehen, daß unsere geschliffene und vervollkommnete Sprache sich dank unseren guten Schriftstellern von einem Ende Europas zum anderen verbreitet. Diese schönen Tage unserer Literatur sind noch nicht gekommen, aber sie werden nahen. Ich künde sie Ihnen an, sie stehen dicht bevor. Ich werde sie nicht mehr sehen. Mein Alter raubt mir die Hoffnung darauf. Ich bin wie Moses: ich sehe das gelobte Land von ferne, aber ich werde es nicht betreten.

ÜBER DIE ERZIEHUNG

Brief eines Genfers an Herrn Burlamaqui, Professor in Genf

Nachdem ich Ihnen alles auseinandergesetzt hatte, was die Regierung dieses Landes betrifft, glaubte ich Ihre Wißbegier reichlich befriedigt zu haben, aber ich irrte mich. Sie finden, daß der Stoff nicht erschöpft sei. Sie betrachten die Erziehung der Jugend als eine der wichtigsten Aufgaben einer guten Regierung und möchten wissen, welche Beachtung man ihr in dem Staate schenkt, in dem ich mich aufhalte. Die Frage, die Sie mir in wenigen Worten stellen, wird Ihnen eine Antwort zuziehen, die den Umfang eines gewöhnlichen Briefes überschreitet, da sie mich zu unumgänglichen Erörterungen zwingt.

Gern betrachte ich die unter unseren Augen heranwachsende Jugend, das künftige, der Aufsicht des gegenwärtigen anvertraute Geschlecht, die neue Menschheit, die sich anschickt, den Platz der jetzt lebenden einzunehmen. Sie ist die Hoffnung und die wiederaufblühende Kraft des Staates und wird, gut geleitet, seinen Glanz und Ruhm fortsetzen. Ich bin mit Ihnen der Ansicht, daß ein weiser Fürst seinen ganzen Fleiß daransetzen soll, nützliche und tugendhafte Bürger in seinem Staate heranzubilden. Nicht von gestern auf heute habe ich die Erziehung geprüft, die der Jugend in den verschiedenen Staaten Europas zuteil wird. Die Fülle großer Männer, die die griechische und römische Republik hervorbrachte, haben mich für die Erziehungsweise der Alten eingenommen und mich überzeugt, daß man bei Befolgung ihrer Methode ein Volk heranbilden könnte, das gesitteter und tugendhafter ist als unsere modernen Völker.

Die Erziehung, die der Adel erhält, verdient von einem Ende Europas bis zum anderen Tadel. Hierzulande erhält der junge Edelmann den ersten Anstrich von Bildung im Elternhause, den zweiten auf Ritterschulen und Universitäten. Den dritten gibt er sich selbst, da man die jungen Leute zu früh sich selbst überläßt, und das ist der schlechteste. Im Vaterhause schadet die blinde Elternliebe der notwendigen Zucht der Kinder. Besonders die Mütter, die, beiläufig gesagt, ihre Ehemänner ziemlich despotisch regieren, kennen kein anderes Erziehungsprinzip als grenzlose Nachsicht. Die Kinder werden den Händen der Dienstboten überlassen, die ihnen schmeicheln und sie verderben, indem sie ihnen schädliche Grundsätze beibringen, Grundsätze, die in den eindrucksfähigen Jugendjahren nur zu rasch Wurzel schlagen. Der Erzieher, den man ihnen gibt, ist zumeist ein Kandidat der Theologie oder ein angehender Jurist, ein Menschenschlag, der selbst dringend der Erziehung bedürfte. Bei diesen geschickten Lehrern lernt der junge

Telemach seinen Katechismus, Latein, mit Mühe und Not etwas Geographie, Französisch durch den Gebrauch. Die Eltern spenden dem Meisterstück, das sie in die Welt gesetzt haben, Beifall, und da sie fürchten, Verdruß möchte der Gesundheit des neuen Phönix schaden, wagt niemand ihn zu tadeln.

Mit zehn bis zwölf Jahren schickt man den jungen Herrn auf eine Ritterakademie, woran es auch hier nicht fehlt. Es gibt mehrere, wie das Joachimstalsche Gymnasium, die neue Adelsakademie in Berlin, die Domschule zu Brandenburg und die von Kloster Bergen bei Magdeburg. Sie sind mit tüchtigen Lehrern versehen. Der einzige Vorwurf, den man ihnen vielleicht machen kann, ist der, daß sie nur darauf ausgehen, das Gedächtnis ihrer Schüler anzufüllen, statt sie an selbständiges Denken zu gewöhnen, daß sie ihr Urteil nicht früh genug bilden und es verabsäumen, ihrer Seele höheren Schwung zu geben und ihnen edle und tugendhafte Gesinnungen einzuflößen.

Kaum hat der Jüngling den Fuß über die Schwelle der Schule gesetzt, so vergißt er alles, was er gelernt hat, weil er lediglich den Vorsatz hatte, dem Lehrer seine Lektion auswendig herzusagen. Sobald er das nicht mehr nötig hat, verwischen neue Vorstellungen und Vergeßlichkeit jede Spur des Gelernten. Die auf der Schule verlorene Zeit schreibe ich mehr der fehlerhaften Erziehung als dem Leichtsinn der Jugend zu. Warum macht man dem Schüler nicht klar, daß der Zwang, etwas zu lernen, ihm einst zum größten Vorteil gereichen wird? Warum bildet man nicht sein Urteil, – nicht indem man ihm einfach Logik einpaukt, sondern indem man ihn selbst schlußfolgern lehrt? Das wäre ein Mittel, ihm begreiflich zu machen, daß es für ihn nützlich ist, das eben Gelernte nicht zu vergessen.

Nach dem Abgang von der Akademie schicken die Väter ihre Söhne entweder auf die Universität, oder sie lassen sie ins Heer eintreten, verschaffen ihnen Zivilämter oder berufen sie auf ihre Güter zurück.

Die Universitäten zu Halle oder Frankfurt an der Oder sind es, an denen sie ihre Studien vervollkommnen. Die Lehrstühle sind mit so guten Professoren besetzt, als die Zeit sie hervorbringt. Indes bemerkt man mit Bedauern, daß das Studium des Griechischen und Lateinischen nicht mehr so betrieben wird wie früher. Anscheinend sind die guten Deutschen der gründlichen Gelehrsamkeit überdrüssig geworden, die sie einst besaßen, und wollen jetzt so billig wie möglich zu wissenschaftlichem Ruf kommen. Sie nehmen sich ein Beispiel an einem Nachbarvolk, das sich mit Liebenswürdigkeit begnügt, und werden sehr bald oberflächlich werden. Das Leben, das die Studenten einst auf den Universitäten führten, war ein Gegenstand öffentlichen Ärgernisses. Die Stätten, die Heiligtümer der Musen sein sollten, waren Schulen des Lasters und der Ausschweifung. Berufsmäßige Raufbolde übten das Handwerk der Gladiatoren. Die Jugend lebte in Saus und Braus, in Ausschreitungen aller Art. Sie lernte alles, was sie nie hätte erfahren dürfen, und was sie hätte lernen sollen, das lernte sie nicht. Die Zügellosigkeit ging so weit, daß Totschläge unter den Studenten vorkamen. Das rüttelte die Regierung aus ihrer Schlaffheit auf. Sie war einsichtig genug, diesem Unwesen zu steuern und die Hochschulen ihrem ursprünglichen Zweck wieder dienstbar zu machen. Seitdem können die Väter ihre Söhne unbesorgt zur Universität schicken, mit dem gerechten Vertrauen, daß sie dort etwas lernen, und ohne Furcht, daß ihre Sitten verdorben werden.

Aber trotz der Abschaffung solcher Mißbräuche bleiben noch genug andere, die ebenso sehr der Verbesserung bedürfen. Dank dem Eigennutz und der Trägheit der Professoren verbreiten sich die Kenntnisse nicht so ausgiebig, wie es zu wünschen wäre. Die Professoren begnügen sich mit möglichst knapper Erfüllung ihrer Pflicht, lesen ihre Kollegien, und damit gut. Fordern die Studenten Privatstunden von ihnen, so geben sie diese nur für außerordentliche Preise. Die Unbemittelten sind also außerstande, eine öffentliche Anstalt zu benutzen, die jeden belehren und aufklären soll, den der Wissensdrang dorthin treibt.

Ein anderer Mißstand: die jungen Leute arbeiten ihre Reden, Thesen und Disputationen nicht selbst aus, sondern lassen sie von einem Repetitor machen. Ein Student mit gutem Gedächtnis, aber oft ohne Talent, erwirbt sich derart wohlfeilen Beifall. Heißt das nicht, die Jugend zu Faulheit und Müßiggang ermuntern, wenn man sie Nichtstun lehrt? Der Jüngling soll zum Fleiß erzogen werden, selber arbeiten lernen, verbessert und angehalten werden, seine Arbeit danach zu ändern. Dann gewöhnt er sich durch wiederholtes Durcharbeiten an richtiges Denken und genauen Ausdruck. Anstatt diese Methode zu befolgen, füllt man das Gedächtnis der Jugend und läßt ihre Urteilskraft verrosten. Man häuft Kenntnisse an, aber ohne die nötige Kritik, die sie nutzbringend machen könnte. Ein weiterer Fehler ist die schlechte Wahl der Autoren, die erklärt werden.

Doch ich komme auf die adlige Jugend zurück, die wir beim Abgang von der Schule und der Universität verlassen haben. Das ist der Augenblick, wo die Eltern die Entscheidung treffen, welchen Beruf ihre Söhne ergreifen sollen. Gewöhnlich bestimmt der Zufall die Wahl. Die meisten der jungen Herren fürchten den Soldatenstand, weil er in Preußen eine wahre Schule der Sitten ist. Man läßt den jungen Offizieren nichts durchgehen, hält sie zu einem verständigen, geregelten und anständigen Wandel an, sieht ihnen scharf auf die Finger und beaufsichtigt sie streng. Sind sie unverbesserlich, so nötigt man sie, welche Fürsprache sie auch besitzen, den Dienst zu quittieren, und sie haben damit für immer verspielt. Diese Strenge aber ist ihnen gerade zuwider; denn sie möchten sich gern im Schatten eines großen Namens ungezwungen den Launen ihrer Phantasie und der Zügellosigkeit ihrer Sitten überlassen. Daher kommt es, daß wenig Söhne aus ersten Häusern im Heere dienen. Das Kadettenkorps hilft aus: diese Pflanzschule ist einem Offizier von hohem Verdienst anvertraut, der sein Lebensglück in die Bildung der adligen Jugend setzt, indem er ihre Erziehung leitet, ihre Seele erhebt, ihr tugendhafte Grundsätze einprägt und sich bemüht, sie für das Vaterland nutzbringend zu machen. Da die Anstalt für den armen Adel bestimmt ist, so schicken die ersten Familien ihre Kinder nicht hin. Läßt ein Vater seinen Sohn die Finanz- oder Justizlaufbahn einschlagen, so verliert er ihn sofort aus den Augen. Er ist sich selbst überlassen, und der Zufall entscheidet über sein Lebensschicksal. Der künftige Erbe muß nach dem Abgang von der Universität oft auf das väterliche Gut zurückkehren, wo ihm alles, was er hat lernen können, so gut wie nichts nützt. Das ist in großen Zügen der Bildungsgang der adligen Jugend. Daraus entstehen folgende Mißstände.

Die Weichlichkeit der ersten Erziehung macht die jungen Leute weibisch, bequem, faul und schlaff. Anstatt dem Geschlecht der alten Germanen zu gleichen, hält man sie eher für eine nach dem Norden verpflanzte Kolonie von Sybariten. Sie versinken in Nichtstun und Müßiggang, meinen nur zum Vergnügen und zur Bequemlichkeit auf der Welt zu sein, und glauben, daß Leute wie sie von der Pflicht entbunden seien, der Gesellschaft nützlich zu sein. Daher ihre Streiche, ihre Torheiten, ihr Schuldenmachen, ihre Ausschweifung und Verschwendung, die so viele reiche Familien hierzulande zugrunde gerichtet haben.

Ich gebe zu, daß diese Fehler ebenso den jungen Jahren wie der Erziehung zur Last fallen, gebe auch zu, daß die Jugend mit geringen Abweichungen überall die gleiche bleibt, da in jenem Alter, wo die Leidenschaften am heftigsten sind, die Vernunft nicht immer die Oberhand behält. Trotzdem bin ich überzeugt, man könnte durch weise, männlichere, und wenn es sein muß, strengere Zucht viele Söhne guter Familien vor dem Untergang retten. Die Regellosigkeit ihrer Sitten zieht hierzulande um so schlimmere Folgen nach sich, als das Recht der Erstgeburt nicht gilt, wie etwa in Österreich und in den anderen Provinzen der Kaiserin-Königin. Ein einziger Taugenichts in der Familie reicht hin, um sie in Verfall und Armut zu bringen.

So schlagende Beispiele mußten meines Erachtens die Aufmerksamkeit der Väter auf die Zucht ihrer Kinder verdoppeln, damit diese den Glanz ihrer Vorfahren aufrecht zu erhalten vermögen, ihrem Vaterlande nützliche Untertanen werden und sich persönliche Achtung erwerben. Man glaubt insgemein, genug für seine Erben getan zu haben, wenn man Reichtümer für seine Kinder ansammelt, sie versorgt, ihnen Ämter verschafft. Solche Fürsorge ist guter Eltern gewiß würdig, aber darauf darf man sich nicht beschränken. Die Hauptsache ist, ihre Sitten zu bilden und ihr Urteil früh zu reifen. Wie oft hätte ich ausrufen mögen: »Ihr Familienväter, liebt Eure Kinder, dazu fordert man Euch auf. Aber liebt sie mit vernünftiger Liebe, die sich auf ihr wahres Wohl richtet. Betrachtet das junge Geschöpf, das Ihr zur Welt kommen sahet, als ein heiliges Gut, das Euch die Vorsehung anvertraut hat. Eure Vernunft soll ihnen in der Haltlosigkeit ihrer Jugend und in ihren Schwächen als Stütze dienen. Sie kennen die Welt nicht, Ihr aber kennt sie. An Euch ist es also, sie so zu erziehen, wie ihr eigener Vorteil, das Wohl Eurer Familie und der ganzen Gesellschaft es erfordert. Ich wiederhole also: festigt ihre Sitten, prägt ihnen tugendhafte Gesinnung ein, erhebt ihre Seele, erzieht sie zum Fleiß, bildet sorgfältig ihren Verstand, damit sie sich ihre Schritte wohl überlegen, verständig und umsichtig werden, Einfachheit und Mäßigkeit lieben. Dann könnt Ihr Euer Erbe, wenn Ihr sterbt, getrost ihren guten Sitten anvertrauen. Es wird gut verwaltet werden, und Eure Familie wird sich in ihrem Glanze erhalten. Wenn nicht, werden Verschwendung und Ausschweifung mit dem Augenblick Eures Todes beginnen, und könntet Ihr in dreißig Jahren auferstehen, Ihr würdet Euren schönen Besitz in fremden Händen sehen.«

Immer wieder komme ich auf die Gesetze der Griechen und Römer zurück. Ich glaube, man müßte nach ihrem Vorbild die Bestimmung treffen, daß die Söhne erst mit sechsundzwanzig Jahren mündig werden, und die Väter müßten in gewisser Weise für ihr Betragen verantwortlich sein. Sicherlich überließe man die Jugend dann nicht der verderblichen Gesellschaft der Dienstboten. Sicherlich wäre man einsichtsvoller in der Wahl ihrer Lehrer und Erzieher, denen man sein Kostbarstes anvertraut. Sicherlich würde der Vater seinen Sohn selbst zurechtweisen und ihn im Notfälle züchtigen, um aufkeimende Laster zu ersticken. Fügen Sie dazu noch einige notwendige Verbesserungen in den Schulen und Universitäten. Die Hauptsache wäre die Ausbildung der Urteilskraft neben der Übung des Gedächtnisses. Ferner müßten die Eltern auch nach Abschluß der Studien ein Auge auf ihre Söhne haben, damit diese nicht durch den Umgang mit schlechter Gesellschaft verdorben werden. Denn die ersten guten oder schlechten Beispiele machen auf die Jugend einen so starken Eindruck, daß sie oft ihren Charakter unveränderlich bestimmen. Das ist eine der großen Klippen, vor denen man sie bewahren muß. Hieraus entspringen die Neigung zum Nichtstun, die Ausschweifung, Spielwut und andere Laster.

Die Pflichten der Väter erstrecken sich aber noch weiter. Ich glaube, sie müßten mehr Kritik anwenden, um die Anlagen ihrer Söhne recht zu erkennen und sie zu dem Berufe zu bestimmen, der ihren Talenten entspricht. Wieviel Kenntnisse sie sich auch erworben haben, sie können nie zu viele besitzen, welchen Beruf sie auch ergreifen. Das Waffenhandwerk erfordert sehr ausgedehntes Wissen. Es ist eine lächerliche und freche Behauptung im Munde vieler Leute: »Mein Sohn will nicht studieren. Zum Soldaten weiß er genug.« Jawohl, zum gemeinen Infanteristen, aber nicht zum Offizier, der nach den höchsten Stellen strebt, und danach muß sein Ehrgeiz allein trachten. Aber die Ungeduld und der Eifer der Väter gibt auch noch zu einer anderen Unzuträglichkeit Anlaß. Sie wünschen, daß ihre Söhne rasch ihr Glück machen. Sie sollen mit einem Schritt von den unteren Graden zu den höchsten gelangen, noch ehe das Alter sie dazu befähigt und ihr Verstand gereift ist.

Der Dienst in der Justiz, Finanzwirtschaft, Diplomatie und Armee ist für den Edelmann gewiß ehrenvoll. Aber alles wäre verloren in einem Staate, wenn die Geburt über das Verdienst siegte. Dieser Grundsatz ist so irrig, so aberwitzig, daß eine Regierung, die ihn annähme, seine verhängnisvollen Folgen bald spüren müßte. Damit ist nicht gesagt, daß die Regel keine Ausnahme erlaubte, daß es keine frühreifen Menschen gäbe, deren Verdienste und Talente ihre Fürsprecher sind. Es wäre nur zu wünschen, daß dergleichen Beispiele häufiger wären. Schließlich bin ich überzeugt, daß man aus den Menschen machen kann, was man will. Es steht fest, daß die Griechen und Römer eine Fülle großer Männer aller Art hervorgebracht haben, und daß sie das der männlichen Erziehung dankten, die durch ihre Gesetze geregelt war. Aber wenn diese Beispiele zu veraltet scheinen, betrachten wir doch die Taten des Zaren Peter I., dem es gelang, ein ganz barbarisches Volk zu zivilisieren. Warum also sollte man bei einem gebildeten Volke nicht einige Erziehungsfehler verbessern können? Man glaubt fälschlich, daß Künste und Wissenschaften die Sitten verweichlichen. Aber alles, was den Geist aufklärt, alles, was den Kreis der Kenntnisse erweitert, erhebt die Seele, anstatt sie zu erniedrigen. Doch das ist hierzulande nicht der Fall. Wollte Gott, die Wissenschaften würden hier mehr geliebt! Die Erziehungsmethode ist mangelhaft. Man verbessere sie, und man wird Sittlichkeit, Tugenden und Talente wiederaufblühen sehen. Die Verweichlichung der Jugend hat mich oft auf den Gedanken gebracht, was wohl Arminius, der stolze Verteidiger Germaniens, dazu sagen würde, wenn er das Geschlecht der Sueven und Semnonen so entartet, herabgekommen und erniedrigt sähe. Aber was würde erst Friedrich Wilhelm, der Große Kurfürst, sagen, er, das Haupt eines männlichen Volkes, der mit Männern die Schweden aus seinen Staaten trieb, die sie verwüsteten! Was ist aus den zu seiner Zeit so berühmten Familien geworden, und was sind ihre Sprößlinge? Ja, was wird erst aus denen werden, die in unseren Tagen blühen? Jeder Vater muß sich mit ähnlichen Betrachtungen zur Erfüllung all der Pflichten ermutigen, die er der Nachwelt schuldet.

Ich komme nun zum weiblichen Geschlecht, das einen so bedeutenden Einfluß auf das andere ausübt. Hier stechen die Frauen von reiferem Alter, die eine höhere Bildung erhalten haben, von denen ab, die erst jetzt in die große Welt treten. Jene besitzen Kenntnisse, geistige Reize und eine stets gemessene Heiterkeit. Der Gegensatz zu den jungen Frauen schien mir so auffällig, daß ich einen meiner Freunde nach der Ursache fragte. Er antwortete mir: »Früher gab es talentvolle Frauen, die Mädchen von Stand in Pension nahmen. Jedermann bemühte sich, seine Töchter bei ihnen unterzubringen. In solchen Anstalten wurden die von Ihnen gelobten Damen erzogen. Aber jene Schulen haben nach dem Tode ihrer Begründerinnen aufgehört. Niemand hat sie ersetzt, und so sah jeder sich genötigt, seine Töchter zu Hause zu erziehen. Die meisten Methoden, die man befolgt, sind tadelnswert. Man gibt sich nicht die Mühe, den Geist der Mädchen zu bilden, läßt sie ohne Kenntnisse und flößt ihnen nicht einmal Gefühl für Tugend und Ehre ein. Die Erziehung dreht sich gewöhnlich um äußeren Anstand, Manieren und Kleidung. Dazu kommt eine oberflächliche Kenntnis der Musik, die Bekanntschaft mit ein paar Theaterstücken oder Romanen, Tanz und Spiel. Damit haben Sie in kurzem alle Kenntnisse des weiblichen Geschlechts.«

Ich gestehe Ihnen, ich war erstaunt, daß Leute der ersten Stände ihre Töchter wie Theatermädchen erziehen. Sie buhlen schier um die Blicke der Menge, begnügen sich damit, zu gefallen, und scheinen nicht nach Achtung und Ansehen zu trachten. Wie? Ist es nicht ihre Bestimmung, Familienmütter zu werden? Sollte man nicht ihre ganze Erziehung auf dies Ziel richten, ihnen beizeiten Abscheu gegen alles Entehrende einflößen, sie die Vorzüge der Tugend lehren, die nützlich und dauerhaft sind, während die der Schönheit welken und vergehen? Sollte man sie nicht befähigen, ihre Kinder dereinst in guten Sitten aufzuziehen? Aber wie kann man das von ihnen verlangen, wenn sie selbst keine Sitten haben, wenn sie aus Neigung zu Müßiggang, Oberflächlichkeit, Luxus und Verschwendung, ja durch Erregung von öffentlichem Ärgernis ihrer Familie kein gutes Beispiel geben können? Ich gestehe Ihnen: die Nachlässigkeit der Familienväter erscheint mir unverzeihlich. Wenn sich ihre Kinder zugrunde richten, so tragen sie die Schuld daran.

Man hat Nachsicht mit den Zirkassiern, denn sie sind Barbaren, wenn sie ihre Töchter in allen Schlichen der Gefallsucht und Wollust erziehen, um sie dann für teures Geld an das Serail in Konstantinopel zu verkaufen: das ist Sklavenhandel. Wenn aber bei einem freien und gebildeten Volke der höchste Adel sich diesem Brauche anzuschließen scheint, wenn er aus Mangel an Selbstachtung den Tadel geringschätzt, den das sittenlose Betragen eines Mädchens auf seine Familie bringt, so wird ihm das noch die fernste Nachwelt immer vorwerfen.

Doch zur Sache! Die Sittenlosigkeit der Frauen kommt vielmehr von ihrem müßigen Leben als von der Glut ihres Temperaments. Wenn eine Frau zwei oder drei Stunden vor dem Spiegel zubringt, um über ihre Reize nachzusinnen, sie zu erhöhen und zu bewundern, wenn sie den ganzen Nachmittag mit Klatsch vertut, dann ins Theater geht, am Abend spielt, soupiert und wieder spielt – hat sie dann noch Zeit zur Selbstbesinnung? Und reizt die Langeweile dieses weichlichen, müßigen Lebens sie nicht zu Zerstreuungen anderer Art, und wäre es nur der Abwechslung halber, oder um ein neues Gefühl kennenzulernen?

Die Menschen beschäftigen, heißt sie vom Laster abhalten. Das einfache, gesunde und arbeitsame Landleben ist viel unschuldiger als jenes, das ein Haufen Müßiggänger in den großen Städten führt. Es ist ein alter Grundsatz der Generale, daß man die Soldaten beschäftigen muß, um Unordnungen, Ausschweifungen und Aufruhr im Lager zu verhüten. Die Menschen ähneln sich alle. Wenn man nicht so dumm ist, den schamlosen Wandel seiner Nächsten oder ihr züchtiges und gesittetes Betragen mit gleichem Maß zu messen, so lehre man sie, sich zu beschäftigen. Ein Mädchen kann sich mit weiblichen Arbeiten, mit Musik, ja mit Tanzen unterhalten. Vor allem aber trachte man danach, ihren Geist zu bilden, ihr Geschmack an solider Tätigkeit beizubringen, durch die Lektüre ernster Bücher ihr Urteil zu üben und ihren Geist zu nähren. Sie soll sich nicht schämen, in der Wirtschaft Bescheid zu wissen. Es ist besser, seine Haushaltungsrechnungen selbst zu regeln und in Ordnung zu halten, als sinnlos nach allen Seiten Schulden zu machen, ohne daran zu denken, wie man die Gläubiger bezahlt, die so lange Zeit in gutem Glauben liehen.

Ich gestehe Ihnen, ich war oft empört bei dem Gedanken, wie gering man in Europa diese Hälfte des Menschengeschlechts schätzt. Das geht so weit, daß man alles vernachlässigt, was ihren Verstand ausbilden kann. Es gibt so viele Frauen, die den Männern nicht nachstehen. Es gibt in unserem Jahrhundert große Fürstinnen, die ihre Vorgänger weit überragen. Männlichere, kraftvollere Erziehung würde dem weiblichen Geschlecht das Übergewicht über das unsere verleihen; denn es besitzt schon die Reize der Schönheit. Aber sind die Reize des Geistes ihnen nicht vorzuziehen?

Doch zurück zum Gegenstand! Die Gesellschaft kann nicht bestehen ohne rechtmäßige Ehen, durch die sie sich fortpflanzt und verewigt. Man muß also die jungen Pflanzen, die die Stämme der Nachwelt werden sollen, pflegen und bilden, so daß Mann und Weib die Pflichten als Familienhaupt gleichermaßen erfüllen können. Vernunft, Geist, Talente, Sittlichkeit und Tugend müssen der Erziehung beider Geschlechter in derselben Weise zur Grundlage dienen, damit die, die sie empfangen haben, sie auf die übertragen können, denen sie das Leben geben werden.

Um schließlich nichts zu vergessen, was zur Sache gehört, muß ich hier noch auf den Mißbrauch der väterlichen Gewalt gegenüber den Töchtern hinweisen. Man zwingt sie zuweilen unter das Joch der Ehe, obwohl beide Teile nicht zusammen passen. Der Vater bedenkt lediglich das Familieninteresse und folgt in der Wahl des Schwiegersohnes oft nur seiner Laune, oder er verfällt auf einen reichen Kauz oder einen steinalten Mann oder auf sonst ein Subjekt, das ihm behagt. Er ruft seine Tochter und sagt zu ihr: »Mein Kind, ich habe beschlossen, Dir Herrn Soundso zum Gatten zu geben.« Die Tochter antwortet seufzend: »Vater, Ihr Wille geschehe.« So kommen zwei in Charakter, Neigung und Sitten ganz unverträgliche Menschen zusammen. Unfriede zieht in den neuen Haushalt mit dem Tage ein, wo das unselige Band geknüpft wird, und bald folgen Abneigung, Haß und Ärgernis. So gibt es denn zwei Unglückliche, und das hohe Ziel der Ehe ist verfehlt. Mann und Frau trennen sich, vergeuden ihr Vermögen in liederlichem Leben, sinken in Verachtung und endigen im Elend. Ich ehre die väterliche Gewalt wie kein zweiter und lehne mich nicht gegen sie auf. Nur wünschte ich, daß die, in deren Händen sie liegt, sie nicht mißbrauchen, indem sie ihre Töchter zur Ehe zwingen, wenn infolge des Charakters oder des Altersunterschieds Abneigung herrscht. Mögen sie für sich selbst nach ihrem Gutdünken wählen, aber ihre Kinder befragen, wenn es eine Verbindung zu schließen gilt, von der das Glück oder Unglück ihres ganzen Lebens abhängt! Wenn dadurch nicht alle Ehen besser werden, so wird doch wenigstens denen eine Entschuldigung genommen, die ihr zuchtloses Leben auf den Zwang zurückführen, den ihre Eltern gegen sie geübt haben.

Das sind im allgemeinen die Beobachtungen, die ich hierzulande über die Mängel der Erziehung gemacht habe. Wenn Sie mich als Schwärmer für das öffentliche Wohl tadeln, so werde ich mir diesen Vorwurf zum Ruhm anrechnen. Wer viel von den Menschen verlangt, erreicht wenigstens etwas. Sie, der Vater einer zahlreichen Familie, weise und verständig, wie ich Sie kenne, haben gewiß über Ihre Pflichten als Vater nachgedacht und werden in Ihren eigenen Gebauten den Keim derer finden, die ich soeben entwickelt habe. In der großen Welt hat man wenig innere Sammlung und noch weniger Überlegung. Man begnügt sich mit oberflächlichen Ideen, folgt dem Brauch und der Tyrannei der Mode, die sich bis auf die Erziehung erstreckt. Man darf sich also nicht wundern, wenn die Folgen und Ergebnisse den falschen Grundsätzen entsprechen, nach denen man handelt. Ich ärgere mich, wenn ich sehe, welche Mühe man sich in diesem rauhen Klima gibt, um Ananas, Bananen und andere exotische Pflanzen zum Gedeihen zu bringen, während man so wenig Sorgfalt auf das menschliche Geschlecht verwendet. Man mag sagen, was man will: der Mensch ist wertvoller als alle Ananasse der Welt zusammen. Er ist die Pflanze, die man züchten muß, die alle unsere Mühe und Fürsorge verdient; denn sie bildet die Zier und den Ruhm des Vaterlandes.

Briefe über die Vaterlandsliebe
(1779)

1. Brief des Anapistemon

Berührt von der freundlichen Aufnahme, die ich auf Ihrem Landsitze fand, drängt es mich, Ihnen meinen Dank dafür auszudrücken. In Ihrer Gesellschaft fand ich die größten Güter, die Menschen zuteil werden können: Freundschaft und Freiheit. Aus Furcht, Ihre Güte zu mißbrauchen, verließ ich Sie mit tiefem Bedauern. Die Erinnerung an die glücklichen Tage, die ich bei Ihnen verbrachte, wird mir unauslöschlich bleiben. Das Gute, das uns begegnet, geht vorüber, aber das Üble hält an. Jedoch die Erinnerung an das genossene Glück verlängert seine Dauer.

Mein Gedächtnis ist noch ganz erfüllt von allem, was ich sah und hörte, besonders aber von jener letzten Unterhaltung, die wir am Abend nach Tisch führten. Ich bedaure nur, daß Sie sich in der Erörterung der Bürgerpflichten auf allgemeine Ideen beschränkten und nicht auf Einzelheiten eingingen. Sie würden mir eine große Freude bereiten, wenn Sie sich über diesen wichtigen Gegenstand weiter auslassen wollten. Er geht alle Menschen an und verdient

darum gründliche Erörterung. Wie ich Ihnen gestehen muß, habe ich in meinem stillen, mehr dem Genuß als der Betrachtung zugewandten Leben über die gesellschaftlichen Bande und die bürgerlichen Pflichten gar nicht nachgedacht. Ich hielt es für hinreichend, ein ehrlicher Mensch zu sein und die Gesetze zu achten. Weiter, glaubte ich, sei nichts nötig. Mein Vertrauen zu Ihnen ist jedoch so groß, daß ich niemanden für befähigter halte, mich über diesen Gegenstand zu belehren. Es gäbe noch so vieles, worüber Sie mich aufklären könnten, doch ich begnüge mich hiermit. Haben Sie also die Güte, mir alle die Kenntnisse mitzuteilen, die Sie sich durch Ihre Studien und Ihr Nachdenken über diesen Gegenstand erworben haben. Jedermann handelt, wenige denken. Sie gehören nicht zu den Gedankenlosen; Sie prüfen die Dinge aufmerksam, erwägen das Für und Wider und geben sich nur mit offenbaren Wahrheiten zufrieden. Sie leben sozusagen mit den alten und neuen Schriftstellern, haben sich alle ihre Kenntnisse angeeignet, und das macht Ihre Unterhaltung so reizvoll und fesselnd, daß man, von Ihnen getrennt und Ihren Worten entrückt, wenigstens den Trost haben möchte, Sie zu lesen. Wenn Sie die Güte haben wollten, meine Wißbegier zu befriedigen und mir Ihre Anschauungen mitzuteilen, so würden Sie den Gefühlen der Achtung und Freundschaft, die ich für Sie hege, noch das der Dankbarkeit hinzufügen. *Vale!*

2. Brief des Philopatros

Die liebenswürdigen Ausdrücke, mit denen Sie mich bedenken, waren mir äußerst schmeichelhaft. Ich verdanke sie allein Ihrer Höflichkeit und nicht der Aufnahme, die ich Ihnen bereitete. Sie erkennen meine gute Absicht an, obwohl die Taten ihr nicht so entsprachen, wie ich es gewünscht hätte. Ich hätte Sie durch muntere und aufgeräumte Plaudereien erheitern sollen. Statt dessen lenkte ich die Unterhaltung auf ernste und wichtige Gegenstände. Ich allein trage die Schuld daran. Ich führe eine sitzende Lebensweise, bin von Krankheit geplagt und dem Treiben der großen Welt entrückt. Durch die Lektüre hat sich mein Geist allmählich dem Nachsinnen zugewandt; mein Frohsinn ist dahin, und die trübe Vernunft hat ihn ersetzt.

Unwillkürlich sprach ich mit Ihnen so, wie ich denke, wenn ich in meinem Arbeitszimmer allein bin. Ich hatte den Kopf voll von der Republik von Sparta und Athen, deren Geschichte ich gelesen hatte, und von den Bürgerpflichten, über die Sie eine ausführlichere Erklärung wünschen. Sie tun mir zuviel Ehre an. Sie halten mich für einen Lykurg, einen Solon, mich, der nie Gesetze gegeben, sich nie mit einer anderen Regierung befaßt hat als der meiner Güter, auf denen ich nun schon seit Jahren in tiefster Zurückgezogenheit lebe. Da Sie indes zu erfahren wünschen, worin nach meiner Meinung die Pflichten eines guten Bürgers bestehen, so seien Sie überzeugt, daß ich diesem Wunsche nur willfahre, um Ihnen zu gehorchen, nicht aber, um Sie zu belehren.

Die neuere Philosophie verlangt mit Recht, daß man Begriff und Sache zuerst definiere, um Mißverständnissen vorzubeugen und die Gedanken auf bestimmte Gegenstände zu richten. Ich definiere also den guten Bürger, wie folgt. Er ist ein Mann, der es sich zur unverbrüchlichen Regel gemacht hat, der Gesellschaft, deren Mitglied er ist, nach besten Kräften zu nützen, und zwar aus folgendem Grunde. Der Mensch kann als Einzelwesen nicht bestehen. Selbst die barbarischsten Völker bilden kleine Gemeinwesen. Die gesitteten Nationen, die ein Gesellschaftsvertrag bindet, sind sich gegenseitigen Beistand schuldig. Ihr eigener Vorteil, das Gemeinwohl verlangt es. Sobald sie aufhören würden, sich gegenseitig zu helfen und beizustehen, entstände so oder so eine allgemeine Verwirrung, die den Untergang jedes Einzelnen nach sich zöge. Diese Grundsätze sind nicht neu. Sie bildeten die Grundlage aller Republiken, von denen das Altertum uns Kunde gibt. Auf solchen Gesetzen beruhten die griechischen Freistaaten. Auch die römische Republik hatte die gleiche Grundlage. Wurden sie späterhin zerstört, so kommt dies daher, weil die Griechen durch ihren unruhigen Geist und die Eifersucht aufeinander sich selbst das Unglück zuzogen, das über sie hereinbrach, und weil einige römische Bürger, die für Republikaner zu mächtig geworden waren, ihre Regierung in zügellosem Ehrgeiz stürzten, schließlich auch, weil auf der Welt nichts beständig ist. Fassen Sie alles zusammen, was die Geschichte hierüber berichtet, so werden Sie finden, daß der Fall der Republiken nur einigen, durch Leidenschaft verblendeten Bürgern zuzuschreiben ist, die ihren Eigennutz dem Vorteil des Vaterlandes vorzogen, den Gesellschaftsvertrag brachen und wie Feinde des Gemeinwesens handelten, dem sie angehörten.

Ich entsinne mich, daß Sie der Meinung waren, es ließen sich wohl Bürger in den Republiken, nicht aber in den Monarchien finden. Gestatten Sie mir, Sie über diesen Irrtum aufzuklären. Gute Monarchien, die mit Weisheit und Milde regiert werden, kommen durch ihre Regierungsform heutzutage der Oligarchie näher als der Tyrannis: die Gesetze allein herrschen. Gehen wir auf Einzelheiten ein. Stellen Sie sich die Menge von Personen vor, die im Staatsrat, in der Justiz, im Finanzwesen, bei auswärtigen Gesandtschaften, im Handel, in den Heeren, bei der inneren Verwaltung angestellt sind. Rechnen Sie dazu noch die, welche Sitz und Stimme in den Landständen haben: sie alle nehmen an der Regierung teil. Der Fürst ist also kein Despot, der allein seinen Launen frönt. Man muß ihn als den Mittelpunkt betrachten, in dem sich alle Linien der Peripherie vereinigen. Diese Regierungsform sichert die Geheimhaltung bei den Beratungen, die in Republiken fehlt. Da

die verschiedenen Verwaltungszweige vereinigt sind, so werden sie Stirn an Stirn in der gleichen Bahn gelenkt, wie die Quadriga der Römer, und wirken gemeinsam zum Wohle des Ganzen. Außerdem finden Sie in Monarchien, wenn ein entschlossener Fürst an ihrer Spitze steht, immer weniger Parteigeist, wogegen die Republiken oft von den Ränken der Bürger zerrissen werden, die einander zu verdrängen suchen. Die einzige Ausnahme davon dürfte in Europa das Türkische Reich bilden oder irgend eine andere Regierung, die unter Verkennung ihrer wahren Interessen den Vorteil der Untertanen nicht eng genug mit dem des Herrschers verknüpft hat. Ein gut regiertes Königreich muß wie eine Familie sein, deren Vater der Fürst und deren Kinder die Bürger sind. Glück und Unglück werden geteilt; denn der Herrscher könnte nicht glücklich sein, wenn sein Volk elend ist. Ist diese Einheit gut befestigt, so bringt die Dankespflicht gute Bürger hervor; denn ihre Verbindung mit dem Staate ist zu innig, als daß sie sich von ihm losreißen könnten. Dabei hätten sie alles zu verlieren, aber nichts zu gewinnen. Wollen Sie Beispiele? Die Regierung von Sparta war oligarchisch und hat eine Menge großer, dem Vaterland ergebener Bürger hervorgebracht. Rom lieferte nach dem Verlust seiner Freiheit noch einen Agrippa, einen Paetus Thrasea, einen Helvidius Priscus, einen Corbulo und Agricola, Kaiser wie Titus, Mark Aurel, Trajan, Julian, kurz eine Fülle männlicher und mannhafter Seelen, die die öffentliche Wohlfahrt dem eigenen Vorteil vorzogen. Aber ich weiß nicht, wie ich unmerklich abschweife. Ich wollte Ihnen einen Brief schreiben, und wenn ich so fortfahre, wird eine Abhandlung daraus. Ich bitte tausendmal um Entschuldigung! Das Vergnügen, mich mit Ihnen zu unterhalten, reißt mich fort, und ich fürchte, Ihnen zur Last zu fallen. Seien Sie jedoch versichert, daß ich unter allen Gliedern des Staatskörpers, dem ich angehöre, keinem so gern diene als Ihnen, lieber Freund.

3. Brief des Anapistemon

Tausend Dank für die Mühe, die Sie sich geben, mich über einen Gegenstand aufzuklären, den ich nur wenig untersucht und über den ich nur sehr unbestimmte Begriffe habe! Ihr Brief erschien mir nicht nur nicht zu lang, sondern vielmehr zu kurz; denn ich ahne schon, Sie werden mir noch mancherlei erklären müssen. Inzwischen wundern Sie sich bitte nicht, wenn ich einige Einwendungen mache. Klären Sie meine Unwissenheit auf, zerstören Sie meine Vorurteile oder bestärken Sie mich in meinen Ansichten, wenn sie richtig sind!

Kann man sein Vaterland wirklich lieben? Ist diese sogenannte Liebe nicht die Erfindung irgend eines Philosophen oder eines grüblerischen

Gesetzgebers, die von den Menschen eine Vollkommenheit fordern, die ihre Kräfte übersteigt? Wie soll man das Volk lieben? Wie kann man sich für das Wohl irgend einer Provinz unserer Monarchie aufopfern, auch wenn man sie nie gesehen hat? Das alles läuft für mich auf die Frage hinaus, wie man mit Inbrunst und Begeisterung etwas lieben kann, was man gar nicht kennt? Solche Betrachtungen, die sich dem Geiste schier von selbst aufdrängen, haben mich überzeugt, daß es für einen verständigen Menschen das klügste ist, ein ruhiges, sorgloses und müheloses Pflanzendasein zu führen und sich so wenig wie möglich anzustrengen, bis wir ins Grab sinken, das uns allen beschieden ist.

Nach diesem Plane habe ich stets gelebt. Da begegnete mir eines Tages Professor Garbojos, dessen Verdienste Sie kennen. Wir unterhielten uns über diesen Gegenstand, und er erwiderte mir mit der ihm eigenen Lebhaftigkeit: »Ich gratuliere Ihnen, Herr Baron, daß Sie ein so großer Philosoph sind!« – »Ich? Durchaus nicht!« entgegnete ich. »Ich kenne diese Art von Leuten gar nicht und habe nichts von ihren Machwerken gelesen. Meine ganze Bibliothek besteht nur aus sehr wenigen Büchern; Sie finden darin nur den ›Perfekten Landwirt‹, die Zeitungen und den laufenden Kalender; das genügt.« – »Trotzdem«, fuhr er fort, »sind Sie voll von den Grundsätzen Epikurs. Wenn man Sie so hört, sollte man glauben, Sie wären in seinem Garten heimisch.« – »Ich kenne weder Epikur noch seinen Garten«, erwiderte ich; »aber was lehrt denn dieser Epikur? Bitte, unterrichten Sie mich darüber.« Da nahm mein Professor eine würdevolle Miene an und sprach also: »Ich sehe, daß die schönen Geister sich berühren, da der Herr Baron ebenso denkt wie ein großer Philosoph. Epikur lehrte, sich nie in Geschäfte noch in die Regierung zu mischen, und zwar aus folgenden Gründen. Um sich jene Seelenruhe zu bewahren, worin nach seiner Lehre das Glück besteht, darf der Weise seine Seele nicht der Gefahr aussetzen, von Verdruß, Zorn und anderen Leidenschaften erregt zu werden, die die Sorgen und Geschäfte notwendig mit sich bringen. Es sei also besser, jeden Anlaß, jede unangenehme Tätigkeit zu meiden, die Welt gehen zu lassen, wie sie geht, und alle Kräfte zur Selbsterhaltung zusammenzunehmen.« – »Guter Gott«, rief ich aus, »wie entzückt bin ich von diesem Epikur! Bitte leihen Sie mir sein Buch.« – »Wir besitzen von ihm«, erwiderte jener, »kein vollständiges Lehrgebäude, sondern nur verstreute Bruchstücke. Lukrez hat einen Teil seines Systems in schöne Verse gebracht. Einzelne Brocken finden wir in den Werken von Cicero, der einer anderen Sekte angehörte und alle seine Behauptungen widerlegt und vernichtet.«

Sie können sich nicht vorstellen, wie stolz ich war, in mir selbst das gefunden zu haben, was ein alter griechischer Philosoph vor fast dreitausend Jahren gedacht hat! Das bestärkt mich mehr und mehr in meinen Ansichten. Ich beglückwünsche mich zu meiner Unabhängigkeit; ich bin frei, bin mein eigener Herr, Fürst und König. Ich überlasse ungestümen Toren den trügerischen Traum von Größe, dem sie nachjagen. Ich lache über die Habgier der Geizigen, die eitle Schätze sammeln, die sie im Tode verlassen müssen, und stolz auf die Vorzüge, die ich besitze, erhebe ich mich über die ganze Welt.

Ich hoffe auf Ihren Beifall; denn ich denke wie ein Philosoph, den ich weder gesehen noch gelesen habe. Die Natur allein muß diese Übereinstimmung der Meinungen erzeugt haben; sie müssen also Wahrheit enthalten. Haben Sie die Güte, mir zu sagen, was Sie darüber denken. Vielleicht stimmen wir überein. Wie dem aber auch sei, nichts wird die Gefühle der Achtung und Freundschaft vermindern, mit denen ich bin usw.

4. Brief des Philopatros

Ich glaubte, lieber Freund, mit der zusammenhängenden Darlegung meiner Ansichten über die bürgerlichen Pflichten Ihre Wißbegier befriedigt zu haben, aber da kommen Sie mir mit einer neuen Frage. Ich sehe, Sie wollen mich mit Epikur in Streit bringen. Das ist kein rauher Gegner; ich schlage den Kampf also nicht aus. Und da Sie mich nun einmal in die Schranken geführt haben, so will ich mein möglichstes tun, um die Bahn zu durchlaufen. Um aber die Dinge nicht zu verwirren, werde ich Ihren Einwendungen in der Ordnung folgen, die Ihr Brief enthält.

Ich weise Sie zunächst darauf hin, daß es für einen Ehrenmann nicht genügt, keine Verbrechen zu begehen; er muß auch tugendhaft sein. Wenn er die Gesetze nicht übertritt, so vermeidet er nur Strafen. Ist er aber weder gefällig noch dienstfertig noch nützlich, so ist er ohne alles Verdienst und muß folglich auf die öffentliche Achtung verzichten. Sie werden also zugeben, daß Ihr eigener Vorteil Ihnen anrät, sich nicht von der Gesellschaft loszulösen, vielmehr eifrig an allem mitzuwirken, was ihr ersprießlich sein kann. Wie? Sie halten die Vaterlandsliebe für eine abstrakte Tugend, wo so viele geschichtliche Beispiele beweisen, wieviel Großes sie vollbracht hat, indem sie die Menschen hoch über alles Menschliche erhob und ihnen die Kraft zu den edelsten und ruhmvollsten Taten verlieh! Das Wohl der Gesellschaft ist auch das Ihre. Ohne es zu wissen, sind Sie mit so starken Banden an Ihr Vaterland geknüpft, daß Sie sich weder absondern, noch von ihm lossagen können, ohne diesen Fehler schwer zu büßen. Ist die Regierung glücklich, so werden Sie selbst gedeihen. Leidet sie, so fällt ihr Mißgeschick auf Sie zurück. Erfreuen die Bürger sich ehrbaren Wohlstands, so wird es auch dem Fürsten wohl ergehen. Werden aber die Bürger vom Elend bedrückt, so ist die Lage des Fürsten bedauernswert. Die Vaterlandsliebe ist also nicht etwas rein Ideelles, sie ist sehr real. Nicht diese Häuser, Mauern, Wälder und Felder nenne ich Ihr Vaterland, sondern Ihre Eltern, Ihr Weib, Ihre Kinder und Freunde, die, welche in den verschiedenen Zweigen der Staatsverwaltung für Ihr Wohl arbeiten und Ihnen tägliche Dienste leisten, ohne daß Sie sich nur die Mühe geben, von ihrem Wirken Notiz zu nehmen. Das sind die Bande, die Sie an die Gesellschaft ketten: der Vorteil der Menschen, denen Sie Liebe schulden, Ihr eigener und der Vorteil der Regierung, die, unlöslich verknüpft, das sogenannte Gemeinwohl der Gesamtheit bilden.

Sie sagen, man könne weder das Volk noch die Bewohner einer Provinz lieben, die man gar nicht kennt. Wenn Sie darunter einen Bund vertrauter Freunde verstehen, so haben Sie recht; es handelt sich hier aber nur um jenes Wohlwollen gegen das Volk, das wir aller Welt schuldig sind und erst recht denen, die mit uns denselben Boden bewohnen und uns beigesellt sind. Und was die Provinzen unserer Monarchie betrifft – müssen wir gegen sie nicht wenigstens die Pflichten erfüllen, die man Bundesgenossen schuldet? Angenommen, vor Ihren Augen fiele ein Unbekannter in einen Fluß. Würden Sie ihn nicht vor dem Ertrinken retten? Und wenn Sie einem Wanderer begegneten, den ein Mörder erschlagen will, würden Sie ihm nicht zu Hilfe eilen und ihn zu retten versuchen? Das Gefühl des Mitleids ward von der Natur in uns gelegt. Es treibt uns unwillkürlich an, einander beizustehen und die Pflichten gegen unsere Nächsten zu erfüllen. Sind wir also selbst Unbekannten Beistand schuldig, so schließe ich daraus, daß wir ihn erst recht unseren Mitbürgern schulden, mit denen wir durch den Gesellschaftsvertrag verbunden sind. Gestatten Sie mir noch ein Wort über die Provinzen unserer Monarchie, gegen die Sie mir so lau scheinen. Sehen Sie nicht ein, daß der Verlust dieser Provinzen die Regierung schwächen würde? Also wäre sie, wenn ihr die aus diesen Provinzen gezogenen Hilfsmittel fehlten, weniger als jetzt imstande, Ihnen beizustehen, wenn Sie dessen bedürften. Sie ersehen aus meinen Darlegungen, lieber Freund, daß die staatlichen Beziehungen sehr ausgedehnt sind und daß man nur durch tieferes Eingehen einen rechten Begriff davon erhält.

Aber nun zu einer anderen Behauptung, die ich Ihnen nicht hingehen lassen kann. Wie? Ein Mann von Talent und Geist wie Sie wagt zu behaupten, daß das Vegetieren der Pflanzen den Vorzug vor der tierischen Bewegungsfreiheit habe? Ist es möglich, daß ein verständiger Mann schlaffe Ruhe der ehrbaren Arbeit und ein weichliches, weibisches, nutzloses Dasein tugendhaften Handlungen vorzieht, die den Namen dessen, der sie vollbracht hat, unsterblich machen? Jawohl, wir gehen alle unserem Grabe entgegen, das ist ein allgemeines Gesetz! Aber selbst unter den Toten macht man einen Unterschied. Sind die einen, kaum begraben, schon vergessen und hinterlassen die mit Verbrechen Befleckten ein schmähliches Andenken, so werden die Tugendhaften, die dem Vaterlande nützliche Dienste geleistet haben, mit Lob und Segen überhäuft und der Nachwelt als Vorbilder hingestellt, ja ihr Andenken geht niemals unter. Zu welcher von diesen drei Klassen möchten Sie gehören? Ohne Zweifel zur letzten.

Nachdem ich so viele irrige Schlüsse zerstört habe, dürfen Sie wirklich nicht erwarten, daß Ihr Epikur, obwohl ein Grieche, mir imponiert. Gestatten Sie, daß ich seine eigenen Worte erläutere, um ihn gründlich zu widerlegen. »Der Weise soll sich weder in Geschäfte noch in die Regierung mischen.« Ja, wenn er auf einer wüsten Insel haust. »Seine unempfindliche Seele soll keiner Leidenschaft, weder dem Verdruß noch der Eifersucht noch dem Zorn ausgesetzt werden.« Das ist also Epikur, der Lehrer des Wohlbehagens, der die stoische Unempfindlichkeit predigt! Nicht dies mußte er sagen, sondern das Gegenteil. Das edelste Trachten des Weisen besteht nicht darin, den äußeren Anlaß zu vermeiden, sondern wenn er sich darbietet, die Seelenruhe zu bewahren – in den Augenblicken, wo alles ringsum seine Leidenschaften erregt und aufreizt. Es ist kein Verdienst, wenn ein Steuermann sein Schiff auf ruhiger See lenkt, wohl aber, wenn er es den Stürmen und widrigen Winden zum Trotz glücklich in den Hafen bringt. Leichte und bequeme Dinge achtet niemand; nur Überwindung von Schwierigkeiten wird anerkannt. »Es ist also besser, die Welt gehen zu lassen, wie sie geht, und nur an sich zu denken.« O, Herr Epikur, sind das eines Philosophen würdige Gefühle? Ist nicht das erste, woran Sie denken sollten, das Wohl der Menschheit? Sie wagen zu verkünden, daß ein jeder nur sich selbst lieben soll? Würde ein Mensch, der das Unglück hat, Ihren Grundsätzen zu folgen, nicht mit Recht allgemein verabscheut werden? Wenn ich niemanden liebe, wie kann ich da Liebe beanspruchen? Sehen Sie nicht ein, daß man mich dann als gefährliches Ungeheuer ansehen würde, dessen Beseitigung im Interesse der öffentlichen Sicherheit statthaft wäre? Wenn die Freundschaft verschwände, welcher Trost bliebe dann unserem armen Geschlecht?

Nehmen wir ein Gleichnis zu Hilfe, um uns noch verständlicher zu machen! Vergleichen wir den Staat mit dem menschlichen Körper. Aus der Tätigkeit und dem einmütigen Zusammenwirken aller seiner Teile entsteht seine Gesundheit, Kraft und Stärke. Venen, Schlagadern, ja die feinsten Nerven wirken an seinem animalischen Dasein mit. Wenn der Magen seine Verdauungsarbeit verlangsamte, die Gedärme ihre wurmförmige Bewegung nicht kräftig ausführten, die Lunge zu schwach atmete, das Herz sich nicht rechtzeitig erweiterte und zusammenzöge, die Pulse sich nicht nach den Bedürfnissen des Blutumlaufs öffneten und schlössen, der Nervensaft nicht nach den Muskeln strömte, die sich zur Ausführung der Bewegungen zusammenziehen müssen, so würde der Körper erschlaffen, unmerklich hinsiechen, und die Untätigkeit seiner Glieder würde seine völlige Zerstörung herbeiführen. Dieser Körper ist der Staat. Seine Glieder sind Sie und alle Bürger, die ihm angehören. Sie sehen also, daß jeder einzelne seine Aufgabe erfüllen muß, damit die Gesamtheit gedeiht. Was wird nun aus der glücklichen Unabhängigkeit, die Sie so preisen, wenn nicht, daß diese Sie zu einem gelähmten Gliede des Körpers macht, dem Sie angehören?

Bemerken Sie doch gütigst, daß Ihre Philosophie die klarsten Begriffe verwirrt. Sie empfiehlt Trägheit und Müßiggang als Tugend, während doch jeder zugibt, daß sie Laster sind. Ist es eines Philosophen würdig, uns anzuspornen, unsere Zeit zu verlieren, die das Kostbarste ist, was wir haben, da sie stets entflieht und nie zurückkehrt? Soll man uns ermutigen, ein müßiges Leben zu führen, unsere Pflichten zu verabsäumen, für alle anderen unnütz und uns selbst zur Last zu werden? Ein altes Sprichwort sagt: Müßiggang ist aller Laster Anfang. Man könnte hinzufügen: Fleiß ist aller Tugenden Beginn. Das ist eine feststehende Wahrheit, bestätigt durch die Erfahrung aller Zeiten und Länder.

Soviel von Epikur; ich glaube es genügt. Wenden wir uns nun Ihren eigenen Meinungen zu. Verurteilen Sie die Ehrsüchtigen; das ist mir recht. Tadeln Sie die Geizigen; ich stimme Ihnen bei. Aber dürfen Sie sich deshalb durch unverdaute Begriffe und armselige Vorurteile verleiten lassen, Ihre Mitarbeit am allgemeinen Wohl zu verweigern? Sie besitzen alles, was zu solcher Arbeit erforderlich ist, Geist, Rechtschaffenheit, Talente. Da die Natur Ihnen nichts versagt hat, was Ihnen guten Ruf verschaffen könnte, so sind Sie unentschuldbar, wenn Sie die Gaben, mit denen Sie überhäuft sind, unbenutzt lassen. Sie übertreiben Ihre Unabhängigkeit, Ihr angebliches Königtum, die Freiheit, die Sie zu genießen vorgeben und die Sie über die ganze Welt erhebt. Ja, ich zolle Ihnen Beifall, wenn Sie unter Ihrer Unabhängigkeit Selbstbeherrschung, unter Ihrem Königtum Gewalt über Ihre Leidenschaften verstehen. Sie können sich über viele Ihres Geschlechts erheben, wenn glühende Liebe zur Tugend Sie beseelt, wenn Sie ihr alle Tage, was sage ich, alle Augenblicke Ihres Daseins weihen. Ohne diese Berichtigung aber ist die Unabhängigkeit, deren Sie sich rühmen, nichts als Neigung zum Müßiggang, mit schönen Worten verbrämt; und die Trägheit, die Sie beständig preisen und die Sie zu allem und jedem unbrauchbar macht, erzeugt als natürliche Folge Langeweile. Fügen Sie das boshafte Urteil der Welt hinzu, die stets zu übler Nachrede bereit ist. Man wird Ihren Müßiggang beim rechten Namen nennen und Gott weiß welche Spöttereien gegen Sie loslassen, um sich an Ihrer Gleichgültigkeit gegen das öffentliche Wohl zu rächen.

Genügt das alles noch nicht, um Sie zu überzeugen, so muß ich wohl noch eine Stelle aus der Bibel anführen: »Im Schweiße Deines Angesichts sollst Du Dein Brot essen.« Wir sind auf der Welt, um zu arbeiten. Das ist so wahr, daß auf hundert Menschen achtundneunzig kommen, die arbeiten, und zwei, die mit ihrer Untätigkeit prahlen. Wenn es so törichte Menschen gibt, die ihre Eitelkeit dareinsetzen, nichts zu tun und den ganzen Tag die Arme zu verschränken, so sind die Arbeitsamen doch weit besser dran; denn der Geist braucht etwas, das ihn beschäftigt und zerstreut; er bedarf der Gegenstände, die seine Aufmerksamkeit fesseln; sonst ergreift ihn Überdruß und macht ihm sein Dasein zur unerträglichen Last.

Ich rede hier ohne Rückhalt zu Ihnen; denn Sie sind für die Wahrheit geschaffen, Sie sind wert, sie zu hören, und ich liebe Sie zu sehr, um Ihnen etwas zu verhehlen. Mein einziges Ziel ist, Sie dem Vaterlande wiederzugewinnen und ihm in Ihrer Person ein nützliches Werkzeug zu geben, aus dem es Nutzen ziehen kann. Das allein leitet meine Feder und bewegt mich, Ihnen alles darzulegen, was die Vaterlandsliebe mir eingibt. Der Eifer für das allgemeine Wohl war der Grundsatz aller guten Regierungen in alter und neuer Zeit, die Grundlage ihrer Größe und ihres Gedeihens. Die unbestreitbaren Wirkungen davon brachten gute Bürger hervor und jene hochherzigen und tugendhaften Seelen, die den Ruhm und die Stütze ihrer Landsleute bildeten.

Entschuldigen Sie die Länge dieses Briefes! Die Fülle des Stoffes könnte viele Bände liefern, ohne daß man ihn erschöpfte. Doch es genügt, Ihnen die Wahrheit zu zeigen, um den Irrtum und die Vorurteile zu vernichten, die einem Geist wie dem Ihren fremd sind.

5. Brief des Anapistemon

Ich habe Ihren Brief mit der ihm gebührenden Aufmerksamkeit gelesen. Ich war überrascht von der Menge der Gründe, mit denen Sie mich niederschlagen. Sie sind entschlossen, mich zu besiegen und meine Meinungen, an Ihren Wagen gefesselt, im Triumph dahinzuführen. Ich gestehe, es liegt viel Überzeugungskraft in den Beweggründen, mit denen Sie mich zu bekehren suchen, und sie gründlich zu widerlegen, wird mir viel Mühe kosten. Um mich rascher niederzuwerfen, sagen Sie, mein Verstand habe mein Herz irregeführt, ich redete der Trägheit das Wort und veredelte dies Laster durch den verführerischen Schein der Mäßigung oder ähnlicher Tugenden. Nun wohl, ich gebe Ihnen zu: Müßiggang ist ein Laster. Man soll dienstfertig und gefällig gegen jedermann sein, soll das Volk zwar nicht wie seine Nächsten lieben, wohl aber sich um sein Wohlergehen kümmern, mehr noch, ihm so nützlich wie möglich sein. Ich sehe ein, daß der Allgemeinheit, der ich angehöre, kein Unglück zustoßen kann, ohne daß ich dessen Wirkungen verspüre, und daß, wenn die Bürger leiden, der Staat dadurch verliert.

In allen diesen Punkten gebe ich klein bei. Ferner gebe ich zu, daß alle, die in der Staatsverwaltung tätig sind, an der höchsten Gewalt teilhaben.

Aber was geht mich das alles an? Ich bin weder eitel noch ehrgeizig. Aus welchem Grunde könnte ich mir eine Last aufladen wollen, die ich nicht tragen mag, und mich in Geschäfte stürzen, wenn ich glücklich lebe, ohne daß der Gedanke an solche Tätigkeit mir in den Sinn käme? Sie räumen ein, daß maßloser Ehrgeiz ein Laster ist. Sie müssen mir also beipflichten, wenn ich nicht in dies Laster verfalle, und dürfen nicht verlangen, daß ich meine süße Gemütsruhe aufgebe, um mich nach Herzenslust allen Launen Fortunas auszusetzen. Ach, lieber Freund, woran denken Sie bei solchen Ratschlägen! Machen Sie sich doch eine lebhafte Vorstellung von dem harten Joche, das Sie mir aufbürden wollen, welche Beschwerden es mit sich bringt und welche leidigen Folgen es hat! In meiner jetzigen Lage schulde ich mir allein Rechenschaft über mein Benehmen. Ich bin der einzige Richter meiner Handlungen, genieße ein anständiges Einkommen und brauche mein Brot nicht im Schweiße meines Angesichts zu verdienen, wie es nach Ihrer Versicherung unseren Voreltern anbefohlen ward. Ich genieße meine Freiheit. Welche Torheit sollte mich dazu bringen, mich für mein Benehmen gegen andere verantwortlich zu machen? Die Eitelkeit? Ich kenne sie nicht. Der Wunsch, Gehalt zu beziehen? Das brauche ich nicht. Ich soll mich also ohne irgend einen Grund in Geschäfte mischen, die mich nichts angehen, Geschäfte, die unbequem, peinlich, ermüdend sind und angestrengte Tätigkeit erfordern? Weswegen sollte ich all diese Mühen auf mich nehmen? Um mich dem Urteil irgend eines Vorgesetzten zu unterwerfen, von dem ich nicht abhängen will noch mag? Sehen Sie nicht, wie viele Menschen sich schon um Ämter bewerben? Warum soll ich ihre Zahl vermehren? Ob ich Dienste nehme oder nicht, es geht doch alles seinen Gang.

Aber gestatten Sie mir, diesen Gründen noch einen stärkeren hinzuzufügen. Zeigen Sie mir das Land in Europa, wo das Verdienst seines Lohnes stets sicher ist! Nennen Sie mir den Staat, wo das Verdienst anerkannt wird und ihm Gerechtigkeit widerfährt! Ach, wie ärgerlich ist es, wenn man Zeit, Ruhe und Gesundheit seinem Amt aufgeopfert hat und dann beiseite geschoben wird oder noch empörenderen Undank erdulden muß! Beispiele solchen Mißgeschicks fallen mir in Menge ein. Wenn Ihr Sporn mich zur Arbeit antreibt, hält dieser Zügel mich auf der Stelle zurück. Meine offene Sprache zeigt Ihnen, daß ich Ihnen nichts verhehle. Ich öffne Ihnen mein Herz als Freund, lege Ihnen all die Gründe dar, die Eindruck auf mich gemacht haben, zumal wir uns ja nicht streiten, sondern jeder nur seine Meinung auseinandersetzt und die triftigste siegen muß. Ich erwarte, daß Sie mir nichts schuldig bleiben und mir in kurzem Stoff zu neuen Betrachtungen geben. Das wird Ihnen dann wieder eine neue Antwort von mir eintragen.

6. Brief des Philopatros

Ich bin stolz darauf, lieber Freund, einige Ihrer Vorurteile untergraben zu haben. Sie sind alle gleich schädlich, und man kann sie nicht genug zerstören. Sie sagen mit Recht, der Streit herrsche in Wirklichkeit nicht zwischen uns, sondern zwischen den Gründen, von denen die stärksten und triftigsten über die schwächeren siegen müssen. Wir tun ja auch nichts, als einen Gegenstand zu erörtern, um zu entdecken, wo die Wahrheit liegt, und uns auf seiten des Augenscheins zu stellen. Glauben Sie indes nicht, meine Gründe seien erschöpft. Bei nochmaliger Durchsicht Ihrer Briefe stellte sich in meinem Geiste eine Fülle neuer Gedanken ein. Es erübrigt nur, sie Ihnen möglichst klar und bündig darzulegen.

Wenn Sie gestatten, beginne ich mit der Erklärung, was ich unter dem Gesellschaftsvertrage verstehe. Er ist eigentlich eine stillschweigende Übereinkunft aller Staatsbürger, mit gleichem Eifer an der allgemeinen Wohlfahrt mitzuwirken. Hieraus entspringt für jeden Einzelnen die Pflicht, nach Maßgabe seiner Mittel, seiner Talente und seines Standes zum Wohl des gemeinsamen Vaterlandes beizutragen. Die Notwendigkeit der Selbsterhaltung und der eigene Vorteil wirken auf den Geist des Volkes und treiben es an, um des eigenen Nutzens willen für das Wohl seiner Mitbürger zu arbeiten. Daher der Land-, Wein- und Gartenbau, die Viehzucht, die Manufakturen, der Handel; daher die vielen tapferen Vaterlandsverteidiger, die dem Staat ihre Ruhe, ihre Gesundheit und ihr ganzes Dasein weihen. Ist aber auch der Eigennutz zum Teil die Triebfeder dieser edlen Tätigkeit, so gibt es doch noch mächtigere Motive, sie zu wecken und anzuregen, besonders bei denen, die durch edlere Geburt und höhere Gesinnungen mit ihrem Vaterlande enger verknüpft sein sollen. Pflichttreue, Ehr- und Ruhmliebe sind die stärksten Triebfedern, die in wahrhaft tugendhaften Seelen wirken.

Wie kann man sich vorstellen, daß Reichtum dem Müßiggang zum Schild dienen könnte und daß man der Regierung um so weniger anhinge, je mehr man besäße? Solche irrigen Behauptungen sind unhaltbar; sie können nur aus einem ehernen Herzen, einer fühllosen, in sich verschlossenen Seele entspringen, die nichts als Eigenliebe kennt und sich nach Kräften von allen absondert, an die Pflicht, Vorteil und Ehre sie bindet. Herkules allein ist, so sehr die Sage ihn auch als Herkules darstellt, nicht furchtbar; er wird es erst, wenn seine Genossen ihm helfen und beistehen.

Aber vielleicht ermüdet Sie die abstrakte Beweisführung. Nehmen wir Beispiele zu Hilfe. Ich will Ihnen einige aus dem Altertum, besonders aus den Republiken anführen, für die Sie, wie ich bemerkt habe, besondere Vorliebe hegen. Ich mache also den Anfang mit einigen Zitaten aus den Reden des Demosthenes, die unter dem Namen »Philippika« bekannt sind. »Man sagt, Athener, Philipp sei gestorben. Aber was liegt daran, ob er tot oder lebendig ist? Ich sage Euch, Athener, ja ich sage Euch, Ihr werdet Euch durch Eure Nachlässigkeit, Eure Trägheit und Eure Achtlosigkeit bei den wichtigsten Geschäften bald einen anderen Philipp schaffen.« Nun werden Sie wenigstens überzeugt sein, daß dieser Schriftsteller so wie ich dachte. Doch ich begnüge mich nicht mit der einen Stelle. Hier eine zweite. Demosthenes sagt vom König von Mazedonien: »Man hält es stets mit dem, bei dem man Eifer und Tätigkeit findet.« Dann fährt er fort: »Wenn Ihr also ebenso denkt, Athener, wenigstens jetzt, denn bisher tatet Ihr es nicht, wenn Jeder von Euch, sobald es nötig sein wird und er sich nützlich machen kann, jeden schlechten Vorwand beiseite läßt und bereit ist, der Republik zu dienen, die Reichen mit ihrem Vermögen, die Jugend mit ihrem Leben, wenn jeder handeln will wie für sich selbst und sich nicht mehr darauf verläßt, daß andere für ihn tätig sind, während er müßig geht, so werdet Ihr mit Hilfe der Götter Eure Sache wiederherstellen und das zurückgewinnen, was Ihr durch Nachlässigkeit verloren habt.« Noch eine andere, fast gleichlautende Stelle aus einer Rede für die Regierung: »Hört, Athener! Die öffentlichen Gelder, die in überflüssigen Ausgaben verloren gehen, sollt Ihr gleichmäßig und nutzbringend verteilen. Das heißt, die unter Euch, die im waffenfähigen Alter sind, durch Kriegsdienste, die über dies Alter hinaus sind, durch Ämter beim Gericht oder in der Verwaltung oder sonstwie. Ihr sollt selbst dienen, keinem anderen diese Bürgerpflicht abtreten und selbst ein Heer bilden, das man das Volk in Waffen nennen kann. Dadurch werdet Ihr leisten, was das Vaterland von Euch fordert.« Das verlangte Demosthenes von den athenischen Bürgern.

Ebenso dachte man in Sparta, obwohl die Regierungsform dort oligarchisch war. Der Grund dieser gleichen Gesinnung war ganz einfach: kein Staat, welche Verfassung er auch habe, kann bestehen, wenn nicht alle Bürger übereinstimmend zur Erhaltung ihres gemeinsamen Vaterlandes beitragen.

Gehen wir nun die Beispiele durch, die uns die römische Republik liefert. Ihre große Zahl bringt mich in Verlegenheit um die Auswahl. Ich will Ihnen nicht von Mucius Scävola, Decius und dem älteren Brutus reden, der das Todesurteil seines eigenen Sohnes unterschrieb, um die Freiheit der Republik zu retten. Aber wie könnte ich die Hochherzigkeit des Atilius Regulus vergessen, der seinen eigenen Vorteil dem der Republik opferte und nach Karthago zurückkehrte, um dort einen qualvollen Tod zu erleiden? Nach ihm kommt Scipio Africanus, der den Krieg, den Hannibal in Italien führte, nach Afrika verlegte und ihn durch einen entscheidenden Sieg über die Karthager ruhmvoll beendete. Dann erscheint Cato, der Zensor, Ämilius Paullus, der Besieger des Königs Perseus, dann Cato von Utica, der eifrige Verfechter der alten Verfassung. Soll ich Cicero vergessen, der sein Vaterland vor den Mordanschlägen Catilinas rettete, Cicero, der die sterbende Freiheit der Republik verteidigte und mit ihr unterging? Soviel vermag die Vaterlandsliebe über die energische, hochherzige Seele eines guten Bürgers. Dem von dieser glücklichen Begeisterung erfüllten Geiste erscheint nichts unmöglich; er schwingt sich rasch zum Heldentum empor. Das Andenken jener großen Männer wurde mit Lob überschüttet; alle Jahrhunderte bis auf unsere Zeit haben es nicht zu schwächen vermocht: ihre Namen werden noch heute mit Verehrung genannt. Das sind Vorbilder, würdig der Nachahmung bei allen Völkern und in allen Verfassungen. Aber das Geschlecht dieser männlichen Seelen, dieser Männer voller Nerv und Tugend, scheint ausgestorben. Weichlichkeit ist an Stelle der Ruhmesliebe getreten. Müßiggang hat die Wachsamkeit ersetzt, und elender Eigennutz zerstört die Vaterlandsliebe.

Glauben Sie nicht, ich beschränke mich auf Beispiele aus den Republiken. Ich muß Ihnen auch solche aus den Annalen der Monarchien anführen. Frankreich darf sich rühmen, große Männer hervorgebracht zu haben: Bayard, Bertrand du Guesclin, Kardinal d'Amboise, den Herzog von Guise, der die Picardie rettete, Heinrich IV., Kardinal Richelieu, Sully, kurz vorher den Kanzler L'Hôpital, einen trefflichen, tugendhaften Bürger, dann Turenne, Condé, Colbert, die Marschälle von Luxemburg und Villars, kurz, eine Fülle berühmter Namen, die sich in einem Briefe nicht alle aufzählen lassen.

Wenden wir uns nun nach England und übergehen wir Alfred den Großen und eine Menge berühmter Männer vergangener Jahrhunderte, um gleich auf die neuere Zeit zu kommen. Da finde ich einen Marlborough Stanhope Chesterfield, Bolingbroke und Pitt, deren Namen nie untergehen werden.

Deutschland hat im Dreißigjährigen Krieg Energie entfaltet. Ein Bernhard von Weimar, ein Herzog von Braunschweig und andere Fürsten taten sich durch ihren Mut hervor, eine Landgräfin von Hessen, die Regentin des Landes, bewies hohe Standhaftigkeit.

Man muß gestehen, wir leben in einem kleinen Jahrhundert; die Epochen großer und tugendhafter Geister sind vorüber. Wenn aber in jenen für die Menschheit so ruhmreichen Zeiten verdienstvolle Männer, von edlem Wetteifer getrieben, sich ihrem Vaterlande nützlich machten, warum folgen Sie dann nicht ihrem glorreichen Beispiel, Sie, der Sie gleichfalls Verdienste haben? Entsagen Sie hochherzig den abstoßenden Ausreden, die Ihnen die Trägheit einflüstert, und ist Ihr Herz nicht fühllos, so beweisen Sie durch Ihre Dienste Ihre Liebe zum Vaterland, dem Sie Dank schulden. Sie sind nicht ehrgeizig, sagen Sie. Das billige ich, aber ich tadle es, wenn Sie ohne Wetteifer sind; denn es ist eine Tugend, unsere Mitbewerber in unserer Laufbahn in edlen Taten zu überholen. Ein Mensch, der aus Trägheit nicht handelt, gleicht einer Statue von Erz oder Marmor, die stets die gleiche Stellung bewahrt, die der Künstler ihr gab. Tätigkeit unterscheidet uns und erhebt uns über das Pflanzenreich; Müßiggang aber bringt uns ihm näher.

Doch kommen wir der Sache noch näher und greifen wir unmittelbar die Beweggründe an, mit denen Sie Ihre Nutzlosigkeit und Ihre Gleichgültigkeit gegen das öffentliche Wohl zu rechtfertigen wähnen. Sie fürchten sich, sagen Sie, sich für irgend ein Amt verantwortlich zu machen. Wahrhaftig, diese Entschuldigung steht Ihnen nicht an! Sie gehört eher in den Mund eines, der seinen geringen Talenten mißtraut, sich seiner Unfähigkeit bewußt ist oder fürchtet, daß sein Mangel an Zuverlässigkeit ihn um seinen Ruf bringen möchte. Dürfen Sie so reden, Sie, ein Mann von Geist, Kenntnissen und guten Sitten? Welch schlimmes Urteil würde die Welt fällen, wenn sie solche üblen Ausreden erführe!

Sie sagen ferner, jetzt wären Sie niemandem Rechenschaft über Ihr Tun und Lassen schuldig. Sind Sie denn nicht verantwortlich vor der Öffentlichkeit, deren durchdringendem Blick nichts entgeht? Sie wird Sie entweder der Trägheit oder der Fühllosigkeit zeihen, wird sagen, daß Sie Ihre Fähigkeiten brach liegen lassen, daß Sie Ihre Talente vergraben, daß Sie, gleichgültig gegen Ihre Mitmenschen, nichts als Eigenliebe kennen. Sie fügen hinzu, Sie brauchten sich nicht zu Diensten zu bequemen, da Sie reich wären. Ich gebe zu, Sie brauchen kein Tagelöhner zu sein, um Ihr Dasein zu fristen. Aber gerade weil Sie reich sind, haben Sie mehr als irgend jemand die Pflicht, Ihrem Vaterlande Anhänglichkeit und Dankbarkeit zu beweisen, indem Sie ihm mit Liebe und Eifer dienen. Je weniger Sie es nötig haben, um so größer ist Ihr Verdienst. Die Leistungen der einen entspringen aus ihrer Dürftigkeit, die der anderen werden freiwillig dargebracht.

Ferner füllen Sie mir die Ohren mit alten, abgedroschenen Redensarten, daß Verdienst wenig Anerkennung und noch seltener Lohn fände, daß Sie nach langem Aufwand von Sorgen und Mühen in Ihrem Amte doch Gefahr liefen, zurückgesetzt zu werden, ja wohl gar schuldlos in Ungnade zu fallen. Hierauf wird mir die Antwort sehr leicht. Ich bin überzeugt, Sie besitzen Verdienste: machen Sie sie bekannt! Vernehmen Sie, daß edle Taten in unserem Jahrhundert so gut Beifall finden, wie in früheren Zeiten. Die ganze Welt stimmt in das Lob des Prinzen Eugen ein; noch heute bewundert man seine Talente, seine Tugenden und Großtaten. Als der Marschall von Sachsen den ruhmreichen Feldzug von Laveld (1747) beendet hatte, bezeigte ihm ganz Paris seine Dankbarkeit. Nie vergißt Frankreich, was es dem Kriegsminister Colbert verdankt. Das Andenken dieses großen Mannes wird länger bestehen als das Louvre. England rühmt sich eines Newton, Deutschland eines Leibniz. Wollen Sie neuere Beispiele? Preußen achtet und ehrt den Namen seines Großkanzlers Cocceji, der seine Gesetze so weise erneuert hat. Und was soll ich erst von so vielen großen Männern sagen, deren Verdiensten man Denkmäler auf öffentlichen Plätzen in Berlin errichtet hat? Hätten diese berühmten Toten so gedacht wie Sie, die Nachwelt hätte nie von ihrem Dasein erfahren.

Sie setzen hinzu, es bewürben sich so viele um Ämter, daß es unnütz wäre, in ihre Reihen zu treten. Hier liegt der Fehler Ihrer Beweisführung. Dächte alle Welt wie Sie, so blieben notwendig alle Stellen leer und folglich alle Ämter unbesetzt. Ihre Grundsätze würden also bei allgemeiner Befolgung unerträgliche Mißstände in der Gesellschaft hervorrufen. Nehmen wir schließlich an, Sie hätten treulich Ihres Amtes gewaltet und fielen durch eine schreiende Ungerechtigkeit in Ungnade. Bliebe Ihnen da nicht ein großer Trost im Zeugnis Ihres guten Gewissens, das Ihnen für alles andere Ersatz zu bieten vermag, ganz abgesehen davon, daß die öffentliche Meinung Ihnen Gerechtigkeit widerfahren ließe?

Wenn Sie wollen, führe ich Ihnen eine Menge von Beispielen großer Männer an, deren Ruhm durch ihr Unglück nicht geschmälert, sondern vielmehr gesteigert wurde. Hier einige Beispiele aus Republiken. Im Kriege des Xerxes gegen die Griechen rettete Themistokles zweimal die Athener, indem er sie bewog, ihre Mauern zu verlassen, und indem er die berühmte Seeschlacht von Salamis gewann. Dann erneuerte er die Mauern seiner Vaterstadt und legte den Piräushafen an. Trotzdem ward er durch das Scherbengericht verbannt. Er ertrug ein Mißgeschick mit Seelengröße, und sein Ruf litt darunter nicht nur nicht, sondern nahm noch zu, und sein Name wird in der Geschichte oft neben denen der größten Männer genannt, die Griechenland hervorbrachte. Aristides, mit dem Beinamen der Gerechte, erfuhr fast das gleiche Schicksal. Er wurde verbannt, dann zurückgerufen, aber stets wegen seiner Weisheit geschätzt. Ja, nach seinem Tode setzten die Athener seinen unbemittelten Töchtern ein Jahresgehalt aus. Soll ich Sie noch an den unsterblichen Cicero erinnern, der durch Ränke verbannt wurde, nachdem er das Vaterland gerettet hatte? Soll ich Sie an all die Gewalttaten erinnern, die sein Feind Clodius gegen ihn und seine Angehörigen verübte? Trotzdem rief ihn das römische Volk einstimmig zurück. Er selbst spricht sich folgendermaßen darüber aus: »Ich wurde nicht allein zurückgerufen; meine Mitbürger trugen mich gleichsam auf ihren Schultern nach Rom zurück, und meine Heimkehr in die Vaterstadt war ein wahrer Triumph.«

Unglück kann den Weisen nicht erniedrigen; denn es kann ebenso leicht gute wie schlechte Bürger treffen. Nur Verbrechen, die wir begehen, entehren uns. Also, statt Beispiele verfolgter Tugend als Zügel zu brauchen und sich durch sie abhalten zu lassen, sich auszuzeichnen, lassen Sie sich lieber durch meinen Sporn dazu antreiben! Ich ermuntere Sie, Ihre Pflichten zu erfüllen, Ihre guten Eigenschaften an den Tag zu legen, durch Taten zu beweisen, daß Sie für das Vaterland ein dankbares Herz haben, kurz, die Laufbahn des Ruhmes einzuschlagen, die Sie zu betreten würdig sind. Ich verlöre Zeit und Mühe, überzeugte ich Sie nicht, daß meine Ansichten richtiger sind als die Ihren und allein einem Manne Ihrer Herkunft geziemen. Ich liebe mein Vaterland mit Herz und Seele. Meine Erziehung, mein Hab und Gut, mein Dasein – alles verdanke ich ihm. Hätte ich tausend Leben, ich würde sie alle mit Freuden opfern, wenn, ich ihm dadurch einen Dienst erweisen oder meine Dankbarkeit bezeigen könnte. Mein Freund Cicero sagt in einem seiner Briefe: »Ich glaube niemals dankbar genug sein zu können.« Ich gestatte mir, wie er zu denken und zu fühlen, und ich wage zu hoffen, Sie werden nach reiflicher Erwägung aller dargelegten Gründe einer Meinung mit mir über das Verhalten eines Ehrenmannes sein, und wir werden einander ermuntern, die Pflichten eines guten Bürgers zu erfüllen, der mit zärtlicher Liebe an seinem Vaterland hängt und von patriotischem Eifer erglüht.

Sie haben mir Einwendungen gemacht, die ich widerlegen mußte. Ich war außerstande, so viele Dinge in weniger Worte zu fassen. Finden Sie meinen Brief zu lang, so bitte ich um Entschuldigung. Sie werden mir hoffentlich Verzeihung gewähren in Anbetracht der aufrichtigen Freundschaft, mit der ich bin usw.

7. Brief des Anapistemon

Ich muß gestehen, lieber Freund, daß Sie mir stark zusetzen. Nicht die geringste Kleinigkeit lassen Sie mir durchgehen. Zur Zerstörung einiger kleiner Schlußfolgerungen, die ich nach Kräften zu verteidigen suche, fahren Sie schweres Geschütz auf, das in meine armen Beweisgründe Bresche schießt, und stellen das Feuer nicht eher ein, als bis meine zerstörten und eingestürzten Verteidigungswerke Ihnen kein Ziel mehr bieten. Ja, Sie haben es beschlossen, ich soll mit aller Gewalt mein Vaterland lieben, ihm dienen und anhängen, und Sie bedrängen mich derart, daß ich fast nicht mehr weiß, wie ich Ihnen entkommen soll.

Indes hat man mir von irgend einem Enzyklopädisten erzählt, nach dessen Worten die Erde der gemeinsame Wohnsitz aller Menschen ist und der Weise ein Weltbürger, der sich überall wohl befindet. Vor einiger Zeit hörte ich einen Gelehrten dies Thema erörtern. Alles, was er sagte, nahm mein Geist mit solcher Leichtigkeit auf, als hätte ich es selber gedacht. Diese Ideen erhoben meine Seele. Meine Eitelkeit gefiel sich in dem Gedanken, daß ich mich nicht mehr als unbekannten Untertan eines kleinen Staates, sondern fortan als Weltbürger betrachten könnte. Ich wurde alsbald Chinese, Engländer, Türke, Franzose und Grieche, wie es meiner Laune gefiel. Ich versetzte mich im Geiste bald in das eine, bald in das andere Volk und verweilte bei dem, das mir am meisten zusagte.

Aber mir ist, als hörte ich Sie schon. Sie möchten auch diesen holden Traum zerstören. Er ist leicht zu verscheuchen, allein was gewinne ich dabei?

Ist schöner Trug nicht besser als traurige Wahrheiten, die uns anwidern? Ich weiß, wie schwer man Sie von Ihren Meinungen abbringt. Sie wurzeln in so festen Gründen, sind durch so viele Beweise in Ihrem Geiste verankert, daß ich umsonst versuchen würde, sie zu entwurzeln. Ihr Leben ist eine beständige Betrachtung; das meine fließt sanft dahin. Ich begnüge mich mit dem Genießen, überlasse das Nachdenken anderen und bin zufrieden, wenn es mir gelingt, mich zu unterhalten und zu zerstreuen. Eben dadurch haben Sie soviel vor mir voraus, besonders bei der Erörterung schwieriger Fragen, die viele Gedankenverknüpfungen erfordern. Ich bin also darauf gefaßt, daß Sie mit Ihrem ganzen Rüstzeug gegen meine letzten Verschanzungen vorgehen werden. Ich sehe voraus, daß ich mein Unabhängigkeitssystem werde aufgeben müssen, in dem ich mich so bequem eingerichtet hatte. Ihre zwingenden Beweise werden mich nötigen, einen neuen Lebensplan zu entwerfen, der besser als der bisher von mir verfolgte den Pflichten meines Standes entspricht.

Allein es entstehen immerfort neue Zweifel in meinem Geiste. Sie sind der Arzt, dem ich die Leiden meiner Seele anvertraue; Ihr Amt ist es, sie zu heilen. Sie sprachen mir von einem Gesellschaftsvertrag; niemand hat mich davon unterrichtet. Wenn dieser Vertrag besteht, ich habe ihn nicht unterschrieben. Nach Ihrer Ansicht habe ich Pflichten gegen die Gesellschaft; ich weiß nichts davon. Ich soll eine Schuld abzutragen haben: an wen? An das Vaterland. Für welches Kapital? Ich ahne es nicht. Wer hat mir dies Kapital geliehen? Wann? Wo ist es? Indes gebe ich Ihnen zu, wenn alle Welt müßig ginge und nichts täte, müßte unser Geschlecht notwendig zugrunde gehen. Allein das ist nicht zu befürchten; denn die Not zwingt den Armen zur Arbeit, und es hat nichts weiter auf sich, wenn ein Reicher sich ihr entzieht. Nach Ihren Grundsätzen wäre in der Gesellschaft alles tätig, jeder handelte, jeder arbeitete. Ein solcher Staat gliche einem Bienenkorbe, wo jede Biene ihre Beschäftigung hat. Die eine gewinnt den Saft aus den Blumen, die andere knetet Wachs in den Zellen, eine dritte dient der Fortpflanzung der Art, und es gibt keine unsühnbare Sünde außer dem Müßiggang.

Sie sehen, ich gehe ehrlich zu Werke. Ich verhehle Ihnen nichts, ich gestehe Ihnen alle meine Zweifel. Es fällt mir schwer, mich so rasch von meinen Vorurteilen zu trennen, wenn es welche sind. Die Gewohnheit, die Tyrannin der Menschen, hat mir eine gewisse Lebensart beigebracht, an der ich hänge. Vielleicht müßte ich mich erst mit den neuen Ideen vertrauter machen, die Sie mir darlegen. Ich gestehe, mir widerstrebt es noch etwas, mich unter das Joch zu beugen, das Sie mir aufbürden wollen. Der Verzicht auf meine Ruhe, die Überwindung meiner Trägheit kostet mir schwere Anstrengungen. Die unaufhörliche Beschäftigung mit fremden Angelegenheiten, die Plackerei um das öffentliche Wohl schreckt mich ab. Aristides, Themistokles, Cicero und Regulus sind freilich Beispiele von Seelengröße und Hochherzigkeit, die die Welt anerkannt hat. Aber wieviel Mühe ist nötig, um ein wenig Ruhm zu erkaufen! Man erzählt, Alexander der Große habe nach einem seiner Siege ausgerufen: »O Athener, wenn Ihr wüßtet, was es kostet, von Euch gelobt zu werden!«

Sie werden mir diese Betrachtungen nicht hingehen lassen, werden sie zu weichlich und weibisch finden. Sie verlangen eine Regierung, in der alle Bürger nur Nerv und Energie sind, alle nur Tatkraft zeigen. Ich glaube, Sie dulden Ruhe nur bei Schwachsinnigen, Kranken, Blinden und Greisen. Da ich zu diesen nicht gehöre, so bin ich auf meine Verdammung gefaßt.

Ich kann Ihnen nicht verhehlen, daß der Gegenstand, den wir erörtern, weit umfangreicher ist, als ich mir gedacht hatte. Wie viele ineinander verschlungene Zweige, wie unendlich viele Verknüpfungen sind nötig, um einen so vielgliedrigen Körper wie eine regelrechte Regierung zu bilden! Bücher gibt es nur wenige über dies Thema, und die sind auch noch von tödlicher Pedanterie. Sie haben alles ergründet und machen mir Ihre Kenntnisse zugänglich. Ihnen verdanke ich es, daß Sie mich bis auf die angedeuteten Schwierigkeiten belehrt haben. Fahren Sie bitte fort, wie Sie angefangen haben. Ich betrachte Sie als meinen Lehrer und rechne es mir zur Ehre an, Ihr Schüler zu sein.

Die Beziehungen der Bürger zueinander, die verschiedenen gesellschaftlichen Bande, die Forderungen unserer Pflichten – all diese Gedanken kochen und gären unaufhörlich in meinem Kopfe. Ich denke an fast weiter nichts mehr. Begegne ich einem Landmann, so segne ich ihn für die Beschwerden, die er erträgt, um mich zu ernähren. Sehe ich einen Schuhmacher, so danke ich ihm im Herzen für die Mühe, die er sich gibt, mir Schuhe zu machen. Geht ein Soldat vorüber, so bete ich für den tapferen Vaterlandsverteidiger. Sie haben mein Herz mitfühlend gemacht. Nun schließe ich alle meine Mitbürger dankerfüllt hinein, besonders aber Sie, der mir die Natur meiner Pflichten erklärt und mir dadurch ein neues Vergnügen verschafft hat. Sie haben gesprochen, und die Nächstenliebe erfüllt meine Seele mit einem göttlichen Gefühl. Ich bin mit der größten Hochachtung und der vollkommensten Dankbarkeit Ihr usw.

8. Brief des Philopatros

Nein, lieber Freund, ich bekriege Sie nicht, ich ehre und achte Sie. Ich trenne Ihre Person von dem Gegenstand, der uns beschäftigt, und greife lediglich die Vorurteile und Irrtümer an, die sich von Geschlecht zu Geschlecht fortpflanzen würden, gäben die Freunde der Wahrheit sich nicht die Mühe, sie zu enthüllen und der Welt die Augen zu öffnen. Ich sehe mit größter Genugtuung, daß Sie sich mit einigen meiner Meinungen vertraut zu machen beginnen. Mein System zielt einzig und allein auf das Allgemeinwohl ab; es will die Bande zwischen den Bürgern nur enger knüpfen, um sie dauerhafter zu machen. Ihr wohlverstandener Vorteil soll einen wie den anderen dazu anspornen, ihrem Vaterlande aufrichtig zu dienen. Sie sollen mit gleichem Eifer zum Wohle der Gesellschaft beitragen; denn je mehr sie daran arbeiten, um so besser gelingt es ihnen.

Bevor ich aber in dem fortfahre, was ich Ihnen noch zu sagen habe, muß ich erst eine neue Schwierigkeit beseitigen, die Sie über den Gegenstand unserer Erörterung erheben.

Sie sagen, Sie wüßten nicht, worin der Gesellschaftsvertrag bestehe. Hören Sie: er entstand durch das gegenseitige Hilfsbedürfnis der Menschen. Da aber keine Gemeinschaft ohne Tugend und gute Sitten bestehen kann, so mußte jeder Bürger einen Teil seines Eigennutzes dem seiner Nächsten opfern. Daraus folgt: wenn Sie nicht betrogen werden wollen, dürfen Sie selbst nicht betrügen. Wollen Sie nicht bestohlen werden, so müssen Sie selbst nicht stehlen. Verlangen Sie Hilfe in der Not, so müssen Sie selbst stets hilfsbereit sein. Wollen Sie nicht, daß jemand unnütz sei, so arbeiten Sie selbst. Soll der Staat Sie verteidigen, so tragen Sie mit Ihrem Gelde dazu bei, besser noch, durch Ihre eigene Person. Wünschen Sie die öffentliche Sicherheit, so gefährden Sie sie selbst nicht. Soll Ihr Vaterland gedeihen, so ermannen Sie sich und dienen Sie ihm mit allen Kräften!

Sie sagen ferner, niemand habe Sie über den Gesellschaftsvertrag belehrt. Das ist die Schuld Ihrer Eltern und Erzieher, die einen so wichtigen Gegenstand nicht hätten außer acht lassen dürfen. Hätten Sie jedoch nur ein wenig nachgedacht, so hätten Sie ihn leicht selbst erraten.

Sie sagen weiter: Ich weiß nicht, welche Schuld ich der Gesellschaft abzutragen habe, noch wo das Kapital ist, dessen Zinsen sie fordert. Das Kapital sind Sie, Ihre Erziehung, Ihre Eltern, Ihr Vermögen. Dies Kapital ist in Ihrem Besitz. Die Zinsen, die Sie entrichten sollen, sind, daß Sie Ihr Vaterland wie Ihre Mutter lieben und ihm Ihre Talente weihen. Indem Sie sich nützlich machen, zahlen Sie alles heim, was das Vaterland von Ihnen zu fordern das Recht hat. Ich setze hinzu: es ist gleichgültig, welche Regierungsform Ihr Vaterland hat. Alle Verfassungen sind Menschenwerk, und vollkommen ist keine. Ihre Pflichten bleiben also die gleichen; ob Monarchie oder Republik, ist einerlei.

Gehen wir weiter. Wie ich mich erinnere, erwähnt Ihr Brief den Ausspruch eines Enzyklopädisten, den man Ihnen berichtet hat. Seit einigen Jahren werden wir von solchen Werken überschwemmt. Man findet darin eine kleine Anzahl guter Dinge und einige wenige Wahrheiten; der Rest scheint mir ein Haufen von Aberwitzigkeiten und leichtfertig vorgebrachten Ideen, die man erst hätte prüfen und verbessern müssen, ehe man sie dem Urteil der

Öffentlichkeit unterbreitete. In gewissem Sinne trifft es zu, daß die Erde der Wohnsitz der Menschen ist, wie die Luft den Vögeln, das Wasser den Fischen gehört und das Feuer den Salamandern – wenn es welche gäbe. Aber es verlohnte sich nicht, einen solchen Gemeinplatz mit so großer Emphase zu verkünden.

Sie sagen ferner, nach den Enzyklopädisten sei der Weise ein Weltbürger. Zugegeben, wenn der Verfasser damit meint, alle Menschen seien Brüder und müßten einander lieben. Aber ich höre auf, seine Meinung zu teilen, wenn es seine Absicht ist, Landstreicher heranzubilden, Menschen, die an nichts hängen, die aus Langeweile die Welt durchstreifen, aus Not Spitzbuben werden und schließlich hier oder dort für ihr zügelloses Leben bestraft werden. Dergleichen Ideen finden leicht Aufnahme und setzen sich in leichtfertigen Köpfen fest. Ihre Folgen sind dem Wohl der Gesellschaft stets zuwider. Sie führen zur Auflösung des gesellschaftlichen Verbandes; denn sie entwurzeln im Herzen der Bürger unmerklich den Eifer und die Anhänglichkeit, die sie ihrem Vaterlande schulden.

Dieselben Enzyklopädisten haben sogar die Vaterlandsliebe, zu der das Altertum uns so sehr mahnt und die jederzeit die Quelle der edelsten Handlungen war, so lächerlich gemacht, wie sie konnten. Über diesen Gegenstand urteilen sie ebenso kläglich, wie über viele andere. Sie dozieren, es gäbe kein Ding, das sich Vaterland nennt. Das sei der hohle Begriff irgend eines Gesetzgebers, der das Wort geschaffen habe, um die Bürger zu regieren. Was aber in Wirklichkeit nicht vorhanden sei, könne unsere Liebe nicht verdienen. Das nenne ich eine erbärmliche Beweisführung! Sie machen keinen Unterschied zwischen dem, was die Schulweisheit *ens per se* und *ens per aggregationem* nennt. Das eine bedeutet ein einzelnes Ding für sich, wie Mensch, Pferd, Elefant; das andere faßt mehrere zu einem Ganzen zusammen, z. B. die Stadt Paris, worunter man ihre Einwohner versteht, ein Heer, das heißt eine Menge Soldaten, ein Reich, das heißt eine zahlreiche Gesellschaft von Menschen. So heißt das Land, in dem wir zur Welt kamen, das Vaterland. Es ist also wirklich vorhanden und kein abstraktes Wesen. Es besteht aus einer Menge von Bürgern, die im selben Gesellschaftsverbande, unter den gleichen Gesetzen und Sitten leben. Da unsere Interessen mit den ihren eng verknüpft sind, schulden wir ihm Anhänglichkeit, Liebe und Dienstleistungen. Was könnten diese lauen und schlaffen Seelen antworten, was könnten alle Enzyklopädisten der Welt erwidern, wenn das Vaterland plötzlich in Person vor sie träte und sie etwa so anredete:

»Ihr entarteten, undankbaren Kinder, denen ich das Leben gab, werdet Ihr denn stets fühllos gegen die Wohltaten sein, mit denen ich Euch überhäufe? Woher stammen Eure Voreltern? Ich habe sie erzeugt. Woher nahmen sie ihre Nahrung? Aus meiner unerschöpflichen Fruchtbarkeit. Ihre Erziehung? Sie verdanken sie mir. Ihr Hab und Gut? Mein Boden hat sie geliefert. Ihr selbst seid meinem Schoß entsprossen. Kurz, Ihr, Eure Eltern, Eure Freunde, alles, was Euch auf Erden teuer ist – ich gab ihm das Dasein. Meine Gerichtshöfe schützen Euch vor Unbill, verteidigen Eure Rechte, verbürgen Euer Eigentum. Meine Polizei wacht über Eure Sicherheit. Ihr zieht durch Land und Stadt ebenso sicher vor dem Überfall von Räubern wie vor dem Dolche der Mörder. Meine Truppen schützen Euch vor den Gewalttaten, der Raubgier und den Einfällen unserer gemeinsamen Feinde. Ich befriedige nicht nur Eure unmittelbarsten Bedürfnisse, sondern verschaffe Euch auch alle Annehmlichkeiten und Bequemlichkeiten des Lebens. Wollt Ihr Euch unterrichten, so findet Ihr Lehrer aller Art. Wollt Ihr Euch nützlich machen, so harren Eurer die Ämter. Seid Ihr krank oder unglücklich, so hält meine Zärtlichkeit Hilfe für Euch in Bereitschaft. Und für alle die Wohltaten, die ich Euch täglich spende, verlange ich von Euch keinen anderen Dank, als daß Ihr Eure Mitbürger von Herzen liebt und mit aufrichtiger Hingabe für alles eintretet, was ihnen ersprießlich ist. Sie sind meine Glieder, sie sind ich selbst. Ihr könnt sie nicht lieben, ohne Euer Vaterland zu lieben. Aber Eure verhärteten und ungeselligen Herzen wissen meine Wohltaten nicht zu schätzen. Ein zügelloser Wahn hat Eure Sinne umwölkt und lenkt Euch. Ihr wollt Euch von der Gesellschaft trennen, Euch absondern, alle Bande zerreißen, die Euch an mich fesseln sollen. Wo das Vaterland alles für Euch tut, wollt Ihr nichts für das Vaterland tun. Ihr seid widerspenstig gegen alle meine Liebesmühe, taub gegen alle meine Vorstellungen. Kann denn nichts Euer ehernes Herz beugen und erweichen? Geht in Euch! Laßt Euch durch den Vorteil Eurer Verwandten, Euer eigenes wahres Interesse rühren! Möge Pflicht und Dankbarkeit sich dazugesellen, und mögt Ihr fortan so gegen mich verfahren, wie Tugend und der Sinn für Ehre und Ruhm es von Euch fordern.«

Ich für mein Teil würde dem Vaterlande mit diesen Worten entgegeneilen: »Mein Herz ist von Liebe und Dankbarkeit durchdrungen. Ich brauchte Dich nicht zu sehen und zu hören, um Dich zu lieben! Ja, ich gestehe, daß ich Dir alles verdanke. Darum hänge ich zärtlich und unlöslich an Dir. Meine Liebe und Dankbarkeit werden erst mit meinem Tode enden. Mein Leben selbst ist Dein Eigentum. Wenn Du es zurückforderst, werde ich es Dir mit Freuden opfern. Für Dich sterben, heißt ewig im Gedächtnis der Menschen leben. Ich kann Dir nicht dienen, ohne mich mit Ruhm zu bedecken!«

Verzeihen Sie, lieber Freund, die Begeisterung, zu der mich der Eifer hinreißt. Sie sehen meine Seele unverhüllt. Wie könnte ich Ihnen auch verbergen, was ich so lebhaft fühle? Wägen Sie meine Worte, prüfen Sie alles, was ich Ihnen gesagt habe, und ich glaube, Sie werden mir zustimmen, daß nichts verständiger und tugendhafter ist als die echte Vaterlandsliebe. Lassen wir die Schwachsinnigen und Blinden aus dem Spiel: ihre Ohnmacht springt in die Augen. Was die Greise und Kranken betrifft, so können sie für das

Wohl der Gesellschaft zwar nicht wirken, müssen aber für ihr Vaterland doch die gleiche zärtliche Anhänglichkeit hegen, wie Söhne für ihre Väter, an seinem Glück und Unglück teilnehmen und wenigstens für sein Wohl beten. Haben wir schon als Menschen die Pflicht, jedermann Gutes zu tun, so sind wir als Bürger erst recht gehalten, unseren Landsleuten nach besten Kräften beizustehen. Sie sind uns näher als fremde Völker, von denen wir keine oder nur geringe Kenntnis haben. Wir leben mit unseren Landsleuten. Unsere Sitten, Gesetze und Bräuche sind die gleichen. Wir atmen nicht nur die gleiche Luft, sondern teilen mit ihnen auch Glück und Unglück. Kann das Vaterland das Opfer unseres Lebens von uns fordern, so kann es erst recht verlangen, daß wir uns ihm durch unsere Dienste nützlich machen: der Gelehrte durch Unterricht, der Philosoph durch Enthüllung der Wahrheit, der Finanzmann durch treue Verwaltung der Einkünfte, der Jurist, indem er der Sache die Form zum Opfer bringt, der Soldat, indem er sein Vaterland eifrig und tapfer verteidigt, der Staatsmann durch kluges Kombinieren und richtiges Schlußfolgern, der Geistliche durch Predigen der reinen Sittenlehre, der Landmann, der Handwerker, der Fabrikant, der Kaufmann durch Vervollkommnung des erwählten Berufes. Jeder Bürger, der so denkt, arbeitet für das Allgemeinwohl. Diese verschiedenen Zweige vereint und auf das gleiche Ziel gerichtet, bringen das Gedeihen der Staaten, ihr Glück, ihre Dauer und ihren Ruhm hervor.

    Das, lieber Freund, hat mein Herz mir in die Feder diktiert. Ich habe nicht wie ein Professor über diesen Gegenstand geschrieben; denn ich habe nicht die Ehre, ein Gelehrter zu sein, und unterhalte mich mit Ihnen einzig und allein, um Ihnen auseinanderzusetzen, was ich unter den Pflichten eines redlichen und treuen Bürgers gegen sein Vaterland verstehe. Diese flüchtige Skizze genügt für Sie, da Sie die Dinge rasch erfassen und durchdringen. Ich versichere Ihnen, ich hätte nicht so viel Papier bekritzelt, ohne die Absicht, Ihnen gefällig und dienstbar zu sein.

9. Brief des Anapistemon

Ihr letzter Brief, lieber Freund, bringt mich zum Schweigen; ich bin gezwungen, mich zu ergeben. Von nun an schwöre ich meiner Trägheit und Gleichgültigkeit ab. Ich entsage den Enzyklopädisten wie der Lehre Epikurs und weihe alle Tage meines Daseins dem Vaterlande. Ich will künftig Bürger sein und Ihrem löblichen Vorbild in allen Stücken folgen. Meine Fehler gestehe ich Ihnen offen ein. Ich habe mich mit unbestimmten Begriffen begnügt, habe über den Gegenstand nicht genügend nachgedacht und ihn nicht reiflich erwogen. Meine sträfliche Unwissenheit hat mich bisher an der

Erfüllung meiner Pflichten gehindert. Sie leuchten mir mit der Fackel der Wahrheit ins Gesicht, und meine Irrtümer verschwinden. Ich will die verlorene Zeit nachholen, indem ich jeden durch meinen Eifer für das allgemeine Wohl übertreffe. Zum Vorbild nehme ich mir die größten Männer des Altertums, die sich im Dienste des Vaterlands ausgezeichnet haben, und nie werde ich vergessen, daß Ihr tugendstarker Arm es war, der mir die Laufbahn erschloß, in der ich Ihren Schritten folge. Wie und wodurch könnte ich Ihnen meinen Dank für alles heimzahlen, was ich Ihnen schulde? Seien Sie wenigstens versichert, wenn etwas die Gefühle der Hochschätzung und Freundschaft, die ich für Sie hege, übertreffen kann, so ist es meine tiefe Dankbarkeit, mit der ich zeitlebens bin usw.

10. Brief des Philopatros

Sie überschütten mich mit Freude, lieber Freund! Ihr letzter Brief versetzt mich in Entzücken. Ich habe nie gezweifelt, daß eine so redliche Seele wie die Ihre der rechte Boden sei, um den Samen aller Tugenden aufzunehmen. Ich bin gewiß, das Vaterland wird die reichsten Ernten einsammeln. Die Natur hatte alles in Sie gelegt; Ihre Gefühle mußten nur aufkeimen. Wenn ich dazu beitragen durfte, bin ich stolz; denn die Bereicherung des Vaterlandes um einen guten Bürger ist mehr wert als eine Erweiterung seiner Grenzen.

Gedichte

An Frau von Wreech

Geständnis

Durch Deine Huld, o Herrin, mög's mir verstattet sein,
In diese lautre Wahrheit Dich offen einzuweihn:
Seitdem ich Dich gesehen, dahin ist meine Ruh,
Durch Dich ist es geschehen, und dessen wert bist Du.
Mein Herz hat es erfahren, es traf zu gut der Pfeil,
Die Freiheit ist verloren, und Knechtschaft ist mein Teil.
Wiewohl mit jeder Stunde ich reife mehr zum Mann,
Sieht es die Welt als Schwäche und als verächtlich an.

Doch was als schwach sie tadelt, ich will es höher preisen
Als jene Herzen, fühllos wie Felsgestein und Eisen.
Und wenn man es auch Sünde und schlimmer nennen wollt',
Um Dich will ich sie tragen; denn Du bist allzu hold.
Ich fühle, daß ich selber nicht fähig bin, zu sagen,
Wie stürmisch meine Pulse für Dich allein nur schlagen.

Ein Glück, ein hohes, ist es, ein Unglück auch, zu lieben;
Bald macht die Liebe selig, bald muß sie uns betrüben.
Sei Du mein Schicksal! Reiß mich aus meiner Qual, der bangen!
Denn nur aus Deinen Händen will ich mein Los empfangen.
Dein Sklave will ich bleiben, in Deinen Banden schmachten
Und nie nach andrem Lose, nach andrem Titel trachten.

Sagt' ich zuviel? Dann setze Du meiner Kühnheit Schranken!
Ich hab' ja stillgeschwiegen, gefesselt die Gedanken,
In Anschaun ganz versunken, als ich Dich hier gesehn;
Du schienst mir eine Göttin – laß es mich Dir gestehn.
So nimm denn jetzt, o Herrin, ein Herz, das allzu zart
Und allzu ungeduldig nur der Erlaubnis harrt,
Dich oftmals zu begrüßen, Dir huldigend zu nahn,
Was noch zu dieser Stunde es zögernd nur getan.
Ich zähle die Minuten, ja jegliche Sekunde;
O, werde die Entscheidung mir bald aus Deinem Munde!
Dann will ich also handeln, wie Du es mir bestimmt.
Ich fürchte nur, mein Schicksal, es ist auf mich ergrimmt;
Doch mag es mir auch feindlich bereiten Not und Pein,
Trotz allem wirst Du sehen, ich kann auch standhaft sein.
Sollt' ich auch schlechte Botschaft jetzund von Dir empfangen.
Es muß am letzten Ende Geduld zum Sieg gelangen.

Zuviel schon, was ich sagte, von Leidenschaft verführt;
Ich fürchte sehr, ich habe Dich gründlich ennuyiert.
Doch glaube mir das Eine: von Dir erfüllt und rein,
Wird sich mein Herz nicht wandeln und stets das gleiche sein.

Stanzen

Von Deiner Schönheit Reiz berückt,
Von Deiner Verse Kunst entzückt,
Kenn', Iris, ich, beim Zeus, kein Grauen
Dem ich nicht trotzte, Dich zu schauen.
Mit Deinen Augen zwingst Du alle Herzen Dir –
So rühmt sie alle Welt als stolzes Siegspanier.

Da Du es Dir gemacht zur Pflicht,
Der Tugend strenge Regeln nicht,
O strenge Schönheit, zu versehren,
Muß ich aufs höchste Dich verehren.
Da Tugend selten nur mit Schönheit steht im Bunde,
Sing' ich Dir Lob und Preis heut und zu jeder Stunde.

Abschied
(mit Übersendung seines Bildes)

Nimm als Gesandten dieses Bildnis hin.
Als zager Dolmetsch dient ihm dieses Lied:
Es sage Dir als meiner Siegerin,
Wie tief in Deine Fesseln ich geriet,

Wie mir Dein Reiz bestrickte Herz und Sinn:
O welche Lust, wenn mir mein Los beschied,
Daß ich nun, wie mein Bild, so glücklich bin –
Doch still, mein Bote! Sagt zuviel Dein Lied,

Trotz Brief und Vollmacht wirst Du fortgesandt,
Als Heimatloser irrst Du dann durchs Land.
Laß Dich erraten, aber bleibe stumm;

Sag' nicht, Du liebst und werdest immer lieben,
Und da dem Tode alle wir verschrieben,
Stirb, doch verberge Dein Martyrium.

Ode auf den Ruhm
(1734)

Der Odem eines Gotts entfachte
Die Seele mir zu hehrem Glühn:
O Ruhm, im tiefsten Herzensschachte
Fühl' ich dein himmlisch Feuer sprühn.
Berauscht von deinem starken Zwange,
Will ich mit holdem Leierklange
Besingen deine Segenskraft:
Du reichst dem wahren Wert die Krone;
Dein Lorbeer wird dem Erdensohne
Zum Sporn für alles, was er schafft.

Es ist die Tugend, die zum Ruhme,
Der Ruhm, der uns zur Tugend weist;
Er läßt den Sieg erstehn als Blume,
Entfesselt des Besiegten Geist;
Dank ihm fand Cicero die Worte,
Kam Seneca zum Weisheitshorte,
Entsprang der echten Helden Schar.
Steigt aus der Gräber finstrem Grunde
Und gebt uns, edle Schatten, Kunde:
Wer hieß euch trotzen der Gefahr?

Schon bei den Thermopylen schaue
Die Kämpfer ich, die kühn ihr Blut
Hinopfern, um die Heimatgaue
Zu schützen vor der Sieger Wut;
Ist deren Macht auch ohnegleichen,
Ihr Mut will vor der Zahl nicht weichen,
Steht unerschütterlich im Streit;
Derweil sie sterbend niedersinken,
Sehn sie, vom Ruhm getröstet, winken
Als stolzen Preis Unsterblichkeit.

Wer ist der Held, in jedem Kriege
Triumphgekrönt? Es ist Eugen;
Die Ehren seiner stolzen Siege,
Der Ruhm läßt nimmer sie vergehn:

Ode auf den Ruhm

Dies strahlende Phantom, beschieden
Als Schutzgeleit schon dem Alkiden,
Läßt ihn zum Rhein, zur Donau ziehn,
Den Feind bedrohn in Ungarns Wäldern
Und auf Italiens blutigen Feldern,
Um ihn zu kränzen in Turin.

Ihr, denen Kunst und Dichtung eigen,
Minervas und Apollos Brut,
Wer flößt, auf den Parnaß zu steigen,
Euch ein die Sehnsucht und die Glut?
Homer, Virgil, ja, laßt euch fragen,
Horaz, Voltaire, ihr sollt mir sagen:
Welch einem Gott singt ihr zu Dank?
Ihr alle seid dem Ruhm ergeben;
Um für die Nachwelt fortzuleben,
Feilt Ehrgeiz euch die Verse blank.

Der Frevler mit dem scheelen Auge
Sucht irrend stets der Ehre Pfad;
Es wähnt sein wilder Sinn, ihm tauge
Zum Ruhm die grimme Missetat.
Sein Rausch dringt niemals durch zur Klarheit;
Verzerrt nur spiegelt ihm die Wahrheit
Sein Geist, entartet und verrucht;
Von seinem Selbstbetrug verblendet,
Erhofft er, daß man Lob ihm spendet,
Wenn sein Verbrechen man verflucht.

Mag, sich behaftend mit dem Stempel
Der Schmach, des Feuerlegers Hand
In den antiken Wundertempel
Verheerend schleudern hellen Brand;
Mag Thais glauben voll Betörung,
Daß durch Persepolis' Zerstörung
Sie der Unsterblichkeit sich naht:
In seines Ehrenbuches Rahmen
Schwärzt nachsichtslos der Ruhm die Namen
Von Thais und von Herostrat.

O Ruhm, dem ich zum Opfer bringe
All meine Kurzweil und Begier;
O Ruhm, du meines Glaubens Schwinge,
Gönn' meinen Taten deine Zier!
Du kannst, wenn ich ins Grab gesunken,
Bewahren einen schwachen Funken
Vom Geiste, der in mir geloht:
Die Schranken tu mir auf zum Siege,
Damit ich deine Bahn durchfliege,
Dir treu im Leben und im Tod.

Rheinsberg

(30. Oktober 1737)

Daheim in meiner selbstgewählten Klause,
In der ich dank besondrer Gunst nun hause,
Das Schicksal aller derer mir betrachtend,
Die, eingeschläfert völlig von Chimären,
Des Irrtums voll und wie die Sklaven schmachtend,
Der Erdengötter eitle Größe ehren,
Vermess' ich mich, das Leben zu genießen,
Furchtlos vor Neid, nicht von dem Gift geschreckt,
Das tückisch, von der Großen Gunst gedeckt,
Verleumdung durft' auf meine Unschuld gießen.

Erwach' ich früh zur schönen Jahreszeit,
Seh' Phöbus ich am Horizonte strahlen,
Die Früchte, Reben rings mit Gold bemalen;
Da sehe ich die Bienen werkbereit,
Den Honig naschend, summend überm Beet,
Das tausendfache Blumenpracht besät.
Den Schatten suche ich des dichten Hains,
Den Rand des Bachs und schöpf' aus alten Werken,
Aus Griechen und aus Meistern des Lateins,
Mein Wissen zu vermehren, mich zu stärken.

Dann folgt ein einfach Mahl in schattiger Laube
Das Joyard artig zu kredenzen weiß.
Der Fleck, im reichen Schmuck von Frucht und Traube,
Er steht an Preis wohl, doch an Schönheit nimmer
Dem prunkvoll kostbarsten Palaste nach.
Wie schwindet da des Thrones Glanz und Schimmer,
Vergleichst du ihn mit einem Silberbach!
Von Freunden eine Schar, ganz auserkoren,
Abhold der Heuchelei und wie geboren
Zu Ernst und Scherz: die bildet meinen Kreis.

Da füllt Philosophie gar manche Stunde;
Bald fesselt Newton und die Sternenkunde,
Bald Dichtkunst, Malerei uns ganz,
Bald freun wir uns an der Geschichte Themen,
Bald sinnen wir ob den Problemen
Der Größe Roms und Griechenlands.
Drauf, voll von Liebe, Versen und voll Lust
Und von der holden Tollheit ganz bezwungen,
Die Ernst und Herbe scheucht aus jeder Brust,
Sprühn die von edlem Wein gelösten Zungen,
Lebendig zwar, doch Maß und Grenze wahrend,
Ein Feuerwerk, mit Geist die Laune paarend.

An diesem stillen Fleckchen, von Banausen
Und Gecken unbehelligt, sehe ich
Die zarte, unverfälschte Freundschaft hausen.
In unser Heiligtum drängt nimmer sich
Ein einstudiert Gesicht; Verstellung, List,
Sie bleiben ausgeschlossen: was er ist,

Ein jeder kann es sein, von Furcht befreit,
Daß böse Hand ihm böse Züge leiht.
Das Lachen ist hier völlig unverwehrt;
Jedoch zum Schutze vor den scharfen Bissen,
Mit denen die Satire gern versehrt,
Sind ihr die argen Zähne ausgerissen.

Wird's Abend, so verschmelzen ihre Klänge
Euterpe, Polyhymnia, die hehren,
Die süße Harmonien uns bescheren.
Noch tönen in den Ohren die Gesänge,
Das Echo weckend, von dem neuen Orpheus,
Da weiht uns schon die Ruh dem Reich des Morpheus.
Und so, von tiefem Frieden rings umhegt,
Vollende hier ich meine Lebensbahn,
Erwarte stolzen Sinnes, unbewegt
Der Schere Schnitt, von Atropos getan.

Dem Sklaven weh, der nicht die Stadt verläßt.
Den schwächlich an den Hof die Kette fest
Gefesselt hält, aus Liebe oder Pflicht!
Er lernt, daß, wechselnd wie des Mondes Licht,
Das Schicksal oft die Günstlinge erhebt
Und dann in jähem Sturze sie begräbt.
Der flüchtigen Laune Opfer ist er heute
Und morgen eines leichten Argwohns Beute.
Geschäftig stets, fällt ihn sein Feind mit Tücke,
Errichtet aus dem wandelbaren Glücke
Für seine Bosheit sich ein Siegeszeichen.
Erliegt er nicht – ein Glück ist's sondergleichen –,
So wird ihn bald der Ehrgeiz ganz verblenden
Und alles nur zu seinem Unheil wenden.
Des Höflings feiler, niedrer Eigennutz,
Die Politik mit ihrem Schutz und Trutz
Gebieten auf die Freundschaft ihm Verzicht.
Den macht sophistische Moral zum Wicht,
Der sich zu seines Feindes Füßen windet,
Feig, unterwürfig, angstvoll und erpicht,
Wo Vorteil er und wo er Rache findet.
Die Unterwürfigkeit, der äußere Schliff:
Sie sind für ihn der einzige Inbegriff

Der Götter, die ihm die Gesetze geben.
Die dürre Klugheit, die ein jedes Wort
Erst wägt, begleitet ihn von Ort zu Ort.

Ach, Unglückseliger! Lerne erst zu leben!
Wie lang noch willst du langsam so verderben?
Die Größe schützt dich nicht vor Leid und Sterben,
Und unsrer Tage kurz bemeßne Spannen,
Sie fliehen, ach! nur allzu schnell von dannen.
Und ist die Frist, die einzige Frist vergangen,
Vergebens wirst du sie zurückverlangen.
Auf! Zu den heitern Freuden, die entzücken,
Durch Frohsinn, Spiel und Liebe hold beglücken!
Fort mit den Göttern, die von Schranzen blind,
Von Hochmut, Ehrgeiz angebetet sind!
Nie werd' ich, ihre Gnade zu erringen,
Nur das geringste Opfer ihnen bringen.
O der du meine einzige Gottheit bist,
Du Gott der Freude, lohne meine Treu!
Gib mir, was Gipfel aller Freuden ist,
O gib, daß mitten im Genusse neu
Ein seliges Vergessen und Entrücken
Zu immer neuen Wünschen mich entzücken!

Tod des Vaters

An Voltaire
(26. Februar 1740)

Dies anzusehn! Ein Vater in Todesnot!
Von Sterbenspein gequält erbarmungslos,
Sein Leben jeden Augenblick bedroht
Vom Scherenschnitt der Atropos!
Wie dieser Anblick doch mich übermannt,
Dagegen hält Philosophie nicht stand!
Wie einer Rieseneiche zarter Schößling
So fühl' ich mich: Nun hält der Baum, der stolze,
Im Sturm nicht mehr;
Verdorren schleicht, der Tod sitzt ihm im Holze
Vom Gipfel bis zum Grund! Der arme Sprößling,
Wo nimmt er Kraft und Saft und Nahrung her?

Nun spricht in mir die Stimme der Natur,
Beredter denn mein Ehrgeiz je gesprochen:
Mein Herz ist trüb, mein Mut gebrochen,
Nichts fühl' und weiß ich mehr, ich sehe nur
Im Geiste vor mir meines Vaters Schatten,
Die Totenfeier, da sie ihn bestatten,
Und fühl' den bangsten Augenblick voraus,
Wo alles aus!
Nun, da der Herr ich heißen soll,
Erleb' ich's tief in Herz und Sinn,
Wie so gebrechlich doch ich bin;
Mein Los, so stolz und hoheitsvoll,
Mit zager Hand nur nehm' ich's an:
Ein Scheinglück ist's, es ist ein Wahn!
O selig, dürft' ich weiterleben,
Wo mir so mild der Himmel schien,
Wo ich in Freiheitsglück gediehn!

Aus diesem Erdreich mich zu heben!
Mich zu verpflanzen in dies Feld,
Die rauhe, die unholde Welt,

Ungangbar und verseucht zumeist
Von Machiavellis Frevelgeist!
Fern all den leeren Herrlichkeiten
Am Hof wie in der Königsstadt,
Fern all dem Schimmer, all dem Staat,
Den Thron und Hoheit rings verbreiten –
Wie liebend gern,
In meinem friedlichen Asyle,
All diesem flüchtigen Glanze fern,
Tauscht' ich die holde Arbeitsstille,
Wie gern für all den stolzen Schein
Tauscht' ich mein ruhmlos Dunkel ein!

An Jordan

(10. Juni 1742)

Als ich geboren ward, ward ich der Kunst geboren,
Die heiligen neun Schwestern reichten mir die Brust,
Und für des Herrschers Hochmut schien dies Herz verloren,
Das voller Mitleid war und kindlich unbewußt.
Die ganze Welt war mir ein Garten duft'ger Blumen,
Die voller Zärtlichkeit mein durstig Aug' umfing,
Und Kränze wand ich, streute Vögeln Krumen
Und dachte Mädchen, wo ich stand und ging.

Da riß das Schicksal mich aufs große Welttheater,
In der Tragödie »Krieg« ward mir der Heldenpart;
Mein Ruhm brach auf wie Lava aus umwölktem Krater
Und riß mich sonnenwärts in unerhörter Fahrt,
Und als ich einmal erst geopfert am Altare,
Darauf das süße, heiße Ruhmesfeuer glomm,
Da schwieg das Schäferlied vorm Gellen der Fanfare,
Und immer schnellern Schritts ich aufwärts klomm.

Doch bald erkannte ich des Ruhmes wahres Wesen:
Ein Leviathan schwamm er in dem Meere Flut,
Zerfetzte Leiber sah ich rings um ihn verwesen,
Die seinem grausen Dienst geschlachtet als Tribut.

Sein Schlummerlied blies ihm betäubend die Drommete,
Sein Denkmal türmte er aus dem, was er geraubt;
Als Weihrauch schlürfte er den Rauch verbrannter Städte,
Aus Tränenkraut flocht er den Kranz ums wilde Haupt.

Nein, meinem Herzen fremd sind Neros Grausamkeiten,
Und meiner Freunde Blut ist diesem Herzen Gift.
Schreibt denn auch Ablaßbriefe für dies Streiten,
Der für die Ewigkeit aufzeichnet, Klios Stift?!
Ach, für die Ewigkeit? Was bleibt wohl noch in Ehren
Von all den tausend Heldentoden dieser Zeit?
Glaubt ihr, der Heldentod von jenen alten Heeren
Erlosch vorm Ruhm der Welt, in der ihr seid?!

Ihr sterbt, und mit euch stirbt der lorbeerreiche Name,
Den schon bei Lebenszeit der gelbe Neid bekriegt!
Auf eurem Grabe wuchert wild wie Unkrautsame
Verleumdung, die ihr Haupt in gift'gen Blumen wiegt. –
Nein, glücklich ist nur der, der sich als Los erkoren
Ein stillverborgnes Glück und stillzufriednen Sinn;
Man kannte mich doch nicht, eh' ich zur Welt geboren,
Was tut's, ob man mich kennt, wenn ich gestorben bin?

An Jordan

Über den Kometen, der 1743 erschien
(27. Juni 1743)

Bebst Du noch immer, Jordan? Schreckensbleich
Macht Hektor Dich, der grausige Komet?
Zerstörte ihn der Himmel doch sogleich,
Eh' diese Welt durch ihn zugrunde geht!

Um Dich, ach, wäre es mir herzlich leid –
Noch prangst Du in der Blüte Deiner Jahre;
Mehr Wohltat dankt die arme Christenheit
Dir als dem Kardinal, an dessen Bahre
Lobrednerei sein Herz und seinen Geist
So maßlos und so überschwenglich preist.

Wo Du gewirkt, in jeglichem Revier
Hat immer sich Dein gutes Herz bewährt:
Aufklärung dankt die hohe Schule Dir;
Die Armen all hat Deine Hand genährt;
Als Vater alle Narren Dich begrüßen,
Als Gatten alle Mägdlein, die da büßen.

Drum wünsch' ich sehr, daß dieses Ungeheuer,
Daß dieser ungeziemliche Komet
Mit seinem langen Schweif aus Höllenfeuer
Dich zu versengen sich nicht untersteht.
Doch müßt' ich scheiden, stürbe eine Seele
Nicht ohne Wildheit und nicht ohne Fehle.

Epigramm

Vom Großherrn feierlich geschickt, erschien
Ein türkischer Gesandter jüngst in Wien,
Als Ehrengaben hat er dort verehrt –
Nur Irrtum war's, so will es das Gemunkel –
Der Kaiserin ein Schwert,
Dem Kaiser eine Kunkel.

An die Königin-Mutter
(Weihnacht 1744)

Drei Könige brachten einst, o Königin,
Dem Christuskind mit andachtsvollem Sinn
Als Gaben Weihrauch, Myrte, lautres Gold.
O daß Ihr gnädig mir gestatten wollt,
Wenn ich Euch ebenso zum gleichen Tage
Die gleichen Gaben darzubieten wage.
Die Myrte stellt die zarte Liebe dar,
Die Ehrfurcht, die ich allzeit Euch bewahr':
Der Weihrauch ist mein inniges Gebet,
Das Euer Leben zu verlängern fleht.
Und dient Euch das Metall in diesem Schrein
Zum Zeitvertreib, wird's überglücklich sein.

Den Manen Cäsarions
(August 1745)

Was hör' ich? Gott, welch schreckensvolles Wort:
Cäsarion ist nicht mehr! Cäsarion ist fort!
Du hast den treusten, besten Freund verloren!
Als wenn mich Dolche tausendfach durchbohren,
So zuckt mein Herz
In wildem Schmerz.
Du bist nicht mehr! so wird mir's ewig klingen;
Dir nach zum Nichts wird meine Liebe dringen.
Wie ich Dich im Leben geachtet, geehrt,
So bleibst Du mir inniger Liebe wert.

Wie fest hast Du dem Tod ins Aug' geschaut,
Vor dem doch jedes Menschen Herze graut!
Von Mannesmut gestützt, geführt,
Blieb Deine reine Seele unberührt
Von jenem Hirngespinst von einer Hölle
Und einer dunkeln Zukunft unsrer Seele.
Du hast in Deinen frohen Lebensstunden
Den Halt beim Meister Epikur gefunden;

Wie stolz hast Du im Tod Dich aufgerafft:
Da überbotst Du Zenos Geisteskraft!

Weh mir, dies Herz, das so erhaben schlug,
Was ward aus ihm? Wer sagt mir's? Wer?
Der Geist, der adlige Gedanken trug,
Lebt er wohl noch? O sagt, ist er nicht mehr?
Gott, welch ein Abgrund! Alles ist vernichtet,
Sein Geist und seine Güte! Wenn er lebte,
Gewiß, sein Schatten, sein Gedanke strebte
Aus Nacht und Tod zu mir, ja, er umschwebte
Mein wehes Haupt: er hätt' mich aufgerichtet!

Leidvoll Erinnern, bittrer Kelch der Trauer!
Und bildest dir, törichte Stoa, ein,
Du könntest Menschenseelen auf die Dauer
Wider die Schläge des Geschickes sein?
Wie leidgewappnet glaubt' ich mich,
Wie stark – wie unerschütterlich –

Den Manen Cäsarions

Und nun, was muß ich nun an mir erleben!
Wehrlos bin ich dem Schmerze preisgegeben,
Zerstört, vernichtet fast in Seelennot
Durch Deinen Tod. –

Still, still! Was ist denn der Verstand noch wert,
Wenn er sich gegen das Empfinden kehrt
Und meinen Gram mit Bitternissen mehrt?
Er sagt zu mir, mein Alles sei dahin.
So weit die Welt, so leer! Und ich, ich bin
Verwaist, allein! Ich hab' Dich so geliebt –

Wie schattenhaft verwehten doch die Tage,
Da wir, was uns erfreut, was uns betrübt,
Wie Brüder teilten; da in gleichem Schlage
Dein Herz und meines schlug. Mein Glück war Deins.
Wie waren wir in all und jedem eins,
Im Großen und im Kleinen; ungetrübt und klar
Blieb uns der Freundschaft Himmel immerdar.
Der Frohsinn hat Dich stets begleitet,
Dein Geist, durch schöne Bücher wohl geleitet,
Hat gern gebändigt, ritterlich und zart,
Die Fröhlichkeit, die sich oft wild gebart.

Dich machte Deine edle Sitte wert,
Dich den erlauchten Geistern zu gesellen.
Die Hellas und Paris mit Glanz erhellen,
Ach, und Dein Herz: Dich unter die zu stellen,
Von deren Freundschaft uns die Lieder melden,
Die kleine Schar von hochgesinnten Helden,
Die man um ihrer Treue willen ehrt.
Wüßt' ich die Leier des Horaz zu schlagen,
Fürwahr, das Echo sollte vom Parnaß
Hier dieses Herzens Sehnsucht mit mir klagen,
Das Dir verbunden bleibt ohn' Unterlaß;
Mehr denn Achates warst Du, würd' ich sagen,
Mehr denn ein Pylades, Pirithous;
So in der Liebe feurigstem Erguß
Unsterblich werden sollte im Gesang,
Was Dich geziert Dein Leben lang.

Ich darf die Sonne sehn, und Du nicht mehr!
So ist's denn wahr, nur zu wahr, daß er,
Der Unerbittliche, ohn' Unterschied
Das Schönste in das Nichts herunterzieht.
Ob Wert, ob Unwert! Ehre oder Schande!
Wer fragt danach noch am Cocytusstrande:
Was hat Achill, was Hektor dem Thersites
Voraus? Auch ich geh' schleunigen Schrittes
Der Heimstatt zu, der dunklen; Tage, Stunden
Sind, wie sie kamen, mir im Flug entschwunden.
Halb schon durchmessen ist die Lebensbahn,
Und nah und näher rückt das Ziel heran.
Geduld! Nicht lang mehr währt's, so grüß' ich Dich
Im dunklen Schattenreich, um inniglich
Mit Dir in düstrer Friedensfreistatt dort
Die Freundschaft zu erneun
Und fort und fort
Dir liebend nah zu sein.
Indes solang' in dieser Welt
Das Schicksal mich gefesselt hält,
Bleibt mir Dein Bildnis unvergessen.
So lang gibt's auch kein Glück, das je
Mir lindern mag mein brennend Weh.

Laß unter Deinen Grabzypressen
Mein Haupt mich senken; ungemessen
Laß meine Schmerzenswollust sein!
Dort will ich heiße Herzensträten
Und Seufzer Dir aus nie gestilltem Sehnen
Und tiefempfundne Lieder weihn,
Mit Myrten dann und Blumen – sieh, es glänzen
Noch meine Tränen drauf – Dein Grab bekränzen.

Und doch, glückselig preis' ich den,
Der heitrer Stirn mit Seelenadel
Dem Tode kann entgegensehn,
Ein Ritter ohne Furcht und Tadel.

Sanssouci

An Marquis d'Argens
(1747)

Lenz will's werden; schwach zum Sterben, räumt der Winter ihm das Feld,
Und die eis'gen Stürme haben schon ihr Wüten eingestellt.
Draußen, wo die Saaten keimen, frei und froh die Welle rollt
Durch des Eises Trümmerschollen, das sie gar ersticken wollt'.
Hei, und unsre Rieselbäche! Über goldig-klaren Sand
Treiben lustig die erlösten ihren Schlängellauf durchs Land.
    Flora aber hat Natur
    Wie ein Lieblingskind bedacht:
    Flora schmückt uns Feld und Flur
    Schon mit Frühlingsblumenpracht.
Neu wird alles unterm Himmel, und es mahnt das junge Jahr
Alles Holden, alles Lieben, das vor Zeiten unser war.

    Doch indes mein Griffel hier
    Euch zu schildern treu bemüht ist,
    Wie ringsum die Welt erblüht ist –
    Was, mein träger Herr Marquis, tut Ihr?
Faulheit, die geliebte Herrin, hält Euch fest in Bann und Fron,
Unbeweglich, taub an Sinnen, ihre Lider schwer von Mohn!

    Wie ein Klausner lebt Ihr hin,
    Unbekannt schier in Berlin,
    Mitten in der Residenz,
    Und zu freudigerm Genießen,
    Draußen, wo die Saaten sprießen,
    Ruft vergebens Euch der Lenz.
    Ei, so laßt mal Euern Bau,
    Wo die Langeweile nistet,
    Die Gedanken grau in grau.
    Eure Händel, Eure Grillen,
    Ärgernisse, die die Galle
    Nur erregen, laßt sie alle!
    Euer Herz mit Lust zu füllen,
    Wüßt' ich schon ein Wo und Wie:
    Kommt zu mir nach Sanssouci!

Dort erst ist man recht ein König, ist sein eigner Fürst und Herr,
Auf dem Lande, in der Stille! Weiß nicht, wo man freier wär'!
Fragt Ihr nun, wo sie gelegen, meine grüne Einsamkeit,
Wo beschaulich diese Strophen Euer Freund für Euch gereiht,
Jener Ort, wo meiner Tage schönste mir die Parze spinnt –
      Hört, ob Ihr ein Bild gewinnt!

    Hoch auf eines Hügels Rücken,
    Wo das Auge mit Entzücken
    Schweift, soweit der Himmel blau,
    Hebt gebietend sich der Bau.
    Hohe Kunst ward dran gewendet;
    Sorglich schuf und meisterlich
    Mir des Meißels Hieb und Stich
    Steingestalten formvollendet.
    Die das Ganze prächtig schmücken,
    Ohne lastend es zu drücken.
    Morgens taucht mein Schlößlein ganz
    Sich in goldnen Frühlichtglanz,
    Der es grüßt, wenn er erwacht.
    Sechs bequeme Treppen lassen
    Nieder über sechs Terrassen,
    Mählich sacht
    Euch zum Haine niedersteigen,
    Euch zu flüchten
    In die grüne Dämmernacht.
    Dorten läßt dann unter dichten,
    Unter hundertfarbigen Zweigen
    Loser Nymphen Schelmerei
    Klare Silberwellen nieder
    Sprudeln über Marmorglieder –
    Gab's seit Phidias jemals wieder
    Solche Meisterbildnerei?

    Seht, dort regelt meine Tage
    Holdes Gleichmaß, still gedeihlich,
    Fern der dummen Modeplage
    Endlos langer Prunkgelage,
    Steif, nach Vorschrift und langweilig.

Mittags ladet unser Tisch zu bescheidenen Genüssen,
Die mit wertvollen Gesprächen weidlich wir zu würzen wissen.
Wie das sprudelt, wie das schäumet! Funkenhelle Geistesblitze –
Manchmal macht man auch auf Kosten fremder Dummheit seine Witze.

    Diese stille Einsamkeit
    Ist mir Bollwerk, Wehr und Turm
    Wider jeden Stoß und Sturm
    Dieser wildbewegten Zeit,
    Wider alles, drein so gern
    Uns die Menge möchte zerrn,
Uns, die Weisen, die dem Wissen, die den Künsten sich geweiht.
    Ach, d'Argens, besieht man's recht,
    Ist das menschliche Geschlecht
    Nichts als gierig, dumm und schlecht!

Glücklich, wer abseits vom Wege sich ein Heiligtum gebaut,
Zuschaut, wie zu seinen Füßen Sturm und Wetter grollt und braut;
Wüste Trümmer sieht er treiben drunten in dem Klippenmeer,
Und er nickt: es ist nicht anders, seelenloses Ungefähr
Treibt sein Spiel mit eurer Ehrsucht! Seht, nun deckt den weiten Strand
Trümmergraus so stolzen Hoffens, das gar bald sein Ende fand!
Glücklich jeder Unbekannte, ja, gesegnet tausendmal,
Der den Kopf sich klar behalten, der des Ruhmes Giftpokal
Von sich stieß, noch ungekostet, der sich zeitig noch besann,
Was an all dem Lorbeersegen der Geschichte ernstlich dran,
Der in treuer Pflichterfüllung quitt mit seiner Mitwelt ward
Und die Müh' um sein Gedächtnis bei der Nachwelt gern sich spart,
    Nicht erbettelt ihre Gunst
    Und ihr bißchen Weihrauchdunst!
Nein, Marquis, die eitlen Streber, laßt uns alle sie verachten.
Wir, fürwahr, sind nicht die Narren, ihrem Glückswahn nachzutrachten.
Mögen denn die Ruhmbedürft'gen nur sich selber Beifall spenden,
Ungesättigt bleibt ihr Hunger, ihre Not wird nimmer enden.
Pläne über Pläne häufen mögen sie, der Unrast Beute,
Nur von ihrer Hoffnung lebend, abgestorben für das Heute!

    Uns lockt alles dies vergebens;
    Wir genießen unseres Lebens
    Nach der Kunst und Möglichkeit!
    Bellt nur, Höllenhund und Neid!

Uns sei eines nur bewußt:
Jedes Augenblickes Lust
Raubt der Sturmgang uns der Zeit,
Die uns unsre schönsten Tage
Wie im Fluge hetzt vorbei;
Heut des Lebens Blütenmai,
Morgen Alters Last und Plage!
Ach, der Mensch, geworden kaum,
Ist er auch gewesen schon,
Ja, das Leben ist ein Traum! –
Doch wenn dieser trockne Ton
Der Betrachtung Euch verdrießt,
Ei, so hört denn, was davon
Meine Nutzanwendung ist –
Ob Ihr der Euch wohl verschließt?!
Maßen meine Freundestreue Euch beschwört, nur zuzugreifen,
Frisch die Freude festzuhalten, die Euch will vorüberstreifen,
Leichter Hand und leichten Herzens, eh' die flüchtige entschwinde!

Ob das Schicksal uns, das blinde,
Einen Vorrat langer Jahre gnädig noch hat zugedacht,
Ob's mit Götterhuld uns lacht,
Oder ob es ohn' Erbarmen
Droht, mit seinen wucht'gen Armen
Uns, betäubt von Not und Schrecken,
Nieder in den Staub zu strecken –
Einerlei!
Rosen! Rosen bringt herbei!
Schlingt sie feiernd um die Stirn!
Seliger ist holdes Irrn
Als die wahren Daseinsgüter! Darum raubt die flinken Schwingen
Jenen Liebesgötterschlingeln, ihre Pfeile, laßt sie schwirrn,
Laßt sie klingen, laßt sie springen
In die Herzen unsrer Schönen! – Denn zuletzt sind wir nur Herrn
Dieser flüchtigen Gegenwart;
Wer da aufschiebt, was er gern
Sein genannt, ist meist genarrt.
Drum so sag' ich: unverdrossen
Jedes Augenblicks genossen:
Heut ist uns der Himmel hold;
Weiß nicht, ob er morgen grollt!

Reime wider einen Arzt, der einen armen Gichtkranken durch eine Schwitzkur fast umgebracht hätte

(Juni 1749)

Nein, jetzt widerruf' ich alles,
Was mein Spott gesündigt hat:
Nah und fern, in Dorf und Stadt –
»Ehre der Arzneikunst!« schall' es!
Groß, ja groß ist Hippokrat!
Denkt, was seine Allmacht kann,
Wahrlich, es ist ein Mirakel:
Dieser Leib hier, er zerrann,
Neue Formen nimmt er an,
Fließt, o grausiges Spektakel,
Wie ein Bächlein mir hindann!

Seht, schon werd' ich eine Quelle,
Und ich sickre und ich rinne,
Bis ich mir im Tal gewinne
Meinen Strom so klar und helle.
Ja, hinein! Für immer sollen
Meine Wellen mit den seinen
Sich vereinen,
Selig mit ihm weiterrollen.
Mag's durch Wiesenlande sein,
Oder auch durch Himmelsstriche
So wie Libyens fürchterliche,
Glutendürre Wüstenein –
Meint ihr, daß ich von ihm wiche?
Ob er niederwärts von steilen
Bergen schäumt in Donnerfällen,
Oder seine raschen Wellen
Zu des Weltmeers Schoße eilen;
Oder ob ein Fürst sich endlich
Schlau den Wanderburschen einfängt
Und mit Künsten gar umständlich
Seiner Wasser Triebkraft einzwängt,
Daß er, mannigfach verzweigt,
Als ein lust'ger Springquell steigt –
Mir soll's gleich sein – immerhin
Segn' ich meines Schicksals Gunst:
Meiner Wandlung Hochgewinn
Bleibt, daß ich jetzt sicher bin
Vor der Ärzte Kunst!

Wider die Krittler

An Algarotti

Du liebenswerter Sproß aus fernem Süd,
In dem aufs neu der hohe Geist erblüht,
Gesittung und Geschmack, die einst beglückt
Das alte Rom und herrlich es geschmückt:
Sag an, was treibt uns, bissig einen jeden,
Selbst Freunde, zu bekritteln und zu kränken?
Begierig fahnden wir nach ihren Schäden
Und suchen selbst das Lob mit Gift zu tränken.
Ist's wohl der Eigenliebe wechselnd Wesen,
Das gern des Geistes Maske sich erlesen,
Das lüstern stets nach fremden Schwächen späht
Und selber sich vor ihnen eitel bläht?
Hat Gott, der doch als unser Schöpfer gilt,
In unser Herz geprägt ein heimlich Bild,
Das der Vollendung hehre Züge trägt
Und unsern Sinn stets zum Vergleich erregt?

Doch soll kein Lob dies Laster mehr verklären,
Nur Eigenliebe konnte es gebären.
Der Höfling schmeichelt seines Feindes Schwächen
Und sucht galant ihm so den Hals zu brechen.
Gewissenhaft verschmäht er offnen Tadel
Und sticht den Gegner mit geheimer Nadel,
Ist auch noch stolz auf seinen scharfen Geist,
Drum fürcht' ich sein Gemüt und Wort zumeist.
Denn wär' er gütig, würden seine Reden
Nicht jeden so mit Spott und Hohn befehden.
Er würde mild vor fremden Fehlern stehn
Und sie in Lieb' und Güte übersehn.
Doch alle Freundschaft muß auf Erden sterben,
Wenn jene Krittler scheltend sie verderben.

Von jeher war es der Natur Bestreben,
Ein andres Antlitz jedem Ding zu geben.
Burrhus sieht es von vorn, von rückwärts sieht's Sejan,
Daher entsteht der tausendfache Wahn.
Ich fürchte, des Soldaten rauher Sinn
Neigt nicht zu Wissenschaft und Weisheit hin.

Und manch verbissner Pedant verzeiht
Dem Geldmann nicht die brave Tätigkeit.
Ein Rechtsgelehrter sagt wohl frank und frei,
Daß der Soldat ein Menschenfresser sei.
Ihr Jünger Don Quichotes, die ihr verblendet
Noch stolz auf eure schwachen Taten seid,
Ihr seht nicht, wie Natur doch allezeit
Zu vielen Zwecken jedes Ding verwendet.
Jedem ist sein Geschick und sein Talent bestellt,
Ihr Unterschied bedingt das Wohl der Welt.

Wenn jeder wollte Rechtsgelehrter werden,
Wer möchte dann nach unsern Feldern schaun,
Wer erntete mit Schweiß und mit Beschwerden
Das Korn und suchte Äcker zu bebaun!
Wähnt ihr, ein Advokat wird euch beschützen,
Sobald ein Fürst, den Augenblick zu nützen,
Mit Krieg und Not das ganze Land bedrängt
Und Heer um Heer auf eure Staaten lenkt?
Es braucht der Staat den Rechtsmann und den Krieger,
Und ohne sie verfällt er dem Besieger.
Er gliche sonst dem unbemannten Schiff,
Das steuerlos der Sturm zerschellt am Riff.
Man preise drum und tadle nicht zuviel
Die Vorsehung und ihrer Farben Spiel.
Und nur das krasse Laster sei verdammt,
Dem der Gemeinschaft ärgster Feind entstammt.

Mir fällt hier ein, wie ich ein Gleichnis hörte
In Jahren, als man mich noch Fabeln lehrte:
Einst war im Jugendalter der Natur
Voll Einsicht eine jede Kreatur.
Vernunft erleuchtete das Tiergeschlecht,
Zu reden war sogar der Pflanzen heilig Recht,
Vollkommen jedes Ding von Anbeginn,
Und Blatt und Blüte raunten tiefen Sinn.
In einem Garten einst in jener Zeit
– Sein Name sank wohl in Vergessenheit –
Sprach dünkelhaft verächtlich zu dem Wein
Die Rose: »O, wie mußt du elend sein!
Beschnitte nicht der Mensch dein reich Geäst,
Und hielten kletternd die gekappten Ranken

Nicht zärtlich die barmherz'ge Ulme fest,
Du müßtest kriechend auf dem Boden kranken.
Dein unbegnadet Holz trägt keine Blüten,
Dein Laub ist schattenlos, duftlos die Frucht,
Doch wenn die Sonnenstrahlen mich beglühten,
Mir selbst Aurora nicht zu gleichen sucht.
Des Weihrauchs Schwall, des seltnen Balsams Düfte
Beleben nicht so süß wie ich die Lüfte.
Ich schmücke hell das Haar der schönen Frauen,
Man ruft mich stets zu allen Festen hin,
Und wunderherrlich kannst du mich beschauen
Als aller Gärten stolze Königin.«

»Ich gelte mehr als du«, so sprach der Wein.
»Wie oft in deiner Schönheit jungem Schein
Zerreißt ein rauher Wind dein prächtig Kleid:
Kaum blühst du auf, bist du dem Tod geweiht.
Ich schätzte höher deine Himmelsgaben,
Wäre dein Stiel nicht so an Dornen reich
Und würde lieber uns mit Früchten laben,
Dann wärest du mir erst an Nutzen gleich.
Sieh meine leckern Trauben blau und golden,
Wer gab' um deine Kelche meinen Saft?
Er quillt gepreßt aus meinen vollen Dolden,
Treibt Sorgen fort und bietet neue Kraft.
Mein Laub umschmückt, wo Liebesfeste brannten,
Den Thyrsus und die Stirnen der Bacchanten.
Dein Blühn vergeht, ich daure allezeit.«

Ein grober Distelstrauch belauschte diesen Streit.
Er hatte breit das ganze Feld bedeckt
Und sprach, den wüsten Busch hoch aufgereckt:
»Nicht Hab' ich euren Duft, der Früchte Schatz,
Doch mein Gewächs gedeiht an jedem Platz,
Und was ihr tragt an Frucht- und Blütengut,
Nimmt sich der Mensch als schuldigen Tribut.
Wir aber fühlen uns in Freiheit reich,
Und so verachtet meine Distel euch.«

Ja wurzelten sie nicht im Erdenschoß,
Sie schlügen wütend aufeinander los.
Da schwebte leicht in hoher Luft vorbei
Der Aar des Zeus und hörte ihr Geschrei.
»Du wüste Distel«, rief er, »schweige jetzt,
Du Schandgewächs, das nur der Esel schätzt!
Lerne von mir, dich weniger zu adeln,
Nur der Vollkomme hat das Recht zu tadeln.«
Auch zu den andern fing er an zu reden:
»So hört doch auf mit euren bissigen Fehden!
Statt so mit bittern Worten euch zu kränken,
Soll jeder an des andern Nutzen denken.
Jeder füllt seinen Platz, die Rose und der Wein,
Der Dinge Ordnung schließt sie alle ein.
Drum laßt nicht überkühn die Wünsche steigen.«

Ja, die Vollendung ist nur Göttern eigen.
Denn Gut und Böse werden Hand in Hand
Sich immer teilen in dies Erdenland.
Die schöne Welt hat Wüsten dürr und hart;
Der Sommer sengt, in Eis der Winter starrt.
Und zeigt uns nicht der krause Erdenball
Meer, Berge, Wälder, Schluchten überall?
Wind, Feuer, Luft sind wildem Streit ergeben,
Denn Kampf ist erst der Elemente Leben.
Und wer den Tag nur licht und fröhlich sieht,
Verkennt Natur und träumt als Sybarit;
Doch täuscht sich auch, wer nur mit Schlechtem mißt.
Man nehme drum die Welt so, wie sie ist.

Beharrlichkeit

Blindlings hinstürmende Wut,
Du, deren Wesen Verheeren,
Du, die durch Jammer und Blut
Ihre Bahnen sich bricht –
Nein, an deinen Altären
Opfre ich nicht!
Stillsichere Seelenkraft,
Die sich im Dulden strafft,
Die allen Schicksalsschlägen
Ausdauernd, heldenhaft,
Trotz setzt entgegen –
Preis dir und Ehren!
Wie auch die Neiderwut zetert und kreischt,
Weißt du den Wert dieses Lebens zu schätzen,
Doch auch gelassen ihn einzusetzen,
Wo es die Tugend erheischt.

Ach, der Stiefmutter Natur
Ist's eine Kurzweil nur,
Ringt auf der Wunderbühne des Lebens,
Wo wir Sterblichen spielen müssen,
Mit den Leiden und Bitternissen
Ein Mensch vergebens!
Nichts kann des Fluchs uns entbürden,
Nicht die Geburt, nicht Verdienste noch Würden;
Wie's uns auch geh,
Stets überwiegt doch das Weh:
Galilei in Kettennot,
Medici ißt der Verbannung Brot
Und unter Henkers Händen
Mußte ein Stuart enden!

Seinem entschwundenen Glücke
Weint ein Beraubter nach;
Dort unter Neidertücke
Duldet ein argloses Herze Schmach;
Oder dein blühender Leib
Wird dir mit Siechtum und Plagen
Grimmig geschlagen;
Oder es stirbt dir dein Weib,
Mutter und Bruder dein,
Und dein Getreuster scheidet von hinnen
Läßt dich verwaist und allein –
Wie da die Tränen dir rinnen!
Also auf sturmtoller Flut
Treibt manch Schifflein daher;
Aber der wilde Orkan,
Der Tyrann auf dem Meer,
Bricht doch mit all seiner Wut
Nimmer des Seemanns Mut.
Jetzo wolkenhinan
Trägt ihn die türmende Welle,
Jetzt wie zum Abgrund der Hölle
Stürzt der gebrechliche Kahn.
Wo ist hier Rettung noch?
Tapfrer, verzweifle – und doch!
Wüte, was wüten mag,
Fest hält das Herz seinen Schlag:
Tausendmal trotzt ich dir, Tod, eh' ich verzag'!

Beharrlichkeit

Tage der Unruh! Wohin
Käm' es mit mir, dem Geplagten,
Wenn mein Schild, meine Wehr
Wider der Sorgen Heer,
Meine Getreusten, versagten:
Fest mir im Herzen drin
Du mein tragender, trotzender Sinn!
Wie auch das Schicksal mich treibt,
Ob über kurz oder lang
Fall mir und Untergang
Sicher verbleibt –
Sei's drum, ich werde
Zittern vor keiner Fährde!
Mag auch der Pöbel verzagen,
Greinen und klagen,
Erst wenn die Hoffnung zerrann,
Bewährt sich der Mann.

Seht die beflügelte Zeit!
Eben noch rauscht ihr Gefieder –
Schon ist sie weit,
Weit, und kehrt niemals wieder.
Doch ihre rasende Eile
Ist uns zum Heile:
Wie sie Beschererin,
Ist sie Zerstörerin;
Was sie an Übeln gebracht.
Nimmt sie auch, eh' du's gedacht,
Wieder dahin.
Lohnt da Klage und Gram
Über ein Mißgeschick,
Das mit dem Augenblick
Geht, wie es kam?

Niedriger Seelen Art,
Sich im Behagen des Glückes zu sonnen!
Wohlfeile Lust! Sie ward
Einzig durch Zufalls Gnade gewonnen.
Niemals im Glücke tut
Hoher Sinn sich hervor; Ist uns das Leben gut,
Ragen wir nicht aus dem Schwarm empor.
Doch wider Unheil und Schrecken

Stolzer sich heben, sich recken,
Wahrlich, das heiß' ich: mit Ehren
Mannheit bewähren.

Nichts mag das Schicksal, das blinde,
Linder gestatten;
Wer, der den Übergewalten
Je widerstünde!
In den Wirbeln der reißenden Flut
Sinkt auch der rüstigste Schwimmer;
Hätt' er des Herakles Glieder,
Ringt er doch nimmer,
Siegreich dawider.
Eines nur gibt es, was not hier tut:
Aushalten, Dulden, Beharren!
Mag dich das Schicksal auch grausam narren,
Trag' es, wenn sich's nicht ändern läßt;
Nur bleib' getreu, bleib' fest!

An Feldmarschall Keith

*Über die leeren Schrecken des Todes und das Bangen
vor einem Jenseits*

So ging auch er von hinnen, der hohe Sachsenheld,
Der Frankreichs Schwert gewesen, vor dem die Britenwelt
In ihrem Grunde wankte, ja der mit seinen Siegen
Die Adler der Cäsaren verstand zu überfliegen.
Nicht aus dem Feld des Sieges ereilte ihn der Tod,
Nicht war's der Gott des Krieges, der ihm sein Halt gebot:
Im Frieden mußt' er sterben auf weicher Ruhestatt,
Im Frieden, den er selber der Welt erstritten hat!
So ward der Lorbeerstolze auch der Vernichtung Raub,
Bis auf den hohen Namen ein armes Häuflein Staub!

Was lehrt uns Moritz' Scheiden? Furcht, Todesangst und Zagen?
Uns, die wir ihn verloren, uns dürfen wir beklagen;
Doch er, der unserm Auge für immer nun entschwand,
Er dünkt mich nur ein Schiffer, der seinen Hafen fand.

An Feldmarschall Keith

Geruhig soll der Weise dem Tod entgegenschaun.
Dem Helfer, dem Erlöser aus Erdennot und Graun:
Mit unserm letzten Hauche hat alle Pein ein End,
Wie sollte vor dem Tode der bangen, der ihn kennt?
Glaubt mir, er ist mit nichten des Malers Schreckgebild,
Der knochendürre Würger, der Schwelger, nie gestillt,
Der unermeßne Ernten in allen Welten rafft
Und nur dem ew'gen Abgrund ewige Nahrung schafft.
Traumbilder sind die Schatten, die ohne Wiederkehr
Dem dunklen Reich verfallen, ein klagend Geisterheer;
Ein Traum der Ort der Schmerzen, wo, jeder Hoffnung bar,
Endlose Strafen abbüßt die bleiche Sünderschar.

Mein lieber Keith, so laß uns mit dem unwürdigen Spuk
Einmal zu Ende kommen – der Wahrheit Stunde schlug.
Fort mit dem Wust von Grauen, dem, was die Grabesnacht
Geheimnisvoll umwittert, das Herz uns schauern macht!
Verfällt der Leib den Würmern, das macht uns wenig Kummer:
Wir denken uns das Totsein als einen tiefen Schlummer,
Traumlos und ohn' Erwachen, in Leidgeborgenheit;
Und sollt' ein glimmend Fünklein später, nach unsrer Zeit,
Ein Etwas – nennt's die Seele, unsterblich nennt's dazu –
Wirklich noch einmal aufglühn aus kalter Schlackenruh,
Dem Weltgesetze trotzend, das die Vernichtung will –
Sei's drum, was mag's uns kümmern? Wir ruhen stumm und still,
Ein Häuflein kühler Asche, dem alles einerlei,
Bei dem's mit Furcht und Hoffen für immerdar vorbei.

Was hätt' ich zu befahren in jener Welt, sag' an?
Ist Gott, den ich verehre, ein Wütrich, ein Tyrann?
Sollt' ich nach meinem Tode ein schuldlos Opfer sein
Des, der den Lebensodem uns gab und obendrein
All jene süßen Triebe, der Sinne Lustverlangen?
Ist einst aus Götterhänden der Mensch hervorgegangen
Mit seinem Geist und Wesen, wie sollten Götter dann
Ihr Werk drum strafen wollen, weil noch gar viel daran
Des Unvollkommenen bliebe? Dergleichen anzunehmen,
Kann mein vernünftig Denken sich nimmermehr bequemen.
Wär' wohl ein Vater denkbar von väterlicher Art,
Dabei so widersinnig, so seelenroh und hart,
Daß grausam er bestrafte der eigenen Lenden Sproß,
Weil seines Neugebornen Mißbildung ihn verdroß?

Allein was tut den Göttern all unser Aufbegehren?
Was könnte je der Sel'gen ewig Behagen stören?

Vermeßne Menschenhoffart, die alle Schranken bricht –
Bis an die Thronesstufen der Allmacht reicht sie nicht!
Ihr trutzigen Giganten, ei stürmt nur dreist zuhauf,
Packt auf den Ossagipfel den hohen Pelion drauf,
Kommt an in Wehr und Waffen! Was gilt's? Den ihr berennt,
Der Thron des Weltgebieters kein leises Wanken kennt.
Und er, an dessen Größe kein Hauch der Kränkung reicht,
Er sollt' auf Strafe sinnen? Wie sollt' ein Gott so leicht,
Der ohne Leidenschaften, in Zorn und Grimm geraten?
Ich kenn' nur seine Güte, nur seine Segenstaten.

Nein, einer nur beleidigt die Hoheit des Allmächt'gen:
Wer ihn als zornesmütig der Menschheit will verdächt'gen.
Nein, lieber Keith, dies Wesen, das keiner deuten kann,
Genannt die Menschenseele, das dann ein Welttyrann
Nach dieses Leibes Tode noch züchtigt, dieses Ich,
Das gar keins ist, dies Etwas, höchst abenteuerlich –
Vor der Naturerkenntnis schwindet's in Nichts dahin.
Mag all die Ammenmärchen des Volkes stumpfer Sinn
Noch treu in Ehren halten, laß uns auf ja und nein
Das Wunderding betrachten, wieviel daran mag sein.

In der Erkenntnis Schranken schlug Bresche die Erfahrung:
Lukrez und Locke brachten uns tiefe Offenbarung:
Ihnen gelang's, die Straße zum Ziel zurückzulegen.
Kommt,' ihnen laßt uns nachgehn, auf den gebahnten Wegen
Den Menschen aufzuzeigen des eignen Wesens Art
Und endliche Bestimmung: Laßt sehen, wie er ward
Und in uns wuchs und reifte, der Geist, wo sein Verbleib,
Wenn einst in Staub zerfallen ist dieser Erdenleib.
Mit uns wird er geboren, erstarkt, entfaltet sich
Mit unserm Sinnenleben und umgestaltet sich,
So wie sich jenes wandelt: Im Kindheitalter zart,
Genau wie unser Körper, bald feurig, kecker Art,
Draufgängerisch, solange der Jünglingsmut uns hebt;
Zag, flügellahm im Leiden, und wieder stark belebt,
Sobald's dem Leibe wohlgeht: plagt ihn Gebrechlichkeit,
Wird er herabgemindert, verfällt in Schwächlichkeit,

Und so mit uns vergeht er. So bleibt denn allezeit
Sein Schicksal unzertrennlich von unsrer Leiblichkeit.

Doch sagt mir: Dieses Wesen von höherer Natur,
Unsterblich, schier gottähnlich – wie mag die Seele nur
Dem Himmel, uns zuliebe, und seinem Glück entsagen,
Mit dem kurzlebigen Leibe den üblen Bund zu wagen?

Ach, das sind leere Träume der lieben Eitelkeit!
Doch holt euch bei den Jüngern des Hippokrat Bescheid:
Laßt euch das Uhrwerk weisen, das Leib und Leben heißt,
Trennt bei dem Ineinander den Körper und den Geist!
Schließt dir bei Tagesscheiden der Schlaf die Wimpern zu,
Was tut dann deine Seele? Auch sie versinkt in Ruh.
Und fliegen dir die Pulse und tobt erhitzt das Blut,
Als wollte dich verzehren die schlimme Fieberglut,
Dann taumelt auch der Geist dir und kennt sich selber nicht.
Wenn aus geschlagner Vene hochauf der Blutquell bricht,
Ist alles überwunden, aufatmen deine Lungen,
Dann kehrt dein Geist auch heimwärts von seinen Wanderungen.
Ein Ohnmachtanfall löst nicht die Spannkraft nur der Glieder:
Das Denken stockt, die Seele, sie liegt wie tot danieder,
Bis daß die Lähmung schwindet; da öffnet sich der Blick,
Nach kurzem Tode kehrt auch die Seele neu zurück.
Vernunft, armselig Flämmchen! Ein Nichts sie löschen kann:
Im Hirn ein Blutgerinnsel, so ist's um sie getan.
Der Geist, sich zu betätigen, braucht die Organe all
Des Erdenleibs; was wär' ihm Gefühl, Erscheinung, Schall,
Wär' er des feinen Werkzeugs der Leibessinne bar?
Kein Denken, Furcht und Freude, nähm' er die Welt, nicht wahr!
Löst dies Atom, unsterblich, die stofflose Substanz,
Einmal von seinem Körper und seinen Sinnen ganz,
Was bleibt dann noch? Ein Wortklang, ein Name, anspruchsvoll,
Ein Wahngebild, ein Wesen, sinnlos und hohl und toll.
Was weiß sie denn vom Tage, der uns gebar zur Welt?
Wie war's, da sie der Himmel dem Erdenstoff vermählt?
Wie kommt's, daß kein Erinnern die Seele sich gewahrt
Des, was sie einst gewesen, der eignen Ursprungsart?

Ach nein, es gab die Seele, die ich empfangen hab',
Von ihrem Schaun und Wissen mir herzlich wenig ab

Beim Eintritt in das Leben; nicht die geringste Spur
Von allem, was vordem sie in dieser Welt erfuhr,
Hat sie mir überliefert als alter Zeit Vermächtnis,
Sonst trüg' ich's im Bewußtsein, besäß' es im Gedächtnis.
Nie hat mein Herz geblutet in jenen Jommertagen,
Als die Germanengeißel der Väter Land geschlagen,
Als fremde Fäuste rafften der deutschen Fluren Segen,
Die Arbeit deutscher Hände, als Feinde allerwegen,
Im Osten und im Westen, im Süden wie im Norden
Das Vaterland verheerten mit Rauben und mit Morden;
Und als der Zorn des Himmels, der über uns entbrannte,
Den Jammer zu vollenden, noch Pest und Seuche sandte,
Daß ausgerottet werde, was noch dem Schwert entging,
Als Dunst von Gift und Sterben ob allem Lande hing
Und unsre Staaten wurden gewalt'ge Wüstenein.
Dies alles steht lebendig vor meinem Geist – allein
Ihn lehrt' es die Geschichte! Müht' er's von damals her
Und nur von sich aus wissen, er wär' erinnerungsleer.

Nun, was vom Einst gilt, gilt auch genau so, lieber Keith,
Von dem, was nach uns sein wird: so wie's vor unsrer Zeit
Kein Denken gab, so wird wohl, wenn erst dies Ich zerfiel,
Auch nichts mehr weiterdenken; ein Anfang und ein Ziel.
Mit unserm Leibessterben – nichts ist mir so gewiß –
Erlischt auch unsre Seele in tiefster Finsternis.
So züngelt um ein Holzscheit die lichte Flamme her,
Doch ist's verzehrt zu Asche, sinkt sie und ist nicht mehr.
Ja, so ist's uns beschieden. Ich warte unentwegt,
Wie mich die flücht'ge Stunde dem Ziele näherträgt.
Was soll mir auch geschehen, wovor ich müßte bangen?
Ich werde dort, woraus ich dereinst hervorgegangen,
Aufs neue untertauchen, allwo ich ewiglang
Mich schon einmal befunden, eh' ich ins Dasein sprang.
Sag' an, eh' ich geboren, was litt ich da für Leid?
Gern beug' ich den Gesetzen mich der Notwendigkeit;
Zu Gast bin ich im Leben, gezählt sind meine Tage,
In Sicht die letzte Stunde – ziemt's, daß ich darum klage?

Hör', Sterblicher, du Stolzer, was die Natur dich lehrt!
Genug nicht all des Segens, den sie dir reich beschert,
Von allem Irrwahn will sie, von allen Vorurteilen,
Von allen Hirngespinsten erlösen dich und heilen,

An Feldmarschall Keith

Zum Wissenden, Geweihten dich endlich zu erheben:
»Ich war es«, also spricht sie, »die dir geschenkt das Leben;
Ich war's, die deines Daseins und Werdens treu gewaltet,
Daß Tag an Tag sich gliedert, dein Leib sich ausgestaltet.
Du lebst auf Augenblicke, lebst auf Bedingnis bloß!
Als ich der Stoffe Vielheit zu deiner Einheit goß,
Geschah's mit der Bedingung, daß einst der allgerechte
Quittmacher Tod dies Darlehn der Huld begleichen möchte.
Freu' dich nun meiner Gnaden, doch acht' auf mein Gebot:
Ich gab dir einst dein Leben, du schuldest mir den Tod!
Zu deinen Jahren soll ich noch weitere dir schenken?
Unsel'ger, wenn du wüßtest! Du würdest dich bedenken!
Ein Mehr an Weh erflehst du, das über dich hereinbricht,
An Herzeleid, an Kummer, der dich zernagt, zerpeinigt!
Du sehnst dich selbst noch einmal nach deiner letzten Ruh':
Drück' du nur erst die Augen den Eltern beiden zu!
Schließ sie den liebsten Freunden, schließ sie den Kindern dein,
Und steh du dann hinfällig in dieser Welt allein,
Indes dir Kopf und Sinne tagtäglich mehr versagen!«

Wie, eitler Sohn des Staubes, das will dir nicht behagen?
Zu lieb ist dir die Erde! Ach ja, sie gleißt und blendet;
Doch ach, ihr Antlitz wechselt, alles vergeht und endet.
Trotz Unheil und Gefahren hält dich das liebe Leben.
Du bist das Glück der Eltern, und dich dahinzugeben,
Es machte sie untröstlich! Und dann – was gibt es doch
Zu schaffen und zu richten, wozu du nötig noch!
Durch wieviel große Pläne macht dir der Tod den Strich,
Wieviel bleibt unvollendet, wie überrascht er dich!
Ja, warum, Unglücksel'ger, läßt man sich so viel Zeit?
Hast du dich eingerichtet auf die Unsterblichkeit?
O wisse, unsre Wünsche, sie welken nicht so bald;
Wenn wir auch selber altern, das Streben wird nicht alt!
Wer hat sein Werk vollendet, eh Schicksal ihm und Tod
Die Arbeitsstunden endet' und Feierabend bot?
Ob früher oder später – ein Totsein gibt es nur!
Äonen, die verflossen, sind bis zur letzten Spur
Vor unserm Sein verloschen, und dieser Augenblick
Ist mehr wert denn sie alle. So ist das Weltgeschick
Ein ewig Fließen, Wechseln; der stolzen Ströme Los
Ist, ständig zu erneuen des reichen Meeres Schoß.

Wohlan, ich hab' dem Schauspiel der Welt, dem wunderbaren,
Ein Weilchen zugesehen, ich durfte tief erfahren,
Was Leben heißt, und weiß auch von Lebens Lust und Glück;
Gern geb' den Elementen ich diesen Leib zurück.
Der Welteroberer Cäsar, der Sängerfürst Virgil,
Newton, vor dessen Blicken so mancher Schleier fiel,
Ja, Mark Aurel, an Tugend mein Vorbild und mein Gott,
Die Hohen all erlagen dem großen Weltgebot –
Wie sollte ich da murren, wenn mit verdroßner Hand
Die Parze, die an jenen nichts zu verschonen fand,
Endlich auch meines Daseins, das ihr schon lang verleidet,
Längst abgegriffnen Faden erbarmungslos durchschneidet!

Was ist an diesem Leben zuletzt denn auch verloren?
Was ist des Menschen Dasein? Zum Leid sind wir geboren.
Wir bauen und zerstören, wir lieben und wir sehen
Hinsterben, was wir lieben, möchten vor Schmerz vergehen,
Trösten uns neu und fahren zum Schlusse selbst dahin –
Und dies, ihr Ärmsten, ist noch der lohnendste Gewinn!
Die Welt, die wir verlassen, war nur ein Unterstand,
Ein Zwischenort; wir leben wie fremd in fremdem Land,
Als Wandersmann, der gern wohl sein Aug' an Feld und Wald
Erlabt im Weiterziehen, doch ohne Aufenthalt.

So wolln wir, Keith, im Kommen und Gehen dieser Welt
Mittraben unsre Strecke, solang es Gott gefällt.
Doch nichts soll uns gemein sein mit jener Gläubigkeit,
Der feigen, die vor Sünde die Höllenangst nur feit,
Die gern die Schranken bräche verderblichster Gelüste,
Wenn sie in ihrem Jenseits die ew'ge Glut nicht wüßte.
All ihre Tugendstrenge ist ja nur Schein und Hohn!
Wir, ohne Furcht und Hoffen, erwarten keinen Lohn;
Wir wissen nichts von Strafen der ew'gen Höllenpein,
Vom niedren Eigennutze blieb unser Denken rein.
Der Menschheit Wohl, die Tugend ist unsrer Tage Licht;
Was von der Schuld uns fernhält, die Liebe ist's zur Pflicht.
Wir wollen ohne Reue ruhvoll von hinnen fahren,
Gewiß, daß unsre Taten der Welt ein Segen waren.

So flammt der Stern des Tages, eh' er hinabsinkt ganz,
Am Horizont noch einmal in heitrem Feierglanz;
Und seiner Strahlen letzte, sie sind sein Abschiedsgruß,
Ein Seufzer an die Erde, die er nun lassen muß.

Ode an die Preußen

Alles dankt ihr eurem eignen Werte,
Ihr, des Schlachtengottes Lieblingskinder,
Lorbeerstolze Völkerüberwinder,
Alles, alles eurem Heldenschwerte;
    Laßt nicht rosten eure Waffen,
    Nicht in Selbstzufriedenheit
    Euren Mannessinn erschlaffen,
    Bleibt, ihr Preußen, die ihr seid!

Bangte nicht in Hellas' Heldentagen
Vor Athen das ganze Morgenland,
Da ein männlich Wagen, freudig Schlagen
Ging mit Herrscherweisheit Hand in Hand?
    Asiens Völkerwogen fanden
    An den Griechen Damm und Wehr,
    Xerxes' Hoffart ward zuschanden,
    Und zunicht sein Riesenheer.

Doch im Schatten ihrer großen Taten
Schossen alle Laster geil ins Kraut,
Recht ward schnöde für Gewinn verraten,
Feigheit ward im Rat der Männer laut;
    Längst war ihre Wehrkraft worden
    Kleiner Niedertracht ein Raub,
    Und der neue Held vom Norden
    Warf sie lachend in den Staub.

Mag der Blitzstrahl auch das Auge blenden,
Der das tiefe Schwarz der Nacht zerreißt,
Wenn durch Finsternisse allerenden
Seine jähe Flammenfährte gleißt –
    Ach, ein Augenwink nur trennet
    Werden und Vergehn zu Nichts;
    Eh' der Blick ihn recht erkennet,
    Schwand das Wunder seines Lichts.

Flammenmächtiger auf hohen Wegen
Herrscht der Sonne Lichtbeständigkeit,
Strömt hernieder ew'gen Leuchtesegen,
Sprengt das Eis, erlöst vom Winterleid;

Und ihr lautrer Strom der Gnaden
Wirkt beseelend und erhält
Auf den fernsten Schöpfungspfaden
Alles Leben in der Welt.

Wie der Feuerborn der Weltenhelle
Aus der Schöpfung Herzen sich ergießt,
Bleibt er auch die starke Lebensquelle,
Die ohn' Ende fließt und überfließt;
    Alles muß davor erbleichen:
    Färbt der Morgenwolken Saum
    Purpurglut, die Sterne weichen
    In den dunklen Weltenraum.

Bleibt auch ihr, ihr Preußen, kraftbeständig,
Laßt die Sonne euch ein Vorbild sein,
Wahrt den jungen Waffenruhm lebendig,
Nicht auf halbem Wege haltet ein;
    Lehrt's den Zweifler und Verächter:
    Ehre bleibt nicht kinderlos,
    Rechte Tugend trägt Geschlechter
    Neuer Tugenden im Schoß!

Nimmer läßt des Himmels Haß und Tücke
Stolze Reiche schmachvoll untergehn;
Nirgend stand's im Buch der Weltgeschicke:
Also nur, nicht anders soll's geschehn!
    Winkt dem klaren Geist Vollbringen,
    Scheitert blinder Unverstand;
    So Gedeihen wie Mißlingen –
    Beides liegt in unsrer Hand.

Mannestaten ohnegleichen schichten
Zu dem Bau des Reiches Stein auf Stein;
Hört denn, Helden! Ehren, sie verpflichten:
Hüter eures Werkes müßt ihr sein!
    Rastlos, rastlos, Sturmgefieder!
    Ist's zur Höh' auch nicht mehr weit.
    Säumst du einmal, sinkst du nieder –
    's ist das Los der Sterblichkeit!

Doch vergeht auch nicht des höhren Ruhmes:
Wie ihr im Triumphe aufwärts steigt,
Krönt euch jede Zier des Menschentumes,
Wenn ihr milden Sinn und Großmut zeigt!
    Die bezwungnen Feinde sollen
    Mehr denn eurem Mut im Streit
    Eurer höhren Sittlichkeit
    Ehrfurcht und Bewundrung zollen.

Heldendenkmal

Euch Schatten, Euch, Ihr unbesiegten Helden,
Die manchen Gegner in den Sand gestreckt,
Weih' ich dies Lied: es soll der Nachwelt melden,
Wie Eure Mannheit sich mit Ruhm bedeckt.
Entlockt' ich je der Leier holdes Tönen,
Heut soll es Eure Heldengröße krönen!
Unsterblichkeit soll mir den Griffel leihn:
In bleibend Erz grab' ich die Namen ein;
Bezeugen will ich's, wie voll Kampfesglut
Den stolzen Kaiseradler Ihr bezwangt,
In wieviel Schlachten Ihr den Übermut
Der Feinde löwenmutig niederrangt.

Erlauchte Söhne Albrechts, den Geschossen
Des Feinds erlegen in dem Ehrenfeld:
Wie Ihr gelebt, hat Euch der Tod gesellt
Als Eures großen Ahnen würd'ge Sprossen,
Der für das Vaterland in tiefster Not
Dem Tode hundertfach die Stirne bot.
Finck, Schulenburg – um Euch nicht minder fließen
Die Tränen mir! Du braver Fitzgerald,
War's mir bestimmt, Dein brechend Aug' zu schließen?
Wieviel verhieß uns Deine Ruhmgestalt,
Als Mars, auf Deine Taten voller Neid,
Dich allzufrüh aus unsrer Mitte riß!
Dem Tode haben viele sich geweiht
In jenem Kampf, so lang und ungewiß!
Doch unerschrocken, treu dem Vaterland
Und unerschüttert hielten alle stand,
Zum Trotz Eugens erprobten Veteranen,
Die stets den Sieg geknüpft an ihre Fahnen,
An denen Östreich keinen Halt mehr fand.

Von Euch nun laßt mich, ruhmbedeckte Helden,
In Preußens zweitem Siegesgange melden.
Auch Euch, Ihr Tapfren, brachte nichts zum Wanken,
Nicht der Verrat an Preußen, Bayern, Franken,
Den Sachsen übte in geheimer Tücke,
Als es des Bundes fromme Schwüre brach,
Des Neides voll, erschreckt von unsrem Glücke.
Da flüchtete sein Heer zur eignen Schmach,
Uns Unheil sinnend; denn bedrohlich naht
Der Lothringer der Elbe – doch mit Blut
Gerötet wälzt zum Meer sich ihre Flut,
Verkündend Eure ew'ge Ruhmestat.
Du, liebster Rothenburg, dem Tod verfallen –
Welch Bild des Schreckens! Daß ein Wunder werde,
Fleht' um den Freund ich zu den Göttern allen,
Und Mars rief Dich zurück auf diese Erde.
Die Feinde spürten Deines Armes Wucht,
Dein brechend Aug' erlabte ihre Flucht;
Werdeck und Buddenbrock, sie setzten nach,
Bis auf dem Todesfeld ihr Herze brach.

Heldendenkmal

Bald sammelt' Östreich in geschäft'gem Werben,
Und hundert Völker schworen uns Verderben.
Die Erde wimmelte von ihren Scharen;
Schon nahten unterm Adler der Zäsaren
Kroaten, Sachsen, Deutsche und Barbaren.
Voll kecken Hoffens kamen sie zum Siegen
Aus Böhmens Bergeswall herabgestiegen,
Vom Wahn betört, sie hätten leichtes Spiel,
Wir stünden schon mit unsrer Kraft am Ziel.
Kaum dachten sie an Kampf, und übereilt
Ward da im Geist die Beute schon verteilt!
Welch edles Blut verrann an jenem Tag,
Als Düring, Truchseß und Schwerin erlag!
Ruhmvoller Tod, du warst des Neides wert!

Doch sieh, was braust heran mit blankem Schwert?
Dragoner sind's – Halbgöttern zu vergleichen,
Von deren Wucht zersprengt die Feinde weichen;
Gefangene und Fahnen ohne Zahl
Sind ihrer Wundertaten Ehrenmal.
Wie wenn die Wogen, aufgewühlt von Stürmen,
Sich schäumend an dem Meeresstrande türmen –
In ihrem Anprall brechen sie die Dämme,
Entwurzeln Wälder, Haus und Hof versinkt,
Das weite Land bedeckt ihr Flutgeschwemme,
Das all die bleichen Flüchtenden verschlingt –
So habt Ihr, stolze Helden, unbezwungen
An diesem Ruhmestag den Sieg errungen!
Doch, ach, Ihr Tapfren, in dem wilden Morden
Ist überströmt von Blut der Lorbeer worden!

Preußen, dein Heldenstamm wird nie vergehn,
Wird in den Lagern phönixgleich erstehn
Und in Gefahr sich ewig neugebären!
Doch die Besiegten quält ihr Rachbegehren;
In Böhmens finstren Bergesschluchten brüten
Sie Listen aus; Verderben sinnt ihr Wüten;
Doch nicht an Mut, an Zahl nur überlegen
Sind sie: ihr arges Netz zerreißt der Degen.
Du Wedell, ein Achill, Goltz, ein Ulyß –
Mit Tränen netzt der Sieger Eure Gruft –
Ihr überwandet jedes Hindernis!
Trotz Feuerschlünden, trotz Gebirg und Kluft,

Vulkanen und Gefahren ungeahnt,
Durch zwanzig Völker, gegen Euch vereint,
Habt Ihr Euch kühn den Siegesweg gebahnt!

Doch welche neue Heldenschar erscheint?
Sie hält die Wacht im Feld bei Schnee und Eis,
Dem Lothringer zum Trotz, der uns erneut
Zur Winterszeit mit Schwert und Brand bedräut.
»Auf, nach Berlin! Das sei des Zuges Preis!«
So ruft er: »Laßt es uns in Asche legen,
Daß es, ein zweites Troja, untergeht!
All seine Schirmer sind in blut'gen Schlägen
Längst von des Todes Sense hingemäht.
Ihr bestes Blut verann; sie sind ermattet;
Mit ihren Helden ward ihr Ruhm bestattet.
Zur Rache! Auf! Die Stunde ist gekommen!«
Kaum hat das Preußenheer dies Wort vernommen,
Eilt es in edlem Zorn zu neuem Ringen,
Und wieder schenkt Fortuna ihm Gelingen.
Nicht Berge, Schluchten, Ströme nicht und Wald
Im Sachsenland gebieten ihm ein Halt!
Fest steht der Feind, von starkem Wall umtürmt,
Natur und Kunst vereint sind zu bezwingen.
Da werden Berge, eisumstarrt, gestürmt,
Die Schwert und Feuer und der Tod beschirmt.
Im Siegeslauf stürzt Bredow jählings nieder –
Halt! grimmer Tod, gib uns den Tapfren wieder!

Der stolzen Feinde Hoffen ist vernichtet;
Auf Dresden ist die wilde Flucht gerichtet.
Weh! Polenz, Rintorf, Kleist, die Ihr die Schlacht
Für uns gewannt ums Opfer Eures Lebens:
Wer hat das Mörderwerk an Euch vollbracht?
Der Feind ist fort, sein Wüten war vergebens,
Und Preußen triumphiert! Nicht Felsenwände,
Nicht Eis und Schnee, der Feinde dichter Hauf
Hielt unser Heer im Siegesdrange auf:
Viktoria gab den Ruhm in seine Hände!

Nun ruft die Heimat, die Euch dumpf betrauert,
Ihr Retter, Euch zurück in heißem Sehnen,
Und wie sie noch von Eurer Fährnis schauert,

Heldendenkmal

Netzt sie den blut'gen Lorbeerkranz mit Tränen.
Ja, edle Schatten, diesen Schmerzensschrei
Habt Ihr verdient, und Eurer Tugend sei
Der heiße Dank, den wir Euch schulden, gleich!

Seid so wie dieses heldische Geschlecht
Und hegt die Ehre, einfach, rein und echt,
Getreu der Pflicht, an hohen Taten reich!
Für Haus und Herd trotzt Ehre der Gefahr,
Und wer des Vaterlandes Retter war,
Gilt Göttern gleich; sein schlichter Heldensinn
Gibt für die Heimat gern sein Leben hin.
So fiel Leonidas für Griechenland
Und hielt im Paß der Thermopylen lange
Der Welteroberer wildem Siegesdrange
Mit einem Häuflein Todgeweihter stand.
So ist auch Decius für Rom gefallen.
Jedoch den höchsten Heldenruhm von allen,
Ihr Preußensöhne, habt Ihr Euch erworben,
Da ruhmvoll Ihr fürs Vaterland gestorben.
Und Euer Name dauert in der Welt,
Solange bis das letzte Leben endet,
Solange wie vom hohen Himmelszelt
Die Sonne ihre Strahlen niedersendet!

Epistel an d'Argens

(23. September 1757)

Mein Freund, mit mir ist's aus, der Würfel fiel;
Zum Sterben müde steh' ich schon am Ziel:
Genug der Wunden, die das Schicksal schlug,
Genug der Leideslasten, die ich trug;
Mutter Natur hat wohl noch manche Tage
Mir zugedacht, Tage voll Not und Plage.
Sie meint's zu gut! – Ich aber mag nicht mehr!
Im Herzen Stille, schreit' ich freudig zu,
Mit festem Blick, dem Ziel der großen Ruh,
Der Friedensfreistatt, wo ich sicher wär'.

Mich kostet's nicht ein Seufzen, nicht ein Beben,
Der Parze, die da spinnt mein leidig Leben,
Den Faden zwischen ihren Händen beiden,
Eh' meine Spindel leer ward, zu durchschneiden.
Atropos nickt. Hinab, der Ferge harrt:
In seinem Nachen sind sie alle gleich,
Der Fürst, der Hirte, keiner höherer Art.
Auf tut sich mir des ewigen Friedens Reich.

Fahrt hin, fahrt hin, Truglorbeer, Heldenkränze!
Fürwahr, das heißt zu hohen Preis bezahlen,
Damit dein Name noch der Nachwelt glänze:
Vielleicht auf einen Augenblick bewundert
Für vierzig Jahr der Mühsal und der Qualen,
Nährst du der Gegner und der Hasser hundert!
Wahnträume ihr der Größe, fahret hin!
Ihr Lichtgebilde, kaum erglüht,
Und schon erloschen und versprüht,
Ihr blendet nimmer mir den Sinn.

Den Werdenden im Lebensmorgenlicht
Hat euer falscher Glanz betört;
Da blühten Wünsche auf, töricht, vermessen –
Der Wahrheit Schüler hat sie längst vergessen,
Erkenntnisreife machte sie zunicht,
Zeno hat Wert und Unwert mich gelehrt,
Und längst hab' ich's gelernt, mich zu bescheiden,
Den Giftpokal der Eitelkeit zu meiden.

Auch ihr, der Liebe Seligkeiten,
Fahrt hin, fahrt hin!
Die ihr umschmeicheltet zuzeiten
Den zärtlichen, verwöhnten Sinn;
Du Reigen süßer Huldgestalten,
Der Blumenketten um mich wand,
Solang ich selbst im Lenze stand,
Allzeit in Lust zu mir gehalten –
Doch ach, gar bald mein Blühen schwand!
Das leidige Alter stellt sich ein,
Hinfällig, frostig, unerquicklich:
Und von mir gingt ihr augenblicklich.
Nun, Amor wird nicht allzu böse sein:
Neun Lustren gingen hin, mein Herbst ist nah,
Wie leicht sagt sich's Valet der Liebe da;
Weiß ich doch selber kaum, wer von uns beiden
Es eiliger hatt', vom anderen zu scheiden.

Doch still, wohin
Schweift noch dein Sinn!
Was gilt mir alle Lust der Welt,
Zum Tode traurig, wie ich bin?
Wer mag, wenn ihn mit grimmen Fängen
Ein Geier hält,
Nach Philomeles Liebe fragen
Und ihren zärtlichen Gesängen,
Der Turteltaube Girrn und Klagen?
Wie lange schon in diesen trüben Tagen
Bringt jedes Morgenlicht mir neue Plagen,
Wie lang rann mir kein Körnlein Mohnes nieder
Aus Morpheus' karger Hand auf meine Lider.
Den Morgen fragt mein Auge tränenschwer:
Was kündet mir in seiner Wiederkehr
Der junge Tagesschein als neue Not?
Ich sprach zur Nacht: dein endlos Dunkel droht,
Ins Endlose mein schlaflos Weh zu dehnen.

Ich ward es müde, ewig nur zu schaun
In diese Nacht von Mißgeschick und Graun
Und immer nur dem Hasseswüten
Verworfener die Brust zu bieten,
Den Streichen ihrer Niedertracht.
Ich hoffte auf die Segensmacht

Der Zeit, die, säumig zwar und sacht,
Ein freundlicheres Schicksal bringt;
Dann weicht die Wetterwolkennacht,
Der Sturm erschweigt,
Und strahlend steigt
Das Licht, das alles Grau durchdringt,
An unsrem Lebenstag hinan.
Dann ist die Erde wieder hold
Und liegt in lautrem Sonnengold,
Und bessre Tage brechen an!

Wahn, mein geduldig Hoffen, Wahn!
Ins Ungemeßne steigen, türmen
Die Sorgen sich, es brüllt das Meer,
Und unter wilden Donnerstürmen
Blitzt das Verderben auf mich her.
Umstarrt von Klippen allerwärts,
Ein Wrack das Schiff, von Not und Tod
An allen Enden nur bedroht;
Still steht vor Graun das Seemannsherz:
Wo ist ein Hafen, der uns rette,
Wo eine letzte Zufluchtsstätte?

Versiegt die Quelle, ausgeleert,
Die meines Staates Glück genährt!
Dahin die Palmen über mir,
Verwelkt all meine Lorbeerzier!
Soll ich, erschöpft und ausgegeben
An Tränen, Seufzern, und zermürbt,
Die Jammertage überleben,
Da mir mein Vaterland verdirbt?

Du Dienst der Pflichten, der mir heilig war,
Nun wardst du überflüssig ganz und gar!
Bin ich denn noch des Staats Verteidiger?
Mein Arm sinkt nieder, müde und geschwächt,
Mein Ruhm, mein Name bleiben ungerächt,
Es triumphieren die Beleidiger;
In Zukunft wird kein Mensch mehr davon sagen,
Wie ich die Feinde einst aufs Haupt geschlagen.
All meine Helden sind dahin,
Hin jedes Siegestags Gewinn!

Von Übermacht und Überzahl
Erdrückt, erschlagen,
Verlor ich alles – ja sogar
Die Hoffnung, die mein Letztes war:
Ich dürfte doch dereinst einmal
In besseren Tagen
All unsre Tempel wieder sehn
Aus ihren Trümmern neu erstehn.

Helden der Freiheit, die ich ehre,
Catos und Brutus' hohe Manen,
Ihr seid mir Vorbild, Trost und Lehre!
Mit eurer Todesfackeln Brand
Weist ihr mich hier die rechten Bahnen,
Heraus aus Wahn und Unverstand,
Den Weg, dem Pöbel unbekannt.
Hat jedes Römers Herz in alten Tagen
Höher als heut ein Königsherz geschlagen?
Nein, einen König gibt's, der eisern hält
An seinem guten Recht auch gegen eine Welt,
Der anders als ein freier Mann
Nicht leben oder sterben kann,
Der nach der Satzung nicht der feigen,
Vorurteilsvollen Menge fragt,
Und der's wie jene Alten wagt,
Erhabnen Römersinn zu zeigen.
Wer hoffnungslos im Staube liegt,
Sich der Tyrannenherrschaft fügt,
Der Übermacht, die endlich siegt,
Wird dem das Leben nicht
Verbrechen, Tod zur Pflicht?
Mich schreckt nicht das Phantom mit klapperndem Gebein;
Das freudige Asyl sei mir der Sarg,
Das aus des Schiffbruchs Graus und Pein
Roms größte Söhne rettend barg.

Bei dir, d'Argens, begreif ich's immerhin,
Wenn dir dein Leben teuer ist:
Ein stiller Lebenskünstler, der du bist,
Der von Ambrosia lebt, da hat es Sinn:
Schoßkind der Künste, stets gewiegt
Von Melodien, stets umschmiegt

Von Grazienanmut, Musenhuld.
In schönem Gleichmaß flieht dein Leben,
Maßvoll und ohne Ungeduld
Ist all dein Wünschen und Bestreben;
Und so gefeit
Vor Furcht und Neid,
Vor Herzeleid und Bitternis,
In feingestimmtem Wechsel holder Freuden
Hat deine Lebensweisheit hier euch beiden,
Dir und der liebsten aller lieben Frauen,
Verstanden, eine kleine Welt zu bauen,
Darinnen sich's behaglich thronen ließ,
Ein rechtes Müßiggängerparadies.

Mich reißt der Wildstrom der Begebenheiten
Hindann, wehrlos hindann.
Mit muß ich, ungefragt, ob ich noch kann,
Im Strudel ewiger Widerwärtigkeiten.
Aufs Haupt geschlagen, rings umstellt,
Unstet und flüchtig in der weiten Welt,
Verraten von der Freunde Niedertracht –
So frag' ich mich in meiner Harmesnacht:
Ob wohl Prometheus so gebüßt
In jener Welt, der all in seinem Leid
Nur ein Gebild der wunderreichen Sage ist –
Wie ich in dieser Welt und Wirklichkeit.

Nun ist's genug. Wer tief im Kerker schmachtet,
Verargst du's ihm, wenn er zum Lichte trachtet?
Zu lang des rohen Schicksals Beute schon,
Hat sich sein hoher Sinn emporgerafft,
Der Wachsamkeit der Schergen lacht er Hohn
Und bricht die Haft!
So ich – das Wie, es soll mich wenig grämen!
Die Bande, die unseligen, die so fein
Und doch so zäh die freie Seele mein
An diesen leidigen Leib hier, diesen Schemen,
Zernagt von Kummer, allzu lange ketten –
Ich breche sie, zur Freiheit mich zu retten!

D'Argens, leb' wohl! Betracht' es und gestehe:
Dies Bild ist wahr, und recht ist's, daß ich gehe.
Doch denke nicht, daß aus dem großen Nichts
Des Grabes ich mich eitel sehn',
Im Schimmer des Verklärungslichts
Neu zu erstehn.
Nur eine Bitte sei dem Freund vergönnt,
Das fleht mein Lied:
Solang dir noch des Himmels Leuchte brennt,
Wann längst ich schied,
Von jedes neuen Lenzes Blütensegen
Sollst einen vollen Strauß in Treue du
Von Myrten und von Rosen niederlegen
Da, wo ich ruh'.

Antwort an Voltaire
(9. Oktober 1757)

Glaubt mir, wenn ich heut Voltaire,
Herr des eignen Schicksals wär',
Sollte das Notwendige
Mir vollauf genügen,
Und das Glück, das unbeständige,
Könnte mir entfliegen –
Lachen würd' ich drob, wie er!
Weiß ich doch an meinem Teile,
Wie der Reiche Mißbrauch treibt
Und die öde Langeweile
Stets das Los des Großen bleibt;
Kenne auch der Pflichten Bürde,
Schmeichelreden ohne Würde.
Wohlbekannt
Ist mir all der eitle Tand,
Der uns plagt im Fürstenstand.
Nicht nach Ruhm steht mir der Sinn,
Ob ich König auch und Dichter bin.

Läßt mich erst der Schnitt der Parzenschere
In das dunkle Schattenreich entschweben,
Schiert mich da die zweifelhafte Ehre,
Im Erinnrungstempel fortzuleben?
Was sind tausend Jahr Geschichte neben
Einem sel'gen Augenblick?
Aber lächelt uns denn das Geschick?

Holde Lust und sanfter Frieden,
Frohsinn, schlicht und herzenswarm,
Hat von je der Großen Prunk gemieden:
Freigeboren, hat der holde Schwarm
Stets der süßen Trägheit sich gesellt,
Statt der Pflicht, die uns in Ketten hält.

Also schuf das flüchtige Glück bis heut
Mir noch nie den kleinsten Kummer:
Ob es lockt und ob es dräut,
Friedlich bleibt doch stets mein Schlummer,
Und ich huldige ihm nicht.
Aber jeder Stand hat seine Pflicht,
Und wir müssen an dem Amt, dem schweren,
Wenn es gilt, den ganzen Mut bewähren.
Mag Voltaire in seiner Klause,
Dort, wo Treue fromm und rein
Goldner Zeiten noch zu Hause,
Friedsam sich der Tugend weihn,
Wie es Plato uns gebot —
Ich, von Schiffbruch rings umdroht,
Trotzen muß ich dem Verderben
Muß als König denken, leben, sterben.

An Gottsched

Was uns der Himmel zugedenkt,
Gibt seine Hand mehr knauserig als reich.
Mehr bleibt er schuldig, als er schenkt;
Für jedes Volk ist seine Gunst fast gleich.
Wenn Tiefe Englands Söhne ziert,
Schmückt Anmut die Franzosen:
Dem wird zuteil, was der verliert.
Wir wandeln unsre Dornen stolz zu Rosen
Und ziehn des Nachbars Gaben eigne vor.
Mars, der einst Sparta sich zum Sitz erkor,
Schuf dort berühmte Helden viel;
Jedoch Athen, das sanfte, lieh sein Ohr
Der Künste zartem, zaubervollem Spiel.
Von Sparta erbten unsre tapfren Ahnen
     Den alten Ruhm.
Wie reich ist die Geschichte der Germanen
     An Heldentum!
Doch stets, fand auch ihr Herz, ihr kühnes,
Den Weg zum Tempel Mnemosynes,
Verwelkt' in ihrer Hand die Blumenzier,
Mit der ihr Stolz Viktorias Stirne schmückt.

Du Schwan von Sachsen, Dir
Ist es allein geglückt,
Natur, der kargen, Schönheit abzuringen.
Du zwangest eine Sprache von Barbaren,
An Lauten reich, die rauh und widrig waren,
In Deinen Liedern lieblicher zu klingen.
So füge denn mit Deinem Saitenspiel,
Getreu dem göttlichen Virgil,
Zur Siegespalme, des Germanen Preis,
Apollos schönstes Lorbeerreis!

Abschied an die Franzosen und die Reichsarmee

(6. November 1757)

Lebt wohl, ihr großen Helden, stolzgebläht,
Die Könige zu zerschmettern ihr gedacht,
Hierher gesandt von Frankreichs Majestät,
Die herrisch mich zu unterjochen trachtet.
Lebt wohl, Turpin! Ihr, Broglie und Soubise!
Und du auch, Sachse, dessen Heldentaten
Wie einst am Timok krönte Frau Sottise,
Obwohl ergraut, doch besser nicht beraten.

Ach, welch ein Schauspiel voller Lust und Pracht
Vermögen Heldenleiber zu bescheren,
Wenn auf der Flucht vor unsrer Waffen Macht
Sie ihres Rückens Anblick uns gewähren.
Wer also sie gesehn, zag und erschreckt,
Des Name ist mit ewigem Ruhm bedeckt.

Abschied an die Franzosen und die Reichsarmee

Erlaubt, daß ich euch im Vertrauen sage,
Daß ich, nachdem so vieles mir mißglückte,
Den schönen Lorbeer dieser Niederlage,
Den ich bei der Begegnung mit euch pflückte,
Verdanke eures Körpers schönstem Teil,
Verdanke eurer Rückwärtskonzentrierung.
Solange es der himmlischen Regierung
Gefällt, mir solche Helden auf den Weg zu senden,
O mögt ihr stets das Antlitz von mir wenden,
Dem menschlichen Geschlecht zum Glück und Heil!

Wer möcht' es wohl in Wahrheit glaubhaft finden,
Daß wir just darauf unsern Ruhm begründen?
Du siehst, zum Krieg nicht tüchtig noch geboren,
Solch einen Körperteil, und das beweist,
Wie es in blumenreicher Sprache heißt,
Daß du Bellonas Auserwählter seist,
Von Mars zum Lieblingssohn erkoren.

O launenhaftes, närrisches Geschick,
Entscheiden läßt du ihn der Staaten Glück!
Kehrt er im wildesten Getümmel sich
Ganz ungeheißen um und geht zurück,
Dann läßt die Siegesgöttin uns im Stich;
Bellona nützt geschwind den Augenblick,
Um einen Thron zu brechen, zu zerschmettern,
Der Trotz zu bieten schien den schlimmsten Wettern.

Ihr Eintagshelden, wandert in die Fern',
Ihr parfümierten und geleckten Herrn!
Begrabt euch denn in eures Hauses Räumen;
Dort mögt ihr von galanten Taten träumen!
Ihr stolzen Pompadourschen Koryphäen,
Wohlan, laßt eure Siegesbanner wehen –
Nur mög' an andern Orten es geschehen.
Doch soll ich euch, falls ihr den Haß bewahrt,
Mit meinen Neidern brüderlich gepaart
Auf dieser Kampfesstätte wiedersehen,
Erwarte stets ich Gaben gleicher Art.

Ich seh' euch, ruhmbedeckte Feldherrn, scheiden
Aus diesem Land, wo euch Gefahren drohten,
Von diesen Triften, diesen fetten Weiden –
Mein letztes Lebewohl sei euch entboten.

Epistel an d'Alembert, als in Frankreich die Enzyklopädie verboten und seine Werke verbrannt wurden

(Februar 1760)

Ein Richterkreis in Stola und Soutane
Hat Eure Schriften, hören wir, geächtet,
Die uns ein Schlüssel sind zum Weltenplane.
Mit dieser geistesschwachen Untat knechtet
Er alle Wahrheitsforschung der Vernunft,
Das dichterische Schaffen wird entrechtet.
Hat Irrwahn, Irrtum, Dummheit – diese Zunft
Von Richtern über das gesunde Denken,
Denn in Paris jetzt seine Unterkunft?
Darf sich so schamlos, um es zu beschränken,
Der Haß, die Willkür einer Höllenbrut
Dem Baal ergebner Pfaffen darauf lenken?
So tobte einst der grausen Ahnen Wut:
Bartholomäusnacht sank auf die Zinnen,
Und ganz Paris ertrank in Bürgerblut.

Barbaren, Ihr! Was wagt Ihr zu beginnen?
Könnt Ihr, die unsrer Tage Schandfleck sind,
Durch Blindheit wild, Euch nie darauf besinnen,
Daß, was Ihr auch für frevle Ränke spinnt,
Vernunft und Wahrheit doch dem Phönix gleichen.
Der aus der Asche neuen Flug beginnt?
Nicht alle Nebel aus den Irrlichtreichen –
Synoden und Konzile auch genannt –
Vermochten Galilei, abzuweichen
Vom Wahrheitsweg; kein Scheiterhaufenbrand,
Den Eure Folterknechte angerichtet,
Kein Lärmen Eurer Lehrer war imstand,
Daß Ihr den Gegner jemals ganz vernichtet.
Was aber ließ Euch zu Verfolgern werden?
Warum auf jene weisen Geister richtet
Ihr Eure Wut mit krampfigen Gebärden –
Sie, die im tiefsten Denken uns enthüllen
Den rätselvollen, letzten Sinn der Erden?

O Zeit! O Sitten! Meer von Frevelwillen!
Ich rühre nicht an jenen Höllenschlund,
Den Eures Irrwahns Fabelbilder füllen;
Nichtswürdige, Euer Frevel macht Euch kund,
Begünstigt doch selbst Gottes Stellvertreter
Und Peters Erbe den Verschwörerbund:
Scheusale portugiesischer Verräter,
Auf deren feigen Anschlag ihren Stahl
Zum Königsmord gezückt die Missetäter.
Die Tat bezeugt es! Und der Erdenball
Erbebte unter ihr, indes der Weise,
Der sie vernimmt, nur seufzt in stiller Qual.
Wie? Rom zieht schützend seiner Freistatt Kreise
In diesem unterwürfigen Jahrhundert
Um das Verbrechen? Gibt ihm Trank und Speise?
Zu Aufruhr und zu Bürgermord ermuntert
Ein Orden noch, des Stifter Ignaz war?
Wagt Ihr's noch immer, fragt man sich verwundert,
Entmenschte Christen, die mit Gift sogar
Die Hostien zu tränken sich nicht scheuten,
Und lügt, der Heide sei der Tugend bar?

Belud er sich wie Ihr mit Grausamkeiten,
Daß Ihr ihn jetzt verklagt der Barbarei?
Wie viele mußten nicht zum Holzstoß schreiten,
Bedenkt es wohl, durch Glaubenstyrannei!
Nur Tugend fordert Gottes güt'ges Walten,
Nicht Menschenblut und Opferangstgeschrei.
Säh' Plato Euch die Siegesfeste halten,
Erblickte er der Scheiterhaufen Pracht,
Die schuldlos hingemordeten Gestalten –
Er würde glauben, eine Höllenmacht
Gebiete Euch, solch Opfer darzubringen.

Wie lange noch währt diese Greuelnacht?
Wie lang' noch wird der Glaube so geschändet?
Von diesen tonsurierten Finsterlingen
Wird soviel Wut und Rachgier aufgewendet,
Die Weisheit und Vernunft ersticken sollen,
Weil sie, Marktschreier falscher Frömmigkeit,
Von Furcht ergriffen aller Wahrheit grollen.
Die Schurken zittern in der Dunkelheit:
Die schuldbefleckt des Himmels Sache führen,
Schreckt jeder Strahl: er wäre ja bereit,
Die Schande ihres Treibens aufzuspüren!
Laßt weiter diese Geißeln unsrer Welt,
Den Würmern gleich, den Schlamm zur Wohnung küren;
Laßt diesen Dünkel, der zur Demut sich verstellt,
Gebete leiernd stets die Weisheit schmähen!

O d'Alembert! In Euer Sinnen gellt
Ihr Toben nur wie ein Geschrei von Krähen,
Das sich zuletzt als leerer Schall erweist.
Ein Windhauch kommt und läßt ihn schnell verwehen.
Dringt unentwegt mit Eurem hohen Geist
Zu ehernen und ew'gen Wahrheitsgründen!
Indes Ihr so bis zu den Sternen reist,
Um ihr Geheimnis uns zu künden,
Gebt Ihr die Feinde der Verachtung preis
Und könnt Euch rein dem trüben Streit entwinden.
Ob ihre Frechheit andre aufzustacheln weiß,
Ob Euch der Schwachkopf vor die Schranken ladet,
Ihr sollt, durch herrliches Geschick begnadet,
Erleuchten fort und fort den Erdenkreis!

An die Verleumdung

Wo ich wandle, wo ich schreite,
Unentrinnbar mir gesellt
Aus der Spuk- und Schattenwelt,
Bleibt ein Unhold mir zur Seite;
Mordgeschosse seine Blicke,
Und aus frechem Schandmaul quillt
Dem Gespenste bleich und wild
Stromweis gallenbittre Tücke,
's ist ein körperloses Wesen;
Nur durch Lüge, Niedertracht,
Hinterlist und Lust am Bösen
Wird dies Nichts zu einer Macht.

    Du unbändig Kind des Neides!
O, ich kenn' dich Feige gut:
An der Gier und an der Wut,
Nimmer satt des fremden Leides,
Nimmer satt von Missetat
    Und Verrat.
Deine Werke von dir sprechen,
Deine schamvergeßnen, frechen;

Deine Nattern von dir zeugen,
Die da Haß und Ingrimm säugen;
Kenne deines Schleiers Hüllen,
Der dein Haupt vermummt, den schrillen
Mißton deiner Lugtrompeten,
Wie sie in der Welt vonnöten
Jedem ungerechten Willen.

Deine Häßlichkeit verborgen
Hinterm Trug staatsmänn'scher Sorgen,
Hast du's frecher Stirn gewagt,
Wider Könige geklagt.
Und dein Haß hat wider mich
Alle Höfe aufgehetzt:
Welch ein Zorngeheul das jetzt
In der ganzen Runde setzt –
     Fürchterlich!
So wardst du zu guter Letzt
Seele aller Staatsminister,
Machst den Herrn mit deinen kranken,
Unheilvollen Nachtgedanken
Ihre hellsten Tage düster.

Und die schwirrende, behende
Menschenrede trägt die Fracht
Deiner Wut und Niedertracht
Weiter bis ans Weltenende;
Läßt vergiftet hinter sich
Jedes Land, ob dem sie strich!
Und Europa hungert drauf,
Schnappt und schluckt den eklen Brodem,
Famas giftig-brand'gen Odem,
Lüstern stets nach Neuem, auf.
Und die Welt, in Wahn versenkt,
Den du selbst ihr eingetränkt,
Nimmt für reine Wahrheit diesen
Lug, als wär' er klar erwiesen.

Doch dein Dolch, ob er dem Ruhme
Wunden schlägt – dem Heldentume
Wird er Wecker erst und Sporn!
Manchen hat der Neid zuletzt
Just zum Sieg hinangehetzt:

An die Verleumdung

Durch! Da hemmt nicht Busch und Dorn,
Wunder tut der wackre Streiter –
Sieh, so wird er ein Gefeiter,
Ist dein Gift an ihm verlorn!
Und des großen Namens Glanz,
Du auf Größe so Erpichte,
Strahlt nun erst im rechten Lichte,
Und in Nacht versinkst du ganz.

Darum darf mich niemand schelten,
Blieb auch ich nicht unversehrt,
Weil ja allem, was man ehrt,
Deines Hasses Pfeile gelten –
Wer, der deiner Tücke wehrt?
Nicht Minerva mit dem Schrecken
Der versteinernden Gorgone!
Sei's der Zeit anheimgestellt,
Deine Bosheit vor der Welt
    Aufzudecken.
      Der wird's ohne
Alle Müh' dereinst gelingen,
Neu zu Ehren uns zu bringen.

Jetzt zu euch, heimtück'sche Brut,
Die ihr, euch mit Bosheit nährend,
An des Scheusals Brüsten ruht:
Schreit nur! Mischt nur immerwährend
Eurer Lügenstimmen Greul
In ihr wüstes Wolfsgeheul –
Eitles Mühn, so sinnentbehrend,
Gleich als peitschtet ihr mit Ruten
    Meeresfluten –
      Keift nur zu!
Fest im tiefsten Seelengrunde
Lebt mir in der bängsten Stunde
Unerschütterliche Ruh.

Noch so sehr gefälscht, entstellt,
Siegt zuletzt in dieser Welt
Wahrheit über jeden Wahn:
    Schließlich hat
Selbst der große Apostat
    Julian

Seinen Anwalt noch gefunden.
Hat der Haß sich überlebt,
Sind die Hasser all zur Ruh,
Neid und Eifersucht dazu
Aus der Welt hinweggeschwunden,
      Dann erhebt
Sich die Tugend unverkümmert.
Stets in neuem Ruhmeslichte
      – Also lehrt's die Weltgeschichte –
Echte Manneshoheit schimmert,
      Und zunichte
Wird das Neidwerk schnöder Wichte.

Ode an die Deutschen

(29. März 1760)

Ihr unsel'gen deutschen Stämme, stets in Bruderkampf entzweit,
Ihr beseßnen Unruhgeister, seid dem Untergang geweiht!
Ewig Wehgeschrei erschüttert eure Lüfte allerenden,
Langer Kämpfe Schreckensmale euren Heimatboden schänden,
Eure Fluren Wüsteneien, eure Städte Haufen Schuttes,
Unter eurer Waffen Wüten rinnen Ströme roten Blutes;
      Gottverflucht eure Triumphe!
      Denn sie stürzen unser Land
      Nur zurück in wüste, dumpfe
      Barbarei, wo doch dem Sumpfe
      Längst die Vorwelt sich entwand.

Ach, ein Unhold aus der Hölle, Zwietracht mit den wutentflammten
Funkelaugen, sie entfachte diesen Haß euch, den verdammten,
Diese Mordlust, euch zerstörend ineinander zu verbeißen,
Tempelschändrisch mit den Händen euch das Innre zu zerreißen,
Daß der Himmel, der gerechte, tief beleidigt, nur mit Grauen
Euren Totenfeiern leuchtend, so Unseliges mag schauen.
      Ja, aus Furcht, sich zu beflecken,
      Möcht' der reine Himmelsstrahl
      Sich am liebsten ganz verstecken,
      Wie vor jenem blut'gen Schrecken,
      Da Thyestes hielt sein Mahl.

Ode an die Deutschen

Drunten in dem ewigen Abgrund, den kein Strahl von Reinheit lichtet,
Wo der Haß in Schmutz und Wüstheit sich den Schreckensthron errichtet,
Dort denkt man sich so gestaltet jene unbotmäß'gen Wesen,
Stets mit frechem Aufruhr drohend, stets bereit zu allem Bösen,
Stets bereit, obschon sie ew'ge Ohnmacht bannt, sich zu verschwören,
Alle Ordnung dieser Schöpfung umzuwerfen, zu zerstören;
      Ja, sie rotten sich und sprechen:
      Auf, und laßt uns mit Gewalt
      Alle Himmelsschranken brechen!
      Kehr' denn wieder, uns zu rächen,
      Du, des Chaos Ungestalt!

Niederträchtige, ihr bangt wohl, daß von euren blut'gen Klingen,
Rot von Bürgerblut, ein Tropfen könnt' auf rechten Boden springen,
Daß aus solcher Saat erwüchsen neue Streiter, wohlbewährte,
Aus der Art geschlagne Kinder, die die gleiche Mutter nährte;
Darum, euch in Schuld und Frevel selber noch zu überbieten,
Ruft ihr lieber in die Waffen fremde Söldner und Banditen!
      Nun, sie sind schon bei der Hand,
      Eure Helfer und Genossen,
      Jeden festen Rechtsbestand
      Uns im deutschen Reich und Land
      Blindlings wütend umzustoßen!

So hat Hellas einst die Flamme seiner Wildheit schlecht gehütet,
Hat im Irrsinn seiner Ehrsucht wider eignes Fleisch gewütet,
Hat in lauter Zwistigkeiten leer geblutet seine Adern,
Bis dann beide, tief zerrüttet und erschöpft vom ew'gen Hadern,
Das gebieterische Sparta und das herrische Athen,
Schmählich an den Bund Achajas sahn ihr Zepter übergehn;
      Was blieb von den freien Staaten.
      Die vom Bürgerstreit zersetzt.
      Ganz verblendet, schlimm beraten,
      Von den Konsuln Roms zuletzt
      Rettung aus der Not erbaten?

Doch gar bald vor ihren Schirmherrn wurde ihnen angst und bange,
Denn ein Joch ward ihre Hilfe – wer ertrüg' die Last noch lange?
Ach, zu spät! Von allen Seiten starrten Beile der Liktoren,
Und so lernten sie's mit Schrecken, lernten's fühlen, jene Toren,
Daß sie sich, von zügellosen Leidenschaften irr geleitet,
Statt des liebevollen Schutzes eine Zwingherrschaft bereitet.

Also büßten diese freien
Staaten durch den Neid allein,
Stete Eifersüchteleien
Und den Hader der Parteien
Schmählich Macht und Freiheit ein.

Ist's was andres, wenn ihr heute, nur um das verhaßte Preußen
Zu erdrücken, hier den Franzmann, dort den Schweden, da den Reußen,
Den unbändigen Steppenwildling, in das Land gerufen habt
Und den Boden, ihr Unseligen, drauf ihr steht, selbst untergrabt?
Die verhängnisvolle Hilfe kommt euch teuer noch zu stehn:
Unterworfne meint der stolze Eindringling in euch zu sehn!
    Wartet nur, die schlimmen Horden
    Kosten Tränen noch einmal!
    Rühmt euch dann: aus West und Norden
    Riefen wir sie her zum Morden,
    Wir, wir schärften ihren Stahl!

Warum nicht den Arm euch waffnen, wie in eurer Väter Tagen,
Um den Hochmut starrer Gegner endlich auf das Haupt zu schlagen?
An der Donau, an dem Rheine stolze Landerobrer sind's,
Dort hat sich ihr Schwert erstritten manche blühende Provinz;
Nachbarn sind's, die ständig drohen, die nach Händeln mit euch dürsten,
Ew'ge Feinde eurer Freiheit, eurer Rechte, eurer Fürsten;
    Nun, und ihr? Die Furien riefen
    Eurem grimm'gen Aufgebot
    Beifall aus den Höllentiefen,
    Eure Mörderarme triefen
    Edlen Bruderblutes rot!

Schaut nach Flandern, seine Schanzen gilt's zu stürmen, zu gewinnen;
Mit dem Ungarn Seit' an Seite legt in Asche Belgrads Zinnen!
Muß beim Klange dieser Namen heißer nicht das Blut euch rollen?
Denkt ihr nicht der blutgetränkten Ehrenfelder, wo den vollen
Siegeskranz der edle Ritter Prinz Eugenius sich errungen,
Der Bewunderte, der jeden seiner Gegner hat bezwungen?
    Alles ruft bei solchem Wagen
    Eurem Mute zu: Glückauf!
    Alle Herzen mit euch schlagen,
    Die um Deutschland Sorge tragen,
    Folgen eurem Siegeslauf.

Doch ich pred'ge tauben Ohren! Es verdrießt euch wohl gewaltig?
Steht mir Rede, Unglückselige! – Doch sie schweigen hinterhaltig
Schmählich sind sie abgefallen von dem Manneswort, dem alten,
All ihr Freiheitssinn, von frecher Herrenfaust in Schach gehalten,
Hat gelernt, die Stirn zu beugen, sich ins Sklavenlos zu finden,
Unterm Fuße von Tyrannen sich zu schmiegen, sich zu winden!
   Ja, sie lassen sich bedrücken
   Ohne jede Gegenwehr!
   Ihre Feigheit wird sich bücken,
   Sich gewöhnen und sich schicken
   In der Kettenlast Beschwer.

Fort von hinnen, meine Preußen! Laßt den Wanderstab uns fassen
Bleib' denn allen Kriegesnöten, allem Elend überlassen
Dieses Land, wo alle Hirne eine böse Krankheit lähmt
In der ganzen Blutsverwandtschaft, wo der Deutsche sich nicht schämt,
Seine Schützer schnöd zu ächten, den Tyrannen zu gefallen,
Seine Freiheit zu verraten, sich zu fühlen als Vasallen.
   Kommt, wir wollen sie verlassen,
   Nichts wird die Verderbten retten:
   Hart wird ihr Tyrann sie fassen,
   Die der Ehre ganz vergaßen,
   Selbst sich schmiedend ihre Ketten!

Nein, ihr tapfren Freunde! Hätte je so klein gehandelt
Eine großgesinnte Seele? Ward sie einmal angewandelt
Von des Kleinmuts niedrer Regung, stets noch blieb sie ihrer Herr!
Trotzt dem Schicksal in das Auge! Und ist keine Rettung mehr,
Laßt uns doch die Ehre retten! und die Götter, die gerechten,
Des entweihten Friedens Rächer, werden uns zur Seite fechten.
   Vorwärts, laßt die Zügel schießen,
   Sturmgeschwader, meine raschen!
   Unsre Feinde sollen's büßen,
   Und ihr treulos Blut soll fließen,
   Alle Schmach uns abzuwaschen.

Seht die vielen Völker alle, die sich wider uns verschworen,
Die vor dünkelhafter Ehrsucht völlig den Verstand verloren,
Unverzagt nur, meine Helden! Trefft sie mit dem Wetterschlage
Eures Zornes, eurer Hiebe, daß die Menschheit künft'ger Tage
Diesem Sturmlauf ohnegleichen, diesem Sieg der Minderzahl
Wider eine Welt von Neidern türm' ein bleibend Ehrenmal.

Rings von Not und Tod umgeben,
Denkt in eurem Rachefest,
Daß in diesem harten Leben
Ohne Kampf und Fährnis eben
Sich kein Ruhm gewinnen läßt.

An Prinzessin Amalie

(Mai 1760)

Zu meiner Schwester flieg' behende,
Nach Magdeburg, mein Lied, und sag',
Nun gehe bald der letzte Tag
Von ihrer dritten Flucht zu Ende.
Die stolze Trias, die mich einst verfemt,
Scheint zu verröcheln und wird zahm; das Heer
Des Allerchristlichsten, besiegt, gelähmt,

Vom Rausch ernüchtert, sucht das Weite;
Nie werden seine Lilien mehr
Des Reiches Adlern wehn zur Seite.
Zwar nach dem Abfall dieser Horden
Will unversöhnlich Ungarns Königin
Aus Hochmut, Ehrsucht, Eigensinn,
Vereinend mit der Herrscherin im Norden
Die Eisenrüstung und den Eisenwillen,
Die Walstatt abermals mit Blut
Rot färben, um voll Tigerwut
Des Todes nie gelöschten Durst zu stillen.
Doch unser Flehn wird das Geschick erweichen;
Ein Spiel der Wogen und der Sturmgewalt,
Wird unser schwankes Fahrzeug bald
Auf glatter Bahn den sichern Port erreichen.
Doch wieviel Mühsal kostet noch dies Jahr,
Bevor am Glückstag, den wir heiß ersehnen,
Der Friede freudenvoll auf immerdar
Verscheuchen wird die Seufzer und die Tränen!

Der Geiger

(11. November 1761)

Ein großer Künstler, Herr Vacarmini,
Tartinis würdiger Schüler auf der Geige,
Durchzog die Welt, bald dort, bald hie,
Auf daß er seine Kunst ihr zeige
So kam er denn in seinem Wandern
Mit seiner Geige, seinem Spiel
Auch eines schönen Tags nach Flandern,
Wo er aufs äußerste gefiel.
Man staunt ob seinen kühnen Griffen, lauscht
Mit Lust den himmlisch tönenden Akkorden;
Mit einem Wort: man ist berauscht;
Solch Beifall ist ihm nie geworden.

Einst spielt er seinem Hörerkreise vor
Und endet unter donnerndem Applaus.
Als seine Geige schweigt, da naht ein Tor
Und spricht: er bäte eine Gunst sich aus.
Der Meister fragt ihn freundlich, was es sei.
»Löst eine Saite von dem Instrument;
Es bleiben dann noch ihrer drei:
Ob Ihr die fehlende ersetzen könnt
Mit Eurer Fingerfertigkeit?«
Der Künstler drauf: »Was Ihr erdacht,
Ist neu; ich bin jedoch bereit.
So sei denn der Versuch gemacht.«
Nun spielt er auf drei Saiten, zaubert Töne,
Akkorde voller sanfter, holder Schöne.
Statt seine Neugier zu bezähmen,
Begehrt der Tor nun frank und frei,
Noch eine Saite fortzunehmen;
So blieben dann noch ihrer zwei.
Der Künstler tat's, mit weniger Gelingen,
Doch recht geschickt noch wußt' er's zu vollbringen.
Der Tor indessen jetzt gebot,
Daß er nur eine noch behielte.
Der Künstler hatte seine liebe Not,
Als er mit Kunst ein Gassenliedchen spielte.

Da nimmt der törichte Patron
Die letzte Saite von der Fiedel:
»Noch eins gegeigt, mein lieber Sohn!
Wohlan, nun spiel uns noch ein Liedel!«
Doch stumm das Instrument gab keinen Ton.

Ihr lieben Bürger, wenn's behagt,
Die Lehre nehmt aus der Geschicht',
Daß selbst die größte Kunst versagt
Wenn es an Mitteln ihr gebricht.

Rede Catos von Atica an seine Freunde und seinen Sohn, bevor er sich den Tod gab

(8. Dezember 1761)

Des Unheils Maß ist voll! Sei, Tag, verflucht,
Der dich, o Rom, bestimmt zu sichrem Falle!
Ach, deine göttergleichen Taten alle,
Der Helden Blut, des zähen Ringens Frucht,
Die Weltmacht, die auf manch zerstörtem Thron
Begründet ward von deinen tapferen Söhnen,
Ja, deiner Mannheit, deiner Siege Lohn
Soll eines Räubers Glück und Frevel krönen!
Dein Sohn, entartet, aller Treue bar,
Stößt dir ins Herz das Vatermörderschwert,
Trifft mit dem Stahl, womit du ihn bewehrt,
Die Feinde nicht – das Land, das ihn gebar!
Zum Frevel nützt er seine hohen Gaben;
Der Held in Gallien wird in Rom Despot.
Die Freiheit hat er ruchlos untergraben;
Aufsässig wider des Senats Gebot,
Stürzt er den Staat und will ihn ganz verderben;
Und alles wankt und fällt und geht in Scherben!

Wir aber leben noch und sehn in aller Ruh,
Ohnmächtig, diesem Greul zu steuern, zu.
Roms Sache wollte Bürgersinn verfechten;
Das Recht war unser, sein der Siegespreis:
Dem Räuberschwert erlag der Erdenkreis.

Mag er denn Catilinas Sippe knechten,
Seines Triumphes würdige Genossen!

O Blut, das auf Pharsalus' Flur geflossen!
Der letzten Römer hochgesinnte Manen –
Aus euren Gräbern tönt ein dumpfes Mahnen:
»Verlaß, o Cato, die verhaßten Stätten,
Wo Frevelmut die Freiheit wagt zu ketten!
Unsel'ger Spielball unsres Bürgerzwistes,
Ins Grab der Freiheit eile dich zu betten!«

Ihr letzten Schirmer unsrer Rechte, wißt es:
Cato folgt euren Rufen in den Tod!
Doch gilt es erst, euch, Freunde, noch zu retten,
Vom Strande, wo Karthago einst gebot,
Vom Joch, mit dem euch Tyrannei bedroht;
Dann stehen mir des Schicksals Wege offen!

Auch du, mein Sohn, den ich, mein einzig Hoffen,
Sterbend im Bannkreis des Tyrannen lasse –
Flieh die entweihten Stätten, die ich hasse,
Wo jenes Siegers gift'ger Odem weht
Und sich des Zwingherrn ekler Dünkel bläht:
Such' Obdach dir in einem beßren Lande,
Wo frei du bleibst in dieser Zeit der Schande!
Gedenke an den Tugendglanz der Väter,
Doch soll dein frommer Sinn sich nicht empören:
Dem Zorn der Götter weih' die Missetäter,
Die unfern Staat und sein Gesetz zerstören.
Und weine nicht, entflieht des Vaters Leben:
Segne den Tag, der mich dem Gram entrückt!
Vom Erdenstaube will ich hochbeglückt
Empor zum Tempel unsrer Götter schweben.
In jener Freistatt schenkt Gerechtigkeit
Der Tugend Ruhm und höchste Seligkeit;
Pompejus treff' ich dort und Scipio an
Und jeden Römer, der sich Ruhm gewann.
Du, Cäsar, sollst mein Ende noch beneiden!
Mein Leben krön' ich durch ein hehres Scheiden;
Ein echter Römer, wähl' ich lieber Tod
Als Leben unter deinem Machtgebot!

Rede Catos von Atica an seine Freunde und seinen Sohn

Genug der Worte! Reicht mir nun mein Schwert!
Noch hat es keinen Bürger Roms getötet:
Mein Blut nur ist's, von dem sein Stahl errötet.
Doch wie? Befolgt ihr nicht, was ich begehrt?
Verschwört ihr euch? Was soll's der Heimlichkeiten?
Ihr zagen Freunde, sprecht, was habt ihr vor?
Mich hindern, selbst den Tod mir zu bereiten?
's gibt tausend Wege zu dem dunklen Tor;
Frei stehn sie alle, und so will's mein Los.
Wollt ihr den Freund, den Vater, waffenlos
Dem Sieger liefern in die frechen Hände,
Dem Brecher der Gesetze ihren Wächter,
Den Freund der Republik ihrem Verächter,
Daß Cato beim Triumph als Sklave ende?

Das ist die Frucht von eurem blinden Tun!
Verabscheut euren Wahn, denkt edler nun:
Den Tod erträgt der Weise ohne Zagen;
Lobt meine Tat und hütet euch zu klagen.
Die Freunde und das Vaterland verderben –
Ein Feigling überlebt's, der Held muß sterben.

Die beiden Hunde und der Mann
(Februar 1762)

Zwei große Köter, beide haßerfüllt,
Ganz ausgehungert und voll Gier nach Beute,
Zerfleischten sich um Speisereste wild,
Die ein Bedienter auf die Straße streute.
Man sah das Blut aus ihren Mäulern quellen,
Fern an das Ohr der Straßengänger drang
Ihr lautes Kläffen und ihr wütend Bellen.
Da kommt ein grober Kerl des Wegs entlang:
Er sieht sie kämpfen, nimmt den Stock zur Hand
Und schwingt ihn über beiden kampfbereit,
Dann prügelt er drauflos, von Wut entbrannt,
Und schlägt sie windelweich, indes er schreit:
»Vierbeiniges Gezücht, könnt ihr nicht hören,
Könnt euch, ihr Biester, nicht von dannen scheren?«
Da spricht, schon im Begriff davonzujagen,
Voll Zorn der eine Köter: »Wilder Mann,
Zwei wahre Helden sind's, die du geschlagen!
Auf Erden hier – gedenke stets daran –
Treibt jeder sein Geschäft, so gut er kann.
Wenn aneinander sie im Streit geraten,
Um Knochen kämpfen Hunde, ihr um Staaten.«

Die bittre Not treibt Hunde in den Streit,
Doch uns Chimären und die Eitelkeit.

Grabschrift auf die Zarin Elisabeth
(† 5. Januar 1762)

Hier Wanderer, liegt Messaline,
Des Russen, des Kosaken Concubine.
Als sie ihr Land erschöpft, suchte den Gatten,
Zum Hades wandelnd, sie im Reich der Schatten.

Ein Kapitel gegen die werten Herren Blutsauger, auf griechisch: Philokopros

(1765)

O dieses gräßliche Gesindel,
Das Börsenspekulanten heißt!
Spitzbuben mit dem Diebwerksbündel,
Auswurf von eklem Höllengeist!
Es überkommt uns schon ein Schwindel,
Wenn man auf ihre Namen weist.

Web' ich mit meiner Dichterspindel
Das grobe Zeichen ab: Boué,
Dann schreit gewiß Apollo: weh!
Die Feder sträubt sich, den Kumpanen
Der Satansbrut den Dienst zu leihn;
Sie stockt und hält mit Schaudern ein,
Gilt es die Namen Wurmb, van Sanen,
Die ans Groteske uns gemahnen.

Nun schaut sie selber an, die drei –
Im Mummenschanz der Gaunerei,
Die Helden in dem Reich der Zahlen!
Wie sie mit plumper Pinselei
Habgier und Wucher übermalen –
Wie sie mich hier und dort bestahlen
Durch Wechsel, Schuldscheinfopperei,
Mit Quittungskram und kolossalen
Bankrechnungen – Gott steh mir bei!
Zu dem Geschäft mich herzugeben!

Das dumme Zeug geht mir ans Leben!
Ich magre ab, ich möcht' vergehn
Bloß wegen dieser Kerle eben,
Die abgefeimt nur danach streben,
Daß ihre Kurse *pari* stehn.

Ihr Schufte, schmutzig wie Chinesen
Und noch verschmitzter, habt ihr mal
Den Aristoteles gelesen?

Wißt ihr, wer Locke und La Motte gewesen?
Nein, dazu seid ihr viel zu schal –
Die Geistesnahrung wär' euch Qual.
Die Wissenschaft geht in die Binsen,
Und nur, wo's was zu rechnen gibt,
Da seh' ich die Gesichter grinsen.
Das einzige ist, was euch beliebt,
Fünfzehn Prozent an Wucherzinsen.

O welch ein lächerliches Los
Ist uns Monarchen aufgezwungen!
Man zieht sich solche Lumpen groß!
Ihr Treiben schon ist sittenlos;
Doch brauchen sie noch ihre Zungen,
O welche Marter für mein Ohr!

Noch eben waren mir erklungen
Gesänge aus dem Dichterchor,
Das Lied Homers, das uns begeistert,
Das Lied Virgils, das Herzen meistert –
Kaum steigt der Wunderborn empor,
Wird er durch Pöbelschlamm verkleistert.

Rasch flücht' ich mich zum Musenhain,
Um froh beseligt nah zu sein
Deinen neun Töchtern, Mnemosyne!
Dort sog ich einst die Hoffnung ein,
Daß mir des Ruhmes Lorbeer grüne.
Die Sünden büßen will ich dort,
Abschwören meine Frevelpläne!

Und in dem Quell der Hippokrene
Schwemm' ich den alten Unrat fort.
Rein bad' ich mich an diesem Ort
Von allem Schmutz und eklen Säften
Aus den verruchten Geldgeschäften,
Eh' meine Lebenskraft verdorrt.

Ja, beim Permessus will ich schwören
Und schwören, Gott Apoll, bei dir:
Nie soll mich Plutus mehr betören,
Nie wecken eine schnöde Gier!

Das Gift, vom Leibe halt' ich's mir,
Will nur aufs Wort der Musen hören,
Mich laben an den Zauberchören
In ihrem heiligen Revier!

Epistel über das Zuwenig und Zuviel an Frau von Morrien

(März 1765)

Du, die sie einst in meiner Jugend nannten,
Den tollen kleinen Wirbelwind,
Sprich, sollen Dir Uraniens Trabanten
Hier, wo wir höfisch-höflich sind,
Mit ihrem Zirkel regeln Weg und Ziel,
Die Mitte von Zuwenig und Zuviel?

Gedenk' der Zeit, da ohne Grübeleien
Dein Leben nur von Spielen war ein Reihen,
Da, ob des nächsten Tages unbekümmert,
Dem hellen Heute Du vertraut.
Du wußtest wohl, wohin Dein Auge schaut,
Daß nur für Dich der Morgen schimmert
Um volle Lust in stetigem Erneuen
Wie Blumen Dir in Deine Hand zu streuen.

Morrien, Du liebenswerte Kreatur,
Wie warst Du klug in Frohsinn und Vergnügen!
Wie schenkte unerschöpflich die Natur
Dir das Talent zu reiner Freude nur,
Die treulich jede Schranke ehrt
Wie Zucht und Sitte sie gelehrt,
Und dennoch schlürft die Lust in vollen Zügen!

Welch Zauber aber hat Dich jetzt betört,
Die Pfade Epikurs zu meiden,
Um höchst vernünftig zu entscheiden,
Wieviel auch wirklich ein Vergnügen wert?
Glaub' mir, ein Irrtum, der uns hold umfängt,
Ist besser als das trübe Licht,
Das die Vernunft uns zur Erleuchtung schickt.
Erkennst Du durch ihr Auge nicht,
Das scharf durch alle Schleier bricht,
Daß alle Dinge auf dem Erdenplan
Nur Dunst, Verblendung sind und eitler Wahn?

Wir alle huldigen hier auf Erden
Der Illusion und ihrer Macht.
Die reizendste soll unsre Freundin werden!
Dann mag mit majestätischen Gebärden

Die lästige Überlegung hoch von droben
Erscheinen, ist die Tafel aufgehoben.

Drum abgetan sei jedes Vorurteil!
Meinst Du, es wäre nicht zu unsrem Heil,
Wenn man die Lust, die unterwegs begegnet,
Rasch als willkommne Beute segnet?
Und schnell wird mir die Antwort nahn:
Dein Diener ginge stets die rechte Bahn.
So kehre heim zu Spiel und Lust und Lachen,
Zu Deines Frühlings losem Übermut.

Stets fröhlich sei Dein Lebensblut:
Das ist der Rat, den Weise Dir vermachen.
Und was zuwenig, was zuviel,
Magst Du im Tempel Äskulaps erfragen.
Dort wird des Gottes Priesterin Dir sagen:
Zuwenig deucht uns in der Jugend Spiel,
Zuviel uns Alles in des Alters Tagen.

Verse des Windspiels Diana an die Prinzessin Elisabeth von Preußen

(30. November 1767)

Es soll ein Windspiel heute Ihnen
Als leuchtendes Exempel dienen;
Ein Pärchen brachte ich zur Welt,
Das einem jeden, der's beschaut,
Gleich seiner Mutter wohlgefällt,
Denn es ist schön und gut gebaut.
Ich bitte, daß Sie Pate stehn;
Und soll auch in Erfüllung gehn,
Was ich mir wünsche tausendfach,
Schnell ahmen Sie mein Beispiel nach!

Epistel auf meine Genesung

(3. April 1770)

O hoffnungsvolle Stunden!
Glückseliges Gesunden!
Die böse Marterzeit
Des Siechtums ist geschwunden.
Nun fühl' ich mich befreit
Und jag' den Schmerz von dannen,
Den schrecklichen Tyrannen.
O sonnige Heiterkeit!
Mich schienen hundert Dolche zu durchbohren,
Ich gab mich an den Tartarus verloren,
Und der Erinnyen bleicher Chor umstand
Mein hartes Bett und hielt mich festgebannt
Und folterte den schwachen Leib mit Qualen,
Wie sie nicht schlimmer rohe Henkershand
Für ihre Opfer grausam ausersehn.
Kaum hielt ich den brutalen
Angriffen stand, ließ alle Greul geschehn
Und lag wie ein bejammernswerter Schächer
Schon halb in Todeswehn.
Der Atem wurde schwächer,
Jedwede Freude war von mir geflohn,
Mir half kein Tröster und kein Segensprecher,
In meine Hölle drang kein Mitleidston.

Epistel auf meine Genesung

An vierzehnmal stieg über Wall und Dächer
Die Sonne und durchhuschte die Gemächer;
An vierzehnmal umschleierte die Nacht
Mit schwarzem Hang die goldne Sonnenpracht,
Und Ruhe brachte mir kein Schlummerbecher.
Die Augen irrten durch den dunkeln Raum,
Mein Hirn durchtobten wilde Wahngedanken,
Der Seele Gleichgewicht geriet ins Wanken,
   Ich träumte bösen Traum!
Ich sah, wie Charon schon anrudernd keuchte,
Mich abzuholen, als ein braver Sohn
Des Äskulap den lästigen Patron
   Mit kluger Wehr verscheuchte.

   Der kennt nicht die Gesundheit,
   Der sie, ein lockrer Tor,
Vergeudet in des Daseins lustiger Buntheit.
Der schätzt sie erst, der sie einmal verlor.

O Wonnetag! O Neugeburt der Seele!
   Ich kehr', o Welt, zurück!
Und wie ich mich zu neuer Hoffnung stähle,
Genieß' ich reicher nun das Erdenglück.

   Und wie ich dann erstarke,
   Kraft fühl' im frischen Marke,
Mein nächstes Ziel, o hehre Kunst, bist du!
   Ich steure meine Barke
Stolz deinen göttlichen Gefilden zu!

   Apolls Begleiterinnen,
   Ihr Holden, laßt mich ein,
   Begnadet mein Beginnen!
   Sanft soll die Weise sein:
   Nicht von erhöhten Zinnen
Bejubeln soll mein Lied das Morgenrot,
   Das hell am Himmel loht:
Begleiten soll mein Sang mit zarten Sinnen
Des scheidenden Gestirnes Flammentod.

   Wir malen nur die Bilder,
   Die unser Herz erschaut:
   Als mir der Lenz getaut,

Schlug ich die Leier feuriger und wilder.
Jetzt aber, längst ergraut, rühr' ich sie milder,
    Gedämpft in Sorg und Leid.
So ist's! Ein jedes Ding hat seine Zeit.
Nur soll man nicht trübselig Grillen fangen!
    Das Leben führt nicht weit.
    Wo froh ein Tag vergangen,
    Bleibt keine Bitterkeit,
Und man vergesse unter Spiel und Lachen
    Charon und seinen Nachen.

    O süßer Träume Wahn,
    Auf meiner Erdenbahn
    Laß noch ein Blümchen sprießen!
Und Freudentränen sollen mir noch fließen,
    Steig' ich in Charons Kahn.

Kein Schreck wird meiner Seele angetan,
Wenn ich mit philosophischem Beharren
Des Lebenswinters drohendem Orkan
Entgegenzieh' und fühl' mein Herz erstarren.
    Und soll's ein Ende sein,
    Ich schaue furchtlos drein
    Und tausch' für Leid und Bürden
    Und Trug und eitle Würden
    Die ewige Ruhe ein!

An meine Schwester Amalie

unter ihrem Fenster in der Nacht, als ich nach Schlesien abreiste

(August 1772)

O Schlaf, du Vater süßer Ruh,
    Du Neudurchkrafter der erschöpften Glieder,
Dein mohnschwer Füllhorn halt nicht länger zu,
Ergieß es auf der Schwester teure Lider.
    Laß gaukeln um ihr Lager her
    Die angenehmsten Traumesszenen,

Daß träumend sie vernimmt das Stimmenmeer
Der Nymphenschar Apolls, der lieblichen Sirenen,
     Wie sie zu wunderbaren Klängen,
     Im Chorgesang, im stilgerechten,
     Die Skalen durcheinanderflechten,
     Durchwirkt von köstlichen Gesängen
     Voll Harmonie und edler Kunst.
     Daß keines bösen Traums Bedrängen
Ihr Blut aus der gewohnten Wallung bringe.
     Daß ihr Gesundheit, wacht sie auf,
     Und Frohmut, mit vermählter Gunst,
     Ihr Wesen wonniglich beschwinge,
Bis daß der Tag vollendet seinen Lauf.
     Mich, Teure, vom Geschick geplagt,
Ruhlos in Arbeit, ruhlos hin und her gejagt,
Geübt, mich ohne Ende abzumatten,
Erfreut's, wenn Morpheus mir noch mehr der Ruh versagt,
     Will er sie Dir dafür erstatten,
     Wird mein Verlust so Dein Gewinn,
Empfängt mein Wachen und mein Sorgen Wert und Sinn.
     So sei denn Dir in Deinem Frieden,
     Dem Weltlärm fern, von Mißmut frei,
     Der Seele Ruhe stets beschieden,
Gesegnet sei Dein Tag, wie Deine Nacht es sei,
     Und ein Gedanke schwebe stets herbei:
     Daß, liebe Schwester, nie und nirgends ich
     Ob ich zu Deinen Knieen, ob Dir ferne,
     Der Zärtlichkeit mich zu entwöhnen lerne,
     Die mich bis an mein Grab erfüllt für Dich.

An Voltaire

(19. März 1771)

     Wie sind Dir Anmut noch und Feuer eigen,
     Dein Abend überglänzt Dein Morgenrot.
     Sonst heißt das Alter unsre Sinne schweigen;
     Lust, Reize, Gaben raubt sein Machtgebot.
     Doch Deine Stimme blieb so leis und weich,
     Zum Grimm der Toren, selbst im Greisenalter,

Und Voltaires Geist, obwohl an Wintern reich,
Ist leicht beschwingt noch wie ein Maienfalter.

An Fräulein von Knesebeck

*nach ihrem kühnen Sprung aus dem Wagen,
während die Pferde durchgingen*

(März 1773)

Wer hätt's gedacht, daß ich auf meiner Laute
(Sie klingt mitunter ziemlich stümperhaft!)
Mit Pindar je zu messen mich getraute
Zum Lobe preußischer Heroenschaft –
Nicht etwa, wie sie Feinde stürzt und Throne,
Nein! wie durch eine edle Amazone
Sie Reiz und Anmut eint mit Heldenkraft!

Jüngst fuhr die Knesebeck im Galawagen,
Dem Lärm und Dunst der Großstadt zu entfliehn,
An einem von den ersten Frühlingstagen,
Da wieder warm und hell die Sonne schien,
Zu ihrer Lunge freierem Behagen
Spazieren nach dem Wildpark vor Berlin.

Kaum hat sie hinter sich den Wagentroß,
Scheut ihr Gespann – dem des Hippolytos
An Wildheit gleich –, so daß nach wenig Schritten
Die Zügel aus des Lenkers Händen glitten.
Kein Drachenwurm mit heißen Flammennüstern,
Im Schuppenpanzer, grimm und beutelüstern,
Trieb etwa jäh die Gäule an –
Ein winziger Zufall nur war schuld daran.
Sofort sah unsre Heldin klar:
Hier ist ein rasches Handeln nur geboten,
Um abzuwenden tödliche Gefahr.
Die Spree lag vor ihr, und die Wellen drohten.

An Fräulein von Knesebeck

Wer denkt nicht an den Helden Prinz Eugen?
Halb Belgrad lag in Trümmer schon geschossen,
Zum Sturme sollt' es auf die Festung gehn,
Da wird er von den Türken eingeschlossen!
Er wahrt mit höchstem Mut die Waffenehre,
Stürzt ohne Zögern und mit voller Wucht
Sich auf die Übermacht der Türkenheere
Und schlägt sie blutig in die Flucht.

Ganz so verfährt die tapfre Knesebeck!
So manche wäre unter heftigem Pochen
Des Herzens feig in Tränen ausgebrochen.
Sie aber, ohne Spur von Schreck
Und ohne einen Augenblick die Lehre
Vom Gleichgewichte zu vergessen, springt,
Als ob es täglich ihre Übung wäre,
Herunter vom Gefährt – der Sprung gelingt,
Indes die wilden Renner mit dem Wagen
In jäher Flucht von dannen jagen.

Wie schade, daß für all den Ruhm,
Den wohl verdient so seltnes Heldentum,
Es uns an edler Sangeskunst gebricht.
Und daß das Spreeland leider nicht
Uns Dichter zeugte wie das Land am Po!
Manch einen Helden schon vergaß man so!
Und manch Begebnis mußte längst verblassen,
Hätt' es ein Dichter nicht erinnerungsfroh
In schönen Versen neu erblühen lassen.
Held Alexander lebt in aller Munde,
Was jener andre kaum erhoffen darf,
Der groß wie er, waghalsiger im Grunde,
Allein ganz Asien unterwarf.
Warum blieb Tamerlan so unbekannt?
Nur, weil in der Levante sich bisher
Kein Quintus Curtius, kein Homer
Zu seines Heldenruhms Verbreitung fand.

Und muß ich schmerzlich auch beklagen,
Daß meiner Muse leider nie
Der Gott der Dichtkunst seine Gnade lieh,
So kann ich's doch mir nicht versagen,

Die Wahrheit in die Welt zu tragen:
Daß Frauen auch in Preußen Lob und Ruhm,
Und oft in höherm Maß, verdienen,
Als, allzu rasch begeistert, ihnen
Zuschrieb das sehr geschwätzige Altertum.
Mir gilt die Kunst Homers als unerreichbar,
Und doch ist, so behaupt' ich keck,
Penthesilea nicht vergleichbar
Mit unsrer edlen, tapfern Knesebeck.

Ewige Jugend

An Voltaire

(29. Februar 1773)

So jugendfrisch ist Deine Schaffenskraft!
Das ist kein Greis, der solche Werke schafft.
Im Auszug schicke mir Dein Taufregister,
Und dennoch glaube ich nicht Deinem Priester;
  Denn wer ihm glaubt, ist nicht gescheit.
  Du hast – vielleicht in Heimlichkeit,
  Und doch geschah's auf alle Fälle –
  Getrunken aus des Jungborns Quelle!

Die Helden alle nimm hinieden:
So ernst sie nach dem Preis gestrebt,
So heiß sie um den Ruhm geworben –
Nicht einem war, wie Dir, beschieden:
Unsterblichkeit, da sie gelebt,
Unsterblichkeit, als sie gestorben.

Der Esel und die Nachtigall

Eine Fabel

Ein Esel ging jüngst in den Wald zur Weide,
Da tönte durch die Stille süß und bang
Der Philomele Lenz- und Liebesgesang,
Drob schwoll sein Herz vor Staunen und vor Neide.
Der Esel meint', er könnt' noch schöner singen,
Und allsobald erklang sein rauh Organ;
Denn alles, selbst der Esel, neigt zum Wahn.
Wie konnt' das Unterfangen ihm gelingen?
Er schreit, daß alles flugs von dannen läuft.
      Ihr kleinen Geister, nehmt's zur Lehre:
      Bescheiden bleibt in eurer Sphäre,
Auf daß man euch mit Spott nicht überhäuft.

Dichter und Feldherr

An Voltaire

(12. Februar 1775)

In ihrem Frühling lebt die Muse, die dich leitet,
Auf ihrer tausend Blüten frische Pracht
Hat noch der Winter nicht das weiße Tuch gebreitet,
Das aus den Schläfern blasse Toten macht.
Die meine aber floh, gebückt vom Druck der Jahre,
Statt ihrer geht der Kriegsgott neben mir
Und gibt mir statt der Lieder die Fanfare,
Und gibt mir statt der Leier das Panier.

In deine Adern gießt Apollos Strahlensonne
Jahraus, jahrein die gleiche goldne Glut,
Jahraus, jahrein füllt er mit Feuerwonne
Dein ewig junges, heißes Dichterblut.
Mir aber nahm das heiß-geniale Feuer,
Das einst Prometheus aus dem Himmel stahl,
Der harte Mars, und plötzlich: Ungeheuer
Verödet steht die Welt und kalt und kahl!

Dich hebt dein Genius auf des Parnasses Höhen,
Und in der Dichter feierlichem Kreis
Wirst du in ew'ger Jugend selig stehen
Und teilen mit Homer das grüne Lorbeerreis.
Mich aber trieb zu blutigeren Reisern
Ein, ach, so töricht-blinder Jugendwahn,
Gern glich ich großen Königen und Kaisern,
Doch vor der Zeit seh' ich das Alter nahn.

Du schlägst den Irrtum tot mit deinem Witze,
Du weckst zum Leben auf durch dein Gedicht –
Viel tausend Menschen töten der Kanonen Blitze,
Doch Leben spenden, nein, das kann ich nicht!
Soldat im Frieden bin ich; mir entgleitet
Der Ruhm wie ein verschlißner Hermelin,
Und trüber Rost die Klinge überbreitet,
Die einst so hell durch ganz Europa schien!

Rückblick

Epistel an d'Alembert

(22. Oktober 1776)

Die Zeit, mein d'Alembert, befreit den Sinn
Von allem Trug, enthüllt den Menschenwahn.
Die schönen Tage sind für mich dahin,
Wo voller Freuden noch die Lebensbahn.
Das Alter kam; ich blicke kalt und klar;
Längst ließ ich schon den Dienst der Venus ruhn;
Umsonst ruft Epikur und seine Schar.

Von Vorurteilen war ich einst umsponnen –
Sie sind bei reifendem Verstand zerronnen,
Und insgeheim errötend, denk' ich nun
Des Selbstbetrugs, dem ich zum Opfer fiel.

Als ich den Thron bestieg, ward ich ein Raub
Der Ehrsucht: ew'ger Nachruhm war mein Ziel.
Ich dachte nicht ans blöde Volk im Staub,
Das Lob und Tadel ohne Wahl verstreut,
Des feiler Weihrauch nur die Toren freut,
Unwert, daß man so heiß danach begehrt
Arbeit und Sorge hat an mir gezehrt;
Uranien dienend, buhlt' ich um Bellonen;
Mein Geist, der rastlos neue Pläne reifte
Und in der Zukunft dunkle Fernen schweifte –
Er wollte nur der eignen Unrast fronen!
Die Kunst des Herrschens strebt' ich zu erringen;
Denn fest hielt mich der Wahn gebannt,
Der Geist vermöchte, rastlos angespannt,
Durch Rechenkunst das Schicksal selbst zu zwingen –
Allein was ist der Mensch und sein Verstand?

Ein Nichts kann unser Stückwerk flugs vernichten;
Des Schicksals unabänderliches Walten
Beschämt der Menschen Stolz und all ihr Dichten.
Die Würde selbst, die Macht, nach der die Fürsten
Die blöden, die sie schon in Händen halten,
Nur doppelt unersättlich dürsten,
Als müßten in gesichertem Genießen
Ströme von Glück und Wollust sie umfließen –
Auch diese Würde ändert nichts daran:
Sie sind nur Sklaven in des Schicksals Bann.

Lebensabend

(1777)

Da sitzt er nun, der alte Mann,
Phlegmatisch, schweigsam, herzenskalt;
Fängt er einmal zu sprechen an,
So gähnt ein jeder Hörer bald;
Statt launiger Rede, die ein Gran

Attischen Salzes leidlich würzte,
In guten Tagen dann und wann
Die Stunden angenehm verkürzte,
Gibt's heute nichts als Politik
Und dunkelste Metaphysik;
So langweilig hört sich das an
Wie irgend ein moderner Roman.
Luftsprünge früher, heut schleicht das an Krücken,
Einst Kraft und Leben, heut Lumpen und Flicken!
Ach Gott, so ändern sich die Zeiten!
Als wenn der milde Zephyrus
Die Herrschaft in des Luftreichs Weiten
Dem Nordwind überlassen muß.

Nun ist's wie Sterben in der Welt:
So welk und öde liegt das Feld,
Der Baum steht da von Blättern bloß,
Der Garten kahl und blütenlos.
So spürt der Mensch mit leisem Beben
Die Hand der Zeit an seinem Leben.
Die Jugend geht im Irrtum dahin;
Kaum lernt man erkennen, kaum schärft sich der Sinn,
Da kommt die Mühsal, da kommen die Leiden,
Und es dauert nicht lange, da heißt es scheiden.

Das Dasein Gottes

Unde? Ubi? Quo?

Wo kam ich her? Wo bin ich? Wohin geh' ich?
Montaigne sagt, was weiß ich? was versteh' ich?
Jeder Gelehrte, wenn wir ihn befragen,
Kann frei von Eitelkeit nichts weiter sagen.
Von wo aus säh' ich auch die Dinge scharf,
Ich, den das Gestern in das Weltall warf,
Ein Wesen, das der Zufall nur gebar?
Ein Etwas ist, wie es von jeher war:
Sein muß es, wär' es Körper oder Geist:
Das ist das einz'ge, was sich klar erweist.

Ich armes Wesen, wenn auch eng beschränkt,
Erstaunt von allem und vor allem blind,
Bin etwas doch, das fühlt und will und denkt
Und sich ein Ziel setzt, was es auch beginnt.
Und der Allmächtige, der diese Welt
Und mich erschuf und alles rege hält,
Der sollte keinen Zweck und Willen haben?
Er könnte mich mit Geisteskraft begaben
Und sollte selbst vernunftlos sein?
Jedoch ihr fragt, ob Pest und Kriegespein,
Die Leiden all in Leibern und in Seelen,
Ob Durst und Hunger, Gicht und Stein,
Der Menschheit Henker, die uns grausam quälen,
Ob Hagel, Donnerschläge und Orkane,
Zahllose Gifte und der Erde Beben,
Taifune, Wirbelstürme und Vulkane
Ein Vater seinen Kindern zum Geschenk gegeben?
Du solltest nicht die Weisheit Gottes zeihn,
Hochmüt'ger Mensch, rebellisches Atom:
Sieh deines eignen Geistes Schwäche ein!
Der Ew'ge hat durch diesen Damm den Strom
Vorwitz'ger Neugier in sein Bett gebannt.
Er wollte wohl durch solche Finsternisse
Beschämen deinen herrischen Verstand,
Der, weil er einen schwachen Lichtschein fand,
Wähnt, daß sich alle Wahrheit ihm erschließe.
Du meinst, es fehle dir zu deinem Glück,
Daß Gott vor deinem trüben Menschenblick
Enthüllt den ganzen weiten Weltenbau?
Damit sein Ratschluß deinen Beifall fände,
Heischst du von ihm die Überschau
Von aller Dinge Ziel und Ende.

Woher das Übel? Wie ich es auch wende,
Sein Ursprung bleibt mir immer schleierhaft.
Das eine nur ergibt sich, daß mein Geist
In seiner engumschränkten Sphäre kreist.
Doch anzunehmen, daß die blinde Kraft,
Der Stoff, der Ursprung aller Dinge sei,
Ist widersinnig, eitle Deutelei.
Sinnlos ist eins, das andre unerklärlich,
Zwei Klippen starren, beide gleich gefährlich.

Da gilt die Wahl: Sinnloses gibt es schwerlich;
Drum wend' ich selber mich zum Dunkeln hin
Und überlasse euch den Widersinn.

Totengespräch

*zwischen Prinz Eugen, Lord Marlborough
und Fürst Liechtenstein*

(1773)

MARLBOROUGH: Charon wird nächstens verhungern; kein Mensch setzt mehr auf seinem Kahn über. Seit einigen Tagen haben wir keine Post mehr von der anderen Welt bekommen. Wenn das so weiter geht, wissen wir nicht mehr, was dort vorgeht: das wäre sehr schade.
EUGEN: Nicht alle Verstorbenen kommen in die seligen Gefilde, die wir bewohnen; viele gehen in den Tartarus. Und dann wird die Erde nicht immer von Seuche, Pest und Hungersnot heimgesucht. Gedulden Sie sich, es werden schon noch welche kommen.
MARLBOROUGH: Die Engländer erhängen sich mit Vorliebe in der späten Jahreszeit, trotzdem sehe ich keinen nahen. Vielleicht ist unseren Landsleuten durch Parlamentsbill verboten, sich aufzuknüpfen.
EUGEN: Sie haben kürzlich Lord Chesterfield bekommen, dürfen sich also nicht beklagen. Und ich meinen Verwandten, den König von Sardinien. Man stirbt nicht alle Tage. Lassen wir die Leute leben, damit sie Zeit finden, das Knäuel der Torheiten abzuhaspeln, das sie vor ihrem Tode beendet haben müssen. Doch mir ist, als sähe ich einen Schatten.
MARLBOROUGH: Ja, es ist ein Ankömmling; er schreitet auf uns zu.
EUGEN: Ich glaube ihn zu erkennen. Sind Sie nicht Fürst Wenzel Liechtenstein?
LIECHTENSTEIN: Ja, ich bin's. Ein recht schmerzhafter Tod entriß mich soeben meiner Familie, meinen großen Besitzungen, meinen Ehren und Würden.
EUGEN: Das ist das Los aller Menschen. Aber da Sie aus der Ferne kommen, so bezahlen Sie Ihre Eintrittskarte und erzählen Sie uns das Neueste, was sich in Ihrem Lande zugetragen hat.
LIECHTENSTEIN: Das ist viel. Alles ist verändert. Die Vergangenheit ist durch die Gegenwart ausgelöscht. Sie würden Europa nicht wiedererkennen; man hat in allen Dingen Fortschritte gemacht.

EUGEN: Ich würde Europa nicht wiedererkennen? Sicherlich hat das Kaiserhaus, dessen Macht ich vergrößerte, ja befestigte, große Fortschritte gemacht und ist seit meiner Zeit ungleich mächtiger geworden.

LIECHTENSTEIN: Das gerade nicht; denn seit Ihrem Tode haben uns die Türken, Preußen und Franzosen geschlagen, und wir haben ein halbes Dutzend Provinzen verloren; doch sind das Bagatellen.

EUGEN: Ich begreife Sie nicht. Wenn Sie soviel verloren, was für Fortschritte konnten Sie dann machen?

LIECHTENSTEIN: Wir haben unsere Finanzen vervollkommnet. Mit dem Rest der Provinzen, die uns verblieben sind, haben wir mehr Einnahmen als Karl VI. je mit dem Königreich Neapel, der Lombardei, Serbien, Schlesien und Belgrad. Was das Heerwesen betrifft, so unterhalten wir jetzt 160 000 Mann; soviel konnten Sie zu Ihrer Zeit nicht besolden. Ich für mein Teil habe an der Artillerie gearbeitet. Ich gab 300 000 Taler aus meinem Vermögen hin, um sie in guten Stand zu setzen. Und so rückt denn keine Armee mehr ins Feld, ohne mindestens 400 Kanonen mitzunehmen. Sie verstanden nichts von diesem Gebrauch unserer Artillerie, der unsere Lager zu Festungen macht. Sie hatten kaum 30 Geschütze bei Ihrer Armee.

EUGEN: Allerdings. Aber mit diesen paar Kanonen schlug ich den Feind und ließ mich nicht schlagen.

LIECHTENSTEIN: Man kann geschlagen werden. Das sind kleine Unglücksfälle, die einen Ehrenmann begegnen können.

EUGEN: Ja, aber nicht durch seine Schuld.

LIECHTENSTEIN: O, wissen Sie, man urteilt heute weit besser als ehedem. Unser Verstand ist rein mathematisch geworden und fast unfehlbar. Doch ich wage Ihnen nicht zu sagen, was für Urteile man heute fällt.

EUGEN: Sagen Sie's nur dreist. Obschon wir tot sind, können Sie uns doch noch belehren.

LIECHTENSTEIN: Da Sie's wollen, vernehmen Sie denn: die Welt hat den Ruhm des Feldmarschalls Daun, obschon er oft geschlagen wurde, so hoch gestellt, daß er den Ihren völlig verschattet.

MARLBOROUGH: Sind Sie am hitzigen Fieber gestorben und reden Sie noch im Delirium? Ich werde nie glauben, das Andenken Eugens könnte derart herabgesetzt werden, daß man einen geschlagenen Daun über den Helden stellt, der mehr Kaiser war als Karl VI., der weise Feldzugspläne entwarf, der allein durch das Ansehen seines großen Namens die nötigen Summen aufbrachte, um die Truppen mobil zu machen, der dann selbst seine Pläne ausführte, den Feind schlug und weite Provinzen eroberte.

LIECHTENSTEIN: Ich habe kein hitziges Fieber; die Welt ist im Delirium. Sie wirft dem Prinzen Eugen vor, er habe dem Hofkriegsrat keine ausführlichen Bericht über seine Erfolge zu geben vermocht.

MARLBOROUGH (zu Eugen): Man beschuldigt Sie, kein guter Schreiber gewesen zu sein. Ich glaubte, es kennzeichne die Helden, daß sie große Taten vollbringen und den Müßiggängern die Sorge überlassen, ihre Einzelheiten zusammenzutragen.
EUGEN: Fürwahr, ich habe mich wohl gehütet, ausführliche Berichte zu geben. Genug, daß ich die Ergebnisse meiner Operationen meinen Feinden mitteilte, die sämtlich in jenem Kriegsrat saßen. Hätte ich noch lakonischer zu schreiben vermocht, meine Feldzüge wären noch erfolgreicher gewesen.
MARLBOROUGH: Genau so hielt ich's mit Königin Anna und ihrem Parlament. Unsere Gebieter waren reine Gliederpuppen. Es reichte völlig hin, sie über die Ergebnisse unserer Operationen kurz und bündig zu unterrichten. Sie konnten weder unsere Absichten und Pläne beurteilen noch die Gründe, weshalb wir lieber dies als jenes taten.
LIECHTENSTEIN: Es ist ja auch nicht meine Meinung; ich vermelde Ihnen nur die Denkweise des Publikums, ich bin lediglich Berichterstatter. Doch, Mylord, Sie sind in der gleichen Lage wie Prinz Eugen. Ich fürchte sehr, Sie aufzubringen, wenn ich Ihnen sage, wie man in England denkt.
MARLBOROUGH: Nur heraus mit der Sprache! Nach dem eben Gehörten wundert mich nichts mehr.
LIECHTENSTEIN: Ich gestehe Ihnen also errötend, daß Leute, die nicht wissen, was eine Kompagnie ist, geschweige denn ein Bataillon, die Behauptung wagen, Sie wären kein großer Feldherr, sondern dankten Ihren ganzen Ruf dem General Cadogan. Sie wären nicht sowohl ein großer Feldherr als ein schlauer Diplomat, verstünden alle Hebel der Intrigue in Ihrem Parlament in Bewegung zu setzen, um den Krieg in die Länge zu ziehen und auf diesem Wege sich die beträchtlichen Summen zusammenzurauben, die Sie aufgehäuft haben.
MARLBOROUGH: Mein Fall steht einzig da. Ich war sterblich, aber der Neid meiner Feinde hat mich überlebt. Ja, ich habe mir Cadogan als Gehilfen meiner Arbeit ausgesucht und als geschickten Mann benutzt. Welcher Mensch könnte allein eine Armee in Bewegung setzen? Er braucht Gehilfen. Je mehr er unterstützt wird, um so besser geht die Sache. Ich hatte Freunde, sogar eine Partei im Parlament. Das mußte sein, sonst hätten die inneren Zwistigkeiten und der Mangel an Bestand uns zugrunde gerichtet, und die schönsten Pläne wären gescheitert. Habe ich etwas Geld für Schutzbriefe genommen, so war's in Feindesland, und eine rechtmäßige Steuer, die jeder Höchstkommandierende beanspruchen kann. In meiner Stellung hätte jeder andere ebensoviel oder noch mehr genommen.
EUGEN: Wie? Höchstädt, Ramillies, Oudenaarde und Malplaquet haben den Namen des großen Mannes nicht geschirmt, und Viktoria selbst hat ihn

vor den hämischen Geschossen des Neides nicht zu schützen vermocht? Welche Rolle hätte denn England ohne diesen echten Helden gespielt, der es hochhielt und zu Ansehen brachte, ja der es auf den Gipfel seiner Größe geführt hätte ohne jene elenden Weiberintriguen, die Frankreich zu seinem Sturze benutzte? Hätte sich Marlboroughs Ansehen nur noch zwei Jahre lang behauptet, dann war Ludwig XIV. verloren.

LIECHTENSTEIN: Ich gebe zu: Königin Anna hätte ohne Marlborough, und Karl VI. hätte ohne Eugen eine trübe Rolle gespielt. Ihnen allein verdanken beide Reiche Ruhm und Ansehen. Die vernünftigen Leute sind sich darüber einig, doch auf Erden muß man auf tausend Dummköpfe und hundert Narren einen gescheiten Kopf rechnen. Darum dürfen Sie nicht erstaunen, daß die Nachwelt so wunderliche Urteile über Sie gefällt hat.

EUGEN: Man muß gestehen, daß wir kein Glück im Spiel haben. Während es über Alexander, Scipio, Cäsar und Ämilius Paullus nur eine Stimme gibt, muß die Welt unseren Ruf zerpflücken, obwohl wir ebenso wie sie Großes vollbrachten, wogegen der ihre sich stets gleichbleibt und jeder Lobredner den von ihm Gepriesenen gern neben sie stellt, um ihn zu ehren!

LIECHTENSTEIN: Jene hatten das Glück, daß es in ihrem Zeitalter keine Enzyklopädisten gab.

MARLBOROUGH: Was ist das: ein Enzyklopädist? Welch barbarischer Name! Ist es ein Irokese? Ich habe ihn nie gehört.

LIECHTENSTEIN: O, das glaub' ich: zu Ihrer Zeit gab es noch keine Enzyklopädisten. Es ist eine Sekte sogenannter Philosophen, die sich in unseren Tagen gebildet hat. Sie dünken sich erhaben über alles, was die Antike in dieser Gattung hervorgebracht hat. Mit der Schamlosigkeit der Zyniker verbinden sie die edle Dreistigkeit, alle Paradoxen, die ihnen in den Sinn kommen, zum besten zu geben. Sie brüsten sich mit Mathematik und behaupten, wer diese Wissenschaft nicht studiert habe, sei nicht recht klug. Folglich besitzen sie allein die Gabe, richtig zu denken. Ihre gewöhnlichsten Reden sind mit gelehrten Ausdrücken gespickt. So werden sie z. B. sagen, das und das Gesetz sei weislich im umgekehrten Verhältnis zum Quadrat der Entfernungen erlassen; die und die Macht, die ein Bündnis mit einer anderen eingehen will, fühle sich durch die Anziehungskraft zu ihr hingezogen, und bald würden beide Völker miteinander assimiliert sein. Schlägt man ihnen einen Spaziergang vor, so ist dabei das Problem einer Kurve zu lösen. Haben sie eine Nierenkolik, so kurieren sie sich nach den hydrostatischen Regeln. Sticht sie ein Floh, so sind es unendlich kleine Größen, die sie belästigen. Fallen sie, so haben sie ihren Schwerpunkt verloren. Ist irgend ein Skribent so dreist, sie anzugreifen, so ertränken sie ihn in einer Sintflut von Tinte und Schmähungen; das *Crimen laesae philosophiae* ist unsühnbar.

EUGEN: Aber welche Beziehung haben diese Narren zu unserem Ruf und dem Urteil, das man über uns fällt?
LIECHTENSTEIN: Weit mehr, als Sie glauben; denn sie schmähen alle Wissenschaften, außer ihrer eigenen Rechenkunst. Poesie ist eine seichte Kurzweil, die alten Fabeln müssen aus ihr ausgemerzt werden. Der Dichter soll nur die algebraischen Gleichungen schwungvoll reimen. Die Geschichte soll man von rückwärts studieren, mit der Gegenwart anfangen und bei der Sintflut enden. Die Staatsverfassungen werden von ihnen samt und sonders verbessert. Frankreich soll unter einem Mathematiker als Gesetzgeber Republik werden. Mathematiker sollen sie beherrschen, indem sie alles, was in der neuen Republik geschieht, der Integralrechnung unterwerfen. Diese Republik wird den ewigen Frieden herbeiführen und sich ohne Heer behaupten.
MARLBOROUGH: Alles, was ich da höre, ist wundervoll. Aber leiden die Enzyklopädisten nicht vielfach an Visionen von Wilden, Quäkern und Pennsylvaniern?
LIECHTENSTEIN: Mit der Behauptung würden Sie sie tief kränken. Sie halten sich auf ihre Originalität viel zugute.
EUGEN: Wenn ich nicht irre, war der ewige Friede ein Traum eines gewissen Abbé Saint-Pierre, der zu meiner Zeit tüchtig ausgelacht wurde.
LIECHTENSTEIN: Sie haben ihn wohl der Vergessenheit entrissen? denn sie tragen alle einen heiligen Graus vor dem Kriege zur Schau.
EUGEN: Man kann nicht leugnen, daß der Krieg ein Übel ist, aber ein unvermeidliches; denn ein Schiedsgericht über die Herrscher gibt es nicht.
LIECHTENSTEIN: Der Haß auf die Heere und die Feldherren, die sich mit Ruhm bedecken, hindert sie freilich nicht, einen Federkrieg zu führen und sich öfters Grobheiten wie Marktweiber zu sagen. Hätten sie Truppen, sie ließen sie gegeneinander ins Feld rücken.
MARLBOROUGH: Es ist billiger, Tinte als Blut zu verspritzen, aber Injurien sind schlimmer als Wunden.
LIECHTENSTEIN: Was die Kriegskunst betrifft, so wage ich vor so großen Helden gar nicht zu sagen, wie sehr sie sie herabzusetzen suchen und in welchen Ausdrücken sie von ihr sprechen.
MARLBOROUGH: Reden Sie nur unbesorgt. Da jene Leute alles kurz und klein schlagen, müssen wir dabei doch auch unser Teil abbekommen.
LIECHTENSTEIN: Die Leute behaupten, Sie seien nur Räuberhauptleute gewesen, denen ein Tyrann feile Henker anvertraut hätte, um in seinem Namen alle Verbrechen und alle möglichen Greuel gegen unschuldige Völker zu verüben.
EUGEN: Das sind Reden betrunkener Fuhrknechte. Sokrates, Aristoteles, Gassendi und Bayle drückten sich anders aus.
LIECHTENSTEIN: Sie sind nicht nur nicht betrunken, sondern oft hungrig. Ihr Geldbeutel reicht zum Wohlleben nicht aus. In ihrem Stil heißen solche

schönen Reden philosophische Freiheiten. Man soll laut denken, jede Wahrheit herausschreien, und da sie nach ihrer Meinung die einzigen Hüter der Wahrheit sind, so halten sie sich für berechtigt, dreist alle Narrheiten aufzutischen, die ihnen in den Sinn kommen. Des Beifalls halten sie sich für versichert.

MARLBOROUGH: Offenbar gibt es in Europa keine Irrenhäuser mehr. Wären noch welche vorhanden, so ginge mein Rat dahin, die Herren dort unterzubringen, damit sie den Narren Gesetze geben – ihresgleichen.

EUGEN: Ich würde raten, sie zu Statthaltern einer Provinz zu machen, die Strafe verdient. Nachdem sie dort alles auf den Kopf gestellt hätten, würden sie durch die Erfahrung lernen, daß sie Ignoranten sind, daß Kritisieren leicht, aber Bessermachen schwer ist, und vor allem, daß man Gefahr läuft, viel dummes Zeug zu reden, wenn man von Dingen spricht, von denen man nichts versteht.

LIECHTENSTEIN: Dünkelhafte Menschen geben nie zu, daß sie unrecht haben. Nach ihren Grundsätzen irrt der Weise nie; er allein ist erleuchtet. Von ihm soll das Licht ausstrahlen, das den düsteren Nebel verscheucht, in dem das blinde und blöde Volk dahinvegetiert. Und Gott weiß, wie sie es aufklären! Bald enthüllen sie ihm den Ursprung der Vorurteile; bald erscheint ein Buch über den Geist, bald eins über das System der Natur und so weiter *ad infinitum*. Eine Rotte von Gassenjungen zählt sich, aus Tuerci oder Mode, zu ihren Schülern, äfft sie geflissentlich nach und tritt als Hilfslehrer des Menschengeschlechts auf. Und da es leichter ist, zu schimpfen, als Gründe anzuführen, so ist es bei ihren Schülern Brauch, bei jeder Gelegenheit unanständig über das Militär herzuziehen.

EUGEN: Ein Geck findet stets einen größeren Gecken, der ihn bewundert. Aber stecken die Militärs diese Schmähungen ruhig ein?

LIECHTENSTEIN: Sie lassen die Köter blaffen und gehen ihres Weges.

MARLBOROUGH: Warum aber solche Erbitterung gegen den edelsten Beruf, unter dessen Schirm die anderen friedlich gedeihen?

LIECHTENSTEIN: Da sie in der Kriegskunst sämtlich sehr unwissend sind, glauben sie, sie könnten sie verächtlich machen, indem sie sie herabsetzen. Aber, wie gesagt, sie reißen alle Künste und Wissenschaften durchweg herunter, und auf der Trümmerstätte richten sie die Mathematik auf, um jeden anderen Ruhm zu vernichten und allen Glanz auf ihre Person zu lenken.

MARLBOROUGH: Aber wir haben doch weder Philosophie, noch Mathematik, noch die schöne Literatur verachtet und uns nur damit begnügt, in unserem Beruf Gutes zu leisten.

EUGEN: Ich tat mehr. In Wien beschützte ich alle Gelehrten und zeichnete sie aus, selbst wenn niemand von ihnen ein Aufhebens machte.

LIECHTENSTEIN: Das glaub' ich gern; denn Sie waren große Männer, und jene Afterphilosophen sind nur eitle Schelme, die eine Rolle spielen möchten. Das hindert freilich nicht, daß ihre Schmähungen durch ewige Wiederholung das Andenken der Großen schänden. Zieht man dreist Schlüsse, wenn sie auch falsch sind, so hält man sich für einen Philosophen, und wenn man Paradoxe vorbringt, meint man, die Palme davonzutragen. Wie oft hörte ich nicht Ihre größten Taten durch lächerliches Geschwätz herabzerren und Sie als Männer hinstellen, die den Ruhm widerrechtlich an sich rissen in einem Zeitalter der Unwissenheit, dem es an wahren Kennern des Verdienstes gebrach!

MARLBOROUGH: Unser Zeitalter ein Zeitalter der Unwissenheit! Ha, ich ertrag' es nicht länger!

LIECHTENSTEIN: Das jetzige Zeitalter ist das der Philosophen.

EUGEN: Wo man geschlagen wird, Provinzen verliert und sich dem Altertum überlegen wähnt. Mögen Ihre Philosophen sagen, was sie wollen, ich ziehe unser Zeitalter der Unwissenheit dem ihren vor.

MARLBOROUGH: Ist auch England von Ihren Enzyklopädisten verseucht?

LIECHTENSTEIN: Zum Teil, aber nicht so sehr wie Frankreich.

MARLBOROUGH: Hat Frankreich denn Heerführer? Wie kann es welche haben, wenn sie so verunglimpft werden?

LIECHTENSTEIN: Das verdienen sie auch; es sind –

MARLBOROUGH: Hat England einen großen Heerführer hervorgebracht, der mir nachgefolgt ist?

LIECHTENSTEIN: Den Herzog von Cumberland.

MARLBOROUGH: Wieviel Schlachten hat er gewonnen?

LIECHTENSTEIN: Er unterlag bei Fontenoy, bei Hastenbeck und fiel bei Stade auf ein Haar in Kriegsgefangenschaft, mitsamt seinem Heere.

MARLBOROUGH: Sie haben uns zum besten, Fürst. Wie? Ein geschlagener Daun, ein verprügelter Cumberland, das sind die Leute, die man uns vorzieht?

LIECHTENSTEIN: Nicht sie allein, sondern auch viele andere, die zwar im Kriege waren, aber keine Heere geführt haben, sie würden weder hinter Cäsar noch hinter Ihnen zurückstehen wollen. Diese Helden *in spe* haben die edle Dreistigkeit, sich vorzudrängen, und ihr Eigendünkel war so stark, daß das Publikum mitangesteckt wurde. Es prophezeit nichts als ihre künftigen Taten.

MARLBOROUGH: Wozu half uns soviel Mühe und Sorge, soviel Anstrengung?

EUGEN: O Eitelkeit der Eitelkeiten! O Eitelkeit des Ruhmes!

Anhang

Verzeichnis der Abbildungen

Seite 5: Titelbild: Friedrich der Große. Gemälde von Pesne.

Seite 19: Kaiser Sigismund belehnt am 30. April 1415 auf dem Reichstag zu Konstanz den Burggrafen Friedrich VI. von Nürnberg mit der Kur Brandenburg.

Seite 21: Schwert und Fernrohr, von einem Stachelschild bedeckt, deuten auf die weitschauende Politik der Herrscher Preußens, die ihr Land stark und wehrhaft gemacht haben.

Seite 22: Das Denkmal des Großen Kurfürsten auf der Langen Brücke zu Berlin, im Hintergrunde das Königliche Schloß.

Seite 29: Georg Freiherr von Derfflinger – Johann Georg Fürst von Anhalt-Dessau – General von Sparr – General von Kannenberg. Bleistiftzeichnung von Menzel.

Seite 34: Verpackte Kostbarkeiten, ein ausgezogener Kammerherrenrock auf dem Stuhl, der durchstrichene Hofstaatsetat auf dem Tische künden das sparsame Regiment König Friedrich Wilhelms I. an.

Seite 36: Der Wiederaufbau der von der Pest verheerten Provinzen Ostpreußen und Litauen.

Seite 41: Federn, zusammenknickend unter der Wucht des auf ihnen liegenden Schwertes: die Ohnmacht geschriebener Verträge.

Seite 45: Prinz Eugen von Savoyen.

Seite 48: König Ludwig XV. von Frankreich.

Seite 62: König August III. von Polen, Kurfürst von Sachsen; ihm zur Seite der Premierminister Graf Brühl.

Seite 68: Über einem von der Büste des römischen Philosophen Seneca gekrönten Schranke hängen die Bilder des späteren preußischen Akademiepräsidenten Maupertuis, der sich vor allem durch seine Forschungsreise nach Lappland und die dort vorgenommenen Erdmessungen einen Namen gemacht hatte, und des berühmten Mathematikers Leonhard Euler, der ebenfalls Mitglied der Berliner Akademie wurde: beide Gelehrte Repräsentanten des blühenden Geisteslebens des 18. Jahrhunderts.

Seite 74: Der Tod, der Blitze schleudernd, von Pulverdampf eingehüllt, aus der Mündung des Kanonenrohrs hervorbricht, als Sinnbild des Krieges.

Seite 75: Preußische Husaren.

Seite 77: Der junge König Friedrich, die vor ihm ausgebreitete Karte Europas musternd.

Seite 79: Die junge Königin von Ungarn, Maria Theresia.
Seite 82: Mobilmachung in Berlin (vor dem Zeughause).
Seite 86: König Friedrich, in der Gestalt eines Kentauren, bietet der Amazone Maria Theresia die Hand zum Vergleich, bevor er den Kampf eröffnet.
Seite 90: Preußische Infanterie in der schneebedeckten Landschaft am Morgen der Schlacht bei Mollwitz.
Seite 92: Heinrich Prinz von Preußen, Bruder Friedrichs des Großen, preuß. General der Infanterie. Holzschnitt von Menzel.
Seite 96: Reiterkampf in der Schlacht bei Wollwitz.
Seite 98: Feierliche Verkündigung des Friedensschlusses durch einen Herold.
Seite 100: Ein preußischer Dragoner hält vor den bei Hohenfriedberg erbeuteten Fahnen und Kanonen, den Trophäen des Sieges.
Seite 111: Preußische Infanterie vor dem Aufbruch ins Feld.
Seite 115: Der preußische Aar schirmt das im Reichsapfel symbolisch dargestellte Deutschland gegen das durch den Versailler Vertrag vom 1. Mai 1756 geeinigte Österreich und Frankreich, die ihre räuberischen Krallen in den Reichsapfel schlagen.
Seite 118: Einmarsch der preußischen Truppen in Böhmen.
Seite 124: Kurt Christoph Graf Schwerin, preuß. Feldmarschall. Bleistiftzeichnung von Menzel.
Seite 126: Der König rekognosziert die feindlichen Stellungen.
Seite 130: Geplänkel zwischen preußischen und österreichischen Husaren.
Seite 132: Angriff der preußischen Infanterie bei Kolin.
Seite 136: Verlustreicher Rückzug des preußischen Heeres aus Böhmen.
Seite 141: Beute machende preußische Husaren.
Seite 146: Französische Reiterei, von preußischen Kürassieren verfolgt.
Seite 150: Der König begrüßt seine Truppen auf dem Marsch gegen die Österreicher.
Seite 155: Während des Aufmarsches seiner Truppen zum Angriff rekognosziert König Friedrich die Aufstellung des österreichischen Heeres bei Leuthen.
Seite 157: Friedrich Wilhelm von Seydlitz, preuß. General der Kavallerie. Bleistiftzeichnung von Menzel.
Seite 163: Die Ruinen der von den Österreichern in Brand geschossenen Stadt Zittau.
Seite 167: Das Bildnis der Marquise von Pompadour in einem Rahmen, dessen Verzierungen auf das lockere französische Hofleben anspielen.

Seite 174: Das Schwert, das mit einem Büschel Lorbeeren vom Blut gereinigt wird, als Symbol des Friedensschlusses.

Seite 179: Einbringung von Trophäen: sie krönen die Friedensarbeit des Heeres und das Studium des Krieges, das König Friedrich in den »Generalprinzipien« seinen Generalen ans Herz legt.

Seite 181: Preußische Grenadiere auf der Wacht im Felde.

Seite 185: Böhmische Landschaft.

Seite 197: Waldgefecht.

Seite 201: König Friedrich übergibt seinen Generalen die »Generalprinzipien des Krieges«, mit dem Befehl, sie geheim zu halten.

Seite 202: Preußisches Feldlager.

Seite 207: Ein Infanteriekaree, zum Schutz von sogenannten spanischen Reitern umgeben.

Seite 225: Preußischer Totenkopfhusar.

Seite 229: Hans Karl von Winterfeldt, preuß. Generalleutnant. Bleistiftzeichnung von Menzel.

Seite 232: Österreichische Infanterie auf dem Marsche.

Seite 256: Porträtbüste Karls XII. von Schweden.

Seite 259: Das Leibpferd des Generals von Stille wird von einem Offizier über einem Kroaten vorbeigeführt, der an Stilles Sieg über General Nadasdy erinnern soll.

Seite 265: Belagerung der Festung Philippsburg durch die Franzosen im Jahre 1734.

Seite 271: Bildnis des Feldmarschalls von Grumbkow.

Seite 279: Marsch des preußischen Heeres nach Schlesien.

Seite 286: Das Arbeitszimmer Jordans mit dem Sarge des Verstorbenen.

Seite 291: Ein preußischer Trommler schlägt Alarm: Mobilmachung des Heeres.

Seite 295: Wilhelmine Markgräfin von Bayreuth, Schwester Friedrichs des Großen. Bleistiftzeichnung von Menzel.

Seite 297: König Friedrich; im Hintergrunde sein Gefolge.

Seite 299: Der Freundschaftstempel im Park von Sanssouci, den Friedrich dem Andenken seiner Schwester Wilhelmine weihte.

Seite 302: Der König bei Kunersdorf in Gefahr; ein Husaren-Unteroffizier, Belten, der später geadelt und zum Offizier befördert wurde, macht auf ihn aufmerksam. Seine Rettung schreibt Friedrich in seinen »Denkwürdigkeiten« dem Rittmeister von Prittwitz im Husarenregiment Zieten zu.

Seite 306: Ein siegreicher, ermüdeter Gladiator (Friedrich) empfängt den Zuspruch eines greisen Zuschauers (d'Argens).
Seite 308: Heimkehr der Russen aus dem Felde.
Seite 310: Alexander der Große und der genügsame Diogenes in seiner Tonne. D'Alembert schlug alle Anerbietungen Friedrichs aus, der ihn an Berlin fesseln wollte.
Seite 312: George Keith, Marschall von Schottland, preuß. Gouverneur von Neuchâtel. Bleistiftzeichnung von Menzel.

Verzeichnis der Abbildungen

Seite 316: Die Darstellung der beiden greisen Krieger in traulichem Zwiegespräch charakterisiert das innige Verhältnis zwischen Friedrich und Fouqué.

Seite 321: Das Wappenbild Preußens und Österreichs ist in dem einköpfigen Adler (Friedrich) und in dem zweiköpfigen (Maria Theresia und Joseph II.) wiedergegeben. Auf getrennten Felskuppen stehend, versinnbildlichen sie den durch den Kampf beider Mächte um die Vorherrschaft begründeten Dualismus im Deutschen Reiche.

Seite 330: Titelbild: Friedrich der Große. Gemälde von Graff.

Seite 332: Das an den Schandpfahl geheftete Bild Nicolo Machiavellis, des Verfassers des Buches »Über den Fürsten«; der unten rechts stehende Name *Federic* deutet auf Friedrich, der in dem »Antimachiavell« die Lehren des Florentiners zu widerlegen suchte, und die Jahreszahl 1740 auf den Abschluß dieser Gegenschrift. Erst die spätere historische Forschung vermochte der Persönlichkeit Machiavellis gerechter zu werden, darauf weisen das Lorbeer- und Eichengewinde und die Jahreszahl 1840, die oberhalb seines Bildes angebracht sind.

Seite 338: Eine Hand hält der Büste Machiavellis den »Antimachiavell« entgegen, wie einen Spiegel, in dem erst sein wahres Antlitz offenbar wird.

Seite 335: Gleichwie die Schlangen das Gift darstellen, das die Lehre Machiavellis in die Seele des Fürsten träufelt, so der Fuß, der der Schlange den Kopf zertritt, den »Antimachiavell«. Und der unermüdlichen Mahnung Catos, Karthago zu zerstören, die er jedesmal mit den auch in unserem Bilde wiederholten Worten: *caeterum censeo* einleitete, entspricht Friedrichs Aufforderung, in dem Kampfe gegen Machiavellis Staatskunst nicht zu erlahmen.

Seite 336: Der Königliche Redner vor einem Auditorium von Fürsten, unter denen nur einige ihm mit Eifer lauschen, wie die beiden Gestalten zu seiner Rechten und zu seiner Linken. Diese trägt die Züge der Kaiserin Maria Theresia, jene die der Zarin Katharina II. von Rußland. Die Szene ist in das Altertum verlegt.

Seite 367: Das preußische Königtum, symbolisch dargestellt in dem gekrönten Aar, der in der linken Klaue das Zepter, mit der Schwurhand auf der Spitze, hält. Vor seiner drohenden Haltung flüchten Schwärme von Vögeln – Preußens Neider und Feinde – scheu von dannen.

Seite 368: Die Hand des Königlichen Richters, der, wie in dem Müller Arnold'schen Prozeß, durch seinen Machtspruch eingreift. Sie faßt die

Wage, statt am Griff, am Zünglein, damit nicht die mit dem Wappenschilde belastete Schale sich senken, das Recht also zugunsten der privilegierten Stände gebeugt werden kann.

Seite 371: Ein Bauer, das Feld pflügend.

Seite 374: Der König besichtigt auf der Revuereise Kanal- und Wasserbauten.

Seite 379: Friedlich Wilhelm II. als Kronprinz. Bleistiftzeichnung von Menzel.

Seite 381: Die Marquise von Pompadour, unter dem Vorantritt der Schweizer-Garde.

Seite 383: Wie gekreuzte, mit Lorbeeren durchflochtene Schwerter das Gehäuse des Kompasses tragen, so ruht der preußische Staat auf der Armee, geben Ehre und Ruhm der Nadel des Kompasses die Richtung. So ist auch Macht und Ansehen, Wohlfahrt und Sicherheit des Landes das Ziel, für das der Herrscher seine ganze Kraft einzusetzen hat.

Seite 386: Die Kaiserkrone, ruhend auf dem mit Hermelin besetzten Mantel.

Seite 397: Porträtbüste der Zarin Katharina II.

Seite 405: Eine Husarenvedette – in Anlehnung an die Forderung des Königs: Preußens Herrscher müssen »*toujours en vendette*« sein.

Seite 406: Der aufgebahrte Sarg des Königs, darüber sein gekrönter Namenszug, von einer Trauerfahne überschattet.

Seite 408: Das zerbrochene Stundenglas, aus dem der Sand herniederrinnt – das Symbol des Todes. Die um das Glas sich windende Schlange, das Symbol der Ewigkeit, deutet an, daß, mag auch Friedrichs Leib in Asche zerfallen, sein Name unsterblich bleibt.

Seite 423: Brustbilder der als Meister des Krieges gepriesenen Feldherren: in der Mitte Cäsar, links Turenne und Prinz Eugen, rechts Prinz Moritz von Oranien und König Gustav Adolf von Schweden.

Seite 429: Ewald Friedrich von Hertzberg, preuß. Minister. Bleistiftzeichnung von Menzel.

Seite 440: Die Vertreter der verschiedenen Konfessionen vor dem verschlossenen Tore der Wahrheit.

Seite 448: Der Mufti wetzt sein halbmondförmiges Messer zur Bekämpfung der Ungläubigen.

Seite 452: In ein Stück Giebelarchitektur ist das von einem Lorbeerkranz umgebene Medaillonbild des Philosophen Bayle eingefügt. Auf der einen Simsecke fängt ein geflügelter Genius mit einem Brennglas die

Strahlen der Sonne auf und läßt ihre gesammelte Leuchtkraft auf ein Doppelkreuz fallen, hinter dem sich scheu ein kleiner Dämon mit gezackten Flügeln birgt. In diesem Bild stellt sich der Kampf des Lichtes mit den Mächten der Finsternis dar. So hat auch Bayle, in seinem Kampf gegen die rückständige Dogmatik, »alle philosophischen Träume der Alten und Neueren mit scharfem und strengem Geiste geprüft« (S. 450) und »die dunklen Pfade der Metaphysik« kritisch beleuchtet.

Seite 454: Schwert und Bibel weisen auf die Stellung des Herrschers als Haupt der Landeskirche.

Seite 458: Das Bildnis Prinz Heinrichs des Jüngeren.

Seite 466: Das von Knobelsdorff erbaute Opernhaus in Berlin.

Seite 472: Ein im Hinterhalt hockender Satyr, von dessen Haupt giftige Schlangen züngeln, dessen Flügel mit Federkielen besetzt sind – das Bild des Pamphletisten.

Seite 474: Medaillonbildnisse des Perikles, Kaiser Augustus, Lorenzo de Medici, Papst Leos X. und König Ludwigs XIV., der großen Mäzene von Kunst und Wissenschaft, an eine kostbare Kassette gelehnt, der sie entnommen sind.

Seite 479: Karl Heinrich Graun, Komponist. Aquarell von Menzel.

Seite 488: Bildnisse der englischen Denker Locke und Newton, der deutschen Astronomen Kopernikus und Kepler.

Seite 498: Auf ein Bärenfell gelagert, schlummert ein Knabe auf einer Ranke – das deutsche Geistesleben, das Friedrich erwecken möchte. Er ahnt die kommende Blütezeit, aber die Frage, wann sie eintreten wird, bleibt offen. Darauf deutet das Fragezeichen auf dem Bilde hin.

Seite 508: Aus einem heraufziehenden Gewitter leuchtet der entsetzten Germania, die auf einem Felsen thront, wie in Flammenschrift die Zahl des Unglücksjahres 1806 entgegen, zu dem die von dem König aufs schärfste gegeißelte nachlässige Erziehung der Jugend beiderlei Geschlechtes führt.

Seite 511: Johann Baptiste de Boyer, Marquis d'Argens. Bleistiftzeichnung von Menzel.

Seite 532: Brustbilder des holländischen Staatsmannes Jan van Oldenbarnevelt und des Schweizers Nikolaus von der Flüe, zwischen den Büsten der großen antiken Patrioten Brutus und Scipio.

Seite 535: Der junge Friedrich, im Schatten eines Baumes gelagert.

Seite 540: Schloß Rheinsberg.

Seite 544: Aufbahrung König Friedrich Wilhelms I.

Seite 547: Sophie Dorothea, Königin von Preußen. Bleistiftzeichnung von Menzel.

Seite 548: Ein Mohr, als Kammerhusar gekleidet, überreicht das Geschenk des Königs.

Seite 550: Ein Kirchhof.

Seite 556: Der Schloßhügel von Sanssouci.

Seite 558: Auf einem Lager aus Holunderblättern und Blütendolden ruht mit der Nachtmütze auf dem Kopf der Kranke; ein Fliederblatt bildet das Deckbett, aus dem – ist es quälender Albdruck oder der in den Fieberphantasien erscheinende Arzt? – ein kleiner Unhold mit Hut und Mantel einherstolziert, während andere mit Fischflossen und -schwänzen darunter hervortauchen: die Wirkung des schweißtreibenden Flieders, vor dem die Geister der Krankheit entweichen.

Seite 561: Die Mahnung des Königs, mit der das Gedicht ausklingt, die Welt zu nehmen, wie sie ist, wird veranschaulicht durch den in sein Schicksal ergebenen Orientalen, der sich andächtig vor der aufgehenden Morgensonne neigt.

Seite 563: Trotz seiner Kerkerhaft setzt Galilei seine Berechnungen fort; nur die allzu kurze Kette, an die er geschlossen ist, vermag ihn darin zu stören.

Seite 574: Ein Mann wälzt mit Anspannung aller Kräfte einen schweren Steinblock bergaufwärts. So mahnt Friedlich die Preußen, nicht zu erlahmen, bevor sie den Gipfel ihrer Macht und Größe erreicht haben.

Seite 579: Nach siegreicher Attacke bläst der Trompeter zum Sammeln.

Seite 585: Ein Wagenlenker (Friedrich), der sein Gespann auf abschüssiger Bahn zu zügeln sucht.

Seite 586: Die lorbeergeschmückte Trompete – ein Sinnbild der Kriegspoesien des Könige.

Seite 588: Die nach der Schlacht bei Rotzbach flüchtenden Franzosen und Reichsvölker.

Seite 590: Apollo im Kampfe mit einem Drachen: d'Alemberts Kampf gegen Aberglauben und Fanatismus.

Seite 593: Der Geist der Verleumdung und Zwietracht, der lächelnden Antlitzes sein Wesen treibt, in seinen Händen den Palmzweig und das weiße Friedensbanner trägt, um dessen Stange sich indessen, seine Natur kennzeichnend, eine giftige Natter ringelt.

Seite 600: Der Königliche Dichter im Quartier.

Seite 601: Die Taube kehrt zur Arche zurück, ohne Land gefunden zu haben: die getäuschte Hoffnung des Königs auf baldigen Friedensschluß.

Seite 605: Cato, der sich aus Gram über das Schicksal seines Vaterlandes den Tod gegeben hat.

Seite 609: Ein Satyr, der drollig zu Merkur, dem Gott des Handels, zugestutzt ist, hat dem geflügelten Pegasus die Schlinge um das Bein geworfen und hindert damit die Phantasie des Königlichen Dichters, sich frei in lichte Höhen und zum Parnaß zu erheben. Die Pflicht zwingt Friedrich, sich trotz seiner Abneigung mit Finanzleuten und ihren Geldgeschäften zu befassen.

Seite 610: Das Rehkälbchen, das aus der Enge des mütterlichen Lagers fortstrebt, soll an Friedrichs Mahnung erinnern, daß Frau von Morrien zu den Freuden der Jugend zurückkehren möge.

Seite 612: Schloß Sanssouci mit der historischen Mühle.

Seite 618: Fräulein von Knesebeck rettet sich mit kühnem Sprung aus dem Wagen, dessen Pferde durchgehen.

Seite 621: Der alte König auf der Rampe am Potsdamer Stadtschloß.

Seite 622: Spaziergang Friedrichs auf der ersten Terrasse vor der Bildergalerie bei Schloß Sanssouci; hinter ihm die Generale Pfuhl und Rohdich, die in der letzten Zeit öfter um ihn waren.

Seite 638: Die Gruft König Friedrichs in der Garnisonkirche zu Potsdam.